O REGISTRO CIVIL DAS PESSOAS NATURAIS
REFLEXÕES SOBRE TEMAS ATUAIS

Coordenação
Izaías Gomes Ferro Júnior

Coordenação Geral
Martha El Debs

O REGISTRO CIVIL DAS PESSOAS NATURAIS
REFLEXÕES SOBRE TEMAS ATUAIS

Conforme novo CPC e Lei 13.484/2017

2018

www.editorajuspodivm.com.br

EDITORA *Jus*PODIVM
www.editorajuspodivm.com.br

Rua Mato Grosso, 164, Ed. Marfina, 1º Andar – Pituba, CEP: 41830-151 – Salvador – Bahia
Tel: (71) 3045.9051
• Contato: https://www.editorajuspodivm.com.br/sac

Copyright: Edições *Jus*PODIVM

Conselho Editorial: Eduardo Viana Portela Neves, Dirley da Cunha Jr., Leonardo de Medeiros Garcia, Fredie Didier Jr., José Henrique Mouta, José Marcelo Vigliar, Marcos Ehrhardt Júnior, Nestor Távora, Robério Nunes Filho, Roberval Rocha Ferreira Filho, Rodolfo Pamplona Filho, Rodrigo Reis Mazzei e Rogério Sanches Cunha.

Capa: Ana Caquetti

R337	O Registro Civil das Pessoas Naturais - Novos Estudos / coordenador Izaías Gomes Ferro Junior, coordenação geral: Martha El Debs – Salvador: Juspodivm, 2017.
	640 p.
	Vários autores
	Bibliografia
	ISBN 978-85-442-1685-9.
	1. Direito Civil. 2. Livros e registros do estado civil I. Júnior, Izaías Gomes Ferro. II. Título.
	CDD 342.1183

Todos os direitos desta edição reservados à Edições *Jus*PODIVM.

É terminantemente proibida a reprodução total ou parcial desta obra, por qualquer meio ou processo, sem a expressa autorização do autor e da Edições *Jus*PODIVM. A violação dos direitos autorais caracteriza crime descrito na legislação em vigor, sem prejuízo das sanções civis cabíveis.

1ª ed., *2.ª tir.*: fev./2018.

Agradecimentos

Em primeiro lugar aos meus pais, Izaias e Mírian, fonte de inspiração, exemplo, sabedoria e orientação em tudo na minha vida.

À minha mulher, Elaine Mara Trino, meu amor incondicional, minha paixão, sempre me apoiando em tudo o que realizo, além de profissional altamente gabaritada em tudo o que se propõe e faz.

Aos meus filhos e enteados, Sthéfano, Henrique, Jaílson, Vitor e Isadora por entenderem as ausências pelo trabalho longe do núcleo familiar e viagens de trabalho e estudos.

À minha irmã Lilian, pessoa íntegra, mestra, docente, profissional altamente gabaritada e obcecada pela perfeição no que faz. Ao meu querido e carinhoso irmão Frederico que de algum lugar do céu está nos acompanhando aqui.

Aos meus ex-colaboradores com quem já trabalhei em Campo Grande e Lins e meus atuais colaboradores de Pirapozinho, meu especial agradecimento.

Aos meus mestres, amigos e colegas da Universidade Católica Dom Bosco, igualmente formadores de meu conhecimento jurídico.

Aos meus amigos e colegas de profissão, sem palavras para agradecer o pronto apoio em tudo o que precisei.

Aos meus colegas docentes, meu especial agradecimento por todo o carinho, zelo, qualidade técnica e didática com que dedicam à nossa profissão.

Aos meus alunos da graduação na UNAES, por aguentarem aquele professor chato que exigia muito e "achava que a matéria dele era a única" bem como aos alunos das pós-graduações que já ministrei aulas e dos cursinhos, que me obrigaram a enriquecer meu conhecimento para melhor transmitir o que sabia com didática.

Aos meus amigos, autores desta obra, quase todos Registradores Civis das Pessoas Naturais dos 8º, 9º e 10º Concurso do Tribunal de Justiça de São Paulo para a atividade Notarial e Registral, verdadeiros "diamantes" jurídicos, que agora aparecem ao público especializado, já lapidados, transformando-se em valorosos "brilhantes", aptos a ministrarem aulas, palestras sobre o tema registral civil das pessoas naturais.

Ao meu amigo Mário de Carvalho Camargo Neto, profissional dedicado ao estudo, às pessoas e à atividade notarial e registral, sempre com um sorriso no rosto dando soluções aos que o procuram.

À minha amiga Martha El Debs, profissional extremamente dedicada em tudo o que faz, verdadeira mestra, expoente em nossa atividade notarial e registral.

Por fim ao meu amigo, Joélcio Escobar, um verdadeiro irmão que sempre me incentivou e ajuda até hoje nos assuntos pessoais e profissionais.

Izaias Gomes Ferro Júnior
Numa tarde ensolarada de inverno de 2017.

Apresentação

O Registro Civil das Pessoas Naturais é conhecido como "cartório da cidadania".

A presente obra, intitulada **"Registro Civil das Pessoas Naturais – Reflexões sobre temas atuais"**, traz uma visão contemporânea, pois foi elaborada por novos Oficiais Registradores e colaboradores da atividade, que se debruçaram sobre os principais temas registrais civis das pessoas naturais de forma a acrescentar sólida doutrina registral à matéria.

O leitor perceberá que a estrutura dos temas foi propositalmente disposta para que tenha contato com toda a sistemática da matéria, na ordem dos fatos naturais da vida, e ainda do estabelecido na Lei de Registros Públicos.

Nesse sentido, esta obra tem a intenção de suprir uma lacuna no mercado, trazendo nova visão aprofundada sobre cada um dos mais **relevantes** temas da atualidade em matéria registral civil das pessoas naturais, indo da informação publicista genérica dos atos a cargo do Oficial Registrador – e o poder desta informação –, passando pelos respectivos atos específicos, como nascimento, nome, casamento, averbações e anotações, óbito, controle da informação interserventias e a disponibilização ao público das informações por meios eletrônicos, aliada a aspectos dos mais importantes voltados à atividade e, principalmente, à vida do cidadão – que, sem se aperceber, utiliza invariavelmente este serviço público em diversas ocasiões de sua vida.

Importante salientar que os trabalhos foram abordados de forma metodológica, com linguagem direta para compreensão imediata. Além disso, a obra está atualizada com a Lei 13.484/2017 – portanto, é imprescindível ao conhecimento do profissional que pretende estudar e se atualizar com a matéria.

Deste modo, esperamos que a leitura seja agradável e proveitosa.

Izaías Gomes Ferro Júnior e autores

Sobre Coordenação e Autores

COORDENAÇÃO GERAL

MARTHA EL DEBS
Tabeliã.
Autora das obras "Legislação Notarial e de Registros Públicos comentada", "Legislação Notarial e de Registros Públicos – Coletânea de Leis para Cartórios", "Concurso Cartório SP – Código de Normas, jurisprudência, enunciados e questões", "Revisaço Direito Notarial e Registral".
Coautora das obras "Repercussões do Novo CPC – Cartórios", coordenação geral de Fredie Didier Jr, "Direito de Laje", "Revisaço Cartórios".
Coordenadora e professora de Direito Notarial e Registral do Curso CERS (Complexo de Ensino Renato Saraiva) para o concurso de Outorga de Delegações de Notas e de Registros (Cartórios) e diversos outros cursos da instituição.
Professora convidada em diversos cursos preparatórios para o concurso da área e especializações em Direito Notarial e Registral.
Coach.
Palestrante.
Especialista em Direito Notarial e Registral. Especialista em Direito Constitucional.

COORDENADOR

IZAÍAS GOMES FERRO JÚNIOR
Oficial Titular de Registro de Imóveis, Civil das Pessoas Naturais e Jurídicas e de Títulos e Documentos da Comarca de Pirapozinho – SP. Especializado em Direito Civil e Processo Civil pela UES. Mestrando em Direito pela EPD. Professor Universitário da Graduação e Pós Graduação de Direito Civil e Registral em diversas Universidades e Cursos Preparatórios, como UNAES/MS (Atual Anhanguera), UCDB/MS, UNISC/IRIB/RS, IBEST/PR, LFG/SP, FMB/SP, VFK/SP.

AUTORES

ALINE LIMA PESSOA DE MENDONÇA
Registradora Civil das Pessoas Naturais Interdições e Tutelas da Sede da Comarca de Brotas/SP. Mestranda em Direito. Pós-graduada em Direito Notarial e Registral e em Direito Civil. Graduada em Direito pela Universidade Federal de Ouro Preto/MG.

ANALICE MORAIS SCHNEIDER
Advogada. Assessora Jurídica do TRT/RO. Especializada em Direito do Trabalho.

ANDRÉ LUIZ FERREIRA VALADARES
Advogado. Graduado em Direito pela Faculdade de Itaúna/MG. Pós-graduado em Direito Notarial e Registral pela Universidade Anhanguera – Uniderp. Pós-Graduando em Direito Processual Civil pela Instituição Damásio Educacional.

CAMILA GIBBA GOMES
Pós-graduada em Direito Processual Civil pelo Complexo Jurídico Damásio de Jesus. Tabeliã de Notas e Protestos em Macatuba/SP. Ex-Tabeliã e Oficiala de Registro Civil das Pessoas Naturais em Areiopólis/SP.

DAYANE AMIRATI
Oficial de Registro Civil das Pessoas Naturais e Tabeliã de Notas do Município de Pratânia, Comarca de São Manuel, São Paulo, aprovada no 7º Concurso de Outorga do Estado de São Paulo. Conciliadora e Mediadora perante os Centros de Solução de Conflitos nas Comarcas de Botucatu e de São Manuel, Estado de São Paulo. Pós-graduada em Direito Notarial e Registral Imobiliário pela Escola Paulista de Direito – EPD. Pós-graduanda em Direito Notarial e Registral Imobiliário pela Escola Paulista da Magistratura do Estado de São Paulo – EPM. Graduada em Direito pelo Instituto Presbiteriano Mackenzie.

ESTELA LUISA CARMONA TEIXEIRA
Oficiala Registradora e Tabeliã de Notas do Município de Meridiano, Comarca de Fernandópolis, Estado de São Paulo. Especialista em Direito Empresarial pela Universidade Estadual de Londrina – UEL/PR.

FABIANE QUEIROZ MATHIEL DOTTORE
Oficial de Registro Civil e Tabeliã de Notas de Biritiba Mirim-SP, foi Oficial de Registro Civil das Pessoas Naturais e Tabeliã de Notas de Paranapuã – SP entre

Fevereiro 2010 e Junho de 2013; Graduada em Direito pelo Centro Universitário Toledo, Pós-graduada em Direito Penal e Processual Penal pela Universidade Gama Filho, Pós- graduada em Direito Notarial e Registral pela Faculdade Arthur Thomas em convênio com o Instituto Brasileiro de Estudos.

FERNANDA FERRARINI

Tabeliã e registradora em São Paulo. Advogada e consultora jurídica em Ribeirão Preto/SP, membro da Associação dos Advogados de São Paulo (1999-2013). Docente Universitária em Direito Civil na graduação, pós-graduação e do curso preparatório para OAB/carreiras jurídicas – 'Tático' (1999-2013). Graduada e Mestre em Direito pela UNESP – Universidade Estadual Paulista "Júlio de Mesquita Filho", Faculdade de História, Direito e Serviço Social, campus de Franca/SP e pesquisadora da FAPESP – Fundação de Amparo à Pesquisa do Estado de São Paulo. E-mail: fernandaferrarini@gmail.com.

FILIPE CARVALHO PEREIRA

Oficial de Registro Civil das Pessoas Naturais e Tabelião de Notas do Município de Pracinha-SP. Especialista em Direito Tributário pela Pontifícia Universidade Católica de São Paulo (PUC-SP). Bacharel em Direito pela Faculdade de Direito de Alagoas da Universidade Federal de Alagoas (FDA-UFAL).

GIOVANNA TRUFFI RINALDI

Oficial de Registro Civil das Pessoas Naturais da Comarca de Barretos/SP; Graduada em Direito (FMU-2009). Especialista em Direito Notarial e Registral Imobiliário pela Escola Paulista da Magistratura e em Direito Empresarial pela Fundação Getulio Vargas, GVlaw. Mestre em Direito pela FADISP.

IZAÍAS GOMES FERRO JÚNIOR

Oficial Titular de Registro de Imóveis, Civil das Pessoas Naturais e Jurídicas e de Títulos e Documentos da Comarca de Pirapozinho – SP. Especializado em Direito Civil e Processo Civil pela UES. Mestrando em Direito pela EPD. Professor Universitário da Graduação e Pós-graduação de Direito Civil e Registral em diversas Universidades e Cursos Preparatórios, como UNAES/MS (Atual Anhanguera), UCDB/MS, UNISC/IRIB/RS, IBEST/PR, LFG/SP, FMB/SP, VFK/SP.

IZOLDA ANDRÉA DE SYLOS RIBEIRO

Oficial de Registro Civil das Pessoas Naturais e Tabeliã de Notas do Município de Lavínia, Comarca de Mirandópolis, Estado de São Paulo, entre os anos de 2010 e 2015. Oficial de Registro Civil das Pessoas Naturais da Comarca de Novo Horizonte, Estado de São Paulo. Graduada e Especialista em Direito Civil e Direito Processual Civil pela Unitoledo de Araçatuba, SP.

JANAÍNA DE CÁSSIA OLIVEIRA ZARPELON

Tabeliã e oficial do Registro Civil e Tabelião de Notas de Monte Alegre do Sul-SP, Graduada em Direito pela Pontifícia Universidade Católica de Campinas-SP

JORGE RACHID HABER NETO

Oficial de Registro Civil das Pessoas Naturais e Tabelião de Notas de Nova Guataporanga da Comarca de Tupi Paulista – São Paulo. Mestrando pela Escola Paulista de Direito – EPD. Pós-Graduado em Direito Notarial, Registral e Civil na Rede de Ensino LFG. Bacharel em Direito pelo Centro Universitário do Pará – CESUPA. Bolsista pelo Programa Sócrates *ERASMUS MUNDUS* em Portugal – Faculdade de Direito da Universidade de Coimbra (FDUC).

JULIANA ALVES MIRAS BARROS

Oficial Registradora do Registro Civil das Pessoas Naturais e Tabelionato de Notas do Distrito de Braço, Comarca de Eldorado/SP

LILLIAN PONCHIO E SILVA MARCHI

Coordenadora e Docente do Curso de Direito da Faculdade Barretos. Docente do curso de Medicina da Faculdade de Ciências da Saúde de Barretos Dr. Paulo Prata – FACISB. Possui graduação em Direito (UNESP 2007). Mestre em Bioética e Biodireito (UNESP 2010). Membro do Observatório de Bioética do Hospital do Câncer de Barretos – Fundação Pio XII.

MÁRCIA ROSALIA SCHWARZER

Oficial Titular – Tabeliã e Registradora Civil do Serviço Notarial e Registral de Areais – SP; Mestre em Direito Notarial, Registral e Imobiliário pela UNA/AR – Universidade Notarial da Argentina (2012); Bacharel em Direito pela UCPEL/RS (2003); Especialista em Direito Registral Imobiliário pela PUC/MG (2012); Especialista em Direito do Trabalho pela UCPEL/RS (2007); Autora da obra *Curso de Direito Notarial e Registral* – Sucessão Trabalhista na Atividade Notarial e Registral – Editora Núbia Fabris/RS (2008); Doutoranda pela Universidade Autónoma de Lisboa (2016/2018).

MARCIELLY GARCIA GIBIN

Bacharel em Direito pela Faculdade Maringá. Pós-graduada em Direito Notarial e Registral. Tabeliã de Notas e Registradora Civil de Ribeira-SP.

MARCIELLY ROSA NUNES

Bacharel em Direito pela Universidade Paranaense. Pós-graduada em Direito Notarial e Registral. Membro da Comissão de Direito Imobiliário e Urbanístico da OAB – PR, subseção Londrina. Advogada.

MARIANA BELO RODRIGUES BUFFO

Oficial do 2º Registro de Imóveis de Campo Mourão, Paraná. Ex-Registradora Civil das Pessoas Naturais e Tabeliã de Notas do Distrito de Aparecida de São Manuel, Comarca de São Manuel, São Paulo. Mestre em Soluções Alternativas de Controvérsias Empresariais pela Escola Paulista de Direito. Pós-graduada em Direito Sanitário, pela Universidade de Campinas – UNICAMP, Direito Administrativo e Constitucional, pela Universidade do Sul de Santa Catarina – UNISUL e Direito Notarial e Registral pela Universidade Anhanguera-Uniderp. Pós-graduanda em Direito Notarial e Registral Imobiliário pela Escola Paulista da Magistratura do Estado de São Paulo. Professora convidada do Curso de Pós-Graduação em Gestão e Planejamento Organizacional, oferecido pela Escola de Educação Coorporativa da Unicamp, e do Curso de "Noções Básicas de Direito", oferecido pela Escola de Governo da Prefeitura Municipal de Campinas.

MARIANA VIDA PIEDADE

Pós-graduada em Direito Tributário pela Universidade Anhanguera – Uniderp. Pós-graduada em Direito Civil pela Universidade Anhanguera – Uniderp. Ex-tabeliã Substituta do 2º Tabelionato de Notas da Comarca de Presidente Olegário – MG. Oficial do Registro Civil das Pessoas Naturais da Comarca de Nova Esperança – PR.

MAYRA ZAGO DE GOUVEIA MAIA LEIME

Oficial de Registro Civil e Tabeliã de Notas de Pedra Bela-SP, Graduada em Direito pela Pontifícia Universidade Católica de São Paulo (PUC-SP); Pós-graduada em Direito Civil pela Universidade Gama Filho; Pós-graduada em Direito Processual Civil pela Universidade Gama Filho.

MILENA CEZE GULLA HATANAKA

Bacharel em Direito pela Pontifícia Universidade Católica de São Paulo – PUCSP, pós-graduada em Direito Processual Civil pela FADISP, Oficial de Registro Civil das Pessoas Naturais e Tabeliã de Notas do Município de Nova Independência, Comarca de Andradina, Estado de São Paulo.

PATRÍCIA SILVA DE ALMEIDA

Mestranda do Programa de Mestrado em Direito da Universidade de Marília – UNIMAR/SP. Especialista em Direito Público pela Escola de Magistratura Federal do Rio Grande do Sul – ESMAFE/RS. Oficiala Registradora e Tabeliã de Notas do Município de Santa Salete, Comarca de Urânia, Estado de São Paulo.

TALITA KEIO PRADO SATO

Oficial de Registro Civil e Tabelião de Notas de Irapuru, Comarca de Pacaembu, Estado de São Paulo. Formada pela Faculdade de Direito da Alta Paulista – FADAP/FAP – Tupã/SP. Pós-Graduada pela Faculdades Integradas Antonio Eufrásio de Toledo de Presidente Prudente/SP, Especialista em Direito Civil e Processual Civil. Pós-Graduada pela Universidade para o Desenvolvimento do Estado e da Região do Pantanal, Especialista em Direito e Processo do Trabalho.

THIAGO CORTES REZENDE SILVEIRA

Mestrando pela Universidade de Marilia – UNIMAR/SP. Especialista em Direito Civil e Direito Notarial e Registral. Oficial de Registro Civil e Tabelião de Notas do Município de Rubiácea, Comarca de Guararapes/SP.

VINICIUS TAKAHASHI

Bacharel em Direito, Pós-graduado em Direito Processual Civil. Oficial de Registro Civil das Pessoas Naturais e Tabelião de Notas do Município de Marinópolis, Comarca de Palmeira D'Oeste – SP.

VÍVIAN PEREIRA LIMA

7ª Tabeliã de Notas em Salvador-BA. Ex-oficial de Registro Civil das Pessoas Naturais e Tabeliã de Notas de Pardinho-SP. Ex-oficial de Registro Civil das Pessoas Naturais e Tabeliã de Notas do Distrito de São Gonçalo de Botelhos, Município e Comarca de Botelhos-MG. Ex-oficial de Registro Civil das Pessoas Naturais e Tabeliã de Notas do Distrito de Irapé, Município e Comarca de Chavantes-SP. Pós-graduada em Direito Civil pela AVM (Faculdades integradas-SP), Pós-graduada em Direito Penal e Processual Penal pela Universidade Gama Filho-RJ.

Sumário

CAPÍTULO 01
INFORMAÇÃO É PODER
    Márcia Rosalia Schwarzer 19

CAPÍTULO 02
DIREITOS DA PERSONALIDADE E A PUBLICIDADE NO REGISTRO CIVIL DAS PESSOAS NATURAIS
    Fernanda Ferrarini 61

CAPÍTULO 03
LIVROS DO REGISTRO CIVIL DE PESSOAS NATURAIS: UMA ANÁLISE SOB A ÓTICA MODERNA
    Filipe Carvalho Pereira 101

CAPÍTULO 04
INTRODUÇÃO AO ESTUDO DO NOME
    Izaias Gomes Ferro Júnior e Analice Morais Schneider 117

CAPÍTULO 05
REGISTRO CIVIL DE NASCIMENTO
    Janaína de Cássia Oliveira Zarpelon e Mayra Zago de Gouveia Maia Leime 157

CAPÍTULO 06
TÉCNICAS DE REPRODUÇÃO ASSISTIDA E SEUS REFLEXOS NO DIREITO DE FAMÍLIA
    Giovanna Truffi Rinaldi e Lillian Ponchio e Silva Marchi 187

CAPÍTULO 07
A FILIAÇÃO SOCIOAFETIVA E O REGISTRO CIVIL DAS PESSOAS NATURAIS
    Fabiane Queiroz Mathiel Dottore e Mayra Zago de Gouveia Maia Leime . 221

CAPÍTULO 08
TEORIAS DO CASAMENTO
Talita Keio Prado Sato 243

CAPÍTULO 09
DA CELEBRAÇÃO E DO REGISTRO DE CASAMENTO
Vinicius Takahashi 263

CAPÍTULO 10
UNIÃO ESTÁVEL E SEU REGISTRO NO LIVRO E
Izolda Andréa de Sylos Ribeiro 285

CAPÍTULO 11
A COGNOSCIBILIDADE DO REGISTRO DA UNIÃO ESTÁVEL NO REGISTRO CIVIL E A AVERBAÇÃO NO ÁLBUM IMOBILIÁRIO COMO ATOS DEFINIDORES DA BOA-FÉ OBJETIVA DO COMPANHEIRO NÃO ANUENTE NA FIANÇA
Jorge Rachid Haber Neto 327

CAPÍTULO 12
O FIM DA PERSONALIDADE JURÍDICA NO VIÉS REGISTRAL DAS PESSOAS NATURAIS
Fernanda Ferrarini 347

CAPÍTULO 13
NATIMORTO – DIREITO AO NOME EM RESPEITO AO PRINCÍPIO DA DIGNIDADE HUMANA
Dayane Amirati 397

CAPÍTULO 14
AVERBAÇÕES E ANOTAÇÕES NO REGISTRO CIVIL DAS PESSOAS NATURAIS
Vívian Pereira Lima 417

CAPÍTULO 15
REFLEXOS DAS ANOTAÇÕES E AVERBAÇÕES NA SEGURANÇA JURÍDICA DAS PESSOAS NATURAIS E NOS NEGÓCIOS IMOBILIÁRIOS
Marcielly Garcia Gibin e Marcielly Rosa Nunes 467

CAPÍTULO 16
A CONCILIAÇÃO E A MEDIAÇÃO NO REGISTRO CIVIL DE PESSOAS NATURAIS SOB O FOCO DO NOVO CÓDIGO DE PROCESSO CIVIL
Thiago Cortes Rezende Silveira 489

CAPÍTULO 17
OS IMPACTOS DO ESTATUTO DA PESSOA COM DEFICIÊNCIA NO REGISTRO CIVIL DAS PESSOAS NATURAIS
Camila Gibba Gomes e Mariana Vida Piedade.. 507

CAPÍTULO 18
ANÁLISE ACERCA DA IMPRESCINDIBILIDADE DA GRATUIDADE DO TRASLADO DE NASCIMENTO – UMA PROPOSTA DE INSERÇÃO NO ORDENAMENTO BRASILEIRO
Aline Lima Pessoa de Mendonça... 519

CAPÍTULO 19
O OFICIAL DO REGISTRO CIVIL DAS PESSOAS NATURAIS COMO MEIO DE GARANTIR O ACESSO À JUSTIÇA E O PROCEDIMENTO DE RETIFICAÇÃO ADMINISTRATIVA
Mariana Belo Rodrigues Buffo.. 541

CAPÍTULO 20
A RETIFICAÇÃO DE REGISTRO CIVIL DE TRANSEXUAIS: UMA ANÁLISE À LUZ DO PRINCÍPIO DA DIGNIDADE DA PESSOA HUMANA
André Luiz Ferreira Valadares... 561

CAPÍTULO 21
SISTEMAS INTERLIGADOS DO REGISTRO CIVIL DAS PESSOAS NATURAIS
Juliana Alves Miras Barros... 583

CAPÍTULO 22
DIGITALIZAÇÃO NO REGISTRO CIVIL E SEUS DESDOBRAMENTOS
Milena Ceze Gulla Hatanaka... 593

CAPÍTULO 23
O SISTEMA CENTRAL DE INFORMAÇÕES DO REGISTRO CIVIL – CRC – NACIONAL: DIGNIDADE E INFORMAÇÃO AO ALCANCE DE TODOS
Estela Luisa Carmona Teixeira e Patrícia Silva de Almeida....................... 621

CAPÍTULO 01

Informação é poder

Márcia Rosalia Schwarzer[1]

Sumário: 1. Introdução; 2. Exemplos da atividade notarial no mundo e sua regulação; 2.1 Os tipos de notariados no mundo; 2.2 A União Internacional do Notariado e as diretrizes no notariado latino; 3. O Notariado latino brasileiro – Dependência funcional – autonomia institucional; 3.1 A origem da dependência funcional; 3.2 A saga pela autonomia institucional; 4. Poderes normativos, fiscalizatórios e sancionatórios dos tribunais de justiça; 5. Direito à privacidade x publicidade registral – expansão das políticas públicas no Brasil – necessidade da informação notarial e registral – publicização do acervo; 5.1 O futuro da atividade notarial e registro x O poder da informação; 5.2 Publicização do acervo x Disponibilização de informações – CRC Nacional, SIRC; 6. Exortação aos tabeliães – Dr. Carlos Luiz Poisl; 7. Considerações finais; 8. Referências.

1. INTRODUÇÃO

O Brasil, gigante por sua extensão continental, é um país de organização federativa com assimetrias sociais e econômicas históricas, que impõem, ao poder público, desafios gigantes em projetos de gestão de políticas públicas que buscam sua equalização.

Assimetrias como possuirmos indicadores econômicos que nos co locam entre as grandes economias no cenário internacional e, em contraponto, indicadores sociais que nos colocam como país de grande exclusão social.

---

1. Oficial Titular – Tabeliã e Registradora Civil do Serviço Notarial e Registral de Areais – SP; Mestre em Direito Notarial, Registral e Imobiliário pela UNA/AR – Universidade Notarial da Argentina (2012); Bacharel em Direito pela UCPEL/RS (2003); Especialista em Direito Registral Imobiliário pela PUC/MG (2012); Especialista em Direito do Trabalho pela UCPEL/RS (2007); Autora da obra *Curso de Direito Notarial e Registral* – Sucessão Trabalhista na Atividade Notarial e Registral – Editora Núbia Fabris/RS (2008); Doutoranda pela Universidade Autónoma de Lisboa (2016/2018).

O Estado, praticamente falido e desacreditado em todas as suas instituições, busca de todas as formas novas maneiras para se reerguer e recuperar a credibilidade do povo brasileiro. Em contraponto, a atividade Notarial e Registral está em contínua expansão pela excelência na prestação de serviços, sendo reconhecida como instituição de maior notoriedade e confiabilidade da população em recentes pesquisas.

O Poder Legislativo tem emitido cada vez mais normas acerca da atividade: ora buscando diminuí-la, ao tentar introduzir a possibilidade de criar teto de remuneração para oficiais; na criação de autarquias (junto ao TSE) para avocar funções do RCPN (Registro Civil das Pessoas Naturais); na criação de funções notariais às ECTs de autenticação de documentos e reconhecimento de firmas; ora abrandando situações, como ocorreu com a mutação constitucional sobre a responsabilidade dos titulares, que agora se firma como subjetiva; a instituição do teletrabalho pela Corregedoria Nacional da Justiça.

O Poder Judiciário, em sua função atípica, passou a regular cada vez mais a atividade por meio dos Códigos de Normas dos Serviços Extrajudiciais, normatizando a atividade com ingerência na forma de administração das serventias.

A atividade notarial e registral, detentora do "**poder da informação**", na medida em que recebe maior número de "atribuições públicas", concomitantemente cede cada vez mais suas informações ao poder público, que crescentemente disponibiliza estas para vários órgãos da administração pública, no intuito de promover a expansão das políticas públicas no Brasil; a implementação do correto emprego do dinheiro público; bem como a prevenção da corrupção.

Por estas razões, os serviços notariais e de registro vêm sendo acessados sem qualquer limite ou necessidade de autorização, o que é facilitado pela publicidade, cada vez mais auxiliada pela tecnologia da 'nuvem"

O presente artigo, basicamente, tem por objetivo trazer um panorama sobre os tipos de notariados existentes no mundo e, em especial, do notariado latino, no qual nos inserimos e que traz como premissa organização própria e independente. Analisaremos a necessidade do poder público em ter acesso às informações notariais e registrais e limites para este desiderato e, por derradeiro, analisaremos as possibilidades prementes para nossa regularização como instituição autônoma, antes que a atividade sucumba.

Sobre este tema, existem vários autores, grandes notários e registradores que muito se preocupam com o futuro da atividade. Como baluarte deste trabalho, esta autora teve o privilégio de contar com os aconselhamentos e desafios trazidos pelo **notável notário Carlos Luiz Poisl**, dos quais muito me utilizarei neste artigo.

2. EXEMPLOS DA ATIVIDADE NOTARIAL NO MUNDO E SUA REGULAÇÃO

2.1 Os tipos de notariados no mundo

O notariado brasileiro faz parte do notariado latino, o qual se difere do notariado tipo administrativo e do tipo anglo-saxão.

No modelo **anglo-saxão** – praticado no Reino Unido e em alguns poucos outros países de importância mundial – a atividade notarial é realizada por qualquer profissional. Sua nomeação é temporária e dispensa conhecimentos jurídicos. Não há necessidade de verificação da legalidade dos atos jurídicos entre os interessados como também não há obrigação de se guardar documentos ensejadores dos atos praticados.

A Inglaterra e os Estados Unidos da América são exemplos mundiais da prática do tipo anglo-saxão. O notário, como já se afirmou, não é agente público, mas sim um profissional liberal que tem por atribuição apor selos que visam a garantir que documentos não sejam alterados, bem como identificar assinaturas em documentos. Nos EUA, a nomeação é feita pelo governador, enquanto durar seu mandato. Na Inglaterra, a nomeação se dá pela Corte Judicial, através de "prelados", que nomeiam e removem os notários. Com algumas exceções, existem nestes países notários próximos ao modelo latino, que subscrevem declarações de vontade de eventuais interessados.

No notariado do **tipo administrativo,** tem o notário como servidor público remunerado pelo Estado e sua atuação é restrita a pequenos atos do cotidiano, uma vez que a intervenção estatal predomina em contraponto de raras negociações de ordem privada.

Países com política comunista como Cuba, Venezuela e Polônia, possuem este tipo de notário que, além de praticar atos em nome da Administração Pública, também presta assessoria aos cidadãos, fiscalizando o cumprimento de leis e o recolhimento de tributos.

A China mantinha este tipo de notariado, mas agora já atua com o notariado tipo latino. No ano 2000, implementou novas diretrizes, definindo que as atividades notariais seriam reguladas por leis de mercado mas sujeitas à fiscalização do Ministério da Justiça através da Associação Notarial Chinesa. Grande avanço que teve repercussão no Japão que, mesmo sem pertencer à tradição jurídica com origem romano-germânica, está aderindo ao sistema do notariado latino.

Pois bem. Delineados o notariado do tipo anglo-saxão e administrativo, é hora de tratar acerca do notariado **latino**, sistema jurídico mais disseminado no mundo, baseado no direito romano.

Este modelo caracteriza-se por uma função notarial independente, e tem como delegatário um profissional do direito, que desempenha funções de conferir autenticidade aos atos jurídicos; de aconselhamento e prestação da assessoria jurídica aos cidadãos; onde seus atos tem presunção de legalidade e de legitimidade consubstanciada na fé pública, ademais de sua função ser exercida em caráter privado como delegatários do Poder Público.

Para o desempenho deste mister, as atividades notarial e registral requerem conhecimentos em áreas especializadas do direito, como direito civilista, especialmente quanto às pessoas, coisas, obrigações, família, sucessões, sem olvidar do direito internacional privado, direito administrativo, direito tributário e do processo civil.

Um dos mais importantes exemplos deste tipo de notariado é o espanhol, onde o notário possui autonomia e independência funcional e está hierarquicamente dependente do Ministério da Justiça, onde o Ministro é o notário supremo do Estado bem como dependente da Direção Geral dos Registros e do Notariado.

Na França, a partir da Revolução Francesa, restaram instituídos notários públicos vitalícios, com a função de lavrar atos de sua competência e de imprimir o caráter de autenticidade própria dos documentos públicos. Na Itália, o notariado foi impulsionado pela Escola de Bolonha que, nos primeiros estatutos notariais, já mencionava como obrigação que todos deveriam pertencer a um colégio de notários.

O notariado português definiu, a partir do ano de 1900, que os notários até então denominados de magistrados de jurisdição voluntária comporiam a categoria de servidores públicos. Em 2004, passou a atividade para o setor privado. Na Alemanha, os Estados-membros têm autonomia para dispor sobre as atividades notariais, fiscalizar e nomear, mediante prévia audiência do Colégio de Notários.

O notariado tipo latino tem sua base fixada no direito romano e é utilizado na maior parte do mundo. Possui um órgão internacional, a União Internacional do Notariado Latino – UINL – com sede em Roma, hodiernamente apenas designada como UNIÃO INTERNACIONAL DO NOTARIADO,[2] a qual congrega mais de oitenta países, atua na fixação de regras gerais para buscar o máximo de simetrias, princípios e características em três pilares básicos: forma de atuação, formalização dos atos e organização da profissão notarial.

2.2 A União Internacional do Notariado e as diretrizes no notariado latino

Em recentes estudos publicados pela UIN, atesta-se que 60% do mundo pratica o tipo de notariado latino. Porém, assimetrias ocorrem de forma alarmante razão pela qual o órgão internacional tem o grande mister de regularizar de forma mais unânime o notariado bem como fortalecê-lo.

Os princípios fundamentais do sistema de notariado latino são pontos cardeais originados a partir de conclusões definidas em congressos promovidos pela UIN.

O Conselho Permanente deste órgão constatou a necessidade de se redigir um texto para servir de base para os países instituírem legislação própria do notariado, delimitando **forma de atuação, formalização de atos** e **organização profissional.**

Em 08 de novembro de 2005, foi criada, por este órgão internacional, carta de princípios fundamentais definindo principalmente estes três vieses. A carta é reconhecida como instrumento de eficácia internacional entre todos os países que adotam este tipo de notariado. Serve como fonte de trabalho, guia e orientação para promover, coordenar e desenvolver a função e a atividade notarial no mundo.

Esta carta foi aprovada por unanimidade em Assembleia Geral dos Notariados-Membros, realizada em 07 de novembro de 2005 em Roma, e encontra-se publicizada no site da União Internacional do Notariado[3].

---

2. Disponível em: <http://www.uinl.org/1/home-page>. Acesso em: 12 ago. 2016.
3. Disponível em: <http://www.uinl.org/146/les-principes-fondamentaux-du-notariat-de-
-type-latin> Acesso em: 12 ago. 2016.

Permitir-me-ei trazê-la na íntegra. Os *Princípios do Notariado Latino* foi traduzido para o português pelo notário Dr. João Figueiredo Ferreira[4]:

TÍTULO I

DO NOTARIADO E DA FUNÇÃO NOTARIAL

1. O Notário é um profissional do direito, titular de uma função pública, nomeado pelo Estado para conferir autenticidade aos atos e negócios jurídicos contidos nos documentos que redige, assim como para aconselhar e assessorar os requerentes de seus serviços.

2. A função notarial é uma função pública, razão pela qual o Notário tem a autoridade do Estado. É exercida de forma imparcial e independente, sem estar situada hierarquicamente entre os funcionários do Estado.

3. A função notarial se estende a todas as atividades jurídicas não contenciosas, confere ao usuário segurança jurídica, evita possíveis litígios e conflitos que se podem resolver por meio do exercício da mediação jurídica, constituindo-se em um instrumento indispensável para a administração de uma boa justiça.

TÍTULO II

DOS DOCUMENTOS NOTARIAIS

4. Os documentos notariais, que podem ter por objeto a formalização de atos e negócios de todo tipo, são os autorizados pelo Notário. Sua autenticidade compreende autoria, assinaturas, data e conteúdo. São conservados pelo Notário e classificados em ordem cronológica.

5. Na redação dos documentos notariais, o Notário – que deve atuar em todo momento conforme a Lei – interpreta a vontade das partes e adapta a mesma às exigências legais, dá fé sobre a identidade e qualifica a capacidade e legitimação dos outorgantes em relação ao ato ou negócio jurídico concreto que pretendem realizar. Controla a legalidade e deve assegurar-se de que a vontade das partes, que se expressa em sua presença, tenha sido livremente declarada. Tudo isso entendido com independência do suporte de que conste o documento notarial.

6. O Notário é o único responsável pela redação de seus documentos. É livre para aceitar ou recusar todo projeto ou minuta que lhe sejam apresentados, ou para neles introduzir – com o acordo das partes – as modificações que entenda pertinentes.

7. Os outorgantes de um documento notarial têm direito de obter cópias de seu original, que fica em poder do Notário. As cópias autênticas têm o mesmo valor que o original. O Notário poderá também expedir cópias em favor de pessoas que, segundo sua legislação nacional, tenham legítimo interesse em conhecer o conteúdo do documento.

---

4. Disponível em: <http://anoreg.org.br/index.php?option=com_content&view=article&id=5434:imported_5404& catid=54&Itemid=184> Acesso em: 12 ago. 2016.

8. Os documentos notariais gozam de uma dupla presunção de legalidade e de exatidão de seu conteúdo, e não podem ser contraditados senão pela via judicial. Estão revestidos de força probatória e executiva.

9. A atuação notarial se estende também à legitimação das assinaturas de particulares apostas em documentos privados, assim como à expedição de declaração de conformidade das cópias com seus originais para toda classe de documentos e de atividades previstas pela sua respectiva legislação nacional.

10. Os documentos notariais que respondam aos princípios aqui enunciados deverão ser reconhecidos em todos os Estados e neles produzir os mesmos efeitos probatórios, executivos e constitutivos de direitos e obrigações que em seu país de origem.

TÍTULO III

DA ORGANIZAÇÃO NOTARIAL

11. A lei nacional determinará a área de competência de cada Notário, assim como o número de Notários, que deve ser suficiente para assegurar convenientemente o serviço. A lei nacional determinará também o lugar de instalação de cada tabelionato, garantindo uma distribuição equitativa em todo o território nacional.

12. Os Notários *deverão* pertencer a um órgão colegiado. Um só órgão, composto exclusivamente por Notários, assumirá a representação do Notariado em cada país. (grifei)

13. A lei de cada Estado determinará as condições de acesso à profissão notarial e de exercício da função pública notarial, estabelecendo para tal fim as provas ou exames que se estimem oportunos, exigindo sempre dos candidatos a titulação de formado em Direito, ou grau universitário correspondente, e uma elevada qualificação jurídica.

TÍTULO IV

DA DEONTOLOGIA NOTARIAL

14. A Lei determinará o regime disciplinar dos Notários, que estará sob controle permanente da autoridade pública e dos órgãos colegiados.

15. O Notário está obrigado à lealdade e à integridade perante quem solicite seus serviços, o Estado e os seus colegas.

16. O Notário, de acordo com o caráter público de sua função, está obrigado a guardar segredo profissional.

17. O Notário está obrigado a ser imparcial, e essa imparcialidade se expressa igualmente mediante a prestação de uma assistência adequada à parte que se encontre em situação de inferioridade em relação à outra, para assim obter o equilíbrio necessário a fim de que o contrato seja celebrado em pé de igualdade.

18. A escolha do Notário corresponde exclusivamente às partes.

19. O Notário está obrigado a respeitar as regras deontológicas de sua profissão, tanto em nível nacional como internacional.

Mais de dez anos se passaram da definição destas regras básicas do notariado latino e vivenciam-se muitas assimetrias nos países que integram este tipo de notariado.

Ademais destes, temos disparidades quanto ao número de oficiais, que em alguns países integrantes da UIN, podem ter notários em números fixos, como na Argentina, ou notariado livre, como ocorre no Uruguai e ainda como na Alemanha, que possuem notários do tipo livre, restrito e judicial, ainda que todos praticantes do mesmo tipo latino de notariado.

Porém, a assimetria que mais compromete e é o escopo deste artigo, refere-se à organização corporativa. A grande maioria do notariado que pratica o tipo latino tem forte organização corporativa e filiação obrigatória como na Argentina, Espanha, França e Itália, enquanto outros apenas possuem associação civil, sem filiação obrigatória, como ocorre aqui no Brasil.

O Brasil está bem avançado na seara de legislações específicas e proativas nos termos do "Título I – Do Notariado e da Função Notarial" em disposições como o art. 236 da Constituição Federal de 1988; lei orgânica dos notários e registradores, Lei n.º 8.935/94); tudo certo também com as disposições do "Título II – Dos Documentos Notariais" na legislação infraconstitucional como a Lei n.º 8.935/94; Lei n.º 10.169/00; Lei n.º 6.015/73; Lei n.º 7.433/85; Lei n.º 10.406/02; Lei n.º 9.492/97; o país também está em consonância com os princípios gerais quanto às disposições do "Título IV – Da Deontologia Notarial" definidas no Código de Ética e Disciplina Notarial – Colégio Notarial Do Brasil[5] – Conselho Federal.

No entanto, faltam, dentro das diretrizes internacionais, as disposições contidas no **"Título III – Da Organização Notarial"**. Esta deve ser a luta dos notários e registradores brasileiros. Não se pode descansar enquanto não se concretize a criação de uma lei federal que institua a filiação obrigatória de todos os notários e registradores.

3. O NOTARIADO LATINO BRASILEIRO – DEPENDÊNCIA FUNCIONAL – AUTONOMIA INSTITUCIONAL

3.1 A origem da dependência funcional

Nosso notariado hoje está intrinsecamente dependente do Poder Judiciário e administrado por juízes assoberbados e engessados com demandas próprias do seu ofício de julgar e decidir litígios.

---

5. Disponível em: <http://www.notariado.org.br/index.php?pG=X19leGliZV9ub3RpY2lhcw==&in=NjAwMw==> Acesso em: 12 ago. 2016.

Não há minimamente qualquer condição técnica daqueles entrarem na seara notarial e registral, cujo principal mister é aconselhar e formalizar atos de acordo com a vontade das partes, adequando-as à legislação positivada.

Mas qual a razão, qual a origem desta vinculação com o Judiciário?! Luiz Carlos Poisl, em seu artigo *"Datas e Personagens da História"* [6], identifica a origem histórica da dependência do notariado com o Poder Judiciário:

> Depois da maior de todas as guerras, a Segunda Guerra Mundial, 1939/1945, propagou-se o ideário socialista e, como consequência, a intervenção do Estado em muitos setores da atividade. O notariado nacional sofreu essa influência. Sendo considerado dependência da Justiça dos Estados, surgiram nestes tentativas de estatizá-lo, uma vez que a Justiça é estatal. O serviço notarial, ao par do judicial, seria executado por funcionários públicos no sentido restrito.

A história mostra que a Emenda Constitucional n.º 7/77 foi editada, a partir do Ato Institucional n.º 5 de dezembro de 1968, prevendo a oficialização das serventias do foro judicial e extrajudicial:

> Emenda Constitucional n.º 07/1977, **Art. 206**. Ficam **oficializadas as serventias do foro JUDICIAL e EXTRAJUDICIAL**, mediante remuneração de seus servidores exclusivamente pelos cofres públicos, ressalvada a situação dos atuais titulares, vitalícios ou nomeados em caráter efetivo. (grifei)

Esta iminente estatização dos serviços extrajudiciais pelo governo militar de Ernesto Geisel só não ocorreu por influência direta de um pequeno grupo de tabeliães de São Paulo que conseguiram excluir, em outra Emenda Constitucional, a disposição que continha a oficialização das serventias extrajudiciais, mantendo esta apenas para as serventias judiciais:

> Emenda Constitucional n.º 22/1982, **Art. 206**. Ficam **oficializadas as serventias do foro JUDICIAL** mediante remuneração de seus servidores exclusivamente pelos cofres públicos, ressalvada a situação dos atuais titulares, vitalícios ou nomeados em caráter efetivo ou que tenham sido revertidos a titulares. (grifei)

---

6. Datas e Personagens da História - Carlos Luiz Poisl – Conselheiro Honorário da União Internacional do Notariado – Novo Hamburgo/RS. Disponível em:

    <http://www.notariado.org.br/index.php?pG=X19leGliZV9ub3RpY2lhcw==&in=MzM3NA==&filtro=9&Data=>. Acesso em: 12 ago. 2016.

No ano de 1988, com a promulgação da Carta Magna originária no país, instituiu-se a privatização da atividade notarial e registral no texto constitucional. O art. 236 assim definiu a atividade:

> Art. 236. Os serviços notariais e de registro são exercidos em caráter privado, por delegação do Poder Público.
>
> § 1º Lei regulará as atividades, disciplinará a responsabilidade civil e criminal dos notários, dos oficiais de registro e de seus prepostos, e definirá a fiscalização de seus atos pelo Poder Judiciário.
>
> § 2º Lei federal estabelecerá normas gerais para fixação de emolumentos relativos aos atos praticados pelos serviços notariais e de registro.
>
> § 3º O ingresso na atividade notarial e de registro depende de concurso público de provas e títulos, não se permitindo que qualquer serventia fique vaga, sem abertura de concurso de provimento ou de remoção, por mais de seis meses.

Esta regulação constitucional, com a previsão de leis que estabeleceriam normas gerais da atividade, adequou nosso notariado às diretrizes do notariado do tipo latino, exigindo igual forma de atuação, formalização de atos e organização profissional.

Para atender o parágrafo 1º da norma constitucional, no ano de 1994, com exemplar empenho de lideranças da atividade notarial e registral de todo país, foi aprovada a lei que regulamentou a atividade notarial e de registro – Lei nº 8.935/94. Porém, por invencível resistência de grandes autoridades da magistratura, reunidas no Estado da Bahia no mesmo ano da promulgação desta lei, o capítulo da ORGANIZAÇÃO PROFISSIONAL, que definia a autonomia institucional do notariado, foi retirada do texto legal sem muita motivação aparente.

A questão que restou para o grupo de notários e registradores empenhados neste mister de positivar a lei orgânica foi matemática: "**Queremos lei que atenda alguns dos objetivos da atividade ou não queremos lei?**"

Subliminarmente, esta foi a mensagem indireta que aquele grupo de notários e registradores teve que considerar e decidir. Inegável que a lei que atendesse aos anseios da categoria não seria possível, pelo forte *lobby* dos tribunais de justiça e de seus magistrados, em sentido contrário, decidindo-se em positivar a lei, subtraindo o capítulo da organização funcional.

Mas por que a atividade notarial, mesmo não tendo nada de judicial, não consegue sua independência? Mais uma vez, salientam-se os ensinamentos de Poisl[7], que buscam entender e apontar respostas do porquê desta insistente vinculação com o Poder Judiciário:

> Por que isso ainda não ocorreu? Se são tão distintas as duas funções, a judicial e a notarial, por que continua persistindo, no Brasil, a administração do notariado por um órgão que não tem função administrativa como o é o judiciário?[...]

Poisl conclui, apresentando duas possibilidades:

> 1) por causa da estratificação do erro secular e consequente receio de o enfrentar e corrigir; 2) por causa da relutância predominante na magistratura de abrir mão do poder que exerce sobre os agentes dos serviços chamados de "extrajudiciais"[...]

De toda sorte, não é crível um Poder Judiciário, que tem por mister julgar conflitos, que está com uma deficiência deflagrada de falta de juízes e de servidores, mesmo assim insiste em avocar tantas atribuições administrativas, como é o caso da atividade notarial e registral.

O Poder Judiciário não tem condições e nem necessidade de administrar os notários e registradores. Os juízes não têm formação para administrar atividades estranhas como o é a atividade notarial e de registro e nunca demonstraram empenho para melhorar a atividade na formação de maior qualificação dos seus administrados.

Não cabe ao poder judicial, como "administrador", elaborar minutas de atos que são **privativos** de notários e de registradores. A função notarial e de registro é única, é própria de seus delegatários. Eles que desempenham o mister de escutar, assessorar e elaborar atos jurídicos de acordo com a vontade dos interessados adequando-os à legislação pertinente. Quem deve ocupar esta função de assessorar, administrar e empreender esforços para qualificação de cada um dos notários e registradores são os órgãos de classe, em cada região, em cada Estado, bem como em nível Federal. São Colégios como: Conselho Federal; Colégio Notarial do Brasil; Instituto de Registro Imobiliário do Brasil; Associação Nacional dos Registradores de Pessoas Naturais; Instituto de Registro de Títulos e Documentos e de Pessoas Jurídicas do Brasil e Instituto de Estudos de Protestos de Títulos do Brasil.

O grande problema, no Brasil, é não ser obrigatória a filiação em um único e abrangente órgão institucional em nível federal, nos moldes da Ordem dos Advogados.

---

7. O Tabelionato e o Poder Judiciário – *Revista de Direito Notarial* – Ano 1 – n.º 1 – São Paulo: Quartier Latin –2009.

Nossa atividade é ainda mais prejudicada por diferentes regulamentações em cada Estado da federação, de acordo com a "normatização" de cada Tribunal de Justiça.

Há Estados onde o Tribunal de Justiça é onipresente, como ocorre em São Paulo, mas também ausente, como ocorre na Bahia e Piauí. Esta assimetria enfraquece como um todo a atividade notarial e de registro, no enfrentamento dos crimes de lavagem de dinheiro, de corrupção e falsidade documental, que encontram maior robustez legislativa em alguns Estados e, em outros, quiçá singelas normas facultativas de segurança.

A independência institucional e a unificação das regulamentações em todas as unidades da federação devem tornar-se os objetivos a serem alcançados pelos notários brasileiros.

3.2 A saga pela autonomia institucional

O notariado brasileiro está cada vez mais avançando para concretizar regras institucionais da União Internacional.

Importante avanço foi a exigência de título de Bacharel em Direito para ingresso na atividade notarial e de registro. Não poderia ser de outra forma, uma vez que a essência do notariado tipo latino é o assessoramento de forma igualitária aos interessados do mesmo ato.

Porém, fatos que devem ser perquiridos são os que distanciam o notariado brasileiro da pretendida autonomia institucional e sujeição cada vez maior do poder judicial; acrescente-se os sinais de estatização vinda da atividade direta do Congresso Nacional.

A lei orgânica da atividade notarial, Lei n.º 8.935/94, foi o avanço mais expressivo da atividade. A partir da exigência feita pela Constituição Federal de 1988, em seu art. 236, a lei outorgou independência na organização e execução dos serviços; disciplinou a responsabilidade civil e criminal, definindo **fiscalização dos atos pelo Poder Judiciário**, entre outros pontos.

Por mais que se tenha festejado a consolidação desta importante lei, oriunda de exigência expressa na Constituição, não se teve força o suficiente para aprová-la em seu texto original que incluia, entre outras coisas, a autonomia institucional, nos moldes do MP e da advocacia.

Advogados e promotores, outrora, também já estiveram atrelados a leis de organizações judiciárias e dependentes do Poder Judiciário e, mesmo diretamente ligados à seara judicial, conseguiram sua autonomia institucional, um contrassenso no que se refere à atividade notarial e de registro.

Nos países do notariado latino, são os próprios notários que se autogovernam, zelam por seu aperfeiçoamento e controlam toda e qualquer infração de ética praticada pelos seus. São exemplos internacionais: Alemanha, com suas Câmaras Notariais nas províncias e Conselho Federal no âmbito federal; Espanha, que possui um Conselho Nacional e Câmaras Regionais; Itália, que possui um Conselho Nacional do Notariado; em Portugal, a Ordem dos Notários; entre outros.

Trago aqui especial menção ao notariado argentino pela sua expressiva colaboração na formação do notariado latino.

Na Argentina, o exercício da atividade notarial está regulado por leis locais em cada um de seus Estados (províncias) que disciplinam os notários, o exercício da função, o documento notarial, ademais de sua organização institucional autônoma dentro dos princípios basilares do tipo latino.

O notário argentino é um profissional do direito que deve possuir título de bacharel em direito e qualificação específica; deve submeter-se a avaliações escritas e orais em concursos realizados pelo colégio de escribanos, ter e manter conduta honrosa. O número de notários é fixo e **para entrar em exercício na função, está obrigado a filiar-se ao Colégio Notarial**, jurar e prestar fiança, cumprir obrigações.

Cada Província mantém colégio notarial com capacidade jurídica de direito público, disciplinada pelo poder público local. O maior deles é o "Colegio de Escribanos de la Provincia de Buenos Aires" que governa a matrícula, fiscaliza se o exercício da função pública notarial está de acordo com a lei de organização e atua no controle da ética entre os seus.

Este controle é executado pelo Tribunal Notarial e um Juizado Notarial, que está organizado no âmbito da justiça ordinária do Departamento Judiciário, onde o juiz notarial é exercido por quem já tenha exercido o notariado.

A função do Colégio Notarial é ampla e administra todos os interesses da atividade e dos notários que obrigatoriamente o integram.

Sua auto-organização faz com que a atualização jurídica seja constante e obrigatória. Conta com a Universidade Notarial da Argentina (UNA); de uma Fundação Editorial Notarial própria (FEN); Revista Notarial; consultorias especializadas; entre outras diversas organizações específicas.

Em nível federal, conta com o Conselho Federal do Notariado, que direciona os colégios notariais de todas as Províncias. Internacionalmente, o notariado argentino é tido como um dos melhores exemplos atuais.

O notariado brasileiro tem inúmeras vantagens em relação ao argentino: principalmente a atuação na jurisdição voluntária, elaborando atos como divórcios, inventários, usucapião, entre outros. Porém, o que a Argentina mostra com eficiência e maestria é sua ORGANIZAÇÃO INSTITUCIONAL INDEPENDENTE.

O que é necessário para que o notariado brasileiro conquiste a independência institucional e afaste de uma vez por todas a estatização, vinda das inúmeras intervenções normativas realizadas pelo Congresso Nacional?

O notariado brasileiro vive há muitos anos sob pressão vinda do Congresso Nacional. Vários projetos já estão em Comissão de Justiça com parecer favorável e isso demonstra que cada vez mais não se chega a tempo para **estancar as pretensões dos deputados.**

Na mesma linha do insaciável Congresso Nacional, está o Poder Judiciário que cada vez mais conta e precisa dos repasses advindos dos emolumentos da atividade notarial e registral.

Os valores são vultosos. Pergunto-lhes: Alguém sabe como este dinheiro (MILHÕES), recolhido pelos Tribunais de Justiça é considerado nas receitas públicas?

Por que o Poder Judiciário não considera, sob nenhuma hipótese, afastar sua ingerência sobre a atividade notarial? Quais são os motivos desta necessidade uma vez que a atuação, formação e aparelhamento da atividade notarial está cada vez melhor, em dissonância do que ocorre com o Poder Judiciário. Por que querem administrar a atividade notarial?

Não há razoabilidade nem plausibilidade para que tal controle continue a ocorrer. O Poder Judiciário estagna o notariado e o diferencia, distanciando-o de unidade em muitos Estados que, por determinação de seus tribunais, buscam normatizar, em Códigos de Normas, a atividade notarial e de registro, resultando em Estados avançados e outros parados no tempo, deixando um notariado assimétrico e vulnerável.

O ex-presidente do Tribunal de Justiça e Corregedor Geral da Justiça, Desembargador José Renato Nalini[8] afirmou, em recente artigo, que o extrajudicial está muito mais avançado e diligente do que o próprio Judiciário:

> A solução que o constituinte encontrou para os serviços chamados extrajudiciais, os antigos "cartórios", foi a mais inteligente do pacto fundante de 5.10.1988. Entrega, mediante delegação, uma atuação estatal relevante para exercício pela iniciativa privada. Por conta e risco do delegado do serviço público.
>
> **Além de nada investir na serventia, o Governo leva quase metade da remuneração do responsável, que arca – integralmente – com o custeio dos serviços.**
>
> Houve um choque de eficiência na prestação a partir de 1988. Imbuídos da necessidade de oferecer préstimos cada dia melhores, **os novos delegados investiram em gestão inteligente. O resultado foi alvissareiro. O extrajudicial posicionou-se anos luz à frente do judicial em sentido estrito.**
>
> **Absorveu a realidade inevitável do advento de novas tecnologias de informação e comunicação e informatizou os trâmites que rememoravam a burocracia lusa dos tempos coloniais. Acabaram os "livrões", a caligrafia, os carimbos, as gelatinas para as cópias. Tudo digitalizado, tudo acessível e disponibilizado online *(sic)*, redução de tempo e de etapas.**
>
> Simultaneamente, removeu-se o ranço da antiqualha. Padrões contemporâneos no *design*, na divisão dos espaços, na estética atraente e sedutora, com a qual os destinatários dos serviços logo se acostumaram. **Verdadeira revolução cultural contagiou a categoria, ávida por assimilar os avanços *high-tech* e por se assenhorear de tudo o que há de mais moderno e funcional.**
>
> Não demorou para que **o Judiciário se apercebesse da mutação e passasse a se valer da *expertise* para vencer os desafios de uma jurisdição crescente e patológica**. O extrajudicial assumiu parcela considerável da chamada "jurisdição voluntária" e se excedeu na colaboração prestada à Justiça. (grifei)

Dr. Nalini afirma o quanto foi importante contar com o extrajudicial, durante o seu exercício da Corregedoria Geral do Estado no biênio 2012-2013 e durante o biênio 2014/2015 como presidente do Tribunal de Justiça de São Paulo, o maior do mundo: "[...] tive nos generosos parceiros do extrajudicial um esteio de valia inestimável." E continua:

---

8. Disponível em: <http://iregistradores.org.br/o-extrajudicial-tem-futuro/>. O Extrajudicial tem futuro – JOSÉ RENATO NALINI. Acesso em: 12 ago. 2016

> O conservadorismo não poderá vencer a requisição de eficiência que acometeu toda a sociedade brasileira, **que tem direitos a um atendimento com a qualidade assegurada pelas serventias, sempre capazes de superar dificuldades e aceitar acréscimo de atribuições.** Das quais **dão conta com evidente superioridade em relação à administração direta pelo Poder Público, sempre envolto em burocracia, ineficiência, formalismo estéril e, principalmente, falta de entusiasmo cívico.**
>
> Aqueles que não têm por si o Erário, **mas dependem de sua produtividade para sobreviver** atestaram que muito ajuda o Estado que não atrapalha a iniciativa privada, mais hábil e de maior competência para concretizar o ideal do princípio da subsidiariedade. (grifei)

Em conclusão, Dr. Nalini afirma:

> O tempo evidenciará que o extrajudicial ainda socorrerá o poder judiciário e o liberará de tarefas das quais hoje ele não se desvencilha. Tarefas que o extrajudicial realiza a contento e enorme economia de tempo e de recursos, com o acréscimo da segurança derivada de sua fé pública.

Mesmo sabendo da confiança, da importância da atividade notarial, não se pode deixar de temer alterações legislativas em seu desfavor.

O Ministro Marco Aurélio[9], em análise sobre a autonomia da atividade notarial e registral, destacou que notários e registradores atuam em caráter privado, sem sequer integrar a estrutura do Estado; atuam em recinto particular, contratam pessoas, de forma privada, pelo regime da Consolidação das Leis de Trabalho.

Desta forma, continua o Ministro, os delegatários devem exercer suas funções com total autonomia, sem submissão hierárquica ao poder delegante, sem qualquer relação direta com o Tesouro Nacional, sem sujeição ao Tribunal de Contas.

A exceção, destaca o Ministro, é quanto à sujeição à fiscalização por parte do Poder Judiciário, que "[...] visam *(sic)* garantir que os serviços sejam prestados no melhor interesse público, auferindo sua renda através dos emolumentos pagos pelos usuários dos serviços."

Hely Lopes Meirelles[10], administrativista, mencionava, em inúmeras oportunidades, que a noção de serviço público não é estável. Não é fácil distingui-lo, do ponto de vista material, de uma atividade econômica

---

9. STF - julgamento da ADIN 2602-0/MG.
10. MEIRELLES, Hely Lopes, *Direito Administrativo brasileiro*, 1993, p. 294.

pura. Seus contornos variam em função do tempo e do espaço "[...] ao sabor das necessidades e contingências políticas, econômicas, sociais e culturais de cada comunidade, em cada momento histórico."

Deve-se atentar acerca do *"sabor das necessidades e contingências políticas, econômicas [...]"* que em cada momento histórico que vivemos tudo pode mudar, tudo pode ser modificado pela promulgação de uma simples lei. Este perigo é iminente para a atividade que cada vez mais frequenta calorosos embates no Congresso Nacional.

Considerando estas manifestações, o que deve ser feito? O que deve ser feito para que os notários e registradores assumam de vez o seu lugar como instituição independente? De quem depende o alcance da autonomia funcional dos notários e registradores brasileiros? Dr. Luiz Carlos Poisl tem esta resposta: **"SE O TABELIÃO BRASILEIRO NÃO SALVAR O SEU NOTARIADO, NINGUÉM MAIS O FARÁ".**

A salvação está na atuação e tomada de decisões de cada tabelião, de cada registrador, por serem os únicos responsáveis pelas suas respectivas atividades.

Por falta de autonomia institucional, a filiação aos colégios notariais e registrais de cada Estado não pode ser obrigatória. Precisa-se de uma lei, na qual seja obrigatória a filiação de notários e registradores a uma associação, a qual faça valer a independência institucional pretendida.

4. PODERES NORMATIVOS, FISCALIZATÓRIOS E SANCIONATÓRIOS DOS TRIBUNAIS DE JUSTIÇA

O art. 236 da Carta Magna de 1988, ao determinar que os serviços notariais e de registros sejam exercidos em caráter privado, por delegação do Poder Público, afastou por completo que tais serviços sejam exercidos pelo Estado, quer diretamente por órgão integrante da sua estrutura, quer indiretamente, através de autarquia.

O § 1º do art. 236 da Constituição Federal prevê: "Lei regulará as atividades, disciplinará a responsabilidade civil e criminal dos notários, dos oficiais de registro e de seus prepostos, e **definirá a fiscalização de seus atos pelo Poder Judiciário**." (grifei)

A lei vigente para regular a atividade, Lei n.º 8.935/94, dispõe que a fiscalização judiciária será exercida pelo juízo competente:

Capitulo VII

Da Fiscalização pelo Poder Judiciário

Art. 37. A fiscalização judiciária dos atos notariais e de registro, mencionados nos artes. 6º a 13, **será exercida pelo juízo competente**, assim definido na órbita estadual e do Distrito Federal, sempre que necessário, ou mediante representação de qualquer interessado, quando da inobservância de obrigação legal por parte de notário ou de oficial de registro, ou de seus prepostos.

Parágrafo único. Quando, em autos ou papéis de que conhecer, o Juiz verificar a existência de crime de ação pública, remeterá ao Ministério Público as cópias e os documentos necessários ao oferecimento da denúncia.

Art. 38. **O juízo competente zelará** para que os serviços notariais e de registro sejam prestados com rapidez, qualidade satisfatória e de modo eficiente, podendo sugerir à autoridade competente a elaboração de planos de adequada e melhor prestação desses serviços, observados, também, critérios populacionais e sócio-econômicos, publicados regularmente pela Fundação Instituto Brasileiro de Geografia e Estatística. (grifei)

O excessivo poder de fiscalização foi objeto de demanda promovida pelo Colégio Notarial do Brasil, Secção do Rio Grande do Sul, representado pelo ilustre Dr. Ovídio Baptista da Silva, contra Provimento expedido pelo Desembargador da Corregedoria Geral da Justiça do Estado do Rio Grande do Sul que exorbitava diretrizes trazidas pela lei. Já em sede de Recurso Extraordinário nº 255124[11], onde foi Relator Ministro Néri da Silveira, restou evidente que a falta de autonomia da 'instituição notarial e registral' é que dá azo a esta fiscalização *ultra legis* do Poder Judiciário:

> Anote-se, desde logo, que a norma constitucional fala apenas em *fiscalização dos atos* dos notários e registradores pelo Poder Judiciário, e não em atos notariais e registrais como a regra do art. 38 da Lei n. 8935/94 veio restritivamente estabelecer.
>
> [...]
>
> A interpretação histórica desse diploma legal esclarece que, no curso do processo legislativo que redundou na edição da Lei n. 8935/94, **chegou a ser cogitada a completa independência das serventias notariais e registrais**. (grifei)
>
> Por exemplo, o Projeto de Lei n. 4573, de 06 de fevereiro de 1990, criava órgãos de controle interno para instituição notarial e registral (conselhos Federal e Regionais) e restringia a fiscalização pelo Poder Judiciá-

---

11. Disponível em: <http://redir.stf.jus.br/paginadorpub/paginador.jsp?docTP=AC&docID=258438> – paginas 16 e 17. Acesso em: 12 ago. 2016.

> rio dos atos praticados pelos notários e registradores "através dos processos de dúvida ou reclamação, por iniciativa do notário ou registrador, ou a requerimento das partes interessadas no ato." [...]
>
> A idéia era a criação de uma instituição semelhante à Ordem dos Advogados do Brasil ou dos Conselhos profissionais (engenheiros e arquitetos, médicos, assistentes sociais) com órgãos de controle interno.
>
> O projeto final, entretanto, que resultou na Lei n. 8935/94, não acolheu essa versão, preservando uma ampla fiscalização pelo Poder Judiciário.
>
> A interpretação sistemática e teleológica confirma essa conclusão.
>
> [...]
>
> Desse modo, a fiscalização pelo Poder Judiciário tem um conteúdo bastante amplo, não tendo o processo de emancipação que conduziu à autonomia em relação ao Poder Judiciário significado, por enquanto, a completa independência.
>
> A regulamentação da fiscalização exercida pelo Poder Judiciário feita especialmente nos artigos 37 e 38 da Lei n. 8935/94 marca exatamente essa necessidade de controle de toda a atividade notarial e registral.

Alegou-se que o diploma legal atribuía a fiscalização dos serviços notariais ao Poder Judiciário com restrição exclusiva aos atos e não à serventia enquanto estrutura administrativa e organizacional. Pretendeu-se, à época, sustentar a necessidade de se distinguir a fiscalização dos atos notariais – como atribuição do poder concedente e exercida pelo Poder Judiciário – e a fiscalização administrativa interna.

Dr. Ovídio não obteve êxito, justamente por não existir, na lei, regulação destas atribuições a outro órgão representativo da atividade.

A falta de previsão legislativa estava contemplada no Projeto de Lei n.º 4.213/1989[12] o qual não foi aprovado. Neste projeto, estava prevista a institucionalização da atividade como autônoma e criação do Conselho Federal e de Conselhos Regionais. Transcrevem-se os capítulos subtraídos do Projeto de Lei:

> **CAPÍTULO VII - Do Conselho Federal** – Art. 16. É criado o Conselho Federal de Notariado e de registros Públicos, com personalidade jurídica de direito privado e sede no Distrito Federal. Art. 17. O Conselho Federal definirá, em estatuto, sua organização administrativa e disporá sobre a criação de conselhos seccionais notariais e de conselhos seccionais de registros públicos, que terão personalidade jurídica de direito privado e autonomia financeira e patrimonial. Art. 18. Compete ao Conselho Federal: a) elaborar seus estatutos; b) eleger sua diretoria, com mandato de

---

12. Disponível em: <http://imagem.camara.gov.br/Imagem/d/pdf/DCD14DEZ1989.pdf#page=222>. Acesso em: 12 ago. 2016.

três anos; c) julgar, em grau de recurso, os atos dos conselhos regionais; d) elaborar o Código de Ética dos Notários e Registradores; e) aprimorar os serviços notariais e de registro, mediante cursos, palestras, congressos e outros eventos; f) encaminhar ao Poder Judiciário sugestões e propostas para aprimorar e atualizar os serviços, por meio de estudos promovidos pelos conselhos regionais; g) manter registro dos notários e registradores matriculados nos conselhos regionais; h) representar a categoria perante os órgãos federais nos assuntos de interesse daquela. Art. 19. Compõem o Conselho Federal: I – um representante de cada conselho regional; II – o presidente de cada um dos cinco conselhos regionais notariais e de registro com maior número de representantes;

CAPÍTULO VIII - Dos Conselhos Regionais – Art. 20: São atribuições dos conselhos regionais: a) elaborar seu regimento interno; b) organizar e manter o registro dos membros da secção; c) acompanhar e zelar pelo exercício da atividade notarial e de registros dentro das normas éticas fixadas pelo Conselho Federal; d) emitir parecer para o Conselho Federal sobre estudos efetuados, para aprimorar e atualizar os serviços notariais e de registros; e) manter nos conselhos notariais registro dos testamentos lavrados e aprovados na seção, fornecendo certidões de seu arquivo; f) manter atualizado seu cadastro de membros junto ao Conselho Federal; g) prestar a seus membros assistência técnica, visando ao aprimoramento dos serviços; b) representar a categoria junto a órgãos estaduais e municipais nos assuntos de interesse daquela; i) auxiliar o Poder Judiciário na fiscalização dos serviços notariais e de registro; j) designar membros para participarem na comissão de concurso que trata o art. 13 desta lei. Art. 21. Todos os notários e registradores e somente eles são membros obrigatórios dos respectivos conselhos regionais, contribuindo para sua manutenção de acordo com o que estabelecer o estatuto. Parágrafo único. De sua arrecadação, os conselhos regionais destinarão 20% (vinte por cento) ao Conselho Federal.

Denota-se que o Projeto de Lei que embasou a Lei n.º 8.935/94 previa expressamente a INDEPENDÊNCIA DAS SERVENTIAS NOTARIAIS E REGISTRAIS, CRIANDO ÓRGÃOS DE CONTROLE INTERNO PARA INSTITUIÇÃO NOTARIAL E REGISTRAL (conselhos Federal e Regional) e assim restringindo a fiscalização pelo Poder Judiciário.

Nesta linha primeira, visando à independência institucional, restou consignado na lei aprovada (artigos 21[13] e 28[14]), a responsabilidade ex-

---

13. Art. 21. **O gerenciamento administrativo e financeiro dos serviços notariais e de registro é da responsabilidade exclusiva do respectivo titular**, inclusive no que diz respeito às despesas de custeio, investimento e pessoal, cabendo-lhe estabelecer normas, condições e obrigações relativas à atribuição de funções e de remuneração de seus prepostos de modo a obter a melhor qualidade na prestação dos serviços. (grifei)

14. Art. 28. **Os notários e oficiais de registro gozam de independência no exercício de suas atribuições,** têm direito à percepção dos emolumentos integrais pelos atos praticados na

clusiva, ao oficial titular, o gerenciamento administrativo e financeiro de sua serventia, realçando o direito de gozar de independência no exercício de suas atribuições.

Mesmo assim, contrariamente à intenção desta previsão legislativa, o Supremo Tribunal Federal afirmou que a fiscalização não abrangeria apenas os atos notariais e de registro, mas também o funcionamento do serviço. Acórdão publicado do RE 255.124-RS/2002[15], Relator, o Ministro Néri da Silveira:

> "Desse modo, a fiscalização pelo Poder Judiciário tem um conteúdo bastante amplo, não tendo o processo de emancipação que conduziu à autonomia em relação ao Poder Judiciário significado, por enquanto, à completa independência.
>
> A regulamentação da fiscalização exercida pelo Poder Judiciário, feita especialmente nos artigos 37 e 38 da Lei nº 8935/94 marca exatamente essa necessidade de controle de toda a atividade notarial e registral.
>
> Embora o crescimento da autonomia dos serviços notariais e de registro tenha estabelecido uma nova equação na sua relação com o poder de controle dos órgãos judiciários, não houve extinção da fiscalização e orientação.
>
> Pelo contrário, a fiscalização e a orientação continuam necessárias para o controle de diversos atos praticados pelos notários e registradores, como por exemplo: a) valor dos emolumentos cobrado das partes; b) a verificação da qualidade do serviço prestado pela serventia; c) verificação da necessidade de criação, extinção ou aglutinação de serviços; d) a regularidade das atividades para preservação de eventual responsabilidade do poder público delegante por débitos trabalhistas, civis, previdenciários e fiscais do titular do serviço delegado.
>
> Desse modo, a necessidade de fiscalização continua presente no novo sistema.

Por decisão puramente política, o constituinte decidiu mutilar o Projeto de Lei que ensejaria a independência institucional e encarregou o Poder Judiciário de fiscalizar os atos praticados pelos delegatários; este foi além do texto legal e hoje fiscaliza e supervisiona toda a atividade notarial e registral.

---

serventia e só perderão a delegação nas hipóteses previstas em lei. (grifei)

15. Disponível em: <http://www.stf.jus.br/portal/diarioJustica/verDiarioProcesso.asp?numDj=216&dataPublicacao

Dj= 08/11/2002&incidente=1779066&codCapitulo=5&numMateria=36&codMateria=1>. Acesso em: 12 ago. 2016.

5. DIREITO À PRIVACIDADE X PUBLICIDADE REGISTRAL – EXPANSÃO DAS POLÍTICAS PÚBLICAS NO BRASIL – NECESSIDADE DA INFORMAÇÃO NOTARIAL E REGISTRAL – PUBLICIZAÇÃO DO ACERVO –

Quais são os limites de acesso às informações notariais e registrais da vida privada do cidadão frente ao poder público?!

Quais são os limites de disponibilização destas informações, prestadas pelos serviços notariais e registrais, cedidas para empresas privadas?!

Este tema enseja muita preocupação da classe notarial e registral e já ocupou muitos debates e divergências de entendimentos, sobretudo a exigência de disponibilizar os acervos de forma concentrada em "nuvem", colocando em xeque o poder que se tem sobre a informação dos mesmos, sob o pretexto de que podem ser úteis no processo de implantação de políticas públicas.

Neste momento, não se está considerando a limitação das informações trazidas pela Lei n.º 12.527/2011, que disciplinou, entre outros pontos, o acesso às informações dos órgãos da administração direta e indireta; informações que tratam da vida privada dos cidadãos, desde seu nascimento até sua morte; informações de foro íntimo que só interessam aos mesmos ou a quem de direito e que em muitos casos só podem ser disponibilizadas com autorização judicial.

A Ministra Carmen Lúcia Antonio Rocha[16] refere que a privacidade é:

> [...] direito que tem uma pessoa de manter sob a sua esfera de decisão, nos termos do direito vigente no sistema considerado, o conhecimento de dados relativos à sua pessoa, sejam eles referentes à sua intimidade, a seus bens, opções pessoais, profissionais, patrimoniais, ou quaisquer fatos que respeitem à sua vida.

Decorre deste princípio a garantia do sigilo, que garante proteção ao indivíduo de seus segredos na esfera íntima e de sua vida privada, já que importam apenas a ele ou ao grupo familiar tais informações.

O respeito à privacidade e à intimidade são direitos humanos no mundo.

---

16. ROCHA, Carmen Lúcia Antunes. Direito à Privacidade e os Sigilos Fiscal e Bancário. Interesse Público. Porto Alegre: *Notadez,* Ano 5, n.º 20, p. 13/43, jul./ago. 2003.

O direito internacional prevê, na Declaração Universal dos Direitos Humanos, já em 1948, em seu art. 12, que: **"Ninguém será sujeito a interferências na sua vida privada, na sua família, no seu lar ou na sua correspondência, nem a ataques à sua honra e reputação"**.

No âmbito infraconstitucional brasileiro, há leis que regulamentam a proteção à privacidade e intimidade das pessoas, que estabelecem excepcionalidades e possibilitam o acesso a dados e informações privados de acordo com o interesse público.

A regra geral é a preservação da intimidade e privacidade dos cidadãos. Isto é, a impossibilidade de acessar dados e informações de caráter privado e íntimo das pessoas, que seja dissociado de indicativos necessários para atuação fiscalizatória do poder público por expressa obediência ao que dispõe o art. 5º, X, da Constituição Federal.

Tal regra não possui caráter absoluto e pode ser flexibilizada em determinadas situações pela administração pública.

De outra banda, há a possibilidade de acesso de dados e informações que não estejam cobertos por sigilo e podem ser de conhecimento público. Neste, não há qualquer óbice para o conhecimento de informações por parte da administração e de qualquer indivíduo.

Muitas destas possibilidades de acesso estão ligadas à atividade registral quando as informações referem-se aos registros de nascimento, casamento, óbito, inscrição de pessoas jurídicas e seu quadro societário, registro de aquisição de propriedades, averbações de indisponibilidades; outras ligadas à atividade notarial quando as informações referem-se a aquisição de bens, direitos, propriedade, doações, testamentos.

A regra geral, na seara dos registros públicos, conforme preconiza a Lei n.º 6.015/73, art. 17, é de publicidade nas informações ao garantir a qualquer indivíduo direito de solicitar certidão de registro sem a necessidade de motivação do pedido. Porém, **esta regra sofre limitações inarredáveis pela existência de sigilo sobre aspectos que dizem respeito à intimidade dos registrados e somente por ordem judicial poderão ser conhecidas**.

No acervo registral, há informações registradas em averbações sob o manto do sigilo absoluto e dizem respeito somente aos envolvidos como nos casos de adoção; nas trocas de nome de pessoas, que foram ameaçadas (Lei de Proteção à Vítima e à Testemunha) e estão no sistema de proteção a testemunhas; reconhecimento de filiação extraconjugal; legitimação por subsequência ao matrimônio, entre outros.

Estas informações não podem ser publicizadas ao poder público. Não é questão de analisar este assunto sob o prisma que, se para qualquer cidadão é garantido o livre acesso às informações, não seria plausível que houvesse imposição ao Estado. Aqui, o que deve ser levado em conta é que, na seara registral, a observância à garantia ao direito de privacidade, da intimidade e do sigilo das informações, são formais e rígidas. Estas devem sim estar inseridas em um círculo de maior restrição para que não corram o risco de acabar em bancos de dados cedidos ou comercializados sem qualquer cuidado.

Registradores e notários são os guardiões das informações sob sua responsabilidade. O direito à intimidade e à privacidade do indivíduo não tem caráter absoluto, sendo que o mesmo pode ser relativizado, sempre que o Estado comprovar justo interesse em ter acesso a tais informações.

Todavia, não se pretende afirmar que o direito à informação é oponível à administração pública. Porém deve-se atentar para que o acesso das informações não coloquem em risco o sigilo e a intimidade dos indivíduos em prol do interesse público primário.

O reconhecimento do interesse público não deve ser tido como regra geral. Este interesse público deve ser mitigado e relativizado, para que não possibilite a qualquer agente público ter acesso a dados relativos à vida privada, ainda que seja necessário para o incremento de políticas públicas, no intuito de melhor solucionar as assimetrias existentes em nosso país.

O Estado contemporâneo é o garantidor dos direitos fundamentais do indivíduo e da sociedade. Nesta linha, é necessário o acesso às informações de pessoas e do núcleo familiar, a fim de poder evitar fraudes para o exercício de fiscalização do bom emprego do dinheiro público. Mas esse mister não pode relativizar a segurança de todas as informações privadas dos cidadãos.

Neste diapasão, a imprescindibilidade de acesso a informações está diretamente ligada ao limite da necessidade e limites para órgãos integrantes da poder público. Que as informações sejam específicas para a consecução do seu fim e nunca à totalidade destas, sob pena de serem disponibilizadas para fins comerciais, como temos acompanhado.

5.1 O futuro da atividade notarial e registro x O poder da informação

Como demonstrado anteriormente, existe o temor iminente de que nossas informações, ao dissabor de posições de autoridades, mudem de mãos sem muita discussão. A disponibilização em "nuvem" do acervo registral é temerária.

A instabilidade no futuro de nossa atividade foi tema de evento promovido pelo Tribunal de Justiça de São Paulo. O evento, coordenado pelos Desembargadores Dr. José Renato Nalini e Dr. Ricardo Dip "**O futuro dos Registros e das Notas**", visou à valorização, proteção e aperfeiçoamento das atividades registrais e notariais no Brasil.

O Registrador Sérgio Jacomino, presidente da academia paulista de direito registral, emitiu opinião acerca deste encontro, afirmando que é uma sinalização inequívoca da importância dos notários e dos registradores, no âmbito do Judiciário, representando um contraponto fundamental à jurisdição e promoção da segurança jurídica preventiva nas relações entre privados. Jacomino adverte que:

> [...] os oficiais e tabeliães são os guardiões dos acervos de dados de caráter privado dos cidadãos, publicando situações jurídicas pessoais e reais, atividade que considero fundamental para a pólis. **Os dados não podem ser profanados pelo próprio Estado, em concerto com empresas privadas**, sob pena de malferir o sistema criado pelo engenho de nossos maiores que concilia, perfeitamente, os princípios de publicidade e proteção de dados de caráter pessoal.

A palestra do Desembargador do TJSP[17], no evento, foi em tom de provocação, afirmando: "*não nos percamos de nossa origem e assumamos nossa responsabilidade enquanto precursores da custódia exclusiva das informações dos cidadãos*". Enfatizou que os notários exercem a **magistratura da paz jurídica** e, nesta condição, de custódia das liberdades de garantia dos direitos, exercem elevada função.

Afirmou que **o dever de proteção dos dados, do patrimônio pessoal e real de todos os cidadãos é de responsabilidade do notariado.**

Continuou afirmando que o Tabelião é o defensor dos *status* político, familiar e individual, da liberdade, da privacidade, do nome, da honra, dos bens materiais, dentre outras atribuições. Enfatizou que:

---

17. Disponível em: <https://www.youtube.com/watch?v=ke7YTFf3VUg>. Palestra do Dr. Ricardo Dip, Desembargador do TJSP. Acesso em: 12 ago. 2016.

> [...] Deveis, pois, muita gratidão a esta soberania social que está na origem de vossas alçadas funções. DEVEIS JUSTIÇA AOS SENTIMENTOS HISTÓRICOS DO POVO, AOS SEUS COSTUMES, AOS SEUS ANSEIOS, A SUAS INSTITUIÇÕES SECULARES. Sois fruto de uma tradição. Sois o que sois por força do que sempre fostes... haveis por esta tradição combater, porque ela constitui a própria alma notarial e registral, porque ela, sufrágio universal dos séculos, consagrou-os guardião das liberdades e certamente ninguém vos reconhecerá no dia ingrato que já não fordes militantes destas mesmas liberdades.

Concluiu alertando:

> [...] NESTE DIA TENEBROSO, QUE ESPEREMOS NÃO VENHA OCORRER, **QUE TABELIÃES E REGISTRADORES JÁ NÃO TIVEREM DEPENDÊNCIA E A CUSTÓDIA EXCLUSIVA DOS INDICATIVOS MAIS ELEVADOS DE NOSSAS PESSOAS.** ENTÃO, NESTE DIA TENEBROSO, NÃO SE QUEIRA VENHA A EXISTIR, MAS NÃO HAVERÁ TABELIÃES, MAS NÃO HAVERÁ REGISTRADORES, PORQUE ENTÃO É MUITO DE TEMER. PORQUE JÁ NÃO HAVERÁ ESPERANÇA DE DIREITOS NEM JÁ HAVERÁ LIBERDADES.

O Presidente do Tribunal de Justiça[18] realçou a importância do conhecimento que notário e registrador devem possuir para passar por todas as fases de um dos concursos mais difíceis e concorridos do país. Todo este conhecimento é necessário, já que a delegação se dá a um "**técnico capaz de responder as indagações e os desafios daquele que é talvez o único representante do Estado naquele distrito.**"

Demonstrou imensa alegria e esperança ao poder entregar mais funções aos colaboradores, parceiros dos Registros Civis, ao Registro de Imóveis, aos Tabelionatos de Protesto, de Notas, Registros de Títulos e Documentos e Registro Civil das Pessoas Jurídicas. Enfatizou que todas as categorias têm condições de se apropriar de uma grande parcela daquele acúmulo de tarefas atribuídas ao Poder Judiciário, que não guardam conflito, controvérsias e reforçou o que Desembargador Dip disse: "**vocês são a MAGISTRATURA DA PAZ, MAGISTRATURA DA CONCILIAÇÃO.**"

Mencionou ainda que, ao prevenir litígio, notários e registradores estão prestando um serviço não ao Poder Judiciário, mas sim à nação brasileira.

---

18. Disponível em: <https://www.youtube.com/watch?v=CHMmOYIdF4A> Palestra com o Desembargador Dr. José Renato Nalini. Acesso em: 12 ago. 2016.

Concluiu indagando sobre o que está acontecendo com nossa atividade, levantando a hipótese de estar falha a comunicação que temos com a sociedade, pois:

> Nós não estamos conseguindo despertar aquele resíduo de capacidade de indignação que o brasileiro tem que ter diante do descalabro, diante da corrupção, diante da falta de confiabilidade das instituições. Será que nós não podemos mostrar **que existe um nicho onde as coisas funcionam**? A aliança daquilo que é tradição e a tecnologia de ponta se adiantou ao próprio judiciário. A informatização foi antecipada pelos senhores. (grifei)

Arrematando, o Presidente do Colégio do Brasil[19], Seção SP, manifestou-se dizendo que a importância do notariado se faz por sua atuação, se faz pelas suas vicissitudes e abrangência dos atos notariais na prevenção dos litígios. Urge elevar o notariado à sua real categoria, de função nobre por excelência, essencial ao direito, à estabilidade das relações, ao Estado, à sociedade e à vida.

Em que pese todas estas brilhantes exposições, que enaltecem a atividade registral e notarial e demonstram a responsabilidade que os delegatários devem ter sob sua serventia, não há como deixar de ressaltar a importância da informação sob responsabilidade exclusiva deste.

Há ótimos exemplos de como os notários e registradores podem promover a segurança, na atividade que lhes compete, disponibilizando apenas o que for realmente importante ao poder público. O CENSEC, a Penhora *on-line*, o SREI são exemplos de que o poder da informação continua sob o domínio do delegatário.

A Central Notarial de Serviços Eletrônicos Compartilhados é um sistema administrado pelo Colégio Notarial do Brasil, que tem por finalidade gerenciar banco de dados com informações específicas sobre existência de testamentos, procurações e escrituras públicas de qualquer natureza, como as de separações, divórcios e inventários, lavrados em todos os cartórios do Brasil.

Este sistema gerencia o banco de dados dos tabeliães de notas, com informações dos seus atos notariais, trazendo a **identificação dos interessados, do negócio entabulado, data do ato, livro e folhas em que o mesmo foi lavrado, inscrição no CPF/MF e n.º do RG** dos envolvidos.

---

19. Disponível em: <https://www.youtube.com/watch?v=LEi9mjkdEV> Palestra com o Dr. Carlos Fernandes Brasil Chaves. Acesso em: 12 ago. 2016

Na medida em que são apenas disponibilizadas informações específicas do ato, trazem extrema segurança e a continuação do poder da informação nas mãos dos notários.

Outra medida salutar, extremamente benéfica para a sociedade e que resguarda o poder de informação com exclusividade aos registradores de imóveis, é o sistema da penhora *on-line*.

Este sistema foi desenvolvido com objetivo de interligar o Poder Judiciário ao Registro de Imóveis, permitindo àquele realizar pesquisa de bens pelo CPF/CNPJ ou ainda pedir uma certidão digital através do número da matrícula[20].

No ano de 2016, entrou em vigor outra importante ferramenta do registro imobiliário, que expressamente definiu quem detém a origem da informação. O Sistema de Registro Eletrônico do Registro de Imóveis – SREI.

Foi instituído pelo Provimento n.º 47/2015[21] do CNJ e tem como objetivo facilitar o intercâmbio de informações entre os ofícios de Registro de Imóveis, o Poder Judiciário, a administração pública e o público em geral, dando celeridade à prestação jurisdicional e ao serviço público. Diversos serviços são disponibilizados *on-line*, como pedidos de certidões, visualização eletrônica da matrícula do imóvel, pesquisas de bens que permite a busca por CPF ou CNPJ.

Nas operações das centrais destes serviços eletrônicos compartilhados, devem ser respeitados os direitos: à privacidade, à proteção dos dados pessoais e ao sigilo das comunicações privadas e dos registros.

Importa ressaltar, no contexto deste trabalho, que o art. 4º de referido Provimento aduz que aquelas solicitações feitas através das centrais serão enviadas ao Serviço registral imobiliário competente **"que será o único responsável pelo processamento e atendimento."** Ademais de consignar que os oficiais **"deverão manter, em segurança e sob seu exclusivo controle**, indefinida e permanentemente, **os livros, classificadores, documentos e dados eletrônicos, e responderão por sua guarda e conservação."**

---

20. Site da ARISP – Disponível em: <https://www.penhoraonline.org.br/>. Acesso em: 22 de out. 2016.

21. Disponível em: <http://www.cnj.jus.br/files/atos_administrativos/provimento-n47-18--06-2015-corregedoria.pdf>. Acesso em: 22 de out. 2016.

Concluindo, todas as ferramentas implementadas, que publicizam informações notariais e registrais, devem ser limitadas.

Não se deve permitir que todas as informações estejam disponíveis de forma centralizada em sistemas de fácil acesso ao poder público. É necessário evitar que a atividade notarial e registral seja substituída por qualquer outra forma de atividade reduzida.

5.2 Publicização do acervo x Disponibilização de informações – CRC Nacional, SIRC

Como afirmado anteriormente, nenhum direito ou garantia, mesmos aqueles considerados como fundamentais, possuem privacidade em caráter absoluto.

A própria Constituição reconhece que, quando por interesse relevante, se relativize o direito à privacidade nas informações da vida privada de um indivíduo ou de um grupo.

Há algumas exceções, entre elas a do princípio inserto no inciso XII do art. 5º da CF/88, que estabelece a possibilidade de quebra do sigilo telefônico, desde que por ordem judicial.

Os notários e registradores são os guardiões de informações que possuem sigilo inarredável, só podendo ser utilizada com ordem judicial e para fins judiciais em processos que correm sob segredo de justiça. Com a digitalização e disponibilização dos acervos, estas informações de caráter absoluto estão vulneráveis e podem ser acessadas por muitos usuários que dispõem de acesso à plataforma digital dos sistemas da CRC Nacional através de prévio cadastro e certificação digital.

É preciso fazer valer esta confiança com responsabilidade para se manter as informações seguras e, em casos específicos, por ordem judicial, fornecê-las somente a quem detiver a mesma responsabilidade.

As associações representativas da atividade buscam várias formas de colocar os notários e registradores em evidência, mostrando o quanto se investe em tecnologia e, em certos casos, muito mais que os órgãos da administração pública e do próprio judiciário.

Todavia, o uso de tais avanços e tecnologias deve ser muito bem cuidado quanto a sua aplicabilidade para que não se corra o risco de disponibilizar tais informações de forma indiscriminada.

Uma plataforma no ambiente da CRC[22] Nacional é preocupante, tal como o sistema SOFIA[23]. Não pelo teor das diretrizes do Provimento n.º 46/2015 do Conselho Nacional de Justiça, que prevê certos limites, mas pela facilidade de alteração de provimentos e de normas legislativas que hodiernamente presenciamos no Brasil. O país atravessa um período de incertezas e instabilidade em todas as instituições e o Congresso Nacional está olhando para a atividade notarial e registral como uma saída momentânea.

O CNJ[24], ao instituir a CRC, considerou garantias aos princípios e garantias constitucionais previstas no art. 5º, X da CF/88, destacando a importância da interligação entre os cartórios de Registro Civil das Pessoas Naturais com o Poder Judiciário e os órgãos da administração pública.

Criada com o intuito de atender o interesse público, desburocratizando a prestação dos serviços correspondentes, normatizou no parágrafo único do artigo primeiro que:

> Parágrafo único. Os Oficiais de Registro Civil das Pessoas Naturais, pessoalmente, ou por meio das Centrais de Informações do Registro Civil – CRC devem fornecer meios tecnológicos para o acesso das informações **exclusivamente estatísticas à Administração Pública Direta, sendo-lhes vedado o envio e repasse de dados de forma genérica, que não justifiquem seu fim**, devendo respeitar-se o princípio e a garantia previstos no inciso X do art. 5º da Constituição Federal de 1988[25]. (grifei)

Ressalte-se a obrigação do Parágrafo Único: "[...] o acesso das informações **exclusivamente estatísticas** à Administração Pública Direta, sendo-lhes **vedado o envio e repasse de dados de forma genérica**, que não justifiquem seu fim, [...]". (grifei)

De acordo com o provimento acima, dever-se-ia apenas formar um amplo arquivo de dados de todos os registros e atos dos acervos constando, sucintamente, informações para possibilitar buscas como número de livro, folhas do ato, nome do registrado, data de nascimento, casamento, óbito, filiação, interligando colegas de todo o Brasil.

---

22. Central de Informações do Registro Civil.
23. Software Inteligente ARPEN.
24. Conselho Nacional de Justiça
25. Disponível em: <http://www.cnj.jus.br/busca-atos-adm?documento=2966>. Acesso em: 22 out. 2016.

Porém, veio normativa sobre a digitalização de todo acervo notarial e registral e a transferência destas imagens para "nuvem", sob a justificativa de salvar o acervo de catástrofes naturais, fora do ambiente físico de nossas serventias. Louvável tal iniciativa, considerando que muitos acervos foram destruídos por inundações e também pelo fogo em prédios onde estavam instalados.

Mas por que estas digitalizações do acervo devem ser disponibilizadas em nuvem pública de forma centralizada?! Por que estes arquivos de imagens digitalizadas não continuam apenas sob o exclusivo controle de cada delegatário?! Por que deve-se, conscientemente, disponibilizar o poder da informação para que, em momento seguinte, poder ser determinado através de Provimento ou de Lei de que este acervo seja transferido ao poder público?! Cada vez veem-se mais propostas para que a atividade notarial e registral seja novamente estatizada. Cada vez mais são implementadas novas funcionalidades em *softwares* no mundo digital facilitando o acesso a informações dos acervos extrajudiciais.

Em pouco tempo, as pessoas poderão, via internet, acessar um banco de dados (que já é disponibilizado) e preencher formulários para habilitação de casamento (o edital já é digital); formulários para registrar seu filho; registrar o óbito de seus entes falecidos; outro formulário para requisitar e imprimir a segunda via de seus registros sem a figura de um registrador ou de um notário neste processo.

Não se trata de ser contra a modernização dos sistemas, muito menos que as informações cheguem aos interessados em tempo real. Não se pode concordar com a obrigatoriedade de dispor do ACERVO DIGITALIZADO, disponibilizando o que se tem de mais valioso nesta atividade: A SEGURANÇA DAS INFORMAÇÕES NAS MÃOS DOS NOTÁRIOS E REGISTRADORES. Para acessá-las **na íntegra** deve ser necessário existir o espaço físico chamado SERVIÇO NOTARIAL e/ou SERVIÇO REGISTRAL.

O Projeto SOFIA foi um dos projetos mais esperados por todos. A concretização, em janeiro de 2015, trouxe a confirmação de como se pode prestar um serviço rápido, eficiente e de qualidade.

A plataforma do SOFIA interconectou todos os serviços registrais de São Paulo. Atendeu as digitalizações dos acervos registrais, gestão eletrônica dos documentos de registros, operação do E-Protocolo, E-Proclamas, Livro Eletrônico entre outros. Por derradeiro, foi inaugurada a substituição da escrituração mecânica pela escrituração eletrônica dos atos do Registro Civil.

Diante de tal avanço e excelente sistema, precisa-se de segurança nos acervos no mesmo nível. Precisamos garantir um sistema de frear qualquer investida do poder público para que o controle do acervo digital não troque de mãos.

Não bastasse esta ameaça, ainda é necessário proteger-se contra a recente implantação do Sistema Nacional de Informações do Registro Civil – SIRC – e da criação de Autarquia pelo Tribunal Superior Eleitoral – Projeto de Lei n.º 1775/15 – instituindo Registro Civil Nacional o qual irá dizimar e esvaziar, caso seja aprovado, a atividade dos Registros Civis das Pessoas Naturais.

Nas palavras do Presidente Nacional da ARPEN Brasil[26], o Projeto de Lei é inconstitucional em vários aspectos. Uma de suas inconstitucionalidades é que este projeto invade competência dos tribunais de justiça dos Estados e do Distrito Federal ao usar a expressão "**Registro Civil**".

A ameaça é evidente pela concentração de todos os dados do cidadão, dados biométricos e dados biográficos, em um só órgão e este, sendo eleitoral.

Os dados do TSE já são **cedidos** para empresas privadas (proibida a comercialização e não a cessão). O TSE repassou informações de mais de 141 milhões de brasileiros para uma empresa privada, que comercializa dados, afetando praticamente todos os cidadãos com mais de 18 anos, que não poderão protestar contra a abertura de seus dados.

Especialistas em privacidade e advogados ouvidos pelo jornal *Estadão*[27] ficaram surpresos com a "terceirização" de dados privados sob a guarda de um órgão público. "*Fornecer banco de dados para a Serasa me parece uma violação do direito à privacidade, o que é inconstitucional*", disse o criminalista Antônio Cláudio Mariz de Oliveira. "*O importante é saber que esses dados fazem parte da sua personalidade, e ela é protegida pela Constituição*", sustenta.

Estes fatos são preocupantes. Dados privados confiados a uma entidade pública foram repassados a uma entidade privada, sem que precisasse de algum procedimento ou permissão superior. Esta empresa

---

26. Disponibilizado em: <https://www.youtube.com/watch?v=g61tQWZd8mQ>. Palestra com o Presidente da Arpen Brasil Dr. Calixto Wenzel. Acesso em: 12 nov. 2016.
27. Disponibilizado em: <http://politica.estadao.com.br/noticias/geral,justica-eleitoral-repassa-dados-de-141-milhoes-de-brasileiros-para-a-serasa,1061255>. Acesso em: 11 nov. 2016.

privada fará uso destas informações sem a permissão expressa dos envolvidos e estará tudo certo?![28]

Quanto tempo levará para que o acervo notarial e registral seja cedido para empresas privadas comercializarem informações, muitas de caráter privado, protegido sob o manto de sigilo absoluto, cuja guarda foi conferida aos notários registradores?!

Ademais destas ameaças, há outra já em execução, que é o envio de informações ao SIRC. Graças à imediata interferência da diretoria da ARPEN Nacional foi possível impedir tal determinação, tornando não obrigatória a comunicação de todas as informações de dados dos registros civis de nascimento, casamento, óbito e natimortos para a plataforma digital apenas, dados específicos, que são a finalidade para o sistema.

Este sistema conectou as serventias aos ambientes de governo eletrônico do Estado brasileiro. As informações disponibilizadas para o SIRC têm como objetivo erradicar o sub-registro no país, promover políticas públicas a fim de coibir fraudes na concessão de benefícios e crimes, entre outros. A Receita Federal do Brasil também se utiliza das informações diretamente do sistema

Por fim, está muito evidente o que pode ser feito ao dissabor de quem tem o poder de alterar este Provimento. Não precisaria a Arpen-Brasil deixar de existir[29] para determinar que a mesma não tivesse mais o domínio sobre os dados transmitidos para a "nuvem" pública.

É preciso ter ciência de que a atividade notarial e registral está em iminente perigo. Cada uma de suas especialidades – RCPN, RI, RTD, RCPJ, Notas e Protesto - devem fazer parte inseparável de um todo, pois somente com a união e esforço conjunto destas é que terão força para que não sucumbam.

---

28. Disponibilizado em: <http://www.migalhas.com.br/Quentes/17,MI248542,71043-Banco+de+dados+com+informacoes+pessoais+pode+ser+comercializado+sem>. Acesso em: 11 nov. 2016.

29. Provimento n.º 46/2015 do Conselho Nacional de Justiça, que instituiu o CRC Nacional, destaca que, em caso da extinção da Arpen-Brasil sem substituição por outra entidade de classe: [...] **será o banco de dados, em sua totalidade, transmitido ao Conselho Nacional de Justiça ou à entidade que o Conselho Nacional de Justiça indicar**, com o código-fonte e as informações técnicas necessárias para o acesso e utilização de todos os seus dados, bem como para a continuação de seu funcionamento na forma prevista neste Provimento, sem ônus, custos ou despesas para o Poder Público e, notadamente, sem qualquer remuneração por direitos autorais e de propriedade intelectual, a fim de que a Central de Informações de Registro Civil das Pessoas Naturais – CRC permaneça em integral funcionamento. (grifei)

6. EXORTAÇÃO AOS TABELIÃES – DR. CARLOS LUIZ POISL

Dr. Poisl editou, no ano de 2004, por sua exclusiva responsabilidade, livro intitulado *"EXORTAÇÃO AOS TABELIÃES*[30]*"* e o encaminhou para 8.238 endereços existentes no arquivo de cadastros de "cartórios" do Ministério da Justiça, no anseio de buscar alcançar todas as pessoas que exercem função notarial e registral no Brasil.

Na época, esta autora atuava como substituta do Tabelião no RS. Durante a leitura, sente-se o coração pulsar mais forte e vontade de agir, de se fazer alguma coisa, de dar azo, de dar eco à tão balizadas preocupações. O tempo passou, mas nunca esta inquietude, este temor narrado por este notável homem. Passados mais de 10 anos, o tema ainda assombra. Agora chegou o momento de ressoar este chamado para que mais colegas se sintam tocados e tomem ciência desta preocupação. Traz-se a seguir algumas partes do seu livro que precisam ser lidas por mais e mais delegatários da atividade.

Dr. Poisl inicia destacando as razões do seu livro:

> Este escrito é uma pequena parcela do pagamento de uma dívida impagável. A credora da colossal dívida é a minha profissão.
>
> Minha profissão é a de tabelião. Ou melhor, era. Estou aposentado há bem mais de dez anos. Mas é como se ainda fosse tabelião, porque a dívida que contraí não me larga.
>
> [...] Ela não me larga e me apoquenta por um grave motivo: minha profissão está mal. Logo ela, que tanto fez por mim. Isso me aflige e me tira a tranquilidade com que eu deveria usufruir a vida na velhice. **Além de doente e ferida, está ameaçada de morte.** Sinto que ela precisa de mim, precisa de minha ajuda, e não posso mais ajudá-la.
>
> Não tenho mais energia para lutar por sua salvação, como o fazia antes, correndo para lá e para cá em cansativas viagens, discutindo, brigando, ministrando medicamentos, fazendo lóbis, tentando estancar com "band-aids" os ferimentos que lhe causam. Sou obrigado a transferir a salvação dela para gente mais jovem, para as novas gerações de tabeliães. Mal sei ainda bater no teclado para juntar letras, formar palavras e frases. Assim é que tento pagar parte da minha dívida por meio das frases deste escrito. É só isso que ainda posso fazer. Este escrito, em síntese, é pouca coisa. **É só uma exortação aos tabeliães mais jovens, mais dinâmicos, mais dispostos, para que salvem a sua profissão que já foi minha.**

---

30. POISL, Carlos Luiz. *Exortação aos Tabeliães*. Porto Alegre/RS: Editora Literalis, 2004.

[...]

O Estranho Paradoxo

Não foi força de expressão a assertiva de que estão querendo matar a profissão do tabelião.

Ela, que tantos benefícios traz *(sic)* à coletividade, está sendo mal vista *(sic)* em muitos círculos poderosos do mundo econômico e do mundo político. Essa fobia encontra bons espaços na mídia, de tal sorte que tem-se *(sic)* a impressão da existência de uma campanha orquestrada de descrédito desencadeada contra ela. Em razão disso, importante fatia de atos que deveriam ser atribuições exclusivas do tabelião, já lhe foi subtraída. E continuam as pressões para empobrecer ainda mais a atividade notarial. Querem matá-la por inanição.

Depara-se aí com um estranho paradoxo.

Modernamente, com o crescimento da população, sua concentração em gigantescas área urbanas, sua extrema mobilidade com constantes mudanças residenciais, o incremento da atividade econômica com acenos ao enriquecimento fácil, a negociação entre pessoas que não se conhecem, é criado um campo fértil para a eclosão dos aproveitadores da boa-fé dos cidadãos honestos. Poderosas instituições financeiras impõem obrigações leoninas aos que precisam recorrer a elas. Fervilham as fraudes de toda sorte. Tráficos milionários são feitos por sociedades fantasmas. Sonega-se *(sic)* tributos. "Grila-se" *(sic)* terras rurais. Falsifica-se *(sic)* documentos. Pratica-se, enfim, uma gama fantástica de vigarices que nenhuma força policial é capaz de estancar.

Ao mesmo tempo, e paradoxalmente, ao invés de *(sic)* se fortalecer a instituição notarial, que existe para assegurar a legalidade da negociação entre os indivíduos, coibindo fraudes, harmonizando interesses, prevenindo litígios e impedindo a sonegação de impostos, é ela enfraquecida.

Mais se estranha a anomalia, mais ela surpreende, quando se atenta que **essa insubstituível salvaguarda da legalidade e guardiã da paz social, a instituição notarial, NADA CUSTA AO ERÁRIO PÚBLICO**, do qual é, além do mais, valiosa e gratuita auxiliar. [...]

Daí a perplexidade: se ela traz tantos benefícios, se faz falta um maior rigor ao combate às fraudes, por quê *(sic)* é ela mal vista *(sic)* em alguns setores e por que teima-se *(sic)* em restringir a sua atividade, a ponto de haver tentativas assassinas contra ela?

Por quê?

As causas dos males que afligem o notariado brasileiro são complexas e vêm de longe. [...] As principais causas da fraqueza do notariado brasileiro, a meu juízo, são: a)- os tabeliães; b)- o sistema; e c)- a desinformação. (grifei)

Dr. Poisl explica, dentre as causas da fraqueza do notariado brasileiro, pontos que envolvem os tabeliães e o sistema. Traz informações declinadas por tabelião fluminense, já na década de 1887, que proclamava a necessidade de aliar conhecimento prático e jurídico dos agentes da função. Parte restou sacramentada mais de 100 anos após quando da positivação da Lei nº 8.935/94, que exigiu conhecimento jurídico aos candidatos à função, porém não o conhecimento prático.

Pontes de Miranda, em 1920, ainda segundo Dr. Poisl, detectou, em muitos tabeliães, uma queda lamentável na qualificação intelectual e no procedimento descuidado de seu mister, com isso enfraquecendo sobremaneira o notariado.

Em encontro da UIN, sediada aqui no Brasil, não muito tempo depois desta entrevista alarmante, Dr. Poisl buscou apresentar alguns dos motivos que fazem o Brasil ser tão assimétrico; do porquê o Brasil ser um país de tantos contrastes onde algumas regiões eram avançadas, como na Europa, e em outras o progresso ainda não havia chegado; onde luxuosas mansões vizinhavam com barracos de miseráveis favelas; onde intelectuais e cientistas do mais alto quilate conviviam com milhões de analfabetos. Assim o fez Dr. Poisl, para balizar os grandes contrastes dentro do notariado brasileiro, sem adentrar em minúcias que descreve em seu livro.

A indagação do Dr. Poisl quer buscar entender qual a principal causa do problema do notariado brasileiro: os tabeliães ou o sistema? Por fim, chega à conclusão que ambos ensejam a atual situação e cita exemplos para ilustrar esta "culpa".

Lembra que a partir da Lei n.º 8.935/94, a definição legal do tabelião é que o mesmo é um profissional do Direito. Assim, entende-se que o mesmo tenha, como *conditio sine qua non*, conhecimentos jurídicos. Porém, quando instituído o novo Código Civil, trazendo requisitos da escritura pública, dispensando a presença das testemunhas instrumentárias e revogando a obsoleta obrigatoriedade, previstas nas Ordenações do Reino de Portugal, mesmo assim, ainda há os que lavram suas escrituras declarando que a presença das testemunhas foi dispensada em razão de Provimento das Corregedorias, sem obediência às disposições do Código Civil. Como pode um profissional do direito ignorar a hierarquia das normas jurídicas?!

Quanto à terceira causa trazida pelo Dr. Poisl, "**A DESINFORMAÇÃO**" ele lembra que:

> Em junho de 1979, uma comitiva do Colégio Notarial do Brasil, em audiência com o Ministro da Justiça, Petrônio Portella, entregou-se, para

encaminhamento pelo Poder Executivo ao Poder Legislativo, um anteprojeto da lei notarial.

Esse anteprojeto, com 132 artigos, era todo um código, dispondo sobre a função notarial, os atos, a sua execução, os tabelionatos e seu provimento, os substitutos e auxiliares, as incompatibilidades e impedimentos, o expediente, a organização notarial, a ação disciplinar, e a transição para o novo regime que visava *(sic)* implantar.

Na audiência, o presidente do Colégio, fez ao Ministro uma breve explanação do papel do tabelião na prevenção de litígios e preservação da paz social. O ministro ouviu com muita atenção e, ao iniciar a sua resposta, com a promessa de encaminhar devidamente o anteprojeto, declarou, textualmente:

-"**Confesso aos senhores que eu conhecia do tabelião apenas a sua caricatura, e não a sua verdadeira imagem.**"

Penso que esta frase sintetiza todo o peso de uma das três causas principais do enfraquecimento do notariado brasileiro: a desinformação sobre o significado e a importância da atividade notarial.

Até hoje é assim. Recentemente, esta autora esteve em Brasília lutando contra aprovação da PEC 471 que legitima interinos que, por designação precária do Estado, respondem pelas serventias vagas até a abertura e assunção dos novos delegatários por concurso público. Pude constatar, em inúmeros gabinetes visitados, em inúmeras reuniões com parlamentares, em debates com líderes de bancadas, como a **DESINFORMAÇÃO** acerca da atividade notarial é o ponto principal destes inúmeros Projetos de Leis que hoje tramitam no Congresso querendo acabar com nossa atividade.

Dr. Poisl, junto com um ínfimo grupo de tabeliães (considerando o enorme grupo de delegatários existentes no Brasil), muito lutaram para a concretização do art. 236 na Constituição Federal; muito fizeram para conseguir positivar a Lei n.º 8.935/94. Tiveram que se contentar da forma como está hoje, pois as pretensões deste grupo iam muito além deste texto aprovado. No projeto original, constava a independência, a organização como instituição privada.

Pois bem. Dr. Poisl continua em seu livro perquirindo sobre a possibilidade de se ter uma fórmula milagrosa após diagnosticar estas causas da doença do notariado brasileiro. Ele sugere alguns sujeitos:

> Busquemos, em primeiro lugar, quem poderá ser o salvador do notariado.
>
> **Os políticos**? - Não. Os tabeliães estão sendo mal vistos *(sic)*. Defendê-los não dá voto. Ao contrário.

O Governo? - Não. O Governo tem preocupações maiores e não pode correr o risco de se desgastar com problemas de uma categoria que está sendo alvo de críticas da mídia.

O Poder Judiciário, que deveria, em tese, ser o principal defensor de uma atividade que mantém sob a sua administração? -Não. A Magistratura tem sido omissa diante da subtração de atribuições que tem enfraquecido o notariado.

A classe econômica, que domina as finanças? - Não. O tabelião é uma figura incômoda, que se interpõe entre aqueles que são movidos pela ânsia desregrada do lucro e o ingênuo cidadão precisando de financiamento. É preciso afastá-lo e não fortalecê-lo. (...)

Quem resta? – o cidadão comum? O grande beneficiário da atividade notarial. Mas esse cidadão comum, além de não ter voz, está por demais preocupado com a própria subsistência, para desviar esforços e se empenhar pela salvação de outrem.

Não sobre ningém. SÓ O PRÓPRIO TABELIÃO.

Por isso, a fórmula da medicação salvadora é uma só. Não tem outra. E é muito simples. **"SE O TABELIÃO BRASILEIRO NÃO SALVAR O SEU NOTARIADO, NINGUÉM MAIS O FARÁ."**

Vê-se prontamente que a medicação receitada contém um só ingrediente: A UNIÃO DOS TABELIÃES.

Parece fácil manipulá-la. Mas lamentavelmente, não é.

Desde a integração dos raros colégios estaduais então existentes, em 1971, para formação do Colégio Notarial do Brasil, volta e meia, é feito um esforço por parte de um grupo de abnegados para atrair maior número de associados. Esses esforços ocorrem, geralmente, em épocas de crise. E então afluem alguns para apegar-se à tábua de salvação. Mas largam-na, em seguida, passada a angústia da dificuldade. Não se dão conta que mais crises acometerão o notariado, fatalmente, uma após a outra, enfraquecendo cada vez mais o organismo já fragilizado. E o pequeno grupo de abnegados, desamparado, não terá condições para enfrentá-las devidamente.

O caso é que desenha-se *(sic)* uma longa guerra contra os males que estão minando a instituição. Será por vezes uma guerra aberta e por vezes uma guerra de guerrilhas. Serão focos adversos a brotar em diversos Estados ou regiões deste imenso país, devendo cada um deles ser enfrentando devidamente.

Para lograr-se sucesso numa longa guerra de desgaste, é preciso formar um gigantesco exército. Milhares de soldados, que serão todos aqueles que exercem qualquer atividade notarial. Seja em grandes centros, seja no mais longínquo dos rincões; seja em grandes tabelionatos, seja no recesso da casa familiar. (grifei)

Dr. Poisl vai além, ele diz que estes soldados devem ser disciplinados, ser exercitados com armamento adequado. Devem contar com generais competentes para estabelecer estratégias de defesa e ataque e com recursos materiais grandes e uma logística bem planejada para manter o exército em ação até a vitória final.

Estas são, nas palavras do Dr. Poisl, a medicação indicada para livrar o notariado brasileiro dos males que o debilitam: **um exército formado por todos aqueles que exercem alguma função notarial e registral, encabeçado por líderes competentes, e que conte com fartos recursos materiais.**

7. CONSIDERAÇÕES FINAIS

Enfim, traz-se aqui algumas importantes informações sobre o notariado mundial, especialmente o nosso modelo latino. Informações sobre o Projeto de Lei que deu origem à nossa lei orgânica, que tratou expressamente sobre nossa regulação como instituição autônoma; informações de desenvolvimento de sistemas de informática de vanguarda; informações e preocupações da importância de manter os acervos digitalizados sobre exclusiva responsabilidade do notariado; preocupações do crescente temor acerca de eventual estatização da função notarial. A par de todas estas informações, preocupações e posicionamentos destacados, é possível concluir este trabalho com duas opiniões bem centradas e destoantes ao mesmo tempo.

A primeira opinião é que a função notarial é essencial ao Poder Judiciário. É assim considerada pelos maiores representantes deste poder. Nas palavras deles, somos "**a magistratura da paz, a magistratura da conciliação**".

Nas palavras do então Presidente do Tribunal de Justiça de São Paulo, é preciso mostrar à sociedade que existe um nicho onde as coisas funcionam, onde a aliança daquilo que é tradição e a tecnologia de ponta se adianta ao próprio Judiciário.

Desembargador Ricardo Dipp, do TJSP, por sua vez afirma que o dia em que tabeliães e registradores não tiverem independência e **custódia exclusiva das informações das pessoas**, não haverá esperança de direitos, nem haverá liberdades.

A Ministra do STJ e Corregedora Nacional do CNJ Nancy Andrighi é favorável a que cada cartório atue efetivamente na custódia dos seus dados, sem prejuízo da publicidade das informações correspondentes. Defende ainda a ideia de que aumente cada vez mais a independência jurídica dos registradores e notários.

A segunda opinião é de que a categoria notarial é desunida, não sendo, por isso, merecedora de confiança.

Não há como admitir profissionais que exerçam a mesma delegação, que são receptores da mesma "confiança", estejam tão destoantes em conhecimentos, em práticas, em assessoramentos, em informatização, em renda.

É necessário equacionar estas questões e encontrar soluções dentro das nossas associações. Como afirmou Dr. Poisl, "**se o tabelião brasileiro não salvar o seu notariado, ninguém mais o fará.**"

Precisamos uma instituição que atenda nossa atividade, que defenda que normatize procedimentos de forma equânime em nível de Brasil. Precisamos lutar pela nossa independência em prol da continuidade da nossa atividade.

8. REFERÊNCIAS

BRANDELLI, Leonardo. *Teoria Geral do Direito Notarial*. São Paulo: Saraiva, 2011.

____. *Critica de Direito Notarial e Registral*. Porto Alegre: Editora Norton, 2008.

BÜHRING, Márcia Andrea. *Responsabilidade Civil Extracontratual do Estado*. São Paulo: editora Thomson IOB, 2004.

CAMPILONGO, Celso Fernandes. *Função Social do Notariado*. São Paulo: Saraiva 2014

CENEVIVA, Walter. *Lei dos Notários e Registradores Comentada (Lei n. 8.935/94)*, 4ª edição, rev. ampliada e atualizada, São Paulo: Saraiva, 2002.

COLÉGIO NOTARIAL DO BRASIL – Seção São Paulo – *Revista de Direito Notarial* – ano 1 – nº1, São Paulo: editora Quartier Latin, 2009.

____. *Revista de Direito Notarial* – ano 2 – nº2. São Paulo: Quartier Latin, 2010.

____. *Revista de Direito Notarial* – ano 6 – nº6. São Paulo: Quartier Latin, 2015.

COMASSETTO, Miriam Saccol. *A função notarial como forma de prevenção de litígios*. Porto Alegre: Norton, 2002.

DINIZ, Maria Helena. *Sistema de Registro de Imóveis*. 7ª edição. São Paulo: Saraiva, 2007

FILHO, Nicolau Balbino. *Direito Registral Imobiliário*. 1ª edição. São Paulo: Saraiva, 2001.

GRINOVER, Ada Pellegrini. *A Crise do Poder Judiciário*. Texto preparado para a XIII Conferência Nacional da OAB. São Paulo, 1990.

LOUREIRO, Luiz Guilherme, *Registros Públicos – Teoria e Prática*. 7ª edição, Salvador: editora Juspodivm, 2016.

MAGALHAES, Luiz. *De onde vieram os cartórios?* Brasília: Jornal Tribuna do Brasil - 04.05.04. Disponível em: http://www.tribunadobrasil.com.br. Acesso em: 26 out. 2016.

MEIRELLES, Hely Lopes. *Direito Administrativo Brasileiro*. 22ª edição. São Paulo: editora Malheiros, 1997.

MELLO, Celso Antônio Bandeira de. *Curso de Direito Administrativo*. 9ª edição. São Paulo/SP: editora Malheiros, 1997.

POISL, Carlos Luiz. *Exortação aos Tubeliães*. Porto Alegre/RS: Editora Literalis, 2004.

_____. *Em Testemunho da Verdade*. Porto Alegre/RS: Editora Safe, 2006.

_____. *Noções dos Tipos de Notariados*. Porto Alegre: Editora Safe, 2006.

PUGLIESE, Roberto J. *Direito Notarial Brasileiro*. São Paulo: Leud, 1989.

RIBEIRO, Luís Paulo Aliende. *Regulação da Função Pública Notarial e de Registro*. São Paulo: Saraiva, 2009.

REGO, Paulo Roberto de Carvalho. *Registros Públicos e Notas*. Porto Alegre/RS: Editora Safe, 2004.

ROCHA, Carmen Lúcia Antunes. *Direito à Privacidade e os Sigilos Fiscal e Bancário*. Interesse Público. Porto Alegre: Notadez, Ano 5, nº 20, p. 13/43, jul./ago. 2003.

SANDER, Tatiana. Princípios Norteadores da Atividade Notarial. Boletim Jurídico, Uberaba/MG, a. 3, n.º 132 e 133. Disponível em: <http://www.boletimjuridico.com.br/doutrina/texto.asp?id=688>. Acesso em: 26 out. 2016.

SHIOHARA, Mariane Yuri. Serviço público e controle social: cultura participativa e desenvolvimento. Pontifícia Universidade Católica do Paraná. Disponível em: <http://www.biblioteca.pucpr.br/tede/tde_busca/arquivo.php?codArquivo=1864>. Acesso em: 22 out de 2016).

SILVA, Ovídio Araújo Baptista da. *O Notariado Brasileiro perante a Constituição Federal*. Colégio Notarial do Brasil – Seção do Rio Grande do Sul, Porto Alegre. 2000.

Demais consultas *on-line*:

– Disponível em: <http://www.uinl.org/1/home-page>. Acesso em: 12 ago. 2016.

Disponível em: <http://www.uinl.org/146/les-principes-fondamentaux-du-notariat-de-type-latin> Acesso em: 12 ago. 2016.

Disponível em: <http://anoreg.org.br/index.php?option=com_content&view=article&id=5434:imported_5404& catid=54&Itemid=184> Acesso em: 12 ago. 2016.

Disponível em: <http://www.notariado.org.br/index.php?pG=X19leGliZV9ub3RpY2lhcw==&In=NjAwMw==> Acesso em: 12 ago. 2016.

Datas e Personagens da História - Carlos Luiz Poisl – Conselheiro Honorário da União Internacional do Notariado – Novo Hamburgo/RS. Disponível em:
<http://www.notariado.org.br/index.php?pG=X19leGliZV9ub3RpY2lhcw==&in=MzM3NA==&filtro=9&Data=>. Acesso em: 12 ago. 2016.

Disponível em: <http://iregistradores.org.br/o-extrajudicial-tem-futuro/>. O Extrajudicial tem futuro – JOSÉ RENATO NALINI. Acesso em: 12 ago. 2016.

Disponível em: <http://redir.stf.jus.br/paginadorpub/paginador.jsp?docTP=AC&docID=258438> – paginas 16 e 17. Acesso em: 12 ago. 2016.

Disponível em: <http://imagem.camara.gov.br/Imagem/d/pdf/DCD14DEZ1989.pdf#page=222>. Acesso em: 12 ago. 2016.

Disponível em: <http://www.stf.jus.br/portal/diarioJustica/verDiarioProcesso.asp?numDj=216&dataPublicacaoDj= 08/11/2002&incidente=1779066&codCapitulo=5&numMateria=36&codMateria=1>. Acesso em: 12 ago. 2016.

Disponível em: <https://www.youtube.com/watch?v=LEi9mjkdEV> Palestra com o Dr. Carlos Fernandes Brasil Chaves. Acesso em: 12 ago. 2016.

Disponível em: <https://www.youtube.com/watch?v=ke7YTFf3VUg>. Acesso em: 12 ago. 2016. Palestra do Dr. Ricardo Dip. Desembargador do TJSP.

Disponível em: <https://www.youtube.com/watch?v=CHMmOYIdF4A> Palestra com o Desembargador Dr. José Renato Nalini. Acesso em: 12 ago. 2016.

Disponível em: <https://www.youtube.com/watch?v=LEi9mjkdEV> Palestra com o Dr. Carlos Fernandes Brasil Chaves. Acesso em: 12 ago. 2016.

Site da ARISP – Disponível em: <https://www.penhoraonline.org.br/> Acesso em: 22 de out. 2016.

Disponível em: <http://www.cnj.jus.br/files/atos_administrativos/provimento-n47-18--06-2015-corregedoria.pdf>. Acesso em: 22 de out. 2016.

Disponível em: <http://www.cnj.jus.br/busca-atos-adm?documento=2966>. Acesso em: 22 out. 2016.

Disponibilizado em: <https://www.youtube.com/watch?v=g61tQWZd8mQ>. Palestra com o Presidente da Arpen Brasil Dr. Calixto Wenzel. Acesso em: 12 nov. 2016.

Disponibilizado em: <http://politica.estadao.com.br/noticias/geral,justica-eleitoral--repassa-dados-de-141-milhoes-de-brasileiros-para-a-serasa,1061255>. Acesso em: 11 nov. 2016.

Disponibilizado em: <http://www.migalhas.com.br/Quentes/17,MI248542,71043-Banco+de+dados+com+informacoes+pessoais+pode+ser+comercializado+sem>. Acesso em: 11 nov. 2016.

CAPÍTULO 02

Direitos da personalidade e a publicidade no registro civil das pessoas naturais

Fernanda Ferrarini[1]

Sumário: 1. Considerações Preliminares; 2. Direitos da Personalidade no Registro Civil das Pessoas Naturais; 3. Registro Civil Das Pessoas Naturais; 4. Princípio da Publicidade; 5. Publicidade x Privacidade; 6. Ponderações de conflitos no Registro Civil das Pessoas Naturais; 7. Considerações Finais; 8. Referências Bibliográficas

1. CONSIDERAÇÕES PRELIMINARES

Na busca de se garantir os direitos fundamentais constitucionalmente assegurados, bem como os direitos da personalidade presentes no Código Civil de 2002 e na Lei de Registros Públicos, este trabalho pretende abordar a publicidade nos registros públicos, mais especificamente no âmbito do registro civil das pessoas naturais.

O princípio da dignidade da pessoa humana deve ser tutelado frente à evolução social, ponderando as publicações registrais e notariais dos particulares. Fruto dessa preocupação foram os enunciados das jornadas de direito civil, proferidos pelo Conselho da Justiça Federal, dos enunciados da Arpen/SP-Associação dos Registradores de pessoas naturais do

---

1. Tabeliã e registradora em São Paulo. Advogada e consultora jurídica em Ribeirão Preto/SP, membro da Associação dos Advogados de São Paulo (1999-2013). Docente Universitária em Direito Civil na graduação, pós-graduação e do curso preparatório para OAB/carreiras jurídicas – 'Tático' (1999-2013). Graduada e Mestre em Direito pela UNESP - Universidade Estadual Paulista "Júlio de Mesquita Filho", Faculdade de História, Direito e Serviço Social, campus de Franca/SP e pesquisadora da FAPESP – Fundação de Amparo à Pesquisa do Estado de São Paulo. E-mail: fernandaferrarini@gmail.com

estado de São Paulo, entidade de classe registral, da jurisprudência e legislação moderna.

Os princípios da isonomia e da razoabilidade também são fundamentais para embasar o registro civil. A não observância ou a não aplicação deles é o mesmo que violá-los, não obedecer a lei, evocando o controle do judiciário.

Os direitos da personalidade aceitam a transmissibilidade aos sucessores, não são totalmente indisponíveis. As normas de ordem pública devem prevalecer na exata medida da necessidade, segundo critérios de razoabilidade, proporcionalidade e utilidade do interesse público.

Celso Ribeiro Bastos[2] entende a razoabilidade como sendo um princípio que a administração, ao atuar no exercício de discrição, terá de obedecer a critérios aceitáveis do ponto de vista racional, em sintonia com o senso normal de pessoas equilibradas e respeitosas das finalidades que presidiram a outorga da competência exercida.

A aplicação do princípio da razoabilidade é extensa e pode ser invocado para garantir o deslinde da atividade processual, bem como no controle dos atos do poder público em geral. Forma de se aplicar o bom-senso no direito, onde incluem-se os serviços notariais e registrais.

Hodiernamente a crescente informatização dos meios de comunicação, o progresso da era tecnológica, a aceleração da evolução humana facilitou a vida do homem, ao passo que também trouxeram sacrifícios pessoais, com invasões à privacidade e à intimidade.

Face à crescente saga humana pelo consumismo, pela busca constante de maior produtividade, menores custos e variadas aplicações práticas para a mesma técnica, o aprimoramento dos meios de comunicação alcançou parâmetros sem precedentes. Caberá ao Judiciário manter o equilíbrio, tentar apontar a razoabilidade entre o meio e o fim necessário para a justiça que se pretende alcançar, ponderando a publicidade do banco de dados registrais e a privacidade do cidadão, a tutela da sua vida íntima.

2. DIREITOS DA PERSONALIDADE NO REGISTRO CIVIL DAS PESSOAS NATURAIS

Na comunidade europeia, onde vigora o sistema do tipo *civil law* há forte preocupação com a dignidade humana. Portugal, Espanha, Suíça,

---

2. BASTOS, Celso Ribeiro. Curso de direito constitucional. 13. ed. São Paulo: Saraiva, 1990, p. 35.

Holanda, Bélgica, Hungria, Rússia e Eslovênia positivaram constitucionalmente a privacidade, dentre outros direitos da personalidade.

Após a II Guerra Mundial predominou a era dos direitos internacionalmente tutelados, haja vista as atrocidades ocorridas por Hitler. A partir de um inocente avanço tecnológico, desenvolvido em cartões perfurados para compilação de dados cadastrais, o nazismo conseguiu executar o Holocausto. As características pessoais dos indivíduos foram armazenadas nesses cartões, através de censos populacionais e com o aprimoramento do já eficiente sistema de registros públicos alemão, os judeus e seus patrimônios foram encontrados com eficiência díspar. Mais recentemente a ditadura militar [3] obteve êxito pelo uso autoritário e distorcido de informações relevantes, sistematizadas e concentradas.

No afã de respeitar o homem, tutelá-lo contra o uso indevido de seus dados e arbitrariedades dos governos, buscou-se ultrapassar interesses exclusivamente dos estados e assim, a soberania estatal absoluta. Priorizou-se a globalização dos direitos humanos, a defesa contra a discriminação racial, da mulher, a exploração do trabalho infantil, direitos civis e políticos, dos presos, ressaltando os direitos individuais, sociais, econômicos, políticos, culturais, a liberdade, intimidade, privacidade.

O ápice desses direitos, no Brasil, ocorreu com a Constituição Federal de 1988, cujo espelho foi a Declaração Universal dos Direitos Humanos, de 1948. Ela criou parâmetros consentâneos com a nova ordem mundial, fruto de uma profunda tendência à socialização do Direito.

Logo nos primeiros artigos da CF/88, 1°, 5°, 6° e 7°, constam direitos mínimos do homem, consentâneo com a maioria dos ordenamentos jurídicos alienígenas. No § 2° do art. 5° [4] há regra expressa que tais garantias são exemplificativas, não excluem outras.

---

3. "Uma das distorções mais agudas do ciclo militar-autoritário no Brasil foi o uso e, sobretudo, o abuso na utilização de informações que diferentes organismos armazenavam sobre pessoas. Envolvendo-se na política ordinária , os órgãos de segurança mergulharam em terreno pantanoso de perseguições a adversários, operando frequentemente nas fronteiras da marginalidade. A chamada comunidade de informações passou a constituir um poder paralelo e agressivo que por vezes, sobrepunha-se ao poder político institucional, valendo-se de meios ilícitos para fins condenáveis". (BARROSO, Luiz Roberto. *A viagem redonda: habeas data, direitos constitucionais e provas ilícitas, in: Habeas data.* Tereza Arruda Alvim Wambier (Coord.) São Paulo. RT, 1988, p.211).

4. Art. 5°, § 2°: "Os direitos e garantias expressos nesta Constituição não excluem outros decorrentes do regime e dos princípios por ela adotados ou dos tratados internacionais em que a República Federativa do Brasil seja parte" (VADE MECUM, São Paulo: Saraiva, 2016, p. 9).

Nesse contexto nasceu a eficácia externa dos direitos fundamentais, ou efeitos irradiantes dos direitos fundamentais, liberdades e garantias na ordem jurídica privada, ou ainda, a constitucionalização da ordem jurídica privada.

Os direitos personalíssimos fazem parte dos direitos fundamentais e existem no homem em si. Na visão clássica ter personalidade significa ter capacidade de adquirir direitos e contrair obrigações (CC/2002 - art. 1º; CC/1916, art. 2º). São direitos cujo objeto é o modo de ser físico ou moral das pessoas, aqueles direitos que as capacitam a proteger sua essência, sua *persona*, as mais importantes virtudes do ser. [5]

> *"São aqueles direitos subjetivos cuja função, relativamente à personalidade, é especial, constituindo o minimum necessário e imprescindível ao seu conteúdo (...) sem os quais a personalidade restaria uma susceptibilidade completamente irrealizada, privada de todo o valor concreto: direitos sem os quais todos os outros direitos subjetivos perderiam todo o interesse para o indivíduo - o que vale dizer que, se eles não existissem, a pessoa não existiria como tal."* [6]

Direitos fundamentais trazem as prerrogativas e instituições que se concretizam em garantias de uma vida digna [7], livre e igual para todos. No qualitativo 'fundamentais' acha-se a indicação de que se trata

---

5. "Direitos individuais: dizem-se os direitos do indivíduo isolado. [...] empregada para denotar um grupo de direitos fundamentais, correspondente ao que se tem denominado direitos civis ou liberdades civis. É usada na Constituição para exprimir os conjuntos dos direitos fundamentais concernentes à vida, à igualdade, à liberdade, à segurança, à intimidade, à privacidade e à propriedade." (SILVA, José Afonso da. Curso de direito constitucional positivo, 26. ed. São Paulo: Malheiros, 2006, p. 177.)

6. CUPIS, Adriano de. Os direitos da personalidade. Trad. Adriano Vera Jardim e Antônio Miguel Caeeiro. Lisboa: Livraria Moraes, 1961, p. 17.

7. Recurso Especial – Direito de família – Processual civil – Adoção póstuma – Socioafetividade – Art. 1.593 do Código Civil – Possibilidade – Art. 42, § 6º, do ECA – Interpretação extensiva – Julgamento antecipado da lide – Possibilidade – Magistrado como destinatário das provas – Cerceamento de defesa – Inexistência – 1. A socioafetividade é contemplada pelo art. 1.593 do Código Civil, no sentido de que "o parentesco é natural ou civil, conforme resulte da consanguinidade ou outra origem" – 2. A comprovação da inequívoca vontade do de cujus em adotar, prevista no art. 42, § 6º, do ECA, deve observar, segundo a jurisprudência desta Corte, as mesmas regras que comprovam a filiação socioafetiva, quais sejam: o tratamento do menor como se filho fosse e o conhecimento público dessa condição – 3. A paternidade socioafetiva realiza a própria dignidade da pessoa humana por permitir que um indivíduo tenha reconhecido seu histórico de vida e a condição social ostentada, valorizando, além dos aspectos formais, como a regular adoção, a verdade real dos fatos – 4. A posse de estado de filho, que consiste no desfrute público e contínuo da condição de filho legítimo, restou atestada pelas instâncias ordinárias – 5. Os princípios da livre admissibilidade da prova e do livre convencimento do juiz (art. 130 do CPC) permitem ao julgador determinar as provas que entender necessárias à instrução do processo, bem como indeferir aquelas que considerar inúteis ou protelatórias

de situações jurídicas sem as quais a pessoa humana não se realiza, não convive e, às vezes, nem mesmo sobrevive. Devem ser formalmente reconhecidos, bem como concreta e materialmente efetivados.

Limongi França [8] salienta que os direitos da personalidade relacionam atributos inerentes à condição da pessoa humana. Trata-se de direitos subjetivos essenciais, que formam a medula do indivíduo. São direitos inatos ao homem, anteriores a ele mesmo, que apenas continuam na personalidade humana, materializam-se na existência humana, no nascimento com vida (CC/2002, art. 2º).

Carlos Alberto Bittar[9] ensina que são direitos próprios da pessoa em si (ou originários), existentes por sua natureza, como ente humano, com o nascimento. Referem-se às suas projeções para o mundo exterior (a pessoa como ente moral e social, ou seja, em seu relacionamento com a sociedade).

Quando enfocados pelo aspecto do relacionamento com o Estado, sendo reivindicações políticas a serem postuladas na legislação, nas constituições, alçaram a categoria de liberdades públicas. Os direitos humanos constitucionalizados tornam-se fundamentais.

Os direitos fundamentais do homem, para efeitos de proteção do indivíduo frente ao Estado, são objeto de relações de direito público. Constituem as *liberdades públicas*, tuteladas pelo direito constitucional e penal, contra arbitrariedades de particulares e do próprio ente estatal.

Os mesmos direitos, quando apreciados sob o prisma das relações privadas, chamam-se direitos da personalidade, para proteção frente aos demais indivíduos. Todos são direitos que o ser humano tem em face de sua própria condição, impostergáveis, anteriores ao Estado e inerentes à natureza livre do homem. Por serem direitos naturais, situam-se acima do direito positivo e, por isso, o Estado também está obrigado a respeitá-los.

Os doutrinadores são unânimes em afirmar que se trata de poderes que o homem exerce sobre a própria pessoa, sendo o objeto do direito, o

---

– 6. Recurso especial não provido. (STJ - REsp nº 1.500.999 – Rio de Janeiro – 3ª Turma – Rel. Min. Ricardo Villas Bôas Cueva – DJ 19.04.2016). (*grifo nosso*)

8. FRANÇA, Rubens Limongi. Direitos privados da personalidade. São Paulo: RT, v. 370, ago. 1966, p. 7.
9. BITTAR, Carlos Alberto. Os direitos da personalidade. 4. ed. Rio de Janeiro: Forense Universitária, 2000, p. 10.

próprio homem. São atributos físicos ou morais do homem, individualizados pelo ordenamento jurídico e com caráter dogmático.

Os direitos da personalidade têm certas particularidades que lhes conferem posição singular no cenário dos direitos privados: a extrapatrimonialidade, a intransmissibilidade, a indisponibilidade, a imprescritibilidade, a impenhorabilidade, a irrenunciabilidade, além de serem vitalícios, necessários e oponíveis "erga omnes" (CC, art. 11). [10]

No entanto, os direitos personalíssimos não são absolutamente indisponíveis. O ordenamento jurídico pugna qualquer direito absoluto, comportando exceções. Alguns desses direitos ingressaram na circulação jurídica, por permissão da ética, da dignidade humana e do próprio legislador, possibilitando melhor fruição deles pelo seu titular.

Em que medida os direitos, liberdades e garantias **individuais possuem eficácia na ordem jurídico-privada?**

> *"Num contrato privado de compra e venda de imóveis incluiu-se uma cláusula resolutória, que condicionava a compra ou o arrendamento à titularidade exclusiva de brancos. Recorta-se, assim, num negócio jurídico-privado uma área de segregação racial. Haverá aqui espaço para a intervenção do nosso 'defensor do povo'? ... Entidades patronais e organizações sindicais celebram um contrato colectivo de trabalho onde se incluem as seguintes cláusulas: (1) a cláusula de closed shop, ou seja, a proibição de contratação de trabalhadores não sindicalizados; (2) a cláusula de europeização, limitando o recrutamento a trabalhadores europeus; (3) a cláusula de regionalização restringindo a contratação a trabalhadores com residência na região da área abrangida pelo contrato colectivo. Perante a violação de alguns direitos, liberdades e garantias – liberdade negativa de associação sindical, discriminação em virtude da raça e da origem..."* [11]

A proteção estatal envolve os três poderes, administração pública central, regional e local, direta ou indireta, aqui enquadrando-se os delegatários de serviços notariais e registrais. Induvidoso que o direito, por ser reflexo das relações sociais, deve evoluir.

---

10. Carlos Alberto Bittar descreve-os com detalhes: a) direitos físicos - os componentes materiais da estrutura humana, a integridade corporal, compreendendo o corpo ou partes dele: órgãos, membros, a imagem, a efígie; b) direitos psíquicos - elementos intrínsecos à personalidade, fazendo parte da integridade psíquica: a liberdade, a intimidade, privacidade, o sigilo; e, por último, c) direitos morais - atributos valorativos ou virtudes da pessoa na sociedade, constituindo o patrimônio moral: a identidade, a honra, as manifestações do intelecto. (BITTAR, Carlos Alberto. Ob. cit., p. 5; 17).

11. CANOTILHO, José Joaquim Gomes. Estudos sobre direitos fundamentais. São Paulo: Revista dos Tribunais, Portugal: Coimbra Editora, 2008, p. 87.

Quando a Constituição Federal de 1988 consagrou a igualdade entre homens e mulheres, não só individualmente, como também no seio familiar, influenciou, gerenciou a vida privada da sociedade. Assim também ao garantir o direito de resposta proporcional ao agravo, seja da imprensa ou particulares, bem como a inviolabilidade da intimidade, vida privada, honra e imagem.

Destarte, o Estado deve sim, preservar e tutelar as relações entre particulares e densificar a eficácia irradiante dos direitos, liberdades e garantias fundamentais, arduamente conquistados. Com esse desiderato nasceu a Convenção sobre Direitos das Pessoas com Deficiência, assinada em Nova Iorque, aos 30/03/2007, que deu origem ao Estatuto da Pessoa com Deficiência, a Lei nº 13.146/2015.

É a única convenção aprovada e promulgada pelo quórum de votação especial do artigo 5º, §3º da CF/88, o primeiro tratado internacional de direitos humanos, de consenso universal. O moderno modelo legislativo reabilitou o deficiente na sociedade, haja vista ter considerado apenas o menor de dezesseis anos como absolutamente incapaz. Todos os demais deficientes terão uma educação inclusiva, sendo tratados de acordo com sua vulnerabilidade.

A pessoa torna-se sujeito e objeto de direitos, remanescendo à sociedade, como sujeito passivo, o dever de respeitar cada componente individualizado que lhe pertence, sob pena de receber sanções do ordenamento jurídico. Por isso dizer que os direitos da personalidade são oponíveis erga omnes, cujo fundamento é a própria essencialidade do ser.

O registro civil de nascimento é um direito fundamental porque proporciona à pessoa a comprovação de sua existência, a retirada dos demais documentos necessários ao longo da vida e a sua participação na sociedade. Também é instrumento de proteção do trabalho infantil e do recrutamento militar prematuro, haja vista provar a idade da criança ou adolescente. Protege a criança do tráfico e da exploração sexual, já que geralmente as vítimas são crianças de difícil rastreamento.

No Brasil ainda existem índices de sub-registro em algumas regiões, devido às características locais e desinformação da população. Problemas socioeconômicos e geográficos pioram o deslocamento até os cartórios. Ainda existem famílias inteiras sem registro de nascimento, mesmo diante das campanhas do governo, em conjunto com os registradores civis, no combate ao sub-registro. O desafio é realizar o registro civil de toda a população.

O governo necessita de dados precisos sobre os nascimentos, a fim de proporcionar o bom funcionamento da gestão pública quanto às políticas sociais. Os sistemas nacionais de registro de nascimento fornecem dados indispensáveis para formular políticas e avaliar a situação da infância. Assim, a publicidade dos registros deve estar em harmonia com as garantias constitucionais à intimidade e à privacidade. Nesse contexto inserem-se os serviços notariais e registrais, atribuído aos particulares em colaboração com o ente estatal.

3. REGISTRO CIVIL DAS PESSOAS NATURAIS

O registro público é antigo, nasceu junto com a civilização, antes mesmo do Código de Hamurabi (2067-2025 a.C.). Os escribas, funcionários dos monarcas, escreviam contratos imobiliários em tabuletas de argila e apunham o selo do notário. Entregavam as tabuletas aos compradores dos imóveis e as autoridades públicas guardavam cópias, exercendo a função dos registros públicos.

A Bíblia relata as condições para compra de um imóvel, na época de Nabucodonosor [12], bem como o censo e registro da assembleia dos filhos de Israel, conforme suas famílias e casas, com a indicação de nome e filiação, no Livro de Números, versículos 1, 2 e 3.

Em 1850 a.C. Abraão comprou um terreno de Efron, para sepultar sua esposa, Sara (Gênesis, XXIII, 8, 18). Jacó comprou um campo para construir um altar (Gênesis, XXIII, 19, 20). Santo Agostinho [13] ressaltou que Moisés pediu a um funcionário real que escrevesse um ato de repúdio.

Os hebreus introduziram a formalidade da imissão na posse e não apenas a estipulação verbal. Era realizado um contrato escrito, com testemunhas e uma cópia era guardado com um funcionário capacitado para fazer prova.

Os povos assírios e persas utilizavam a escrita cuneiforme, composta de figuras em forma de lança ou prego e impressas em tábuas de argila ou pedra. Esses povos adotaram a utilização de atos duplicados, pre-

---

12. "Toma estes documentos, este contrato de compra, o exemplar selado e a cópia aberta e coloca-os em um lugar seguro, para que se conservem por muito tempo. Porque assim disse Iahweh dos Exércitos, o Deus de Israel: ainda se comprarão casas, campos e vinhas nesta terra" (Jer. 32:14-15).
13. MENDES DE ALMEIDA JR., João. Órgãos da fé pública. São Paulo: Saraiva, 1963, p. 5.

senciados por três testemunhas, para comprovação e segurança dos atos realizados. A eles é atribuído, também, o primeiro cadastro, tornando-se obrigatória a existência de contrato escrito para a transferência de imóveis, iniciando uma categoria de pessoas habilitadas para elaboração e prática de tais atos.

A partir do século VIII a.C., iniciou-se uma liberdade contratual entre os egípcios, em que os escritos notariais eram feitos na presença de cinco testemunhas. Cada testemunha transcrevia o contrato e reproduziam-se as disposições tantas vezes quantas fossem as testemunhas. No século III a.C. já existiam os registros de contratos e da cobrança dos impostos, 'katagrafeforam', redigidos pelos notários. Inclusive, os tabeliães já exigiam certidões dos imóveis aos responsáveis pelos registros, para que pudessem redigir as escrituras.

Na Grécia o povo conhecia o registro dos indivíduos na *phratria*. Existiam os 'mnemons' e 'hieromnemons', que eram vertidos para o português pelos notários e arquivistas. As transmissões imobiliárias não eram válidas sem a inscrição nos registros da cidade. Os funcionários responsáveis pelos registros gregos exerciam a função qualificadora, faziam o exame prévio do contrato.

No direito eclesiástico existiam os *notarii*, encarregados das atividades do direito canônico. Os escrivães exercem a fiscalização dos atos judiciais.

Foram encontrados indícios de transações imobiliárias na Mesopotâmia, através da pedra militar *kudurru*, onde escreveram a transmissão de imóveis a alguns grupos familiares assírios e babilônicos.

Em Roma os imperadores ordenavam anotações censitárias periódicas, de onde adveio nosso modelo registral. Os jurisconsultos foram os primeiros da história a elaborarem uma ciência do direito. O direito romano e o canônico foram os únicos direitos estudados nas universidades, até o século XVIII.

Os vigários mantinham arquivos documentais, através do acervo registral das paróquias: registros de batismos, casamentos, óbitos e também imobiliários. Com a proclamação da República teve a dissociação da Igreja com o Estado. A partir de 1889 o Estado Brasileiro criou os registros públicos, encarregados do registro civil da população.

A coroa portuguesa ordenou a primeira reforma agrária do país, com a doação das Sesmarias. Entretanto, desmotivadas pelos autos custos de investimento e com as dificuldades para iniciarem as explorações, as famílias devolveram os lotes recebidos, dando origem às chamadas terras devolutas.[14]

O registro de hipotecas, de 1843, originou o Registro Geral regulamentado pela Lei nº 1.237, de 1864, que criou as linhas mestras do registro imobiliário no Brasil. O Registro Geral passou para a atual nomenclatura de Registro de Imóveis apenas na entrada em vigor do Código Civil de 1916.

A publicidade registral imobiliária brasileira teve sua primeira institucionalização com o regulamento hipotecário de 1846, estabelecido pelo Decreto do governo imperial número 482, de 14/11/1846, objetivando orientar o registro das hipotecas, criado com a Lei 317, de 21/10/1843. Foi aperfeiçoado com a reforma hipotecária, determinada pela Lei 1.237, de 24/09/1864, regulamentada pelo Decreto 3.453, de 26/04/1865, quando nasceu o registro geral. Essa é a origem do sistema de transcrição de títulos de alienação e oneração de imóveis.[15]

Os tabeliães incumbidos do registro de hipotecas passaram a exercer a função do registro geral (Lei 1.237/1864, artigo 7º, § 3º). A partir do Decreto 3.453/1865, artigo 3º, § 1º, esses tabeliães passaram a ser denominados como "official do Registro Geral".

Destarte, o registro civil moderno não teve sua origem na Idade Média, na prática dos padres cristãos, como muitos defendem. Eles anotavam batismos, casamentos e óbitos dos fiéis católicos, o "registro do

---

14. Quando o País foi descoberto, o Rei de Portugal, como descobridor, adquiriu sobre o território brasileiro o título originário da posse. Através de doações feitas por meio de cartas de sesmarias, o Rei doou terras aos governadores das Capitanias e, estes, aos seus homens de confiança (capitães donatários), que destacaram do domínio público porções de terras que viriam a constituir o domínio privado. "O regime de sesmaria veio da descoberta até a Independência do Brasil, em 1822, quando se abriu um hiato na atividade legislativa sobre terras, que se prolongou até 1850, desenvolvendo-se no intervalo a progressiva ocupação do solo sem qualquer título, mediante a simples tomada da posse. A Lei nº 601, de 1850, e seu regulamento nº 1318, de 1854, legitimaram a aquisição pela posse, separando assim do domínio público todas as posses que eram levadas ao registro das paróquias, o chamado registro do vigário. A Lei visava regularizar o domínio público e o particular legitimando as posses e revalidando as sesmarias. Os registros das posses eram feitos pelos vigários das freguesias do império definindo-se, desde os primórdios registrais, a competência dos registradores pela localização do imóvel. O registro paroquial servia, naquele tempo, para legitimação das posses e mais tarde para prova de ancianeidade destas, no usucapião". (RAU, Virgínia. Sesmarias medievais portuguesas. Lisboa: Editorial Presença, 1982, p. 87).

15. OLIVEIRA. Marcelo Salaroli de. Publicidade registral imobiliária. São Paulo: Saraiva, 2010. p. 9-10.

vigário", instituído pela Lei 601, de 18/09/1850, conhecida como a Lei de Terras. Na verdade, já existia um sistema registral organizado, oriundo da tradição jurídica romano-germânica. [16]

A cultura romanística protagonizou o Digesto, na Universidade de Bolonha, onde nasceu a literatura jurídica primogênita, as glosas. [17] Destarte, o direito romano dá origem ao *civil law* [18], firmado pela Revolução Francesa e assim, propagado pela Europa e suas colônias.

No decorrer do iluminismo, durante o século das luzes, novas crenças surgiram e foi necessário expandir tais registros eclesiásticos. Daí advém a ideia de que os registros públicos nasceram com o registro do vigário. Entretanto, ele apenas ajudou a desenvolver e aprimorar a publicidade registral, sendo erroneamente nomeado como o precursor dela.

Em 11/09/1861 instituiu-se a Lei nº 1.144, que tornou os registros de nascimentos, casamentos e óbitos obrigatórios para as pessoas que professavam religião diversa da oficial, a católica. O registro demorou a ser aceito pela população, principalmente onde a distância das áreas rurais aos cartórios era grande e o controle religioso dificultava tais registros.

Aos 07/03/1888 nasceu o Decreto nº 9.886, que aprovou o Regulamento do Registro Civil. Com o Decreto nº 10044 de 22/09/1888 teve início a prova de nascimento, casamento e óbito, mesmo quando tais assentos fossem feitos pelas autoridades religiosas.

A principal função do registro civil das pessoas naturais é publicizar seus registros, inscrever os momentos fundamentais da vida do indivíduo, criar presunção relativa da verdade.

Em 31/05/1890 nasceu o Decreto 451-B, instituindo o sistema Torrens, presente hodiernamente, na Lei nº 6.015/1973. O Código Civil de 1916 inovou o ordenamento pátrio, inserindo o termo "registro de imó-

---

16. Nos séculos XII e XIII desenvolveu-se o Renascimento da Europa Ocidental. Nesta época as cidades e o comércio ganharam nova organização, e assim também a ideia de que "somente o direito pode assegurar a ordem e a segurança necessárias ao progresso." (DAVID, René. *Os grandes sistemas do direito contemporâneo*. Tradução por Hermínio A. Carvalho. São Paulo: Martins Fontes, 2002, p. 39).

17. Por isso os juristas receberam o nome de glosadores (BARREIRO, A. Fernández; PARICIO, Javier. *História del derecho romano y su recepción europea*. Madrid: Marcial Pons, 2010).

18. Nessa conjuntura a lei passou a ter papel fundamental, o de expressar a vontade popular, dificultando interpretações excludentes do texto legal, inclusive dos magistrados (WAMBIER, Teresa Arruda Alvim. *Interpretação da Lei e de Precedentes: civil law e common law*. Revista dos Tribunais, São Paulo, ano 99, v. 893, p. 33-45, março 2010).

veis", mas limitou-se a determinar a inscrição ou averbação dos fatos essenciais ligados ao estado das pessoas.

O Código Civil de 1916 manteve a necessidade da transcrição para transferência do domínio, mas acrescentou uma presunção de domínio em favor do titular do direito inscrito.

O Decreto nº 4.827, de 1924, reorganizou os registros públicos previstos pelo Código Civil e foi aperfeiçoado pelo Decreto nº 4.857 de 1939. Após esses dois regulamentos, somente em 1973 foi publicada uma lei que não só modernizou, mas efetivamente estabeleceu princípios e normas gerais para os registros públicos no Brasil, qual seja, a Lei nº 6.015/73.

Os motivos que impulsionaram a adoção do sistema de publicidade registral foram motivos de ordem econômica, o fomento ao crédito territorial e a garantia aos empréstimos de capitais, desde o império romano. No Brasil a necessidade de delimitar e precisar a extensão territorial das glebas particulares, com a colonização, fez nascer os registros das garantias hipotecárias.

A Constituição Federal atribui competência privativa à União para legislar sobre registros públicos. A lei n° 6.015/1973 entrou em vigor em 1° de janeiro de 1976 e normatizou os assentos públicos, detalhou a lei geral civilista. O Código Civil/1916 aproveitou o aparelho organizado pelo Registro Geral e ampliou-o [19].

O Decreto 12.343, de 03/01/1917, regulamentou o CC/16, ratificando o exercício da função dos Oficiais do Registro Geral. Também estipulou que os atos não publicizados até a vigência do estatuto civilista seriam transcritos, inscritos ou averbados pelos oficiais do Registro Geral, na mesma ordem, modelos e modo de processo da legislação sobre registros públicos vigente.

Em 07/02/1924 nasceu o Decreto Legislativo 4.827, a fim de reorganizar os registros públicos instituídos pelo Código Civil, repetindo a expressão Registro Geral. Com o Decreto 18.542, de 24/12/1928 teve verdadeira modificação na legislação federal, dando origem ao termo "serventuários". [20]

---

19. BEVILÁQUA, Clóvis. Código Civil dos Estados Unidos do Brasil comentado. 4. ed. São Paulo: Francisco Alves, 1933, v. 3, p. 471.
20. OLIVEIRA, Marcelo Salaroli de. Publicidade registral imobiliária. São Paulo: Saraiva, 2010, p. 34.

O Decreto 4.857, de 09/11/1939 tratou o Registro Geral como cartório de registro de imóveis, consentâneo com o CC/1916. Esse decreto foi a base da Lei de Registros Públicos. Vê-se, assim, que nasceu o Registro de Hipotecas, em 1846, depois o Registro Geral, originando o Registro de Imóveis.

Os serviços de registros públicos são exercidos por delegação do poder público, conforme o artigo 236 da Constituição Federal, regulamentado pela Lei Federal 8.935/1994. O art. 5° da referida lei indica quais os tipos de serviços prestados pelos titulares destes serviços públicos, o tabelionato de notas e o de protesto de títulos e contratos marítimos. O registro civil de pessoas naturais, de pessoas jurídicas, de títulos e documentos e imóveis são regulamentados pela lei de registros públicos.

Os serviços notariais e registrais pende entre o público e o privado. É uma atividade peculiar do direito público, já que disciplina a administração pública de interesses privados. Ainda que exercida em caráter privado, indica grande vinculação ao direito administrativo. Trata-se de atos administrativos. [21]

O Estado delega a função de receber, conferir e transpor as declarações orais ou escritas prestadas por interessados, sobre fatos ou negócios jurídicos, aos titulares dos serviços notariais e registrais. [22]

---

21. "Notários e registradores exercem função pública e no exercício de sua atividade também produzem atos administrativos dotados de todos os atributos e sujeitos aos requisitos expressos no direito administrativo, não obstante sejam o objetivo e a finalidade destes atos a produção de efeitos jurídicos junto aos interesses privados e ao direito privado". (RIBEIRO, Luiz Paulo Aliende. Regulação da Função Pública Notarial e de Registro. São Paulo: Saraiva, 2009, p. 6.)

22. Serventia extrajudicial. Acervo documental - guarda e conservação. Big data. Certidão - publicidade notarial. Sigilo. Privacidade. Intimidade. Direito à informação. Serventia Extrajudicial - Acervo documental - Requerimento formulado por empresa particular que busca autorização para examinar, digitalizar e divulgar via internet parte dos acervos de diversos Tabeliães de Notas - Impossibilidade - Acesso ao acervo que dá por meio de certidões ou pedido de informações - Serviço Público prestado em caráter privado - Dever de guarda e sigilo - Indeferimento. (CGJSP - Processo: 2.070/2014 CGJSP - Processo LOCALIDADE: São Paulo DATA JULGAMENTO: 25/03/2014 DATA DJ: 09/04/2014 Relator: Elliot Akel). (grifos nossos). [...] É certo que o acervo das Serventias Extrajudiciais tem natureza pública, isto é, pertencem ao Estado e não ao titular que, momentaneamente, exerce a delegação que lhe foi outorgada por meio de concurso público. Por isso, como já teve oportunidade de acentuar o então Juiz Assessor desta Corregedoria Geral Luciano Gonçalves Paes Leme, o acesso às informações armazenadas pelas Serventias Extrajudiciais deve ser garantido a todos, independentemente de eventuais motivos apresentados ou da comprovação de interesse, ressalvados as protegidas por sigilo e restrições de acesso ao público impostas por lei (Processo Corregedoria nº24481/2012). Mas é preciso observar que o fato de ser público não torna o acervo acessível a qualquer pessoa. São as informações - e não os livros que as contêm - que estão ao alcance de todos, excetuados os casos resguardados por sigilo. Essa conclusão se

Walter Ceneviva [23] explica que os serviços de registro dedicam-se, como regra, ao assentamento de títulos de interesse privado ou público, para garantir oponibilidade a todos os terceiros, com a publicidade que lhe é inerente, garantindo, por definição legal, a segurança, a autenticidade e a eficácia dos atos da vida civil a que se refiram. Submetidos ao princípio do *numerus clausus*, são limitados aos previstos nas leis vigentes do país.

Os fins do registro público são autenticidade, segurança e a eficácia do documento ou declaração. Segurança é a liberação do risco; eficácia é

---

extrai da Lei de Registros Públicos, cujo art. 16 traz as formas pelas quais o usuário dos serviços notariais e registrais pode ter acesso ao acervo: certidão ou pedido de informações [...] assim, ao emitir uma certidão, o notário ou o registrador consulta seu acervo e divulga apenas o conteúdo não protegido por sigilo, preservando as informações sensíveis para as quais a lei exige prévia autorização judicial para difusão. Exerce, pois, um verdadeiro filtro. Se o acesso do particular ao acervo ocorresse por meio de contato direto com os livros e demais documentos arquivados nas Serventias Extrajudiciais, o conteúdo protegido por sigilo restaria comprometido, porque o titular da delegação não teria como controlar, a cada manuseio das páginas dos livros, o que o usuário está vendo [...] A Lei n.º 12.527, de 18 de novembro de 2011, não se aplica aos notários e aos registradores: eles não integram o aparelho estatal, a sua organização administrativa. Não compõem a Administração direta nem a indireta. Ademais, são necessariamente pessoas físicas, a quem - mediante delegação, precedida de concurso público de provas e títulos -, confiados aos serviços notariais e de registro, exercidos em caráter privado, com propósito lucrativo, tanto que remunerados por meio de emolumentos. Vale dizer: não se encaixam em qualquer uma das hipóteses ventiladas nos artigos 1.º e 2.º da Lei n.º 12.527/2011 e, portanto, não se sujeitam ao regime por ela introduzido. Ora, não se confundem com os entes da federação, não integram a Administração indireta e tampouco são entidades privadas (pessoas jurídicas) sem fins lucrativos providas de recursos públicos, advindos de dotações orçamentárias ou de subvenções sociais, contrato de gestão, termo de parceria, convênios, acordo, ajustes ou de outros instrumentos congêneres. No mais, a Lei n.º 12.527/2011 regula o acesso a informações previsto no inciso XXXIII do artigo 5.º da Constituição Federal de 1988, que cuida do direito a receber informações dos órgãos públicos, em cujo conceito não se enquadram as serventias extrajudiciais -, no inciso II do § 3.º do artigo 37 e no § 2.º do artigo 216, todos da CF/1988, que se reportam à Administração Pública - não integrada, repita-se, pelos notários e oficiais de registro -, a registros administrativos, informações sobre atos de governo e documentação governamental, estranhos aos atos notariais e de registro. Por todas essas razões, e diante de ausência de dispositivo legal ou normativo que dê lastro ao acesso, à digitalização e à divulgação pretendidos, o pedido da requerente, se deferido, implicaria, de um lado, **lesão aos direitos constitucionais à intimidade, à privacidade e à segurança jurídica daqueles cujos dados encontram-se arquivados nas Serventias; de outro, supressão do direito dos notários e registradores de receberem os emolumentos pelos serviços que prestam nas Serventias das quais são delegatários.** Diante do exposto, o parecer que respeitosamente submeto à elevada apreciação de Vossa Excelência é no sentido de que seja indeferido o requerimento da requerente. *Sub censura*. São Paulo, 21 de março de 2014. Gustavo Henrique Bretas Marzagão - Juiz Assessor da Corregedoria. CONCLUSÃO: Aprovo o parecer do MM. Juiz Assessor da Corregedoria e, por seus fundamentos, que adoto, indefiro o requerimento formulado por *Records Preservation, Inc.* Publique-se. São Paulo, 25 de março de 2014. HAMILTON ELLIOT AKEL - Corregedor Geral da Justiça. *(grifos nossos)*

23. CENEVIVA, Walter. Lei dos Registros Públicos Comentada. 13ª ed. São Paulo: Saraiva, 2003, p. 69.

a aptidão para produzir efeitos jurídicos, baseado nos assentos lavrados, na autenticidade das declarações e negócios jurídicos realizados perante o notário ou registrador.

Só o próprio registro tem autenticidade, não as declarações prestadas. O negócio ou circunstância que deu causa ao assento não possui presunção relativa de verdade. O oficial de registro recebe as declarações prestadas e examina seus critérios formais. Registro é ato principal de documentação desses elementos que determinam o estado e a capacidade da pessoa natural. [24]

Notários e registradores são profissionais cujos atos, atribuídos por lei, são remunerados pelas partes e não pelo estado. Por isso dizer que são titulares de serventias não oficializadas, são serviços não estatizados. São remunerados por meio de emolumentos, fixados pelo poder público, cuja natureza jurídica é de taxa.

Os efeitos jurídicos produzidos pelos registros públicos são de três espécies: constitutivos, comprobatórios e publicitários. Da primeira espécie tem-se, por exemplo, o casamento; sem o registro o direito não nasce. Da segunda, pode-se citar o assento de óbito, pois o registro prova a existência e veracidade do ato. Quanto aos efeitos publicitários tem-se a interdição, pois o fato registrado permite a acessibilidade e o conhecimento de todos, interessados ou não.

A pessoa natural apresenta, no decorrer de sua existência, diversas situações diretamente ligadas à sua condição na sociedade. Trata-se do estado das pessoas, conjunto de qualidades da pessoa, que se alteram no decorrer da vida. É preciso que tais qualidades sejam anotadas para conhecimento geral.

4. PRINCÍPIO DA PUBLICIDADE

Segundo Carlos Ferreira de Almeida [25], são três os tipos de publicidade: espontânea, provocada e registral. Em essência, a publicidade é o

---

24. "Registro é o conjunto de atos autênticos tendentes a ministrar prova segura e certa do estado das pessoas. Ele fornece meios probatórios fidedignos, cuja base primordial descansa na **publicidade**, que lhe é imanente. Essa publicidade de que se reveste o registro tem função específica: provar a situação jurídica do registrado e torná-la conhecida de terceiros" (Monteiro, Washington de Barros. Curso de direito civil: direito das obrigações, v. 5, São Paulo: Saraiva, 2004, p. 126).
25. ALMEIDA, Carlos Ferreira. *Publicidade e teoria dos registros*. Coimbra: Livraria Almedina, 1966, p. 76.

conhecimento do público. A acepção de público não é sinônimo de todas as pessoas. Para existir publicidade basta que o conhecimento esteja à disposição das pessoas interessadas, ou que exista vocação de conhecimento generalizado.[26]

A publicidade espontânea é aquela na qual o conhecimento deriva naturalmente do objeto, sem que exista a intenção exclusiva de dar a conhecer. O objeto, por si só, ostenta notoriedade, que lhe faz de conhecimento público. São exemplos: a posse das coisas móveis, o nome das pessoas naturais, o nome do estabelecimento comercial, a forma dos atos jurídicos solenes.

A publicidade provocada, cuja característica marcante é a intenção específica de dar a conhecer, é identificada de duas formas: por meios precários e os duradouros. Os meios precários são limitados no tempo, por exemplo: os proclamas, os editais e os anúncios. Os duradouros são perduráveis indefinidamente, como os arquivos e os assentos.

Os proclamas são orais; os editais são por escrito e afixados em locais públicos; e os anúncios são publicação por meio de jornais. Embora estas formas publicitárias apresentem suas deficiências e limitações, já que não são duradouras e seu alcance é questionável, são suficientes e adequadas, por vezes em complementaridade com a publicidade registral.

Os meios duradouros, os arquivos e assentos, diferem entre si pelos aspectos formais: os primeiros são a mera guarda de documentos em lugar apropriado, normalmente sob ordem cronológica. Os assentos contam com a participação do agente público, que colhe as declarações dos interessados ou transcreve o teor do documento, integralmente ou por extratos, em livros próprios que permanecem sob sua custódia. Em ambos os casos, as informações conservadas devem estar disponíveis aos interessados, seja por meio de certidões dotadas de fé pública, seja pela própria consulta dos livros e documentos.

Na passagem de um sistema de publicidade estruturado em arquivos para um sistema de assentos, a atividade publicitária deixa de ser a mera recepção e conservação de documentos e passa a ser acompanhada de um juízo de legalidade, exercido pelos encarregados dos assentos. As informações são selecionadas e organizadas, fazendo-se prévia qualificação registral e por isso, com a possibilidade de recusar o assento desconforme com a lei. Essa é a publicidade registral, a publicidade provo-

---

26. ALMEIDA, Carlos Ferreira. Op. cit., p. 49.

cada, haja vista ter a intenção exclusiva de dar a conhecer, acrescentada de uma complexa organização e perfeição técnica.

O professor Rizzatto Nunes [27] ensina que a função notarial, bem como a registral é pública porquanto ao Estado pertence e a toda a coletividade interessa. Prevenir litígios, dando certeza e segurança jurídica às relações, é atividade que a todos beneficia, embora exercida em casos concretos, com partes estabelecidas na relação jurídica específica. Embora pública, a função é desenvolvida em caráter privado, por conta e risco do notário e registrador, mediante delegação. O estado não exerce diretamente, embora seja o titular da função, mas de modo privado, por conta e risco do tabelião e registrador, que administra privatisticamente seu estabelecimento.

> "A necessidade de uma publicidade dos direitos sobre imóveis começou a sentir-se desde a remota antiguidade. Assim, encontramos precedentes de uma publicidade nos povos primitivos, embora sem um tipo de registro organizado, que só surgiu numa fase muito posterior. Tal necessidade sentiu-se sobretudo no que respeita aos encargos, aos direitos reais de garantia". [28]

Hely Lopes Meirelles[29] define a publicidade como a divulgação oficial do ato, para conhecimento público e início de seus efeitos externos. A publicidade visa segurança jurídica, pois gera cognoscibilidade. Permite que o interessado conheça o teor do acervo das serventias extrajudiciais.

A Constituição Federal disciplina o direito de informação sob três aspectos: 1. o direito de informar; 2. o direito de se informar; 3. o direito de ser informado. O direito de informar está diretamente relacionado à informação jornalística transmitida; é a garantia de comunicação social. O direito de se informar é uma prerrogativa concedida às pessoas comuns, decorrente da existência de uma informação. Ao direito de ser informado, este surge sempre que alguém tem o dever de informar. [30]

No artigo 37 da Constituição Federal há o dever de publicidade dos órgãos públicos: "A administração pública direta e indireta de qualquer dos Poderes da União, dos Estados, do Distrito Federal e dos Municípios

---

27. BRANDELLI, Leonardo. *Teoria geral do Direito Notarial.* São Paulo: Saraiva, 2011, 4. ed. p. 183-184.
28. GUERREIRO. J. A. Mouteira, Noções de direito registral, 2. ed., Coimbra: Coimbra Editora, 1994.
29. MEIRELLES, Hely Lopes. *Direito Administrativo Brasileiro*, 22. ed. São Paulo: Malheiros, 1997, p. 75.
30. NUNES, Rizzatto, *Curso de Direito do Consumidor*, São Paulo: Saraiva, p. 49-52.

obedecerá aos princípios de legalidade, impessoalidade, moralidade, publicidade e eficiência".

Destarte, os órgãos públicos devem prestar informações adequadas e concomitantemente, praticar seus atos com transparência, de forma clara e precisa, com a obrigação de esclarecer. No registro civil de pessoas naturais, por exemplo, que o registro de nascimento é gratuito, que realizado fora do prazo não acarretará multa, nem tampouco sanção. Registrar o filho é possibilitar o exercício de sua cidadania.

Publicidade tem três elementos implícitos: o que se quer dar conhecimento; os destinatários da informação; o meio usado para dar conhecimento, ou seja, o modo a ser acessado pelos destinatários.

Objeto da publicidade são fatos, destinados a pessoas físicas ou jurídicas, informados pelos meios registrais. Assim caracteriza-se a publicidade jurídica, cuja finalidade é produzir efeitos jurídicos.

Cognoscibilidade é a possibilidade de se conhecer, é a informação posta à disposição do público. Deve ser permanente e geral. A natureza jurídica da publicidade é uma declaração não receptícia, a divulgação direta ou indireta de um fato, que provém de um órgão público.

O registro jurídico permite o exame dos livros e sua caracterização como serviço público. Os principais efeitos da publicidade são: ninguém pode alegar desconhecimento da lei (LINDB, artigo 3º), nem mesmo do registro. Pelo exame da matrícula a pessoa tem o efetivo conhecimento do ato, da situação jurídica real.

Existem três modalidades de publicidade: a notificação, pela qual um ato jurídico é direto e pessoalmente levado ao conhecimento de seu destinatário. Publicação refere-se a atos regulamentares, leis e atos administrativos, publicidade impessoal. Registro cuida da publicidade de fatos ou atos jurídicos, para dar validade, eficácia e segurança jurídica.

A doutrina divide os registros em cinco classes: *registros dos fatos*, onde a inscrição, a anotação possibilita o conhecimento do fato, a exemplo do nascimento e do óbito. A finalidade desse registro é facilitar a prova do fato ocorrido, sem alterar seus elementos. No caso do nascimento, podem-se comprovar, concomitantemente, situações jurídicas diversas sobre o estado da pessoa: nome, estado familiar, sexo, idade, filiação. Uma vez registrado um fato, ninguém poderá alegar desconhecimento, caso da interdição, do proclamas de casamento. O importante é a cognoscibilidade do fato ou negócio jurídico e respectivos efeitos e direitos, ou seja, a publicidade registral. Mesmo que não tenham tido conhecimento efetivo, a informação consta no órgão público, à disposição de todos.

O *registro de atos e contratos*, a exemplo do casamento civil, do casamento religioso com efeitos civis, da conversão da união estável em casamento, essencial para a validade e eficácia dos atos jurídicos e contratos.

Tem-se o *registro de documentos*, das coisas móveis representativas de um fato. O objeto desse registro é o documento, que representa o fato. Há, ainda, o *registro de títulos*, *de ato ou contrato* que ingressa no registro incorporado a um documento, a uma cártula que contém um negócio jurídico causal.

Por fim, *o registro de direitos*. A causa e o efeito do negócio jurídico são separados: o objeto do registro é efeito do negócio jurídico, isto é, constitui, transmite, modifica e extingue direitos. É registro constitutivo de direito. Eventual nulidade do título tornará nulo também, o registro do título, a exemplo da interdição.

Nos registros a publicidade ocorre de modo indireto, pela expedição de certidões, ato administrativo enunciativo (LRP, 16). Certidões são cópias fiéis e autênticas de atos ou fatos constantes dos registros e documentos. [31]

Qualquer pessoa pode requerer certidão do que consta nos livros e documentos, sem justificar o pedido. Porém, dados sigilosos, por exemplo, a adoção de menores, o reconhecimento de paternidade, serão pre-

---

31. Nesse sentido, decisão da CGJSP 2013.00162336.001, Parecer 111/14-E: "SERVENTIA EXTRAJUDICIAL. Requerimento formulado por Family Search International para obter autorização para acesso aos registros civis não abrangidos nos períodos autorizados anteriormente. Falta de justa causa para o deferimento em detrimento do sigilo e do dever de guarda. Atual contexto de gerenciamento de dados por meio da Central de Informações do Registro Civil - CRC que não mais justifica o interesse na obtenção dos arquivos produzidos pela requerente. Indeferimento. " A entidade pretendia ter acesso aos registros de nascimento, casamento e óbito, para pesquisa genealógica, a fim de permitir que todas as pessoas tenham acesso à sua história familiar, sua ancestralidade. A decisão foi pelo indeferimento, haja vista conter dados sigilosos, como de legitimação em razão de casamento, adoção, filiação ilegítima, cancelamentos de vítimas e testemunhas protegidas, comprometendo o sigilo e a segurança jurídica. Findou concluindo que o acervo das unidades de registro é exclusivo do Oficial, tanto que sujeito ao poder censório disciplinar da Corregedoria Permanente e da Corregedoria Geral da Justiça. Além de zelar pelo conteúdo dos registros, os registradores também são responsáveis pela guarda física do acervo. Devem mantê-los em segurança, sob pena de responderem pessoalmente, por danos ou extravios injustificados.

servados (LRP, 17, 18). Não podem constar fatos contra a intimidade e vida privada nas certidões, como por exemplo, a mudança de sexo, a perda do poder familiar, a origem da filiação (CF, 227 §6º e Lei 8.560, artigo 6), adoção (LRP, 47, §4º).

Os livros de registro e documentos só poderão sair do serviço mediante autorização judicial, sendo o modo de preservação e integridade dos mesmos. Nesse contexto foi instituída a *CRC – central de informações do registro civil*, com o provimento 19/2012, da CGJSP. É uma modalidade de registro eletrônico, que facilitou o acesso registral, interligou os cartórios de registro civil, informatizou os índices, melhorou a prestação de informações aos interessados. Difere do documento eletrônico (Medida Provisória 2.200/2001 [32], Lei nº 11.419/2006 e Lei nº 11.977/2009).

A Central dos Registradores Civis de São Paulo está disponibilizada através da central de serviços eletrônicos compartilhados. É uma central gratuita, mantida e operada perpetuamente pela ARPEN-SP. Todos os oficiais de registro civil do estado de São Paulo estão integrados a ela e deverão mantê-la atualizada. Foi uma mudança fundamental para o progresso da atividade registral, haja vista facilitar sobremaneira a comunicação entre oficiais, órgãos públicos e particulares. Foi um dos grandes avanços do registro civil. [33]

---

32. A MP 2.200 foi a iniciativa pioneira do governo para regulamentar o documento eletrônico no país. Permitiu o uso da certificação digital visando efetivar a autenticidade, integridade e validade jurídica de documentos em forma eletrônica. Criou-se a Infraestrutura de chaves públicas, ICP-Brasil.

33. Outros oficiais de registro civil, de outros estados, poderão aderir, mediante convênio padrão com a ARPEN-SP, o qual será imediatamente informado à Corregedoria Geral da Justiça de São Paulo. CRC é um banco de dados eletrônicos, com atos de registro civil lavrados nos Livros A, B, B-auxiliar, C, E.

Para cada registro será informado um número de matrícula, o nome do registrado, a data do registro, a data da ocorrência e salvo os casamentos, a filiação. É a primazia do princípio da publicidade ou finalístico, vez que os atos e registros são públicos e acessíveis, cognoscíveis e oponíveis "erga omnes". A inclusão, alteração e exclusão de registros da Central serão feitos exclusivamente pelo próprio Oficial de Registro Civil ou seus prepostos, por meio de certificado digital emitido conforme a Infraestrutura de Chaves Públicas Brasileira (ICP-Brasil). Os Oficiais de Registro civil das pessoas naturais deverão efetuar a carga de todos os registros em até 10 (dez) dias da data de sua lavratura. Qualquer alteração nos registros informados à Central de Informações do Registro Civil deverá ser atualizada no mesmo prazo e forma. Nos casos de cancelamento de registro por determinação judicial ou averbação de que trata o artigo 57, §7º da Lei 6.015/73, as informações deverão ser excluídas da Central pelo Oficial de Registro responsável, informando o motivo como "determinação judicial". As buscas de registros poderão ser requeridas pelos próprios interessados. Nesse caso, a ética deverá balizar a resposta do oficial, resguardando a publicidade, autenticidade, segurança e eficácia da atividade notarial e registral.

Tal publicidade difere do marco civil da internet, criado com a Lei nº 12.965/2014 que estabeleceu princípios, garantias, direitos e deveres para o uso da internet. Preserva a privacidade de dados pessoais, a estabilidade, segurança e funcionalidade da rede, bem como a responsabilização dos agentes por suas atividades. Permite padrões tecnológicos abertos, possibilitando a comunicação, acessibilidade e interoperabilidade entre aplicações e base de dados.

A central de informações do registro civil tem seus documentos assinados digitalmente pelo registrador, para que tenham plena validade, segurança, confidencialidade e autenticidade. Trata-se do instrumento público notarial eletrônico; uma nova forma de expressar a fé-pública [34], sendo um certificador imparcial. Entretanto, ele não tem publicidade absoluta. Os dados arquivados nas serventias extrajudiciais são essencialmente públicos, mas com algumas informações sigilosas e que assim devem permanecer.

Por exemplo, as cartas de sentenças extraídas de processos de separação judicial, que contenham peças protegidas por segredo de justiça. A serventia extrajudicial emitirá certidão das peças que tratem especificamente do imóvel do registro, mantendo-se o sigilo das demais. Atente-se que essa restrição envolve apenas o título arquivado e não o registro lavrado na tábua registral, a qual é pública (artigos 16 e 17 da Lei nº 6.015/73).

Diz-se que a publicidade pode ser positiva ou negativa. Será negativa quando existir cognoscibilidade a terceiros de algum fato ou de alguma situação jurídica, sem que desta decorra nenhum efeito em relação à eficácia da situação jurídica publicizada.

Trata-se da publicidade registral. Os atos notarias são públicos, ou seja, tornam o ato jurídico instrumentalizado e acessível a qualquer cidadão, mediante a expedição de certidão pelo registrador. Porém, por força das características que permeiam a atividade notarial e registral, tal publicidade não agrega oponibilidade *"erga omnes"* ao ato jurídico.

---

34. Denominada como "e-fé-pública", é outorgada na base da autenticação da capacidade das pessoas, no cumprimento das formalidades dos instrumentos notariais ou da certificação dos fatos, e ainda, à certificação de todo o processo tecnológico, de resultados digitais, códigos e assinaturas eletrônicas. (ASSUMPÇÃO, Letícia Franco Maculan. O notário na era digital. Disponível em: <http://www.anoreg.org.br/index.php?option=com_content&view=article&id=25672:artigo-o-notario-na-era-digital-leticia-franco-maculan-assumpcao&catid=32&Itemid=181>. Acesso em: 12 nov. 2016.)

Há tão somente o respeito à validade. A publicidade negativa contempla o aspecto formal, a possibilidade de acesso ao fato publicizado, limitado, não garantido o conhecimento do ato.

Por sua vez, a publicidade positiva abrange o aspecto formal e o material, pois consiste na possibilidade dos terceiros terem acesso ao conteúdo que fora publicizado, não tornando o conteúdo à vista de todos, mas também oponível a terceiros. Os registros públicos são órgãos natos desse tipo de produção de publicidade. [35]

Diógenes Gasparini[36] conceitua a publicidade como o elemento qualitativo daquilo que é dado ao conhecimento de todos, de maneira generalizada e indistinta, a publicidade ativa. Por exemplo, os editais de lote-

---

35. Certidão de transcrições. Cópia reprográfica. Publicidade formal. cgjsp - processo data julgamento: 17/11/1993 fonte: 228/93 localidade: cafelândia. Relator: Francisco Eduardo Loureiro. Íntegra: poder judiciário - Tribunal de Justiça do estado de São Paulo. Processo nº 000228/93. (792/93). Excelentíssimo Senhor Corregedor Geral: Cuida-se de mais um recurso interposto pelo Espólio de Bertolino José Bastos, representado por seu advogado Lucindo Rafael, contra a r. decisão de folhas 86 e verso, proferida pela MM. Juíza Corregedora Permanente do Cartório de Registro de Imóveis e Anexos da Comarca de Cafelândia, que INDEFERIU PEDIDO DE CERTIDÃO POR CÓPIA REPROGRÁFICA DE TRANSCRIÇÕES EXISTENTES NAQUELA SERVENTIA PREDIAL. É o breve relatório. Opino. Inicialmente, há que se distinguir a publicidade material da *publicidade formal* dos atos registrários. A publicidade implica no acesso direto dos atos registrários, mediante exame dos livros, pastas, processos e papeis da serventia. A publicidade formal dos atos é feita através de certidões, extraídas por meio datilográfico ou reprográfico. O pedido inicial não permitia saber exatamente o que desejava o recorrente, em razão de sua obscuridade. Somente em razões de recurso é que se esclareceu o objetivo do pedido. As certidões postuladas já foram extraídas por meio datilográfico e remetidas pelo serventuário via postal. Caso tenha, o recorrente, dúvida entre a correspondência da certidão e o assento, poderá dirigir-se a serventia e examinar o livro de transcrições, à vista do Oficial. Não há, todavia, como obter certidão reprográfica do livro de transcrições, diante de sua dimensão e forma de escrituração. O item 141 do Capítulo XX das Normas de Serviço da Corregedoria Geral da Justiça é claro ao dispor que: "A certidão, de inteiro teor, poderá ser extraída por meio datilográfico ou reprográfico". O subitem 141.1, porém, explicita que: "na certidão expedida através de cópia reprográfica da matrícula, após último ato...". Assim sendo, as próprias normas de regência em vigor, até por uma questão prática, indicam o meio reprográfico como hábil para certidões de matrícula, permanecendo o meio datilográfico como indicado para certidões de transcrições. Ambos os meios, porém, dão ao interessado a publicidade formal do ato registrário, sendo que qualquer dúvida poderá ser dirimida mediante exame direto do próprio livro em confronto com a certidão expedida. ISTO POSTO, o parecer que submeto ao elevado critério de vossa Excelência é no sentido do improvimento do recurso. Sub censura. S. Paulo, 17 de novembro de 1.993. Francisco Eduardo Loureiro. Juiz de Direito Corregedor. Conclusão: Em 18 de novembro de 1993, faço conclusão destes autos nº 228/93 ao Exmo. Sr. Desembargador José Alberto Weiss de Andrade, DD. Corregedor Geral da Justiça. São Paulo, 30 de novembro de 1993. JOSÉ ALBERTO WEISS DE ANDRADE. Corregedor Geral da Justiça.

36. GASPARINI, Diógenes. Direito Administrativo. São Paulo: Saraiva, 2003, p. 10.

amento, a publicação inerente à instituição de bens de família, o edital de proclamas para o casamento ou ainda.

No segundo caso, há que se reconhecer o elemento caracterizador de disponibilização passiva, ou seja, a publicidade passiva, tipicamente registral e notarial, muito própria dos acervos documentais. Tal conhecimento é propiciado àqueles que demonstrem interesse específico, expressado na iniciativa de busca, exame, ou mesmo o pedido de certidão do registro ou assento, a determinado grupo de pessoas ou a pessoa determinada.

A publicidade passiva se encontra umbilicalmente ligada à atividade notarial e registral, sendo a publicidade ativa uma exceção. Lourival Gonçalves de Oliveira [37] ensina que tanto a publicidade ativa, quanto a passiva, decorrem do lançamento de caráter nitidamente material, seja em suporte documental, o papel, seja suporte eletrônico, assim como nas películas de microfilme.

Importante questão diz respeito ao princípio da publicidade não como um fim em si mesmo, mas como instrumento de garantia de eficácia, às quais os atos notariais e registrais estão jungidos. A garantia da publicidade se encontra vinculada ao caráter público, como verdadeiros atos administrativos que são.

5. PUBLICIDADE X PRIVACIDADE

Desde os primórdios da humanidade já havia preocupação pela intimidade, individualidade. Adão e Eva ficaram envergonhados quando estavam nus diante de Deus, após desobedecerem a ordem de não comerem o fruto proibido. Na Lei das XII Tábuas e no *Corpus Iuris Civilis* era mencionada a pessoa como forma institucionalizada. No fim da Idade Média ainda não existia noção evidente de indivíduo, pois a relações também tinham caráter coletivo.

Com o Cristianismo e as lições de amor ao próximo, fazer o bem sem olhar a quem, o ser humano passou a ser tratado como indivíduo, alçado ao centro dos valores éticos e morais. Homem como imagem e semelhança de Deus. O socialismo e o existencialismo cuidaram do ser humano como dotado de personalidade, não mais como objeto, matéria.

---

37. OLIVEIRA, Lourival Gonçalves de. Notários e Registradores: Lei n. 8.935, de 18.11.1994. São Paulo: Editora Juarez de Oliveira, 2009, p. 22.

O mundo moderno nasceu com a Revolução Francesa, quando as Constituições foram inserindo direitos fundamentais, dignidade da pessoa humana e direitos personalíssimos. O assunto teve destaque com a inviolabilidade do domicílio, tratado na Inglaterra como *man's house is his castle",* distinguindo o espaço privado do coletivo, estatal.

O marco histórico do direito à privacidade ocorreu em Boston, com o casamento da filha do jurista Samuel Warren. Em conjunto com o futuro juiz da Suprema Corte, Louis Brandeis, eles defenderam a privacidade frente à imprensa, na Harvard Law Review. Assim, em 1890 nasceu o precedente jurisprudencial do direito à privacidade (*right to privacy* ou *right to be alone*).

A legislação pioneira no tema foi a Declaração Universal dos Direitos Humanos da ONU [38]:

> *"Ao assegurar um mínimo de respeito ao homem só pelo fato de ser homem, o princípio da privacidade coadunou-se com a valorização da pessoa humana, portadora de valores éticos insuprimíveis, tais como a dignidade, a autonomia e a liberdade. A pessoa é uma categoria histórica, ou seja, sua valorização, como ser humano, independente da comunidade, grupo ou classe social a que pertença e é fruto do desenvolvimento da civilização humana".* [39]

O direito à privacidade elide qualquer invasão na seara íntima das pessoas, no seu circuito afetivo e interno: sua família, suas preferências sexuais, seu trabalho, suas correspondências, suas fraquezas humanas (alcoolismo, tabagismo, consumo de substâncias alucinógenas), as recordações pessoais, a saúde.

Esse direito consiste em uma obrigação negativa, ou seja, não revelar ao público ou mesmo a um grupo seleto, fatos reservados do titular, sendo respeitada a sua intimidade. As pessoas notórias, que ocupam posição de destaque na sociedade, sejam pelo seu trabalho, beleza, saúde ou qualquer outro motivo, têm sua privacidade diminuída. Se os políticos, artistas, desportistas tiverem fatos íntimos ou assuntos privados revelados sem a devida concordância, caracterizará violação indenizável.

---

38. A Declaração Universal dos Direitos do Homem foi promulgada em 1948, sem voto contrário, com ampla aceitação das ideologias e credos da época. (www.un.org)
39. FARIAS, Edilsom Pereira de. Colisão de direitos – a honra, a intimidade e a vida privada e a imagem versus a liberdade de expressão e informação. 2. ed., Porto Alegre: Fabris, 2000, p. 137.

Ao publicarem fatos, ações ou dados que extrapolem a atividade profissional da pessoa notória, invadindo sua vida privada, ou acusações inverídicas, suspeitas, infundadas, que atentem contra a intimidade, a honra, o decoro, a autoestima da pessoa, constituirão divulgações ilegais.

> "O direito do indivíduo de estar só e a possibilidade que deve ter toda pessoa de excluir do conhecimento de terceiros aquilo que a ela só se refere, e que diz respeito ao seu modo de ser no âmbito da vida privada." [40]

A Carta Magna de 1988 diferenciou intimidade de vida privada, considerando aquela em sentido estrito. "A intimidade seria o âmbito mais exclusivo da vida privada" [41]. O ordenamento pátrio elevou a intimidade e privacidade à categoria de cláusulas pétreas, núcleo constitucional intangível.

Há nítida consolidação dos direitos fundamentais, especificamente quanto à privacidade, no artigo 5º: a proibição de penas cruéis ou invasivas do corpo e da dignidade; proteção à imagem; à liberdade do pensamento, consciência e credo; inviolabilidade da casa; sigilo das correspondências e comunicações; direitos autorais; respeito à integridade física e moral do preso; retificar informações pessoais; escusa de consciência.

O artigo 5º, inciso V da CF/88, ainda autoriza a resposta proporcional ao agravo, ressalvadas as indenizações por danos materiais, morais e à imagem. A resposta "não aparece apenas como a preocupação da troca de mensagens, preocupação que caracteriza nossa civilização, mas ainda, como a defesa de terceiros envolvidos neste emaranhado de publicações, emissões e recepções" [42].

No direito à honra, a pessoa é tomada frente à sociedade, ou ao círculo social a que pertence, em razão da sua posição de destaque. Uma ofensa, com situações de humilhação, constrangimento, vergonha, descrédito profissional, poderá diminuir seu valor social, abalar o crédito moral que os fãs e outros entes próximos lhe depositavam. Reprime-se

---

40. LAFER, Celso. Hannah Arendt: pensamento, persuasão e poder. Rio de Janeiro: Paz e Terra, 1979, p. 108.
41. FERRAZ Jr, Tércio Sampaio. Sigilo de dados: direito à privacidade e os limites à função fiscalizadora do Estado. Revista da Faculdade de Direito de São Paulo, 1993, p. 147.
42. NOBRE, Freitas. Lei de informação: comentários à Lei de Imprensa. 2. ed. São Paulo: Saraiva, 1978, p. 127.

a falsa imputação ao caráter, desvirtuando a imagem e reputação de alguém frente aos demais [43].

---

43. Averbação. Separação. Reconciliação. Direito a intimidade - publicidade registral - Segredo de justiça. 1. As averbações de separação judicial e reconciliação noticiam o advento de mutação no estado civil, tornadas públicas devido aos efeitos gerados, modificativos dos direitos reais incidentes sobre cada um dos imóveis e capazes de atingir a terceiros, **não havendo ofensa à privacidade**. CGJSP - Processo DATA JULGAMENTO: 17/03/1997 FONTE: 000441/97 LOCALIDADE: São Paulo Relator: Marcelo Fortes Barbosa Filho Legislação: Lei 6015/73, art. 167, II,14. Processo CG n. 441/97 Comarca da Capital (178/97) Exmo. Sr. Corregedor Geral da Justiça: Cuida-se de recurso administrativo interposto por Serafim de Camargo Duarte e sua mulher Adélia Maria Dalla Déa Duarte contra r. decisão prolatada pelo MM. Juiz Corregedor Permanente do 15 Registro de Imóveis da Comarca da Capital (fls. 43/47), que indeferiu o postulado cancelamento de todas as 'anotações' existentes nas matrículas 6.900 e 47.903 do referido ofício predial, pertinentes à separação e reconciliação dos recorrentes. Os recorrentes argumentam (fls. 49/65) que tendo sobrevindo sua separação consensual, a esta se seguiu a reconciliação e a expedição de mandado pelo r. Juízo de Direito da 10a Vara de Família e Sucessões do Foro Central da Comarca da Capital, contendo esta ordem de cancelamento de todas as anotações referentes a tal episódio. A ordem, porém, não foi cumprida, segundo os recorrentes, vez que apenas foi praticado ato averbatório e, em todas as certidões extraídas dos assentamentos registrários, não é omitida a menção à separação judicial consensual e à reconciliação referidas, **em afronta ao segredo de justiça e o direito à intimidade, protegido pela norma do inciso X do artigo 5o da Constituição da República**, visto serem divulgadas informações de caráter íntimo. Pleiteiam a reforma do 'decisum', para que sejam canceladas as averbações referentes à separação judicial e à reconciliação, bem como sejam tais informações omitidas em futuras certidões a serem expedidas. O Ministério Público (fls. 68/70) opinou pelo improvimento do recurso interposto, persistente expressa previsão legal para a prática dos atos averbatórios efetivados. Relatados. OPINO. A questão controvertida, na espécie, diz respeito à investigação da persistência de um conflito entre o RESGUARDO AO DIREITO À INTIMIDADE E A PRÁTICA DE ATOS DE AVERBAÇÃO, referentes à MUTAÇÃO DO ESTADO CIVIL. Nesse sentido propõe os recorrentes a negativa da recepção do preceito contido no artigo 167, inciso II, item 14 da Lei 6.015;73 pela nova ordem constitucional, nascida em 15 de outubro de 1988, bem como seu conflito com o segredo de justiça previsto no artigo 155 do vigente Código de Processo Civil. As averbações constantes das Matrículas 6.900 e 47.903 do 15º Registro de Imóveis da Comarca da Capital, pura e simplesmente, **noticiam o advento de decisões judiciais**, tornadas públicas devido aos efeitos gerados, modificativos da conformação dos direitos reais incidentes sobre cada um dos imóveis e capazes de atingir a terceiros. Os atos averbatórios praticados, em consequência, NÃO CHEGARAM A INVADIR O ÂMBITO DA PROTEÇÃO CONFERIDA PELA ASSINALADA NORMA DO INCISO X DO ARTIGO 5º DA CONSTITUIÇÃO DA REPÚBLICA. Não foram dados a público, por exemplo, as causas ou episódios relativos à separação judicial ou à reconciliação do casal, mas, pelo contrário, foram efetuados assentamentos de caráter objetivo, no cadastro imobiliário. Não houve, também, a divulgação do conteúdo fático de qualquer ato processual, sem o que o **segredo de justiça, por sua vez, não pode ser tido como desrespeitado**. Ainda na vigência do Código de Processo Civil de 1939 (artigo 271 e parágrafo único), para a publicação das sentenças era designada audiência, esta sempre de caráter público, mesmo se incidente o segredo de Justiça, previsto no artigo 19 de tal diploma revogado, quando a leitura do 'decisum' era realizada, com a limitação, em se tratando de causas abrangidas pelo segredo, de que se reduzisse a leitura à parte dispositiva (Alfredo de Araújo Lopes da Costa, Direito Processual Civil Brasileiro, 2a ed., forense, Rio de Janeiro, 1959, Volume I, p. 228). Hoje, apesar das maiores restrições impostas nos casos em que **persiste interesse público** e **relativos a questões de filiação**,

No direito à intimidade, procura-se preservar o que é ocultado pelo titular, embora seja fato verídico, mas que poderia ser censurado pela opinião pública [44]. O gravame perceptível por terceiros, seja de qualquer monta, será indenizável.

---

casamento, alimentos, guarda de filhos, separação judicial e divórcio, dado o texto do aludido artigo 155 do diploma processual em vigor, **o terceiro interessado pode solicitar, nas mesmas hipóteses, certidão do dispositivo de sentença proferida,** o que se justifica devido ao conteúdo neutro e objetivo de tal parcela da decisão proferida em primeira instância. As averbações atacadas não podem ser tidas como desrespeitosas quanto ao segredo de Justiça, sendo de se frisar que a Lei 6.015/73 foi publicada e entrou em vigor em datas posteriores às do atual Código de Processo Civil e que, mesmo que houvesse uma incompatibilidade, seria possível entendê-la como merecendo subsistir, diante da introdução, se fosse o caso, de norma restritiva dos efeitos de outra. Merece, ainda, ficar esclarecido que não houve, de parte do registrador, o descumprimento à ordem judicial em questão. Ante o exposto, o presente parecer, que submeto ao elevado critério de Vossa Excelência, é no sentido de que seja negado provimento ao recurso interposto. sub censura. São Paulo, 13 de março de 1997. Marcelo Fortes Barbosa Filho Juiz Auxiliar da Corregedoria CONCLUSÃO Aprovo o parecer do MM. Juiz Auxiliar e por seus fundamentos, que adoto, nego provimento ao recurso. Publique-se. São Paulo, 17 de março de 1997. Márcio Martins Bonilha Corregedor Geral da Justiça. *(grifos nossos).*

- BRASIL. TJDF. 1ª C. Ementa: RESPONSABILIDADE - DANOS MORAIS - OFENSAS A MAGISTRADO POR INTERMÉDIO DA IMPRENSA - LIBERDADE DE INFORMAÇÃO - Quem entende um pouco do funcionamento do Poder Judiciário sabe que o juiz não pode beneficiar ninguém. A interpretação da ordem jurídica, encargo indissociável da figura do magistrado, é que poderá ser considerada prejudicial ou benéfica para uns e outros. Mas, a partir do momento em que a lei, considerada constitucional, não prejudica a quem quer que seja, e que a função do juiz se limita a materializar o comando legislativo, tem-se que a manchete jornalística, ao mencionar que determinado julgador estaria beneficiando atividade reputada irregular, extrapola o direito à liberdade de informação e incide nas penas relativas ao malferimento da honra alheia. Afirmar que o magistrado estaria concedendo liminares em série traduz o entendimento comum de que referidas decisões seriam fabricadas e de modo uniforme, ou seja, sem levar em consideração o caso concreto. Em síntese, implica apontar como irresponsáveis ditos decisórios, autorizando a conclusão de que o seu autor seria irresponsável, na melhor das hipóteses. E isto ofende a honra de qualquer pessoa, não excluídos os magistrados. Não constitui absurdo inferir-se que o magistrado, ao ver o seu trabalho publicamente desconsiderado e vilipendiado, colocando por terra toda uma vida de sacrifícios e privações em prol da paz na sociedade, mediante a composição de litígios e disputas, sinta-se ofendido na sua honra. Exigir que a vítima demonstre os constrangimentos que sofrera com reportagem de teor deletério à honra corresponde a homenagear a máxima, por muitos, infelizmente, ainda adotada: "caluniai, caluniai; alguma coisa sempre fica!" A liberdade de imprensa deve ser exercida com responsabilidade, a fim de que a imprensa ocupe o nobre lugar, que é seu, no trabalho pela democracia, sem anarquizar com os poderes constituídos, indispensáveis para a estrutura da pátria, e sem lançar manchas indeléveis à vida das pessoas. Embargos infringentes providos. Maioria. EI-AC 1999.01.1.009979-3 (142139), Rel. Des. VALTER XAVIER. Juris Síntese Millennium, Porto Alegre, n. 33, jan./fev. 2002. CD-Rom.

44. - BRASIL. TJDF. 3ª T. Ementa: Ação de Indenização de dano material c/c dano moral. Preliminar de deserção. Os honorários da sucumbência impostos ao autor da ação que dela decaiu não se equiparam ao valor da condenação e não necessitam ser previamente depositados para efeito de recurso por parte do autor (§ 6°, art. 57, Lei nº 5.250/67). Preliminar rejei-

A revelação de matérias jornalísticas ofensivas, desconformes com a realidade, ainda que não nomeie a pessoa, mas identifique o cargo ou função, caracterizando o fato ou a situação de tal forma a identificá-la, alterando o respeito que a comunidade lhe atribuía, seja na família, no trabalho, ou ainda com insinuações, ofensas morais e materiais, sensibilizarão a opinião pública. O fato de a pessoa ser conhecida, exercer um cargo público, não a priva de sua vida pessoal, só reduz sua privacidade.

> *Ao direito à intimidade, devido ao seu caráter absoluto, corresponde um dever imponível a todos ('erga omnes'), exclusivamente por seu sujeito único, de se abster da prática de atos caracterizadores de uma intromissão em assuntos de sua privacidade ou da divulgação de informações a estes referentes. Resta proibido, portanto, abrir o que, sendo atinente a uma esfera íntima, estava fechado ou desconhecido, um 'segredo doméstico'.* [45]

O artigo 31 da Lei n.º 8.935/94 explicita as infrações disciplinares e comina sanções aos delegatários dos serviços notariais e registrais. Não há contradição entre a publicidade e o dever de sigilo profissional do notário e do registrador. O agente delegado está obrigado a respeitar o segredo profissional na sua prestação profissional. Deve zelar e exigir que seus colaboradores e empregados também respeitem o sigilo de determinadas informações.

> *"Os notários estão sujeitos a segredo profissional: assim a existência e o conteúdo dos documentos particulares apresentados aos notários para legalização ou autenticação, bem como os elementos a eles confiados para a preparação e elaboração dos actos de sua competência, estão sujeitos a segredo profissional, que só pode ser afastado caso a caso e por motivo de interesse público. Distinto é o dever de prestar aos interessados as*

---

tada. A notícia estampada reflete informações colhidas junto à repartição policial e relativa a inquérito instaurado e aproximou-se da verdade do indiciamento do apelante, que se deu pelo crime de roubo com emprego de arma e concurso de duas ou mais pessoas. A prestação de informação através da imprensa somente impõe o dever de reparar danos morais e materiais quando o agente opera com dolo ou culpa. Ausente o animus caluniandi. AC 31.373/93 - (70.868), Rel. Des. JOSÉ DE CAMPOS AMARAL. Juris Síntese Millennium, Porto Alegre, n. 33, jan./fev. 2002. CD-Rom.

- BRASIL. TJDF. 5ª T. Ementa: DANOS MORAIS - NOTÍCIA VERÍDICA - NÃO-CARACTERIZAÇÃO DE INTENÇÃO INJURIOSA, DIFAMATÓRIA OU CALUNIOSA - Descaracteriza-se o direito de reparação por dano moral se a notícia apontada como lesiva apenas retratou com fidelidade o fato ocorrido com reconhecimento pela parte de que houve erro seu laborado quando da divulgação da matéria reportada. Hipótese em que a retificação justificada da notícia estava a impor-se. AC 38.447/95 - (88.065), Rel. Des. DÁCIO VIEIRA. Juris Síntese Millennium, Porto Alegre, n. 33, jan./fev. 2002. CD-Rom.

45. CUPIS, Adriano de., *I Diritti della Personalita*, Giuffré, Milano, 1950, p. 137.

> *informações referentes à existência dos actos, [...] simples expressão da natureza pública do arquivo notarial."* [46]

O sigilo profissional diz respeito à conduta do oficial. Às vezes lhe são apresentados documentos de conteúdo econômico, ou mesmo questões delicadas, como o reconhecimento de paternidade, lavratura ou aprovação de testamento, carregadas de sigilo, questões pessoais das partes.

Dentre os principais deveres dos notários e registradores destaca-se o de manter os livros, papéis e documentos em ordem, atender as partes e interessados com eficiência e urbanidade, proceder de forma a dignificar a função exercida, guardar sigilo sobre documentação e assuntos de que tenham conhecimento em razão da função exercida, fiscalizar o recolhimento de impostos incidentes sobre os atos praticados e obedecer as normas técnicas estabelecidas pelo juízo competente.

Por isso o legislador fixou o acesso indireto ao acervo por meio das certidões ou informações. Só assim o titular da Serventia Extrajudicial tem condições de filtrar os dados que serão entregues aos solicitantes, preservando os sigilosos.

Além de zelar pelo conteúdo dos registros, os notários e registradores também são responsáveis pela guarda física do acervo. Devem, assim, manter em segurança os respectivos livros e documentos, sob pena de responderem pessoalmente em caso de dano ou extravio injustificados.

Trata-se de dever intransferível previsto na Lei nº 8.935/94, artigos 24, 30 e 46 [47], além do item 42, do Capítulo XIII, das NSCGJSP: "Os notários e registradores respondem pela segurança, ordem e conservação dos livros e documentos sob sua guarda".

Por um lado a lei lhes impôs o ônus de preservar fisicamente o acervo e de outro, ao prever que o acesso ao conteúdo registral se dá por certidão ou pedido de informações, assegura que possam cumprir com o dever de manter o usuário afastado dos livros e documentos arquivados

---

46. LOPES, Seabra. J. Direito dos Registos e Notariado 2. ed. Coimbra: Livraria Almedina, 2002, p. 293.
47. Lei 8935/1994, "artigo 24. Os oficiais devem manter em segurança, permanentemente, os livros e documentos e respondem pela sua ordem e conservação; artigo 30. São deveres dos notários e dos oficiais de registro: I - manter em ordem os livros, papéis e documentos de sua serventia, guardando-os em locais seguros; artigo 46. Os livros, fichas, documentos, papéis, microfilmes e sistemas de computação deverão permanecer sempre sob a guarda e responsabilidade do titular de serviço notarial ou de registro, que zelará por sua ordem, segurança e conservação."

na Serventia. Em caso de dano ou extravio injustificado o registrador não poderá se furtar da sua responsabilidade.

Há livros que se danificam pelo simples manuseio, por serem muito antigos. Muito embora alguns registradores façam manutenção deles, o manejo por pessoa não habilitada pode dar ensejo à perda da informação neles contidas.

Reitera tal entendimento que, o acesso indiscriminado ao acervo obrigaria o titular da delegação a admitir o ingresso de pessoas de fora de seus quadros, portanto fora do seu círculo de confiança. Isso lhe traria dificuldades para zelar pela integridade do acervo e pelo sigilo das informações nele contidas.

Exigir, de outro lado, que destaque um preposto de suas atribuições ordinárias, pelas quais paga, para auxiliar o particular que deseja ter acesso direto ao acervo parece ser demasiadamente oneroso, mormente para as Serventias de pequeno porte que, por vezes, contam apenas com uma pessoa trabalhando.

Não seria justo, por isso, cobrar dos notários e registradores o dever de guarda e, ao mesmo tempo, impor-lhes a obrigação de permitir que uma pessoa de fora de seus quadros, não desejada, manuseie e coloque em risco o acervo sob sua guarda.

Os notários e registradores exercem a delegação que lhes foi outorgada em caráter privado e com o propósito de lucro. A atividade notarial e registral é remunerada por meio de emolumentos fixados por lei estadual, no caso de São Paulo, a Lei nº 11.331/2002. E o direito à percepção desses emolumentos está expresso no art. 28 [48], da Lei nº 8.935/94. Têm direito a receber emolumentos pelas certidões que emitem e quando autorizados por lei, também pelas informações prestadas.

Franquear ao particular o ingresso na Serventia para digitalizar parte do acervo implica forçar o delegatário a prestar os serviços de forma gratuita fora das hipóteses legais, pois os dados solicitados devem ser obtidos por certidões ou pedidos de informações.

O acesso em si às informações sigilosas já é vedado, não há como autorizar qualquer tipo de divulgação. Mesmo em relação às informa-

---

48. Lei 8935/1994, "artigo 28: Os notários e oficiais de registro gozam de independência no exercício de suas atribuições, têm direito à percepção dos emolumentos integrais pelos atos praticados na serventia e só perderão a delegação nas hipóteses previstas em lei."

ções não protegidas por sigilo, sob pena de se autorizar a criação de um acervo particular paralelo que, além de expor a intimidade e a privacidade de todos aqueles que constam dos registros públicos, colocaria em risco a segurança jurídica das informações registrais, as quais a Constituição Federal reservou aos delegatários dos serviços notariais e registrais.

6. PONDERAÇÕES DE CONFLITOS NO REGISTRO CIVIL DAS PESSOAS NATURAIS

O nível ideal de publicidade notarial e registral deve ser aquele próximo ao meio-termo, como defendeu Aristóteles em sua obra "Ética a Nicômaco". Daniel Amorim Assumpção Neves [49] aduz que: "a publicidade ampla e irrestrita pode ser consideravelmente danosa a alguns dos valores essenciais também garantidos pelo texto constitucional, de forma que o art. 5°, LX, da CF permite a restrição da publicidade dos atos processuais quando assim exigirem a intimidade e o interesse social".

Há necessidade de se atualizar e modernizar a legislação pátria, a fim de garantir o direito constitucional da privacidade, mormente em uma era que a informação (publicidade) desconhece limites.

Às vezes, em razão desta facilidade de expansão dos dados há colisão entre direitos fundamentais como intimidade, privacidade, honra, imagem, sigilo, dignidade da pessoa humana, em confronto com a, também, prerrogativa constitucional à ciência destes mesmos dados. Um acesso irrestrito às informações dos bancos públicos, eletrônicos ou mesmo físicos, dos serviços extrajudiciais acarretaria indubitavelmente sérios prejuízos.

Deve-se buscar o equilíbrio da publicidade de modo a não inviabilizar o sistema registral, ao mesmo tempo que não fira a intimidade e privacidade do cidadão. A Lei 9.296, de 24/07/1996, trata da interceptação telefônica e regulamenta o inciso XII, parte final do artigo 5º da Constituição Federal. Essa lei garante a proteção quanto ao sigilo das comunicações virtuais, impondo limites à inviolabilidade.

A divulgação das informações deve respeitar a privacidade, não deve ser fornecida certidão de ato sigiloso. Todavia se de interesse pú-

---

49. NEVES, Daniel Amorim Assumpção Neves. Manual de Direito Processual Civil. 3. ed. São Paulo: Método, 2011, p. 74.

blico deve ser dada publicidade em prol da supremacia do interesse público sobre o privado.

Qual a espécie de publicidade deve ser dada no caso do registro de nascimento de transexual ou intersexual após a mudança de sexo e/ou nome no seu assento? Deve ser preservada a dignidade da pessoa, ou o direito à informação e a segurança jurídica em publicitar que aquele indivíduo sofreu cirurgia de transmutação sexual?

Inicialmente cabe aqui delimitar, em apartada síntese, alguns dos principais desvios de identidade sexual: a) hermafroditismo: ocorre quando há a formação de genitais ambíguos, presença de estruturas de gônadas masculinas e femininas, completas e incompletas; b) transexualismo: há perfeita formação genital. Não há má-formação genética, ocorrendo distúrbio psicológico na pessoa, reconhecido na medicina; c) intersexualismo: é uma anomalia que induz incerteza quanto ao sexo, dificultando a definição do sexo do nascido, e, por conseguinte, seu assento no registro civil. Fato que pode acarretar em um registro de nascimento com sexo errôneo, o que certamente poderá trazer prejuízos ao registrado.

Loureiro [50] aponta que "não há cancelamento do registro original de nascimento, mas sim averbação da mudança do sexo e do nome, para que sejam preservadas a continuidade do registro e a segurança jurídica".

Em relação à mudança de sexo deve prevalecer a publicação das informações. A despeito de ser um dado extremamente íntimo, uma cirurgia de transmutação sexual deve ser informada, afinal o erro sobre a pessoa é causa que invalida o casamento (Artigos 1.556 e 1.557, ambos do Código Civil).

Já quanto à mudança do nome, se esta se deu em razão de intersexualismo (por exemplo, João quando nascera não tinha seu pênis inteiramente formado, e por erro na avaliação, fora dado como menina e registrado com o nome de Maria) não deve haver divulgação desta averbação. Afinal a retificação ocorreu apenas para ilidir erro anterior.

No caso do transexual, apesar do Código Civil de 2002, Art. 1.556, inciso VI [51], o registro deve ser retificado para adequar-se à realidade, ao

---

50. LOUREIRO, Luiz Guilherme. Registros Públicos – Teoria e Prática. 5. ed. São Paulo: Método, 2014, p. 536.
51. Código Civil de 2002, Art. 1.556, inciso VI: "O casamento pode ser anulado por vício da vontade, se houve por parte de um dos nubentes, ao consentir, erro essencial quanto à pessoa do

direito à informação. O hermafrodita demanda análise caso a caso, por ser algo absolutamente complexo e de dificílima análise.

Ainda em relação à troca do nome, existe um Projeto de Lei (PLC 72/07) o qual visa textualizar a possibilidade da mudança do nome nos casos de desvio de identidade sexual no corpo da Lei de Registros Públicos. Este ainda regulará a publicidade destes casos, pois de acordo com o Superior Tribunal de Justiça deve ser observado para se evitar invalidade do casamento.

O travesti, aquele que opta por adotar identidade sexual distinta daquela a qual nasceu, elegendo o gênero que mais o identifica, tornando-o uma pessoa mais feliz e digna sexualmente, teria a possibilidade de mudança do nome? Ou somente o transexual com transexualismo primário (aquele considerado como patologia)? Hoje em dia há duas correntes opostas, tendendo uma pequena maioria pela impossibilidade. Contudo um segundo posicionamento ganha força, em respeito à autonomia privada e à dignidade da pessoa humana.

O travesti ou transexual pode, então, trocar seu nome para aquele que o identifica. Uma importante decisão da 3ª Vara Cível do Tribunal de Justiça de Roraima permitiu a uma transexual mudança de nome em seus registros públicos, independentemente de cirurgia de transmutação sexual.

Por uma interpretação da norma à luz da sua eficácia social, o mesmo posicionamento deve ser estendido àquele travesti que ainda não realizou a cirurgia de readequação genital, haja vista a dignidade humana, a qual abarca a dignidade sexual do ser humano, dever prevalecer.

A publicidade exagerada configura clara lesão a princípios imprescindíveis de nosso sistema jurídico, o direito da personalidade à privacidade e o direito constitucional à intimidade. Além disso, hipoteticamente considerando, diversas fraudes poderiam ter seus êxitos facilitados em virtude do acesso irrestrito a certos dados pessoais por pessoa estranha ao ato notarial ou registral.

Como nos alerta Jairo Vasconcelos Rodrigues do Carmo [52] é "Impossível embargar a dinâmica dos fatos e a vida de relações. Não custa in-

---

outro." Art. 1.557, e seu inciso I: "Considera-se erro essencial sobre a pessoa do outro cônjuge: I - o que diz respeito à sua identidade, sua honra e boa fama, sendo esse erro tal que o seu conhecimento ulterior torne insuportável a vida em comum ao cônjuge enganado".

52. CARMO, Jairo Vasconcelos Rodrigues do. Regime Jurídico De *Sigilo* No Registro *Facultativo de* Documentos Privados Em Papel Ou Mídia Digitalizada. Disponível em: http://www.irtdpjbra-

sistir que a Tecnologia da Informação e Comunicação atrai toda a cadeia produtiva e é estratégica para o desenvolvimento de qualquer país. Urge, portanto, reposicionar o nosso paradigma registral nessa área vital para a economia".

Portanto, deduz-se que não se dará a todos os atos levados a registro a publicidade em sua máxima abrangência. Sendo ideal aplicar-se o meio termo. Os diplomas legais nem sempre são claros e unívocos.

Para melhor integrá-los na ordem e realidade social, o intérprete-aplicador torna-se fundamental, pois com sua atividade incessante de compreender e justapor os regulamentos legais, leva ao aperfeiçoamento das normas positivadas na própria legislação.

Bobbio afirma que há o risco de que as novas tecnologias informacionais permitam não o máximo controle do poder por parte dos cidadãos, mas o máximo controle dos cidadãos por parte do poder. [53] Celso Bastos leciona que "a evolução tecnológica torna possível uma devassa da vida íntima das pessoas insuspeitada por ocasião das primeiras declarações de direitos" [54].

Enquanto a legislação não acompanhar a modernização das relações humanas, e a atividade legislativa não alcançar nível satisfatório, muito mais em relação ao sistema notarial e registral, e, principalmente no que concerne a sua publicidade, a saída é, então, que os profissionais do direito se utilizem da melhor forma da legislação vigente e prestem sempre o melhor serviço aos usuários e interessados. A ponderação de princípios entre a publicidade registral e a privacidade do cidadão será efetivada pelos notários e registradores.

7. CONSIDERAÇÕES FINAIS

O registro civil de nascimento é o primeiro documento da pessoa natural, sem o qual é impossível os demais documentos necessários ao longo da vida. As informações do assento de nascimento individualizam-no, além de provar seu estado familiar.

---

sil.com.br/RegimeJuridicoSigilo.htm", acesso em 20/08/2016.
53. BOBBIO, Norberto. O futuro da democracia: uma defesa das regras do jogo. Tradução de Marco Aurélio Nogueira. Rio de Janeiro: Paz e Terra, 1986, p. 170.
54. BASTOS, Celso Ribeiro; MARTINS, Ives Gandra. Comentários à Constituição do Brasil. São Paulo: Saraiva, 1989. v. 2, p. 61.

Para ter acesso aos serviços sociais básicos de saúde, educação, à cidadania, ao exercício de uma profissão com registro regular, ao crédito, à abertura de conta em bancos, aos programas sociais como, bolsa família, é necessário o registro de nascimento. A construção do direito fundamental ao registro de nascimento é uma realidade, capaz de promover a inclusão social.

Os cartórios de registro civil das pessoas naturais são fontes de informações para o Poder Público, para a tomada de decisões quanto às políticas e programas sociais, como construção de hospitais, escolas, creches.

É essencial que os sujeitos das diversas relações sejam individualizados, perfeitamente identificados como titulares de direitos e deveres na ordem civil, para maior segurança dos negócios e da convivência familiar e social.

A segurança jurídica é um dos pilares do Estado Democrático de Direito, conectando os direitos fundamentais com os direitos da personalidade, aproximando o público do privado de forma eficaz, segura e autêntica.

A publicidade registral é um princípio e ao mesmo tempo, a razão de ser de todo o registro público. Trata-se de levar os atos e fatos jurídicos ao conhecimento dos interessados.

A Internet aprimorou as violações dos direitos. Elas nunca foram tão gritantes. O sancionamento legal faz-se em três esferas: administrativa, civil e penal. Elas não estão estanques. A escolha dependerá do arbítrio do criador ou titular de seus direitos, conforme suas necessidades e as possibilidades legais.

O problema maior reside, de fato, no dano moral, aquele que fere a intimidade, atingindo o sentimento, o decoro, a honra, denegrindo o nome, a imagem e a honra da pessoa. Deve se preservar a higidez moral e os valores básicos da sua personalidade.

Após a Constituição Federal de 1988, a indenização por dano moral recebeu a integral reparabilidade do dano. A pena deve ser compatível com a gravidade da ofensa. Defende-se, hoje, que os tribunais fixem valores maiores de indenizações, em conformidade com as circunstâncias do fato.

O caráter peculiar do direito de personalidade faz com que a tutela mais indicada seja a preventiva, impedindo que a ofensa à privacidade se consume, pois, uma vez atacada, dificilmente essa parte da personalidade do indivíduo será restituída ao seu *status quo* ante. Assim, os registradores não devem tornar disponíveis, na Internet, dados nominativos sensíveis.

A publicidade registral não pode ser interpretada de forma absoluta. Deve ser compatibilizada com o direito à privacidade e à intimidade para que estes não restem sacrificados. Não deve existir uma preponderância do direito à informação, ressalvando que a Carta Magna se ocupa da previsão quanto às garantias, sem indicar prioridades.

Portanto, diante de valores constitucionalmente tutelados, deve-se ponderar os princípios, a publicidade registral e a privacidade do cidadão. No afã de modernizar os serviços registrais e notariais deve-se preservar o sigilo das informações, muitas vezes personalíssimas, preservar a intimidade, filtrar o interesse público e disponibilizar apenas informações não constrangedoras. O espaço público virtual expressa relações políticas que interagem pessoas com informações.

A privacidade assumiu um caráter relacional, determinando a profundidade das relações da própria personalidade com as outras pessoas e com o mundo exterior. Trata do direito de manter o caráter confidencial de fatos pessoais, bem como o direito de saber quais informações sobre si próprio são armazenadas e utilizadas por outros, além do direito de manter estas informações atualizadas e verdadeiras.

Destarte, a noção contemporânea da privacidade se manifesta sobretudo na proteção de dados pessoais, ligado à personalidade e às liberdades fundamentais, alargando o conceito de privacidade para que passe a compreender as relações da própria personalidade com o mundo exterior. A tutela jurídica deve focar no valor intrínseco dos dados pessoais, das informações individualizadas.

O fato dos registros serem públicos não autoriza nem justifica a plena disponibilização integral e irrestrita na Internet. A tutela da proteção do cidadão quanto aos bancos de dados pessoais, no Brasil, é incipiente. Portanto, visando à preservação mínima de uma privacidade no ambiente virtual, fazem-se necessárias propostas legislativas específicas, na tentativa de acompanhar os avanços tecnológicos. Não se pode negá-lo, mas é indispensável garantir e preservar a privacidade na publicação e divulgação das informações pessoais nos registros públicos.

8. REFERÊNCIAS BIBLIOGRÁFICAS

ALEXY, R. Teoria de los derechos fundamentales. Madrid: Centro de Estudios Constitucionales, 1997.

ALMEIDA, Carlos Ferreira. Publicidade e teoria dos registros. Coimbra: Livraria Almedina, 1966.

ASCENSÃO, José de Oliveira. Direito da Internet e da Sociedade de Informação. Rio de Janeiro: Forense, 2002.

ASSUMPÇÃO, Letícia Franco Maculan. O notário na era digital. Disponível em: <http://www.anoreg.org.br/index.php?option=com_content&view=article&id=25672:artigo-o-notario-na-era-digital-leticia-franco-maculan-assumpcao&catid=32&Itemid=181>. Acesso em: 12 nov. 2016

BALBINO FILHO, Nicolau. Direito Imobiliário Registral, São Paulo: Saraiva, 2001.

BAPTISTA DA SILVA, Ovídio. Jurisdição e execução na tradição romano-canônica. São Paulo: Revista dos Tribunais, 1996.

BARREIRO, A. Fernández; PARICIO, Javier. História del derecho romano y su recepción europea. Madrid: Marcial Pons, 2010.

BARROS, Suzana de Toledo. O princípio da proporcionalidade e o controle de constitucionalidade das leis restritivas de direitos fundamentais. Brasília – DF: Livraria e Editora Brasília Jurídica, 1996.

BARROSO, Luiz Roberto. *A viagem redonda: habeas data, direitos constitucionais e provas ilícitas, in: Habeas data*. Tereza Arruda Alvim Wambier (Coord.) São Paulo. RT, 1988.

_____. Interpretação e Aplicação da Constituição. São Paulo: Saraiva, 1999.

BASTOS, Celso Ribeiro. Curso de direito constitucional. São Paulo: Saraiva, 1990.

_____. Estudos e pareceres de direito público. São Paulo: Revista dos Tribunais, 1993.

BASTOS, Celso Ribeiro; MARTINS, Ives Gandra. Comentários à Constituição do Brasil. São Paulo: Saraiva, 1989. v. 2.

BENÍCIO, Hércules Alexandre da Costa. Responsabilidade civil do Estado decorrente de atos notariais e de registro. São Paulo: Editora Revista dos Tribunais, 2005.

BEVILÁQUA, Clóvis. Código Civil dos Estados Unidos do Brasil comentado. São Paulo: Francisco Alves, 1933, v. 3.

BITTAR, Carlos Alberto. Os direitos da personalidade. Rio de Janeiro: Forense Universitária, 2000.

BOBBIO, Norberto. A Era dos Direitos: Rio de Janeiro: Editora Campus, 2001.

_____. Igualdade e liberdade. Rio de Janeiro: Ediouro, 1996.

_____. O futuro da democracia: uma defesa das regras do jogo. Tradução de Marco Aurélio Nogueira. Rio de Janeiro: Paz e Terra, 1986.

BONAVIDES, Paulo. Curso de Direito Constitucional, 2001.

BRANDELLI, Leonardo. Direito civil e registro de imóveis. Editora Método, São Paulo: 2007.

_____. Teoria geral do Direito Notarial. São Paulo: Saraiva, 2011.

CALDAS, Pedro Frederico. Vida privada, liberdade de imprensa e dano moral. São Paulo: Saraiva, 1997.

CANOTILHO. José Joaquim Gomes. Direito Constitucional e Teoria da Constituição. Coimbra: Livraria Almedina, 1999.

_____. Estudos sobre direitos fundamentais. São Paulo: Revista dos Tribunais, Portugal: Coimbra Editora, 2008.

CAPPELLETTI, Mauro. Juízes legisladores? Tradução por Carlos Alberto Álvaro de Oliveira. Porto Alegre: Sergio Antonio Fabres Editor, 1993.

CARMO, Jairo Vasconcelos Rodrigues do. Regime Jurídico De Sigilo No Registro Facultativo de Documentos Privados Em Papel Ou Mídia Digitalizada. Disponível em: http://www.irtdpjbrasil.com.br/RegimeJuridicoSigilo.htm. Acesso em 22/10/2016.

CARVALHO, Afrânio de. Registro de imóveis, Rio de Janeiro, Forense, 1998.

CAMARGO Neto. Mario de Carvalho. OLIVEIRA, Mrcelo Salaroli de. Registro Civil das Pessoas Naturais. São Paulo: Saraiva, 2014.

CENEVIVA, Walter. Lei dos registros públicos comentada. São Paulo: Saraiva, 2003.

CHAVES, Antônio. Os direitos fundamentais da personalidade moral à integridade psíquica, à segurança, à honra, ao nome, à imagem, à intimidade. Revista de Informação Legislativa, Brasília: Senado Federal, ano 15, nº 58, p.157,abr./jun. 1978.

CITTADINO, Gisele. Pluralismo, Direito e Justiça Distributiva. Rio de Janeiro: Lumen Juris Editora, 2004.

COELHO, Inocêncio Mártires. Interpretação constitucional. Porto Alegre, Sérgio A. Fabris Editor, 1997.

Constituição da República Federativa do Brasil, São Paulo: Saraiva, 2004.

CONTRIM NETO, A.B. Enciclopédia Saraiva de Direito, Coord. Limongi França, São Paulo: Saraiva, 1980, v. 55.

CUPIS, Adriano de. Os direitos da personalidade. Trad. Adriano Vera Jardim e Antônio Miguel Caeeiro. Lisboa: Livraria Moraes, 1961.

_____. I Diritti della Personalita, Giuffré, Milano, 1950.

DAVID, René. Os grandes sistemas do direito contemporâneo. Tradução por Hermínio A. Carvalho. São Paulo: Martins Fontes, 2002.

DEGNI, Francesco. le Persone Fisiche, in 'Trattato di Diritto Civile Italiano', diretto da Filippo Vassalli, Volume II, Tomo I, UTET, Torino, 1939.

DI PIETRO, Maria Sylvia Zanella. Direito administrativo. São Paulo: Atlas, 2004.

DONEDA, Danilo. Da privacidade à proteção de dados pessoais. Rio de Janeiro: Renovar, 2006.

DOTTI, René Ariel. Proteção da vida privada e liberdade de informação. São Paulo: Ed. Revista dos Tribunais, 1980.

DRUMMOND, Victor. Internet privacidade e dados pessoais. Rio de Janeiro: Lumen Juris, 2003.

DUARTE, Fernanda et al. (coords). Os direitos à honra e à imagem pelo Supremo Tribunal Federal. Rio de Janeiro: Renovar, 2006.

FACHIN, Luiz Edson. Direitos fundamentais, dignidade da pessoa humana e o novo Código Civil: uma análise crítica. In: Constituição de direitos fundamentais e direito privado. SARLET, Ingo Wolfgang (org).

FARIAS Edilsom Pereira de. Colisão de Direitos – A honra, a intimidade e a vida privada e a imagem versus a liberdade de expressão e informação. Porto Alegre: Fabris, 2000.

FERRAZ Jr, Tércio Sampaio. Sigilo de dados: direito à privacidade e os limites à função fiscalizadora do Estado. Revista da Faculdade de Direito de São Paulo, 1993.

FRANÇA, Rubens Limongi. Direitos privados da personalidade. São Paulo: RT, v. 370, ago. 1966.

GARCIA, Paulo. Terras Devolutas. São Paulo: Ed. da Livraria Oscar Nicolai, 1958.

GASPARINI, Diógenes. Direito Administrativo. São Paulo: Saraiva, 2003.

GILISSEN, John, Introdução histórica ao direito, Lisboa: Fundação Calouste Gulbenkian, 1988.

GOMES, Orlando. Direitos da personalidade e responsabilidade civil. In: Novos temas de direito civil. Rio de Janeiro: Forense, 1983.

GUERREIRO, J. A. Mouteira. Noções de Direito registral. 2. ed. Coimbra Editora, Coimbra: 1994.

HABERMAS, Jürgen. Mudança estrutural na esfera pública. Rio de Janeiro: Tempo Brasileiro, 1984.

Juris Síntese Millennium, Porto Alegre, n. 33, jan./fev. 2002. CD-Rom.

LAFER, Celso. Hannah Arendt: pensamento, persuasão e poder. Rio de Janeiro: Paz e Terra, 1979.

LIMA, Ruy Cirne. Pequena história territorial do Brasil: sesmarias e terras devolutas. 4.ed. Brasília: ESAF, 1988.

LIMBERGER, Têmis. O direito a intimidade na era da informática. A necessidade de proteção dos dados pessoais. Porto Alegre: Livraria do Advogado Editora, 2007.

LONGO, Eveni. Direitos humanos e a proteção de dados pessoais. Cadernos de Direito Constitucional e Ciência Política, São Paulo: Revista dos Tribunais, ano 3, nº 11, p.176, abr./jun. 1995.

LOPES, Seabra. J. Direito dos Registos e Notariado. Coimbra: Livraria Almedina, 2002.

LOUREIRO, Luiz Guilherme. Registros Públicos – Teoria e Prática. São Paulo: Método, 2014.

MEIRELLES, Hely Lopes. Direito Administrativo Brasileiro, São Paulo: Malheiros, 1997.

MELLO, Celso Antônio Bandeira de. Curso de Direito Administrativo. São Paulo: Malheiros, 1997.

MENDES DE ALMEIDA JR., João. Órgãos da fé pública. São Paulo: Saraiva, 1963.

MIRANDA, Jorge. Manual de Direito Constitucional. Tomo IV – Direitos Fundamentais. Coimbra. Coimbra Editora. 2000.

Monteiro, Washington de Barros. Curso de direito civil: direito das obrigações, v. 5, São Paulo: Saraiva, 2004.

MONTES, Angel Cristóbal. Direito imobiliário registral. Sérgio Antônio Fabris Editor. Porto Alegre: 2005.

MORAES, Alexandre de. Constituição do Brasil interpretada e legislação constitucional. Editora Atlas: São Paulo, 2014.

MORAES, Alexandre de. Direito constitucional. São Paulo: Atlas, 2015.

NEVES, Daniel Amorim Assumpção Neves. Manual de Direito Processual Civil. São Paulo: Método, 2011.

NOBRE, Freitas. Lei de informação: comentários à Lei de Imprensa. São Paulo: Saraiva, 1978.

NOVELINO, Marcelo. Direito Constitucional. Rio de Janeiro: Forense, 2015.

NUNES, Rizzatto, Curso de direito do consumidor, São Paulo: Saraiva, 2014.

OLIVEIRA, Lourival Gonçalves de. Notários e Registradores: Lei n. 8.935. São Paulo: Editora Juarez de Oliveira, 2009.

OLIVEIRA, Marcelo Salaroli de. Publicidade registral imobiliária. São Paulo: Saraiva, 2010.

ORTIS, José Maria Chico Y. Estudios sobre derecho hipotecário. Madrid: Marcial Pons, 2000.

PEREIRA, André Gonçalves; QUADROS, Fausto de. Manual de Direito Internacional Público. Coimbra: Almedina, 1997.

PERLINGIERI, Pietro. Perfis de Direito Civil. Rio de Janeiro: Renovar, 1997.

PIÑAR MAÑAS, José Luis. El derecho a la protección de datos de caráter personal en la jurisprudencia del Tribunal de Justicia de las Comunidades Europeas. In: Cuadernos de Derecho Publico 19-20, mayo-diciembre 2003.

RAMIRES, Maurício. Crítica à aplicação de precedentes no direito brasileiro. Porto Alegre: Livraria do Advogado, 2010.

RAU,Virgínia. Sesmarias medievais portuguesas. Lisboa: Editorial Presença. 1982.

REGO, Paulo Roberto de Carvalho. Registros públicos e notas. Porto Alegre: Safe, 2004.

RIBEIRO, Luiz Paulo Aliende. Regulação da Função Pública Notarial e de Registro. São Paulo: Saraiva, 2009.

ROSA, Mário. A reputação na velocidade do pensamento, São Paulo: Geração Editorial, 2006.

SAMPAIO, José Adércio Leite. Direito à intimidade e à vida privada. Belo Horizonte: Editora Del Rey, 1998.

SARMENTO, Daniel. Interesses públicos versus interesses privados. Rio de Janeiro: Lúmen Juris, 2007.

SGARBI, Adrian. Clássicos da teoria do Direito. Editora Lumen Juris. Rio de janeiro: 2006.

SILVA, José Afonso da. Curso de direito constitucional positivo. São Paulo: Malheiros, 2006.

TARTUCE, Flávio. Alterações do Código Civil pela lei 13.146/2015 (Estatuto da Pessoa com Deficiência). Repercussões para o Direito de Família e Confrontações com o Novo CPC. Parte II. Disponível em: <http://flaviotartuce.jusbrasil.com.br>. Acesso em: 29 out. 2016.

TUTIKIAN, Cláudia Fonseca ET AL. (coords). Novo Direito Imobiliário Registral. São Paulo: Editora Quartier Latin do Brasil, 2008.

VASCONCELOS, Pedro Paes. A proteção dos dados pessoais e o direito a privacidade. Coimbra, Coimbra Editora, 2000.

VIEIRA, Andréia Costa. Civil Law e Common Law: os dois grandes sistemas legais comparados. Porto Alegre: S. A. Fabris, 2007.

WAMBIER, Teresa Arruda Alvim. Interpretação da Lei e de Precedentes: civil law e common law. Revista dos Tribunais, São Paulo, ano 99, v. 893, março 2010.

CAPÍTULO 03

Livros do registro civil de pessoas naturais: uma análise sob a ótica moderna

Filipe Carvalho Pereira[1]

Sumário: 1. Introdução; 2. O modelo atual de livros do Registro Civil de Pessoas Naturais; 2.1. Breve análise histórica do Registro Civil de Pessoas Naturais no Brasil; 2.2. Previsão legal na Lei de Registros Públicos; 2.3. Principais princípios pertinentes aos livros de registros públicos – Segurança jurídica, Continuidade e Conservação.; 3. É preciso mudar?; 3.1. Os problemas da atual forma de registro civil das pessoas naturais; 3.2. Tecnologias modernas aplicadas aos registros públicos – Racionalização de procedimentos; 4. A revolução paulatina do Registro de Imóveis; 4.1. Sistema das transcrições; 4.2. Sistema de matrículas; 4.3. Diferenças do Registro Civil de Pessoas Naturais; 5. Por uma modernização gradual do Registro Civil de Pessoas Naturais; 5.1. Livro único público eletrônico; 5.1.1. Matrícula nacional; 5.2. Registros, averbações, anotações e transcrições; 5.3. Aproveitamento da CRC; 6. Conclusão; 7. Referências Bibliográficas

1. INTRODUÇÃO

O modelo atual de divisão e escrituração dos livros do registro civil de pessoas naturais segue a sistemática trazida pelo Decreto 9.886/1888, aperfeiçoada pelo artigo 43 do Decreto 4.857/39, praticamente reproduzido pela Lei 6.015/73, refletindo os pensamentos e condições do final do século XIX e início do século XX.

---

1. Oficial de Registro Civil das Pessoas Naturais e Tabelião de Notas do Município de Pracinha-SP. Especialista em Direito Tributário pela Pontifícia Universidade Católica de São Paulo (PUC-SP). Bacharel em Direito pela Faculdade de Direito de Alagoas da Universidade Federal de Alagoas (FDA-UFAL).

Naquela época, obviamente, não se dispunha dos meios modernos de comunicação e segurança de dados e a emigração era constante, o que justificava que cada ato fosse levado a registro no lugar do domicílio dos interessados ou algum local que guardasse relação com o ato registrado, anotando-se tais situações nos registros anteriores.

Em tese, tratava-se de um sistema funcional e organizado, mas na prática sabe-se que não era exatamente assim. Constantemente comunicações não eram feitas ou averbadas e anotadas, de forma que muitos registros não refletiam a realidade.

Contudo, isso não era exclusividade do registro civil de pessoas naturais. O registro de imóveis, por exemplo, que utilizava o sistema das transcrições, não possuía uma descrição e um encadeamento de fácil percepção dos imóveis existentes, o que gerava inúmeros problemas.

Foi então que a Lei 6.015/1973 causou uma verdadeira revolução ao mudar do sistema de transcrições para o sistema de fólio real, com o agrupamento de todos os dados de um imóvel num mesmo local, denominado matrícula.

Em relação ao registro de imóveis, havia a facilidade de o objeto ser estático, ao passo que as pessoas naturais eram cada vez mais dinâmicas, impossibilitando a utilização de um sistema simular, ainda mais num país imenso e com regiões discrepantes.

Atualmente vivemos uma nova revolução nos registros públicos, que paulatinamente estão adotando a forma de registros eletrônicos, informatizados, virtuais, disponíveis a quaisquer interessados e com dados a serem inseridos pelos respectivos oficiais, com a manutenção da segurança que se espera.

Várias experiências exitosas têm surgido, dentre as quais podemos citar a matrícula de cada registro identificando a fonte do mesmo, a Central de Informações do Registo Civil (CRC), atualmente interligando 14 Estados da federação, com expedições de comunicações, certidões e buscas em ambiente integralmente virtual e inclusive acesso ao público, com as restrições casuais que a legislação impõe, possibilidade de acesso às autoridades habilitadas, além da novidade de emissão de CPF quando da inserção do registro, o malote digital, em grande parte absorvido pela CRC e as unidades interligadas das maternidades, que possibilitam que o recém-nascido já saia da mesma munido de sua certidão de nascimento.

Nesse diapasão, vislumbra-se a possibilidade, a um só tempo, de correção das falhas no sistema vigente, racionalização e desburocratização dos processos, aperfeiçoando-os e adequando-os às novidades tecnológicas.

2. O MODELO ATUAL DE LIVROS DO REGISTRO CIVIL DE PESSOAS NATURAIS

2.1. Breve análise histórica do Registro Civil de Pessoas Naturais no Brasil

Como decorrência da existência de uma religião oficial no Brasil, bem como das tradições oriundas de Portugal, o registro das pessoas naturais era realizado pelas paróquias da igreja católica, que possuíam ampla capilaridade no Brasil, sendo certo que além de não ser obrigatório, era inacessível para praticantes de outras religiões. Posteriormente decorreram vários diplomas legais que paulatinamente iniciaram o registro civil das pessoas naturais por aqueles anteriormente excluídos dos registros eclesiásticos.[2]

Somente com o advento do Decreto 9.886/1888 rompeu-se definitivamente a prática do registro eclesiástico para iniciar o registro civil de pessoas naturais propriamente dito. No citado decreto constam as primeiras regras sobre livros e escrituração, que ainda guardam similaridade com as vigentes.

Reinaldo Velloso dos Santos menciona que a forma de escrituração do Registro Civil de pessoas Naturais permanece praticamente a mesma desde a instalação dos serviços no Brasil em meados do século XIX, tendo como único avanço a possibilidade trazida pela Lei 6.015/73 de escrituração dos livros em folhas soltas, que permitiu o uso da datilografia e, posteriormente, da impressão.[3]

2.2. Previsão legal na Lei de Registros Públicos

Atualmente, a escrituração dos livros do Registro Civil de Pessoas Naturais tem previsão na Lei 6.015/1973, onde em seu art. 3º consta que "A escrituração será feita em livros encadernados", constando o ine-

---

2. SIQUEIRA, Alessandro Marques de. *Registro civil*. Revista Âmbito Jurídico. Disponível em: < http://www.ambito-juridico.com.br/site/index.php?n_link=revista_artigos_leitura& artigo_id=8373>. Acesso em: 10 nov. 2016.
3. SANTOS, Reinaldo Velloso dos. *Escrituração Eletrônica no Registro Civil*. Disponível em: <http://www.arpensp.org.br/websiteFiles/imagensPaginas/File/Escrituracao_Eletronica_no_Registro_Civil.pdf>. Acesso em: 04 nov. 2016.

gável avanço da época no parágrafo segundo que dispõe que: "Para facilidade do serviço podem os livros ser escriturados mecanicamente, em folhas soltas, obedecidos os modelos aprovados pela autoridade judiciária competente."

Segundo o artigo 33 da Lei 6.015/1973, o Registro Civil de Pessoas Naturais deve contar com os livros "A" - de registro de nascimento; "B" - de registro de casamento; "B Auxiliar" - de registro de casamento Religioso para Efeitos Civis; "C" - de registro de óbitos; "C Auxiliar" - de registro de natimortos; "D" - de registro de proclama, com 300 (trezentas folhas) cada, além do livro "E" no cartório do 1º Ofício ou da 1ª subdivisão judiciária, em cada comarca, para inscrição dos demais atos relativos ao estado civil, com 150 (cento e cinquenta folhas).

Nestes devem ser praticados os atos de registro, averbação, anotação e transcrição. Registro é o assento dos principais fatos e atos referentes à pessoa natural. Averbação é o assento acessório que modifica o teor do registro. Anotação é a referência, a remissão a outro assento registrado em outro livro da mesma ou de outra serventia, interligando os registros. Transcrição é o registro integral de título ou documento.[4]

2.3. Principais princípios pertinentes aos livros de registros públicos – Segurança jurídica, Continuidade e Conservação.

O principal vetor dos registros públicos e a razão de sua existência é o princípio da segurança jurídica.

No que é pertinente aos livros do Registro Civil de Pessoas Naturais, liga-se aos princípios da conservação e da continuidade.

A Lei 6.015/1973 prevê expressamente o princípio da conservação nos arts. 24 e 26 ao dispor, respectivamente, que: "Os oficiais devem manter em segurança, permanentemente, os livros e documentos e respondem pela sua ordem e conservação." e que "Os livros e papéis pertencentes ao arquivo do cartório ali permanecerão indefinidamente."

Já a lei 8.935/1994 o prevê como dever dos notários e registradores "manter em ordem os livros, papéis e documentos de sua serventia, guardando-os em locais seguros".

---

4. LOUREIRO, Luiz Guilherme. *Registros públicos: teoria e prática* / Luiz Guilherme Loureiro. – 5 ed. rev. Atual e ampl. – Rio de Janeiro: Forense; São Paulo: MÉTODO, 2014, p. 39.

Portanto, para garantir a segurança e a perpetuidade dos registros, necessária sua adequada conservação. Contudo, naturalmente os livros se deterioram, devendo ser objeto de constante preocupação dos notários e registradores. Além disso, outras causas naturais podem impactar neste dever de conservação, tais como enchentes, incêndios, desabamentos, além da destruição por seres vivos, inclusive o próprio ser humano.

Nesse sentido, Mario de Carvalho Camargo Neto e Marcelo Salaroli de Oliveira lecionam que:

> Verifica-se, na lei, uma grande atenção à conservação dos livros e documentos dos registros públicos. Tal disposição não é sem propósito, pois os livros dos cartórios buscam a perpetuidade. Mesmo diante das alterações e cancelamentos por que passam os atos e fatos registrados, jamais se inutiliza o conteúdo dos livros de registros. Deseja-se manter o histórico dos atos e fatos, que, em última análise, acaba por conservar uma parte da história da humanidade. Os registros públicos são fonte primária para pesquisas históricas.
>
> Ademais, a integridade do acervo é essencial para a boa prestação do serviço público. Os registros públicos não são um mero arquivo, um mero repositório, pelo contrário, constituem um sistema organizado de publicidade de atos e fatos, de forma concatenada, de modo que os atos anteriores são essenciais para a realização de atos posteriores. A perda de uma parte do acervo prejudica a execução e a continuidade do serviço.[5]

Hodiernamente, existem vários meios de implementação obrigatória para a conservação dos livros de registro, tais como sua digitalização e a manutenção de cópia de segurança em local diverso da serventia.

Assim, havendo ocorrência que venha a danificar ou destruir os livros da serventia, restará garantida a sua conservação em meio eletrônico, dispensando o procedimento de restauração ou suprimento de registro, que pode levar a atos de má-fé ou a equívocos, também diminuindo o trabalho do assoberbado Poder Judiciário brasileiro.

Frise-se que o contrário é praticamente impossível de acontecer em face da existência de mais de um arquivo, em mais de um local seguro.

Por isso que Mario de Carvalho Camargo Neto e Marcelo Salaroli de Oliveira afirmam que:

> Diante do desenvolvimento de novas tecnologias, que possibilitam o armazenamento eletrônico de documentos, deve ser considerada a possi-

---

5. CAMARGO NETO, *Registro civil das pessoas naturais: parte geral e registro de nascimento, volume 1* / Mario de Carvalho Camargo Neto, Marcelo Salaroli de Oliveira. – São Paulo: Saraiva, 2014. – (Coleção Cartórios / coordenador Christiano Cassetari), p. 101-102.

bilidade de a conservação ser atendida em meio eletrônico, desde que atendam os requisitos adequados de segurança da informação, preservação dos arquivos e acesso ao conteúdo.[6]

Reinaldo Velloso dos Santos leciona que:

> o princípio da continuidade no Registro Civil das Pessoas Naturais não tem o mesmo alcance que no Registro de Imóveis (...) Não há assim a necessidade de que a ordem das anotações e averbações acompanhe estritamente a cronologia dos acontecimentos, mas, tão somente, exista a compatibilidade de situações assentadas.[7]

Porém, nem sempre essa compatibilidade existe, ou mesmo inexatamente existe, quase sempre por falha ou lentidão do atual sistema de escrituração.

Apesar da opinião do citado jurista, entende-se que para a correta garantia da segurança jurídica, os registros devem ser mantidos concatenados, sendo todos os atos essenciais e de preferência escriturados cronologicamente, o que, por vezes, não ocorre atualmente.

3. É PRECISO MUDAR?

3.1. Os problemas da atual forma de registro civil das pessoas naturais

Mario de Carvalho Camargo Neto e Marcelo Salaroli de Oliveira bem observam que:

> Os serviços notariais e de registro historicamente demonstram uma agilidade em adotar as novas técnicas de escrituração de atos jurídicos, sem prejuízo da segurança jurídica. Foi assim com a adoção do livro de folhas soltas, a máquina de datilografia, bem como os primeiros instrumentos de cópias, como a gelatina e o mimeógrafo.[8]

Ocorre que nos últimos anos o que se tem visto é que o Registro Civil de Pessoas Naturais tem se mantido preso a tradicionais formas de escrituração e por mais que haja um prazo exíguo para a realização

---

6. CAMARGO NETO, *Registro civil das pessoas naturais: parte geral e registro de nascimento, volume 1* / Mario de Carvalho Camargo Neto, Marcelo Salaroli de Oliveira. – São Paulo: Saraiva, 2014. – (Coleção Cartórios / coordenador Christiano Cassetari), p. 64.

7. *Apud* CAMARGO NETO, *Registro civil das pessoas naturais: parte geral e registro de nascimento, volume 1* / Mario de Carvalho Camargo Neto, Marcelo Salaroli de Oliveira. – São Paulo: Saraiva, 2014. – (Coleção Cartórios / coordenador Christiano Cassetari), p. 64-65.

8. CAMARGO NETO, *Registro civil das pessoas naturais: parte geral e registro de nascimento, volume 1* / Mario de Carvalho Camargo Neto, Marcelo Salaroli de Oliveira. – São Paulo: Saraiva, 2014. – (Coleção Cartórios / coordenador Christiano Cassetari), p. 89.

dos atos e o auxílio de novas tecnologias, perde-se num emaranhado de registros e remissões pouco prático e ininteligível aos destinatários dos serviços.

Exemplos não faltam. Muito comum é que quando registrado o óbito em uma serventia não sejam fornecidos os dados do registro de nascimento e/ou casamento, impossibilitando a anotação nestes. Assim, um cônjuge sobrevivente, por exemplo, pode ter dificuldades para contrair novas núpcias por não constar o óbito no registro de casamento, ou também diante da atual existência de inúmeras relações (casamentos e uniões estáveis) fugazes, ter que recorrer a diversas certidões de várias serventias para acompanhar a mutação do estado civil das pessoas, com maior possibilidade de falha.

Inegável que existe uma deficiência na concatenação e continuidade dos atos que poderia ser resolvida mediante a reformulação da escrituração no Registro Civil de Pessoas Naturais com foco na solução desses problemas.

3.2. Tecnologias modernas aplicadas aos registros públicos – Racionalização de procedimentos

A Lei 6.015/1973 preza pela racionalização dos serviços no intuito de garantir a máxima praticidade e efetividade dos registros públicos, tanto que dispõe em seu art. 25 que "Os papéis referentes ao serviço do registro serão arquivados em cartório mediante a utilização de processos racionais que facilitem as buscas, facultada a utilização de microfilmagem e de outros meios de reprodução autorizados em lei."

Já a lei 8.935/1994 prevê como dever dos notários e registradores:

> Art. 30. São deveres dos notários e dos oficiais de registro:
>
> (...)
>
> II - atender as partes com eficiência, urbanidade e presteza;
>
> III - atender prioritariamente as requisições de papéis, documentos, informações ou providências que lhes forem solicitadas pelas autoridades judiciárias ou administrativas para a defesa das pessoas jurídicas de direito público em juízo;
>
> (...)
>
> XII - facilitar, por todos os meios, o acesso à documentação existente às pessoas legalmente habilitadas;

O atual sistema com a existência de vários livros, onde comumente os atos de registro são efetuados em várias serventias, de difícil localização e concatenação dos dados não se mostra racional e eficiente como determinam as citadas leis.

Isso porque para se ter uma visão geral da vida da pessoa, mostra-se necessário efetuar uma pesquisa mais ampla, em vários livros com vários dados às vezes incompletos ou até incoerentes. Além disso, a execução dos serviços se mostra desnecessariamente trabalhosa e lenta, de forma incompatível com as várias tecnologias disponíveis.

4. A REVOLUÇÃO PAULATINA DO REGISTRO DE IMÓVEIS

4.1. Sistema das transcrições

O Decreto 4.857/39 instituiu o sistema das Transcrições no Registro de Imóveis onde os atos eram inscritos por ordem cronológica de ingresso na serventia e cada transmissão gerava uma nova transcrição com número próprio. Inclusive, numa transcrição poderia haver vários imóveis. Nesse regime, dava-se mais importância às pessoas que figuravam nos títulos do que no imóvel, de maneira que não havia rigor na descrição dos mesmos.[9]

Naquela sistemática havia um imenso trabalho para acompanhamento das mutações jurídico-reais, já que os atos eram escriturados em vários livros, de difícil acompanhamento pelo oficial de registro e pelas partes, mesmo diante da existência de remissões. Também não havia certeza sobre a individuação das pessoas e dos imóveis, afetando a segurança jurídica, a confiabilidade no registro.

4.2. Sistema de matrículas

Foi então que a Lei 6.015/73 alterou profundamente o sistema registral imobiliário, alterando sua organização com o foco no imóvel, onde todos os atos praticados sobre o imóvel se encontrariam em um único lugar, a matrícula, onde este é devidamente individuado e caracterizado.[10]

Cumpre ressaltar que não houve uma ruptura abrupta do sistema então vigente para o atual, já que o art. 228 da Lei 6.015/73 previu que a

---

9. SERRA, Márcio Guerra. *Registro de imóveis I: parte geral* / Márcio Guerra Serra, Monete Hipólito Serra. – São Paulo: Saraiva, 2013. – (Coleção Cartórios / coordenador Christiano Cassetari), p.111-112.
10. SERRA, Márcio Guerra. *Registro de imóveis I: parte geral* / Márcio Guerra Serra, Monete Hipólito Serra. – São Paulo: Saraiva, 2013. – (Coleção Cartórios / coordenador Christiano Cassetari), p.112-113.

matrícula deveria ser efetuada quando realizado o primeiro registro na vigência dela, utilizando os elementos constantes do título apresentado e do registro anterior. Inclusive, os livros de transcrições continuam em uso e neles são praticadas as averbações necessárias.[11]

Assim, promoveu-se a desburocratização e celeridade[12], onde todos os atos são facilmente verificáveis através da simples verificação da matrícula, onde todos os atos são concentrados.

No mesmo sentido, Luiz Guilherme Loureiro:

> Cumpre observar que, no sistema registral anterior (antes da Lei 6.015/73), as inscrições dos direitos reais não eram feitas de maneira concentrada, por imóvel, e sim de forma esparsa: cada transação era objeto de uma transcrição, de modo que o conhecimento do histórico dos títulos de propriedade do imóvel demandava pesquisa em vários livros. Atualmente, cada imóvel possui uma matrícula própria e todos os títulos que lhe concernem são registrados nesta inscrição original. Dessa forma, basta o exame desta matrícula para conhecer toda a filiação dominial e a realidade jurídica do imóvel concernente." Saliente-se que a mudança das transcrições, onde o título era integralmente reproduzido, para o registro contendo um resumo também facilitou a compreensão dos atos ocorridos.[13]

A solução foi relativamente simples, mas alterou indelevelmente a sistemática vigente em prol da segurança, da eficácia e da celeridade.

4.3. Diferenças do Registro Civil de Pessoas Naturais

Assim, percebe-se o notável avanço que o Registro de Imóveis obteve ao concentrar todos os dados referentes ao objeto – Imóvel, em um só local, a matrícula. Contudo, é inegável que isso somente foi possível à época pela estática dos imóveis quanto ao lugar.

A dificuldade que imperou por décadas em unir no mesmo local os atos referentes às pessoas naturais era que essas, com grande frequência e num país imenso e com lugares a serem desbravados como o Brasil, mudavam de local, dificultando a concentração de tais atos.

---

11. SERRA, Márcio Guerra. *Registro de imóveis I: parte geral* / Márcio Guerra Serra, Monete Hipólito Serra. – São Paulo: Saraiva, 2013. – (Coleção Cartórios / coordenador Christiano Cassetari), p.114.
12. LOUREIRO, Luiz Guilherme. *Registros públicos: teoria e prática* / Luiz Guilherme Loureiro. – 5 ed. rev. Atual e ampl. – Rio de Janeiro: Forense; São Paulo: MÉTODO, 2014, p. 287.
13. LOUREIRO, Luiz Guilherme. *Registros públicos: teoria e prática* / Luiz Guilherme Loureiro. – 5 ed. rev. Atual e ampl. – Rio de Janeiro: Forense; São Paulo: MÉTODO, 2014, p. 273-274.

No entanto, inegável que vários problemas seriam resolvidos caso essa concentração fosse realizada.

5. POR UMA MODERNIZAÇÃO GRADUAL DO REGISTRO CIVIL DE PESSOAS NATURAIS

Não há dúvida que o sistema de registro civil das pessoas naturais precisa de modernização, já que se encontra obsoleto, com poucas evoluções desde seu advento há mais de um século.

A forma mais eficaz de racionalizar os procedimentos, facilitar os trabalhos e corrigir os problemas narrados é adotar gradualmente no Registro Civil das Pessoas Naturais um livro único que tenha como objeto a pessoa natural e onde todas as informações referentes à vida desta sejam concentradas em um mesmo lugar, tal qual o Registro de Imóveis fez com a alteração do sistema das transcrições para o sistema das matrículas com as seguintes características:

5.1. Livro único público eletrônico

Cristiano C. Farias e Nelson Rosenvald lecionam que:

> O documento eletrônico não se resume a escritos, podendo se materializar através de outros meios, como um desenho, uma fotografia digitalizada, vídeos etc. Tudo, enfim, que tenha idoneidade para representar um acontecimento, estando armazenado em arquivo digital.[14]

A diferença do documento eletrônico para o convencional é apenas o suporte sobre o qual a informação é contida.

Luiz Guilherme Loureiro explica que:

> Ao examinarmos, dentre outros regulamentos, a Recomendação 09 do CNJ e os Provimentos 19 (Central de Informações do Registro Civil) e 41/2012, bem como as normas administrativas mais recentes de outros estados da federação, podemos inferir que os registros públicos estão passando por uma revolução silenciosa e irreversível: a passagem de dados analógicos para o formato digital."[15]

Então, no atual estado de desenvolvimento tecnológico, não há que se falar em alteração da sistemática de escrituração do registro civil ape-

---

14. FARIAS, Cristiano Chaves de; ROSENVALD, Nelson. *Direito civil: teoria geral*. 9. ed. Rio de Janeiro: Lumen Juris, 2011, p.814.
15. LOUREIRO, Luiz Guilherme. *Registros públicos: teoria e prática* / Luiz Guilherme Loureiro. – 5 ed. rev. Atual e ampl. – Rio de Janeiro: Forense; São Paulo: MÉTODO, 2014, p. 45.

nas no que é pertinente aos livros, mas também a implementação total da escrituração em meio eletrônico.

Reinaldo Velloso dos Santos menciona que a Medida Provisória 2.200-2/2001 já autorizava a utilização de meio eletrônico para a produção e conservação de documentos públicos, dentre os quais se enquadram os livros de registro e as certidões, compatibilizando o registro eletrônico com o previsto no art. 6º da Lei 6.015/73, mantendo-se a numeração contínua de Livro, Folha, Assento e uma página para cada registro.[16]

Luiz Guilherme Loureiro acrescenta que:

> Como passo inicial para a admissão de livros de registro em formato eletrônico, já previstos no nosso ordenamento jurídico (v.g., Lei 11.977/2009, art. 37 e seguintes), alguns corpos normativo estaduais já preveem expressamente a possibilidade de livros de registro eletrônicos: a título de exemplo, as Normas de Serviços Extrajudiciais da CGJ/SP admitem, no Serviço de Registro Civil das Pessoas Naturais, o Livro de Proclamas (Livro "D") e o Livro de Protocolo de Entrada exclusivamente por formato eletrônico.[17]

Saliente-se que o livro escriturado de forma eletrônica desde o princípio é o documento original a ser preservado indefinidamente, não sendo necessária sua guarda em meio físico.[18]

Por conseguinte, a experiência parcial dos livros eletrônicos pode facilmente ser expandida para o livro único de registro civil.

5.1.1. Matrícula nacional

Atualmente, a ordenamento jurídico brasileiro já prevê a existência de matrícula para o registro civil de pessoas naturais, conforme o art. 7º Provimento 3/2009 do CNJ.

Cada registro possui uma matrícula que consta nos registros posteriores à entrada em vigor da referida resolução e em todas as certidões

---

16. SANTOS, Reinaldo Velloso dos. *Escrituração Eletrônica no Registro Civil*. Disponível em: <http://www.arpensp.org.br/websiteFiles/imagensPaginas/File/Escrituracao_Eletronica_no_Registro_Civil.pdf>. Acesso em 04 nov. de 2016.
17. LOUREIRO, Luiz Guilherme. *Registros públicos: teoria e prática* / Luiz Guilherme Loureiro. – 5 ed. rev. Atual e ampl. – Rio de Janeiro: Forense; São Paulo: MÉTODO, 2014, p. 41.
18. CAMARGO NETO, *Registro civil das pessoas naturais: parte geral e registro de nascimento, volume 1* / Mario de Carvalho Camargo Neto, Marcelo Salaroli de Oliveira. – São Paulo: Saraiva, 2014. – (Coleção Cartórios / coordenador Christiano Cassetari), p. 91.

posteriores, mesmo que referentes a assentos anteriores. Nesta, são identificados os dados da serventia, do livro, da folha e do número de ordem do registro garantindo a segurança jurídica.

Desta forma, a adoção de um livro de registro único com todos os dados ali concentrados ainda possui a facilidade de utilizar esse mecanismo já existente para a elaboração de um identificador único de cada pessoa, substituindo facilmente, seguramente e sem dispêndios desnecessários os projetos de custos bilionários de registro único nacional.

Não se pode olvidar que a experiência do registro civil com número de matrícula tem se mostrado exitosa, fácil, célere e desburocratizada.

5.2. Registros, averbações, anotações e transcrições

Como explica Reinaldo Velloso dos Santos:

> O mecanismo de anotações, consistente no cruzamento das informações sobre os principais fatos da vida civil da pessoa natural, torna-se extremamente ágil e preciso com os modernos recursos da informática.
>
> Prova disso é a experiência vivenciada no Estado de São Paulo após quatro anos da implementação da intranet da Arpen/SP, com mais de um milhão de comunicações somente entre as serventias de Registro Civil do Estado.
>
> O mecanismo anterior, baseado no envio de comunicação pelo correio, além de mais oneroso e lento, ensejava extravios e, por conseguinte, ausência de anotação.[19]

Mario de Carvalho Camargo Neto e Marcelo Salaroli de Oliveira ainda mencionam que:

> não é necessário, no mundo eletrônico, manter uma coluna, à margem da qual serão acrescidos novos atos. Isso é uma técnica do mundo do papel. O relevante, para atender aos princípios registrais, é que a informação seja apresentada de forma completa e atualizada. Isso pode ser feito por meio da indexação, assim, sempre que buscado um registro, junto dele constará a informação da existência de outros atos a ele relacionados.[20]

Assim, qualquer ato de registro, averbação, anotação ou transcrição poderia adotar prontamente a forma digital sem qualquer dificuldade

---

19. SANTOS, Reinaldo Velloso dos. *Registro Civil das Pessoas Naturais*. P. 109. Disponível em < http://reinaldovelloso.not.br/resources/Registro%20Civil%20das%20Pessoas%20Naturais. pdf>. Acesso em: 10 nov. 2016.

20. CAMARGO NETO, *Registro civil das pessoas naturais: parte geral e registro de nascimento, volume 1* / Mario de Carvalho Camargo Neto, Marcelo Salaroli de Oliveira. – São Paulo: Saraiva, 2014. – (Coleção Cartórios / coordenador Christiano Cassetari), p. 92.

operacional para quase todas as serventias brasileiras, agilizando e perfectibilizando a integração dos registros.

5.3 Aproveitamento da CRC

Atualmente o Provimento 46 do CNJ regula a Central de Informações do Registo Civil (CRC), um sistema que no presente conta com a participação de 14 (catorze) Estados da federação, e tem como objetivos: I. interligar os Oficiais de Registro Civil das Pessoas Naturais, permitindo o intercâmbio de documentos eletrônicos e o tráfego de informações e dados; II. aprimorar tecnologias para viabilizar os serviços de registro civil das pessoas naturais em meio eletrônico; III. implantar, em âmbito nacional, sistema de localização de registros e solicitação de certidões; IV. possibilitar o acesso direto de órgãos do Poder Público, mediante ofício ou requisição eletrônica direcionada ao Oficial competente, às informações do registro civil das pessoas naturais; e V. possibilitar a interligação com o Ministério das Relações Exteriores, mediante prévia autorização deste, a fim de obter os dados e documentos referentes a atos da vida civil de brasileiros ocorridos no exterior, bem como possibilitar às repartições consulares do Brasil a participação no sistema de localização de registros e solicitação de certidões do registro civil das pessoas naturais.

Portanto, é uma importante ferramenta digital que tem se mostrado funcional, possibilitando a expedição de comunicações, o requerimento e a obtenção de certidões, buscas de registros, inclusive por acesso público, com as restrições previstas em lei e o acesso às autoridades habilitadas, em respeito à inviolabilidade da intimidade, da vida privada, da honra e da imagem das pessoas, cumprindo o disposto no inciso X do art. 5º da Constituição Federal.

Além disso, essa central ainda possibilita a emissão de CPF quando da integração do registro no sistema.

Desta forma, possui imenso potencial para num futuro próximo ser a principal ferramenta de escrituração do livro único de registro civil das pessoas naturais, com confirmação de envio de dados, recepção e integração à matrícula do registrado.

6. CONCLUSÃO

O Registro Civil de Pessoas Naturais passa por um momento de questionamento por parte de governantes e da população, grande parte em decorrência de sua estrutura conservadora e burocrática, não obstante os esforços para aperfeiçoamento.

Diante disso, uma modernização se faz necessária, não só com a ampliação da utilização de novas tecnologias, o que já vem sendo feito, mas também com a reformulação do sistema de escrituração, simplificando, facilitando, racionalizando e aperfeiçoando o sistema.

Presentes as condições para tanto, exsurge a possibilidade de se adotar paulatinamente o livro de registro único, baseado na matrícula de cada pessoa natural, escriturado de forma integralmente eletrônica, que reúna todos os dados registrais referentes à pessoa natural, facilitando a obtenção dos dados necessários, a compreensão dos atos e fatos ocorridos, a concatenação e a continuidade cronológica dos acontecimentos, além de garantir a segurança dos dados ali inseridos e a acessibilidade em meio virtual em qualquer lugar, a qualquer pessoa, conforme qualificação do registrador civil de pessoas naturais e utilização de seu banco de dados, desde que satisfeitos os emolumentos, bem como a facilitação do acesso às autoridades habilitadas, podendo, inclusive, aproveitar a estrutura exitosa da Central de Informações do Registro Civil (CRC).

7. REFERÊNCIAS BIBLIOGRÁFICAS

CAMARGO NETO, *Registro civil das pessoas naturais: parte geral e registro de nascimento, volume 1* / Mario de Carvalho Camargo Neto, Marcelo Salaroli de Oliveira. – São Paulo: Saraiva, 2014. – (Coleção Cartórios / coordenador Christiano Cassetari)

_____, *Registro civil das pessoas naturais: habilitação e registro de casamento, registro de óbito e livro "E", volume 2* / Mario de Carvalho Camargo Neto, Marcelo Salaroli de Oliveira. – São Paulo: Saraiva, 2014. – (Coleção Cartórios / coordenador Christiano Cassetari)

FARIAS, Cristiano Chaves de; ROSENVALD, Nelson. *Direito civil: teoria geral*. 9. ed. Rio de Janeiro: Lumen Juris, 2011.

LOUREIRO, Luiz Guilherme. *Registros públicos: teoria e prática* / Luiz Guilherme Loureiro. – 5 ed. rev. Atual e ampl. – Rio de Janeiro: Forense; São Paulo: MÉTODO, 2014.

SANTOS, Reinaldo Velloso dos. *Escrituração Eletrônica no Registro Civil*. Disponível em: <http://www.arpensp.org.br/websiteFiles/imagensPaginas/File/Escrituracao_Eletronica_no_Registro_Civil.pdf>. Acesso em: 04 nov. 2016.

_____. *Registro Civil das Pessoas Naturais*. Disponível em: < http://reinaldovelloso.not.br/resources/Registro%20Civil%20das%20Pessoas%20 Naturais.pdf>. Acesso em: 10 nov. de 2016.

_____.*Uma proposta nacional de uniformização e modernização de serviços*. Disponível em: <http://www.arpensp.org.br/principal/index.cfm?tipo_layout=SISTEMA&url=noticia_mostrar.cfm&id=4385.> Acesso em: 06 nov. 2016.

SERRA, Márcio Guerra. *Registro de imóveis I: parte geral* / Márcio Guerra Serra, Monete Hipólito Serra. – São Paulo: Saraiva, 2013. – (Coleção Cartórios / coordenador Christiano Cassetari)

SIQUEIRA, Alessandro Marques de. *Registro civil.* Revista Âmbito Jurídico. Disponível em: <http://www.ambito-juridico.com.br/site/index.php?n_link=revista_artigos_leitura&artigo_id=8373> . Acesso em: 10 nov. 2016.

CAPÍTULO 04

Introdução ao estudo do nome

Izaias Gomes Ferro Júnior[1]
Analice Morais Schneider[2]

Sumário: Introdução; 1. Nome da Pessoa Natural.; 1.1 – Importância histórica.; 1.2 – Conceito e Natureza Jurídica; 1.3 – Teorias do Direito ao Nome.; 1.3.1 – Teoria Negativista; 1.3.2 – Teoria da Propriedade do Nome; 1.3.3 – Teoria do Direito da Personalidade.; 2. Regras formadoras do nome e seus elementos; 2.1 – Elementos essenciais.; 2.1.1 Prenome; 2.1.1.1 – Escolha tipificada do prenome em alguns países; 2.1.2 Sobrenome; 2.2 – Elementos acessórios; 2.2.1 Agnome; 2.2.2 Partícula e conjunção; 2.2.3 Nome vocatório; 2.2.4 - Apelido ou alcunha; 2.2.5 – Hipocorístico; 2.2.6 - Pseudônimo e heterônimo; 2.2.7 Títulos nobiliárquicos e honoríficos; 2.2.8 Títulos eclesiásticos, de identidade especial e acadêmica; 3. Atributos jurídicos do nome; 3.1 – Obrigatoriedade; 3.2 – A questão da obrigatoriedade ou não do registro do nome do natimorto.; 3.3 Indisponibilidade; 3.4 Exclusividade; 3.5 Imprescritibilidade; 3.6 Inalienabilidade e intransmissibilidade; 3.7 Incessabilidade; 3.8 Inexpropriabilidade; 3.9 Irrenunciabilidade; 3.10 Imutabilidade relativa; 4. Publicidade do Nome.; 5. Registro do Nome.; Considerações Finais; Referências Bibliográficas.

INTRODUÇÃO

O nome é um elemento presente na vida de todas as pessoas, não podendo nenhuma delas se abster de seu uso. Constitui-se o nome num dos mais importantes atributos da personalidade, ao lado da capacidade e do estado civil. Tal importância passa tão desapercebida pela sociedade que nem se questiona não tê-lo. Ninguém deixa de ter e usar o nome.

---

1. Oficial Titular de Registro de Imóveis, Civil das Pessoas Naturais e Jurídicas e de Títulos e Documentos da Comarca de Pirapozinho – SP. Especializado em Direito Civil e Processo Civil pela UES. Mestrando em Direito pela EPD. Professor Universitário da Graduação e Pós Graduação de Direito Civil e Registral em diversas Universidades e Cursos Preparatórios, como UNAES/MS (Atual Anhanguera), UCDB/MS, UNISC/IRIB/RS, IBEST/PR, LFG/SP, FMB/SP, VFK/SP.
2. Advogada. Assessora Jurídica do TRT/RO. Especializada em Direito do Trabalho.

Como marco inicial da pessoa, o nome carrega valor social imensurável, tamanha a importância que tem e exerce no meio social. Vigora, então, no nosso sistema jurídico o princípio da imutabilidade do nome, contudo, como será visto, existem situações que possibilitam a sua alteração. Para evitar pretensão ilegítima ou fraudulenta, é preciso que, para o nome ser alterado, ocorram razões de utilidade e conveniência. O nome dado à criança, via de regra, por ocasião de seu registro de nascimento, é o marco inicial de seu primeiro direito da personalidade. O nome dado no registro do nascimento, efetivamente, deverá espelhar a realidade desse aspecto personalíssimo do indivíduo.

Uma vez que pessoa alguma pode se abster do uso do nome, passa-se a estudar seu conceito, história e componentes e elementos. A questão da alteração do nome será vista num próximo *paper*.

Frente ao exposto, nota-se a relevância do tema proposto, e seu estudo traz reflexões que são passadas despercebidas por parte da sociedade, mesmo a jurídica e neste contexto social, será tratado como uma das formas de preservar a dignidade e a personalidade do ser humano, justificando algumas situações onde alguns países proíbem o uso de algum ou alguns nomes.

O objetivo geral desta obra, portanto, é estudar sobre o nome de forma introdutória sob o aspecto sociológico, e alguns aspectos registrais mais relevantes. Tem ainda como objetivos específicos esclarecer acerca do início da personalidade da pessoa natural, o histórico do nome, os elementos formadores do nome, seus atributos jurídicos, os princípios que o envolvem, a questão referente à sua imutabilidade, deixando a especificidade de sua alteração para trabalho vindouro.

Percebe-se que o tema a ser estudado é de grande valia no que se refere à vida pessoal e social da pessoa natural, em virtude de tal elemento, como já dito, fazer parte de um de seus primeiros direitos de personalidade, ou porque não dizer, do primeiro direito da personalidade.

1. NOME DA PESSOA NATURAL.

A pessoa natural, desde seu nascimento até a morte, é dotada de personalidade. Os direitos da personalidade são atributos inerentes à própria condição da pessoa. Não há como se separar os direitos da personalidade da pessoa. Estes são o mínimo imprescindível para a pessoa natural desenvolver-se dignamente, compondo o "patrimônio mínimo" da pessoa. O nome é o primeiro direito da personalidade do ser humano.

Toda pessoa o tem. Toda pessoa o titulariza. O nome está, em importância, ao lado do direito à liberdade.

Os direitos da personalidade do ser humano, de longa data no Mundo e mais recentemente no Brasil, não se prendem mais sob a ótica puramente privatística, mas devem ser encampados sob a disciplina humanista-constitucional. Sua positivação é trazida em diplomas como, a Carta das Nações Unidas de 1945, a Declaração Universal dos Direitos do Homem, aprovada pela Assembleia Geral das Nações Unidas em 1.948, a Lei Fundamental da Alemanha de 1.949, a Constituição Portuguesa de 1.976, e a Espanhola de 1.978. O Brasil perdeu a oportunidade de positivá-la na Constituição de 1.967, justificável pelo regime político adotado à época, vindo a fazê-lo somente em 1.988. O artigo 1º, e inciso III, brinda-nos com o seguinte texto:

> Art. 1º A República Federativa do Brasil, formada pela união indissolúvel dos Estados e municípios e do Distrito Federal, constitui-se em Estado Democrático de Direito e tem como fundamentos:
>
> ...
>
> III - a dignidade da pessoa humana;

O Supremo Tribunal Federal já se pronunciou, exatamente sobre o tema no voto da lavra do Min. Maurício Correa no RE. 248.869 de 07.08.2003[3], onde insere o nome no conceito de dignidade da pessoa humana.

O nosso texto constitucional vai mais adiante e no artigo 227[4], preceitua que é dever da família, da sociedade e do Estado assegurar à criança e ao adolescente, com absoluta prioridade, o direito à dignidade entre outros. Tem-se então que essa dignidade é princípio constitucional fundamental. O Código Civil de 10 de janeiro de 2002 em seu artigo 11 trouxe o princípio da proteção aos direitos da personalidade, que será discutido ao longo desta obra.

Segundo BRANDELLI[5],

---

3. "O direito ao nome insere-se no conceito de dignidade da pessoa humana, princípio alçado a fundamento da República Federativa do Brasil (CF, artigo 1º, inciso III)." (RE 248.869, voto do Min. Maurício Corrêa, julgamento em 7-8-03, *DJ* de 12-3-04)
4. Art. 227. **É dever da família, da sociedade e do Estado assegurar à criança e ao adolescente, com absoluta prioridade, o direito** à vida, à saúde, à alimentação, à educação, ao lazer, à profissionalização, à cultura, **à dignidade**, ao respeito, à liberdade e à convivência familiar e comunitária, além de colocá-los a salvo de toda forma de negligência, discriminação, exploração, violência, crueldade e opressão. (grifo nosso).
5. BRANDELLI, Leonardo. Considerações acerca do direito ao nome numa perspectiva constitucional do princípio da dignidade da pessoa humana – Comentários ao Acórdão exarado na

Os direitos da personalidade alcançam nesse quadro um papel relevante, com status constitucional inclusive. O direito civil deixar de ser um instrumento de tutela de direitos patrimoniais e passa a ter como centro de proteção o indivíduo e, nesse sentido, passa a tutelar os interesses patrimoniais não como um fim em si mesmo, mas como um instrumento ao livre desenvolvimento da pessoa, que passa a ser o bem maior do ordenamento. A pessoa, enfim, é o epicentro do direito civil contemporâneo.

As palavras do ilustre Registrador dão um enfoque atual ao tema e esta obra trilhará neste diapasão, não se aprofundando, entretanto, em estudos constitucionais, pois deixará aos doutos constitucionalistas, abordagem mais apropriada.

Então, insta salientar que essa mesma personalidade em si não seria um direito, mas sim um conceito onde se apoiam alguns direitos. Os direitos que o ser humano tem apoiados nesse conceito, isto é, a personalidade, não são típicos, mas direitos mínimos numa análise civil-constitucional. São subjetivos, que tem por objeto a própria personalidade do ser humano, ou como será tratado neste trabalho, pessoa natural.

Vistas as teorias sobre o início da personalidade e qualquer corrente que se filie, é no nascimento com vida que surge, naturalmente, o direito a pessoa ter seu nome[6]. Não apenas no aspecto material, no íntimo do seio familiar, mas sim, com a formalidade de seu registro junto ao Oficial de Registro Civil das Pessoas Naturais[7].

Portanto, tem-se o nome da pessoa natural ou humana como dito antes, seu primeiro direito, que se chamará para uma mais fácil compreensão e com a devida ressalva anteriormente feita, de seu primeiro direito da personalidade.

1.1 – Importância histórica.

Ao longo da história, na maioria absoluta dos povos a individualização das pessoas por meio do nome sempre teve grande importância. Trata-se de uma necessidade que sempre acompanhou a sociedade humana, com a qual o histórico se confunde. Regulado por usos e costumes

---

Apelação Cível º 2003.001.12476, do TJRJ. Disponível em <www.cursofmb.com.br/cursofmb/artigos/download.php?file=FMB_Artigo0068.pdf> acesso em 13.12.2016.

6. RODRIGUES, Tatiana Antunes Valente. Os direitos da personalidade na concepção civil-constitucional. In: Direito Civil – Direito Patrimonial. Direito Existencial. Flávio Tartuce e Ricardo Castilho – Coordenadores. São Paulo: Editora Método, 2006, p. 674.
7. Lei 6.015/73, arts. 52 a 55.

de localidades e povos, o nome da pessoa natural nunca deixou de ter importância social na história conhecida.

Preleciona FRANÇA[8] que em alguns povos considerados menos civilizados, a escolha do nome às vezes tem importância maior do que nas culturas consideradas mais avançadas. O autor ao analisar a história de Heródoto e Plínio, verifica a existência de um povo, o único de que se tem notícia, em que os indivíduos não possuíam nomes próprios, como se verifica na seguinte lição: "Sabe-se, entretanto, que Heródoto e Plínio, dão notícia de uma única gente, habitante da África, os Atlantes, que, discrepando dessa regra, não usavam o nome próprio individual".

Afirma o autor que os Atlantes se chamavam em conjunto de "Atlantes", não havia nenhum prenome que distinguia os elementos do grupo. Mais adiante afirma que não se pode dizer que essas informações têm conteúdo científico, pois, Plínio afirma que os membros desse povo não conheciam o sono como os demais mortais, ao que FRANÇA[9] comenta: " (...) a circunstância de se dizer que não conheciam o sono, bem nos leva à conclusão de se tratar de um povo legendário, cuja notícia não pode apresentar um caráter cientificamente histórico".

Observa-se, então, que o nome individual está presente em, pelo menos, a maioria das civilizações humanas, senão em todas.

Segundo MIRANDA,[10] no direito germânico antigo bastava o nome para se identificar a pessoa, a utilização do nome de família era mais uma questão de *status* do que de identificação. Nessa época, já se punia a falsidade, ao se estabelecer sanções para aqueles que trocassem de nome.

O civilista afirma que a história de um povo é refletida nos nomes que inventa. Os gregos se utilizavam de nomes ligados à materialidade, que refletiam classes sociais, qualidades ou espiritualidade ("*v.g.*": Cícero, que significa ervilheiro). Os orientais revelavam mais preocupação religiosa na escolha do nome. Os antigos nomes germânicos guardavam relação com a valentia, como o heroísmo e com a insolência.

Ainda nos ensinamentos do autor: "O nome ganhou importância à medida que a adquiria a personalidade. Algumas alcunhas, muitos patri-

---

8. FRANÇA, Rubens Limongi. *Do nome civil das pessoas naturais*. São Paulo: Revista dos Tribunais, 1958. p. 25.
9. Idem. p. 26.
10. MIRANDA. *Op. cit.*, p. 238.

mônios (Gonçalves, Esteves, Marques), e nomes profissionais (Carreiro, Ferreiro) tornaram-se nomes de família".

Entre os gregos, afirma AMORIM,[11] as mulheres utilizavam o prenome seguido do nome de seus pais e, se fossem casadas, o nome do marido, acrescidos do nome da tribo a que pertenciam.

Seguindo nas lições de MIRANDA[12], verifica-se que entre os germanos a dação do nome era realizada por meio de uma festividade, onde o pai lançava o filho na água e dava-lhe o nome. Na escolha do nome, os pais depositavam as esperanças daquilo que gostariam que o filho se tornasse ou da qualidade a qual desejavam que lhe fosse característica.

Informa ainda o autor que entre o final do século XI e início do século XII foi comum a utilização de prenomes de santos. Nessa época (séc. XII) é que se começou a utilizar efetivamente o nome de família.

Com o desenvolvimento da sociedade humana e consequente crescimento da população, os prenomes compostos e o nome de família tornaram-se importantes na individualização. Os nomes completos passaram a ser hereditários e ganharam proteção jurídica. Evolui-se até o estagio atual, onde o prenome é acrescido do nome de família.[13]

Representa hoje um dos elementos de identificação da pessoa, por que não dizer, o mais importante, constitui-se num dos direitos mais essenciais dos pertinentes à personalidade. O nome da pessoa natural não é imposto, é fato natural decorrente de um imperativo psicológico inerente à sociedade moderna.

Percebe-se, portanto, que com o passar do tempo o nome se desenvolveu e ganhou importância inigualável no meio social. Pode-se afirmar que uma sociedade moderna não convive, com qualquer de seus cidadãos, sem que este tenha seu nome, e ainda para o controle de política interna, que este esteja registrado, em cada um dos órgãos competentes em cada situação imposta legalmente pelo Estado. Relevante não só apenas juridicamente, seja por direito ou dever de tê-lo, mas principalmente hoje, socialmente, dado que algumas culturas fazem estudos estatísticos sobre a influência do nome no desenvolvimento

---

11. AMORIM, José Roberto Neves. *Direito ao nome da pessoa física*. São Paulo: Saraiva, 2003. p. 04.
12. MIRANDA. *Op. cit.*, p. 209.
13. ARAÚJO, Luiz Alberto David; NUNES JUNIOR, Vidal Serrano. *Curso de direito constitucional*. 6. ed. São Paulo: Saraiva, 2002. p. 90.

do adulto[14], vez que tais estudos concluem que "Different names are popular among different social classes, and these groups have different opportunities and goals."[15]

1.2 – Conceito e Natureza Jurídica

Faz-se necessário conceituar a palavra nome. O vocábulo é derivado do latim "nomen", do verbo "noscere" ou "gnoscere" (conhecer ou ser conhecido). Significa a denominação ou a designação que é dada a cada coisa ou pessoa, para que por ela seja conhecida ou reconhecida. É uma forma de conhecimento. Ser conhecido e reconhecido. A própria fala humana se aperfeiçoou com a articulação dos fonemas e com isso os vocábulos foram se formando e o ser humano sentiu a necessidade de nominar as coisas e, posteriormente as pessoas como forma de distinção das mesmas.

Segundo CHIARI, a expressão oral da linguagem, desenvolvida pelo homem, é considerada uma das formas mais importantes de comunicação entre os seres humanos, porque torna possível a manifestação do nosso pensar, através de um falar que se realiza num tempo e num espaço, mediatizado pelo código linguístico[16].

O nome em si no desenvolvimento do homem era um sinal fonético. Forma como os homens se diferenciavam. Com a escrita, passa a ser igualmente um sinal gráfico que representa este som. Não se conhece um nome que não possa ser escrito em qualquer civilização. Qualquer nome reúne as duas qualidades, fonética e gráfica. Quando se estabelece este sinal gráfico com o registro junto à respectiva serventia registral civil das pessoas naturais nasce a individualização da pessoa que será comentado no decorrer deste artigo.

Sabe-se que o nome dado às coisas e pessoas tem uma construção histórica-evolutiva que é anterior à própria escrita e a civilização humana, e evoluiu com a mesma, onde os autores tecem teorias sobre o nome e o direito a mesmo, como se verá no tópico a seguir.

---

14. KREMER, William. Does a baby's name affect its chances in life? <http://www.bbc.com/news/magazine-26634477> Acesso em 13 dez 2016.
15. Tradução livre: Diferentes nomes são populares entre diferentes classes sociais, e estes grupos têm diferentes oportunidades e objetivos.
16. CHIARI, BRASÍLIA MARIA. In: ISSLER, SOLANGE. Articulação e linguagem. 3 ed. São Paulo: Ed. Lovise Ltda., 1996. p.13.

1.3 – Teorias do Direito ao Nome.

O direito ao nome, e porque não dizer o próprio NOME, é o primeiro bem jurídico do ser humano, pois a vida é fato inerente à existência e sem ela não haveriam direitos. Portanto, descartamos neste ponto considerar a vida como bem jurídico, pois é condição *sine qua non* a esta discussão.

Aliado ao fato social do direito de todos terem um nome, o Estado obriga cada cidadão ter seu registro de nascimento e consequentemente um nome por ocasião de seu registro. O próprio registro já caracteriza conotação de obrigatoriedade e insculpida no Direito Público, caracteriza, por certo, um controle do Estado nesta individualização de forma que todos sejam diferenciados, como forma de imputar deveres, principalmente.

Ao lado do Direito Público, contempla o direito ao nome contornos sociais que remetem ao Direito Privado. Estes direitos são discutidos adiante ao se analisar suas características.

Tais conotações levam os civilistas a criarem diferentes correntes doutrinárias a respeito de sua natureza jurídica. Uma breve análise já trará ao leitor uma boa noção das principais correntes.

1.3.1 – Teoria Negativista.

Brandelli[17] assim leciona: "A teoria negativista, como sugere o próprio nome, defende a não existência de um direito ao nome". Entre os autores de língua alemã, destacam-se apenas duas teorias, a negativista e a do Direito da Personalidade que será vista na sequência.

Rudolf von Ihering e Friedrich Karl Von Savigny foram adeptos da teoria negativista, sendo que Savigny a negou de forma indireta pelo conjunto de sua obra e Ihering de forma direta, tendo publicado monografia *Actio Injuriarum* – Das Lesões Injuriosas em Direito Romano[18].

Ihering justifica sua posição questionando qual a finalidade e quais as consequências deste direito ao nome. Explica que a alteração seria inócua socialmente, pois quando alguém toma o nome de outro, como "Meier" toma o nome de "Schimidt" ou vice versa, qual seria a consequ-

---

17. BRANDELLI, Leonardo. "Nome Civil da Pessoa Natural". São Paulo: Saraiva, 2012, p. 38.
18. FRANÇA, Rubens Limongi. Do nome civil das pessoas naturais. São Paulo: Revista dos Tribunais, 1958, p 66.

ência, vez que todos os "Meier" ou todos os "Schimidt" poderiam se opor a esta mudança? Alguns autores, como o próprio Limongi França afirma que Ihering, por vezes, trata certas situações como possíveis de haver direito ao nome. Clóvis Beviláqua era adepto da teoria negativista do direito ao nome, mesmo porque, como autor do projeto de lei que originou o código civil de 1916, não deu tratamento adequado ao direito.

1.3.2 – Teoria da Propriedade do Nome

Outra teoria é a Teoria da Propriedade, também chamada de Teoria Francesa do Direito ao Nome, a Teoria da Propriedade Imaterial, a Teoria Pluralista, igualmente não aceita pela nossa sistemática jurídica pátria, ao menos atualmente. Rubens Limongi França ao estudar a teoria francesa, assim a estrutura as diversas teorias[19]:

A) Teoria Radical da Propriedade do nome. Por esta teoria, a propriedade do nome de família lhe dá o direito de se opor a que este nome seja usado por outra família que não esteja para tanto devidamente autorizada. Os julgados franceses e belgas do século XIX e inicio do século XX trazem em resumo a afirmação "O nome é uma propriedade e que todo homem é proprietário do nome".

B) Teoria da Propriedade "sui generis". Como evolução da teoria anterior, pois cientificamente foi difícil justificar o enquadramento do direito ao nome no direito de propriedade, deu lugar a esta teoria, marcada pela jurisprudência francesa na sequência das decisões anteriores, e o Tribunal de Bruxelas (Bélgica) afirmou em maio de 1855 que o nome é uma propriedade *sui generis* regida por regras especiais "É uma propriedade num sentido largo diferente do sentido restrito do art. 544" (Código Civil Belga). Já a Corte de Cassação da França, em acórdão de abril de 1888 assim justificou a propriedade do nome "Se o patronímico é uma propriedade da família que o leva, este direito não está no comércio; não se adquire nem por doação, nem por convenção, nem por testamento, mas somente por filiação ou por decreto do soberano; pode pertencer a várias pessoas que não tenham nenhum laço de parentesco entre si; a propriedade do nome não apresenta pois nenhum dos caracteres da propriedade dos bens, móveis ou imóveis..."[20]

---

19. FRANÇA, op cit, p. 72.
20. FRANÇA, op cit, p. 73.

C) Teoria da Propriedade Imaterial. Para esta teoria, os bens incorpóreos são passíveis de apropriação e se concretizam em um elemento material, que segundo Julien Bonnecase, citado por França[21], "a criação da forma" e baseia-se na criação de símbolos suscetíveis de justificar a extensão do direito de propriedade. Arremata dizendo: "o nome de uma pessoa pronunciado ou ouvido por nós é uma realidade exterior, uma realidade experimental, pois não está ligada aos dados de um só sentido".

Estas são as teorias mais importantes dos civilistas franceses, mas a título de registro, não se deve olvidar outras não menos importantes, como a Teoria da Polícia Civil ou Teoria Negativista de Planiol, contrária a teoria da propriedade, sinteticamente diz que o nome é uma instituição de polícia civil, uma forma obrigatória de designação das pessoas. Explica que sua obrigatoriedade implica na inalienabilidade e mesmo a transmissão pela hereditariedade não prova suficientemente que seja um objeto de propriedade. Já Colin e Capitant, igualmente franceses, em teoria nomeada como Teoria Pluralista" em obra citada por França, "Natureza Jurídica do Direito ao Nome", rejeitam as teorias anteriores, sendo que Colin sustenta que o patronímico é uma marca distintiva e exterior do estado de filiação, completando Capitant, que o patronímico é necessário ao indivíduo para proteção de sua personalidade, vendo nele caráter absoluto. Este aspecto do caráter absoluto do direito ao nome será a base do efeito constitutivo do nome com o registro civil.

1.3.3 – *Teoria do Direito da Personalidade.*

Esta teoria assevera que o nome, acompanhado de outros atributos, é um dos elementos que identifica a pessoa, sendo, portanto, um direito da personalidade[22][23][24]. É um sinal distintivo da personalidade. Não se trata de um direito da propriedade, pois o nome civil não tem valor econômico. Venosa assim se filia, afirma, portanto, ser um direito da personalidade[25]. Sua natureza jurídica está nesta seara, ou seja, é direito da personalidade. Para Washington de Barros Monteiro, é sinal distintivo revelador da personalidade[26].

---

21. FRANÇA, op cit, p. 76.
22. GOMES, *op cit. p. 160*
23. RODRIGUES, *o,p cit. p. 72*
24. MONTEIRO, *op cit. p. 100*
25. VENOSA. *op cit.* p. 182
26. MONTEIRO. *op cit.* p. 101

RUGGIERO assim preleciona: "Qualquer pessoa tem direito de usar o nome, pessoal e familiar, que segundo a lei lhe pertence, isto é: segundo o registro civil."[27] Define o nome, então, como um direito.

Já GOMES afirma:[28] "a personalidade define-se por particularidades que, em conjunto, identificam a pessoa". Essas particularidades são, na lição do autor, o nome, o estado e o domicílio, sobre as quais comenta: "pelo nome identifica-se a pessoa. Pelo estado, a sua posição na sociedade política, na família, como indivíduo. Pelo domicílio, o lugar de sua atividade social". [29]

Dentre essas particularidades que formam a personalidade, destaque-se o nome, objeto de estudo dessa pesquisa. O nome é, nas palavras de LOPES:[30] "um dos elementos de identificação da pessoa. Constitui, por isso, um dos direitos mais essenciais dos pertinentes à personalidade".

Ensina MIRANDA[31] que "o direito de personalidade, os direitos, as pretensões e ações que dêle (sic) se irradiam são irrenunciáveis, inalienáveis, irrestringíveis". Dessa forma, o nome como atinente à personalidade possui estas peculiaridades.

Preleciona DINIZ[32] que o nome integra a personalidade por ser o sinal exterior pelo qual se designa, se individualiza e reconhece a pessoa no seio da família e da sociedade; daí ser inalienável, imprescritível e protegido juridicamente (CC, arts. 16, 17, 18 e 19; CP, art. 185). Então, o direito ao nome, deduz-se, absoluto e inato, tendo tomado o legislador todo o cuidado em sua proteção. Daí decorre ao seu titular a prerrogativa de reivindicá-lo quando lhe for negado, como no caso do pai que não registrou seu filho, dando direito a este, acrescer, se quiser, o sobrenome paterno em ação própria, ou seja, a investigação de paternidade.

Uma das características incontroversas dos direitos da personalidade é seu caráter de direito originário. Nesta mesma linha, são tidos como essenciais, necessários, vitalícios, não destacáveis do seu titular, confor-

---

27. **RUGGIERO**, Roberto. Instituições de Direito Civil. vol.1. 1ª Ed. Ed. Bookseller. Campinas, 1999
28. GOMES. *op. cit.*, p. 148.
29. Idem. p. 148.
30. LOPES. *op. cit.*, p. 264.
31. MIRANDA. *op. cit.*, p. 162.
32. DINIZ. *op. cit.*, p. 196.

me doutrina de Fernanda Borghetti Cantali[33]. Nesta linha de raciocínio Brandelli[34] assim conclui sobre esta teoria afirmando:

> "O nome é, segundo esta corrente, um dos elementos da personalidade, que a integra, mas que com ela não se confunde, por ser esta mais ampla que aquela. O nome é elemento identificador da personalidade da pessoa, posto que, com o pronunciar daquele, vem jungida toda a carga de direitos e obrigações que compõem esta."

Observa-se que o nome é fundamental na identificação da pessoa, é elemento basilar da personalidade, por meio do qual se faz referência à pessoa. Historicamente, o nome já assumiu posição de maior relevância no contexto social, pois, era praticamente o único e principal meio de se identificar as pessoas. Hoje, com a propagação de números identificadores, como carteiras de identidade, números de documentos junto a tribunais regionais eleitorais, receita federal, órgãos de trânsito, e outros, deixou de ser o único, mas ainda é o mais importante meio de identificação pessoal perante a sociedade ou o Estado.

2. REGRAS FORMADORAS DO NOME E SEUS ELEMENTOS

No direito pátrio a única regra especifica sobre a formação do nome, é a utilização de um prenome e um sobrenome ao menos, como anteriormente dito. Entretanto, como elemento de identificação de todos os seres humanos, o uso do nome é tido como instituto pré-jurídico, que surge com a necessidade social de identificar cada pessoa dentro de sua comunidade.

Vejamos os motivos destas regras nas lições de Manuel Vilhena de Carvalho, citado por Leonardo Brandelli[35] e Arthur Maximus Monteiro[36]. O autor português leciona que as regras formadoras do nome estão agasalhadas por três grandes sistemas de denominação de pessoas, o sistema árabe e eslavo, no qual além do prenome, predominam designações de qualidade e procedência da pessoa; o sistema europeu, no qual há apenas a obrigatoriedade de um único nome próprio e outro familiar (em geral o paterno) e o sistema peninsular, adotado na península ibérica e em grande parte dos países colonizados por Portugal

---

33. CANTALI, Fernanda Borghetti. "Direitos da Personalidade. Disponibilidade relativa, autonomia privada e dignidade humana. Livraria do Advogado Editora, Porto Alegre. 2009. p. 132.
34. BRANDELLI, *Op cit.*, p. 45
35. BRANDELLI, Leonardo. "Nome Civil da Pessoa Natural". São Paulo: Saraiva, 2012, p. 120.
36. MONTEIRO, Arthur Maximus, "Direito ao nome da pessoa natural no ordenamento jurídico brasileiro.", In: Direitos da Personalidade, Org. Jorde Miranda, Otávio Luiz Rodrigues Júnior e Gustavo Bonato Fruet. Ed Atlas: São Paulo, 2012.

e Espanha, onde ao lado do nome próprio, figuram nomes familiares, paterno e materno.

Quanto aos elementos formadores do nome, a doutrina não é pacífica acerca do assunto. O Código Civil de 1916 não trazia uma conceituação uniforme, confundindo por vezes os juristas, pois ora utilizava o termo nome representando nome completo, ora utilizava os termos nomes e prenomes, e ainda, em outro momento utilizava-se dos termos nomes e sobrenomes.[37]

Ainda sobre o assunto ensinam FARIAS e ROSENVALD utilizando-se das palavras de Maria Celina Bodin de Moraes:[38]

> Destaque-se, preliminarmente, que, ao utilizar a expressão "nome", o legislador não adotou uniformidade conceitual. Por vezes, "usa a expressão 'nome', significando o nome por inteiro, ora emprega os termos 'nome' e 'prenome', ou, ainda, 'nome' e 'sobrenome'. O mesmo se diga da Lei de Registros Públicos, a qual ora adota o termo 'nome' para se referir ao nome completo, ora especifica 'prenome' e 'nome', este último com o significado de nome de família".
>
> Como visto não existe uma conceituação pacífica, isso fez com que cada autor adotasse uma terminologia diferenciada.

Contudo, o Código Civil de 2002 disciplinou *in verbis*: "Art. 16. Toda pessoa tem direito ao nome, nele compreendidos o prenome e sobrenome".

Ao comentar o artigo FIUZA[39] explica:

Dois, em regra, são os elementos constitutivos do nome: o *prenome* - próprio da pessoa, que pode ser livremente escolhido, desde que não exponha o portador ao ridículo; e o *sobrenome*, que é o sinal que identifica a procedência da pessoa, indicando sua filiação ou estirpe, podendo advir do apelido de família paterno, materno ou de ambos.

Dessa forma, o novo Código Civil estabeleceu um conceito mais definido, definitivo, utilizando nome para identificar o nome completo, prenome para identificar o primeiro nome e sobrenome para o apelido de família. Sendo assim, esses serão os termos utilizados nesse trabalho.

---

37. VENOSA. *Op. cit.*, p. 210/211.
38. MORAES, Maria Celina Bodin. *Sobre o nome da pessoa humana*, in Revista da Escola da Magistratura do Estado do Rio de Janeiro. 2000. no 12. vol. 3, p. 51, *apud* FARIAS; ROSENVALD. Op. cit., p. 159.
39. FIUZA, Ricardo. *Op. cit.*, p. 29.

Além desses elementos essenciais o nome pode conter partículas, pseudônimos, alcunhas, vocativos, títulos honoríficos, dentre outros elementos que serão abordados de maneira mais detalhada a seguir.

2.1 – Elementos essenciais.

O nome tem elementos essenciais, sem os quais, em nossa legislação pátria, não se permite o registro. Não se pode registrar a criança apenas com o prenome sem que os pais informem qual ou quais sobrenomes desejam. Igualmente não se pode registra uma criança sem o prenome, apenas declinando os sobrenomes desejados. Portanto, faz-se necessário verificar quais são essenciais, iniciando pelo prenome.

2.1.1 Prenome

Trataremos agora a respeito do prenome conhecido por primeiro nome. Nas palavras de GONÇALVES:[40] "prenome é o nome próprio de cada pessoa e serve para distinguir membros da mesma família".

No Brasil, a menção ao prenome antecede o sobrenome, diferente de outros países, como Itália, onde primeiramente menciona-se o nome familiar.

A escolha do prenome cabe aos pais, que tem liberdade de dar aos filhos a nomenclatura que bem entenderem, desde que essa não exponha a pessoa ao ridículo.

Mario de Camargo Carvalho Neto e Marcelo Salaroli de Oliveira[41], em excelente obra sobre Registro Civil das Pessoas Naturais, analisando a escolha do nome pela ótica registral, ensinam que:

> "A escolha do nome é ato jurídico praticado pelo declarante no momento do registro, trata-se de livre manifestação de vontade do agente capaz e legitimado que deve se revestir de forma exigida em lei e seguir as regras legais. Cabe ao registrador verificar a higidez da prática do ato."
>
> Segundo FRANÇA[42] essa escolha tem natureza constitutiva, com a qual concordam os autores deste artigo. Os efeitos desta natureza constitutiva pela ótica da publicidade será objeto de outro artigo dos autores.

---

40. GONÇALVES. *Op. cit.*, p. 124.
41. CAMARGO, Mario de Carvalho Neto; OLIVEIRA, Marcelo Salaroli de Oliveira. Registro Civil das Pessoas Naturais I. São Paulo: Saraiva, 2014, p, 136.
42. FRANÇA. *Do nome civil.* p. 248.

A escolha do prenome já sofreu restrições ao longo da história. Da obra de FRANÇA[43] extrai-se a seguinte lição:

> O texto de lei, provavelmente o mais antigo que se conhece, referente à escolha do prenome é o celebre *Decreto* do Papa S. Gregório Magno (morto em 704), segundo o qual só se poderiam pôr (*sic*) nas crianças nomes de santos ou dos patriarcas bíblicos.

Percebe-se que na época os pais não possuíam a liberdade de escolha que existe atualmente, pois, eram compelidos, como visto, a utilizarem-se dos nomes previstos no decreto do Papa.

Hoje, felizmente, a escolha dos nomes não sofre restrição que não seja com relação a proibição de nomes ridículos ou que de alguma forma deixem a pessoa em situação vexatória, como se verá nas razões que justificam a alteração do prenome, em trabalho futuro dos autores.

Se for constituído de uma única palavra o prenome é considerado simples, como Mariana, Isaac, Isadora, Sthéfano, Vitor, Henrique, dentre outros. Será composto se formado por mais de um elemento, como Ana Beatriz, Carlos Eduardo, etc.

Conclui-se que o prenome, como elemento componente do nome, ajuda identificar a pessoa, sendo a sua escolha passível de pequenas restrições.

2.1.1.1 – Escolha tipificada do prenome em alguns países.

Vários países restringem nomes de crianças, como a Islândia, Alemanha, Suécia, Portugal, Nova Zelândia, China e Japão, que são do conhecimento dos autores. No caso da Islândia, trata-se de cumprir certas regras de gramática e gênero, e salvar a criança de possíveis embaraços. Às vezes, embora não em todos os casos, os funcionários também insistem que deve ser possível escrever o nome em islandês. Há uma lista de 1.853 nomes do sexo feminino, e 1.712 masculinos, e os pais devem escolher o nome que estão nessas listas ou solicitar a permissão de um comitê especial.

Preocupações semelhantes sobre o bem-estar da criança estão presentes na Alemanha, onde um casal turco não foi autorizado a chamar seu bebê Osama Bin Laden. Um casal chamou seu bebê de Berlim, depois da cidade em que se encontraram, levando o secretário do setor de registro a não aceitar. Ele, administrativamente, cedeu depois que o

---

43. Idem. p. 246.

advogado da família apontou que os tribunais haviam permitido o nome de Londres em outra criança. Confusão de gênero impediu que um menino alemão fosse Matti, porque o sexo do bebê não seria óbvio. Não se encontrará na Alemanha ninguém nomeado Merkel, Schroeder ou Kohl, qualquer um, porque os sobrenomes são proibidos como primeiros nomes.

O nome 4Real não foi permitido por autoridades na Nova Zelândia, porque os nomes não podem começar com um número. O judiciário neozelandês autorizou uma menina alterar seu nome, Talula - que ela odiava, pois, Talula é quem faz o Hula do Havaí.

Quando os pais japoneses registam os seus recém-nascidos, as autoridades locais podem dizer não se não acharem que o nome é apropriado. Em 1993, o nome Akuma (pronuncia-se Akumá), que significa "diabo", não era permitido e não se encontra este nome até hoje nos registros japoneses.

Na China, as pessoas são forçadas a mudar seus nomes quando são considerados obscuros demais. Não temos exemplo de tal mudança, apenas a notícia por cidadãos daquele país.

Em Portugal, o site do Ministério da Justiça inclui 39 páginas de nomes oficialmente sancionados e 41 páginas das que estão proibidas. Incluídas neste último grupo estão Lolita, Maradona e Mona Lisa. Mas Portugal atualmente é pressionado para revogar os seus controles. A Noruega substituiu a sua própria lista com uma proibição de palavras de juramento e sexo, doenças e nomes negativos.[44]

O Reino Unido e os EUA têm leis de nomeação muito mais liberais. Os pais americanos podem muito bem nomear seu filho qualquer coisa, pois a cultura daqueles países vê isso como uma importante marca de sua liberdade de expressão, consagrada na Constituição dos Estados Unidos e no direito consuetudinário Inglês.

Mas por que os pais colocam nomes incomuns em seus filhos? Muitos pais dizem que querem que seus filhos sejam únicos, pensam que é divertido e diferenciam seu filho de todos os outros e lhes dá personalidade. Os americanos também tem arraigado o sentimento de propriedade sobre seus filhos e tomam certas atitudes que para nossa cultura

---

44. What can you name your child? In <http://news.bbc.co.uk/2/hi/uk_news/magazine/6939112.stm> BBC News. acesso em 15 dez 2016.

possa parecer estranho, mas justificam que lá os filhos podem alterar o nome quando atingirem a maioridade sem tanta formalidade como brasileira. Não se pode deixar de mencionar que as crianças com nomes muito incomuns, mesmo na sociedade americana, tendem a sofrer abuso na escola, mas depois, os pais dizem que se acostumam quando mais velhos, ou seja, pela cultura americana isto é aceito com normalidade.

Colocar um nome comum numa criança pode ser questão tipicamente local, regional ou até mesmo cultura de determinado país. Nota-se que em países com o mesmo idioma não tem nomes dados às crianças do sexo masculino ou feminino idênticos, em sua maioria, dir-se-ia até mesmo discrepante. A título de exemplo, o nome Oliver, ocupa a primeira posição na Inglaterra e a 19ª nos Estados Unidos. O nome Jack na Inglaterra aprece na segunda posição, já nos Estados Unidos ocupa a 40ª posição em número de registros de prenome.

No Brasil a lista dos nomes registrados no ano de 2006 do sexo masculino são respectivamente em primeiro e segundo lugar, João e Gabriel e do sexo feminino Maria e Ana, como os mais usados. O que se constata é que José não consta entre os dez mais usados entre os registrados do sexo masculino[45].

Portanto, a questão cultural temporal-social é que prepondera ao nomear uma criança ao nascer[46], pois o nome José outrora não haveria de estar fora desta lista, mas não há tanto interesse dos pais em colocar tal nome em seus filhos, fato este também constatado pelos indicadores pessoais de todas as serventias registrais civil das pessoas naturais do Brasil a exemplo da serventia registral civil das pessoas naturais atual do coautor deste trabalho.

2.1.2 Sobrenome

O sobrenome é também tratado por nome de família, apelido de família, patronímico ou cognome. A expressão que designa o sobrenome pode vir sozinha ou acompanhada de partículas *(e, da, de, do, das e dos)* que o integram. Bradelli posiciona-se pela definição que se tem denomi-

---

45. BLASCO, Grace. "Popular baby names from around the world". in http://www.babycenter.com/0_popular-baby-names-from-around-the-world_1429034.bc?page=2> acesso em 15 dez 2016.
46. International Names Lists: Popular Names From Around the World. <http://www.babynamewizard.com/international-names-lists-popular-names-from-around-the-world.> Acesso em 15 dez 2016.

nado sobrenome os vocábulos subsequentes ao prenome, seja simples ou composto. Explica-se pela possibilidade de ter-se um nome como João de Souza Silva Santos. João o prenome, Souza Silva Santos o nome de família, mas o sobrenome seria "**de** Souza Silva Santos" ou seja, com o acréscimo da conjunção "de".

A aquisição do nome de família é *ipso iure*, como ensina AMORIM,[47] significa que por pertencer a uma determinada família a pessoa tem o sobrenome inscrito no registro civil, nesse caso o ato de apor o sobrenome tem eficácia declaratória.

No caso do casamento, quando um cônjuge adota o sobrenome do outro, na forma do art.1.565, §1° do Código Civil. O patronímico inscrito no registro civil terá eficácia constitutiva.

A lei regulamenta ambas as situações, tanto aquelas *ipso iure*, onde a pessoa não pode intervir, apenas aceita a declaração, quanto às modificativas, onde, pela prática de determinados atos jurídicos pode haver modificação, inserção ou extração de prenome, ou sobrenome.

A finalidade do sobrenome é identificar a família na sociedade, independente dos membros que a componham, pois esses são individualizados pelo prenome que carregam.

A transmissão do nome de família é hereditária, o sobrenome dos pais sucede aos filhos, sem gerar dúvidas relevantes. Tanto que o oficial do registro civil inscreverá o nome de família mesmo quando o responsável legal pelo registrando não o disser, como leciona BRUM:[48]

> Inexistindo a indicação do nome completo, aí, sim, surge o oficial do cartório para completar as informações. A Lei dos Registros Públicos, como já mencionei, diz que ele poderá, nesses casos, acrescentar, ao prenome escolhido, o sobrenome do pai e, na sua falta, o da mãe. Para mim, repito, inexiste rigor nessa formação, pois, na igualdade constitucional, pode constar só o sobrenome do pai, só o da mãe, ou ambos, sem exigência de o da mãe anteceder o do pai. Pela cultura atual, isso acontece na maioria dos casos.

Observa-se que não há prevalência no país do nome de família paterno sobre o materno como já existiu. Tanto pode ser aposto um como outro ou os dois. A Lei de Registros Públicos em seu artigo 55 prevê que o oficial deverá lançar o sobrenome do pai e, na falta, o da mãe, mas em

---

47. AMORIM. *Op. cit.*, p. 11.
48. BRUM, Jander Maurício. *Troca, modificação e retificação de nome das pessoas naturais*: doutrina e jurisprudência. Rio de Janeiro: Aide, 2001. p. 36.

consonância com o a atual Constituição Federal, não pode haver privilégio sobre um ou outro nome, devendo o oficial lançar os dois, quando possível, em face a igualdade entre homem e mulher. Da mesma forma as Normas de Serviço da Corregedoria de Justiça de São Paulo preveem que poderão ser adotados sobrenomes do pai, da mãe ou de ambos, em qualquer ordem, conforme item 33.2 das Normas de Serviço.[49]

No Brasil, segundo BRUM,[50] é costume utilizar-se o sobrenome da mãe seguido do sobrenome do pai, mas não existe nenhuma norma sobre o assunto, sendo perfeitamente possível a inversão. Não podem, entretanto, intercalar os sobrenomes materno e paterno, um no meio do outro, pois geraria confusão na identificação do núcleo familiar.

Sobre a possibilidade de aposição do sobrenome de terceiro, tais como padrastos, madrastas, parentes e pessoas próximas, BRUM[51] se manifesta contra tal possibilidade, pois, segundo argumenta, não se pode indicar que a pessoa pertence a determinado grupo familiar se, de fato, suas origens não provem daquele grupo. Entendimento superado com a publicação da Lei 11.924/09 e será objeto de maiores reflexões em trabalho futuro. Esse posicionamento não é uniforme, pois, como assevera o próprio autor há jurisprudência em sentido contrário, admitindo a inclusão de sobrenome de tutor e até mesmo de guardião.[52] Dessa forma, o sobrenome ou nome de família tem a função de identificar as origens de uma pessoa, ou seja, a que grupo familiar ela pertence.

2.2 – Elementos acessórios

Os elementos acessórios ou secundários são dispensáveis para compor o nome, entretanto, são muito usuais que nem se percebe sua utilização corriqueira.

2.2.1 Agnome

Em alguns grupos familiares é comum a presença de membros com o mesmo nome, que para serem diferenciados lhes é acrescido o agnome (Filho, Neto), os graus de geração (Primeiro, Segundo, Terceiro), par-

---

49. NSCGJ/SP Cap, XVII, Item 33.2. Poderão ser adotados sobrenomes do pai, da mãe ou de ambos, em qualquer ordem.
50. BRUM. *Op. cit.*, p. 36.
51. Idem. p. 37.
52. Idem. p. 38.

tícula indicativa de descendência (Júnior) ou numeral romano após o nome do registrando.

Trata BRUM[53] da utilização dos termos Júnior e Filho, afirma que Júnior significa o mais jovem de dois, portanto considera incorreta a utilização de outras formas, como em Fábio Júnior da Silva. Nesse caso, não se observa o padrão culto da língua, podendo o oficial do registro negar-se a proceder o registro com tal nomenclatura. Esse mesmo raciocínio pode ser empregado para os termos Filho, Neto, entre outros.

Então esses termos devem ser utilizados quando o nome do registrando espelhar o nome do seu ascendente, sendo somente acrescido da partícula diferenciadora.

Também assevera que a utilização indevida dessas partículas pode ser considerada abusiva, quando a pessoa registra nome idêntico, mas de pessoa que não seja ascendente do registrando. Nesse caso, além da possibilidade de expor o registrando ao ridículo, provocar-se-ia prejuízo a terceiro.

Deve, então, o oficial se negar a proceder tal registro, pois viola a regra de que ao nome deve ser aposto o patronímico, pois nessa situação, está a se designar ascendência diversa do registrando.

Fala AMORIM[54] na existência de agnomes epitéticos, que são indicativos de qualidades do portador, em geral acrescido por terceiros, como em Manoel da Silva, o Gordo. Para o autor, a partícula Júnior encontra-se nessa categoria. No mesmo sentido é o entendimento de FRANÇA.[55]

Esse entendimento tem reflexos práticos, pois, segundo afirma "Em princípio, tais elementos de identidade da pessoa não têm qualquer valor jurídico". O agnome epitético terá importância quando, devido a tradição de uso pela família, passa à categoria nome, recebendo a mesma tutela jurídica. Cita o exemplo da família Velho, do Vale do Paraíba, cuja origem é a família Marcondes.[56]

Em regra, o agnome não é transmissível, é necessário que seja inscrito no momento do registro do nascimento, ou posteriormente acrescido através de pedido judicial.[57]

---

53. Idem. p. 22.
54. AMORIM. *Op. cit.*, p. 13.
55. FRANÇA. *Do nome civil...*, p. 60.
56. AMORIM. *Op. cit.*, p. 13.
57. Idem. p. 13.

Sendo assim, em princípio o agnome não é um elemento componente do nome, mas pode ser acrescido ao mesmo em ocasiões especiais como explicado anteriormente.

2.2.2 Partícula e conjunção

As partículas de ligação são geralmente formadas pela preposição *de* contraída ou não com o artigo definido masculino ou feminino (*de, da, do, das* e *dos*). Também se apresentam em alguns nomes a conjunção *e*. São facultativas, e podem ou não integrar o nome, mas são utilizadas por dar maior sonoridade ao nome.

A partícula *de* foi utilizada no século XV para designar a origem geográfica da pessoa. Também foi considerada, por algum tempo, sinal de nobreza em alguns países. Porém, como era utilizada tanto por nobres quanto por plebeus, verificou-se que não era sinal de fidalguia.[58]

O nome pode apresentar uma ou várias partículas de ligação, assim também a conjunção. Esses elementos, segundo AMORIM[59] "não deverão ser contados como unidades vocabulares para efeitos de limitação numérica estabelecida para a composição dos nomes completos".

Observa-se que apesar da partícula e a conjunção não serem elementos essenciais formadores do nome, ocasionalmente podem o compor.

2.2.3 Nome vocatório

Por vocatório é conhecido o modo pelo qual a pessoa é de fato conhecida. Nas palavras de FRANÇA[60] "a designação pela qual o sujeito é comumente chamado ou conhecido".

Seguindo na lição do autor, verifica-se que, quando o nome da pessoa é curto, o nome vocatório confunde-se com o nome completo, como em *Luiz Gama* e *Antônio Nobre*.

Porém, quando o nome é longo, a pessoa, em regra, fica conhecida por um ou dois elementos do nome, como em *Olavo Braz Martins dos Guimarães Bilac*: *Olavo Bilac*; *Raimundo da Mota de Azevedo Corrêa*: *Raimundo Corrêa*.

---

58. AMORIM. *Op. cit.*, p. 14.
59. Idem. p. 14.
60. FRANÇA. *Do nome civil...*, p. 61.

Observa-se, contudo, que se trata do nome pelo qual a pessoa é conhecida no meio social, não sendo isso motivo para alterações no registro civil, com vistas à redução do nome por meio da retirada dos demais elementos.[61]

2.2.4 - Apelido ou alcunha

Apelido, alcunha ou epíteto são designações à pessoa dadas por terceiros, geralmente têm tom pejorativo, ligadas a características físicas, mentais, trabalho exercido, local de nascimento, de origem ou de residência, como em *Caolho, Maluco, Sargento, Alemão, Baiano*, dentre outros.

Entre os criminosos, a utilização de apelidos é comum, não sendo raro os casos de bandidos que ficam conhecidos por suas alcunhas, como em *Escadinha, Luz Vermelha, Lampião, Marcola*, entre outras.

Da mesma forma, na esfera esportiva a utilização de alcunhas também é comum: *Pelé, Dida, Cafú, Kaká, Giba* etc. Observa-se ainda comum o uso de apelidos na área artística e na política.

Segundo AMORIM,[62] normalmente a intenção da alcunha é depreciar a pessoa, atribuindo à designação alguma característica negativa. Porém, há casos em que a alcunha se torna motivo de orgulho para o seu portador, dando-lhe notoriedade no meio social. Chega-se ao ponto de se pleitear a inclusão da alcunha ao nome, como o Presidente da República Luiz Inácio *Lula* da Silva.

O Presidente Lula, por exemplo, tinha esse apelido público e notório. Poderia ter substituído seu prenome Luiz pelo apelido. Poderia ter tirado o prenome e ficaria apenas com o apelido (Lula). Nada impediria que ele requeresse a inclusão como um cognome. Poderia ser substituído apenas o prenome (composto, por sinal, Luiz Inácio) e ficaria apenas Lula da Silva. Evidente que não foi isso que ele fez à época, mesmo porque o assunto não tinha essa abertura que hoje se tem.

Nesses casos a pretensão só poderá ser deferida se o apelido não expuser a pessoa ao ridículo e comprovado o interesse legítimo da inserção da alcunha ao nome.

Vislumbra-se então, que inicialmente a alcunha não é utilizada de forma legal, mas apenas na forma fática, podendo, contudo, posteriormente ser englobada ao nome ganhando, assim, proteção legal.

---

61. BRUM. *Op. cit.*, p. 94.
62. AMORIM. *Op. cit.*, p. 15.

2.2.5 – Hipocorístico

Na lição de AMORIM:[63] "os nomes hipocorísticos são aqueles em que se retira parte do nome original, de modo a reduzi-lo, mantendo-se a sílaba mais forte, ou diminutivos, utilizados para exprimir carinho". Via de regra, esses nomes são dados pela própria família, como em Zé, Tião, Chiquinho, Joãozinho, Pedrinho, entre outros.

2.2.6 - Pseudônimo e heterônimo

Ao se verificar a origem etimológica de pseudônimo, verifica-se tratar de nome falso. Porém, nas palavras de FRANÇA:[64]

> A despeito de sua origem etimológica (Aulete) entendemos que, a rigor, como se verá a seguir, não é falso nome, senão o substitutivo da designação personativa, usado para identificar o sujeito em certo ramo especial de suas atividades (Literatura, Pintura, Teatro, etc.). É um nome verdadeiro, destinado a uma identificação limitada.

Por um lado o pseudônimo serve para ocultar a real identidade de seu portador, por outro serve para identificar os atos praticados em determinada condição do portador. São inúmeros os casos de pseudônimos, principalmente no meio artístico. Na política também são observados alguns casos, como o Ex-Presidente José Sarney, cujo nome é José Ribamar Ferreira de Araújo.

Com o advento do Código Civil de 2002, o pseudônimo adotado em atividades lícitas ganhou a mesma proteção conferida ao nome (art. 19). A utilização do pseudônimo é personalíssima, não podendo ser usado sem o consentimento de seu portador. Sua composição pode ser variada, podendo figurar elementos do nome verdadeiro, como apenas elementos fictícios, ou ambos conjuntamente.

Caso a pessoa deixe de utilizar o pseudônimo, a proteção a ele conferida continua em vigor, até mesmo após o falecimento do portador.[65]

O heterônimo ocorre quando a pessoa utiliza nome diverso do seu para manifestar tendências ideológicas, artísticas, literárias, etc., diversas das suas, como o poeta Fernando Pessoa, que assinou obras com os heterônimos Álvaro de Campos e Ricardo Reis. É então, o nome paralelo que a pessoa tem, podendo ser registrado especialmente para figurar

---

63. AMORIM. *Op. cit.*, p. 16.
64. FRANÇA. *Do nome civil...*, p. 61.
65. AMORIM. *Op. cit.*, p. 18.

em artigos científicos e literários. Ele não integra o nome civil da pessoa, é o nome a parte, um nome paralelo que a pessoa possui. Sílvio Santos é pseudônimo, pois seu nome é Señor Abravanel.

Assim sendo, o pseudônimo e o heterônimo por identificarem a pessoa no meio social, podem gozar da mesma proteção dada ao nome.

2.2.7 Títulos nobiliárquicos e honoríficos

Hoje os títulos nobiliárquicos e honoríficos não têm mais a mesma importância que já tiveram, isso porque a ordem constitucional brasileira proíbe qualquer distinção entre as pessoas, conforme expressa o caput do art. 5º da Constituição Federal. Na lição de ARAÚJO e NUNES JÚNIOR[66]:

> A Constituição da República instituiu o princípio da igualdade formal. Por outras palavras, aponta que o legislador e o aplicador da lei devem dispensar tratamento igualitário a todos os indivíduos, sem distinção de qualquer natureza. Assim, o princípio da isonomia deve constituir preocupação tanto do legislador como do aplicador da lei.

Contudo, houve tempos em que a nobreza ocupava uma classe especial na sociedade, recebendo várias distinções privilegiadas. Hoje, no Brasil, a questão não possui grande relevância, mas seu estudo ganha importância ao se observar o ponto de vista de FRANÇA:[67]

> Não obstante, a despeito das idéias democráticas que se possam professar – o que aliás, conosco sucede – não devemos esquecer que ainda há regimes monárquico-aristocráticos em vários países, o que, sem dúvida, como se verá mais adiante, pode suscitar, mesmo nas democracias, questões protocolares e de Direito Internacional Privado.

Seguindo nas lições de FRANÇA, observa-se que diferente do nome de família, os títulos de nobreza não são transmitidos a todos os descendentes desde o nascimento, mas sim com a morte do titular do título e somente para a pessoa que passa a ocupar sua posição na família, em regra, o filho primogênito. Em linhas gerais são seis os títulos de nobreza: príncipe, duque, marquês, conde, visconde e barão. Então, eram transmissíveis, e podiam ser transmitido por sucessão.

Mesmo durante a República algumas pessoas ainda utilizaram os títulos de nobreza, mas já sem nenhum valor jurídico, ou seja, sem nenhuma distinção de tratamento em razão do título que portava, como José Maria da Silva Paranhos, o Barão de Rio Branco.

---

66. ARAÚJO e NUNES JÚNIOR, Direito Constitucional, São Paulo. Ed. Saraiva, 2005.
67. FRANÇA. *Do nome civil...*, p. 463.

Os títulos honoríficos não são transmitidos pela família, mas adquiridos graças a honras do seu titular. Ainda hoje, mesmo nas democracias são concedidos alguns títulos honoríficos. Esses títulos, também conhecidos por cavalheirescos, compreendem, em linhas gerais, as designações de cavaleiro, escudeiro ou comendador. Os títulos honoríficos também eram chamados de cavalheirescos. Era uma espécie de comenda que a pessoa recebia e era intransmissível.

Conclui-se que os títulos honoríficos e nobiliárquicos já possuíram grande importância na história, contudo com o surgimento da isonomia entre as pessoas, tais títulos perderam a sua essência.

2.2.8 Títulos eclesiásticos, de identidade especial e acadêmica.

Títulos como cardeal, bispo, arcebispo, dom, irmão, irmã, madre, são os chamados eclesiásticos. Os títulos de identidade especial, são os de senador, desembargador, marechal, embaixador, etc. Títulos acadêmicos e científicos, como professor, mestre, doutor, engenheiro.

O professor Limongi França[68] admite que estes títulos possam ser apostos antes do pré-nome, e poder-se-ia registrar antes do prenome. Como não há previsão legal, pois em matéria de nome vige o princípio da legalidade, pois só pode ser registrado o que a lei prevê, autoriza, não é a posição jurisprudencial que se verifica na atualidade. Não há lei a autorizar tais procedimentos.

3. ATRIBUTOS JURÍDICOS DO NOME

A identificação da pessoa pelo nome é tanto um direito como uma obrigação, posto que é de interesse coletivo que os indivíduos que compõe a sociedade sejam identificados. Dessa forma, não há como o Direito se afastar da matéria, empregando ao tema algumas características elementares, estabelecidas por alguns princípios, como se observará no desenvolvimento desse ponto.

3.1 – Obrigatoriedade

> É basilar em um Estado Democrático de Direito que ninguém seja obrigado a fazer ou deixar de fazer algo senão em virtude de lei, dessa premissa decorre o princípio da legalidade. Segundo tal preceito, somente norma emanada do poder competente, ou seja, o Legislativo, pode

---

68. FRANÇA, op cit. P.

> inovar a ordem jurídica para obrigar, proibir ou permitir algo, como afirmam ARAÚJO e NUNES JÚNIOR:[69] "Esse comando genérico abstrato pode assumir três formas: obrigação, proibição ou permissão. A norma jurídica, assim ou obriga, ou proíbe, ou permite. Não existe uma quarta possibilidade".

A imposição do nome é imposta pela Lei de Registros Públicos, que estabelece em seu art. 50 a obrigatoriedade de se atribuir nome a pessoa natural. Essa determinação também é observada na doutrina de FRANÇA,[70] que afirma: "assim como do direito ao nome decorre o direito ao uso do nome, também da obrigação de ter um nome (prenome e apelido) deflui a obrigação de usá-lo".

O uso obrigatório do nome a que refere o autor está ligado aos atos formais, não às relações familiares e nos contatos cotidianos, pois adiante afirma que não há inconveniente em que as pessoas, no seio familiar ou no lugar onde moram, sejam conhecidas e tratadas por alcunhas. Sendo aceita a utilização informal também nos negócios particulares e relações profissionais.

Porém, nesse particular, discorda do posicionamento daqueles que defendem a ideia de que é possível a utilização de abreviações ou alcunhas usuais em livros e documentos públicos, bastando a assinatura correta para a validade dos atos jurídicos, asseverando que: "é evidente, entretanto, que essa assinatura há de ser do nome legítimo do signatário, sem o que não teria sentido a obrigatoriedade do registro civil".

Verifica-se, então, que é estabelecida em lei obrigatoriedade de a toda pessoa ser atribuído nome, pois, como afirma LOPES:[71] "a imposição de um nome decorre de um imperativo categórico".

A obrigatoriedade do uso, contudo, é relativa, ficando restrita aos documentos e registros oficiais, pois é possível que seja conhecida de outra forma na vida pessoal e profissional.

Isto posto, percebe-se que a imposição do nome a uma pessoa possui uma obrigatoriedade, contudo, tal regra sofre uma flexão no que diz respeito ao seu uso, uma vez que a pessoa pode ser conhecida de forma diferente do nome constante em seu registro.

---

69. ARAÚJO; NUNES JUNIOR. *Op. cit.*, p. 94.
70. FRANÇA. *Op. cit.*, p. 291.
71. LOPES. *Op. cit.*, p. 264.

3.2 – A questão da obrigatoriedade ou não do registro do nome do natimorto.

O fato de um ser humano nascer sem respirar, isto é, nascer morto, é relevante ao mundo jurídico, tanto que a Lei Registral expressamente prevê esse registro em livro próprio no Registro Civil das Pessoas Naturais. A importância deste assento não é, nem maior, nem menor que o registro do nascido vivo, ou do óbito, uma vez que todos têm a mesma obrigação de registro. Especificamente no caso do natimorto o registro é feito no Livro C – Auxiliar daquela Serventia Registral.

O artigo 53 da Lei 6.015/73 não veda o registro do nome do natimorto. Entretanto, as Normas das Corregedorias Gerais de Justiça dos Tribunais de Justiça, ora autorizam[72] esse registro, ora vedam[73].

As Normas de Serviço da Corregedoria Geral de Justiça do Estado de São Paulo, bem como as normas dos Estados do Acre, Mato Grosso do Sul e Rondônia, tinham redação similar, basicamente com o seguinte teor:

34. Em caso de "natimorto", **não será dado nome**, nem usada a expressão "feto". O registro será efetuado no livro "C-Auxiliar", com o índice em nome do pai ou da mãe, dispensando o assento de nascimento[74] (grifo nosso).

As Normas de Serviço da Corregedoria Geral de Justiça do Estado do Rio Grande do Sul, há muito tempo já tem redação diversa:

Art. 106 – Nascendo morta a criança, ou morrendo na ocasião do parto, far-se-á o assento com os elementos adequados e com remissão ao do óbito.

> § 1º – Nascendo morta, realizar-se-á o registro no Livro "C Auxiliar".
>
> § 2º – Morrendo na ocasião do parto, mas se respirou, efetuar-se-ão os dois assentos, o de nascimento e o de óbito, com remissões recíprocas.

Essas diferentes posições normativas de nossos tribunais não é simplesmente mais uma divergente posição pretoriana. A 1ª Jornada de Direito Civil do Conselho da Justiça Federal (CJF), assim prega em seu primeiro enunciado:

> 1 – Art. 2º: a proteção que o Código defere ao nascituro alcança o natimorto no que concerne aos direitos da personalidade, tais como nome, imagem e sepultura.

---

72. NSCGJ/RS, art. 106.
73. NSCGJ/SP, item 34 capítulo XVII; NSCGJ/AC, item 31; NSCGJ/MS, art 635; NSCGJ/RO, item 34.
74. Provimento da CGJ/SP 12/82.

Ao analisarmos o pensamento doutrinário de autores que seguem a corrente natalista, estes optarão pela posição outrora adotada pelo Tribunal de Justiça de São Paulo e os que se alinham a este. Os que seguem a corrente concepcionista ou a da personalidade condicional, optarão pela posição do Tribunal de Justiça do Rio Grande do Sul e do CJF. Estes posicionamentos refletem-se no pensamento de autores como Maria Berenice Dias, a qual cita o nome como questão pacífica ao registrar o natimorto.

Para Dias[75],

> "Todos tem direito a um nome... Adquire-se o direito ao nome mesmo **antes de nascer**. Ocorrendo o nascimento sem vida, ainda assim é necessário o registro do natimorto (LRP 53), com a indicação de seu nome e prenome (LRP 54)." (grifos no original).

A prefalada Desembargadora do Tribunal Gaúcho não faz qualquer tipo de ressalva a esse respeito. Para sua cultura, o nome do natimorto é condição a sua existência, vez que o adquiriu "antes de nascer". Fica claro para Dias que a teoria natalista é totalmente afastada.

3.3 Indisponibilidade

A personalidade é protegida pelo Direito, já que o tema produz reflexos em questões públicas e privadas. Não há como afastar a personalidade da ordem jurídica, pois aquela mantém uma dependência essencial desta.[76]

Cuida o Direito de proteger o direito ao nome, tornando-o indisponível, em outras palavras, o ordenamento jurídico retira das pessoas a capacidade de dispor ou alienar o nome, mesmo que seja vontade do titular do direito. Nesse sentido, é oportuna a lição de AMORIM:[77]

> No que diz respeito ao direito ao nome, como integrante do direito da personalidade, evidencia-se desde já a sua indisponibilidade, porque, uma vez registrada a pessoa, não poderá dispor dele, ou seja, fazer uso de qualquer forma, como ceder, alienar, renunciar, dentre tantos outros modos de disposição.

Conclui o autor, que a faculdade de que dispõe o titular é a alteração do nome, que só ocorre em determinadas situações e nos casos previs-

---

75. DIAS, Maria Berenice. *Manual de Direito das Famílias*. 4ª Edição. São Paulo: Ed. RT, 2007, p. 120
76. BEVILÁQUA. *Op. cit.*, p. 72.
77. AMORIM. *Op. cit.*, p. 31.

tos em lei. Porém, essa é uma exceção, que será tratada mais detalhadamente em capítulo próprio.

3.4 Exclusividade

O princípio da exclusividade dispõe que o nome, entendido como elemento individualizador da pessoa, só pode pertencer a ela. A ocorrência de homonímia não afasta a exclusividade, pois, somados ao nome, outros elementos, como a filiação, individualizam a pessoa.

Mario de Carvalho Camargo Neto e Marcelo Salaroli de Oliveira assim lecionam[78]:

> Tanto no aspecto público quanto no privado, ressalta-se o caráter do nome como o principal elemento de individualização da pessoa. É o Registro Civil das Pessoas Naturais que dá concreção e efetividade a esse direito, preservando-o e publicizando-o para que todos tenham conhecimento do nome e, assim, respeitem esse direito.

Já OLIVEIRA[79] ensina que:

> O nome é direito exclusivo do seu titular, o que não afasta, contudo, adoção de igual nome por terceiro, gerando homonímia que exigirá distinção por outros meios, quais a ascendência do titular do nome e outros dados próprios decorrentes de sua identificação registrária.

No mesmo sentido é o pensar de FRANÇA,[80] entendendo que os homônimos somente dividem os termos que formam o nome, mas não a identidade que esses exprimem. Nas suas palavras:

> Com efeito, como já assinalamos, a homonímia não tira a exclusividade do nome como expressão das respectivas identidades. O Sr. Almeida Júnior, locutor de certa emprêsa (sic) de rádio-transmissão e o Professor Almeida Júnior, eminente catedrático da Universidade de S. Paulo, trazem o mesmo nome, mas nem por isso que a identidade que êsse (sic) nome exprime deixam de ser exclusivas e de certo modo assinaláveis, conforme as circunstâncias em que seja empregado. Nem é dado a cada um dos titulares fazer-se passar pelo outro, isto é, usar do próprio nome como um significado alheio.

Então, entende-se que a homonímia não retira a exclusividade do nome tendo em vista que, por mais que existam diversas pessoas com o mesmo nome, as suas demais características a individualizam.

---

78. CAMARGO, e OLIVEIRA. *Op cit.* p. 32
79. OLIVEIRA, Euclides de Oliveira. *Direito ao nome, in* Questões controvertidas no Novo Código Civil. São Paulo: Método, 2004. v. 2, p. 73.
80. FRANÇA. *Do nome civil.*, p. 188.

Conclui-se que o princípio da exclusividade é inerente ao nome, mesmo com a existência de homonímias.

3.5 Imprescritibilidade

O direito de utilizar o nome não se perde com o decurso do tempo. FRANÇA[81] afirma que a imprescritibilidade do nome é tanto positiva quanto negativa, "o nome não se perde pelo desuso e não se adquire pelo uso".

Segundo o autor, essa regra vale para o prenome e para o nome de família, porém é no último que se mostra mais relevante. Pois, interessa mais a proteção do patronímico, que somente pode ser utilizado pela família, do que dos prenomes, cuja escolha é livre.

Assegura-se, com a imprescritibilidade, a vinculação do nome à pessoa em qualquer tempo, como se desprende da lição de AMORIM:[82] "a aderência do nome à pessoa o torna parte integrante de sua personalidade, identificando-a no meio social, impossibilitando qualquer dissociação ou desvinculação".

Ante o exposto, observa-se que com o passar do tempo o nome não se desvincula da pessoa, independente das situações que a cercam.

3.6 Inalienabilidade e intransmissibilidade

Não é possível a transmissão do nome de uma pessoa para outra. Aqui novamente deve-se entender nome não apenas como um conjunto de palavras, mas como um elemento individualizador e identificador da pessoa, elemento integrante da sua personalidade, como leciona FRANÇA:[83]

> A identidade é inerente à pessoa. A ninguém é dado transmitir a sua própria identidade, face à impossibilidade de se deixar de ser quem se é para que outrem o seja. Ora o nome só é objeto de um direito, na medida em que é a expressão de uma identidade, de onde a conseqüente inviabilidade de ser também alienado, porquanto a sua alienação implicaria a própria transmissão da identidade do alienante.

E conclui afirmando que "o nome som, nome vazio, o nome despido de qualquer relação com uma identidade, não é objeto de direito".

---

81. Idem. p. 181.
82. AMORIM. *Op. cit.*, p. 33.
83. FRANÇA. *Do nome civil...*, p. 183.

A intransmissibilidade, contudo, não se estende ao sobrenome, já que é passado aos descendentes e identifica a família e não o indivíduo, como se observa na lição de OLIVEIRA:[84] "o nome adquirido ao nascer se mantém durante a existência da pessoa, mas não se transmite aos herdeiros, salvo com relação ao patronímico, representativo da estirpe materna ou paterna".

Sendo assim, o princípio da inalienabilidade representa importante proteção a personalidade, uma vez que, se transferido o nome, transfere-se a própria identidade da pessoa.

3.7 Incessabilidade

Não se deve confundir a incessabilidade com a inalienabilidade, pois enquanto esta trata da impossibilidade de o indivíduo transmitir o nome, do qual não mais seria titular; aquela trata de impossibilitar a cessão do nome, conservando a sua titularidade.

Para FRANÇA,[85] trata-se de um empréstimo, também impossível, pois possibilitaria que pessoas diversas dividissem uma única identidade.

Dessa forma, assim como o nome é inalienável, do mesmo modo é incessível, uma vez que, se no primeiro caso ocorreria a transferência de um identidade, no segundo a divisão desta, o que não pode ser admitido pelo nosso Direito.

3.8 Inexpropriabilidade

Nos ensinamentos de FRANÇA,[86] observa-se que é impossível retirar da pessoa o seu nome. Nem mesmo as mais relevantes razões poderiam autorizar tal ato, ainda que praticado pelo Estado.

Dessa forma, preserva-se a identidade da pessoa, evitando a possibilidade da pessoa ter sua personalidade ferida pela retirada do nome.

Importante salientar que nas ações de usurpação de nome, mesmo quando, por meio de sentença judicial condenatória, a pessoa é obrigada a adotar outro nome, não se está diante de uma expropriação de nome. Nesse caso, a pessoa terá de deixar de utilizar um nome que não tinha o direito de usar.

---

84. OLIVEIRA. *Op. cit.*, p. 72.
85. FRANÇA. *Do nome civil...*, p. 184.
86. Idem. p. 186.

Portanto, pode-se perceber que, mais uma vez, o Direito visa garantir a proteção da personalidade da pessoa natural.

3.9 Irrenunciabilidade

Sobre os direitos da personalidade, BELTRÃO[87] tece os seguintes comentários:

> Os direitos da personalidade vêm tradicionalmente definidos como direitos essenciais do ser humano, os quais funcionam como conteúdo mínimo necessário e imprescindível da personalidade humana. A justificativa teórica para atribuir o caráter de direitos inatos aos direitos de personalidade se volta à circunstância de se tratarem de direitos essenciais, naturais à pessoa humana que remetem a sua existência ao mesmo momento e ao mesmo fato da existência da própria pessoa.

A se tomar como base essas lições, pode-se verificar que o nome é inerente à pessoa, condição essencial de sua personalidade. Tão vinculado ao indivíduo está o nome, que a pessoa não pode dele renunciar, mesmo que seja a sua vontade. Sobre o assunto, AMORIM[88] ensina:

> Os direitos da personalidade são irrenunciáveis, o que impossibilita seu titular de deles dispor livremente, dada a sua natureza de ordem pública, normas inderrogáveis por vontade do próprio indivíduo.

Lembra FRANÇA[89] que excepcionalmente a lei permite que a pessoa renuncie a parte de seu nome, desde que não afete elementos essenciais, como o nome de família. Essas situações, porém, serão contempladas em momento oportuno.

3.10 Imutabilidade relativa

Em princípio o nome é imutável. Isso significa que a pessoa deve permanecer com o seu nome por toda vida, e até mesmo depois da morte, como identificador no meio social, como ensina OLIVEIRA.[90]

É de interesse do Estado que a pessoa mantenha o nome. A mudança indiscriminada de nomes prejudicaria a identificação das pessoas, gerando diversos problemas na individualização da pessoa no meio social.

---

87. BELTRÃO, Silvio Romero. *Tutela jurídica dos direitos da personalidade*, In Questões controvertidas no Novo Código Civil. São Paulo: Saraiva, Método, 2004. v. 2, p. 451.
88. AMORIM. *Op. cit.*, p. 36.
89. FRANÇA. *Do nome civil...*, p. 187.
90. OLIVEIRA. *Op. cit.*, p. 72.

Porém, determinadas situações, que serão abordadas adiante, podem autorizar a sua alteração, daí porque AMORIM[91] afirma que a imutabilidade do nome é relativa. Segundo o autor "embora se preveja a imutabilidade do nome, esta é relativa, pois devem ser consideradas as exceções legais, retirando o caráter absoluto desse princípio".

4. PUBLICIDADE DO NOME.

> Um conceito preciso de publicidade registral é tarefa árdua para o operador jurídico, mormente o Oficial Registrador Civil das Pessoas Naturais, vez que este, estudioso da matéria registral, não se atém a dogmática específica de alguns temas, como a publicidade do nome civil e seus efeitos que é registrado em sua serventia.

Consoante doutrina de Marcelo Salaroli de Oliveira, há várias formas de publicidade, dentre as quais a registral é apenas uma espécie[92]. Prossegue o autor ensinando que há três tipos de publicidade, inicialmente a espontânea, a provocada e a registral.

O Desembargador Ricardo Henry Marques Dip assim define Publicidade: "embora o termo "publicidade" apresente várias acepções, elas têm atributos que, em parte, se equivalem nesses diversos significados, entre os quais se identifica uma relação de proporcionalidade com o fim comum (segurança jurídica)". E continua dizendo que representa, "1. Bem em geral ou comum; 2. Documentabilidade (*i.e.,* destinação à comprovatoriedade, o que abrange, virtualmente, a expressividade, ou seja, seu aspecto sígnico); 3. Cognoscibilidade (o que inclui o caráter significante dos dados públicos: compreensibilidade); 4. Acessibilidade ou suscetibilidade de adquirir direitos (o "direito político de ter direitos")[93].

O registro, lato sensu, é imposto e obrigatório sempre que destinado a proteger e assegurar interesse público ou social. Exemplo típico são as nas relações pertinentes ao registro civil das pessoas naturais e até mesmo o registro dos direitos reais junto as serventias registrais imobiliárias. Será facultativo quanto preponderar o interesse privado, como

---

91. AMORIM. *Op. cit.,* p. 38.
92. OLIVEIRA, Marcelo Salaroli de. "Publicidade Registral Imobiliária". São Paulo: Saraiva, 2010. p. 10.
93. DIP, Ricardo Henry Marques. "O conceito de publicidade notarial e registral" **disponível em** <https://juscafe.wordpress.com/2010/10/18/o-conceito-de-publicidade-notarial-e-registral/> acesso em 01 Jan 2017.

na conservação de um documento particular, exemplo típico do Registro de Títulos e Documentos.

Portanto a obrigatoriedade do registro do nome junto aos Oficiais de Registro Civil das Pessoas Naturais, além de assegurar a individualização do ser no seio social é fato constitutivo desta situação jurídica, e porque não dizer, deste direito inerente a cada ser humano.

5. REGISTRO DO NOME.

O registro do nascimento é o primeiro contato com um direito que a criança tem, e é normalmente realizado pelos pais ou pessoas legalmente responsáveis por tal. Ao registrar uma criança o nome necessariamente lhe será colocado. Quem são os responsáveis pela escolha são, via de regra, os pais. É um direito dos pais escolherem o nome que melhor lhes convier, desde que não exponham a criança ao ridículo, como dito antes, mas igualmente é um dever, pois em nossa legislação não é possível se esquivar da escolha no momento do registro. Não se tem notícias de problemas quando a não colocação ou recusa em nomear um filho no momento do nascimento. Tem-se notícias quanto aos Oficiais de Registro Civil das Pessoas Naturais não concordarem com a escolha dos pais ou responsáveis. A escolha do nome em si, sempre ocorre. Os pais passam meses pensando no nome que escolherão aos seus filhos, e sempre chegam com certeza à serventia do prenome ao menos.

A legislação pátria não impõe listas de nomes a escolher, como em Portugal, onde por vezes inexplicáveis os motivos de certos nomes muito semelhantes estarem em uma lista de possíveis e outros na lista dos proibidos, como Alexandra na lista dos possíveis e Alessandra na lista dos proibidos, ou os nomes Islandeses, que por questões linguísticas têm de determinar o sexo da criança no nascimento. Outro aspecto de cerceamento da liberdade de escolha do nome em Portugal refere-se à quantidade de prenomes, que não pode ser superiores a dois e de sobrenomes que não pode ser superior a quatro. Se analisarmos a questão prática junto às serventias registrais, sabe-se que no Brasil é de difícil ocorrência, mas perfeitamente possível.

Certo é que a liberdade de escolha dos prenomes aqui é quase ilimitada, com a repisada proibição da escolha de nomes que possam expor a criança ao ridículo. Entendemos correta a posição do modelo (quase) livre brasileiro.

O registro de nascimento é obrigatório legalmente, e aos pais ou pessoas legalmente responsáveis devem realizá-lo, conforme artigo 50 da Lei de registros Públicos[94].

Discute-se se o registro do nascimento tem natureza declaratória/comprobatória ou constitutiva. Certo é que se confere ao fato jurídico "nascimento com vida" a adequada publicidade, e em conformidade com o artigo 54 da Lei 6015[95], todas suas características serão elencadas. O legislador prevendo este dever dos pais, os obrigou a registrar e mais, a declarar o nome de seu filho, garantindo segurança e eficácia, ao registrado da perpetuação de suas características e principalmente gerar o efeito constitutivo do seu nome. O ato de registrar um nascimento junto aos Oficiais de Registro Civil das Pessoas Naturais gera outra garantia, a individualização da pessoa com suas óbvias consequências, como controle pelo estado ao coletar dados estatísticos, garantia de terceiros ao contratar com pessoa certa, e outra série de direitos oriundos do simples existir com sua individualidade. A lei, por certo, previu a obrigatoriedade do REGISTRO e o NOME dado à criança. Este elemento registral de um fato jurídico tem natureza declaratória, mas o ato de se nomear, por certo tem natureza constitutiva, levando a concluir que o registro tem natureza mista, ou seja, declaratória/constitutiva. Declaratória para

---

94. "Art. 50. Todo nascimento que ocorrer no território nacional deverá ser dado a registro, no lugar em que tiver ocorrido o parto ou no lugar da residência dos pais, dentro do prazo de quinze dias, que será ampliado em até três meses para os lugares distantes mais de trinta quilômetros da sede do cartório."

95. "Art. 54. O assento do nascimento deverá conter: (Renumerado do art. 55, pela Lei nº 6.216, de 1975).

    1º) o dia, mês, ano e lugar do nascimento e a hora certa, sendo possível determiná-la, ou aproximada;

    2º) o sexo do registrando; (Redação dada pela Lei nº 6.216, de 1975).

    3º) o fato de ser gêmeo, quando assim tiver acontecido;

    4º) o nome e o prenome, que forem postos à criança;

    5º) a declaração de que nasceu morta, ou morreu no ato ou logo depois do parto;

    6º) a ordem de filiação de outros irmãos do mesmo prenome que existirem ou tiverem existido;

    7º) Os nomes e prenomes, a naturalidade, a profissão dos pais, o lugar e cartório onde se casaram, a idade da genitora, do registrando em anos completos, na ocasião do parto, e o domicílio ou a residência do casal.

    8º) os nomes e prenomes dos avós paternos e maternos;

    9º) os nomes e prenomes, a profissão e a residência das duas testemunhas do assento, quando se tratar de parto ocorrido sem assistência médica em residência ou fora de unidade hospitalar ou casa de saúde.(Redação dada pela Lei nº 9.997, de 2000)

certos elementos inerentes ao fato e constitutiva com relação à nominação da criança.

....

CONSIDERAÇÕES FINAIS

Este trabalho introdutório sobre o nome baseou-se em fundamentos doutrinários, sociais e históricos com o intuito de apresentar fundamentos à sua utilização e proteção. Conclui-se que a pessoa natural possui como primeiro elemento que a identifica o seu nome, que agregado a outras características são sinais definidores de sua personalidade. Seu registro tem efeito constitutivo deste direito da personalidade a partir do registro em Serventia Registral Civil das Pessoas Naturais. O nome possui elementos essenciais que o formam quais sejam, o prenome e o sobrenome, podendo ainda, conter outros elementos. O nome é toda a expressão, e entende-se uma forma obrigatória organizada para a designação ou distinção das pessoas diferenciando-as.

Conceitualmente, o nome foi definido como o sinal exterior pelo qual se distingue, se identifica o indivíduo na comunidade, como uma. A enunciação mais característica da personalidade, o elemento inalienável e imprescritível da individualidade da pessoa. Portanto, e inconcebível uma pessoa natural que não tenha um nome.

Fazem parte do nome civil o prenome, o patronímico e cognome. Compreende o nome um conjunto de palavras, empregadas para designar uma pessoa e a rigor, deveria ser única, sendo o nome sinal diferenciador de qualquer outra. O prenome é o nome próprio e vem inscrito em primeiro lugar, ou se composto, os dois ou três nomes próprios. Sobrenome, ou patronímico, ou nome de família, é o restante do nome. Já o nome vocatório é aquele pelo qual a pessoa conhecida, como é rotineiramente chamada. Pseudônimo é substitutivo da designação personativa, usado para identificar o sujeito em certo ramo especial de suas atividades. É um nome verdadeiro, destinado a uma identificação limitada. O pseudônimo adotado em atividades lícitas ganhou a mesma proteção conferida ao nome.

O nome possui características, tais como, ser obrigatório, inalienável, imprescritível, incessível, imutável, intransmissível, irrenunciável, inexpropriável, não possui valor comercial, é exclusivo e oponível contra todos.

A regra é a imutabilidade do nome, tanto do prenome como do patronímico. De forma geral, então, o nome é imutável. Tal regra se dá pelo princípio da imutabilidade do nome, e a segurança jurídica das relações entre as pessoas. Contudo, este princípio é relativo. Existem situações em que a alteração é permitida. Existem circunstâncias ligadas ao Direito de Família que autorizam a alteração do nome e, ainda, outras ligadas à Lei de Registros Públicos.

REFERÊNCIAS BIBLIOGRÁFICAS.

AMORIM, José Roberto Neves. Direito ao nome da pessoa física. São Paulo: Saraiva, 2003.

ARAÚJO, Luiz Alberto David; NUNES JUNIOR, Vidal Serrano. Curso de direito constitucional. 6. ed. São Paulo: Saraiva, 2002.

BELTRÃO, Silvio Romero. Tutela jurídica dos direitos da personalidade, In Questões controvertidas no Novo Código Civil. São Paulo: Método, 2004. v. 2.

BEVILÁQUA, Clóvis. Teoria geral do direito civil. 2. ed. Rio de Janeiro: Livraria Francisco Alves, 1976. p. 70/73.

BLASCO, Grace. "Popular baby names from around the world". in http://www.babycenter.com/0_popular-baby-names-from-around-the-world_1429034.bc?page=2> acesso em 15 dez 2016.

BRANDELLI, Leonardo. "Nome Civil da Pessoa Natural". São Paulo: Saraiva, 2012.

BRANDELLI, Leonardo. Considerações acerca do direito ao nome numa perspectiva constitucional do princípio da dignidade da pessoa humana – Comentários ao Acórdão exarado na Apelação Cível º 2003.001.12476, do TJRJ. Disponível em <www.cursofmb.com.br/cursofmb/artigos/download.php?   file=FMB_Artigo0068.pdf> acesso em 13.12.2009.

BRUM, Jander Mauricio. *Troca, modificação e retificação de nome das pessoas naturais*: doutrina e jurisprudência. Rio de Janeiro: Aide, 2001.

CAMARGO, Mario de Carvalho Neto; OLIVEIRA, Marcelo Salaroli de Oliveira. Registro Civil das Pessoas Naturais I. São Paulo: Saraiva, 2014.

CANTALI, Fernanda Borghetti. "Direitos da Personalidade. Disponibilidade relativa, autonomia privada e dignidade humana. Livraria do Advogado Editora, Porto Alegre. 2009. p. 132.

CHIARI, Brasília Maria. In: ISSLER, Solange. Articulação e linguagem. 3 ed. São Paulo: Ed. Lovise Ltda., 1996. p.13.

Dicionário da Língua Portuguesa Larousse Cultural. São Paulo: Nova Cultura, 1992.

DINIZ, Maria Helena. Direito civil brasileiro – Teoria Geral do Direito Civil. 22. ed. São Paulo: Saraiva, 2005. v.01.

_____. Curso de direito civil brasileiro – Direito de Família. 18. ed. São Paulo: Saraiva, 2002. v. 05.

FARIAS, Cristiano Chaves de; ROSENVALD, Nelson. Direito civil – teoria geral. 4. ed. Rio de Janeiro: Lúmen Júris, 2006.

FIUZA, Ricardo. Novo Código Civil. São Paulo: Saraiva, 2003.

FRANÇA, Rubens Limongi. Do nome civil das pessoas naturais. São Paulo: Revista dos Tribunais, 1958.

____. Instituições de direito civil. 5. ed. São Paulo: Saraiva, 1999.

FREITAS, Augusto Teixeira. Esboço do Código Civil, Ministério da Justiça e Negócios Interiores, serviço de documentação. 1952.

GAGLIANO, Pablo Stolze; PAMPLONA FILHO, Rodolfo. Novo curso de direito civil – parte geral. São Paulo: Saraiva, 2007.

GONÇALVES, Carlos Roberto. Direito civil. In Sinopses Jurídicas. 11. ed. São Paulo: Saraiva, 2006. v. 02.

____. Direito civil brasileiro – parte geral. 4. ed. São Paulo: Saraiva, 2007. v. 1.

Jornada de Direito Civil. Conselho da Justiça Federal. Centro de Estudos Judiciários, 2003.

KREMER, William. Does a baby's name affect its chances in life? <http://www.bbc.com/news/magazine-26634477> Acesso em 13 dez 2016.

LOPES, Miguel Maria de Serpa. Tratado dos registros públicos. 5. ed. Brasília: Jurídica, 1995. v. 1.

MIRANDA, Pontes de. Tratado de direito privado – parte geral. 3. ed. Rio de Janeiro, Borsoi, 1970. Tomo I.

MONTEIRO, Washington de Barros. Curso de direito civil – parte geral. 39. ed. São Paulo: Saraiva, 2003.

MONTEIRO, Arthur Maximus, "Direito ao nome da pessoa natural no ordenamento jurídico brasileiro.", In: Direitos da Personalidade, Org. Jorde Miranda, Otávio Luiz Rodrigues Júnior e Gustavo Bonato Fruet. Ed Atlas: São Paulo, 2012.

MORAES, Maria Celina Bodin. Sobre o nome da pessoa humana, in Revista da Escola da Magistratura do Estado do Rio de Janeiro. 2000. n° 12. vol. 3.

OLIVEIRA, Euclides de Oliveira. Direito ao nome, in Questões controvertidas no Novo Código Civil. São Paulo: Método, 2004. v. 2.

OLIVEIRA, Marcelo Salaroli de. "Publicidade Registral Imobiliária". São Paulo: Saraiva, 2010. p. 10.

RODRIGUES, Tatiana Antunes Valente. Os direitos da personalidade na concepção civil-constitucional. In: Direito Civil – Direito Patrimonial. Direito Existencial. Flávio Tartuce e Ricardo Castilho – Coordenadores. São Paulo: Editora Método, 2006.

RUGGIERO, Roberto. Instituições de Direito Civil. vol.1. 1ª Ed. Ed. Bookseller. Campinas, 1999.

SZANIAWSKI, Elimar. Direitos de personalidade e sua tutela. São Paulo: Revista dos Tribunais, 2005.

VASCONCELLOS, Francisco Prestello de. Notas sobre o nome de pessoa natural. Disponível em <http://br.monografias.com/ trabalhos910/notas-sobre-nome/notas-sobre-nome.shtml> acesso em 13 de dezembro de 2016.

VELLOSO DOS SANTOS, Reinaldo. Registro Civil das Pessoas Naturais, Porto Alegre: Ed. SAFE, 2006.

VENOSA, Silvio de Salvo. Direito civil – parte geral. 7. ed. São Paulo: Atlas, 2007. v. 1.

VIEIRA, Tereza Rodrigues. "Nome e Sexo". São Paulo: Revista dos Tribunais, 2009, p. 288.

BBC News. What can you name your child? In <http://news.bbc.co.uk/2/hi/uk_news/magazine/6939112.stm> acesso em 15 dez 2016.

International Names Lists: Popular Names From Around the World. <http://www.babynamewizard.com/international-names-lists-popular-names-from-around-the-world.> Acesso em 15 dez 2016.

CAPÍTULO 05

Registro civil de nascimento

Janaína de Cássia Oliveira Zarpelon[1]
Mayra Zago de Gouveia Maia Leime[2]

Sumário: Introdução; 1. A Importância do Registro Civil do Nascimento ; 2. Local do Registro; 3. Prazo do Registro; 4. Legitimidade para declarar ; 5. Filiação no Registro de Nascimento; 6. Documentos necessários para o registro; 7. A questão da opção de naturalidade no registro de nascimento; 8. Registro decorrente de Adoção; 9. Registro de nascimento ocorrido a bordo de navios e aeronaves e ocorridos em campanha; 10. Averbações e Anotações no Registro de Nascimento; Conclusões; Referências.

INTRODUÇÃO

O registro de nascimento é o primeiro ato registral da vida da pessoa humana. É este registro que será origem de todo os outros documentos da pessoa, permitindo que esta exerça sua cidadania e todos os seus direitos plenamente.

O assento de nascimento tem inúmeras peculiaridades e regras, as quais não pretendemos esgotar neste breve estudo. O objetivo do presente é, tomando por base principalmente a Lei 6.015/73, que é a Lei de Registros Públicos (LRP), e demais legislação referente a registros públicos vigente atualmente, montar um panorama das peculiaridades e especificidades deste primeiro assento da pessoa natural nos registros

---

1. Tabeliã e oficial do Registro Civil e Tabelião de Notas de Monte Alegre do Sul-SP, Graduada em Direito pela Pontifícia Universidade Católica de Campinas-SP
2. Oficial de Registro Civil e Tabeliã de Notas de Pedra Bela- SP, Graduada em Direito pela Pontifícia Universidade Católica de São Paulo (PUC-SP); Pós-graduada em Direito Civil pela Universidade Gama Filho; Pós-graduada em Direito Processual Civil pela Universidade Gama Filho.

públicos, sem adentrar em profundas divergências sobre os assuntos a serem tratados.

A metodologia utilizada para a elaboração deste estudo será análise principalmente das leis e provimentos do Conselho Nacional de Justiça e, quando recorrermos a normativas Estaduais, nos valeremos sempre das Normas de Serviço da Corregedoria Geral de Justiça do Estado de São Paulo para explicitar a peculiaridade do assunto que estiver em voga neste importante Estado da Federação, fazendo menção explicitamente a elas, de modo que fique clara a aplicação no referido Estado.

1. A IMPORTÂNCIA DO REGISTRO CIVIL DO NASCIMENTO

A expressão 'Registro', segundo Plácido e Silva, emana do latim *registra*, plural neutro de *regestus* (copiado, trasladado), entendendo-se como o assento ou a cópia, em livro próprio, de ato que se tenha praticado ou de documento que se tenha passado.[3]

Em sentido técnico, o registro civil das pessoas naturais está relacionado aos principais fatos da vida da pessoa natural, como nascimento, casamento e óbito, por exemplo. Tem grande importância para a sociedade, tendo-se em vista a segurança jurídica que atribui aos atos nele registrados, a eficácia que agrega e principalmente a publicidade a eles atribuída. Nas palavras de Nicolau Balbino Filho:

> A publicidade é a alma dos registros públicos. É a oportunidade que o legislador quer dar ao povo de conhecer tudo o que lhe interessa a respeito de determinados atos. Deixa-o a par de todo movimento de pessoas e bens[4]

De acordo com o artigo 1º da lei 8.935/1994 os serviços notariais e registrais têm por finalidade a garantia da publicidade, autenticidade, segurança e eficácia dos atos jurídicos. Desta forma, os registros públicos refletem com fidelidade a realidade dos fatos, ou seja, a dinâmica da vida da pessoa natural reflete diretamente no registro público, tornando o sistema registral não mero arquivo de fatos engessados, mas, sim, repositórios em constante mudança.

A finalidade dos serviços notariais e de registros, conforme definido por Mario de Carvalho Camargo Neto e Marcelo Salaroli de Oliveira

---

3. SILVA, De Placido e; Vocabulário jurídico. 11. ed., Rio de Janeiro: Forense, 1989, v. IV, p. 69
4. BALBINO FILHO, Nicolau. Registro de Imóveis: doutrina, prática e jurisprudência. 15a Ed. São Paulo: Saraiva, 2010.

"a segurança dos direitos individuais e a conservação dos interesses da vida social, fins esses que lhe dão, pela identificação com certos fins do Estado, o caráter público"[5].

A atividade registral tornou-se, com o passar do tempo, cada vez mais imprescindível, uma vez que a segurança e a eficácia que proporciona permite não só formulação de políticas públicas mas sobretudo o exercício da cidadania.

Pela relevância dos atos praticados perante os Registros Civis, esses foram considerados, pela Lei 13.484 de 26 de setembro de 2017, "Ofícios da Cidadania", mediante inserção do parágrafo 3° ao artigo 29 da Lei de Registros Públicos, que estendeu as hipóteses de atuação desta especialidade de serventia extrajudicial mediante possibilidade de firmar convênios, com a seguinte redação:

> § 3º Os ofícios do registro civil das pessoas naturais são considerados ofícios da cidadania e estão autorizados a prestar outros serviços remunerados, na forma prevista em convênio, em credenciamento ou em matrícula com órgãos públicos e entidades interessadas. (Incluído pela Lei nº 13.484, de 2017)

O Registro Civil de Nascimento é o primeiro documento da pessoa natural. É nele que será estabelecida a filiação, atribuído prenome e sobrenome, e publicizados dados relevantes, como data e hora do nascimento, local deste, se o registrado é ou não gêmeo, por exemplo. No Brasil, o registro de nascimento é a oficialização para o pleno exercício da cidadania. O registro de nascimento comprova a existência do indivíduo.

O registro de nascimento possui livro específico destinado a sua lavratura, e será realizado no Livro "A", que é o Livro de Registro de Nascimentos. Notemos que o registro no Livro A faz presumir a nacionalidade brasileira do registrado, de modo que o registro do nascimento do filho de estrangeiro que esteja a serviço de seu país não será realizado neste, do mesmo modo em que não será realizado o traslado de assento de nascimento de brasileiro lavrado no exterior, mas, estes serão realizados no Livro "E" que só existirá no cartório do Primeiro Ofício ou Subdistrito de cada Comarca.

O Registro Civil das Pessoas Naturais é fonte bastante relevante para as políticas públicas, informando entidades, como o Instituto Brasileiro

---

5. CAMARGO NETO, Mário de Carvalho e OLIVEIRA, Marcelo Salaroli. Registro Civil das Pessoas Naturais I. Ed. São Paulo: Saraiva, 2014 p. 54

de Geografia e Estatística e a Fundação SEADE[6], dados dos registros realizados, permitindo ao Poder Público a realização de políticas públicas adequadas a realidade brasileira, vez que os dados fornecidos regularmente pelas serventias estão sempre atualizados.

O Registro de nascimento é obrigatório no Brasil, conforme se depreende do artigo 50 da Lei de Registros Públicos, que estabelece que todo nascimento que ocorrer no território nacional deverá ser dado a registro. A obrigatoriedade deste registro se dá em razão de sua grande relevância para o poder público, para informar as políticas públicas e para a própria pessoa, vez que este registro será seu primeiro e pode ser seu único documento pessoal por algum tempo, garantindo que, devidamente documentada, a pessoa exerça livremente sua cidadania e garanta a obtenção de direitos.

Importante notar que consulados são considerados extensão do território de modo que, caso o filho de um brasileiro tenha nascido no exterior, poderá ser registrado nas repartições consulares brasileiras, como se estivesse no Brasil, uma vez que os consulados possuem as atribuições dos registros públicos brasileiros, no país em que se localizem.

Nas palavras Walter Ceneviva:

> A obrigatoriedade se estende à nação brasileira na sua inteireza jurídica, compreendida a área física do Brasil e as que, pelo princípio da extraterritorialidade, sejam consideradas território nacional. Certos atos jurídicos têm constituição, validade e produtividade de efeitos submetidos ao ordenamento brasileiro, mesmo que ocorridos em outras nações[7]

Aqueles registros que, não declarados dentro do ano do nascimento nem durante o primeiro trimestre do ano subsequente[8] é o que chamamos de sub-registro. O Brasil vem avançando fortemente na erradicação do sub-registro, mediante o estabelecimento de gratuidade, realização de campanhas publicitárias chamativas com divulgação de informações e com o registro de nascimento realizado na maternidade, facilitando o acesso a este relevante documento para o ser humano.

---

6. O Seade, fundação vinculada à Secretaria de Planejamento e Gestão do Estado de São Paulo, é hoje um centro de referência nacional na produção e disseminação de análises e estatísticas socioeconômicas e demográficas. Conforme http://www.seade.gov.br/institucional/quem-somos/

7. CENEVIVA, Walter. Lei dos Registros Públicos Comentada, 20ª Edição, Saraiva, 2010, p. 176

8. Informação obtida através do site: http://www.portaldori.com.br/2015/12/04/brasil-atinge-marca-historica-de-1-de-subregistro-segundo-o-ibge/ acesso em 29 nov. 2016

A Constituição Federal de 1988, em seu artigo 5°, LXXVI, 'a', estabeleceu a gratuidade do registro de nascimento aos reconhecidamente pobres, mas, o mais importante avanço para o combate ao sub-registro foi a instituição da gratuidade universal, trazida pela Lei 9.534/1997, que alterou a lei 6.015/73 para estabelecer que seriam gratuitos a todos o registro civil de nascimento e a primeira certidão respectiva.

Antes do advento da Lei 9.534/97 o registro civil era pago, sendo gratuito somente aos declaradamente pobres e, caso realizado fora do prazo, haveria a cobrança de multa, o que era mais um desestímulo ao registro civil de nascimento. Essa lei veio para assegurar gratuitamente o acesso ao registro de nascimento, que constitui documento essencial ao exercício da cidadania (art 5° LXXVI).

Como mencionado é obrigatório o registro dos nascimentos que ocorrerem em território nacional, porém, a lei traz uma exceção muito importante no que se refere ao registro do nascimento do indígena. O índio não integrado não está obrigado a ter seu registro de nascimento perante o Registro Civil das Pessoas Naturais, bastando para o exercício de sua cidadania o Registro Administrativo de Nascimento de Indígena (RANI) realizado pela Fundação Nacional do Índio, que é o órgão federal de assistência aos índios.

Portanto, o registro de nascimento do índio, sendo facultativo, não se submete ao procedimento do registro tardio, visto que, quem não é obrigado, com maior razão, não pode estar atrasado ou fora do prazo para este fim. As Normas de Serviço da Corregedoria Geral da Justiça do Estado de São Paulo trazem regulamentação bastante completa no que se refere ao registro de nascimento do índio, estabelecendo suas peculiaridades e procedimentos especiais.

2. Local do Registro

Como visto o registro é obrigatório para todos os nascimentos havidos em território nacional. A Lei de registros públicos, em seu artigo 50, estabelece que há dois Registros Civis das Pessoas Naturais com atribuição para a lavratura do assento de nascimento: o do local do parto ou o do local da residência dos pais. Observamos, então que o registro de nascimento segue o princípio da territorialidade.

Prevalece o entendimento que, durante o prazo de 15 dias, que é o regulamentar para a lavratura do assento, qualquer serventia dentre as que tenham atribuição pode lavrar o assento. Porém, ultrapassado este prazo, seja qual for a situação que justifique, o registro deve ser lavrado pela serventia do local da residência dos pais.

Caso os pais residam em localidades diversas é pacífico o entendimento de que o registro civil da residência de qualquer dos pais terá atribuição e poderá lavrar o assento.

O parágrafo primeiro[9] do artigo 50 da Lei 6.015/73 ainda menciona que deverá ser utilizada a ordem do artigo 52, que traz o rol dos que estão obrigados a declarar o nascimento.

Até o ano de 2015 permaneceu expressa a ordem prioritária de o pai declarar o nascimento, sendo trazido em primeiro lugar naquele rol, e, em segundo lugar a mãe. Com o advento da Lei 13.112 de 2015, os itens 1º e 2º do artigo 52 foram unificados em um único item, que diz serem obrigados a fazer a declaração de nascimento o pai ou a mãe, conjunta ou isoladamente.

Essa recente alteração deixa a Lei 6.015/73 de acordo com a Constituição Federal de 1988, nos termos em que prestigia a igualdade entre homens e mulheres[10] e o papel que ambos possuem no contexto familiar[11], reduzindo as desigualdades ainda existentes. Demonstra também, não ser responsabilidade apenas de um ou de outro genitor o registro e estabelece que qualquer um pode comparecer perante o Registrador Civil nas mesmas condições o que se mostra verdadeira medida de igualdade, especialmente se pensarmos em casos em que o pai não está presente.

No caso do registro fora do prazo, que será tratado de forma mais profunda a seguir, o registro civil com atribuição será o da residência do registrado, que é o principal interessado no registro de nascimento.

O Provimento 13 do Conselho Nacional de Justiça (CNJ) dispõe sobre a emissão de certidões de nascimento nos estabelecimentos de saúde que realizam partos. Esta iniciativa representou um grande avanço no combate ao sub-registro, vez que os pais, normalmente os declarantes do nascimento, podem realizar a declaração dentro da própria unidade

---

9. § 1º Quando for diverso o lugar da residência dos pais, observar-se-á a ordem contida nos itens 1º e 2º do art. 52.(Incluído pela Lei nº 9.053, de 1995)
10. Artigo 5º, "caput" e inciso I
11. Artigo 226, Parágrafo 5º

de saúde em que ocorreu o parto através das chamadas Unidades Interligadas.

A Unidade Interligada é um posto de atendimento extrajudicial dentro da unidade hospitalar que realiza partos. Ela não é considerada sucursal ou filial de nenhum registro civil porque se comunica com diversas serventias e não uma única, permitindo que o registro seja feito respeitando a opção dos pais, entre a localidade do parto ou seu domicílio.

O mencionado Provimento 13 do CNJ privilegia o registro de nascimento na localidade de residência dos pais, dependendo o registro no local do parto de expressa opção perante o operador da unidade, que, nos termos do provimento, pode ser preposto de qualquer registrador vinculado à unidade interligada ou funcionário da instituição de saúde em que se localize a unidade interligada.

A unidade interligada facilita o registro de nascimento, evitando que os pais tenham que se locomover até o registro civil das pessoas naturais para a declaração do nascimento. Assim, quando a parturiente e a criança tiverem alta hospitalar, já poderão sair com a certidão de nascimento em mãos. Importante notar que a utilização deste serviço é facultativa, podendo optar o declarante pelo seu deslocamento até o registro civil com atribuição para aquele registro.

Essa opção ainda é bastante utilizada quando a serventia do local do domicílio dos pais não é interligada à unidade localizada no estabelecimento de saúde em que nascida a criança. Para aqueles que não residem no local do nascimento ou próximo dele é normalmente preferido o registro no local de seu domicílio, facilitando o acesso a certidões posteriores e eventuais retificações, averbações e etc.

Uma importante exceção trazida pela Lei 6.015/73 refere-se à criança com menos de um ano de idade que falece sem que tenha havido seu registro de nascimento. Neste caso particular, o oficial com atribuição para a lavratura do assento de óbito, verificando a ausência do assento de nascimento, terá atribuição legal excepcional para registrar o nascimento daquela criança, independentemente do local do parto ou do domicílio dos pais.

Esta previsão é mais uma medida para que se evite – sub-registro de nascimento, tendo-se, também em vista, as informações fornecidas pelos registradores civis que permitem ao poder público obter dados que informarão políticas públicas relevantes para toda a sociedade.

3. PRAZO DO REGISTRO

O prazo para o registro de nascimento está estabelecido no artigo 50 da LRP sendo em regra de quinze dias, ou de três meses para lugares com mais de trinta quilômetros de distância da sede do cartório.

A lei estabelecia anteriormente à Lei 13.112/15, que no caso de ser declarante do registro de nascimento a mãe, o prazo seria estendido em 45 dias, o que se mostra bastante razoável se considerarmos que é normalmente a mãe passa pela experiência do parto e pode estar com a saúde debilitada, sendo razoável que o prazo fosse maior para ela.

Porém, com a alteração promovida pela já mencionada lei, tanto o pai, quanto a mãe seriam beneficiados pelo prazo extra de 45 dias, em prol da igualdade constitucional entre homens e mulheres, conferindo-se ao pai e a mãe, quando declarantes, na falta ou impedimento do outro, o prazo de 60 (sessenta) dias para o registro de nascimento.

Nos filiamos à parcela da Doutrina que entende somar o prazo de quinze ao de sessenta dias, em razão de que o registro deve, sempre se pautando pela legalidade, facilitar o acesso e a obtenção do registro pelo interessado, o que se realiza pela adoção do maior prazo em lei admitido.

Ainda, quando o local do parto ou o da residência dos pais for mais de trinta quilômetros distante da serventia competente para o registro, este prazo será de até 3 meses. Apesar de a lei dizer que o prazo será "ampliado em até três meses", a parte da doutrina, neste aspecto, entende que o prazo final é de três meses, não sendo somado ao prazo de 15 (quinze) dias regulamentar ou de 60 (sessenta) dias na hipótese de o declarante ser qualquer dos pais.

a. Registro fora do prazo

Ultrapassados os prazos legais estabelecidos para o registro, seja o de quinze ou sessenta dias ou até o de três meses, a ser observado o caso concreto, o registro será considerado realizado fora do prazo.

Importante notar que mesmo com o advento da Lei 9.534/97, que estabeleceu a gratuidade do registro de nascimento a todas as pessoas, a redação original do artigo 46 da Lei 6.015/73 permaneceu inalterada, prevendo o pagamento de multa para os registros lavrados após o decurso do prazo legal, salvo declaração de pobreza firmada pela parte. A previsão de multa para o registro tardio só saiu da LRP com a vigência da Lei 10.215/2001.

Para regulamentar o procedimento dos registros de nascimento realizados tardiamente, o CNJ editou o Provimento n° 28, no ano de 2013, que trata das diversas hipóteses e procedimentos nos casos de registro tardio de nascimento, complementando a regulamentação do artigo 46 da Lei 6.015/73, com a redação trazida pela Lei 11.790/2008.

Sendo tardio o registro, o requerimento será apresentado ao Oficial do Registro Civil da residência do interessado, por escrito, devendo ser assinado, também por duas testemunhas, podendo ser fornecido ao interessado por formulário do próprio Oficial. Este requerimento conterá inúmeras informações que são essenciais ao registro de nascimento, como: dia, mês, ano e hora certa do nascimento, se possível determiná-la; o sexo do registrando além de seu prenome e sobrenome, o fato de ser gêmeo, nomes, sobrenomes, naturalidade, profissão dos pais e seu endereço residencial atual; nomes e sobrenomes dos avós, qualificação completa das testemunhas e fotografia e impressão datiloscópica do registrando, se possível, que podem ser obtidas por material informatizado.

No caso de haver, no curso do procedimento, requerimento escrito firmado pelas testemunhas, estará dispensada a colheita de suas assinaturas, novamente, no assento de nascimento[12].

Importante perceber que, ainda que constem do requerimento os dados dos pais e avós, essas informações só serão inseridas no Registro de nascimento caso haja possibilidade de estabelecimento da filiação, nos termos da lei. Caso não haja identificação dos genitores, o sobrenome será livremente indicado pelo registrado caso possa se manifestar ou pelo requerente do registro tardio[13].

Caso o registrado tenha mais de 12 (doze) anos de idade as duas testemunhas mencionadas deverão assinar o requerimento na presença do Oficial do Registro Civil, que as entrevistará, da mesma forma que fará com o próprio interessado e, sendo o caso, seu representante legal. As duas testemunhas, como é comum no âmbito do registro civil, podem ser parentes do registrado[14], em qualquer grau, além de poderem com-

---

12. Artigo 10 parágrafo único, do Provimento 28 do CNJ
13. Artigo 3°, parágrafo 5° do Provimento 28 do CNJ
14. Artigo 42 da Lei 6.015 de 1973

parecer como testemunhas o médico ou parteira que tenha assistido o parto.[15]

Mencionado Provimento traz os requisitos que o Registrador Civil deverá observar nas entrevistas e estabelece, quanto às testemunhas, que se deverá preferir as mais idosas do que o registrado.

O requerimento escrito e o comparecimento das testemunhas poderão ser dispensados, caso o registrado seja menor de 12 (doze) anos e seja apresentada a Declaração de Nascido Vivo (DNV) preenchida por profissional de saúde ou parteira tradicional.

Caso o registrado tenha menos de três anos de idade e tenha nascido sem assistência de profissional da saúde ou parteira tradicional, o próprio Oficial Registrador preencherá a DNV que deverá ser, neste caso específico, firmada pelo declarante atestando sua ciência de que o fato será comunicado ao Ministério Público da Comarca[16], com os dados da criança, de seus pais e o endereço onde ocorreu o nascimento, no prazo de 05 (cinco) dias[17].

Se apresentada a DNV a maternidade nela estabelecida será transposta para o registro, uma vez que o hospital faz a averiguação da identidade da mãe antes do preenchimento da DNV e existe certeza de quem é a mãe. Todas as formas de reconhecimento de filiação poderão ser utilizadas pelos genitores no caso de registro tardio, aplicando-se inclusive o Provimento 16 do CNJ[18], para qualquer dos pais.

Bastante curiosa a disposição constante dos parágrafos 3° e 4° do artigo 9° do Provimento 28, que estabelece a aplicação da presunção de paternidade trazida pelo artigo 1.597[19] do Código Civil vigente, me-

---

15. Artigo 10 do Provimento 28 do CNJ
16. Artigo 7°, parágrafo único do Provimento 28 do CNJ
17. Artigo 8° Provimento 28 do CNJ
18. Dispõe sobre a recepção, pelos Oficiais de Registro Civil das Pessoas Naturais, de indicações de supostos pais de pessoas que já se acharem registradas sem paternidade estabelecida, bem como sobre o reconhecimento espontâneo de filhos perante os referidos registradores.
19. Art. 1.597. Presumem-se concebidos na constância do casamento os filhos:
I - nascidos cento e oitenta dias, pelo menos, depois de estabelecida a convivência conjugal;
II - nascidos nos trezentos dias subsequentes à dissolução da sociedade conjugal, por morte, separação judicial, nulidade e anulação do casamento;
III - havidos por fecundação artificial homóloga, mesmo que falecido o marido;
IV - havidos, a qualquer tempo, quando se tratar de embriões excedentários, decorrentes de concepção artificial homóloga;

diante apresentação da certidão de casamento se expedida após a data de nascimento do registrado. O que causa espanto é a possibilidade de ilidir-se a mencionada presunção por simples declaração do cônjuge de que estavam separados de fato ao tempo da concepção do registrando.

É possível, ainda, que não haja elementos para a se estabelecer a filiação paterna nem materna, caso em que o registro será feito sem indicação alguma de filiação.

Em suspeitando o Oficial Registrador da veracidade das declarações, que podem recair sobre a identidade do registrando, sua nacionalidade, sua idade, sobre a declaração de residência, ao fato de ser conhecido das testemunhas, a identidade ou sinceridade destas, a existência de assento já lavrado ou quaisquer outros aspectos concernentes à pretensão formulada ou à pessoa do interessado, poderá o registrador exigir provas suficientes. Estas provas serão mencionadas em certidão própria, contando desta, se foram ou não apresentadas e, sendo documentais ou redutíveis a termo, ficarão anexadas ao requerimento em seu original ou em cópias extraídas pelo Oficial.

Persistindo a suspeita do Oficial ele remeterá o procedimento ao Juiz Corregedor Permanente ou ao Juiz competente nos termos da organização local. Considerando infundada a dúvida, o juiz ordenará a realização do registro, caso contrário, exigirá prova idônea ou justificação, sem prejuízo de ordenar as medidas penais cabíveis[20].

O mesmo Provimento traz também a competência para que o Ministério Público possa requerer o registro tardio e fornecer os dados necessários diretamente ao Oficial do Registro Civil com relação às pessoas incapazes internadas em hospital psiquiátrico, hospital de custódia e tratamento psiquiátrico (HCTP), hospital de resguarda, serviços de acolhimento em abrigos institucionais de longa permanência, ou instituições afins[21]. Neste caso o próprio membro do Ministério público instruirá o requerimento com as cópias dos documentos que possua e que possam auxiliar a identificação do registrado, como seu prontuário médico, indicação de testemunhas e documentos de pais, irmãos e familiares, por exemplo[22]. Nesta hipótese constará do assento anotação de

---

V - havidos por inseminação artificial heteróloga, desde que tenha prévia autorização do marido.
20. Artigo 12 e seu parágrafo único, do Provimento 28 do CNJ
21. Artigo 13 do Provimento 28 do CNJ
22. Parágrafo único do artigo 13 do Provimento 28 do CNJ

que o registro foi realizado nos termos do artigo 13 do Provimento 28 do CNJ, sem que essa menção conte das certidões de nascimento que não em inteiro teor.

Terá atribuição o Ministério Público, como assistente ou substituto, também, para requerer o registro tardio de nascimento de pessoa tutelada pelo Estatuto do Idoso ou nos casos de incapaz, seja a interdição provisória ou definitiva, caso omisso o curador.

Nos assentos lavrados nos termos do Provimento 28, será anotado no requerimento os dados do registro (livro, folha, termo e data) e este será arquivado em pasta própria, com as declarações colhidas e todas as demais provas apresentadas[23].

O Oficial, suspeitando de fraude ou constatando a duplicidade de registros depois da lavratura do registro tardio de nascimento, comunicará o fato ao Juiz Corregedor Permanente, ou ao Juiz competente na forma da organização local, que, após ouvir o Ministério Público, adotará as providências que forem cabíveis[24].

O cancelamento do registro em duplicidade poderá ser determinado de ofício pelo juiz corregedor ou aquele competente pela fiscalização dos serviços extrajudiciais conforme legislação estadual, em procedimento em que será ouvido o Ministério Público ou, ainda, a requerimento do Ministério Público ou qualquer outro interessado, dando-se ciência ao atingido.

Cancelado o registro em razão da duplicidade, haverá transposição para o registro a ser mantido, de dados que constassem do assento cancelado e não deste primeiro, além de serem promovidas retificações em todos os demais assentos realizados com base naquele cancelado, de modo que identifiquem corretamente a pessoa que se referem.

Caso sejam solicitadas informações sobre os documentos apresentados para a lavratura do registro ou sobre os dados de qualificação das testemunhas pela Autoridade Policial, Ministério Público ou pelo Instituto Nacional do Seguro Social (INSS) em decorrência da suspeita de fraude ou de duplicidade de registros, o Oficial as fornecerá gratuitamente.

Assim, percebemos que o procedimento para o registro tardio do nascimento hoje é bastante facilitado, especialmente se apresentada

---

23. Artigo 15 do Provimento 28 do CNJ
24. Artigo 15 parágrafo 2º do Provimento 28 do CNJ

a Declaração de Nascido Vivo e o registrado tiver menos de 12 (doze) anos, caso em que serão dispensadas maiores formalidades. Porém, o procedimento deflagrado pelo Oficial nos demais casos é o estritamente necessário para garantir a segurança jurídica de que aquele registro representa expressão da verdade e não uma maneira de infringir ou burlar as Leis vigentes.

4. LEGITIMIDADE PARA DECLARAR

Nos Registros Públicos em geral um princípio a ser observado que rege a categoria é o princípio da instancia. Ele vem estampado no artigo 13 da LRP que estabelece que, com exceção das anotações e averbações obrigatórias, os atos dos registros serão praticados por ordem judicial, a requerimento verbal ou escrito dos interessados ou a requerimento do Ministério Público, quando a lei autorizar. Neste ponto do trabalho, nos limitaremos a analisar a declaração a requerimento do interessado.

O artigo 52 da LRP estabelece o rol sucessivo dos legitimados que são obrigados a declarar o nascimento, apresentando os documentos necessários e prestando as declarações devidas. São eles:

O item 1º traz como legitimados o pai ou a mãe, isoladamente ou em conjunto. Como já mencionamos, a Lei 13.112/2015 alterou a redação deste item e do seguinte e colocou o pai e a mãe em situação de igualdade na declaração do nascimento, privilegiando a igualdade constitucional entre homens e mulheres, trazida pelo artigo 5°, I, da Constituição Federal de 1988. Antes desta modificação a obrigação era do pai, e na falta ou impedimento deste, da mãe.

O 2° item, já tratado no tópico relacionado ao prazo do registro, traz o entendimento que no caso de falta ou de impedimento de um dos indicados no item 1º, outro indicado, que terá o prazo para declaração prorrogado por 45 (quarenta e cinco) dias, não mais se aplicando somente quando a mãe for a declarante, como era antes da mencionada Lei.

O item 3º estabelece que, no impedimento de ambos, pai e mãe, o registro será incumbência do parente mais próximo, sendo maior achando-se presente. Nota-se aqui que não é opção que o parente mais próximo declare, mas, somente em caso de impedimento do pai e da mãe, o que demonstra ser o rol sucessivo. Essa questão torna-se bastante relevante em razão de ser na ocasião do registro que se indica o nome a ser dado para a criança, o que é, em princípio, atribuição dos pais.

Mas, é importante que a lei não exclua outras pessoas deste rol de legitimados, pois, em caso de mãe absolutamente incapaz, na falta do pai, a criança não restará privada de seu registro de nascimento, que poderá ser declarado pelo parente mais próximo.

O 4º item deste artigo estabelece que, em falta ou impedimento do parente referido no número anterior, deverão declarar o nascimento os administradores de hospitais ou os médicos e parteiras, que tiverem assistido o parto e, em seguida, o 5º item estabelece a possibilidade de que o declarante seja pessoa idônea da casa em que ocorrer, sendo fora da residência da mãe. O último item, de número 6 diz "finalmente, as pessoas (VETADO) encarregadas da guarda do menor".

Observa-se que o rol sucessivo é bastante extenso, de modo a se viabilizar o registro de nascimento em qualquer caso, evitando-se que por falta ou impossibilidade do obrigado a declarar a criança reste sem este importante documento de cidadania e identificação.

5. FILIAÇÃO NO REGISTRO DE NASCIMENTO

É no momento do registro de nascimento que se tem a primeira oportunidade de estabelecimento da filiação do registrado. Em regra, a maternidade é certa, conforme a máxima do Direito Romano *mater semper caerta est* pois, geralmente mãe é aquela que gesta e dá a luz[25]. Já a paternidade depende de maiores averiguações, não podendo ser transposta para o registro aquela que eventualmente constar da DVN, não sendo considerada prova ou presunção[26].

Ela poderá ser estabelecida por presunção ou declaração perante o registrador, verbalmente ou por escrito. A partir de agora analisaremos as formas de estabelecimento da filiação, uma a uma com suas características e peculiaridades.

a. Presunção de paternidade decorrente do casamento

O artigo 1.597 do Código Civil vigente traz as hipóteses de presunção de paternidade decorrentes do casamento, chamada pela doutrina

---

25. Utilizamos o termo "geralmente" em razão de ser possível, na atualidade, a gestação por substituição, em que terceira pessoa gesta criança que não é sua filha, mas, de outrem. Então, esta presunção, antes absoluta de que a mãe é sempre certa, hoje é relativizada pelo avanço das técnicas de reprodução assistida, hipóteses regulamentadas pelo Provimento nº 52 do CNJ.
26. Artigo 54, parágrafo 2º da LRP

de presunção "pater is est", esta presunção baseia-se na fidelidade, um dos deveres do casamento[27].

Este artigo tem a seguinte redação:

Art. 1.597. Presumem-se concebidos na constância do casamento os filhos:

I - nascidos cento e oitenta dias, pelo menos, depois de estabelecida a convivência conjugal;

II - nascidos nos trezentos dias subsequentes à dissolução da sociedade conjugal, por morte, separação judicial, nulidade e anulação do casamento;

III - havidos por fecundação artificial homóloga, mesmo que falecido o marido;

IV - havidos, a qualquer tempo, quando se tratar de embriões excedentários, decorrentes de concepção artificial homóloga;

V - havidos por inseminação artificial heteróloga, desde que tenha prévia autorização do marido.

Os incisos I e II trazem uma presunção temporal para a concepção natural. Para a lei o período mínimo de uma gestação viável são 180 (cento e oitenta) dias e o máximo, 300 (trezentos) dias, ou seja, nascendo dentro deste intervalo, presume-se ser filho do marido da gestante.

Os incisos III e IV tratam da fecundação artificial homóloga, que é aquela que utiliza material genético do próprio casal, ou seja, os filhos assim gerados serão biologicamente filhos daquele casal. Já o inciso V trata da inseminação artificial heteróloga, que é aquela que se vale de material genético de terceira pessoa, estranha ao casal, para viabilizar a gestação. Essa é a única hipótese de presunção absoluta de paternidade admitida pela Doutrina, isso porque o pai sabe que aquele filho não terá seu material genético, mas ele teve a intenção de gerar o filho, autorizou a inseminação com material genético de outrem em sua mulher.

Apesar de a lei estabelecer essas presunções somente para o casamento e em um primeiro momento ter-se mantido este entendimento restrito, com justificativas de que as presunções devem interpretadas restritivamente e de que a fidelidade não é elencada como dever na

---

27. Artigo 1.566, I, do Código Civil de 2002

união estável, atualmente, Doutrina e Jurisprudência entendem aplicável tal presunção à União Estável de forma não automática, entretanto.

Neste sentido, Flávio Tartuce expõe esta tendência de se reconhecer a presunção de paternidade não somente ao casamento, mas também a união estável, da seguinte forma:

> Conforme a melhor doutrina, as presunções dos incs. III, IV e V do art. 1.597 devem ser aplicadas à união estável. Consolidando tal forma de pensar, na VI Jornada de Direito Civil foi aprovado o Enunciado n 570, *in verbis*: " O reconhecimento de filho havido em união estável fruto de técnica de reprodução assistida heteróloga 'a patre' consentida expressamente pelo companheiro representa a formalização do vínculo jurídico de paternidade-filiação, cuja constituição se deu no momento do início da gravidez da companheira". Em complemento, o STJ já concluiu que os incisos anteriores do art. 1.597 também se aplicam à união estável (...) Essa realmente parece ser a melhor conclusão. Primeiro, porque não há vedação de aplicação da norma por analogia, pois não se trata de norma restritiva da autonomia privada. Segundo, a união estável é entidade familiar protegida no Texto Maior, o que deve abranger os filhos havidos dessa união[28]

Os Tribunais também já vêm aplicando esta presunção que alei diz ser para o casamento, para a união estável. Vejamos um trecho da decisão proferida no caso em que se pleiteou o reconhecimento da presunção legal à união estável, tendo falecido o companheiro antes do nascimento, através do voto do Ministro do Superior Tribunal de Justiça, Massami Uyeda, em sede de Recurso Especial:

> Ora, se nosso ordenamento jurídico, notadamente o próprio texto constitucional (art. 226, 3º), admite a união estável e reconhece nela a existência de entidade familiar, nada mais razoável de se conferir interpretação sistemática ao art. 1.597, inciso II, do Código Civil, para que passe a contemplar, também, a presunção de concepção dos filhos na constância de união estável.
>
> De mais a mais, <u>pode-se concluir que a união estável muito se assemelha ao casamento</u>, pois é a comunhão de vida, na qual dominam essencialmente relações de sentimento e de interesses da vida em conjunto que, inevitavelmente, se estendem ao campo econômico. <u>E ela, na verdade, de fato e de direito, está equiparada ao casamento, reconhecida como entidade familiar</u>[29] (grifos nossos)

---

28. TARTUCE, Flavio. Manual de Direito Civil. Volume único. 2016. 6ª Edição. Ed. Método, p. 1.371
29. STJ, REsp 1194059/SP (2010/0085808-2) Relator Ministro Massami Uyeda; Data do julgamento: 06 nov. 2012 Dje 14 nov.2012 disponível em <http://stj.jusbrasil.com.br/jurisprudencia/22665055/recurso-especial-resp-1194059-sp-2010-0085808-2-stj/inteiro-teor-22665056> Acesso em 01 dez. 2016.

Assim, em razão de a Doutrina defender a aplicação desta presunção não apenas para os casos de casamento, a legislação nacional já o aplicar nos casos de reprodução assistida e algumas Normas Estaduais permitirem aplicação extrajudicialmente, defende-se a necessidade de alteração legislativa para flexibilizar a aplicação da presunção, o que já vem sendo feito, em alguns casos, pelo Poder Judiciário.

Ressaltamos que, incidindo esta presunção de paternidade, poderá comparecer ao Registro Civil somente a mãe portando os documentos para o registro e a certidão de casamento que o Oficial lavrará o registro fazendo constar tanto a maternidade quanto a paternidade da criança.

Importante notar que no Estado de São Paulo há normativa específica admitindo que, na constância da União Estável, basta o comparecimento de um dos genitores munido de escritura pública de união estável ou sentença em que tenha sido reconhecida a união estável para que declare o nascimento. Como mencionado, na ausência de determinação específica que admita a presunção para a união estável, como há no Estado de São Paulo, a presunção é restrita às pessoas casadas.

b. Reconhecimento espontâneo

Nos casos em que não incide a presunção decorrente do casamento, o que é cada vez mais comum tendo-se em vista a propagação das uniões estáveis e da liberdade sexual experimentada nos dias de hoje, o reconhecimento de paternidade pode ser realizado no momento do registro de nascimento.

O reconhecimento de filho, segundo os Mario de Carvalho Camargo Neto e Marcelo Salaroli de Oliveira[30]:

> "É ato jurídico em sentido estrito, unilateral, personalíssimo, formal e incondicional, que envolve manifestação de vontade, livre e consciente, por agente capaz, que deve ser feita na forma da lei"

A capacidade do agente deverá ser verificada pelo Oficial que colhe sua manifestação de vontade. Pode praticar este ato de reconhecimento o menor púbere, ou seja, tendo 16 (dezesseis) anos completos, poderá, sem nenhum tipo de assistência, declarar e reconhecer a paternidade de seu filho.

---

30. CAMARGO Neto, Mario de Carvalho; OLIVEIRA, Marcelo Salaroli. Registro Civil das Pessoas Naturais I. São Paulo, Editora Saraiva, 2014 (Coleção Cartórios/ coordenação Christiano Cassettari), p. 146.

Observe-se que caso tenha menos de dezesseis anos, o reconhecimento não poderá ser feito pelo próprio menor incapaz perante o registrador, isso porque o reconhecimento de paternidade é personalíssimo, não admitindo representação nem assistência. Para este absolutamente incapaz a única opção é o reconhecimento judicial, que poderá se dar em procedimento administrativo[31].

A Lei 8.560/92, que regula a investigação de paternidade dos filhos havidos fora do casamento e dá outras providências estabelece já em seu artigo 1º que:

> O reconhecimento dos filhos havidos fora do casamento é irrevogável e será feito: I - no registro de nascimento; II - por escritura pública ou escrito particular, a ser arquivado em cartório; III - por testamento, ainda que incidentalmente manifestado; IV - por manifestação expressa e direta perante o juiz, ainda que o reconhecimento não haja sido o objeto único e principal do ato que o contém.

O reconhecimento no momento do nascimento, como se percebe pode ser feito não só pessoalmente, mas, também, pela apresentação de instrumento público ou particular (neste caso, com firma reconhecida) em que o pai reconheça a paternidade da criança. Esse escrito pode ser feito antes do nascimento ou posteriormente a ele.

O reconhecimento por testamento na maior parte das vezes será posterior ao registro e será objeto de averbação, a ser posteriormente analisado em item próprio deste estudo. O reconhecimento perante o juiz pode se dar em procedimento de suposto pai, que veremos em seguida com mais cautela, bem como em qualquer espécie de ação ou procedimento em que o pai compareça perante o juiz e reconheça a paternidade, ainda que esta nada tenha a ver com o objeto da ação.

c. Procedimento de suposto pai

Na ocasião do registro de nascimento a mãe pode, na falta de comparecimento espontâneo, documento ou presunção estabelecendo a paternidade, indicar para o Oficial do Registro Civil os dados do suposto pai de seu filho. O procedimento, também chamado de averiguação oficiosa, consiste na opção que a mãe tem de declarar, para o registrador, no mí-

---

31. Os provimentos 12 e 26 da Corregedoria Geral de Justiça do CNJ estabelecem em seus artigos 5º Parágrafo 2º com a seguinte redação: "O reconhecimento da paternidade pelo absolutamente incapaz dependerá de decisão judicial, a qual poderá ser proferida na esfera administrativa, pelo próprio juiz que tomar a declaração do representante legal."

nimo o prenome, nome e endereço do suposto pai, além de, se possível, sua profissão, endereço de trabalho, telefones, número de inscrição no CPF e cédula de identidade, além de outros, que considerar pertinentes, dados que serão remetidos, juntamente com a certidão de nascimento da criança, para o Juiz Corregedor Permanente ou o competente pela fiscalização da serventia conforme organização judiciária[32].

A mãe tem essa faculdade que, em razão do Provimento 16 do CNJ deixou de ser possível apenas na ocasião do registro de nascimento, podendo se dar a qualquer tempo e, se maior de idade, sendo possível ser realizada pelo próprio registrado.

A Lei 8.560/92 estabelece que, indicando a mãe o suposto pai, o juiz a ouvirá e o notificará para que se manifeste sobre a paternidade que lhe é atribuída, independentemente de seu estado civil, podendo determinar que seja realizada em segredo de justiça.

Caso o pai confirme a paternidade perante o juiz, este lavrará termo de reconhecimento e remeterá ao Registro Civil para que seja averbada, no nascimento, a paternidade[33]. Não atendendo o suposto pai a notificação judicial ou negando a paternidade a ele atribuída, o juiz remeterá os autos ao representante do Ministério Público para que, havendo elementos suficientes, promova a ação de investigação de paternidade[34].

Caso haja indicação do suposto pai que não comparece ou comparece, mas nega a paternidade, e a criança seja encaminhada para adoção, fica dispensada a promoção, pelo Ministério Público, da ação de investigação de paternidade[35].

Vale notar que sendo indicado suposto pai, caso venha a ser confirmada a paternidade, ela ingressará no registro por ato de averbação, uma vez que o assento já foi realizado, em momento anterior, apenas em nome da mãe. Importante e recente modificação refere-se à inclusão, pela Lei 13.257 de 08 de março de 2016, dos parágrafos 5° e 6° no artigo 102 do Estatuto da Criança e do adolescente[36] de gratuidade das

---

32. Artigo 2° da Lei 8.560/92.
33. Lei 8.560/92 artigo 2°, parágrafo 3°
34. Lei 8.560/92 artigo 2°, parágrafo 4°
35. Lei 8.560/92 artigo 2°, parágrafo 5° (Redação dada pela Lei nº 12.010, de 2009)
36. § 5º Os registros e certidões necessários à inclusão, a qualquer tempo, do nome do pai no assento de nascimento são isentos de multas, custas e emolumentos, gozando de absoluta prioridade. (Incluído dada pela Lei nº 13.257, de 2016)

averbações para reconhecimento de paternidade envolvendo crianças e adolescentes.

Recentemente esta gratuidade foi ainda mais estendida no Estado de São Paulo a todo e qualquer reconhecimento de paternidade, através do Provimento CG 40/2017, que teve origem no Processo 2017/113083 da Corregedoria Geral de Justiça do Estado de São Paulo, por conta de pedido de providências instaurado em razão de consulta realizada pelo Conselho Nacional de Justiça em virtude da Lei 13.257/2016.

Neste processo foi decidido que todos os reconhecimentos de paternidade extrajudiciais seriam gratuitos em razão de mencionada lei e foi promovida alteração nas Normas de Serviço da CGJ do Estado de São Paulo para estabelecer a nova redação do item 124 do Capítulo XVII, que passou a ser a seguinte:

> 124. Nos casos de averbação de reconhecimento de filho serão observadas as diretrizes previstas no Provimento nº 16 do Conselho Nacional de Justiça - CNJ.
>
> 124.1. Submete-se à égide do Provimento nº 16 do Conselho Nacional de Justiça - CNJ, o reconhecimento espontâneo de filho realizado junto às Defensorias Públicas e os Ministérios Públicos dos Estados e aquele em que a assinatura tenha sido abonada pelo diretor do presídio ou autoridade policial, quando se tratar de pai preso.
>
> 124.2. Se o reconhecimento se realizar em Registro Civil das Pessoas Naturais diverso daquele em que lavrado o assento de nascimento, o Oficial preparará a documentação e a entregará à parte para o encaminhamento necessário.
>
> **124.3. Os registros e certidões necessários à inclusão, a qualquer tempo, do nome do pai no assento de nascimento são isentos de custas e emolumentos, gozando de absoluta prioridade.**
>
> **124.4. São gratuitas, a qualquer tempo, a averbação requerida do reconhecimento de paternidade no assento de nascimento e a certidão correspondente.**
>
> **124.5.** Depois de averbado o reconhecimento de filho no registro de nascimento, a averbação correspondente no registro de casamento da pessoa reconhecida ou no registro de nascimento de seus filhos será feita por este mesmo procedimento, independentemente de manifestação do Ministério Público, ou de decisão judicial. (grifo nosso)

---

§ 6º São gratuitas, a qualquer tempo, a averbação requerida do reconhecimento de paternidade no assento de nascimento e a certidão correspondente.(Incluído dada pela Lei nº 13.257, de 2016)

Sabemos que a gratuidade é fator que pode vir a incentivar o reconhecimento, mas, lembramos também, que sempre foi gratuito para os declaradamente pobres, então, estender a gratuidade sem pensar na contraprestação ao trabalho do Oficial Registrador é perigoso e onera ainda mais as serventias extrajudiciais, que perdem a justa remuneração pelo seu trabalho.

Ademais, estender uma previsão legal que foi prevista para crianças e adolescentes submetidas ao ECA a todo e qualquer reconhecimento de paternidade é ampliar demasiadamente uma previsão legal restrita, estendendo além da conta e onerando cada vez mais o Registro Civil das Pessoas Naturais.

6. DOCUMENTOS NECESSÁRIOS PARA O REGISTRO

Comparecendo o declarante perante Oficial do Registro Civil das Pessoas Naturais com atribuição territorial para lavrar o assento, cumprindo o princípio da instância, aquele deverá solicitar o registro ao Oficial, apresentando alguns documentos, para que este possa proceder à qualificação registral.

O declarante deve estar civilmente identificado, podendo apresentar, como documento oficial de identificação, sendo ele brasileiro: Sua carteira de identidade (RG); a Carteira Nacional de Habilitação (CNH)[37], Carteira de exercício profissional expedida pelos entes criados por Lei Federal, nos termos da Lei nº 6.206/75; passaporte; Carteira de Trabalho e Previdência Social, modelo atual, informatizado. Caso seja estrangeiro, o declarante poderá apresentar: Cédula de identidade de estrangeiro (Registro Nacional de Estrangeiro- RNE)[38], passaporte estrangeiro[39], Identidade estrangeira de países do Mercosul e Estados Associados[40], Carteira de Identidade brasileira emitida para os portugueses beneficiados pelo

---

37. No Estado de São Paulo as Normas de Serviço da Corregedoria Geral da Justiça, em seu artigo 179 do Capítulo XIV exigiam que a CNH estivesse dentro da validade para que fosse utilizada como documento de identificação, porém, o Provimento 24/2013 da Corregedoria Geral de Justiça de São Paulo, alterou a redação daquele artigo excluindo a necessidade de estar dentro da validade.
38. Artigo 132 da Lei 6.815/80
39. Não se exige para a prática deste ato, especificamente, a regular permanência no país. Essa grande exceção pauta-se pela prevalência do interesse do registrado, na importância de que tenha um registro de nascimento e de que dele conste sua filiação.
40. São eles: Argentina, Uruguai, Paraguai, Equador, Bolívia, Chile, Colômbia, Peru e Venezuela.

Estatuto da Igualdade e, por fim, documento estrangeiro do domiciliado em cidade contígua ao território nacional[41]

Caso o declarante não porte documento de identidade, poderá ser identificado no termo do artigo 215, parágrafo 5º do Código Civil, comparecendo ao ato duas testemunhas que o conheçam e atestem sua identidade.

O declarante poderá se fazer representar por procurador, e o instrumento pode ser público ou particular com firma reconhecida. Em qualquer caso a procuração deverá ser específica para declarar determinado nascimento, individualizando aquele a ser declarado, pela inclusão no instrumento de procuração do nome da mãe, data e local do nascimento e número da DNV caso já tenha ocorrido o parto; Caso não tenha ocorrido, o nome da mãe e a data provável do parto são suficientes para a individualização da gestação a que se refere.

Na hipótese de réu preso, algumas normativas estaduais, como a de São Paulo, admitem o reconhecimento de firma por abono do diretor do presídio ou autoridade policial competente. Essa previsão facilita a declaração de nascimento pelo genitor preso, bem como permite sua inclusão como pai daquela criança específica.

Deverá ser apresentado ao Registrador, também, documento comprobatório do nascimento da criança, contendo o nome da mãe. Em regra, para nascimentos com assistência médica esse documento é a declaração de Nascido Vivo - DNV, com previsão de obrigatoriedade na Portaria 116 de 11 de fevereiro de 2009 da Secretaria de vigilância em Saúde, atualmente regulamentada pela Lei 12.662/2012. Este documento foi criado como decorrência da obrigação de os hospitais e demais estabelecimentos de saúde fornecerem uma declaração de nascimento, em que constem as intercorrências do parto e o desenvolvimento do neonato.[42]

Já para os nascimentos sem assistência médica o fato jurídico do nascimento pode ser declarado por duas testemunhas. É a previsão do item 9 do artigo 54 da Lei 6.015/73, ao trazer os elementos que devem constar do nascimento, estabelece:

> "9º) os nomes e prenomes, a profissão e a residência das duas testemunhas do assento, quando se tratar de parto ocorrido sem assistência

---

41. Conforme Artigo 32 do Decreto nº 86.715/81
42. Lei 8.060 artigo 10, IV

médica em residência ou fora de unidade hospitalar ou casa de saúde. (Redação dada pela Lei nº 9.997, de 2000)"

As Normas de Serviço da Corregedoria Geral de Justiça do Estado de São Paulo preveem, no capítulo XVII, item 37, 'j', que as testemunhas não precisarão ter testemunhado, necessariamente o nascimento, mas devem, ao menos, conhecer a mãe e a existência da gravidez.

A Lei de Registros Públicos, para estes partos sem assistência médica estabelece, no parágrafo 3° do artigo 54, que o Oficial do Registro Civil emitirá a Declaração de Nascido Vivo, sempre que houver demanda da Secretaria Estadual ou Municipal de Saúde para tanto.

O Provimento 28 do CNJ (artigo 7°, parágrafo único) determinou que para os registros sem assistência médica de crianças com menos de três anos de idade, o Registrador Civil emita a DNV, colhendo nela a assinatura do declarante e informando em cinco dias o Ministério Público.

Nos casos em que apenas um genitor compareça, será necessário, ainda, apresentar documento comprovando a filiação por declaração ou presunção como observado em item específico deste estudo.

Caso o declarante não saiba ou não possa escrever, deverá apor no assento de nascimento, sua individual datiloscópica, que será colhida pelo registrador com material próprio adequado para tanto, sendo vedado o uso de tinta para carimbo. Neste caso uma pessoa assinará a rogo do declarante o assento, constando neste, sua qualificação completa.

Importante notar que ainda este ano foi, em um primeiro momento, possibilitada a inclusão do registrado no Cadastro de Pessoas Físicas do Ministério da Fazenda (CPF/MF), de modo que pudesse, por opção dos pais, que deveriam apresentar suas próprias inscrições no CPF/MF. Porém, a Corregedoria Geral de Justiça do Estado de São Paulo editou o Provimento de n° 59/2016, incluiu como elemento do assento, tornando ato obrigatório do registrador civil a inscrição do registrado no CPF na ocasião de seu registro de nascimento[43].

Embora louvável o motivo da obrigatoriedade, qual seja, garantir o exercício dos direitos civis desde logo pelos cidadãos, atribui-se ao registrador civil mais uma obrigação sem nenhuma contraprestação[44] o

---

43. Referido Provimento também obrigou aos registradores civis a inscrição daqueles que pretendam casamento sem que tenham sido, até esta ocasião, inscritos no CPF/MF.
44. Quando realizado perante a Receita Federal há pagamento de taxa, quando, em cartório é integralmente gratuito, não havendo, diferente do assento de nascimento, nenhum ressarcimento com relação a este ônus.

que, em larga escala, onera demasiadamente a serventia extrajudicial, sem garantir qualquer espécie de remuneração por mais este serviço relevante e garantidor da cidadania prestado.

7. A QUESTÃO DA OPÇÃO DE NATURALIDADE NO REGISTRO DE NASCIMENTO

O artigo 54 da Lei 6.015/73 traz os elementos que deverão constar do assento de nascimento, elencando quais são os dados que deverão estar no registro. Em abril de 2017, foi editada uma Medida Provisória que recebeu número 776/2017; esta, que entrou em vigor na data de sua publicação, aos 26/04/2017, alterou a lei 6.015 para prever que a naturalidade do registrado poderia ser o Município em que ocorreu o nascimento ou do Município de residência da mãe do registrando na data do nascimento, desde que localizado em território nacional, cabendo a opção ao declarante no ato de registro do nascimento.

Esta MP 776/2017 foi convertida na Lei 13.484 de 26 de setembro de 2017 e trouxe definitivamente para dentro de nosso ordenamento uma significativa mudança com relação ao conceito e indicação de naturalidade. Isso porque o conceito de naturalidade, segundo o dicionário Aurélio é estabelecido através das seguintes definições: "1. Qualidade de natural; 2-**Terra em que se nasceu** (...)"[45] (grifo nosso).

A partir do momento em que o declarante do nascimento pode optar pela naturalidade do local de residência da mãe, rompe-se com a definição padrão de naturalidade que se tinha até o momento, pois, a naturalidade sempre foi indicativo do local em que a pessoa natural nasceu. Hoje, a naturalidade é opção do declarante caso o nascimento tenha ocorrido em local diverso da residência da mãe.

Importante notar que a naturalidade deverá também ser inserida expressamente nas certidões de nascimento, conforme acrescido pela mesma Lei 13.484/17 no parágrafo 4º do artigo 19 da Lei de Registros Públicos, com a seguinte redação:

> "§ 4º As certidões de nascimento mencionarão a data em que foi feito o assento, a data, por extenso, do nascimento e, ainda, expressamente, a naturalidade."

---

45. Publicado em: 2016-09-24, revisado em: 2017-02-27 Disponível em: ‹https://dicionariodoaurelio.com/naturalidade›. Acesso em: 02 Oct. 2017

Não podemos esquecer que o modelo das certidões de nascimento expedidas hoje no Brasil foi fixado pelo Conselho Nacional de Justiça através do Provimento 2/CNJ que não contém campo específico para a naturalidade, mas, sim, para o local do nascimento. Desta forma, havendo a opção pela naturalidade do local de residência da mãe essa opção, até que haja alteração do modelo estabelecido em mencionado provimento, será incluída no campo destinado às observações.

Essa opção também poderá ser realizada no caso de adoção ainda não registrada, cabendo ao adotante optar pela naturalidade do local da adotante ou do nascimento em razão da igualdade e vedação de qualquer distinção entre a filiação natural ou civil.

Outra questão relevante que se observa desta nova possibilidade é que, ainda que haja a igualdade constitucional entre homem e mulher, como já se mencionou, a redação que a Lei 13.484/17 fez inserir da Lei 6.015/73 menciona que a opção da naturalidade poderá se dar pelo município de residência da mãe, apenas.

Neste primeiro momento, no Estado de São Paulo, conforme deliberação em Assembleia da Associação dos Registradores Civis das Pessoas Naturais (Arpen-SP), a opção será dada somente para a residência da mãe, sem estender tal opção ao Município de residência do pai. Não obstante seja esta a orientação inicial, em razão da igualdade constitucional e da ausência de motivo relevante que justifique a exclusão da opção pelo local de residência do pai, é possível que se preveja a necessidade de breve alteração da letra da recente lei para dar a mesma opção pela naturalidade da residência de qualquer dos pais.

8. REGISTRO DECORRENTE DE ADOÇÃO

A filiação decorrente de adoção sempre ingressara no Registro Civil por mandado judicial, uma vez que hoje em dia adoção só pode se dar mediante processo judicial, seja o adotado maior ou menor de idade, conforme artigo 47 do Estatuto da Criança e do adolescente, decorrência da entrada em vigor da Lei 12.010/2009. Deste mandado não poderá ser fornecida certidão.

A adoção do menor será realizada mediante cancelamento do registro original em que constem os pais biológicos e novo assento de nascimento em que constará a ascendência dos pais e avós adotivos e o nome posto à criança, que poderá, inclusive, ter seu prenome completamente modificado.

A adoção do maior de idade dependerá de seu consentimento e, deferida, ingressará no registro por ato de averbação[46]. Não será cancelado seu registro original, mas, será a ele atribuída outra ascendência e outro sobrenome, ficando inalterado seu prenome. Na hipótese de já ser casado o adotado, o ato de adoção será averbado, também, em seu casamento.

Hoje não há adoção extrajudicial, instituto que já existiu em nosso ordenamento. Era possível sob a égide do Código civil de 1916 a adoção simples por escritura pública do maior. O entendimento que prevalece é o de que as adoções que foram realizadas naquele sistema são válidas e, ainda que não levadas ao Registro Civil podem, ainda, ser nele inscritas, em razão do princípio *tempus regit actum*[47].

Caso se trate de adoção unilateral que é aquela em que o cônjuge ou companheiro do genitor biológico adota unilateralmente o filho do outro ela será objeto de averbação, seja o adotado maior ou menor de idade, não sendo possível alterar o prenome do adotado, mas, apenas seu sobrenome, com o objetivo de acrescer o do adotante.

Em qualquer caso, em nenhuma certidão em breve relato, que é a certidão padrão do registro civil, constará a origem da filiação; no caso das certidões de inteiro teor, caso venham a ser solicitadas, revelarão a origem do ato, razão pela qual dependerão de autorização judicial[48] para serem emitidas.

9. REGISTRO DE NASCIMENTO OCORRIDO A BORDO DE NAVIOS E AERONAVES E OCORRIDOS EM CAMPANHA

As situações excepcionais de nascimento em campanha e a bordo de navios e aeronaves encontra-se disciplinada na Lei de Registros Públicos, especificamente nos artigos 52, 64, 65 e 66.

---

46. Neste sentido é a decisão do Conselho Superior da Magistratura do Estado de São Paulo, nos autos da Apelação Cível **Nº 1.068-6/9**, com origem no município de Araçatuba, julgada aos 02/06/2009.

47. Neste sentido é a decisão no procedimento ordinário de n° **1130917-62.2015.8.26.0100**, DJe de 08.03.2016 – SP Disponível em https://www.26notas.com.br/blog/?p=11963, aceso em 17/11/2016.

48. No Estado de São Paulo, o Capítulo XVII, no item 47.2.1 estabelece a autoridade que analisará esse pedido de certidão em inteiro teor prevendo: "Nas hipóteses de adoção anterior ao Estatuto da Criança e do Adolescente, as certidões serão expedidas somente após autorização do Juiz Corregedor Permanente. E, nas situações de adoção disciplinada pelo Estatuto da Criança e do Adolescente, as certidões somente serão expedidas após autorização do Juiz da Vara da Infância e da Juventude."

O artigo 64 inicia a regulamentação da matéria prevendo que, os assentos de nascimento em navio brasileiro mercante ou de guerra serão lavrados, logo que o fato se verificar, pelo modo estabelecido na legislação de marinha, devendo, porém, observar-se as disposições da Lei 6.015/73.

A legislação de marinha atribui a competência para registro no Diário de Bordo ao Comandante, sem fazer maiores previsões, conforme se observa do Código Brasileiro de Aeronáutica (Lei 7.565/86) que somente trata deste assunto no artigo 173 ao estabelecer, "in verbis": "Art. 173. O Comandante procederá ao assento, no Diário de Bordo, dos nascimentos e óbitos que ocorrerem durante a viagem, e dele extrairá cópia para os fins de direito.".

Para nascimentos ocorridos a bordo de navio, estabelece o artigo 65 da LRP, que no primeiro porto a que chegar o comandante depositará imediatamente, na capitania do porto, ou em sua falta, na estação fiscal, ou ainda, no consulado, caso se trate de porto estrangeiro, duas cópias autenticadas dos assentos referidos no artigo anterior, uma das quais será remetida, por intermédio do Ministério da Justiça, ao oficial do registro, para o registro, no lugar de residência dos pais ou, se não for possível descobri-lo, no 1º Ofício do Distrito Federal. Uma terceira cópia será entregue pelo comandante ao interessado que, após conferência na capitania do porto, por ela poderá, também, promover o registro no cartório competente, ou seja, o nascimento será realizado ou por intermédio do Ministério da Justiça ou por iniciativa do próprio interessado.

Os nascimentos ocorridos a bordo de quaisquer aeronaves ou de navio estrangeiro, estabelece o parágrafo único do mesmo artigo 65 da LRP, poderão ser dados a registro pelos pais brasileiros no cartório ou consulado do local do desembarque.

Quando não registrados nos termos do artigo 65, supra descrito, deverão ser declarados dentro de cinco (5) dias, a contar da chegada do navio ou aeronave ao local do destino, no respectivo cartório ou consulado (artigo 51, LRP).

Para os casos de nascimento de filho de militar em campanha, ou filho de civil em tempo de operação de guerra em que os cartórios não funcionarem, poderão os assentos ser tomados em livro criado pela administração militar mediante declaração feita pelo interessado ou remetido pelo comandante da unidade, quando em campanha. Esse assento será publicado em boletim da unidade e, logo que possível, trasladado por cópia autenticada, *ex officio* ou a requerimento do interessado, para o cartório de registro civil a que competir ou para o do 1° Ofício do Distrito Federal, quando não puder ser conhecida a residência do pai[49].

10. AVERBAÇÕES E ANOTAÇÕES NO REGISTRO DE NASCIMENTO

Nos Registros Públicos as anotações são meras remissões a outro ato de registro ou averbação que se relacionam com aquele assento à margem do qual a anotação é feita. Segundo o artigo 106 da Lei 6.015/73, sempre que o Oficial praticar algum ato de registro ou de averbação deverá, dentro de cinco dias anotá-lo nos anteriores, com remissões recíprocas, se lançados em seu cartório ou por comunicação à serventia em que os atos anteriores se encontrarem, respondendo disciplinar, civil e criminalmente pelos atrasos nas e omissões das mencionadas comunicações.

As comunicações que devam ser feitas para outras serventias poderão ser realizadas pela Central do Registro Civil Eletrônico – CRC para os Estados que se encontrem interligados a esta central. Para as serventias de Registro Civil do Estado de São Paulo a integração àquela CRC é obrigatória, sendo que outros Estados vêm firmando acordos para integrar esta central de modo que, ao que tudo indica, muito em breve, esta deverá ter alcance nacional.

Através da CRC as comunicações são realizadas sem nenhum tipo de custo ao Oficial remetente, estando disponível ao cartório receptor na mesma data em que realizada pelo emitente da comunicação, com os dados do ato realizado para que seja completada a anotação.

Caso a serventia não seja integrante da CRC a comunicação será realizada mediante carta relacionada no livro Protocolo, remetida via Correios, contendo o resumo do assento praticado, devendo ficar arquivada em classificados próprio no cartório que a receber.

No assento de nascimento, objeto deste estudo, poderá anotada a interdição, emancipação, ausência, casamento, alteração do nome em virtude de casamento, registro da união estável, dissolução ou anulação do casamento, restabelecimento da sociedade conjugal e o óbito, entre outros.

---

49. Artigo 66 e parágrafo único da Lei de Registros Públicos

As averbações, por sua vez, referem-se ao ingresso no assento de ato posterior que o modifica, altera ou cancela e terão ingresso no registro civil à vista da carta de sentença, de mandado ou de petição acompanhada de certidão ou documento legal e autêntico. As NCGJ-SP mencionam expressamente que serão admitidos, em todos os casos, documentos em meio físico ou digital (Capítulo XVII, item 119).

Serão averbados, por exemplo, no assento de nascimento as adoções unilaterais, a adoção maior de idade, reconhecimento de filho seja judicial ou voluntário, alterações de nome, alteração do sexo, perda e retomada da nacionalidade brasileira quando comunicadas pelo Ministério da Justiça, sentenças declaratórias de filiação, perda, suspensão ou destituição do poder familiar, termos de guarda e responsabilidade, nomeação de tutor, entre outras.

O rol de averbações possíveis não é taxativo uma vez que qualquer ato que modifique aquele registro original deve ser nele inscrito, garantindo-se a sua publicidade e mantendo sempre atualizado o registro, preservando a dignidade do registrado, fim último do registro civil das pessoas naturais.

Através do recém inaugurado módulo da CRC denominado "E-Protocolo" é possível comparecer a qualquer serventia do Registro Civil integrada à CRC para solicitar alguma averbação em qualquer assento de serventia também interligada à CRC. Esta possibilidade garante acesso efetivo, rápido e eficiente em local acessível e próximo à população que necessita do serviço do Registro Civil das Pessoas Naturais.

CONCLUSÕES

Após este breve estudo em que apontamos as diversas questões que envolvem o registro de nascimento, sem, entretanto, adentrar em minuciosas discussões sobre cada assunto tratado, concluímos que dada a sua grande importância a legislação evoluiu para facilitar seu acesso e diminuir os ônus para a população, incentivando sua realização através da gratuidade universal.

A facilitação do registro, especialmente quando realizado fora do prazo, estimula a realização e diminui os índices do sub-registro no Brasil, que hoje apresenta dados bastante evoluídos nesta seara.

O registro civil de nascimento foi considerado o serviço menos burocrático dentre as obrigações legais no Brasil, segundo pesquisa realizada pelo Ibope no ano de 2013. Esse é um fator bastante importante, que demonstra também a satisfação da população com o serviço prestado de modo eficiente e adequado pelos Registradores Civis das Pessoas Naturais.

Quanto mais fácil e menos dificultoso for o serviço, maior a divulgação e maior o estímulo para que as pessoas o realizem e o façam dentro do prazo, assegurando ao registrado sua documentação básica e o exercício da cidadania, possibilitando que este exerça e garanta seus direitos.

REFERÊNCIAS

BALBINO FILHO, Nicolau. Registro de Imóveis: doutrina, prática e jurisprudência. 15a Ed. São Paulo: Saraiva, 2010.

Brasil. Constituição Federal de 1988. Disponível em <http://www.planalto.gov.br/ccivil_03/Constituicao/Constituicao.htm>. Acesso em 16 set. 2016.

Brasil. Lei 6.015 de 1973. Lei de Registros Públicos. Disponível em <https://www.planalto.gov.br/ccivil_03/leis/L6015compilada.htm> Acesso em 17 nov. 2016.

Brasil., Lei 8.069 de 1990 – Estatuto da Criança e do Adolescente. Disponível em <https://www.planalto.gov.br/ccivil_03/leis/L8069.htm> Acesso em 15 nov. 2016.

Brasil, Lei 13.105 de 2015. Código de Processo Civil. Disponível em <https://www.planalto.gov.br/ccivil_03/_ato2015-2018/2015/lei/l13105.htm> Acesso em 16 nov. 2016.

Brasil, Lei 10.406 de 2002. Código Civil, disponível em <www.planalto.gov.br/ccivil_03/leis/2002/L10406.htm> Acesso em 16 nov.2016

Normas de Serviço da Corregedoria Geral de Justiça do Estado de São Paulo, disponível em http://www.tjsp.jus.br/Corregedoria/Corregedoria/NormasExtrajudicial?f=2 Acesso em 17 nov. 2016

CAMARGO Neto, Mario de Carvalho; OLIVEIRA, Marcelo Salaroli. Registro Civil das Pessoas Naturais I. São Paulo, Editora Saraiva, 2014 (Coleção Cartórios/ coordenação Christiano Cassettari)

CENEVIVA, Walter. Lei dos Registros Públicos Comentada, 20ª Edição, Saraiva, 2010

SANTOS, Reinaldo Velloso dos; Registro Civil das Pessoas Naturais, Sergio Antonio Fabris ed. Porto Alegre, 2006

SILVA, De Placido e; Vocabulário jurídico. 11. ed., Rio de Janeiro: Forense, 1989, v. IV

TARTUCE, Flavio. Manual de Direito Civil. Volume único. 6ª Edição. Ed. Método, 2016.

CAPÍTULO 06

Técnicas de reprodução assistida e seus reflexos no Direito de Família

Giovanna Truffi Rinaldi[1]
Lillian Ponchio e Silva Marchi[2]

Sumário: 1. Introdução; 2. O Direito ao Planejamento Familiar; 3. A filiação no Direito de Família; 4. Biodireito; 4.1. Bioética e Biodireito: considerações iniciais; 4.2. Natureza transdisciplinar da Bioética; 5. Reprodução Assistida e Gestação em Substituição; Considerações finais; Referências bibliográficas

1. INTRODUÇÃO

O presente trabalho tratará do tema atual do Biodireito e seus reflexos no Direito de Família, com especial destaque à paternidade e/ou à maternidade oriundas das Técnicas de Reprodução Assistida e da Gestação Substituta. As recentes alterações normativas na área extrajudicial facilitaram a realização do registro de nascimento decorrente da utilização destas técnicas, tornando-as situações jurídicas passíveis de integrarem o Registro Civil das Pessoas Naturais, como o provimento do Conselho Nacional de Justiça nº. 52/2016.

Primeiramente, é necessário relembrar que o direito de família no Brasil, em seu início, sofreu forte influência da família romano-germânica

---

1. Oficial de Registro Civil das Pessoas Naturais da Comarca de Barretos/SP; Graduada em Direito (FMU-2009). Especialista em Direito Notarial e Registral Imobiliário pela Escola Paulista da Magistratura e em Direito Empresarial pela Fundação Getúlio Vargas, GVlaw. Mestre em Direito pela FADISP.

2. Coordenadora e Docente do Curso de Direito da Faculdade Barretos. Docente do curso de Medicina da Faculdade de Ciências da Saúde de Barretos Dr. Paulo Prata - FACISB. Possui graduação em Direito (UNESP 2007). Mestre em Bioética e Biodireito (UNESP 2010). Membro do Observatório de Bioética do Hospital do Câncer de Barretos – Fundação Pio XII.

e, principalmente, do Direito Canônico, como consequência da colonização portuguesa. Nessa linha de raciocínio, podemos mencionar que a nossa primeira Constituição foi Teocrática ou Confessional, a Imperial de 1824, que apesar de garantir a liberdade religiosa, adotava a religião católica como oficial pelo Estado; no que tange ao direito de família, é notável a existência de normas de ordem pública restritivas no âmbito de Direito de Família.

Paralelamente, o movimento jusfilosófico Pós-Positivista foi importante para a aplicação do Direito Constitucional ao Direito de Família, sendo incontestáveis os avanços e transformações sociais dele decorrentes. A partir da Constituição Federal de 1988, pode-se observar a influência do Pós-Positivismo no Direito e, inclusive, no Direito de Família, que passou a ser interpretado sob o viés Constitucional e ampliativo. O Pós-Positivismo Jurídico alarga o campo cognitivo do direito a fim de possibilitar maior eficiência e aproximação do máximo da justiça pelo direito e moral. Potencializa a emancipação do direito, pelo Direito Constitucional com objetivo de otimizar a eficácia dos direitos e garantias fundamentais dos cidadãos.

É certo que a Constituição Federal de 1988 eleva como um fundamento e verdadeiro supraprincípio do ordenamento jurídico a Dignidade da Pessoa Humana (art. 1º, inciso III), e proclama que, entre os objetivos fundamentais da República Federativa do Brasil, se encontra a promoção do bem de todos, sem qualquer preconceitos de origem, raça, sexo, cor, idade e quaisquer outras formas de discriminação, sendo valores protegidos frente a quaisquer formas de violação ou discriminação atentatória dos direitos e liberdades fundamentais definidas no dispositivo matriz dos direitos e deveres individuais e coletivos como a inviolabilidade do direito à vida, à liberdade, à igualdade, à segurança e à propriedade. (art. 3, inciso IV e art. 5º *caput* e inciso XLI, da CF).

A notável evolução social, a conquista de direitos iguais pela mulher e os avanços da medicina na engenharia genética também contribuíram para romper com antigos (pré)conceitos de como a família deveria ser constituída. Além disso, o reconhecimento de outros modelos familiares com base no afeto, na solidariedade, na igualdade (art. 5º, *caput*) e na Dignidade da Pessoa Humana (arts. 1º, III e 226, §7º) influenciaram sobremaneira o vínculo de paternidade e/ou maternidade entre os indivíduos. Nesse contexto de inclusão familiar, cada vez mais distante da visão arcaica do *"pater familias"*, das denominações discriminatórias e do determinismo do Estado de outrora, destaca-se o tema da paternidade ou/e maternidade, oriundos dos avanços das técnicas de reprodução assistida e gestação substituta, como novos institutos jurídicos reconhecidos pelo nosso ordenamento, dos quais passaremos a tratar detalhadamente.

A evolução das técnicas de reprodução assistida foi bastante influenciada pela aceitação social e jurídica das diversas formas de constituição da família. Isto é, pela previsão constitucional expressa do casamento, ao lado da união estável, da família monoparental, anaparental, das uniões homoafetivas[3], as famílias reconstituídas (após o divórcio) e, ainda, a família eudemonista (aquela que vincula os indivíduos pelo elo do afeto e da ideia de felicidade que nutrem como a busca do desenvolvimento do indivíduo. Destaca-se que as famílias ou uniões reconstituídas também chamadas de recompostas, mosaico, ensambladas ou pluriparentais, na definição de Maria Berenice Dias[4], são aquelas entidades familiares formadas pela multiplicidade das relações parentais, em particular promovidas pelo divórcio, separação e pelo "recasamento" ou união estável, decorrentes das desuniões anteriores e pelos filhos trazidos, podendo haver, nessa nova união, filhos híbrido, comuns ou apenas de cada indivíduo. A renomada autora destaca que a cada dia surgem novas expressões na tentativa de identificar as famílias resultantes desta pluralidade de relações parentais principalmente pelos direitos delas advindos como a possibilidade de adoção unilateral pelo companheiro ou cônjuge do genitor (Art. 41, §1º, da Lei Federal n. 8.069/90), a possibilidade de adoção do sobrenome do padrasto ou da madrasta (art. 57, §8º da Lei federal 6.015/73)[5] e, ainda, eventuais direitos alimentícios, visitas, guarda e sucessórios decorrentes.

O Direito de Família atual passou a ter como conteúdo relações complexas e que se reformulam à medida que a sociedade evolui. Neste sentido, a própria jurisprudência demonstra, nos casos concretos, a força conferida à proteção familiar decorrente do reconhecimento de novos direitos – como exemplo a multiparentalidade[6], que se fundamenta nos

---

3. Reconhecimento advindo do fenômeno identificado pela mutação constitucional - processo informal de alteração da Constituição a partir do qual de muda a norma, sem a necessária mudança do texto escrito- que por meio do julgamento da Arguição de Descumprimento de Preceito Fundamental nº. 132 e Ação Direta de Inconstitucionalidade nº4277 passou a admitir o casamento e a união estável entre pessoas do mesmo sexo na ordem civil.
4. DIAS, Maria Berenice. *Manual de Direito das Famílias*. 9ª Edição revista atualizada e ampliada. Revista dos Tribunais, São Paulo: 2013, pg. 55.
5. DIAS, Maria Berenice. *Manual de Direito das Famílias*. 9ª Edição revista atualizada e ampliada. São Paulo: Revista dos Tribunais, 2013, pg. 56.
6. "EMENTA: MATERNIDADE SOCIOAFETIVA. Preservação da Maternidade Biológica. Respeito à memória da mãe biológica, falecida em decorrência do parto, e de sua família. Enteado criado como

Princípios Constitucionais mencionados anteriormente da Dignidade da Pessoa Humana, da Solidariedade e do Afeto, sendo reconhecidamente natural a busca do indivíduo pela felicidade. Inegável, portanto, que a existência de novas estruturas formadas por relações pluriparentais com efeitos concretos no Direito de Família, que alcança tanto os direitos da personalidade do indivíduo como direitos de família propriamente ditos por abarcar o dever alimentar, a adoção unilateral, o direito de guarda e visitas, de seguridade e previdência social; além de eventuais direitos sucessórios protegidos pelo sistema jurídico atual. Torna-se evidente que a família não é mais um núcleo duro, único e restrito, e sim a formação de vínculos relacionados sobremaneira aos Princípios Constitucionais destacados e aplicados ao caso concreto.

Por fim, a evolução da engenharia genética no campo da medicina e sua relação multidisciplinar com o Direito de Família, em especial quanto à filiação, amplia estas hipóteses ao possibilitar que homens e mulheres consigam proceder com gestações em idades mais avançadas ou mesmo pela utilização da gestação em substituição, vulgo "barriga de aluguel", nos casos de impossibilidade *generandi* da mulher ou nas famílias homoafetivas masculinas. Tais fatos demonstram que o Direito de Família Contemporâneo, centrado no fundamento da Dignidade da Pessoa Humana e aos valores da Igualdade, da Não Discriminação e da Solidariedade são premissas básicas que devem ser compreendidos e aplicados na mesma velocidade em que as relações familiares se consolidam aos nossos olhos e, por isso, as normativas extrajudiciais atuais do Conselho Nacional da Justiça, Provimento n. 52, de 14 de março de 2016, influenciadas pelas regulamentações deontológicas expedidas pelo Conselho Federal de Medicina (nº. 2.121/2015), suprem lacunas legislativas relevantes para aplicação direta no caso concreto pelos Oficiais de Registro Civil das Pessoas Naturais na lavratura do registro de nascimento em proteção ao bem jurídico da família.

---

filho desde dois anos de idade. Filiação socioafetiva que tem amparo no art. 1.593 do Código Civil e decorre da posse do estado de filho, fruto de longa e estável convivência, aliado ao afeto e considerações mútuos, e sua manifestação pública, de forma a não deixar dúvida, a quem não conhece, de que se trata de parentes – A formação da família moderna não consanguínea tem sua base na afetividade e nos princípios da dignidade da pessoa humana e da solidariedade. Recurso provido." (TJSP. Processo nº. 0006422-26.2011.8.26.0286. Apelação / Registro Civil das Pessoas Naturais. Relator Des. Alcides Leopoldo e Silva Júnior. Comarca: Itu. Órgão julgador: 1ª Câmara de Direito Privado. Data do julgamento: 14/08/2012. Data de publicação: 14/08/2012); e os julgados: da 1ª Vara Cível da Comarca de Ariquemes, Rondônia, Processo nº. 0012530-95.2010.8.22.0002, e da Ação de Adoção nº. 38958-54.2012.8.16.0021, da Vara da Infância e da Juventude da Comarca de Cascavel, Paraná, mencionados na doutrina de CASSETTARI, Christiano. *Multiparentalidade e Parentalidade Socioafetiva: Efeitos Jurídicos*. 3ª Edição. São Paulo: Atlas, 2017.

2. O DIREITO AO PLANEJAMENTO FAMILIAR

Destaca-se que a Constituição Federal prevê no artigo 196 que a saúde é um *direito de todos e dever do Estado*, logo, um direito fundamental prestacional, devendo o Estado, por meio de ações e políticas públicas, garantir ao cidadão condições básicas para desenvolver-se[7]. Nesse contexto, insere-se o acesso à prestação de serviços médicos com a finalidade reprodutiva e, consequentemente, o planejamento familiar como uma extensão do direito fundamental da saúde e dever do Estado de propiciar recursos educacionais e científicos para o exercício desse direito nos ditames do art. 226, §7º, da CF.

Desse modo, o planejamento familiar como direito fundamental prestacional do Estado encontra guarida nos Princípios Constitucionais da Dignidade da Pessoa Humana e da Paternidade Responsável, e nos valores constitucionais da Proteção Integral da Família (art. 226, caput), do livre Planejamento Familiar do casal (art. 226, §7º), da Proteção Integral e Especial à Criança e ao Adolescente (art. 226) e a Igualdade Jurídica dos Filhos (art. 227, §6º) que passaremos a desenvolver.

Observa-se então que o Planejamento Familiar, decorre destes valores constitucionais e pode ser definido como um instituto relativamente novo, que foi melhor definido pela Lei Federal nº 9.263/96 a qual reconhece a garantia de todo cidadão, homem e mulher, ter o direito de constituição, limitação ou aumento da prole, o que está relacionado aos avanços da medicina e da prestação de serviços médicos, que devem, inclusive ser protegidos pelo Estado.

O planejamento familiar consiste em um conjunto de ações de regulação da fecundidade que podem decorrer de ações preventivas ou educativas, com acesso igualitário à informações, métodos e técnicas disponíveis (art. 4º). Trata-se de um importante direito dos casais, hétero ou homoafetivos, de receberem do Estado o acesso ao planejamento familiar e a título de exemplo, a possibilidade de recorrer ao Sistema Único de Saúde (SUS) para tratamento da infertilidade ou de doenças graves que podem prejudicar o desejo de gerar seus filhos (SCALQUETTE, 2010, 142-145).[8]

É necessário reconhecer os direitos reprodutivos e o interesse dos casais ou famílias de gerar um filho, que necessitam do uso das técnicas

---

7. TAVARES, André Ramos. Curso de Direito Constitucional. São Paulo: Saraiva, 2002, p. 570.
8. SCALQUETTE, Ana Cláudia S. "Estatuto da Reprodução assistida". São Paulo: Saraiva, 2010, Pag. 142-145.

de reprodução assistida em suas diversas espécies para atender ao planejamento familiar com a liberdade de exercer o seu interesse reprodutivo e determinar o momento ideal e o número de filhos que pretendem ter por métodos científicos de realizar o projeto da parentalidade[9].

3. A FILIAÇÃO NO DIREITO DE FAMÍLIA

No que tange à filiação, observa-se que a definição do instituto sofreu uma importante evolução ao longo do tempo, em razão da realidade vivenciada pela sociedade no direito moderno. O tema será tratado de maneira sucinta mas com destaque na evolução conceitual ampliativa, para podermos adentrar, no próximo capítulo, no foco do trabalho: as técnicas de reprodução assistida e seus reflexos diretos no registro civil das pessoas naturais ao realizar o registro de nascimento.

No Direito Romano, o pai ocupava a posição de chefe de família, e, de acordo com as normas severas que tornavam a família patriarcal, detinha o pátrio poder sobre os demais integrantes de seu grupo familiar. A família era organizada sob o princípio da autoridade, podendo o *pater famílias* exercer sobre os filhos o direito de vida e de morte. Podia, inclusive, vendê-los, impor-lhes castigos e penas corporais e até mesmo tirar-lhes a vida.

O fator sociológico e comportamental causou em sua evolução histórica uma relação própria com as mudanças ocorridas nos fenômenos sociais, sendo a principal delas a dissipação da família romana, instigada pela figura do adultério e pela possibilidade do divórcio. A família brasileira, portanto, como é conceituada atualmente, sofreu influência da família romana, da família germânica e principalmente da família canônica, como consequência da colonização portuguesa, como dito na parte introdutória deste artigo.

Ademais, a filiação por muito tempo foi reconhecida apenas aos filhos decorrentes do casamento, os denominados filhos legítimos, sendo que apenas com a Constituição de 1988, em seu artigo 227, parágrafo 6º, que passou a prever, de maneira expressa, a proibição de qualquer discriminação entre os filhos concebidos, sejam decorrentes ou não do casamento e a absoluta igualdade entre filhos.

---

9. SCALQUETTE, Ana Cláudia S. "Estatuto da Reprodução assistida". São Paulo, Editora Saraiva, 2010. Pag. 307-308, *apud* MEIRELLES, Jussara Maria Leal de. *Filhos da reprodução assistida. In Família e cidadania- o novo CCB e a vacatio legis*. Coordenação Rodrigo da Cunha Pereira. Belo horizonte: IBDFAM/Del Rey, 2002, p. 394.

O conceito inicial apresentado é trazido por BELIVÁQUA[10]. *"Filiação é a relação que existe entre uma pessoa (o filho) e as que a geraram (pai e mãe). É o vínculo que a geração cria entre os filhos e os progenitores"*. Primeiramente, regeram, no Brasil, as Ordenações Filipinas e posteriormente, o Código Civil de 1916, que regulou de maneira mais detalhada a filiação, com denominações discriminatórias entre filhos (*legítimos, legitimados e ilegítimo: naturais ou espúrios*) e a presunção de paternidade do casamento.

Entretanto, com as inovações legislativas, tais como o Estatuto da Criança e do Adolescente (Lei Federal nº 8.069/1990), a Lei federal nº 8.560/92, o Código Civil de 2.002(CC), os Provimentos do Conselho Nacional da Justiça (CNJ)[11], e a paternidade socioafetiva, que se consolidou na jurisprudência por força do Superior Tribunal de Justiça (STJ), o conceito precisou ser ampliado para abarcar todas as possibilidades de inserção do indivíduo em sua família.

Conforme nos ensina Fabio Ulhôa Coelho:

> A experiência da paternidade ou maternidade não pressupõe necessariamente a geração de um filho. Ela é tão ou mais enriquecedora, mesmo que a criança ou adolescente não seja portador da herança genética dos dois pais (...). A espécie humana precisou de milhões de anos de evolução a saltar do estado da natureza para o da civilização para dissociar descendência e transmissão da herança genética (...) Instituições fortemente enraizadas em várias culturas, como com a finalidade precípua de garantir, o quanto possível, que o filho herde os genes do pai. [12]

Para Carlos Roberto Gonçalves *"filiação é a relação jurídica que liga o filho aos seus pais, denomina-se filiação propriamente dita quando visualizada pelo lado do filho; e no sentido inverso, denomina-se paternidade ou maternidade, pelo lado dos genitores em relação ao filho"*. Assim, a paternidade poderá decorrer do vínculo biológico ou consanguíneo, biológico presumido, civil (adoção ou reprodução assistida heteróloga, uni ou bilateral) ou de outra origem (socioafetiva e ainda, a multiparentalidade), decorrente esta última do que se denomina como a *posse do estado de filho*. Portanto, a filiação pode ser natural ou de outra origem, sendo que os laços exclusivamente biológicos deixaram de ser a única forma de filiação reconhecida.

---

10. BEVILÁQUA, Clóvis. *Código Civil dos Estados Unidos do Brasil comentado*. Vol. II. 11ª, atualizada por achilles Beviláqua. Rio de Janeiro: Editora Paula de Azevedo, 1956, p. 233.
11. Provimentos nºs. 16 e 19 de 2012, e nº 52 de 2016.
12. COELHO, Fábio Ulhôa. *Curso de Direito Civil* – Família, sucessões. volume 5, 5ª. Ed. rev. e atual. São Paulo: Saraiva, 2012, p. 163.

O Código Civil de 2002 no Livro IV, Do Direito de Família, divide o Direito Pessoal em duas partes: Casamento e Relações de Parentesco, e neste subtítulo estão localizadas nas disposições gerais (1.591 e 1595), de Filiação (1.596 a 1.606), Reconhecimento dos filhos (1.607 a 1.617) e Adoção (1.618 a 1633).

Na parte da filiação, encontramos as presunções de paternidade do casamento, as hipóteses de contestação da presunção de paternidade e a prova da filiação, sendo que em regra se faz pela certidão de nascimento, inscrita no Registro Civil das Pessoas Naturais ou por qualquer outra forma admitida em Direito (art.1.603, CC), o que demonstra a importância do estudo destas transformações para a aplicação prática no Registro Civil das Pessoas Naturais. Conforme leciona a jurista Maria Berenice Dias, a paternidade registral goza de presunção de veracidade, por ato voluntário, que faz prova da filiação.[13]

O artigo 1.593 do Código Civil, por sua vez, prevê expressamente que *"o parentesco é natural ou civil, conforme resulte de consanguinidade ou outra origem",* ou seja, é natural o parentesco resultante de laços de sangue e, é civil o parentesco estabelecido pela lei. Ademais, ao utilizar a expressão *outra origem*, conforme entendimento de Washington de Barros Monteiro:

> (...) abre espaço ao reconhecimento da paternidade desbiologizada ou socioafetiva, em que, embora não existam elos de sangue, há laços de afetividade que a sociedade reconhece como mais importantes que o vínculo consanguíneo (...).[14]

Importante mencionar que João Baptista Villela[15] foi quem trouxe a contribuição acadêmica da tese da desbiologização da paternidade, que se fundamenta na afetividade como valor jurídico maior e defende que:

> A paternidade em si mesma não é um fato da natureza, mas um fato cultural. Embora a coabitação sexual, de que possa resultar gravidez, seja fonte de responsabilidade civil, a paternidade, enquanto tal, só nasce de uma decisão espontânea. Tanto no registro histórico, como no tendencial, a paternidade reside antes no serviço e no amor que na procriação. As transformações mais recentes por que passou a família, deixando de ser unidade de caráter econômico, social e religioso para se afirmar fun-

---

13. Dias, Maria Berenice. *Manual de Direito de Família*. São Paulo: Revista dos Tribunais, 2007, p. 329
14. MONTEIRO, Washington de Barros. *Curso de direito civil*: direito de família. São Paulo: Saraiva. v. 2. p. 294.
15. VILLELA, João Baptista. *Desbiologização da Paternidade, Disponível em:* http://www.egov.ufsc.br/portal/sites/default/files/anexos/28298-28309-1-PB.htm, Acesso em 22/10/2016.

damentalmente como grupo de afetividade e companheirismo, imprimiram considerável reforço ao esvaziamento biológico da paternidade. Na adoção, pelo seu conteúdo eletivo, tem-se a prefigura da paternidade do futuro, que radica essencialmente na ideia de liberdade.

No campo das presunções de paternidade oriundas do casamento, o artigo de maior relevância é o 1.597 do CC, que dispõe:

> Art. 1.597. Presumem-se concebidos na constância do casamento os filhos:
>
> I – nascidos cento e oitenta dias, pelo menos, depois de estabelecida a convivência conjugal;
>
> II – nascidos nos trezentos dias subsequentes à dissolução da sociedade conjugal, por morte, separação judicial, nulidade e anulação do casamento;
>
> III – havidos por fecundação artificial homóloga, mesmo que falecido o marido;
>
> IV – havidos, a qualquer tempo, quando se tratar de embriões excedentários, decorrentes de concepção artificial homóloga;
>
> V – havidos por inseminação artificial heteróloga, desde que tenha prévia autorização do marido.

Conforme nos ensina Maria Berenice Dias, as expressões utilizadas pelo legislador "fecundação artificial", "concepção artificial" e "inseminação artificial" incluem todas as técnicas de reprodução assistida que permitem a geração da vida, independentemente do ato sexual, por método artificial, científico ou técnico[16] conforme aprofundaremos mais adiante.

Observa-se que a relação de filiação nem sempre decorre de união sexual ou adoção, podendo derivar de técnicas de reprodução assistida, como a inseminação artificial *homóloga*, na qual o material genético pertence ao casal interessado, nesse caso o casal possui certa "fertilidade", mas não é capaz de concluir o processo por meio do ato sexual natural; ou pela inseminação artificial *heteróloga*, na qual o esperma ou o óvulo é doado por terceira pessoa, sendo aplicável, nos casos de esterilidade do marido ou incompatibilidade sanguínea do fator RH, que ocorre por *fertilização in vitro ou de proveta.*

Ademais, o CC traz o direito de reconhecer a paternidade fora do casamento com amplas possibilidades e mecanismos jurídicos para facilitação deste ato jurídico. O reconhecimento de filho fora do casamento encontra-se previsto também na Lei Federal nº 8.069/1990, Lei federal

---

16. DIAS, Maria Berenice. *Manual de Direito das Famílias.* 9ª Edição revista atualizada e ampliada. Revista dos Tribunais, São Paulo: 2013, pg. 375-380.

nº 8.560/92, e pelos Provimentos nºs. 16 e 19 de 2012, e, recentemente pelo nº 52 de 2016, do CNJ. As normativas nacionais expedidas pelo CNJ admitem que seja realizada a indicação do suposto pai da criança pela mãe e, também, o reconhecimento voluntário da filiação por meio de procedimento administrativo ou extrajudicial promovido diretamente no Registro Civil das Pessoas Naturais, como medida de efetivar os valores fundamentais da pessoa humana e pela desjudicialização deste direito.

Entende-se que o próprio estado de filiação surgiu com o advento da Constituição Federal de 1988, considerado pelo Estatuto da Criança e do Adolescente artigo 27, como um direito de caráter personalíssimo, imprescritível e indisponível. Dessa maneira, os filhos tem assegurado o direito de descobrir sua origem genética, seus ascendentes ou mesmo suas características e semelhanças genéticas, o que em regra não confere efeitos de caráter alimentar ou sucessórios por si só.

Por fim, ressalta-se que a origem biológica gera a presunção do estado de filiação, independentemente de comprovação da convivência familiar e estabelece o vínculo paternal sanguíneo. No entender do jurista Paulo Lobo, não há uma só verdade real e sim três, sejam elas: a biológica, com fins de parentesco para determinar a paternidade; a biológica sem fins de parentesco, quando já existe vínculo afetivo com outro pai; e a socioafetiva, quando já está constituído o estado de filiação pela "posse do estado de filho" a qual funda-se também no valor constitucional da Proteção Integral da Criança e do Adolescente. Portanto, o reconhecimento da filiação biológica não esta vinculado ao exercício efetivo da paternidade que poderá ser exercida pelas outras formas demonstradas[17].

4. BIODIREITO

4.1. Bioética e Biodireito: considerações iniciais

As técnicas de reprodução assistida são regidas desde 1992 por normas éticas, principalmente através de Resoluções emitidas pelo Conselho Federal de Medicina (CFM). Exemplo disso é a recente Resolução do CFM 2.121/2015, bem como os Provimentos 21/2015-CGJ-PE e CNJ 52/2016 sobre o as normas registrais.

---

17. Lobo, Paulo Luiz Netto. Direito ao Estado de Filiação e Direito à Origem Genética: uma distinção necessária. Revista CEJ, Brasília, n. 27, pp. 47-56, out/dez. 2004.

Assim, o questionamento sobre o direito de regulação no tocante à reprodução assistida e autonomia da pessoa leva à reflexão sobre o pacote de princípios éticos presente no contexto da Bioética: Autonomia, Beneficência e Justiça. Dentre eles, destaca-se o primeiro, que consiste na capacidade da pessoa tomar decisões quanto ao seu corpo ou sua vida e ter tais escolhas respeitadas.

Em primeiro lugar, é adequado mencionar que são inúmeras as orientações no campo da Bioética e que tais orientações podem ser classificadas em modelos diferentes de análise teórica. É oportuno enfatizar que todas as correntes que tratam da Bioética possuem extrema relevância e a finalidade de preservar a dignidade humana.

É necessário destacar a teoria principialista, criada por Beauchamp e Childres, que consagra os princípios básicos da autonomia, beneficência e justiça como fundamentos orientadores. Tais princípios representam uma espécie de instrumento prático utilizado para analisar os conflitos surgidos no campo da Bioética. Há um grande consenso no sentido de que entre esses princípios não há uma hierarquia estabelecida, devendo a aplicação ser feita de acordo com o caso em concreto. [18]

Tais princípios nem sempre convivem pacificamente, pois muitas vezes são criadas situações conflitantes. Na verdade, na implementação dos citados princípios, em cada caso concreto, verifica-se que, constantemente, surgem grandes problemas. Eis o motivo por que o valor da dignidade da pessoa humana é que deve reger tais conflitos.

Daury Cesar Fabriz relata que a Bioética laica contemporânea se estabelece a partir desses três critérios principiológicos – beneficência, autonomia e justiça – denominados de "a trindade bioética". Isso não quer dizer que não existam outros valores, mas todos os demais precisam ter a "trindade bioética" como ponto de partida. [19]

O princípio da autonomia, inúmeras vezes empregado de forma "automática" pela teoria principialista, não contempla as situações em que tal autonomia não é exercida plenamente, pois há uma coerção da vontade, que é um dos aspectos principais que formam o conceito político de vulnerabilidade.

---

18. GARRAFA, Volnei. De uma "bioética de princípios" a uma "bioética interventiva": crítica e socialmente comprometida. Disponível em: <http://www.anvisa.gov.br/institucional/snvs/coprh/seminario/bio_prin_bio_int.pdf>. Acesso em: 20 jul. 2016.
19. FABRIZ, Daury Cesar. *Bioética e direitos fundamentais:* a bioconstituição como paradigma ao biodireto. Belo Horizonte: Mandamentos, 2003, p. 106.

Destaca-se a necessidade de uma adequação das bases teóricas que sustentam a Bioética à realidade política, social e cultural. Na verdade, os princípios da Bioética (autonomia, beneficência e justiça), provenientes do documento solicitado pelo governo dos EUA (Relatório Belmont) a um comitê de especialistas, para frear os abusos que ocorriam em relação às pesquisas envolvendo seres humanos, acabaram sendo confundidos com a própria Bioética.

Nesse contexto, merece destaque também, na Conferência de Amsterdã em 1992, a criação da Associação Internacional da Bioética, que busca estimular o desenvolvimento da pesquisa e do ensino da Bioética, bem como defender o valor das discussões livres e abertas. Há muitas pressões (religiosas, sociais e políticas) que buscam evitar esse livre debate de temas bastante controversos, tais como aborto, eutanásia, distanásia, ortotanásia, mistanásia, reprodução assistida e engenharia genética.

Essa constatação decorre do fato de compreender as inúmeras situações que são abrangidas, pois extrapolam a problemática relação contratual médico e paciente, por envolver concepções de vida de diversos segmentos, revelando a pluralidade das sociedades contemporâneas. Assim, as escolhas de cada um devem ser levadas em consideração no contexto de um modelo de Estado que abarca projetos plurais de vida.

Sabe-se que a Bioética foi consolidada nos anos 90 por meio de congressos. Pode-se afirmar que passou por muitas fases, sempre com a finalidade de ampliar o foco de sua investigação. Logo, a Bioética ultrapassa as fronteiras existentes entre as reflexões transdisciplinares, que vão além das barreiras entre os diversos ramos do saber, por exemplo, Medicina e Direito, e revela que talvez não seja possível encontrar respostas prontas ou fechadas para todos os conflitos que envolvem a vida, numa perspectiva que considera qualidade e quantidade.

As técnicas de reprodução humana têm apresentado indubitáveis avanços científicos. A falta de normas legais disciplinadoras tem sido suprida, assim, somente por normas éticas para a utilização das técnicas, constantes de Resoluções do Conselho Federal de Medicina e provimentos.[20]

---

20. Gallo, José Hiran da Silva Gallo; GRACINDO, Giselle Crosara Lettieri. Reprodução assistida, direito de todos. E o registro do filho, como proceder? Disponível em: http://revistabioetica.cfm.org.br/index.php/revista_bioetica/article/view/1125. Acesso em 09 jul. 2016.

4.2. Natureza transdisciplinar da Bioética

Não obstante o fato de ter ficado evidente que é preciso fazer uma releitura crítica dos princípios universais, há também muita discussão doutrinária acerca da própria natureza da Bioética. As pretensões em torno de uma resposta plausível para essa questão oscilam entre o tratamento da Bioética de forma "interdisciplinar" e "transdisciplinar". Isso decorre da necessidade de um maior aprofundamento na verificação sobre as bases que sustentam tal disciplina.

Logo, para muitos estudiosos do assunto, a proposta da Bioética é de natureza interdisciplinar, pois busca uma integração entre diversas disciplinas. Noutro giro, outra parcela manifesta-se pelo caráter transdisciplinar. No entanto, é preciso pensar a partir de um novo paradigma para a ciência e para o conhecimento, o que é de grande dificuldade para aqueles que possuem formação cartesiana de disciplinas, que as concebem, equivocadamente, como disciplinas totalmente independentes e isoladas, que mascaram a unidade da ciência. Essa situação gera uma tensão decorrente do isolamento na tomada de decisões éticas.[21]

Nessa esteira, Volnei Garrafa explica que a interdisciplinaridade diz respeito à transferência de métodos de uma disciplina para a outra. Já a transdisciplinaridade, conforme o prefixo "trans" indica, se refere àquilo que está ao mesmo tempo "entre" as disciplinas, "através" das disciplinas e "além" de qualquer disciplina.[22]

De acordo com essa orientação, a transdisciplinaridade, para ir além das fronteiras, necessita da liberdade que é inerente ao ser humano. Revela-se, assim, a natureza dinâmica de tal atividade, ao contemplar vários níveis de realidade ao mesmo tempo.

Na verdade, ao iniciar os estudos sobre a Bioética, desde logo verifica-se a sua natureza transdisciplinar entre os campos do saber. A transdisciplinaridade, conforme explica Volnei Garrafa, é "[...] uma abordagem que vai além, proporcionando a liberdade de olhar o outro lado

---

21. DUSILEK, Darci. Os desafios contemporâneos da bioética. Disponível em: <http://www.unigranrio.br/comite_etica/galleries/download/comitebioetica.doc>. Acesso em: 9 jul. 2016. Palestra Proferida ao Corpo Clínico do Hospital Evangélico do Rio de Janeiro, em Comemoração ao dia do Médico. Membro do Comitê de Ética em Pesquisa da UNIGRANRIO.
22. GARRAFA, Volnei. Multi-inter-transdisciplinaridade, complexidade e totalidade concreta em bioética. In: ____.; KOTTOW, Miguel; SAADA, Alya. (Org.). *Bases conceituais da bioética:* enfoque latino-americano. São Paulo: Gaia, 2006, p. 75.

sem sermos acusados de estar pisando onde não devemos e sem temer a acusação de estar pisando onde não devemos."[23]

No âmbito dessa dinâmica, busca-se romper o senso comum, pois o conhecimento fragmentado entre disciplinas afasta o sujeito de seu objeto, de forma que uma disciplina fica restrita, incapaz de dialogar. A propósito, esse pensamento reducionista consiste em recortar ao máximo o que se está estudando, para facilitar sua manipulação.

Com efeito, é nessa perspectiva que Volnei Garrafa faz a importante constatação de que tal distanciamento entre disciplinas "impede o desenvolvimento do processo de humanização", fazendo com que se tornem não apenas impessoais, mas também desvinculadas de qualquer contexto cultural e social.[24]

Vale ressaltar que a abordagem separatista e reducionista foi alvo de severas críticas ao longo do século XX. No entanto, tal abordagem ainda não foi superada completamente. Convém admitir que somente uma abordagem transdisciplinar possibilitará uma superação das barreiras existentes nas fronteiras das disciplinas, incentivando a evolução do conhecimento.

É necessário insistir que a Bioética e o Biodireito possuem a finalidade de proteger o ser humano diante dos avanços das ciências, em questões atinentes à vida e à morte, que possam macular a dignidade da pessoa humana.[25]

O fato é que os termos "Bioética" e "Biodireito" são utilizados em face dos avanços científicos e tecnológicos no sentido de tutelar a vida humana. Na verdade, Biodireito é a positivação das normas de cunho bioético. Em outras palavras, Biodireito também pode ser compreendido como o conjunto de normas jurídicas positivadas que visam a impor ou proibir uma determinada conduta, estabelecendo sanções.

---

23. Ibid., p. 76.
24. GARRAFA, Volnei. Multi-inter-transdisciplinaridade, complexidade e totalidade concreta em bioética. In: _____.; KOTTOW, Miguel; SAADA, Alya. (Org.). Bases conceituais da bioética: enfoque latino-americano. São Paulo: Gaia, 2006, p. 78. O autor explica que essa limitação resulta na tentativa de imposição de soluções padronizadas para resolver os diferentes problemas provenientes da diversidade, como é "[...] o caso do principialismo bioético ante o pluralismo moral, a variedade cultural e os macroproblemas sociais das nações periféricas."
25. PENNA, João Bosco; MEDEIROS, Alexandre Alliprandino; SILVA, Lillian Ponchio e. Por uma bioética trabalhista. Disponível em: <http://www.editoramagister.com/doutrina_ler.php?id=545>. Acesso em: 19 jul. 2016.

Em suma, o Biodireito visa a assegurar os mandamentos bioéticos. Assim, surgem, no seio das academias médicas e jurídicas, importantes discussões acerca do tema, bem como a necessidade de se fixar alguns padrões mínimos de conduta que busquem preservar a dignidade da pessoa humana, em face do progresso desenfreado da tecnologia e da medicina.

Volnei Garrafa, de maneira brilhante, ressalta ainda o caráter do conhecimento empírico, considerado perfeito e estável. Por outro lado, revela que o conhecimento científico é perfectível, ou seja, está em constante processo de inovações e aperfeiçoamento, pois a "[...] ciência não se define pela certeza, mas pela incerteza." [26]

Ao fazer uma pesquisa, pode-se concluir que a grande maioria das questões relacionadas à Bioética e ao Biodireito envolve a eutanásia, o aborto, a pesquisa de embriões, as células-tronco, a evolução das ciências biomédicas, bem como a reprodução assistida. Em suma, são discussões que possuem como núcleo as dimensões da vida e morte do ser humano.

Parte-se da premissa segundo a qual Bioética e Biodireito precisam transitar, também, no campo do Direito de Família – em especial na seara do registro civil das pessoas naturais – e das demais temáticas com as quais se relacionam.

5. REPRODUÇÃO ASSISTIDA E GESTAÇÃO EM SUBSTITUIÇÃO

Neste tópico, destaca-se o art. 1597 do Código Civil sobre a presunção de paternidade decorrente do casamento, pois nesse artigo foram inseridos os incisos I, III e IV que indicam, respectivamente, a reprodução assistida, homóloga e heteróloga, de maneira bastante tímida e atécnica, devido ao estágio do tema na época em que a lei foi produzida, mas que por outro lado aponta a primeira regra legal posta sobre o tema.

A reprodução assistida (fecundação artificial ou inseminação artificial), consiste na assistência médica para aqueles que não conseguem ou não podem ter seus filhos pelos meios naturais, ou seja, por relações sexuais, sendo necessária a utilização da medicina genético-reprodutiva para tanto.

---

26. Conforme o autor, o objetivo principal, ao tratar da natureza transdisciplinar da bioética, é associar em vez de isolar, é estimular o pensamento na sua essência e totalidade, na busca de um novo paradigma que se recusa a aceitar a obscuridade constante no pensamento simplificado, separatista, isolado e reduzido. GARRAFA, op. cit., p. 79.

Diz-se que é homóloga, na hipótese em que o material genético do filho(a) é coincidente com o dos pais, ou seja, óvulo e espermatozoide, por manipulação de gametas masculinos e femininos do casal, cujo embrião, origem da fertilização *in vitro*, será implantado na mulher. Na heteróloga, por sua vez, há material genético de pelo menos um terceiro (seja espermatozoide ou óvulo de doadora) ou, ainda, ambos materiais genéticos são de doadores, sendo que o vínculo de filiação é formado com a parturiente e seu cônjuge ou companheiro, se ambos consentirem com a técnica adotada de maneira expressa e por escrito.

Apesar de ter havido divergências iniciais sobre a possibilidade de utilização das técnicas de reprodução assistida por casais homoafetivos, uma vez reconhecidos seus direitos de família pelo Supremo Tribunal Federal (pelo julgamento da ADI 4.277 e ADPF 132 em 05 de maio de 2011), tais polêmicas não mais procedem. Ademais, por este motivo o Conselho Federal de Medicina acabou reformulando a resolução então existente sobre a reprodução assistida, CFM nº 1.957/10, ao publicar a resolução nº. 2013/2013, a qual revogou a resolução anterior e deixou expressamente autorizada a utilização das técnicas para relacionamentos homoafetivos e, inclusive por pessoas solteiras, respeitado o direito da objeção de consciência do médico. Tal previsão foi mantida pela resolução mais recente do CFM, nº. 2.121/2015.

Entretanto, o texto do Código Civil não utilizou a melhor técnica de redação, pois não mencionou a necessidade de autorização expressa do casal para a implantação de embriões excedentários e dispõe sobre a necessidade de autorização expressa do marido apenas no caso de inseminação artificial heteróloga. Os embriões excedentários decorrem da técnica da fertilização *in vitro* e podem ser definidos como os embriões concebidos pela manipulação genética, mas que não foram implantados e que permanecem congelados por criopreservação, para que sirvam, no futuro, como opção de embriões a serem manipulados em tentativas de implantação. O CC não estabeleceu nenhum dispositivo legal referente a doadora de óvulo ou a necessária autorização para tanto, e ainda, não tratou da possibilidade de gestação por terceira pessoa, por meio da cessão temporária de útero.

Por outro lado, a resolução n. 2.121/2015 do CFM, regulamenta para fins médicos que no momento da criopreservação, os pacientes devem expressar sua vontade, por escrito, quanto ao destino a ser dado aos embriões criopreservados em caso de divórcio, doenças graves ou falecimento, de um deles ou de ambos, e caso desejem doá-los. Ademais, estabelece que os embriões criopreservados com mais de cinco anos poderão ser descartados se esta for a vontade dos pacientes.

Reforça-se que a utilização dos embriões excedentários é permitida para pesquisas de células-tronco mas não é medida obrigatória, conforme previsto na Lei de Biossegurança.

Nesse sentido, afirmamos que as presunções *"pater est quem justae nuptiae demonstrant"* e a *"mater semper certa est"* não podem mais ser consideradas verdades absolutas no campo da reprodução assistida. Tais presunções ou clássicos brocardos jurídicos, não podem mais ser garantidos em razão da possibilidade de ser utilizada uma técnica de reprodução assistida na qual utiliza-se o material genético de terceiro e que depende de um consenso afirmativo expresso do casal que adota tais técnicas para estabelecer o vínculo da filiação.

Diante desta lacuna legislativa, é necessário utilizar-se da multidisciplinariedade do tema, pelo Biodireito, a Medicina e a Bioética, para profundar o estudo da reprodução assistida e da gestação substituta, conforme exposto anteriormente e adequar tais interpretações aos novos vínculos jurídicos que serão formados.

Portanto, a reprodução assistida em conceito amplo consiste em um meio pelo qual um casal ou uma pessoa solteira recebe orientação para programar a melhor maneira de viabilizar o encontro do espermatozoide com o óvulo para acontecer a fecundação e, posteriormente, a gestação do embrião. Neste sentido, a reprodução assistida poderá ocorrer de duas formas: a) aconselhamento e acompanhamento médico; ou b) pelo emprego de técnicas médicas avançadas, de modo a interferir diretamente no ato reprodutivo a fim de viabilizar a fecundação. No que tange a Técnica de Reprodução Assistida (T.R.A.s) as modalidades existentes são: i) fertilização *in vitro* convencional com transferência intrauterina de embriões (FIVETE); ii) transferência intratubária de gametas (GIFT); iii) transferência intratubária de zigoto (ZIFT); iv) injeção intracitoplasmática de espermatozoide (ICSI); v) doação de oócitos e vi) criopreservação embrionária, oocitária e de tecido ovariano[27]. Cabe diferenciar ainda que a inseminação artificial é a colocação do sêmen na mulher e a fecundação artificial é a fase consistente na fertilização do óvulo pelo esperma.

---

27. SCALQUETTE, Ana Cláudia S. "Estatuto da Reprodução assistida". São Paulo: Saraiva, 2010, Pag. 307-308, *apud* MEIRELLES, Jussara Maria Leal de. *Filhos da reprodução assistida. In Família e cidadania- o novo* CCB e a *vacatio legis*. Coordenação Rodrigo da Cunha Pereira. Belo horizonte: IBDFAM/Del Rey, 2002, p.58-72

Importa destacar que a utilização das técnicas de reprodução assistida propriamente ditas poderão, na maioria das vezes, decorrer da infertilidade ou esterilidade do casal. Nesse sentido, a resolução n. 2.121/2015 do CFM estabelece que as T.R.As. visam auxiliar a resolução dos problemas de reprodução humana, facilitando o processo de procriação e que as técnicas de RA podem ser utilizadas desde que exista probabilidade de sucesso e não exista risco grave de saúde para o(a) paciente ou o possível descendente

Observa-se ainda que as técnicas de reprodução assistida também são utilizadas para a prática de preservação da vida humana, para cura de doenças genéticas ou detecção de doenças não eclodidas, manuseio de material genético para solucionar problemas estruturais do corpo humano ou de familiares, e ainda, possibilitar reprodução de novos seres humanos clonados (NERY JÚNIOR, Nelson. Et all. Código Civil Comentado[28]), para a pesquisa de células-tronco embrionárias.

Após a breve explanação das técnicas de reprodução assistida e suas nomenclaturas, que não foram muito bem esclarecidas pelo texto do CC, sugere-se que a leitura do art. 1597, seja feita da seguinte forma: "*presumem-se concebidos na constância do casamento*"(ou da união estável reconhecida documentalmente): (...) III - os havidos por TRA homóloga, mesmo que falecido o cônjuge (neste caso, mesmo que o dispositivo nada mencione, entende a doutrina e o provimento do CNJ que se faz necessária a autorização específica para uso do material genético *post mortem*); IV- havidos a qualquer tempo os embriões excedentários homólogos (aqueles resultantes da concepção *in vitro* de material genético do casal, mas não introduzidos no útero materno e criopreservados); e V - aqueles havidos por TRA heteróloga, desde que tenha prévia autorização do cônjuge (seja do homem ou da mulher no caso de utilização de óvulo de doadora ou, ainda pelo uso da gestação em substituição).

Essa leitura decorre tanto do estudo explicitado anteriormente a respeito das técnicas de reprodução assistida como dos entendimentos externados na I, III e VI Jornadas de Direito Civil do Conselho da Justiça Federal por meio dos enunciados nºs. 104 a 107; 257 e 258; e 570, respectivamente, que serão a seguir explorados;

Primeiramente, no enunciado 104, explicita o entendimento de que na utilização das TRAs com material genético de terceiros, ou heteró-

---

28. NERY JUNIOR, Nelson. ET ALL. *Código Civil Comentado* – 11ª Ed. 2014. São Paulo: Revista dos Tribunais, 2016.

loga, ocorre a substituição do pressuposto fático da relação sexual pela vontade juridicamente qualificada ou, também, denominada de consenso afirmativo do casal em adotar o procedimento com material genético de terceiros doadores para reprodução de sua prole, desde que ambos estejam expressamente concordes. Ademais, o enunciado 105 reforça o esclarecimento de que as nomenclaturas previstas no art. 1597, incisos III, IV e V, respectivamente "fecundação artificial', "concepção artificial" e "inseminação artificial" devem ser consideradas como "técnica de reprodução assistida" em geral.

Ainda, a necessidade de autorização para utilização dos embriões concebidos por TRAs homóloga *"post mortem"*, também foi um entendimento firmado no enunciado 106, da I Jornada de Direito Civil do Conselho da Justiça Federal, que entendeu ser obrigatório que a mulher esteja na condição de viúva e que exista a autorização prévia ao falecimento por escrito do marido para o uso *post mortem* (Maria Helena Diniz). Tal entendimento se encontra definido na resolução 2.121/2015 do CFM e foi repetido pelo recente provimento nº 52/2016, do CNJ (especificamente no art. 2º, §3º) que trata da normativa nacional sobre o registro de nascimento decorrente das TRAs, conforme será explicitado posteriormente neste artigo.

Por outro lado, em razão de não existir uma forma específica para realizar tal autorização, nada impede que esta seja feita por instrumento particular com firma reconhecida, ou por instrumento público, seja escritura pública declaratória lavrada por tabelião ou por meio de testamento, com fundamento no art. 1798 e 1799 do CC.

A existência de embriões excedentários do casal pode gerar uma certa confusão nas hipóteses de rompimento da sociedade conjugal, sendo prudente que o casal defina esta questão previamente sobre o destino dos embriões excedentários nos casos de separação ou divórcio. O enunciado 107, por sua vez, reforça que se ocorrer a dissolução da sociedade conjugal nos termos do art. 1571 do CC, deverá existir autorização prévia e expressa do ex-cônjuge para utilização de embriões excedentários que só poderá ser revogada até o início do procedimento de implantação desses embriões. Tal convenção é inclusive um requisito definido na resolução 2.121/2015 do CFM (*"No momento da criopreservação, os pacientes devem expressar sua vontade, por escrito, quanto ao destino a ser dado aos embriões criopreservados em caso de divórcio, doenças graves ou falecimento, de um deles ou de ambos, e quando desejam doá-los."*).

Ademais, o Código Civil não tratou da necessidade de autorização da mulher no caso de TRA heteróloga por óvulo de doadora ou em decorrência da gestação por terceira pessoa, como estabeleceu para o marido no art. 1597, inciso V, sendo que o melhor entendimento é no sentido de que deve ser interpretado de maneira ampliativa e com fundamento no Princípio Constitucional da Igualdade entre homem e mulher.

Por outro lado, o enunciado 257 é no sentido de que as expressões "fecundação artificial", "concepção artificial" e "inseminação artificial" contidas nos incisos III, IV e V, do art. 1597, do CC não abrangem a utilização de óvulos doados e a gestação em substituição. Mas neste ponto, faz-se uma crítica ao enunciado, em razão da necessidade de aplicar o Princípio Constitucional da Igualdade entre homem e mulher, pois se o homem que possui a condição de infertilidade pode utilizar-se de TRAs, do mesmo modo, a mulher que tenha qualquer condição que a impeça de gerar e lhe seja necessário utilizar de TRAs heteróloga, detém o mesmo direito por ser o Planejamento familiar um direito decorrente do Princípio da Dignidade da Pessoa Humana e da paternidade responsável inseridos expressamente no texto constitucional (art. 226, §7º, da CF). Além disso, as TRAs definidas na resolução 2.121/2015 do CFM admitem tal procedimento médico e assim está alinhado com a normativa nacional editada pelo Provimento nº 52/2016, do CNJ. Estabelecer tal proibição seria um verdadeiro retrocesso jurídico, e por estes argumentos entende-se que tal enunciado está superado.

Em respeito ao Princípio da Proteção Integral da Criança e Paternidade Responsável, entende-se que uma vez que o casal, seja homem ou a mulher, consinta expressamente com a utilização das TRAs por seu cônjuge ou companheiro na forma heteróloga – isto é, pela utilização de material genético de doadores- não poderá contestar a paternidade ou maternidade, uma vez que o vínculo é formado pelo consenso afirmativo prévio. Desse modo, a autorização prévia equivale à uma "adoção", um vínculo civil, sobre o qual aplica-se o parentesco decorrente outra origem, pela filiação socioafetiva. Portanto, uma vez ciente de que não há qualquer informação genética ou biológica na filiação firmada, esta presunção de paternidade ou maternidade é considerada absoluta, isto é, *juris et de jure*, conforme também externado no enunciado nº. 258 das Jornadas de Direito Civil, que afasta a aplicação do art. 1601 do CC nestes casos[29].

---

29. E ainda, pode-se aplicar a máxima da Boa fé, no sentido de ser vedado o *venire contra factum proprium* também no direito de família.

Para encerrar, o enunciado 570 das Jornadas consolidou o entendimento de que o filho havido em união estável, *fruto de técnica de reprodução assistida heteróloga "a patre"*, consentida expressamente pelo companheiro, representa a formalização do vínculo jurídico de paternidade-filiação, cuja constituição se deu no momento do início da gravidez da companheira. Portanto, estabelece o entendimento doutrinário da presunção de paternidade em razão do consenso afirmativo na adoção do procedimento pela companheira. Reforça-se que o provimento 52/2016 do CNJ também estabeleceu a presunção de paternidade decorrente da união estável para estabelecer o vínculo de paternidade nas técnicas de reprodução assistida.

Importa frisar que o Conselho Federal de Medicina evoluiu bastante no tema da reprodução assistida, por meio do histórico das resoluções nºs. 1.358/1992; 1957/2010, 2.013/2013 e a última e mais recente, nº 2.121/2015, na qual admite o uso das TRA inclusive para os casais homoafetivos e pessoas solteiras de maneira expressa, o que eliminou qualquer discussão ou insegurança destas famílias quanto a possibilidade no aspecto médico. Entende-se que em face das lacunas legislativas relacionadas a reprodução assistida, os juristas acabaram se utilizando destas normativas médicas e deontológicas, para consolidar a jurisprudência ao caso concreto e efetivar os direitos fundamentais daqueles que se utilizam das T.R.As.

No que tange especificamente ao registro de nascimento das crianças oriundas das técnicas de reprodução assistidas em geral, muitos conflitos surgiram e muito se evoluiu na sistemática normativa para possibilitar que hoje o procedimento seja realizado diretamente no Cartório de Registro Civil das Pessoas Naturais competente, independentemente de autorização judicial ou do Ministério Público.

Gize-se que no Estado de São Paulo, por meio de uma decisão administrativa expedida pela Egrégia Corregedoria Geral da Justiça em 2010[30], a qual foi a precursora de outras decisões no mesmo sentido,

---

30. REGISTRO CIVIL DAS PESSOAS NATURAIS – Assento de nascimento – Filha gerada mediante fertilização in vitro e posterior inseminação, artificial, com implantação do embrião em mulher distinta daquela que forneceu o material genético – Pretensão de reconhecimento da paternidade pelos fornecedores dos materiais genéticos (óvulo e espermatozoide) – Cedente do óvulo impossibilitada de gestar, em razão de alterações anatômicas – "Cedente do útero", por sua vez, que o fez com a exclusiva finalidade de permitir o desenvolvimento do embrião e o posterior nascimento da criança, sem intenção de assumir a maternidade – Confirmação, pelo médico responsável, da origem dos materiais genéticos e, portanto, da paternidade biológica em favor dos recorrentes – Indicação da presença dos requisitos previstos na Resolução

possibilitou que o registro de nascimento da criança fosse promovido e registrada a paternidade e a maternidade no nome do casal que teve a intenção de realizar o procedimento da reprodução assistida, e não pelo nome da genitora constante na Declaração de Nascido Vivo[31] que na verdade realizou apenas a cessão do útero. A partir deste episódio, iniciou-se um processo de facilitação dos registros de nascimento decorrentes de gestação substituta ou de casais homoafetivos, mas pela falta de regulamentação ou legislação, era necessário a intervenção judicial, mesmo que administrativa por meio do Juiz Corregedor Permanente de cada Registro Civil das Pessoas Naturais para que fosse possível a lavratura do assento de nascimento, de acordo com o consenso externado na clínica de reprodução assistida pelos participantes do procedimento.

O Corregedor Geral da Justiça do Estado de Pernambuco, Desembargador Dr. Jones Figueiredo Alves, expediu o primeiro ato normativo administrativo registral estadual que regulamentou o procedimento de registro de nascimento de filhos havidos de reprodução assistida, por casais heteroafetivos ou homoafetivos; e tornou admitida, expressamente, a averbação de paternidade socioafetiva, dispensada a autorização prévia judicial à abertura do assento de nascimento.

Nesse sentido, o Enunciado 608, da VII Jornada de Direito Civil, do Conselho da Justiça Federal, em 29 de setembro 2015, o Enunciado 12, do *X Congresso Brasileiro de Direito de Família*, do IBDFAM, de 23 de outubro de 2015 e a Resolução 2.121/2015, do Conselho Federal de Medicina, consideram que o registro de nascimento de filhos havidos de reprodução assistida, por casais homo ou heteroafetivos deve ser realizado diretamente no cartório de Registro Civil, sendo dispensável a propositura de uma ação judicial, sempre que existir regulamentação da

---

nº 1.358/1992 do Conselho Federal de Medicina, em razão das declarações apresentadas pelos interessados antes da fertilização e inseminação artificiais – Assento de nascimento já lavrado, por determinação do MM. Juiz Corregedor Permanente, com consignação da paternidade reconhecida em favor dos genitores biológicos – Recurso não provido. CGJSP. Processo:2009/104323. DATA JULGAMENTO: 19/03/2010. DATA DJ: 09/04/2010. Relator: José Marcello Tossi Silva. In Kollemata: goo.gl/qFNOOS. Acesso 15/11/2016.

Registro de nascimento – reprodução assistida heteróloga parcial (doação de oócito) com maternidade de substituição – prevalência da verdade contida no procedimento de reprodução assistida consoante pedido de todos participantes do protocolo médico – registro de nascimento – recurso provido. CGJSP. Processo:5.122/2013. DATA JULGAMENTO: 16/09/2013. DATA DJ: 30/09/2013. Relator: José Renato Nalini. In Kollemata: goo.gl/tMvqZZ. Acesso 15/11/2016.

31. Lei nº 12.662/2012: Assegura validade nacional à Declaração de Nascido Vivo - DNV, regula sua expedição, altera a Lei no 6.015, de 31 de dezembro de 1973, e dá outras providências.

Corregedoria de Justiça local. E atualmente, esta afirmação foi validade pelo ato normativo expedido pelo provimento nº. 52/2016 do CNJ.

Diante do aumento de casos de nascimentos oriundos das técnicas de reprodução assistida e gestação substituta, e inúmeras decisões judiciais favoráveis consonantes ao registro e o próprio aperfeiçoamento médico por meio das resoluções do CFM, o CNJ publicou o recente Provimento nº. 52/2016 para possibilitar que o direito mais básico de um cidadão, o registro de nascimento, seja efetuado por casais hétero ou homoafetivos, casados ou conviventes em união estável, mesmo com a presença de apenas um deles, diretamente perante o Registro civil das Pessoas Naturais, independentemente de autorização judicial ou participação do Ministério Público, desde que apresentem os documentos necessários a comprovação do procedimento adotado.

Ficou estabelecido que será lançado em registro civil o nome dos pais titulares do projeto parental, independentemente dos dados constantes na Declaração de Nascido Vivo (DNV) e desde que comprovada a entidade familiar perante o Registro Civil, seja do casamento pela certidão respectiva ou pela união estável por escritura pública ou sentença declaratória, ou ainda por certidão da união estável registrada no registro civil das pessoas naturais.

Ademais, a certidão de nascimento nos modelos estabelecidos pelos provimentos nº. 2 e 3/2009 do CNJ, admite-se que sejam incluídas no campo da filiação as denominações: pai, mãe, avós paternos e avó maternos. O provimento da reprodução assistida definiu que não serão adequadas tais nomenclaturas nos casos de casais homoafetivos, sendo que determinou a não indicação de forma a causar qualquer conotação pejorativa ou que deem margem a qualquer discriminação quanto a filiação da criança nestes casos, que causaria evidente discriminação de gênero. Logo, os campos devem ser reformulados nas futuras certidões de nascimento para eliminar tais nomenclaturas.

Quanto aos documentos apresentados para o registro de nascimento, além dos documentos obrigatórios definidos na Lei 6.015/73 (LRP), como a Declaração de Nascido Vivo da criança e os documentos de identificação dos pais para completar os elementos do registro de nascimento (art. 54, LRP), nos casos de utilização das técnicas de reprodução assistida, será necessário também apresentar os documentos definidos no art. 2º do provimento 52/2016 do CNJ: a) declaração do diretor técnico da clínica ou médico responsável com reconhecimento de firma de sua assinatura sobre a técnica de reprodução assistida utilizada; a utilização de doador e/ou seus registros, características fenotípicas, e beneficiários; c) certidão de casamento ou de união estável ou escritura pública ou sentença que a reconheça, ou ainda certidão do registro da união estável expedida pelo registro civil em caso do comparecimento de apenas um dos cônjuges ou companheiro para que o registro seja feito em nome de ambos;

Ademais, nas hipótese de doação voluntária de gametas ou de gestação por substituição, é necessário apresentar ainda: a) termo de consentimento prévio, por instrumento público, do doador(a), que autorize expressamente que o registro de nascimento da criança se dê em nome de outrem; b) termo de aprovação prévia, por instrumento público, do cônjuge ou de quem convive em união estável com o doador, e autorize expressamente a realização do procedimento de reprodução assistida; e c) termo de consentimento, por instrumento público, do cônjuge ou do companheiro da beneficiária ou receptora da reprodução assistida, que autorize expressamente a realização do procedimento. Reforça ainda que na gestação em substituição, o registro não será feito em nome da parturiente constante na DNV, e sim em nome daqueles participantes do projeto de paternidade decorrente da gestação.

Destaca-se que o provimento do CNJ estabeleceu a necessidade de autorização prévia e específica do falecido(a) para uso do material genético biologicamente preservado *post mortem*, lavrado por instrumento público, o que não era tratado pela legislação.

Ademais, reconheceu o direito de conhecimento da ascendência genética ou biológica para os casos de TRA heteróloga com a finalidade relacionada a saúde ou tratamento de doenças. Entretanto, é bastante claro ao prever que o conhecimento da ascendência genética não importará em reconhecimento de vínculo de parentesco e efeitos jurídicos, o que vai de encontro a norma prevista também na Lei Federal 8.069/1990(ECA).

Tal normativa encerra qualquer discussão a respeito da paternidade e da maternidade decorrente das técnicas de reprodução assistida ou gestação substituta, principalmente quanto aos efeitos jurídicos da filiação no direito de família atual.

Como defendido por Letícia Franco Maculan Assumpção e Isabela Franco Maculan Assumpção[32], trata-se de mais um mecanismo de

---

32. MACULAN, Leticia Franco. ASSUMPÇÃO, Isabela Franco Maculan. *"O grande avanço representado pelo Provimento nº 52/CNJ: independe de ordem judicial o registro de nascimento de crianças*

"desjudicialização" ou "extrajudicialização", que demonstra a confiança depositada pela Corregedoria Nacional de Justiça aos Oficiais de Registro Civil das Pessoas Naturais, que atuarão independentemente de qualquer autorização judicial. Segue-se a tendência de retirar, do Poder Judiciário, o exame de quaisquer causas em que não haja lide, transferindo-as para os serviços extrajudiciais.

Neste sentido, destacamos o prestígio da normativa do CNJ aos Tabeliães de Notas na lavratura das escrituras públicas decorrentes do negócio jurídico de reprodução assistida e gestação substituta, o que demonstra a opção normativa do CNJ em consonância aos valores da Segurança Jurídica e na atuação do Tabelião de Notas dotada de fé pública e na prevenção de litígios. Ressalva-se que a utilização da escritura pública não é obrigatória nos casos das técnicas de reprodução assistida, e por isso terá uma cobrança diferenciada pela sua facultatividade, mas pode ser utilizada como um importante mecanismo de garantir a presunção de veracidade dos acordos estabelecidos e evitar conflitos relacionados ao ato. Neste sentido, como proposto por Lucas Barelli Del Guércio, em artigo que sugere a utilização da escritura pública para o reconhecimento de paternidade socioafetiva[33] como um mecanismo de conferir justamente uma maior higidez do ato para as partes.

Nesse sentido, sugere-se que seja preferida a escritura pública realizada pelo tabelião de notas dotada de fé pública, atribuída ao documento, decorrente de sua função pública, prevista na Lei federal nº 8.935/94, ressaltando que por não ser necessária a escritura pública, no Estado de São Paulo, a cobrança do ato terá um desconto em razão de poder ser realizado por instrumento particular. Em razão da solenidade não ser obrigatória, deverá ser observada a legislação estadual aplicável aos emolumentos respectivos.

Ademais, importa destacar que é celebrado um verdadeiro contrato entre as partes participantes das técnicas de reprodução assistida, principalmente, no caso da utilização da gestação substituta de útero na qual existem situações jurídicas que devem ser previamente esclarecidas e acordadas entre as partes como a maternidade da beneficiária, a não

---

concebidas por reprodução assistida. Publicado em 21/03/2016. Disponível em: http://www.notariado.org.br/index.php?pG=X19leGliZV9ub3RpY2lhcw==&in=NzIzMw==

33. DEL GUÉRCIO, Lucas Barelli. *"O Reconhecimento da Paternidade Socioafetiva por escritura pública"* in *O Direito notarial e registral em artigos*. Coordenação: DEL GUÉRCIO NETO, Arthur e DEL GUÉRCIO, Lucas Barelli. São Paulo: YK Editora, 2016, pgs.67-82.

vinculação da maternidade da criança com a gestante ou eventual doadora de material genético, a concordância do cônjuge ou companheiro da gestante, entre outras situações e consequências jurídicas que se não forem bem definidas e esclarecidas podem gerar graves problemas e discussões judiciais futuras.

Destaca-se que a Corregedoria Geral da Justiça do Estado de São Paulo emitiu um provimento (Processo nº 82203/2016; Parecer 186/2016-E)[34] que tratou de implementar as normas administrativas extrajudiciais da reprodução assistida expedidas pelo CNJ nas normas de serviço extrajudiciais de seu Estado, sendo que inovou ao determinar a aplicação da presunção de paternidade além do casamento, também na união estável. É sabido que esta presunção de paternidade na união estável, é defendida na doutrina e na jurisprudência do Superior Tribunal de Justiça, mas que em decorrência da ausência de previsão expressa no texto de lei, não havia possibilidade de aplicação prática pelos cartórios de Registro Civil nos registros de nascimento, o que passou a permitir.

Portanto, pelo fato do artigo 1º, § 1º, do Provimento nº 52/20, do CNJ dispor que "*se os pais forem casados ou conviverem em união estável, poderá somente um deles comparecer no ato de registro, desde que apresentado o termo referido no art. 2º, § 1º, inciso III deste Provimento*", a CGJSP estendeu a aplicação da presunção de paternidade, prevista no artigo 1.597 do Código Civil, tanto para o casamento como também para a união estável.

Fundamenta-se que a aplicação da presunção de paternidade à união estável encontra amparo na Constituição Federal (artigo 226, § 3º), na doutrina e na jurisprudência, pois o reconhecimento constitucional da união estável como entidade familiar serviu de argumento para vários doutrinadores defenderem a equiparação total desse instituto ao casamento inclusive para fins sucessórios. Neste sentido, aponta a jurisprudência dos Tribunais Superiores como no julgamento do Supremo Tri-

---

34. Registro Civil das Pessoas Naturais – Adaptação das NSCGJ ao Provimento nº 52 do CNJ, que trata do registro dos nascimentos decorrentes de reprodução assistida – Ampliação da presunção de paternidade para as hipóteses de união estável, em atenção ao disposto no Provimento nº 52 – Preservação do sigilo da identidade dos doadores de gametas e de embriões, em virtude do que dispõe na Resolução nº 2.121/2015 do Conselho federal de Medicina – Dispensabilidade da lavratura de instrumento público para os consentimentos a serem prestados pelos envolvidos na reprodução assistida – Alteração dos itens 40 e 41 do Capítulo XVII das Normas de Serviço e inserção da Subseção I, sob o título "Do Nascimento Decorrente de Reprodução Assistida", à Seção III do Capítulo XVII das Normas de Serviço da Corregedoria Geral da Justiça.

bunal Federal, sem votação unânime, que deu provimento aos Recursos Extraordinários 646.721-RS e 878.694-MG, com repercussão geral, declarando inconstitucionalidade do artigo 1.790 do Código Civil, que instituía um regime sucessório diferenciado aplicável à união estável, sendo que a tese vencedora fixada no julgamento, proposta pelo Ministro Luís Roberto Barroso, foi no sentido de que é inconstitucional a distinção de regimes sucessórios entre cônjuges e companheiros prevista no art. 1.790 do CC/2002, devendo ser aplicado, tanto nas hipóteses de casamento quanto nas de união estável, o disposto no art. 1.829 do CC/2002.

A doutrina já criticava o inconveniente de existir presunção de paternidade no casamento e não existir na união estável, conforme afirmado por Maria Berenice Dias:

> "A diferenciação é de todo desarrazoada. Se a presunção é de contato sexual exclusivo durante o casamento, esta mesma presunção existe na união estável. Cabe um exemplo. Falecendo o genitor durante a gravidez, ou antes de ter registrado o filho, esse teria de intentar **ação declaratória de paternidade**. A demanda precisaria ser proposta pelo filho representado pela mãe e, no polo passivo, teria de figurar sua mãe, na condição de representante da sucessão. A saída seria nomear um curador ao autor para iniciar uma ação que pode durar anos. Enquanto isso, o filho ficaria sem identidade. Claro que a melhor solução é admitir a presunção da filiação também na união estável. Assim, ainda que a referência legal seja na **constância do casamento**, a presunção de filiação, de paternidade e de maternidade deve aplicar-se à união estável[35]."

Ademais, para a Egrégia Corregedoria Paulista, a nomenclatura genérica "reprodução assistida", utilizada na normativa do CNJ, é importante para tratar especificamente de três hipóteses pontuais que potencialmente geram conflitos no ato de registro de nascimento: a) doação de gametas ou embriões por terceiros, ou reprodução assistida heteróloga; b) gestação por substituição ou cessão de útero ("barriga de aluguel"); e c) inseminação artificial homóloga *"post mortem"*.

Sendo que nas outras hipóteses decorrentes de técnicas de reprodução assistida homóloga, na qual o material genético utilizado para a fecundação provenha dos cônjuges ou companheiros, desde que ambos estejam vivos no momento da concepção ou do registro e que a futura mãe quem gere a criança (sem utilizar-se da gestação por substituição), os termos do provimento são inaplicáveis. Isto porque considera que

---

35. Manual de Direito de Família – 11. ed. rev. atual. e ampl. –São Paulo: Editora Revista dos Tribunais, 2016 – p. 389

houve simplesmente um auxílio médico para a fecundação e não há que se exigir qualquer documento suplementar para a o registro do nascimento da criança em nome dos pais, porque o registro se resolve pelos itens 30 e seguintes do Capítulo XVII das Normas de Serviço da Corregedoria Geral da Justiça do Estado de São Paulo, que tratam do registro de nascimento.

Importa destacar que a CGJSP, ao introduzir a normativa do CNJ em suas normas de serviço, modulou a questão definida no provimento 52/2016 do CNJ quanto ao sigilo do doador, pois retirou do regramento administrativo paulista a necessidade de apresentação de termos de consentimento do doador de gametas ou embriões (no artigo 2º, § 1º, I, do Provimento nº 52 do CNJ) e de seu eventual cônjuge ou companheiro (artigo 2º, § 1º, II, do Provimento nº 52 do CNJ) para o registro da criança, preservando-se o anonimato dos doadores, no mesmo sentido que define a resolução do Conselho Federal de Medicina. Garante-se, entretanto, o direito do filho conhecer sua ascendência genética e mantém a obrigação das *"as clínicas, centros ou serviços onde é feita a doação de manter, de forma permanente, um registro com dados clínicos de caráter geral, características fenotípicas e uma amostra de material celular dos doadores, de acordo com legislação vigente"*.

Portanto, será necessário apresentar apenas uma declaração pelo diretor da clínica de reprodução humana firmando o compromisso de manter, *"de forma permanente, registro com dados clínicos, características fenotípicas e uma amostra de material celular dos eventuais doadores de gametas ou embriões"*, os quais serão arquivados no Registro Civil das Pessoas Naturais no momento do registro, juntamente com informações da técnica adotada e do compromisso de manutenção de registro e de amostra de material celular dos doadores de gametas ou embriões, que permanecerão confiadas exclusivamente às clínicas de reprodução humana.

Outra adaptação promovida pela normativa paulista foi deixar expressa a desnecessidade de se lavrar por instrumento público a formalização dos termos de consentimento dos participantes das técnicas de reprodução assistida, com fundamento no artigo 107 do Código Civil e em benefício da desjudicialização.

Por fim, destaca-se o importante papel do registrador Civil das Pessoas Naturais no ato de documentar o procedimento e efetivá-lo no registro de nascimento diretamente e sem necessidade de intervenção judicial, devido ao exercício de sua atribuição, dotada de fé pública.

CONSIDERAÇÕES FINAIS

O presente estudo buscou tratar da evolução proporcionada pelas Técnicas de Reprodução Assistida e Gestação Substituta e seus reflexos no Direito de Família Contemporâneo, que ocasionaram a necessidade de melhor adequação das normativas extrajudiciais do procedimento de registro de nascimento.

No início do trabalho, a Constituição de 1988 por influência do Pós-Positivismo ampliou o campo cognitivo do direito, a fim de possibilitar maior eficiência e aproximação dos valores da justiça pelo direito e moral e teve como consequência, também o reconhecimento de outros modelos familiares com base no afeto, na solidariedade, na igualdade (art. 5º, *caput*) e na dignidade da pessoa humana (arts. 1º, III e 226, §7º). As novas entidades familiares reconhecidas (casamento, união estável, família monoparental, anaparental, as uniões homoafetivas, as famílias reconstituídas, a família eudemonista e ainda, a família mosaico ou pluriparental; a socioafetividade e a multiparentalidade), influenciaram sobremaneira o surgimento de novos vínculos de paternidade e/ou maternidade entre os indivíduos até então juridicamente inexistentes.

Em paralelo, a evolução da engenharia genética no campo da medicina em especial nas técnicas de reprodução assistidas possibilita que casais inférteis, casais homoafetivos e mulheres engravidem em idades mais avançadas sendo admitida a gestação em substituição, ou "barriga de aluguel", nos casos de impossibilidade *generandi* completa nos casos específicos.

Considera-se que a saúde é um *direito constitucional de todos e dever do Estado*, logo, um direito fundamental prestacional que deve ser garantido por meio de ações e políticas públicas, que permitam condições básicas para o cidadão desenvolver-se. Decorre deste feixe de direitos de saúde, o planejamento familiar, definido como um instituto importante no Direito da Família Contemporâneo (art. 226, §7º da CF) que encontra-se melhor definido na Lei Federal nº 9.263/96.

Destacou-se a evolução da filiação no direito de família pela legislação e jurisprudência apresentadas, principalmente pelo reconhecimento da paternidade socioafetiva e da multiparentalidade que se consolidaram na jurisprudência por força de julgados específicos dos Tribunais Estaduais e do Superior Tribunal de Justiça (STJ). Deste modo o conceito de filiação moderno precisa ser ampliado para abarcar todas as possibilidades de inserção do indivíduo em uma família, pois a filiação é uma relação jurídica que não depende exclusivamente da origem biológica.

Os incisos III, IV e V art. 1597 do Código Civil de 2002 trouxeram a primeira e tímida menção da reprodução assistida na legislação atual nas hipóteses de presunção de paternidade disposta no caput, os quais foram trabalhados em conjuntos com a doutrina. Observou-se que os conceitos foram utilizados de maneira atécnica pelo legislador e que devem ser interpretados de maneira a permitir uma maior integração com os procedimentos médicos admitidos atualmente.

O reflexo do direito de regulação da reprodução assistida nos remete ao pacote de princípios éticos presente no contexto da Bioética, quais sejam a Autonomia, Beneficência e Justiça. Desse modo, a autonomia consiste na capacidade de uma pessoa tomar as decisões quanto ao seu corpo e a sua vida, e ter tais escolhas respeitadas. Ademais, ressalta-se a íntima ligação da Bioética com o Direito de Família – em especial com o registro civil das pessoas naturais – e das demais temáticas com as quais se relacionam.

Logo, as técnicas de reprodução representam um considerável avanço científico que proporciona a necessária assistência médica para aqueles que não conseguem ou não podem gerar seus filhos pelos meios naturais, ou seja, por relações sexuais, sendo preciso utilizar-se da medicina genético-reprodutiva para tanto. Isso se aplica para casais hétero ou homoafetivos, casados ou que convivam em união estável e, também, para pessoas solteiras.

A ausência de normas legais disciplinadoras da reprodução assistida tem sido suprida por normas éticas médicas para a utilização das técnicas, constantes de Resoluções do Conselho Federal de Medicina e por provimentos administrativos das Corregedorias Gerais da Justiça dos Estados e, bem como, da Corregedoria Geral da Justiça Nacional, (CNJ), que consubstanciam os valores identificados do Biodireito e da Bioética.

Conclui-se que as presunções "*pater est quem justae nuptiae demonstrant*" e a "*mater semper certa est*" não são verdades absolutas no campo da reprodução assistida, em razão da possibilidade de ser utilizado material genético de terceiro doador(a).

Este estudo teve como destaque analisar a aplicação prática da normativa expedida pela Egrégia Corregedoria Nacional da Justiça (CNJ), o Provimento nº 53/2016 do CNJ, e das Corregedorias Estaduais que possibilitaram a desjudicialização do registro de nascimento advindo das técnicas de reprodução assistida ser realizado diretamente no Registro Civil das Pessoas Naturais competente.

A normativa do CNJ foi consequência do trabalho de juristas conceituados que definiram requisitos e documentos admitidos para a lavratura do registro de nascimento sem intervenção judicial e a autorização para constar o registro em nome dos pais titulares do projeto parental, independentemente dos dados constantes na Declaração de Nascido Vivo (DNV), que causava muitos conflitos que eram solucionados pelo Judiciário. Ademais, uma vez comprovada a entidade familiar perante o Registro Civil, seja pela certidão de casamento; ou pela escritura pública, sentença declaratória ou, ainda, pela certidão do registro civil das pessoas naturais do registro da união estável.

O provimento também solucionou a discussão sobre a discriminação de gênero nos modelos padronizados da certidão de nascimento que a partir de então deverão ser adequados para não constar qualquer discriminação na nomenclatura dos pais e mães, casais homoafetivos.

Considera-se a importância da atividade notarial na instrumentalização dos contratos de reprodução assistida celebrados entre as partes participantes, de maneira a garantir sua higidez e segurança jurídica necessária em um tema tão sensível do direito, como a filiação e suas consequências jurídicas.

O provimento da Egrégia Corregedoria Geral da Justiça Paulista (Processo nº 82203/2016; Parecer 186/2016-E) também foi destacado neste estudo porque trouxe adaptações na operabilidade do provimento nacional no Estado de São Paulo, o que demonstra importante aprofundamento do tema em questões específicas e que preservem a melhor técnica a ser adotada.

Por fim, destaca-se o relevante papel do Registrador Civil das Pessoas Naturais no ato de documentar o procedimento de reprodução assistida e efetivá-lo no registro de nascimento diretamente em cartório sem necessidade de intervenção judicial como uma medida de efetivação dos valores constitucionais da Cidadania e da Dignidade da Pessoa Humana. Conclui-se que a reprodução assistida é um tema atual com elevada importância no cenário registral e que gera consequências jurídicas relevantes no Direito de Família, sendo necessário um estudo constante por parte dos operadores do direito em detrimento as recentes inovações e, principalmente, pela aplicação prática direta pelos registradores civis das pessoas naturais.

REFERÊNCIAS BIBLIOGRÁFICAS

BEVILÁQUA, Clóvis. Código Civil dos Estados Unidos do Brasil comentado. Vol. II. 11ª, atualizada por achilles Beviláqua. Rio de Janeiro: Editora Paula de Azevedo, 1956,

BRASIL. Conselho Nacional de Justiça. Provimento n. 52, de 14 de março de 2016. Dispõe sobre o registro de nascimento e emissão da respectiva certidão dos filhos havidos por reprodução assistida. [Internet]. Brasília; 14 mar 2016. Disponível em: <http://bit.ly/23pzzDu>. Acesso em 25 jul. 2016.

_____.Conselho Nacional de Justiça. Provimentos n. 16 de 2012. Disponível em: <http://www.cnj.jus.br/images/Provimento_N16.pdf.> Acesso em 25 jul. 2016.

_____. Conselho Nacional de Justiça. Provimento n. 19 de 2012. Disponível em: <http://www.cnj.jus.br/images/Provimento%20Nº19.pdf>. Acesso em 28 jul. 2016.

_____.Supremo Tribunal Federal. Suspenso julgamento sobre tratamento diferenciado a cônjuge e companheiro em sucessões. Disponível em: <http://www.stf.jus.br/portal/cms/verNoticiaDetalhe.asp?idConteudo=324282> Acesso em 29 out. 2016.

CASSETTARI, Christiano. *Multiparentalidade e Parentalidade Socioafetiva: Efeitos Jurídicos*. 3ª Edição. São Paulo: Atlas, 2017.

COELHO, Fábio Ulhôa. Curso de Direito Civil, família, sucessões, volume 5, 5ª. Ed. rev. e atual. São Paulo: Saraiva, 2012.

DEL GUÉRCIO, Lucas Barelli. "O Reconhecimento da Paternidade Socioafetiva por escritura pública" in O Direito notarial e registral em artigos. Coordenação: DEL GUÉRCIO NETO, Arthur e DEL GUÉRCIO, Lucas Barelli. YK Editora, São Paulo: 2016, pg. 67-82.

DIAS, Maria Berenice. Manual de Direito das Famílias – 11ª. edição revista, atualizada e ampliada – Editora revista dos Tribunais, São Paulo: 2016.

DIAS, Maria Berenice. *Manual de Direito das Famílias.* 9ª Edição revista atualizada e ampliada. Revista dos Tribunais, São Paulo: 2013.

DUSILEK, Darci. **Os desafios contemporâneos da bioética.** Disponível em: <http://www.unigranrio.br/comite_etica/galleries/download/comitebioetica.doc>. Acesso em: 9 jul. 2016. Palestra Proferida ao Corpo Clínico do Hospital Evangélico do Rio de Janeiro, em Comemoração ao dia do Médico. Membro do Comitê de Ética em Pesquisa da UNIGRANRIO.

FABRIZ, Daury Cesar. **Bioética e direitos fundamentais**: a bioconstituição como paradigma ao biodireto. Belo Horizonte: Mandamentos, 2003.

GALLO, José Hiran da Silva; GRACINDO, Giselle Crosara Lettieri. **Reprodução assistida, direito de todos. E o registro do filho, como proceder?** Disponível em: http://revistabioetica.cfm.org.br/index.php/revista_bioetica/article/view/1125. Acesso em 09 jul. 2016.

GARRAFA, Volnei . Multi-inter-transdisciplinaridade, complexidade e totalidade concreta em bioética. In: _____.; KOTTOW, Miguel; SAADA, Alya. (Org.). **Bases conceituais da bioética:** enfoque latino-americano. São Paulo: Gaia, 2006.

LOBO, Paulo Luiz Netto. Direito ao Estado de Filiação e Direito à Origem Genética: uma distinção necessária. Revista CEJ, Brasília, n. 27, pp. 47-56, out/dez. 2004

GARRAFA, Volnei. **De uma "bioética de princípios" a uma "bioética interventiva":** crítica e socialmente comprometida. Disponível em: <http://www.anvisa.gov.br/institucional/snvs/coprh/seminario/bio_prin_bio_int.pdf>. Acesso em: 20 jul. 2016.

MONTEIRO, Washington de Barros, Curso, Curso de direito civil: direito de família. São Paulo: Saraiva. v. 2. p. 294.

NERY JUNIOR, Nelson. ET ALL. *Código Civil Comentado* - 11ª Ed. 2014. Revista dos Tribunais, São Paulo, 2016.

PENNA, João Bosco; MEDEIROS, Alexandre Alliprandino; SILVA, Lillian Ponchio e. **Por uma bioética trabalhista. Disponível em:** <http://www.editoramagister.com/doutrina_ler.php?id=545>. Acesso em: 19 jul. 2016.

TAVARES, André Ramos. Curso de Direito Constitucional. São Paulo: Saraiva, 2002, p. 570.

SCALQUETTE, Ana Cláudia S. "Estatuto da Reprodução assistida". Editora Saraiva, São Paulo: 2010. Pag. 142-145.

SCALQUETTE, Ana Cláudia S. "Estatuto da Reprodução assistida". Editora Saraiva, São Paulo:2010. Pag. 307-308, *apud* MEIRELLES, Jussara Maria Leal de. *Filhos da reprodução assistida. In Família e cidadania- o novo* CCB e a *vacatio legis*. Coordenação Rodrigo da Cunha Pereira. Belo horizonte: IBDFAM/Del Rey, 2002.

VILLELA, João Baptista. Desbiologização da Paternidade. Disponível em: http://www.egov.ufsc.br/portal/sites/default/files/anexos/28298-28309-1-PB.htm. Acesso em 22 out. 2016

CAPÍTULO 07

A filiação socioafetiva e o Registro Civil das Pessoas Naturais

Fabiane Queiroz Mathiel Dottore[1]
Mayra Zago de Gouveia Maia Leime[2]

Sumário: 1. Breve histórico e sua evolução; 1.1. A família e a constituição federal de 1988; 1.2. Princípios relacionados à paternidade socioafetiva; 2. Noções gerais sobre filiação; 2.1. Análise constitucional e da legislação brasileira; 2.2. Origens da filiação; 2.3. Da falsa declaração de paternidade; 3. Filiação socioafetiva:; 3.1. Conceito e pressupostos; 3.3. Multiparentalidade; 4. A filiação socioafetiva e o registro civil das pessoas naturais; 5. Conclusão; 6. Referências.

Introdução

A família, conforme estabelece nossa Constituição Federal, em seu artigo 226, é a base da sociedade e tem especial proteção do Estado. Trata-se de célula fundamental pois possui papel essencial não só para cada indivíduo em si mesmo considerado, mas também para a sociedade de forma geral.

Houve, dentre os estudiosos do direito, durante muitos anos, a discussão acerca da abrangência do conceito de família e a defesa, por alguns, de que a Constituição Federal trouxe um rol taxativo sobre suas espécies e por outros que o conceito apresentado por aquela é aberto

---

1. Oficial de Registro Civil e Tabeliã de Notas de Biritiba Mirim-SP, foi Oficial de Registro Civil das Pessoas Naturais e Tabeliã de Notas de Paranapuã - SP entre Fevereiro 2010 e Junho de 2013; Graduada em Direito pelo Centro Universitário Toledo, Pós-graduada em Direito Penal e Processual Penal pela Universidade Gama Filho, Pós-graduada em Direito Notarial e Registral pela Faculdade Arthur Thomas em convênio com o Instituto Brasileiro de Estudos.
2. Oficial de Registro Civil e Tabeliã de Notas de Pedra Bela- SP, Graduada em Direito pela Pontifícia Universidade Católica de São Paulo (PUC-SP); Pós-graduada em Direito Civil pela Universidade Gama Filho; Pós-graduada em Direito Processual Civil pela Universidade Gama Filho.

e incluiria outras espécies além daquelas expressamente mencionadas, como, por exemplo, a união estável entre pessoas do mesmo sexo.

A verdade é que tanto a entidade familiar quanto os estudos e os debates foram evoluindo ao longo do tempo. A evolução deriva do termo latino *"evolutione"* e refere-se ao ato ou efeito de evoluir, à transformação lenta, que leva de um estado a outro e que é contínua. Assim, cabe ao Direito acompanhar essas mudanças e possibilitar a sua concretização, neste caso, especialmente o Direito Registral.

Dentro do estudo da família o tema da filiação mostra-se de altíssima importância, pois se revela a base que sustenta a família, ponto determinante em toda a formação do indivíduo humano. Conforme a sociedade evolui, exige-se celeridade no avanço do direito, através das decisões judiciais, estudos doutrinários e alterações legislativas, de modo a garantir proteção dos novos padrões da sociedade, sempre em busca de ampliar e garantir direitos e deveres especialmente neste aspecto tão relevante da família que traz reflexos a toda convivência social.

Desse modo, este trabalho busca tratar em especial da filiação socioafetiva, espécie que vem ganhando grande espaço nas famílias e na sociedade, deixando de lado a visão unicamente biológica de outrora. Objetivamos, sem o intuito de esgotar o tema, apresentar as recentes decisões acerca do tema, tanto do Supremo Tribunal Federal quanto da Corregedoria Geral de Justiça do Estado de São Paulo, e analisar o papel fundamental do Registro Civil das Pessoas Naturais, que é o serviço extrajudicial que atua diretamente com o estado da pessoa natural, conferindo direitos de cidadania, dignidade da pessoa humana e concretiza, além da publicidade, a regularidade das situações familiares.

1. BREVE HISTÓRICO E SUA EVOLUÇÃO

1.1. A família e a constituição federal de 1988

A partir da Constituição Federal de 1988, o Direito Civil passou a ser visto como um Direito Civil Constitucional,[3] que busca uma nova análise metodológica para os institutos de Direito Privado. Isto significa uma personalização do Direito Civil em detrimento de sua antiga fixação no

---

3. LOTUFO, Renan. Direito Civil Constitucional. Cadernos 1. 1999. Ed. Max Limonad. Pg.07

patrimônio familiar[4], pois o indivíduo agora é tratado como centro do ordenamento, em uma posição de maior valorização.

O instrumento para sua melhor interpretação é o chamado diálogo das fontes[5], através do qual se busca a compreensão dos institutos jurídicos com a complementaridade entre todas as leis. Assim, analisa-se a família não só com base no Código Civil, mas também, com enfoque na Constituição Federal, no Estatuto da Criança e do Adolescente e na legislação extravagante.

A Constituição Federal de 1988 trouxe uma visão diferenciada de família, não se pautando apenas pelas pessoas individualmente consideradas, mas também pela sociedade como um todo, com garantias e princípios que valorizam sua formação e manutenção dela, especialmente com base no afeto entre seus membros. nas palavras de Rodrigo da Cunha Pereira[6]: "A partir do momento em que a família deixou de ser o núcleo econômico e de reprodução para ser o espaço do afeto e do amor, surgiram novas e várias representações sociais para ela"

Antes dessa evolução, a única compreensão admitida da família relacionava-se àquela constituída pelo casamento, uma vez que o Código Civil de 1916 repudiava qualquer outra entidade familiar que não a matrimonial. No entender de Luiz Edson Fachin[7], aquele Código trazia um sistema fechado, que abordava assuntos de interesse da classe dominante, silenciando sobre institutos que a sociedade não queria ver codificados, como o modo de apropriação de bens e a vida em comunhão.

Foi a jurisprudência que, com o passar do tempo e gradativamente, contribuiu para a construção de uma proteção às famílias extramatrimoniais que, com o advento da Constituição Federal de 1988, passaram ao *status* de entidades familiares. A partir do reconhecimento e proteção trazidos pela Constituição Federal a tais relações, que passam a ser tratadas pelo Direito de Família, as novas famílias passaram a ter seus direitos garantidos pela legislação, por exemplo, a Lei n. 8.971/94 (que regulamentou os direitos dos companheiros a alimentos e à sucessão),

---

4. DIAS, Maria Berenice, Quem é o pai? Disponível em http://www.mariaberenice.com.br/uploads/2_-_quem %E9_o_pai.pdf acesso em 20/11/2016
5. TARTUCE, Flavio. Manual de Direito Civil. Volume único. 2016. 6ª Edição. Ed. Método, pg. 65
6. PEREIRA, Rodrigo da Cunha. Direito de família e o novo Código Civil. Coord.: Rodrigo da Cunha Pereira e Maria Berenice Dias. Belo Horizonte: Del Rey/IBDFAM, 2002, p. 226-227
7. FACHIN, Luiz Edson. Teoria crítica do direito civil. Rio de Janeiro: Renovar, 2003. p. 298.

a Lei n. 9.278/96 (que regulamentou a União Estável), e até mesmo pelo atual Código Civil.

Um marco legislativo que trouxe o afeto para o cerne do conceito de família foi a Lei de Violência Doméstica e Familiar Contra a Mulher, a Lei n. 11.340/06, que previu a caracterização da violência doméstica e familiar contra a mulher quando a ação ou omissão nos ditames ali previstos se derem "em qualquer relação íntima de afeto, na qual o agressor conviva ou tenha convivido com a ofendida, independentemente de coabitação[8]". Dispõe também no inciso II do mesmo artigo 5° que se deve entender como família a comunidade formada por indivíduos que são ou se consideram aparentados, unidos por laços naturais, por afinidade ou por vontade expressa.

Ainda pode-se citar a consagração do conceito de família extensa ou ampliada no artigo 25, parágrafo único do Estatuto da Criança e do Adolescente[9], que prevê ser família "extensa ou ampliada aquela que se estende para além da unidade pais e filhos ou da unidade do casal, formada por parentes próximos com os quais a criança ou o adolescente convive e mantém vínculos de afinidade e afetividade".

Assim, conforme as estruturas familiares foram sendo paulatinamente flexibilizadas, o direito precisou evoluir e criar meios para proteger essas diversas novas relações, como é o caso da filiação não biológica, pautada pela afetividade, objeto do presente trabalho.

1.2. Princípios relacionados à paternidade socioafetiva

Impossível desvencilhar o estudo da família e da filiação da análise e apontamento dos princípios que lhe dão toda base e força normativa. Vejamos brevemente alguns dos mais relevantes para o enfoque dado ao presente estudo:

(a) Princípio da dignidade da pessoa humana: previsto como fundamento da República Federativa do Brasil no artigo 1º, inciso III, da Constituição Federal é essencial para aplicação de qualquer outro direito inerente a pessoa, dentro e fora da família. Busca resguardar desde os direitos mais básicos até os elevados para que toda pessoa viva com respeito, honra e consciente de seu próprio valor.

---

8. Artigo 5°, III, da Lei n. 11.340/06. Para parte da Doutrina, como a de Iglesias Fernanda de Azevedo Rabelo e Rodrigo Viana Saraiva, esta previsão afetiva também serviu para abarcar relações homoafetivas.
9. com redação dada pela Lei n. 12.010/09

(b) Nicola Abbagnano[10] ao definir dignidade faz a seguinte colocação:

> como "princípio da dignidade humana", entende-se a exigência enunciada por Kant como segunda fórmula do imperativo categórico: "Age de tal forma que trates a humanidade, tanto na tua pessoa como na pessoa de qualquer outro, sempre também como um fim e nunca unicamente como um meio"(GrundlegungzurMet. derSitten, II). Esse imperativo estabelece que todo homem, aliás, todo ser racional, como fim em si mesmo, possui um valor não relativo (como é, p. ex., um preço), mas intrínseco, ou seja, a dignidade. "O que tem preço pode ser substituído por alguma outra coisa equivalente, o que é superior a qualquer preço, e por isso não permite qualquer equivalência, tem Dignidade"

O Registro Civil das Pessoas Naturais tem relevante papel na garantia da dignidade da pessoa humana, pois participa de toda a vida do indivíduo, dando publicidade, segurança e eficácia necessárias aos mais diversos aspectos da vida humana que passam pelo Registro Civil.

É com a documentação dele proveniente que possibilita o efetivo exercício da cidadania e de que o faça de forma digna, pois é essa documentação que dá suporte para qualquer outra que venha em seguida durante a vida humana para exercício de direitos e deveres na vida civil.

(c) Princípio da igualdade entre os cônjuges: afastou a visão de que o chefe de família era o marido trazendo as questões relacionadas à gestão do núcleo familiar para ambos os participantes[11] igualando homens e mulheres no âmbito familiar. O desenvolvimento e engajamento da mulher na sociedade e mercado de trabalho trouxe um respeito quanto a sua capacidade para gerenciar a família, tanto quanto o homem.

(d) Gilmar Mendes, Ingo Sarlet e outros [12] ensinam, sobre tal princípio que:

> para pôr fim àquelas desigualdades, a Constituição exerceu o papel fundamental de, ao estabelecer a igualdade entre cônjuges e entre os filhos, garantir a autonomia individual (mais ou menos ampla conforme a idade) e pressupor a solidariedade entre os seus membros. Quando, então, declara que a família é a base da sociedade (art. 226, caput), na verdade ratifica a democracia no seio desta, compatibilizando o modelo

---

10. ABBAGNANO, Nicola. Dicionário de Filosofia. Editora Martins Fontes, São Paulo, 2007, p.276
11. Artigo 226, § 5º da Constituição Federal: "Os direitos e deveres referentes à sociedade conjugal são exercidos igualmente pelo homem e pela mulher".
12. STRECK, Lenio L. Comentário ao artigo 5o, XII. In: CANOTILHO, J. J. Gomes; MENDES, Gilmar F.; SARLET, Ingo W.; _____ (Coords.). Comentários à Constituição do Brasil. São Paulo: Saraiva/Almedina, 2013. p. 2.117

familiar que lhe serve de fundamento e a sociedade democrática (CF, art. 1o, caput).

E mais atualmente, com a inclusão dos casais homoafetivos no conceito de família, tem-se mais firme a certeza de que há igualdade entre os sexos também na relação familiar, não se fazendo qualquer diferenciação relacionada ao gênero da pessoa humana.

Ressalta-se que por força desse princípio as leis que tratam do reconhecimento de paternidade devem ser entendidas amplamente, como reconhecimento de filiação, incluindo a possibilidade em pé de igualdade para o reconhecimento de maternidade nos mesmos moldes, ainda que seja muito mais frequente a necessidade do reconhecimento de paternidade.

(e) Princípio da igualdade jurídica entre os filhos: Um dos principais princípios relacionados à família, encontra-se previsto no artigo 227, § 6º, da Constituição Federal. Este trata de impor respeito e igualdade de tratamento a todos os filhos, independentemente da origem, forma e data de estabelecimento da filiação.

(f) Este proíbe discriminação de qualquer espécie, impondo o reconhecimento e igual valorização do filho qualquer que seja a origem deste laço. Flávio Tartuce elucida:

> Em suma, juridicamente, todos os filhos são iguais perante a lei, havidos ou não durante o casamento. Essa igualdade abrange também os filhos adotivos e aqueles havidos por inseminação artificial heteróloga (com material genético de terceiro). Diante disso, não se pode mais utilizar as odiosas expressões *filho adulterino* ou *filho incestuoso* que são discriminatórias. Igualmente, não podem ser utilizadas, em hipótese alguma, as expressões *filho espúrio* ou *filho bastardo, comuns em passado não tão remoto.*[13]

Por conta desse princípio em especial não se pode negar o direito ao reconhecimento da filiação socioafetiva, uma vez que ela tem o mesmo valor que qualquer outra e o tratamento dado a estes deve ter identidade com o ao dado a quaisquer outros.

(d) Princípios da paternidade responsável e do planejamento familiar: conforme o artigo 227, § 7º da Constituição Federal o planejamento familiar é de livre decisão do casal, não podendo sofrer coação ou impo-

---

13. TARTUCE, Flávio. Direito civil, v. 5 : Direito de Família / Flávio Tartuce. – 11. ed. rev., atual. e ampl. – Rio de Janeiro: Forense, 2016, pg. 15

sição de pessoa, física ou jurídica, pública ou privada, que se encontre fora do núcleo familiar. Flávio Tartuce[14] ensina:

> Repise-se que a Constituição Federal de 1988 incentiva a paternidade responsável e o próprio planejamento familiar, devendo o Estado propiciar recursos educacionais e científicos para o exercício desses direitos, vedada qualquer forma coercitiva por parte de instituições oficiais e privadas (art. 226, § 7.º, da CF/1988). Além disso, o Estado deve assegurar a assistência à família na pessoa de cada um dos que a integram, criando mecanismos para coibir a violência no âmbito de suas relações (art. 226, § 8.º, da CF/1988)

A partir do momento que o pai ou a mãe pretendem reconhecer a relação de filiação socioafetiva, mediante ingresso dessa realidade nos registros públicos, mormente o de nascimento do filho, este direito não pode ser negado. É preciso que o Estado promova os meios que facilitem o reconhecimento e respeite as relações que já existem entre os familiares.

(e) Princípio da pluralidade familiar e da Afetividade: o grande norte da evolução do conceito de família foi o reconhecimento de sua pluralidade, tanto pela Constituição Federal de 1988 quanto legislação infraconstitucional, juntamente com a doutrina e jurisprudência. Reconhece-se como família não mais apenas o casamento, mas sim qualquer arranjo de indivíduos que esteja ligado por vínculos afetivos.

O fundamento hoje não está na forma, como antigamente acontecia, mas no afeto, posto que é este o princípio que sustenta a pluralidade familiar. Mais do que qualquer outra razão, é a afetividade entre indivíduos que cria um laço único transformando-os em família. A vontade de constituírem, por si uma família é que determina essa realidade. O mesmo será defendido quanto a filiação, posto que a afetividade cria laços com igualdade de forças em relação aqueles gerados pelas demais origens. Giselle Câmara Groeninga[15] esclarece:

> O papel dado à subjetividade e à afetividade tem sido crescente no Direito de Família, que não mais pode excluir de suas considerações a qualidade dos vínculos existentes entre os membros de uma família, de forma que possa buscar a necessária objetividade na subjetividade inerente às relações. Cada vez mais se dá importância ao afeto nas considerações das relações familiares; aliás, um outro princípio do Direito de Família é o da afetividade.

---

14. Ob. Cit. Pg 21
15. GROENINGA, Giselle Câmara. *Direito Civil*. Direito de Família. Orientação: Giselda M. F. Novaes Hironaka. Coordenação: Aguida Arruda Barbosa e Cláudia Stein Vieira. São Paulo: RT, 2008. v. 7.

(f) Princípio da convivência familiar: previsto no artigo 19 do Estatuto da Criança e do Adolescente, este princípio valoriza as relações de afeto que a criança e o adolescente têm com o núcleo familiar, sendo este a principal base para sua formação como pessoa, seus valores, personalidade e estrutura para a convivência em sociedade.

Importa muito mais quem a criança vê e reconhece como seus pais do que a origem biológica da relação. A pessoa com quem ela convive como pai ou mãe é que tem o poder de influenciar sua formação, seus valores, suas decisões, sua educação, enfim, toda a sua vida e, por isso, deve ter o direito de ingressar no assento de nascimento como tal, de forma que possa exercer seus direitos e ser cobrada pelo Estado e pela sociedade quanto aos deveres que dessa relação surgem.

(g) Princípio do melhor interesse da criança: previsto nos artigos 227, "caput" da Constituição Federal e 3º do Estatuto da Criança e do Adolescente é princípio de extremo valor para a comunidade jurídica atuante na área da Infância e Juventude, estabelece o dever de todos, sociedade, Estado e família agirem em prol do que seja melhor para a criança e para o adolescente.

O Superior Tribunal de Justiça[16] já entendeu que não cabe alegação de nulidade, nem mesmo pelo Ministério Público, de processo de adoção que tenha respeitado os ditames de proteção do menor. Vejamos a ementa:

> Estatuto da Criança e do Adolescente – ECA. Adoção. Intimação do Ministério Público para audiência. Art. 166 da Lei 8.069/1990. Fim social da lei. Interesse do menor preservado. Direito ao convívio familiar. Ausência de prejuízo. Nulidade inexistente. Não se declara nulidade por falta de audiência do Ministério Público se – a teor do acórdão recorrido – o interesse do menor foi preservado e o fim social do ECA foi atingido. O art. 166 da Lei 8.069/1990 deve ser interpretado à luz do art. 6.º da mesma lei.

Esse princípio possui, como diversos outros, um conteúdo abstrato, para que, sem prever cada uma das possíveis situações, abarque as mais diversas e estabeleça a solução que proteja mais amplamente a criança e o adolescente. Para saber se o melhor interesse do menor está sendo realizado, a situação deve ser analisadas caso a caso. Além do mais, deve-se evoluir conforme as necessidades se apresentem para que haja efetiva proteção desse melhor interesse da criança. A questão da filiação

---

16. STJ, REsp 847.597/SC, Rel. Min. Humberto Gomes de Barros, 3.ª Turma, j. 06.03.2008, *DJ* 01.04.2008, p. 1

socioafetiva é um grande exemplo desse enquadramento do princípio na evolução dos valores da sociedade. Não há como negar que o melhor interesse da criança estará protegido se ela puder ter sua filiação socioafetiva reconhecida, com a tutela de seus interesses preservados neste aspecto tão essencial de sua trajetória de vida.

2. NOÇÕES GERAIS SOBRE FILIAÇÃO

2.1. Análise constitucional e da legislação brasileira

O Código Civil de 1916 diferenciava os filhos conforme o estado civil dos pais, uma vez que a única família prestigiada era a que decorria do vínculo matrimonial. Os filhos eram classificados, na lição de Carlos Roberto Gonçalves[17], da seguinte forma:

> Os filhos que não procedim de justas núpcias, mas de relações extramatrimoniais, eram classificados como ilegítimos e não tinham sua filiação assegurada pela lei, podendo ser naturais e espúrios. Os primeiros eram os que nasciam de homem e mulher entre os quais não havia impedimento matrimonial. Os espúrios eram os nascidos de pais impedidos de se casar entre si em decorrência de parentesco, afinidade ou casamento anterior e se dividiam em adulterinos e incestuosos. Somente os filhos naturais podiam ser reconhecidos, embora apenas os legitimados pelo casamento dos pais, após sua concepção ou nascimento, fossem em tudo equiparados aos legítimos (art. 352).

Com o advento do Decreto-lei 4737, de 24/09/1942 e da Lei 883, de 21/10/1949 trouxeram ao nosso ordenamento o direito ao reconhecimento dos filhos havidos fora do casamento, mas, este poderia ocorrer apenas após a dissolução do mesmo. Já em 1977 a Lei nº 6.515, conhecida como Lei do Divórcio, alterou a Lei 883/1949 e passou a permitir o reconhecimento de filhos extramatrimoniais durante o casamento por meio de testamento cerrado, fosse este aprovado antes ou depois do nascimento do filho.

A promulgação da Constituição Federal de 1988 mostrou-se verdadeiro divisor de águas entre o sistema anterior e o que instituiu, uma vez que trouxe grande partes dos princípios já mencionados e inseriu a proibição de qualquer espécie de discriminação entre os filhos, permi-

---

17. Gonçalves, Carlos Roberto Direito civil brasileiro, volume 6: direito de família / Carlos Roberto Gonçalves. — 9. ed. — São Paulo : Saraiva, 2012, disponível em <http://www.ebah.com.br/content/ABAAAgF0UAE/direito-civil-brasileiro-2012-vol-6-direito-familia-carlos-roberto--goncalves> Acesso em 29 Nov. 2016

tindo que os pais pudessem, a qualquer tempo fazer o reconhecimento de sua prole.

A Lei nº 8.560/92 regulamentou o reconhecimento de paternidade trazendo amplas possibilidades para sua realização, de forma a facilitar e incentivar sua realização. Com a sistemática trazida por esta Lei, qualquer filho poderia ser reconhecido diretamente no registro de nascimento, por perfilhação, por escritura pública, por escrito particular, por testamento (ainda que incidentalmente) ou por manifestação expressa e direta perante o juiz, ainda que o reconhecimento não haja sido o objeto único e principal do ato que o contém, sempre independente de qualquer condição ou termo.

O Conselho Nacional de Justiça (CNJ) preocupado em facilitar o reconhecimento da filiação, o fez disciplinando a atuação dos Registradores Civis das Pessoas Naturais através, dentre outros, dos Provimentos de números 12, 16 e 26. Essa atuação traz real impacto na dinâmica dos reconhecimentos, vez que o serviço extrajudicial tem papel fundamental na prática dos atos com esta finalidade, zelando e garantindo a dignidade da pessoa humana através de sua atuação diária.

O Provimento 12/2010 do CNJ objetivou alcançar as crianças que estavam matriculadas em escolas e não possuíam a paternidade nos seus registros de nascimento, preocupação que surgiu após pesquisa que demonstrou ser irrisório o número de investigações oficiosas de paternidade e em razão de o Censo de 2009 identificar que havia 3.853.972 (três milhões, oitocentos e cinquenta e três mil, novecentos e setenta e dois) alunos com menos de 18 anos sem informação da paternidade no registro de nascimento.

O Provimento surtiu consideráveis efeitos ao determinar que se encaminhasse ao Judiciário estes casos para que fossem tomadas medidas efetivas no sentido de que a mãe indicasse o suposto pai de seu filho, e, caso este não confirmasse expressamente a paternidade, o juiz encaminharia os dados ao Ministério Público para a promoção da ação de investigação de paternidade.

O Provimento 16/2012 do mesmo CNJ trouxe ainda mais a efetiva participação do Registro Civil das Pessoas Naturais nos reconhecimentos de paternidade ou maternidade. Em que pese trate expressamente sobre a paternidade não há que se negar sua aplicação ao reconhecimento de maternidade, instituindo em nosso ordenamento a possibilidade do reconhecimento ser feito direta e administrativamente, perante o Registro Civil das Pessoas Naturais, representando o modo mais célere, simples e seguro para o cidadão.

Através deste Provimento 16, o pai passou a poder reconhecer o filho sem intervenção judicial ou do Ministério Público, desde que haja a concordância da genitora, caso o filho seja menor, ou do próprio reconhecido, caso maior, e desde que não conste no registro nenhum pai. Isto porque a atuação dos serviços extrajudiciais se dá sempre no intuito da prevenção de conflitos, da legalidade e do consenso, não podendo destituir a paternidade existente nem averiguar o cabimento de multiparentalidade, atribuições conferidas, exclusivamente ao magistrado na atuação jurisdicional.

O mesmo Provimento cuidou da sistemática da indicação do suposto pai, que pode ser feita no ato de registro ou posteriormente, a qualquer tempo, sendo indicado pela mãe ou até mesmo pelo próprio interessado, se maior, remetendo o Oficial, neste caso, a indicação do Juiz Corregedor Permanente, ou outro a que a organização estadual atribua a fiscalização do extrajudicial, o para que colha a declaração do pai com relação a paternidade a ele atribuída.

O Provimento 26/2012 do CNJ cuida do mesmo projeto "Pai Presente" instituído pelo provimento 12, em razão dos ótimos resultados obtidos através dele e da necessidade de seu aperfeiçoamento, estabeleceu uma investigação ativa, com chamamento das mães de alunos sem a paternidade estabelecida para, querendo, indica-los, seguindo, ademais, o procedimento já estabelecido.

No Estado de São Paulo a Corregedoria Geral de Justiça editou o Provimento nº 36/2014, com a finalidade de evitar o tráfico de crianças para fins de adoção, estabeleceu a prioridade na tramitação das ações de adoção e de destituição do poder familiar, regulamentando também o apadrinhamento afetivo e financeiro e o reconhecimento da paternidade socioafetiva.

Especificamente com relação à paternidade socioafetiva estabeleceu que no âmbito da infância e juventude em relação às crianças e adolescentes maiores de dois anos deverá ser observado o rito da Lei nº 8.560/92 e com relação aos menores de dois anos deverá ser seguido o rito da adoção previsto no Estatuto da Criança e do Adolescente.

2.2. Origens da filiação

Com a evolução do direito de família não se fala mais em classificação da filiação, mas usa-se o termo "origens" apenas como forma didática para o estudo, vez que nenhuma diferenciação será admitida, nem com relação a sua nomenclatura, nem com relação às obrigações ou efeitos. Na teoria e na prática estabeleceu-se igualdade absoluta, não fazendo diferença, para nenhuma seara, se determinado filho advém biologicamente ou não, por qualquer que seja a origem, o tratamento deferido a ele será o mesmo, bem como seus direitos e deveres e de seus pais.

Na lição de Flávio Tartuce "filiação é a relação jurídica existente entre ascendentes e descendentes de primeiro grau, ou seja, entre pais e filhos"[18]. A origem biológica é aquela que decorre da natureza, comprovada com exame de DNA e que se presume nas hipóteses legais previstas nos incisos I a IV artigo 1597, do Código Civil, decorrentes do casamento ou da União Estável, como reconhece a Doutrina e as Normativas Estaduais, especialmente no Estado de São Paulo.

A origem jurídica ocorre quando há filiação por adoção ou por inseminação artificial heteróloga, com autorização do marido (artigo 1597, inciso V, Código Civil – hipótese em que há doação do material genético de terceiro). Com relação a estas a paternidade é irrevogável, sendo a hipótese do inciso V do artigo 1.597 do Código Civil considerada a única presunção de paternidade absoluta de nosso ordenamento jurídico.

Já a origem socioafetiva é aquela que decorre do afeto, da efetiva convivência familiar e tratamento como pai/mãe e filho. A socioafetividade é um critério para estabelecimento de relações familiares nascidas do afeto, que se exterioriza na vida social. É um fato a ser compreendido, aceito e reconhecido pelo direito. Deve-se provar a existência dos elementos que a compõe, quais sejam, o reconhecimento social (aspecto externo) e a afetividade (aspecto interno). O elemento externo traduz o interno, podendo ser identificado objetivamente, mediante a aferição dos requisitos típicos das relações fundadas no afeto: *tractatio, reputatio* e *nominativo*[19].

Importante frisar que existe um direito, que não implica em relação de filiação que se refere ao conhecimento da origem biológica. Trata-se de direito que o filho possui e que os tribunais reconhecem para que a pessoa tome conhecimento de sua origem genética sem que impliquem reconhecimento de paternidade, vez que ela já possui vínculo de pater-

---

18. TARTUCE, Flavio. Manual de Direito Civil. Volume único. 2016. 6ª Edição. Ed. Método, p 1.370
19. BARBOZA, Heloisa Helena. Efeitos jurídicos do parentesco socioafetivo. Disponível em http://www.ibdfam.org.br/_img/congressos/anais/180.pdf Acesso em 29 nov. 2016

nidade em seu registro. É o que acontece, por exemplo, para crianças que tenham sido adotadas mas desejem informações de seus genitores a respeito de doenças hereditárias.

2.3. Da falsa declaração de paternidade

A falsa declaração de paternidade, além de se tratar, civilmente, de ato nulo em virtude da ilicitude de seu objeto (artigo 145, II do Código Civil) configura-se crime no ordenamento pátrio. O Código Penal vigente tipifica tanto a conduta de registrar como seu filho de outrem quanto a de dar parto alheio como próprio, em seu artigo 242[20], sendo ambas punidas com pena de reclusão. Esta prática, apesar de criminosa, já foi mais, mas ainda é tão comum no Brasil, que muitos se referem a ela como "adoção à brasileira".

Apesar do reconhecimento de ser bastante corriqueira a prática deste crime ela não é privativa dos brasileiros e tampouco estes só atingem seus objetivos legítimos através do crime, razão pela qual as autoras do presente estudo repudiam a utilização do termo "adoção a brasileira" termo bastante difundido mas que, de forma contundente, agride a honestidade de grande parte da nossa população que vive conforme as leis e pauta-se pela honestidade e boa-fé nas suas relações públicas e privadas.

Na esfera civil, como ato nulo não produz efeitos e não há que se falar em prescrição vez que o ato possui na origem vício de nulidade absoluta, de modo que o resultado não pode ser outro que não seja a exclusão do falso pai do registro de nascimento.

Walter Ceneviva[21], diz, *in verbis*:

> O registro cria presunção relativa de verdade. É retificável, modificável e, por ser o oficial um receptor de declaração de terceiros, que examina segundo critérios predominantemente formais, não alcança o registro o fim que lhe é determinado pela definição legal; não dá autenticidade ao

---

20. Art. 242 - Dar parto alheio como próprio; registrar como seu o filho de outrem; ocultar recém-nascido ou substituí-lo, suprimindo ou alterando direito inerente ao estado civil: (Redação dada pela Lei nº 6.898, de 1981)

    Pena - reclusão, de dois a seis anos. (Redação dada pela Lei nº 6.898, de 1981)

    Parágrafo único - Se o crime é praticado por motivo de reconhecida nobreza: (Redação dada pela Lei nº 6.898, de 1981)

    Pena - detenção, de um a dois anos, podendo o juiz deixar de aplicar a pena. (Redação dada pela Lei nº 6.898, de 1981)

21. CENEVIVA, Walter. Lei de Registros Públicos Comentada. Ed. Saraiva, 20ª Edição, 2010. P. 56.

negócio causal ou ao fato jurídico de que se origina. Só o próprio registro tem autenticidade.

O reconhecimento inverídico gera um enorme prejuízo para o filho reconhecido, uma vez que o pai que declara ser o biológico quando não o é está violando todo o procedimento de uma adoção legítima, ainda que com a melhor das intenções, como vimos acima, é configurado crime em nossa legislação.

Com a possibilidade da declaração da paternidade socioafetiva o risco da falsidade quase inexiste, visto que não há um dado objetivo, como a sequência de um DNA, para desconstituir aquele vínculo posteriormente, baseando-se o relacionamento em vínculo de afeto. O reconhecimento extrajudicial socioafetivo limita-se aqueles que não possuem filiação estabelecida no registro de nascimento, restrição a que não se submete o reconhecimento judicial da paternidade com esta mesma origem.

No reconhecimento socioafetivo o pai declara ciência de que a paternidade socioafetiva é irrevogável, garantindo ao filho reconhecido que nenhuma ação pautada na falsidade da declaração poderá modificar aquele registro neste aspecto[22], dando-lhe até mais segurança do que a declaração da paternidade biológica que pode ser desconstituída caso inverídica, o que pode ser facilmente comprovado.

3. FILIAÇÃO SOCIOAFETIVA:

3.1. Conceito e pressupostos

A paternidade socioafetiva é aquela que não possui origem biológica, mas, paute-se pelo afeto, confiança, amor. Paulo Lôbo, lembrando que toda pessoa em formação tem direito à paternidade, lembra que ao pai que assumiu voluntariamente a filiação, o direito assegura a igualdade de direitos e deveres ao genitores biológicos, de modo que:

> A paternidade socioafetiva não é espécie acrescida, excepcional ou supletiva da paternidade biológica; é a própria natureza do paradigma atual da paternidade, cujas espécies são a biológica e a não-biológica. Em outros termos, toda a paternidade juridicamente considerada é socioafetiva, pouco importando sua origem.[23]

---

22. Enunciado n. 339 da IV Jornada de Direito Civil: "A paternidade socioafetiva, calcada na vontade livre, não pode ser rompida em detrimento do melhor interesse do filho".

23. LOBO, Paulo. Paternidade socioafetiva e o retrocesso da súmula 301-STJ , disponível em http://www.ibdfam.org.br/_img/congressos/anais/37.pdf . Acesso em 19 nov. 2016

Não há parâmetros nem requisito temporal para que se verifique se há ou não uma relação de paternidade socioafetiva, conforme Carmela Salsamendi de Carvalho estabelece:

> Não há uma fórmula para se identificar o vínculo afetivo, porém, há elementos estruturais que podem configurá-lo, são eles: tempo de convívio familiar, afetividade, comportamentos e vontade de ser pai[24]

Apesar disso, a Doutrina estabelecia, para sua aplicação ainda sob a égide do Código Civil de 1916, três pressupostos para o reconhecimento da paternidade socioafetiva, quais sejam o *tractus*, consistente no tratamento de filho pelo pai/mãe; a *nominatio*, configurada pelo uso do nome de família representado pela apresentação do indivíduo como filho daquele que pretende reconhecida a paternidade e como último requisito, a *reputatio*, que é o conhecimento pela sociedade de que aquele ser pertence a determinada família.

Temos, portanto que a paternidade é sempre socioafetiva possui requisitos para ser reconhecida, pois não é qualquer afeto a que se atribui força para criar vínculo de parentesco. O vínculo há de ser púbico, reconhecido pela sociedade, como filho, não bastando o afeto entre amigos, afilhados, parentes em geral para que se configure a paternidade socioafetiva.

3.2 Supremo tribunal federal e a socioafetividade

Recentemente[25] o Supremo Tribunal Federal proferiu importante decisão[26] em que se manifestou sobre a filiação socioafetiva. A sociedade observou atentamente a decisão a qual foi atribuída repercussão geral, proferida no Recurso Extraordinário (RE) 898.060 especialmente porque, no caso em análise, o pai biológico pleiteava sua exclusão do registro de sua filha, uma vez que esta já possuía reconhecida a paternidade socioafetiva, havendo, no caso, a figura de dois pais em seu registro de nascimento.

O recurso do pai biológico sustentava a preponderância da paternidade socioafetiva sobre a biológica, alegando que não representaria fuga da responsabilidade, mas, impediria a opção por conveniência, do pai e do filho, do reconhecimento da paternidade em razão dos efeitos

---

24. CARVALHO, Carmela Salsamendi de. Filiação socioafetiva e "conflitos" de paternidade ou maternidade Curitiba: Juruá Editora, 2012, p. 115.
25. A decisão foi proferida aos 21 de setembro de 2016 e a tese da repercussão geral fixada em sessão de 22 de setembro de 2016.
26. Disponível em http://www.stf.jus.br/arquivo/cms/noticiaNoticiaStf/anexo/RE898060.pdf Acesso em 20 nov. 2016

patrimoniais dela resultantes. Sua intenção era de que fosse reconhecido ascendente biológico sem vínculo de paternidade em razão de a filha já ter, em seu registro, estabelecida a filiação socioafetiva.

O Instituto Brasileiro de Direito de Família (IBDFAM) participou do julgamento como *amicus curiae*, sustentando que a Constituição de 1988 trouxe a igualdade de filiação e que não há hierarquia entre as origens de filiação, defendendo ainda que o reconhecimento jurídico da parentalidade socioafetiva, consolidada na convivência familiar duradoura, não pode ser impugnada com fundamento exclusivo na origem biológica.

O Procurador-Geral da República, Rodrigo Janot, ressaltou em sua manifestação a impossibilidade de se decidir, em abstrato, qual vínculo deve prevalecer com base em sua origem, uma vez que deve ser analisado, em cada caso concreto, o melhor interesse da criança e a autodeterminação do sujeito.

O Relator do acórdão foi o Ministro Luiz Fux, para quem o reconhecimento pelo ordenamento jurídico de modelos familiares diversos da concepção tradicional, não autoriza decidir entre a filiação afetiva e a biológica quando o melhor interesse do descendente for o reconhecimento jurídico de ambos os vínculos. Em seu voto, o ministro relata a evolução social da família pela quebra do paradigma do casamento, anteriormente presente em nosso ordenamento, pela Constituição Federal de 1988.

Para o ministro os vínculos parentais devem ser analisados à luz do "sobreprincípio da dignidade humana" (artigo 1°, III, da CF/88) no qual estaria implícito o direito à busca da felicidade. O voto do relator é riquíssimo, trazendo além da evolução histórica da família e exemplos do direito alienígena pertinentes à decisão proferida. Menciona que todos os arranjos familiares, ainda que alheios à regulação estatal, não podem restar desabrigados da proteção, como a questão da pluriparentalidade, devendo ser concomitantemente protegidos os vínculos, de modo a proteger os sujeitos envolvidos, com base no princípio da dignidade da pessoa humana e da paternidade responsável.

Assim, sem desprestigiar nenhum vínculo de parentesco, o voto do Ministro foi no sentido de negar provimento ao recurso do pai biológico, mantendo ambos os vínculos e reconhecendo que, no caso, essa solução atenderia melhor ao interesse do filho. A tese fixada para a repercussão geral recebeu a seguinte redação: "A paternidade socioafetiva, declarada ou não em registro público, não impede o reconhecimento do vínculo de filiação concomitante baseado na origem biológica, com todas as suas consequências patrimoniais e extrapatrimoniais".

O Relator foi seguido pela maioria dos Ministros, Rosa Weber, Dias Toffoli, Ricardo Lewandowski, Gilmar Mendes, Marco Aurélio, Celso de Mello e a presidente da Corte, ministra Cármen Lúcia. A divergência ficou por conta dos ministros Edson Fachin e Teori Zavascki para os quais, vencidos, a paternidade biológica não gera necessariamente relação de parentesco, podendo ser reconhecida apenas como ascendência genética não devendo ser confundidas.

O mais importante desta decisão, em nossa visão, foi exatamente a não opção na tese fixada pela prevalência de um vínculo em detrimento de outro. Isso revela que o STF reflete as determinações constitucionais de paternidade responsável, não discriminação entre as origens de filiação e melhor interesse da criança, fazendo prevalecer a dignidade da pessoa humana em cada um dos casos que venham a ser analisados futuramente.

3.3. Multiparentalidade

O reconhecimento de um vínculo socioafetivo pode ou não resultar em multiparentalidade, conforme o socioafetivo seja o único vínculo existente ou concorra com ele outro vínculo biológico.

A multiparentalidade é a possibilidade de se incluir mais de uma pessoa como pai ou mãe de um mesmo indivíduo, é aceitar a pluralidade onde antes cabia apenas a singularidade. Um dos primeiros julgados do Tribunal de Justiça do Estado de São Paulo admitindo a multiparentalidade trouxe o reconhecimento da maternidade socioafetiva de um rapaz cuja mãe biológica havia falecido por ocasião do parto. Criado como filho por outra mulher, pleiteou sua inclusão como mãe, sem, contudo pretender retirar de seu registro, aquela que por ele, literalmente deu a vida, pleito que foi acolhido pelo referido Tribunal[27].

---

27. Apelação cível 0006422-26.2011.8.26.0286. Comarca de Itu, SP. 1ª Câmara de Direito Privado. Relator Alcides Leopoldo e Silva júnior. Disponível em <https://esaj.tjsp.jus.br/pastadigital/abrirDocumentoEdt.do?origemDocumento=M&nuProcesso=0006422--26.2011.8.26.0286&cdProcesso=RI00161X00000&cdForo=990&tpOrigem=2&flOrigem=S&nmAlias=SG5SP&cdServico=190201&ticket=gE66W3I%2FcIF2ghOM%2Fh%2FIOzbDmGLf%2FMwTyeWqRiDkbRiCy4IUZbNOKN4F0xYudKlvaL7B5rZdekvSxS3Olvp9KH01dlp92%2BGHI0iHgKWVoS2vkQg%2Fd2Uzp%2BGny%2BKR%2BYOwTWXptQignWFJch18b0slhVJAxI81Jt1ZT%2BJoEhNu9ewTKkKcDXAyd06Id9oAttklsLqd9soWDUY%2BRzCYwWnB%2FQXQXgSLsa2dw0qCewUSFzg%3D> Acesso em 20 nov. 2016

Apesar de muito comum hoje em dia a multiparentalidade especialmente com as diversas formações familiares e o crescimento dos reconhecimentos socioafetivos a sociedade precisa evoluir bastante para que estes novos formatos de família sejam mais facilmente aceitos evitando prejuízos e discriminação. Por exemplo o sistema das escolas públicas, que cadastra as crianças apenas em nome da mãe ou mesmo o sistema criminal, que também se vale do nome da mãe para seus cadastros, como fará na hipótese de duplo vínculo materno ou de pessoa filha de casal formado apenas por homens?

Como toda a evolução, esta também pressupõe uma adequação social, ativa e célere para evitar discriminação e prejuízo aos que fogem do que antes era considerado o padrão das famílias. Sugerimos que sejam utilizados apenas números de documentos para cadastrar e identificar as pessoas, vez que, por exemplo, o número de CPF/MF não é capaz de gerar nenhuma espécie de prejuízo ou discriminação sendo absolutamente seguro para garantir a identidade daquele ser, independente de sua arquitetura familiar.

4. A FILIAÇÃO SOCIOAFETIVA E O REGISTRO CIVIL DAS PESSOAS NATURAIS

O provimento 16 do CNJ já tratado, facilitou muito a realização do reconhecimento de paternidade, porém, não pode ser utilizado para o reconhecimento extrajudicial da paternidade socioafetiva, mas, somente do vínculo biológico, vez que traz, no modelo anexo ao Provimento, a limitação de sua aplicação ao reconhecimento biológico.

No Estado de São Paulo, o reconhecimento da paternidade por afetividade em cartório foi objeto da decisão da Corregedoria Geral de Justiça no processo N. 2014/88189[28]. Nesta decisão o juiz assessor da Corregedoria, o Dr. Gustavo Henrique Bretas Marzagão, notou, que não se exige para o reconhecimento extrajudicial da paternidade biológica qualquer comprovação além da simples declaração, devendo ser dado ao reconhecimento não biológico o mesmo tratamento, primando também pela desjudicialização vez que inexiste impedimento legal para este reconhecimento.

---

28. O caso apreciado nesta oportunidade veio a ser regulamentado, posteriormente, pelo Provimento 52 do CNJ, que trata da reprodução assistida na constância de casamento ou união estável, admitindo, para estes casos, reconhecimento de paternidade direto perante o registrador civil, quando realizado na ocasião do registro de nascimento.

Ao analisar, no caso concreto, a questão do risco de fraude para estas declarações, considera ser a mesma segurança obtida pela via judicial, vez que os mesmo documentos que serviriam de alicerce seriam apresentados e examinados que serviriam de base para a inevitável sentença de procedência de eventual ação de investigação de paternidade socioafetiva, notando ainda que nenhum sistema é imune a fraudes.

Em suas palavras:

> A sistemática do reconhecimento administrativo estabelecido pela Lei nº 8.560/92, da mesma forma, também é suscetível a burlas, na medida em que não exige mais do que a simples declaração voluntária do pai em relação ao filho a ser reconhecido. Por fim, também a via judicial pode ser usada para chancelar situação de filiação socioafetiva inexistente, bastando que os fraudadores se casem ou constituam união estável por escritura pública para dar aparência de convivência familiar e, com isso, alcançar o espúrio objetivo.
>
> Assim, também sob o prisma da segurança, não se pode obstar o reconhecimento da filiação socioafetiva na via administrativa.
>
> Em contrapartida, deve-se sempre lembrar que a boa-fé é sempre presumida, de modo que não se pode impedir o benefício para muitos em virtude do eventual desvio de conduta de alguns.
>
> E que, em caso de suspeita de fraude, o registrador sempre poderá recorrer ao juiz corregedor permanente.

Assim, conclui na decisão que é razão de justiça permitir que o pai cujo vínculo se originou no afeto possa ter o direito de registrar o seu filho, com base na previsão Constitucional do artigo 227, parágrafo sexto, que proibindo discriminação relativa à filiação assegura os mesmos direitos aos filhos nascidos ou não da relação de casamento.

Em nosso entendimento, esta decisão, pelos seus fundamentos é de grande relevância para o registro civil e pode vir a ser utilizada para justificar futura regulamentação do reconhecimento de paternidade socioafetivo direto perante o registro civil das pessoas naturais. Há Estados, como o Maranhão[29], que já admitem por Provimentos próprios o reconhecimento de paternidade socioafetiva direto perante o Registrador civil, restrito a reconhecidos maiores de 18 (dezoito) anos sem paternidade estabelecida no registro, condicionado o ato à anuência do filho ou remessa aos Juiz competente.

---

29. Provimento nº 21/2013 – CGJ-MA. Disponível em http://www.cnj.jus.br/noticias/judiciario/76152-provimento-autoriza-reconhecimento-de-paternidade-socioafetiva acesso em 20 Nov. 2016

Importante notar que pelo caráter consensual das serventias extrajudiciais, os casos em que já haja paternidade estabelecida no assento de nascimento deverão ser remetidos à esfera judicial, mas, não se vê nenhum óbice a que seja implementado nacionalmente, o reconhecimento extrajudicial da filiação socioafetiva perante o registrados, com base na segurança inerente aos seus serviços como já acontece com a paternidade biológica.

5. CONCLUSÃO

Ante todo o exposto concluímos que a paternidade socioafetiva tomou grande espaço em nosso ordenamento. Com o avanço do Direito de Família e os novos moldes familiares reconhecidos e admitidos atualmente mostra-se demasiadamente importante, tendo-se em vista a proteção da dignidade humana, o reconhecimento desta origem afetuosa de filiação.

Pacífico esse reconhecimento tanto judicial quanto extrajudicialmente nos termos da decisão da Corregedoria mencionada neste trabalho, observamos que a regulamentação desta matéria ainda pode e deve evoluir para que seja facilitada nos mesmos moldes em que a paternidade biológica o foi com o advento do Provimento 16 do Conselho Nacional de Justiça.

Se a paternidade biológica independe de provas para ser reconhecida por mera declaração perante o registrador, muito menos dependeria a socioafetiva, em que as partes envolvidas declaram que o vínculo que as une é pautado pelo afeto e pelo desejo de ver nos registros públicos, a realidade experimentada no seio familiar.

Ainda que inviável, como também é o biológico, na hipótese de já haver um pai registral, não se deve excluir ou dificultar o reconhecimento direito perante o Oficial do Registro Civil das Pessoas Naturais, desta paternidade com origem não biológica.

Apesar das grandes evoluções sociais, vimos que a multiparentalidade ainda encontra alguns entraves de ordem prática, que podem facilmente ser contornados se adotados métodos não pautados pela filiação nos cadastros e demais sistemas de identificação, seja de alunos ou presos, por exemplo.

Reconhecer os novos modelos familiares e adequar as sistemáticas diárias é dever de todos os seres humanos, especialmente nós, estudantes e profissionais do direito. Temos que atuar em nosso dia a dia, sempre visando a redução de problemas, de desconforto e discriminação em razão dos novos arcabouços familiares e humanos.

6. REFERÊNCIAS.

ABBAGNANO, Nicola. Dicionário de Filosofia. Editora Martins Fontes, São Paulo, 2007, p. 276

Brasil. Constituição Federal de 1988. Disponível em <http://www.planalto.gov.br/ccivil_03/Constituicao/Constituicao.htm>. Acesso em 16 set. 2016.

Brasil. Lei 6.015 de 1973. Lei de Registros Públicos. Disponível em <https://www.planalto.gov.br/ccivil_03/leis/L6015compilada.htm> Acesso em 17 nov. 2016.

Brasil., Lei 8.069 de 1990 – Estatuto da Criança e do Adolescente. Disponível em <https://www.planalto.gov.br/ccivil_03/leis/L8069.htm> Acesso em 15 nov. 2016.

Brasil, Lei 13.105 de 2015. Código de Processo Civil. Disponível em <https://www.planalto.gov.br/ccivil_03/_ato2015-2018/2015/lei/l13105.htm> Acesso em 16 nov. 2016.

Brasil, Lei 10.406 de 2002. Código Civil, disponível em <www.planalto.gov.br/ccivil_03/leis/2002/L10406.htm> Acesso em 16 nov.2016

Brasil. Superior Tribunal de Justiça. STJ, REsp 847.597/SC, Rel. Min. Humberto Gomes de Barros, 3.ª Turma, j. 06.03.2008, DJ 01.04.2008. Disponível em <https://ww2.stj.jus.br/processo/revista/inteiroteor/?num_registro=200601129255&dt_publicacao=01/04/2008 Acesso em 20 nov. 2016.

Normas de Serviço da Corregedoria Geral de Justiça do Estado de São Paulo, disponível em http://www.tjsp.jus.br/Corregedoria/Corregedoria/NormasExtrajudicial?f=2 último acesso em 17/11/2016.

BARBOZA, Heloisa Helena. Efeitos jurídicos do parentesco socioafetivo. Disponível em http://www.ibdfam.org.br/_img/congressos/anais/180.pdf Acesso em 29 nov. 2016.

BODIN DE MORAES, M. C. A família democrática. In: CUNHA PEREIRA, R. (Coord.). Família e dignidade humana. Anais do V Congresso Brasileiro de Direito de Família. São Paulo: IOB Thompson, 2006, p. 620. No mesmo sentido, BARBOZA, H. H. A família na perspectiva do vigente Direito Civil. In: LOYOLA, M. A. (Org.). Bioética: reprodução e gênero na sociedade contemporânea. Rio de Janeiro: Associação Brasileira de Estudos Populacionais, 2005.

CAFFARATE, Viviane Machado. Uma análise crítica sobre princípio da igualdade na filiação e sobre direitos fundamentais específicos da criança e do adolescente a luz do paradigma do Estado Democrático de Direito. Disponível em http://www.ambito-juridico.com.br/site/index.php?n_link=revista_artigos_leitura&artigo_id=4648. Acesso em 07 out. 2016.

CAMARGO Neto, Mario de Carvalho; OLIVEIRA, Marcelo Salaroli. Registro Civil das Pessoas Naturais I. São Paulo, Editora Saraiva, 2014 (Coleção Cartórios/ coordenação Christiano Cassettari).

CARVALHO, Carmela Salsamendi de. Filiação socioafetiva e "conflitos" de paternidade ou maternidade. Curitiba: Juruá Editora, 2012.

CENEVIVA, Walter. Lei de Registros Públicos Comentada. Ed. Saraiva, 20ª Edição, 2010.

241

DIAS, Maria Berenice, Quem é o pai? Disponível em <http://www.mariaberenice.com.br/uploads/2_-_quem_%E9_o_pai.pdf> acesso em 28 nov. 2016.

FACHIN, Luiz Edson. Teoria crítica do direito civil. Rio de Janeiro: Renovar, 2003.

GONÇALVES, Carlos Roberto. Direito civil brasileiro, volume 6: direito de família / Carlos Roberto Gonçalves. — 9. ed. — São Paulo: Saraiva, 2012, disponível em <http://www.ebah.com.br/content/ABAAAgF0UAE/direito-civil-brasileiro-2012-vol-6--direito-familia-carlos-roberto-goncalves> Acesso em 29 nov. 2016.

GONÇALVES, Camila de Jesus Mello. Breves considerações sobre o princípio do melhor interesse da criança e do adolescente. Disponível em <http://www.editoramagister.com/doutrina_23385195_BREVES_CONSIDERACOES_SOBRE_O_PRINCIPIO_DO_MELHOR_INTERESSE_DA_CRIANCA_E_DO_ADOLESCENTE.aspx. Acesso em 10/10/2016> Acesso em 12 set. 2016.

GROENINGA, Giselle Câmara. Direito Civil. Direito de Família. Orientação: Giselda M. F. Novaes Hironaka. Coordenação: Aguida Arruda Barbosa e Cláudia Stein Vieira. São Paulo: RT, 2008. v. 7.

LIMA, Adriana Karlla de, "Reconhecimento da paternidade socioafetiva e suas consequências no mundo jurídico. Disponível em <http://www.ambito-juridico.com.br/site/index.php?n_link=revista_artigos_leitura&artigo_id=9280> Acesso em 08 out. 2016.

LÔBO, Paulo. Direito ao estado de filiação e direito à origem genética: uma distinção necessária. Disponível em https://jus.com.br/artigos/4752/direito-ao-estado-de--filiacao-e-direito-a-origem-genetica. Acesso em 05/10/2016> Acesso em 20 nov. 2016.

____. Paternidade socioafetiva e o retrocesso da súmula 301-STJ , disponível em <http://www.ibdfam.org.br/_img/congressos/anais/37.pdf> Acesso em 19 nov. 2016.

LOTUFO, Renan. Direito Civil Constitucional. Cadernos 1. 1999. Ed. Max Limonad.

PEREIRA, Rodrigo da Cunha. Direito de família e o novo Código Civil. Coord.: Rodrigo da Cunha Pereira e Maria Berenice Dias. Belo Horizonte: Del Rey/IBDFAM, 2002.

RABELO, Iglesias Fernanda de Azevedo; SARAIVA, Rodrigo Viana. A Lei Maria da Penha e o reconhecimento legal da evolução do conceito de família. Revista Jus Navigandi, Teresina, ano 11, n. 1170, 14 set. 2006. Disponível em: <https://jus.com.br/artigos/8911> Acesso em 29 nov. 2016.

SANTOS, Reinaldo Velloso dos; Registro Civil das Pessoas Naturais, Sergio Antonio Fabris ed. Porto Alegre, 2006.

STRECK, Lenio L. Comentário ao artigo 5o, XII. In: CANOTILHO, J. J. Gomes; MENDES, Gilmar F.; SARLET, Ingo W.; _____ (Coords.). Comentários à Constituição do Brasil. São Paulo: Saraiva/Almedina, 2013.

TARTUCE, Flavio. Manual de Direito Civil. Volume único. 6ª Edição. Ed. Método, 2016.

_____. Direito civil, v. 5 : Direito de Família / Flávio Tartuce. – 11. ed. revisada, atualizada e ampliada – Rio de Janeiro: Forense, 2016.

CAPÍTULO 08

Teorias do casamento

Talita Keio Prado Sato[1]

Sumário: 1) Introdução ao Direito de Família; 2) Conceito de Direito de Família; 3) Histórico de Casamento; 4) Conceito de Casamento; 5) Natureza Jurídica do Casamento; 6) Conclusão; Bibliografia

1) INTRODUÇÃO AO DIREITO DE FAMÍLIA

A família como entidade orgânica, deve ser analisada sob o ponto de vista sociológico, antes de ser analisada como fenômeno jurídico.

A origem da família, no início das civilizações não era formada por relações individuais; as pessoas viviam em grupos para a manutenção da vida, para mera necessidade, não havendo laços socioafetivos.

Tinha-se a endogamia[2] onde as relações sexuais se davam entre todos os membros que integravam a tribo, sendo a mãe conhecida, mas o pai não, tendo a família caráter matriarcal; após veio a exogamia, que em decorrência das guerras e a falta de mulheres, os homens passaram a procurar relações com mulheres de outras tribos, antes de procurar em seu próprio grupo, e os historiadores fixam aqui a primeira manifestação contra o incesto no meio social; e por fim, a monogamia, partindo para as relações individuais, apesar de que ainda há civilizações em que ocorra a poligamia.

---

1. Oficial de Registro Civil e Tabelião de Notas de Irapuru, Comarca de Pacaembu, Estado de São Paulo. Formada pela Faculdade de Direito da Alta Paulista FADAP/FAP – Tupã/SP. Pós-Graduada pela Faculdades Integradas Antonio Eufrásio de Toledo de Presidente Prudente/SP, Especialista em Direito Civil e Processual Civil. Pós-Graduada pela Universidade para o Desenvolvimento do Estado e da Região do Pantanal, Especialista em Direito e Processo do Trabalho.
2. PEREIRA. Caio Mario da Silva. Instituições de Direito Civil. 11ª ed. Rio de Janeiro: Forense, 1996, p. 17.

A monogamia teve um importante papel social para beneficiar os filhos, criando o exercício do poder paterno. Para o doutrinador Sílvio de Salvo Venosa[3] "a família monogâmica converte-se, portanto, em um fator econômico de produção, pois esta se restringe quase exclusivamente aos interiores dos lares, nos quais existem pequenas oficinas". Essa situação somente se modifica com a Revolução Industrial, surgindo um novo modelo de família, perdendo a característica de unidade de produção, ou seja, seu papel econômico, e passando a ser uma instituição com assistência recíproca entre os entes familiares, valores morais, éticos, afetivos, espirituais.

A família tinha uma formação diferente em cada região; na Babilônia, a família era formada pelo casamento monogâmico, mas permitia-se que o marido tivesse uma segunda esposa caso a primeira não pudesse ter filhos ou tivesse algum problema de saúde, pois nessa época a principal finalidade do casamento era a procriação. Já em Roma e na Grécia o que mais importava era o culto familiar, sendo vista a família como uma unidade econômica, política, militar e religiosa, ou seja, uma instituição central. A mulher, por exemplo, quando se casava abandonava o culto de seu pai e passava a cultuar os deuses de seu marido. O afeto natural até podia existir, mas não era o que unia os membros da família. A família era formada por pessoas que viviam no mesmo lar, e invocavam os mesmos antepassados[4].

Era muito importante que esse culto familiar continuasse existindo, e isso deveria ocorrer por um descendente homem, por isso, era tão importante ter um filho homem naquela época; e não bastava gerar um filho, ele deveria decorrer de um casamento religioso.

Por isso, na antiguidade e durante a Idade Média o casamento não tinha por finalidade o afeto natural, e sim o culto doméstico.

Com o Cristianismo o conceito de família foi alterado, com forte influência do matrimônio, e só era considerada família àquela decorrente do casamento.

No século XX ainda se priorizava a família decorrente do casamento, mas agora não mais com intuito de convivência, e sim com base no afeto, no amor, na felicidade. Deixa de ser uma fonte de produção, onde todos trabalhavam sob a supervisão de um chefe.

---

3. VENOSA. Sílvio de Salvo. Direito Civil: Direito de Família. 4ª ed. São Paulo: Atlas S.A., 2004, p. 17.
4. VENOSA. Sílvio de Salvo. Direito Civil: Direito de Família. 4ª ed. São Paulo: Atlas S.A., 2004, p. 18.

O conceito de família foi alterado mais uma vez, e com o caráter democratizante, plural e multifacetário surge uma nova perspectiva axiológica diante das novas formações familiares.

Hoje há diversos arranjos familiares, quais sejam: famílias matrimoniais, heterossexuais, homossexuais, monoparentais, anaparentais, unitária, recombinadas, reconstruídas, mosaicos, de inseminações artificiais homólogas e heterólogas, as "barrigas de aluguel", poliamorismo etc...

Em relação à natureza jurídica da família muito já se discutiu entre os doutrinadores, que no passado defendiam ser uma "pessoa jurídica", pois possuía direitos patrimoniais e extrapatrimoniais. Mas esse entendimento está superado, não sendo a família considerada uma pessoa jurídica, pois lhe falta aptidão para adquirir direitos e contrair obrigações. Quem adquire direitos são os membros que a compõem.

Apesar de não ser pessoa jurídica, a família possui capacidade judiciária ou personalidade anômala, ou seja, exclusiva para o processo, podendo figurar em um dos polos de uma relação jurídica, pois a legitimidade processual está relacionada com a pertinência subjetiva da demanda, conforme dispõe os artigos 17 e 18 do Novo Código de Processo Civil.

Ainda não há um consenso entre os doutrinadores sobre a natureza jurídica da família, mas a doutrina majoritária entende ser uma "instituição", teoria trazida da França, pelo francês Maurice Hauriou[5].

Em sendo uma instituição, a família é considerada uma reunião de pessoas que se sujeitam à autoridade e condutas sociais e que regulam a procriação e educação dos filhos. É vista de forma regular, formal e com a finalidade de exercer uma atividade.

Atualmente, a família deixa de ser vista como um núcleo econômico e de reprodução e passa a ter um caráter socioafetivo, na qual as pessoas buscam a felicidade de seus membros, ou seja, ela visa o eudemonismo, alcançando assim, a dignidade humana.

2) CONCEITO DE DIREITO DE FAMÍLIA

O Direito Civil deve ser interpretado de acordo com a Constituição Federal, o qual é denominado de Direito Civil Constitucional ou Civiliza-

---

5. VENOSA. Sílvio de Salvo. Direito Civil: Direito de Família. 4ª ed. São Paulo: Atlas S.A., 2004, p. 22.

ção do Direito Constitucional, e tem como principal princípio o da dignidade humana.

De acordo com a Constituição Federal, em seu artigo 226, a família é a base da sociedade, e por isso, tem proteção especial do Estado.

Para Clóvis Beviláqua[6] o Direito de Família é "complexo das normas que regulam a celebração do casamento, sua validade e os efeitos que dele resultam, as relações pessoais e econômicas da sociedade conjugal, a dissolução desta, as relações entre pais e filhos, o vínculo do parentesco e os institutos complementares da tutela e curatela".

De acordo com Luciano L. Figueiredo e Roberto L. Figueiredo[7], a Constituição Federal assume o papel de elemento unificador, integrador e orientador de todo o sistema civil, ou seja, de vértice axiológico do ordenamento jurídico.

Assim, os direitos fundamentais previstos no Texto Maior são aplicados diretamente nas relações privadas do direito de família. É um direito público subjetivo no qual ninguém pode ser excluído desse direito; é a chamada teoria irradiante ou da eficácia horizontal dos direitos fundamentais.

Com isso há a personalização ou repersonalização do Direito Civil, que passa a ser despatrimonializado, ou seja, a pessoa é tratada antes do patrimônio, visando a dignidade, o bem-estar e a justiça social, tudo de acordo com a solidariedade social.

Mais uma vez, citando os doutrinadores Luciano L. Figueiredo e Roberto L. Figueiredo:

> A família dantes fincada em uma concepção de mundo agrária, paternalista, heterossexualizada, biologizada, hierarquizada, matrimonializada, patrimonialista e institucional; foi atingida pela nova tábua axiológoca constitucional. Paramos de falar de uma família-instituição. A família tornou-se um instrumento, cujo escopo é a promoção da felicidade de seus membros (família-instrumento).[8]

O conceito de família no Brasil passou por várias transformações, que antes era considerada somente aquela decorrente do casamento indissolúvel, e os filhos "legítimos" somente os que derivavam desse matrimônio.

---

6. BEVILÁQUA, Clovis. **Código Civil dos Estados Unidos do Brasil comentado**. 5ª ed. São Paulo: Francisco Alves, 1937, p. 06.
7. FIGUEIREDO, Luciano L.; FIGUEIREDO, Roberto L. Direito Civil: Família e Sucessões. Coleção Sinopses para Concursos. Edições Juspodivm. Salvador: JusPODIVM, 2014, p. 34.
8. Ibidem, p. 36.

Hoje, a família é vista de forma ampla, sem discriminação, havendo diversas formas de família como citado acima.

Mas, apesar de toda essa transformação que a família vem passando com os seus diversos arranjos familiares, o Código Civil de 2002 não tratou de diversos temas, como as famílias monoparentais, anaparentais, as famílias mosaico, a união homoafetiva, a exclusão da culpa no divórcio, a sucessão do cônjuge sobrevivente quando concorre com filhos comuns e não comuns do falecido (concorrência híbrida), a multiparentalidade no registro civil, entre outros temas.

É por isso, que os Tribunais se deparam com tantas demandas para serem solucionadas, em virtude dessa dinâmica social, e cada vez mais os princípios ganham importância na resolução desses problemas.

O Código Civil traz o Direito de Família dividido em dois grupos: a) o Direito Existencial de Família, que trata da pessoa humana, com normas de ordem pública ou cogentes; e b) o Direito Patrimonial de Família, que trata do patrimônio, com normas de ordem privada ou dispositivas.

3) HISTÓRICO DE CASAMENTO

O estudo do casamento deve se iniciar pelo casamento romano, onde o nosso Direito Civil teve origem.

Como dito anteriormente, a família romana não possuía vínculo sanguíneo, mas era unida pelo culto. O casamento era o laço sagrado por excelência, e havia uma cerimônia religiosa, denominada *conferratio*, sendo este o casamento religioso, na qual era dividia uma torta de cevada entre os cônjuges como símbolo da vida comum, tendo origem o bolo de noiva[9].

Havia também a *coemptio*, com várias modalidades de casamento: a) a mancipatio em que os casais se uniam como negócios jurídicos formais para realizar negócios; b) o *usus*, na qual a mulher se submetida ao poder do marido após um ano de convivência. Esses matrimônios também conhecidos como *cum manum* eram caracterizados pela perda da mulher de seus parentes paternos, ficando submetida à família do marido[10].

---

9. VENOSA. Sílvio de Salvo. Direito Civil: Direito de Família. 4ª ed. São Paulo: Atlas S.A., 2004, p. 37.
10. VENOSA. Sílvio de Salvo. Direito Civil: Direito de Família. 4ª ed. São Paulo: Atlas S.A., 2004, p. 37-38.

Mas esses tipos de matrimônios afastavam o recebimento da herança pela mulher de sua família paterna (originária), não sendo mais conveniente. Assim, passaram a impedir a *coemptio* e o *usus*, autorizando que a mulher ficasse afastada três noites consecutivas por ano, do lar conjugal[11].

A partir da República surgiu o *sine manu* que não trazia nenhuma exigência, nem mesmo a convivência com o marido, e liberava a mulher de possuir vínculo com a família do seu marido[12].

Assim, no período clássico os casamentos *cum manun* passaram a ser exceção, o *usus* foi extinto e a *conferratio* passou a ser utilizada por um reduzido número de pessoas.

Com o tempo a *affectio maritalis* foi agregada como requisito do casamento.

No Brasil, originariamente, a religião influenciava diretamente o Estado e somente era considerado casamento aquele realizado entre os católicos e os celebrados por sacerdotes. Não havia casamento fora da religião e nem família que não decorresse do casamento.

Apenas em 1.861 é que foi reconhecido o casamento entre os não católicos e com a República em 1.889 ficou sedimentada a separação do Estado e da igreja, surgindo o Decreto nº. 181/1.890 que reconheceu o casamento civil[13].

Mas, como tudo que é novo o casamento civil teve certa resistência e foi criado o casamento religioso com efeitos civis, com a Lei 379/1.937, sendo reformulado com a Lei 1.110/1.950.

Analisando o casamento nas Constituições Federais verifica-se que foi na Constituição de 1.934 que ele foi tratado pela primeira vez, trazido também nas Constituições de 1.946, 1.967 e 1.969, sendo o centro do Direito de Família.

A Lei 6.015 de 1973, a Lei dos Registros Públicos, também trouxe várias regras cartorárias sobre o casamento, os seus requisitos, seu registro, o casamento religioso com efeitos civis e o casamento em iminente risco de vida.

---

11. DINIZ, Maria Helena. Curso de Direito Civil brasileiro: Direito de Família. 23. ed. São Paulo: Saraiva, 2008. v. 5. p. 9.
12. MEIRA. Silvio Augusto de Bastos. Instituições de Direito Romano, volume I. São Paulo: Max, 1971, p. 177.
13. WALD, Arnoldo. O novo Direito de Família. 14. ed. São Paulo: Saraiva, 2002. 712, pág. 20.

Outra inovação no que diz respeito da ruptura da religião com o Estado foi a instituição do divórcio no nosso ordenamento jurídico, com a Constituição Federal de 1.967, em seu artigo 175, parágrafo 1º, com redação dada pela Emenda Constitucional nº 1/69, permitindo assim a dissolução do matrimônio e a possibilidade de casamentos sucessivos.

Na Constituição de 1969 só era considerada família aquela constituída pelo casamento; já na atual Constituição de 1.988 o matrimônio tem um menor enfoque e trata a família como sendo aquela formada pelo pluralismo das entidades familiares.

A Constituição Federal traz que o casamento é civil e sua celebração gratuita – artigo 226, parágrafo 1º, demonstrando a separação entre a igreja e o Estado, mas também trata do casamento religioso com efeitos civis, em seu artigo 226, parágrafo 2º.

Portanto, como se vê, no início apenas o casamento religioso era válido, e atualmente, são considerados válidos o civil e o religioso com efeitos civis.

4) CONCEITO DE CASAMENTO

Conceituar casamento não é umas das tarefas mais fáceis, isso desde a antiguidade, por isso não há um conceito único de casamento, e sim vários conceitos.

O casamento pode ser considerado o centro do direito de família, de onde decorrem normas fundamentais. Dada a sua importância, as normas incidem desde as formalidades anteriores à celebração do casamento, passando pelo ato em si, incidindo após o casamento nas relações entre os cônjuges.

Talvez seja o tema mais discutido dentro do direito privado, tendo, de um lado àqueles que o defendem, entendendo ser a base da sociedade e da moralidade, e àqueles que o criticam entendendo que a pessoa perde metade de seus direitos e os seus deveres são duplicados.

Para a doutrinadora Maria Helena Diniz[14] o casamento é a mais importante e poderosa de todas as instituições de direito privado, sendo uma das bases da família, considerando-o como pedra angular da sociedade.

---

14. DINIZ, Maria Helena. Curso de Direito Civil Brasileiro: 5. Direito de Família. 22ª edição. São Paulo: Saraiva, 2007, p. 35.

Como dito acima, há vários escritores que conceituam o instituto do casamento, pois não há uniformidade nem nas legislações nem na doutrina, e o primeiro a fazer isso foi Modestino, no direito romano, citado por Carlos Roberto Gonçalves[15], com o seguinte conceito e tradução: "casamento é a conjunção do homem e da mulher, que se unem para toda a vida, a comunhão do direito divino e do direito humano".

A maioria das legislações estrangeiras não define casamento, assim como a nossa legislação pátria. Já o Código Civil português de 1966[16], em seu artigo 1.577, definiu casamento, e o fez de forma louvável: "Casamento é o contrato celebrado entre duas pessoas de sexo diferente que pretendem constituir família mediante uma plena comunhão de vida, nos termos das disposições deste Código."

Assim, passaremos a descrever alguns conceitos de casamento, sem querer esgotar o tema.

Washington de Barros Monteiro[17] conceitua casamento como "a união permanente entre o homem e a mulher, de acordo com a lei, a fim de se reproduzirem, de se ajudarem mutuamente e de criarem os seus filhos".

Já Silvio Rodrigues[18] entende que "Casamento é o contrato de direito de família que tem por fim promover a união do homem e da mulher, de conformidade com a lei, a fim de regularem suas relações sexuais, cuidarem da prole comum e se prestarem mútua assistência."

Maria Helena Diniz[19] conceitua o casamento como o "vínculo jurídico entre o homem e a mulher que visa o auxílio mútuo material e espiritual, de modo que haja uma integração fisiopsíquica e a constituição de uma família".

O doutrinador Caio Mário[20] eleva o casamento à dignidade de um sacramento, e entende como sendo um ato em que "um homem e uma mu-

---

15. GONÇALVES, Carlos Roberto. Direito Civil Brasileiro 6. Direito de Família. 12ª edição. São Paulo: Saraiva, 2015, p. 37.
16. Ibidem, p. 40.
17. MONTEIRO, Washington de Barros. Curso de Direito Civil: direito de família. 33ª edição. São Paulo: SARAIVA, 1996, p. 12.
18. RODRIGUES. Silvio. Civil: Direito de Família, vol. 6. 27 edição, atual. por Francisco Cahali. São Paulo: Saraiva, 2002, pág. 19.
19. DINZ, Maria Helena. Curso de Direito Civil Brasileiro: 5. Direito de Família, 22ª edição. São Paulo: Saraiva, 2007, p. 35.
20. PEREIRA, Caio Mario da Silva. Instituições de Direito Civil. Atualização de Tania Pereira da Silva.14ª Ed.. Rio de Janeiro: Forense, 2004, vol. 5. Pág. 51-52.

lher selam a sua união sob as bênçãos do céu, transformando-se numa só entidade física e espiritual (*caro uma*, uma só carne), e de maneira indissolúvel (*quos Deus coniunxit, homo non separet*).

Um dos elaboradores do Código Civil francês, Portalis[21] fez uma conceituação que sofreu várias críticas, pois considerou o casamento em sendo aquele em que um homem e uma mulher se unem para poder carregar as dificuldades da vida, ou seja, como um fardo, e com a finalidade também de procriação.

Para Domingos Sávio Brandão Lima[22] o matrimônio é o somatório da matéria e do espírito de duas pessoas de sexos diferentes, para alcançar a plenitude do desenvolvimento e de sua personalidade, através do companheirismo e do amor.

As definições acima apresentadas não trazem em seu conceito a noção de contrato, que é fundamental ao conceito moderno.

No direito brasileiro há duas definições que são consideradas clássicas; a de Lafayette Rodrigues Pereira[23] que conceitua o casamento como um ato solene, na qual duas pessoas de sexos diferentes se unem para sempre, prometendo fidelidade recíproca no amor e plena comunhão de vida.

A outra é a de Clóvis Beviláqua[24]:

> O casamento é um contrato bilateral e solene, pelo qual um homem e uma mulher se unem indissoluvelmente, legalizando por ele suas relações sexuais, estabelecendo a mais estreita comunhão de vida e de interesses, e comprometendo-se a criar e a educar a prole, que de ambos nascer.

Para Ruggiero[25] casamento

> É um instituto, não só jurídico, mas ético, social e político e é tal a sua importância que a própria estrutura do organismo social depende de

---

21. PORTALIS. Derecho Civil, t. I, v. II, p. 15 apud GONÇALVES, Carlos Roberto. Direito Civil Brasileiro 6. Direito de Família. 12ª edição. São Paulo: Saraiva, 2015. pág. 38.
22. LIMA, Domingos Sávio Brandão. Desquite amigável: doutrina, legislação e jurisprudência, 2ª edição. Rio de Janeiro: Borsoi, 1972, pág. 21 apud DINZ, Maria Helena. Curso de Direito Civil Brasileiro: 5. Direito de Família, 22ª edição. São Paulo: Saraiva, 2007, p. 36.
23. PEREIRA, Lafayette Rodrigues. Direitos de família, pág. 34 apud GONÇALVES, Carlos Roberto. Direito Civil Brasileiro 6. Direito de Família. 12ª edição. São Paulo: Saraiva, 2015. pág. 38.
24. BEVILÁQUA Clóvis. Direito de família. Campinas: Red Livros, 2001, pág. 46.
25. GAGLIANO. Pablo Stolze. FILHO. Rodolfo Pamplona. Novo Curso de Direito Civil: Direito de Família. As famílias em perspectiva constitucional, vol. 6, 3ª edição, revista, atualizada e ampliada. São Paulo: Saraiva: 2013, pág. 116.

sua regulamentação. Impera nele, não só o direito, mas também o costume e a religião: todos os três grupos de normas se contêm no seu domínio e, como se verá, umas das características mais salientes da história do instituto é a luta travada entre o Estado e a igreja para obter a competência exclusiva para o regular.

Uma outra importante definição de casamento é a do ilustre jurista Pontes de Miranda[26], o qual entende que:

> O casamento é contrato solene, pelo qual duas pessoas de sexo diferente e capazes, conforme a lei, se unem com o intuito de conviver toda a existência, legalizando por ele, a título de indissolubilidade do vínculo, as suas relações sexuais, estabelecendo para seus bens, à sua escolha ou por imposição legal, um dos regimes regulados pelo Código Civil, e comprometendo-se a criar e a educar a prole que de ambos nascer.

José Lamartine Corrêa de Oliveira[27] estabelece que o casamento é um negócio jurídico do direito de família, entre um homem e uma mulher que se unem pelo matrimônio, sendo esta relação permanente e personalíssima. Ele trata como negócio jurídico bilateral, que faz parte do direito das obrigações e não como contrato que é aplicado aos negócios patrimoniais.

Como se percebe, o conceito de casamento não é imutável, até porque o casamento é um fenômeno social que sofre alterações com o decorrer do tempo e do espaço. Isso pode ser verificado na definição de casamento acima trazida por Caio Mário quando o estabelece como sendo indissolúvel, e depois, como se sabe, foi introduzida a possibilidade do divórcio em nosso ordenamento, com a Lei 6.515, de 26 de dezembro de 1977[28], permitindo a dissolubilidade do mesmo.

Uma outra alteração no conceito de casamento foi em relação as partes no matrimônio, essa pode se dizer, uma alteração significativa, pois até então, desde a Antiguidade, o casamento só era permitido entre pessoas de sexos diferentes, ou seja, entre um homem e uma mulher. Em nosso ordenamento jurídico, nunca se permitiu o casamento entre pessoas do mesmo sexo.

---

26. MIRANDA. Pontes. Tratado de direito de família, v. I, pág. 86-87 apud GONÇALVES, Carlos Roberto. Direito Civil Brasileiro 6. Direito de Família. 12ª edição. São Paulo: Saraiva, 2015. pág. 39.
27. OLIVEIRA. José Lamartine Corrêa; MUNIZ, Francisco José Ferreira. Direito de família. Porto Alegre: Sérgio Antonio Fabris, 1990, pág. 121.
28. GAGLIANO, Pablo Stolze; FILHO, Rodolfo Pamplona. Novo Curso de Direito Civil. Direito de Família: As Famílias em perspectiva constitucional 6. 3ª Ed., rev., atual. e amp. São Paulo: Saraiva. 2013, pág. 105.

Foi com o julgamento do Supremo Tribunal Federal, em 05 de maio de 2.011, da ADPF 132-RJ e da ADI 4.277-DF, em conjunto, que passou a se admitir o casamento entre pessoas do mesmo sexo. Apesar de esse julgamento ter por objeto as uniões estáveis entre pessoas do mesmo sexo, e não o casamento, ficou estabelecido que deve haver a interpretação conforme a Constituição, devendo ser reconhecida a união entre pessoas do mesmo sexo, de forma pública, contínua e duradoura.

Mesmo diante dessa decisão do Supremo algumas pessoas no âmbito jurídico entenderam que apenas a união estável entre pessoas do mesmo sexo deveria ser reconhecida e não o casamento.

Começou então surgir divergências, em algumas comarcas o casamento entre pessoas do mesmo sexo era permitido em outras era recusado. Diante disso, o Superior Tribunal de Justiça se manifestou autorizando o casamento entre pessoas do mesmo sexo diante da orientação principiológica proferida pelo Supremo Tribunal Federal nos julgado citados acima (STJ – Resp 1.183.378 – RS – 4ª Turma – Rel. Min. Luis Felipe Salomão – DJ 01-02-2012).

E para sedimentar definitivamente a questão, o Conselho Nacional de Justiça (CNJ) editou a Resolução 175, de 14 de maio de 2.013, estabelecendo que as autoridades competentes estão proibidas de recusar a habilitação, celebração ou a conversão da união estável em casamento entre pessoas do mesmo sexo.

O artigo 1.723 do Código Civil e o parágrafo 3º, artigo 226 da Constituição Federal trazem que é reconhecida a união estável entre homem e mulher, mas isso não quer dizer que a união entre pessoas do mesmo sexo não seja uma forma de constituir família. Na verdade, para a segurança jurídica e publicidade que traz o registro público, é até melhor que essas relações sejam formalizadas, pelo registro civil, através do casamento.

Portanto, apesar do Supremo Tribunal Federal não ter tratado do casamento em si, entre pessoas do mesmo sexo, e sim da união estável, sabemos que a Constituição Federal, em seu artigo 226, parágrafo 3º, reconhece a união estável como entidade familiar, devendo a lei facilitar a sua conversão em casamento, abrindo precedentes para a possibilidade de casamento entre pessoas do mesmo sexo quando admite uniões estáveis entre pessoas do mesmo sexo.

Assim, fica clarividente que as mudanças sociais afetam diretamente o direito, tendo este que se adequar a evolução social.

5) NATUREZA JURÍDICA DO CASAMENTO

Para tentar explicar o conceito de casamento, devemos nos aprofundar na sua natureza jurídica, mas esse tema também não é pacífico dentro da doutrina brasileira.

Mas o que significa a natureza jurídica de um instituto? Diz respeito em qual categoria ele se enquadra, quais as teorias que explicam a sua existência. Seria responder a seguinte pergunta: O que é isso para o Direito?

Em um primeiro momento temos que enquadrar o casamento dentro do ramo do Direito Privado, pois apesar de haver intervenção de um juiz (Estado) para a sua concretização ele não faz parte do Direito Público. Estando ele dentro do Direito Privado, teria natureza contratual ou não contratual?

Diante desse dissenso surgiram três grandes teorias ou concepções para explicar a natureza jurídica do casamento, quais sejam, a teoria clássica, contratual ou individualista, a teoria institucionalista, institucional ou supraindividualista e a teoria eclética ou mista.

A teoria clássica tem origem no direito canônico, desenvolveu-se no século XIX e foi tratada no Código Napoleão e também no Código Francês de 1804, com a Revolução Francesa, sobrevivendo até os dias de hoje[29].

Antes do Concílio de Trento[30], na época do direito canônico, o casamento era considerado indissolúvel, com os seguintes requisitos: a manifestação de vontade das partes, a capacidade para o casamento e o ato sexual, sem o qual não havia casamento. Os outros requisitos como a autoridade celebrante não eram necessários para a sua formação, decorrendo o casamento do direito natural.

A concepção contratual veio para combater o caráter religioso imposto ao matrimônio como sacramento à época, juntamente com o surgimento da burguesia e do liberalismo.

Essa teoria se divide em duas subteorias.

---

29. DINIZ, Maria Helena. Curso de Direito Civil brasileiro: Direito de Família. 23. ed. São Paulo: Saraiva, 2008. v. 5, p. 38.
30. GAGLIANO, Pablo Stolze; FILHO, Rodolfo Pamplona. Novo Curso de Direito Civil. Direito de Família: As Famílias em perspectiva constitucional 6. 3ª Ed., rev., atual. e amp. São Paulo: Saraiva. 2013, p. 29.

A primeira entende que o casamento é um contrato civil incidindo as normas gerais dos contratos, aperfeiçoando-se com o consentimento dos contraentes, elemento essencial à sua consumação.

E há aqueles que o visualizam como sendo um contrato, mas um contrato especial de direito de família ou sui generis, de natureza contratual específica, possuindo efeitos próprios e não lhes sendo aplicados os dispositivos referentes aos negócios jurídicos de direito patrimonial, quais sejam, à capacidade dos contraentes, os vícios do consentimento e seus efeitos, submetendo-se a normas de ordem pública de caráter patrimonial e pessoal.

Ainda hoje se encontra adeptos de peso que defendem essa teoria, como Silvio Rodrigues[31], que entende que o casamento é um contrato especial de direito de família, e também Pontes de Miranda[32] que trata o casamento como um contrato de direito de família estabelecendo as regras da união entre o marido e a mulher.

O ilustre doutrinador Pontes de Miranda[33] assevera o seguinte:

> Por outro lado, por meio de contrato faz-se o casamento, mas contrato de direito de família; no caso de celebração confessional, conforme a concepção do seu direito matrimonial. Mas o registro civil é que em verdade dá lhe existência jurídica e os efeitos civis; e tais efeitos não são, de regra, contratuais – resulta do instituto mesmo.

A teoria contratual faz parte de uma corrente liberal inserindo-se nos direitos de primeira geração ou dimensão, sendo influenciada pelo Código Civil Napoleônico.

Para essa teoria o matrimônio é visto como um contrato, seja ele um contrato comum ou um contrato especial, do qual decorre a autonomia privada das partes, dando relevante importância à vontade das partes para a sua concretização, tendo a manifestação da autoridade celebrante efeito declaratório, servindo apenas para homologar o ato.

Para os adeptos dessa teoria o próprio Código Civil, em seu artigo 1514 aderiu à teoria contratualista, mas com a necessidade da intervenção da autoridade celebrante, sendo esta meramente homologatória.

---

31. RODRIGUES, Silvio. Direito Civil. Direito de Família. 27 edição atualizada por Francisco Cahali. São Paulo: Saraiva, 2002, v. 6, p. 19.
32. MIRANDA, Francisco Cavalcanti Pontes de. Tratado de Direito Privado. 2ª ed. Rio de Janeiro: Borsoi, 1956, v. 7, p. 210.
33. MIRANDA, Francisco Cavalcante Pontes de. Tratado de direito de família. Atualizado por Vilson Rodrigues Alves. São Paulo: Bookseller, 2001. v. 1-3, p. 94.

Critica-se essa teoria, pois o casamento deve ter conotação jurídica maior do que apenas um simples contrato, um instituto secular de enorme importância (se não for o mais importante de todos os institutos), com efeitos muito além do matrimônio.

Já a teoria institucional se contrapõe à teoria contratual. Possui origem no Código Civil italiano de 1865 com adeptos franceses como Hariou e Bonnecase[34].

Para essa teoria o casamento é um estado, uma instituição social e jurídica, pois ao se casarem os nubentes irão aderir às regras impostas pelo ordenamento jurídico (Estado), estando preestabelecidas todas as normas que irão reger o matrimônio, sem opção ou vontade dos contraentes.

Assim, os nubentes possuem a opção de se casarem ou não, e de escolherem seus cônjuges, mas os seus efeitos, as normas e formas do casamento (direitos e deveres, a sua extinção, a prole) estão preestabelecidas em lei; os efeitos do casamento são automáticos não tendo como alterar essas condições por vontade do casal, pois são normas de ordem pública, cogentes.

Diante disso, alguns autores entendem que o casamento seria um contrato de adesão, um ato-condição, um ato jurídico complexo, um ato jurídico em sentido estrito ou um negócio jurídico, pois ao optar pelo casamento, deverá seguir suas regras, não havendo possibilidade de alteração, na qual os contraentes estariam em uma situação jurídica impessoal, preestabelecida no ordenamento jurídico. O seu principal defensor é Duguit[35].

Dentre eles também está o autor Luiz José de Mesquita[36] que entende que na verdade o casamento é contrato de adesão ou a ele se assemelha, pois as partes têm a liberdade de escolha de se casarem ou não, mas caso se casem, deverão seguir as regras impostas por lei.

Mas essa opção de contrair ou não o matrimônio não se caracteriza como um contrato e sim uma concordância do instituto como tal, não tendo possibilidade de escolher outras regras.

---

34. GONÇALVES, Carlos Roberto. Direito Civil Brasileiro 6. Direito de Família. 12ª edição. São Paulo: Saraiva, 2015. pág. 41.
35. GAGLIANO. Pablo Stolze. FILHO. Rodolfo Pamplona. Novo Curso de Direito Civil: Direito de Família. As famílias em perspectiva constitucional, vol. 6, 3ª edição, revista, atualizada e ampliada. São Paulo: Saraiva: 2013, pág. 116.
36. MESQUITA, Luiz José de. Nulidades no direito matrimonial: a condição, a simulação e a reserva mental no direito canônico e no direito civil. São Paulo: Saraiva, 1961, p. 04.

Para os adeptos desta teoria é imprescindível que haja a intervenção da autoridade pública (juiz de casamentos) para o surgimento do casamento, tendo natureza constitutiva, e a impossibilidade de modificação dos efeitos desse matrimônio por vontade dos contraentes.

Para firmar essa teoria pode ser citado o nosso Código Civil Brasileiro que prescreve que o casamento será celebrado no dia, hora e lugar previamente designados pela autoridade que presidir o ato e que o presidente do ato colherá a manifestação do casal e declarará efetuado o casamento (artigos 1531 e 1535 do Código Civil).

Maria Helena Diniz[37] também se filia a essa teoria, considerando o casamento uma instituição social, por ser o mais importante ato humano, a base da sociedade civilizada.

E por último, vamos tratar da teoria mista ou eclética, na qual une as duas teorias anteriores, e que considera o casamento um ato complexo, sendo ao mesmo tempo um contrato em sua formação, em razão da necessidade do acordo de vontades das partes e uma instituição na sua duração, pois é necessária a intervenção do Estado para a celebração e durante o casamento as regras impostas pelo ordenamento jurídico devem ser seguidas, sem possibilidade de modificação de seus efeitos.

Seria um contrato especial, de direito de família, pois além de envolver interesses patrimoniais, como qualquer outro contrato, engloba também interesses pessoais e morais, produzindo efeitos automáticos até o seu final.

Assim, as partes teriam a opção do casamento, mas para a sua constituição deveria haver uma autoridade celebrante (Estado), e as regras preestabelecidas em lei.

Para Caio Mário[38] o casamento gera uma situação jurídica (casamento-fonte), encontrando aqui a sua natureza contratual, cujas normas irão regulamentar essa relação (casamento-estado), atributo esse institucional.

Filiam-se a essa teoria também Eduardo de Oliveira Leite, Roberto Senise Lisboa e Paulo Lôbo[39].

---

37. DINIZ, Maria Helena. Curso de Direito Civil Brasileiro: 5. Direito de Família. 22ª edição. São Paulo: Saraiva, 2007. pág. 40.
38. PEREIRA, Caio Mário da Silva. Instituições de Direito Civil: Direito de Família, v. 5, p. 59.
39. TARTUCE, Flávio. Manual de Direito Civil: volume único, 3ª ed. rev., atual. e ampl. Rio de Janeiro: Método, 2013, pág. 1068.

Para o doutrinador Carlos Alberto Bittar[40] o matrimônio é espécie de contrato de características peculiares e que a instituição é a família que dele se origina.

Para Marcelo Fortes Barbosa Filho[41] é possível a coexistência de ambas as correntes na instituição matrimonial:

> A estéril disputa entre contratualistas e institucionalistas só pode ser compreendida como o reflexo mais importante de visões limitadas e fragmentadas da realidade emergente de um casamento. Nada impede possa o casamento ser apreciado sob dois ângulos diferentes, formando-se, a partir daí, concepções que não se excluem, mas pelo contrário, se somam. A perenidade do vínculo matrimonial faz analisar o casamento sob o ângulo do estado de casado (matrimonio in facto), dando-se ênfase às atividades e funções biopsicológicas e sociológicas previstas para uma fórmula familiar dotada de rigidez formal. Daí derivam as concepções institucionalistas do casamento, que o qualificam a partir do conjunto de regras cogentes impostas aos cônjuges pelo ordenamento positivo. O exame do ato constitutivo, ou seja, do negócio jurídico gerado do vínculo matrimonial, por sua vez, provoca um enfoque centrado no predomínio da conjunção de vontades dos nubentes, conjugadas no momento da celebração, o que dá lugar às concepções contratualistas do casamento. Admitir o casamento como instituição não exclui seja ele, simultaneamente, tido como um contrato. De um lado, frisa-se o ato fundador, que provoca o surgimento do enlace matrimonial, de outro, ressalta-se a execução de tal enlace.

Rafael Llano Cifuentes[42] entende que o casamento é a junção de dois elementos, o ato constitutivo e o vínculo; o ato constitutivo seria a aliança, ou seja, a manifestação de vontade dos contraentes, e o vínculo conjugal seria a essência do casamento, o estado matrimonial duradouro. Assim, o casamento não é um contrato, mas esta aliança, esse acordo sim.

---

40. BITTAR, Carlos Alberto. **Direito de** família. 2. ed. Rio de Janeiro: Forense Universitária, 1993, v. 2, p. 1041.
41. BARBOSA FILHO, Marcelo Fortes. A Bigamia: um ensaio sobre as nulidades matrimoniais. Tese, p. 36 e 37 apud SAAD, Martha Solange Scherer. A disputa entre as teorias que pretendem explicar a natureza jurídica do casamento. Disponível em: www.Mackenzie.br/fileadmin/Graduacao/FDir/Artigos/A_DISPUTA_ENTRE_AS_TEORIAS_QUE_PRETENDEM_EXPLICAR_A_NATUREZA_JURÍDICA_DO_CASAMENTO-artigo-site-nov-2008.pdf. Acesso em: 03 dez. 2016.
42. CIFUENTES, Rafael Llano. Novo Direito Matrimonial Canônico: O matrimônio no Código de Direito Canônico de 1983: estudo comparado com a legislação brasileira, p. 14 apud SAAD, Martha Solange Scherer. A disputa entre as teorias que pretendem explicar a natureza jurídica do casamento. Disponível em:www.Mackenzie.br/fileadmin/Graduacao/FDir/Artigos/A_DISPUTA_ENTRE_AS_TEORIAS_QUE_PRETENDEM_EXPLICAR_A_NATUREZA_JURÍDICA_DO_CASAMENTO-artigo-site-nov-2008.pdf. Acesso em: 03 dez. 2016.

6) CONCLUSÃO

Diante do exposto, pode-se concluir que há três teorias ou concepções: a clássica ou contratual, a institucional e a mista ou eclética.

Aqueles que consideram o casamento como um contrato o classificam como um contrato de natureza especial, com o livre arbítrio das partes para a sua constituição sendo livres também em relação aos direitos e deveres recíprocos, em relação à prole a sua dissolução, alimentos, pois mesmo havendo regras disciplinando todos esses aspectos ela não determina o seu conteúdo, podendo as partes seguirem ou não, se assim convencionarem.

Os consortes são livres para escolher o regime de bens, o acréscimo do patronímico do outro, ter filhos ou não e criá-los e educá-los, sua vida sexual. As regras estabelecidas em lei como o vínculo matrimonial e de parentesco, os deveres de fidelidade recíproca e mútua assistência, a alteração do estado civil, os impedimentos matrimoniais, não retira a natureza de negócio jurídico do casamento, pois são conseqüências jurídicas que decorrem do próprio casamento e não são criados em virtude desse casamento, mas sim declarados com a sua realização.

Há negócio jurídico desde que haja manifestação de vontade das partes, de acordo com o ordenamento jurídico, a moral e os bons costumes estando seus efeitos disciplinados em lei; é o que ocorre com o casamento.

Outros entendem que considerar o casamento como um contrato é relegá-lo a um segundo plano, distanciando-se de sua essência, que envolve afeto, amor, solidariedade, etc., havendo não apenas efeitos patrimoniais, mas também efeitos sentimentais.

Apesar de o contrato ter como seu principal elemento o acordo de vontades das partes não se pode equiparar o casamento a um contrato apenas porque as partes precisam manifestar sua vontade, pois como explanado acima, há necessidade também do Estado (autoridade celebrante) para a sua concretização.

Em relação ao contrato ainda, suas cláusulas podem ser estipuladas pelas partes livremente, escolhendo quais condições querem seguir, e em relação ao casamento isso não é possível, pois as regras estão preestabelecidas em lei, não sendo possível alterar os direitos e deveres dos cônjuges, relações de consanguinidade e afinidade, o estado e a legitimidade dos filhos, a sua dissolubilidade; apenas em relação aos efeitos patrimoniais os consortes podem fazer escolhas, mas ainda de forma limitada.

A simples vontade externada pelos nubentes de se casarem não tem a capacidade de sua constituição, pois há necessidade da autoridade celebrante para que isso ocorra e após isso não há discricionariedade para os nubentes, a não ser seguir as normas que regem o casamento.

Para a teoria institucional o casamento é considerado como um estado matrimonial com suas regras estabelecidas em lei, ficando clarividente que o casamento não é um contrato, e caso fosse, estaria contrariando até mesmo o nosso ordenamento jurídico.

Dentre àqueles que entendem que a natureza jurídica do casamento seria não contratual, há diversos segmentos: a) que o casamento seria um *ato-condição*, pois assim que declaram a vontade de se casarem eles se submetem às regras impostas por lei, onde vão arcar com todos os benefícios e as consequências dessa lei[43], sendo composto de duas fases, a primeira de natureza privada, com a declaração de vontade dos nubentes, e a segunda seria a participação do Estado; b) que o casamento seria um *negócio jurídico complexo*, com a intervenção de uma terceira pessoa, ou seja, o juiz, para que se concretize, formando-se pela conjunção de vontades dos particulares e do Estado[44]; c) que o casamento seria apenas um *acordo de vontades*, diferenciando-se do contrato, pois neste os interesses das partes são divergentes, já no acordo são convergentes [45]; d) ou que seria uma *instituição*, ou seja, um estatuto de normas.

E por último, a teoria mista ou eclética que entende que o casamento é um contrato e ao mesmo tempo uma instituição, unindo as duas teorias acima.

Assim, para a teoria eclética ou mista o casamento é um ato complexo, de natureza contratual (contrato especial), pois as partes têm a opção de escolha em casar ou não, escolher o regime de bens que vigerá durante a união, e institucional, uma vez que há a intervenção do Estado na sua celebração para que seja válido, e suas regras estão todas previstas no nosso ordenamento jurídico.

---

43. RODRIGUES, Silvio. Direito Civil: Direito de Família, volume 6, 28 edição. São Paulo: Saraiva, 2004, pág. 21.
44. RUGGIERO, Roberto de. Instituições de Direito Civil. Campinas: Bookseller. 1999, pág. 112-113.
45. GOMES, Orlando. Direito de Família. 14ª edição. Rio de Janeiro: Forense. 2001, p. 58-59.

O casamento como ato-condição muito se aproxima da teoria mista ou eclética, mas elas se diferenciam no seguinte: a teoria mista ou eclética tanto a manifestação de vontade das partes em se casarem quanto a intervenção do Estado se dão em um só momento; já para o casamento como ato-condição há duas etapas diferentes, primeiro a manifestação de vontade e depois a intervenção da autoridade celebrante reconhecendo o casal como marido e mulher.

Esse segmento do casamento como ato-condição é adotada pelo Direito Canônico.

Mesmo havendo essas teorias tentando explicar qual a natureza jurídica do casamento para tentar conceituá-lo, a essência do casamento não se altera; ele é considerado a base da família.

A Constituição Federal de 1988 estabelece os princípios constitucionais, sendo que a família é regida pela liberdade, solidariedade, igualdade entre os seus membros (homem e mulher), contrária ao desrespeito, preconceito e discriminação, tendo papel fundamental a dignidade da pessoa humana.

Hoje, os cônjuges se unem buscando afeto, amor, felicidade, solidariedade, a realização de seus objetivos, seus planos, o bem-estar de sua prole, se assim convencionarem, ou seja, essa é a verdadeira função social da família, a busca pela felicidade, o eudemonismo.

BIBLIOGRAFIA

BEVILÁQUA, Clovis. Código Civil dos Estados Unidos do Brasil comentado. 5ª ed. São Paulo: Francisco Alves, 1937.

BEVILÁQUA Clóvis. Direito de família. Campinas: Red Livros, 2001.

BITTAR, Carlos Alberto. **Direito de** família. 2. ed. Rio de Janeiro: Forense Universitária, 1993, v. 2.

DINIZ, Maria Helena. Curso de Direito Civil Brasileiro: 5. Direito de Família. 22ª edição. São Paulo: Saraiva, 2007.

DINIZ, Maria Helena. Curso de Direito Civil brasileiro: Direito de Família. 23. ed. São Paulo: Saraiva, 2008. v. 5.

FIGUEIREDO, Luciano L.; FIGUEIREDO, Roberto L. Direito Civil: Família e Sucessões. Coleção Sinopses para Concursos. Edições Juspodivm. Salvador: JusPODIVM, 2014.

GAGLIANO, Pablo Stolze; FILHO, Rodolfo Pamplona. Novo Curso de Direito Civil. Direito de Família: As Famílias em perspectiva constitucional 6. 3ª Ed., rev., atual. e amp. São Paulo: Saraiva. 2013.

GOMES, Orlando. Direito de Família. 14ª edição. Rio de Janeiro: Forense. 2001, p. 58-59.

GONÇALVES, Carlos Roberto. Direito Civil Brasileiro 6. Direito de Família. 12ª edição. São Paulo: Saraiva, 2015.

MEIRA. Silvio Augusto de Bastos. Instituições de Direito Romano, volume I. São Paulo: Max, 1971.

MESQUITA, Luiz José de. Nulidades no direito matrimonial: a condição, a simulação e a reserva mental no direito canônico e no direito civil. São Paulo: Saraiva, 1961.

MIRANDA, Francisco Cavalcanti Pontes de. Tratado de Direito Privado. 2ª ed. Rio de Janeiro: Borsoi, 1956, v. 7.

MIRANDA, Francisco Cavalcante Pontes de. Tratado de direito de família. Atualizado por Vilson Rodrigues Alves. São Paulo: Bookseller, 2001. v. 1-3, p. 94.

MONTEIRO, Washington de Barros. Curso de Direito Civil: direito de família. 33ª edição. São Paulo: SARAIVA, 1996.

OLIVEIRA. José Lamartine Corrêa; MUNIZ, Francisco José Ferreira. Direito de família. Porto Alegre: Sérgio Antonio Fabris, 1990.

PEREIRA. Caio Mario da Silva. Instituições de Direito Civil. 11ª ed. Rio de Janeiro: Forense, 1996.

PEREIRA, Caio Mario da Silva. Instituições de Direito Civil. Atualização de Tania Pereira da Silva. 14ª Ed.. Rio de Janeiro: Forense, 2004, vol. 5.

RODRIGUES, Silvio. Direito Civil. Direito de Família. 27ª edição atualizada por Francisco Cahali. São Paulo: Saraiva, 2002, v. 6.

RODRIGUES. Silvio. Direito Civil: Direito de Família, volume 6, 28 edição. São Paulo: Saraiva, 2004.

RUGGIERO, Roberto de. Instituições de Direito Civil. Campinas: Bookseller. 1999.

SAAD. Martha Solange Scherer. A disputa entre as teorias que pretendem explicar a natureza jurídica do casamento. Disponível em: www.Mackenzie.br/fileadmin/Graduacao/FDir/Artigos/A_DISPUTA_ENTRE_AS_TEORIAS_QUE_PRETENDEM_EXPLICAR_A_NATUREZA_JURÍDICA_DO_CASAMENTO-artigo-site-nov-2008.pdf. Acesso em: 03 dez. 2016.

TARTUCE, Flávio. Manual de Direito Civil: volume único, 3ª ed. rev., atual. e ampl. Rio de Janeiro: Método, 2013.

VENOSA. Sílvio de Salvo. Direito Civil: Direito de Família. 4ª ed. São Paulo: Atlas S.A., 2004.

WALD, Arnoldo. O novo Direito de Família. 14. ed. São Paulo: Saraiva, 2002.

DINIZ, 2008. p. 51. – CONCILIO DE TRENTO

CAPÍTULO 09

Da celebração e do registro de casamento

Vinicius Takahashi[1]

Sumário: 1) Introdução; 2) Da Celebração do Casamento; 2.1) Das Formalidades e Solenidades da Celebração; 2.1.1) Da Autoridade Celebrante; 2.1.2) Do Momento da Celebração; 2.1.3) Do Local de Celebração; 2.2) Das Formas Especiais de Celebração; 2.2.1) Casamento no caso de moléstia grave de um dos contraentes; 2.2.2) Casamento em iminente risco de vida de um dos contraentes; 3) Do Registro de Casamento; 3.1) Dos Livros de Registro; 3.2) Do Casamento Civil; 3.2.1) Dos Efeitos do Casamento Civil; 3.3) Do Casamento Religioso com Efeitos Civis; 3.3.1) Dos Efeitos do Casamento Religioso; 3.4) Da Conversão de União Estável em Casamento; 3.4.1) Dos Efeitos da Conversão de União Estável em Casamento; 4) Conclusão; 5) Referências Bibliográficas

1) INTRODUÇÃO

O casamento inaugura, como subtítulo do direito pessoal, o Livro IV do Código Civil de 2002, livro este que trata do direito de família, evidenciando-se a relevância dada pelo legislador civilista ao casamento.

Tal importância é justificada pelo fato de a família, tradicionalmente, somente se constituir por meio da união matrimonial.

Atualmente outros desenhos familiares aptos a formarem uma família são conhecidos e não necessariamente exigem o matrimônio, cite-se o caso da união estável entre duas pessoas, cuja formação, apesar de informal, é especialmente protegida pelo Estado (art. 226, §3º da Constituição Federal de 1988), a família constituída somente por um dos pais e seus

---

1. Bacharel em Direito, Pós Graduado em Direito Processual Civil. Oficial de Registro Civil das Pessoas Naturais e Tabelião de Notas do Município de Marinópolis, Comarca de Palmeira D'Oeste - SP.

descendentes, também conhecida como família monoparental (art. 226, §4º da Constituição Federal de 1988), a família anaparental, formada sem a presença de um ascendente, já reconhecida pela jurisprudência[2] e a família poliafetiva, conceituada por Claudia do Nascimento Domingues como sendo aquela "composta por mais de duas pessoas, independentemente de suas orientações sexuais, que convivem de forma pública e contínua, se reconhecendo e sendo reconhecidos como célula familiar[3]".

Porém, dada a relevância do casamento, os seus efeitos, as suas formalidades, a confiança depositada tanto pelo Estado como pela sociedade e a comparação com outros institutos, busca-se no presente artigo abordar alguns pontos relevantes da celebração e do registro do casamento.

2) DA CELEBRAÇÃO DO CASAMENTO

A celebração é o ápice quando visto o casamento como um processo composto por habilitação, celebração e registro.

Não obstante a vontade já externada com a deflagração do processo de habilitação (tema que comporta abordagem específica em outro momento), uma vez cumprido os requisitos legais e expedido o respectivo certificado, passa-se ao momento da celebração do casamento, exigindo nova manifestação de vontade, observância das formalidades e solenidades previstas em lei para a sua validade e uma especial atenção à publicidade do ato.

Isto porque o casamento se constitui pela manifestação livre e espontânea da vontade dos nubentes de estabelecer o vínculo conjugal, vontade esta expressada perante o juiz, quando então os declarará casados (art. 1514 do Código Civil).

Verificando-se qualquer vício na vontade, a celebração restará obstada e suspensa e o casamento não estará consumado (art. 1538 do Código Civil).

O arrependimento externado após a celebração do casamento é ineficaz, cabendo ao arrependido somente a anulação ou declaração de nulidade do casamento nas hipóteses previstas em lei e provadas pelo

---

2. Superior Tribunal de Justiça, Recurso Especial nº 1.217.415-RS, Rel. Min. Nancy Andrighi. Julgado em 19 jun. 2012.
3. DOMINGUES, Claudia do Nascimento. **Poliafetividade e Poliamor Novas Formações Afetivas e a Família Pós-Moderna**. In: DEL GUÉRCIO NETO, Arthur (Coord.), **O Direito Notarial e Registral em Artigos**. São Paulo: YK Editora, 2016. p. 102.

interessado, a separação (a quem entenda a permanência do instituto no ordenamento jurídico pátrio após a Emenda Constitucional nº 66 de 2010) ou o divórcio direto sem a exposição de motivos.

Considera-se capaz de expressar de forma livre e espontânea sua vontade a pessoa com deficiência, sobretudo em razão de recente alteração legislativa civilista[4], acompanhado por disciplina administrativa paulista[5], cujo enfoque recaiu sobre a primazia da manifestação de vontade frente aos "impedimentos de longo prazo de natureza física, mental, intelectual ou sensorial, o qual, em interação com uma ou mais barreiras, pode obstruir sua participação plena e efetiva na sociedade em igualdade de condições com as demais pessoas" (art. 2º da Lei nº 13.146/2015).

Estas alterações acima citadas possuem por objetivo a garantia da isonomia de tratamento e o não impedimento à união matrimonial de pessoas com deficiência.

No entanto, tais alterações ainda podem suscitar questionamentos como no caso do representante previsto no §2º do artigo 1550 do Código Civil, incluído pela Lei 13.146 de 2015. Quem seria este representante? Poderia o representante substituir a manifestação de vontade do nubente com deficiência mental ou intelectual? Veja-se que o §2º do artigo 1550 passa a ter a seguinte redação: "A pessoa com deficiência mental ou intelectual em idade núbil poderá contrair matrimônio, expressando sua vontade diretamente ou por meio de seu responsável ou curador".

Como a manifestação de vontade do nubente é essencial para a existência do ato, a ser apurada tanto pelo oficial de registro civil quanto pela autoridade celebrante e, até mesmo, pelo tabelião que poderá redigir uma procuração pública para a celebração do casamento, impossível que o representante substitua a vontade daquele. Assim, diante desta abertura legal, caberá ao legislador ou à jurisprudência definir quem seja este "representante" da pessoa com deficiência.

Interessante fazer menção quanto às normativas do Estado de São Paulo ao admitir que o nubente interdito, seja qual for a data ou os limites da interdição, possa contrair casamento[6], respeitando-se assim a previsão contida no §1º do artigo 85 da Lei nº 13.146/2015.

---

4. Brasil. Lei nº 13.146, de 06 de julho de 2015 - Institui a Lei Brasileira de Inclusão da Pessoa com Deficiência (Estatuto da Pessoa com Deficiência).
5. Provimento CG 32/2016.
6. Item 57.1, Cap. XVII, Provimento CGJ 58/89.

A pessoa com deficiência deixa de ser tratada como absolutamente incapaz, pois a insuficiência não pode ser entendida como total supressão da vontade de modo a exigir representação ou assistência.

Contrair casamento é uma manifestação de direitos humanos de cada indivíduo, vide artigo XVI da Declaração Universal de Direitos Humanos ao prever que:

1. Os homens e mulheres de maior idade, sem qualquer restrição de raça, nacionalidade ou religião, têm o direito de contrair matrimônio e fundar uma família. Gozam de iguais direitos em relação ao casamento, sua duração e sua dissolução.

Bem como confere uma especial atenção à manifestação de vontade, pois:

2. O casamento não será válido senão com o livre e pleno consentimento dos nubentes.

O casamento de pessoas do mesmo sexo também deixou de ser uma restrição à união matrimonial como inicialmente decidido pelo Supremo Tribunal Federal acerca da união estável[7-8], uma vez adotada a interpretação conforme a Constituição no sentido de se afastar qualquer leitura do artigo 1723 do Código Civil que discrimine a relação contínua, pública e duradoura entre pessoas do mesmo sexo como família.

Em sequência tivemos uma decisão proferida pelo Superior Tribunal de Justiça, seguindo orientação do Supremo Tribunal Federal, afirmando não haver impedimento legal à celebração do matrimônio entre pessoas do mesmo sexo[9].

E, de forma derradeira, resolução administrativa expedida pelo Conselho Nacional de Justiça[10], determinando aos oficiais de registro civil das pessoas naturais, em caráter normativo, a promoção da habilitação e a celebração do casamento ou da conversão da união estável em casamento de pessoas do mesmo sexo.

---

7. Supremo Tribunal Federal. Arguição de Descumprimento de Preceito Fundamental 132/RJ, Rel. Min. Ayres Britto, Tribunal Pleno. Julgado em 05 maio 2011.
8. Supremo Tribunal Federal. Ação Direta de Inconstitucionalidade 4277/DF, Rel. Min. Ayres Britto, Tribunal Pleno. Julgado em 05 de maio de 2011.
9. Superior Tribunal de Justiça. Recurso Especial nº 1.183.378, Rel. Min. Luis Felipe Salomão, Quarta Turma. Julgado em 25 out. 2011.
10. Conselho Nacional de Justiça, Resolução 175 de 14/05/2013.

Concluindo o tópico, e se caso um dos nubentes venha a óbito, estando, porém, habilitado, poderá haver o pedido de formalização de casamento *post mortem*? Há um precedente da 10ª Câmara de Direito Privado do Tribunal de Justiça do Estado de São Paulo no sentido da negativa de formalização, pois "o pedido não encontra amparo legal, nem há possibilidade de algum modo formalizar o que não existe. A constituição do vínculo matrimonial é ato volitivo[11]".

2.1) Das Formalidades e Solenidades da Celebração

Márcio Martins Bonilha Filho explica que "as formalidades do casamento são exigidas *ad pompam et solemnitatem*, sendo essenciais à sua validade, acarretando sua inobservância à nulidade do ato[12]".

2.1.1) Da Autoridade Celebrante

O casamento é civil e gratuita a sua celebração. Significa isto dizer que o Estado disciplina a constituição do casamento, justificando-se tanto a nomeação do juiz de paz, autoridade celebrante, como o assentamento do casamento pelo oficial de registro, ambos sem qualquer influência religiosa ou eclesiástica, como ocorria antes da primeira Constituição Republicana de 1891.

Não estará desamparada a celebração religiosa, em respeito à liberdade de crença das pessoas, admitindo-se a celebração pela autoridade confessional eleita pelos nubentes, mas este casamento exigirá o registro civil por parte do oficial delegado pelo Estado para então produzir efeitos.

A autoridade celebrante é o Juiz de Casamentos, órgão integrante da Justiça de Paz prevista pelo artigo 98, inciso II da Constituição Federal. No entanto, como referida previsão depende de complementação legal por se tratar de norma constitucional de eficácia limitada, muitos estados da federação ainda se encontram em mora.

É apontada como rara exceção por Mario de Carvalho Camargo Neto e Marcelo Salaroli de Oliveira, disciplinando a nomeação do juiz de paz,

---

11. Tribunal de Justiça do Estado de São Paulo. Apelação 9033937-19.1998.8.26.0000; Relator: Roberto Stucchi; Órgão julgador: 10ª Câmara de Direito Privado; Data de registro: 31 maio 1999.
12. BONILHA FILHO, Márcio Martins. Art. 70. In: ALVIM NETTO, José Manuel de Arruda; CLÁPIS, Alexandre Laizo; CAMBLER, Everaldo Augusto (Coord.) **Lei de Registros Públicos: Comentada.** Rio de Janeiro: Forense, 2014. p. 303.

a edição da Lei Estadual nº 13.454/2000 de Minas Gerais[13], regulamentada pela Resolução 490/2005 da Corte Superior do Tribunal de Justiça do Estado de Minas Gerais.

Quanto aos estados que ainda não regulamentaram a Justiça de Paz, como é o caso de São Paulo, ficou a cargo do Secretário da Justiça e da Defesa da Cidadania (Decreto Estadual nº 59.101, de 18 de abril de 2013, revogador do antigo Decreto Estadual 28.253, de 14 de março de 1988) estabelecer os critérios da nomeação e exoneração dos juízes de casamento, cuja função será exercida de forma gratuita, constituindo um *múnus* relevante à sociedade.

Ao Juiz de Paz compete marcar dia, hora e lugar, após requerimento formulado pelos contraentes, atendidas, sempre que possível, as conveniências dos interessados.

Como a realização do casamento é um importante marco na vida pessoal dos nubentes, admite-se a celebração do casamento em diligência.

No Estado de São Paulo, o Juiz de Casamento perceberá, da parcela dos emolumentos devidos ao oficial registrador, 20% (vinte por cento) a título de custeio das despesas relativas a transporte quando realizado o casamento fora da sede do registro civil, custeadas pelas partes[14].

Já no Estado do Paraná haverá pagamento ao Juiz de Paz tanto no casamento celebrado na sede do registro civil quanto naquele celebrado em diligência[15].

Quando verificada a falta ou o impedimento do juiz de casamento ou de seu suplente, as Diretrizes Gerais Extrajudiciais do Estado de Rondônia[16], semelhantemente ao Estado de São Paulo[17], solucionam pela indicação de outra pessoa idônea para o ato, dentre os eleitores residentes

---

13. CAMARGO NETO, Mario de Carvalho; OLIVEIRA, Marcelo Salaroli de. **Registro Civil das Pessoas Naturais: Habilitação e Registro de Casamento, Registro de Óbito e Livro "E"**, vol. 2. (Coord. Christiano Cassettari). São Paulo: Saraiva, 2014. p. 70.
14. Tabela de Custas do Estado de São Paulo. Disponível em: <http://www.arpensp.org.br/_Documentos/Upload_Conteudo/files/tabela-2016%201(2).pdf>. Acesso em 15 jul. 2016.
15. Tabela de Custas do Estado do Paraná. Disponível em: <https://www.tjpr.jus.br/documents/11900/0/Tabela+de+Custas+Atualizada/3a5b04c9-602e-454f-ab15-0737331d3385>. Acesso em 15 jul. 2016.
16. Art. 665 do Provimento 018-2015-CG
17. Item 79, Cap. XVII, Provimento CGJ 58/89

no distrito, não pertencentes a órgão de direção ou de ação de partido político, que poderá ser nomeado pelo Juiz Corregedor Permanente, mediante portaria prévia ou por meio de ratificação. É o que se entende por "juiz de casamento *ad hoc*". Por permitir a ratificação da indicação, busca-se facilitar a celebração do casamento sem abrir mão das formalidades exigidas para o ato.

Por fim, o artigo 1.554 do Código Civil, adotando não só a teoria da aparência como da confiança legítima, convalida o casamento realizado quando celebrado por pessoa que não possua competência para tanto, mas reconhecido em seu meio social como autoridade celebrante. A convalidação exige ainda atenção aos requisitos legais da habilitação por parte dos contraentes, que os mesmos tenham obrado de boa-fé e que o registro do casamento tenha sido realizado.

2.1.2)Do Momento da Celebração

Manifestada perante o Juiz de Casamento a vontade dos contraentes, pessoalmente ou por procurador especialmente constituído para o ato, de se contrair em matrimônio, aquele, ouvindo esta afirmação, declarará em voz alta a seguinte fórmula legal e solene prevista no artigo 1.535 do Código Civil: "De acordo com a vontade que ambos acabais de afirmar perante mim, de vos receberdes por marido e mulher, eu, em nome da lei, vos declaro casados".

Neste instante estará realizado o casamento nos termos do art. 1.514 do Código Civil.

Quanto à celebração do casamento por procuração, a lei somente admite se lavrada por instrumento público e o código de normas capixaba complementa exigindo prazo não superior a 90 dias[18], do mesmo modo que as normas de serviço paulista, as quais exigem mais, devendo conter poderes especiais para receber o contraente em matrimônio, o nome da pessoa com quem vai casar-se o mandante e o regime de bens a ser adotado[19].

Ainda, se ambos os contraentes se fizerem representar por procuradores no momento da celebração, o parágrafo único do art. 512 do Provimento CGJ-MG 260/2013 exige procuradores distintos para o ato.

---

18. Parágrafo 2º do art. 983 do Provimento nº 029/2009.
19. Item 83, Cap. XVII, Provimento CGJ 58/89.

2.1.3) Do Local de Celebração

De acordo com o artigo 1.534 do Código Civil, a solenidade realiza-se na sede do cartório, com toda publicidade, a portas abertas, presentes pelo menos duas testemunhas, parentes ou não dos contraentes, ou, querendo as partes e consentindo a autoridade celebrante, noutro edifício público ou particular.

A lei exige quatro testemunhas quando o casamento se realizar em edifício particular e algum dos contraentes não souber ou não puder escrever.

Questão: a exigência de quatro testemunhas se dá por um critério cumulativo, ou seja, exige-se edifício particular e que um dos contraentes não possa ou não saiba escrever? Ou o critério é alternativo, bastando ocorrer em edifício particular ou quando algum dos contraentes não possa ou não saiba assinar, ainda que o casamento se realize na sede da serventia?

O Código de Normas da Corregedoria-Geral da Justiça do Estado de Mato Grosso do Sul prevê a exigência de quatro testemunhas quando na hipótese de celebração do casamento em prédio particular e um dos contraentes não possa ou não saiba escrever,[20] ou seja, adota o critério cumulativo.

Deste modo, explicam Mário de Carvalho Camargo Neto e Marcelo Salaroli de Oliveira ter sido "solucionada, assim, divergência que havia no Código anterior, o qual permitia interpretação de que seriam quatro as testemunhas sempre que o casamento se realizasse em edifício particular, como equivocadamente ainda preveem algumas normativas"[21].

2.2) Das Formas Especiais de Celebração

O Código Civil de 2002 disciplina as formas especiais e os requisitos para a celebração do casamento no caso de moléstia grave de um dos contraentes (art. 1539) ou em iminente risco de vida (art. 1540 e 1541).

2.2.1) Casamento no caso de moléstia grave de um dos contraentes

Nesta excepcional hipótese de celebração, pressupõe-se a urgência para a realização do ato em razão da moléstia grave de um dos nubentes.

---

20. Parágrafo único do artigo 657 do Provimento CGJ nº 1, de 27 de janeiro de 2003.
21. CAMARGO NETO, Mario de Carvalho; OLIVEIRA, Marcelo Salaroli de. **Registro Civil das Pessoas Naturais: Habilitação e Registro de Casamento, Registro de Óbito e Livro "E"**, vol. 2. (Coord. Christiano Cassettari). São Paulo: Saraiva, 2014, p. 69

Luiz Edson Fachin reputa como sendo moléstia grave "aquela que inviabilize a locomoção ou remoção do paciente sem risco de agravamento de seu quadro que é capaz de leva-lo à morte em tempo breve[22]".

A celebração contará com a presença do presidente do ato ou seu suplente.

No Estado de São Paulo não se admite a nomeação de juiz de casamentos *ad hoc* para a realização do ato nestas condições[23]. Assim, não estando presente o juiz de casamento competente ou seu substituto legal, impossibilitada estará a celebração do casamento no caso de moléstia grave de um dos contraentes.

A justificativa que se pode extrair tem por fundamento o §1º do artigo 1539 do Código Civil, dispondo que "a falta ou o impedimento da autoridade competente para presidir o casamento suprir-se-á por qualquer de seus substitutos legais, e a do oficial do Registro Civil por outro *ad hoc*, nomeado pelo presidente do ato".

Veja-se, não há previsão para a nomeação de autoridade celebrante *ad hoc* (apenas há previsão para a nomeação do oficial do Registro Civil *ad hoc*).

Nestes casos de falta da autoridade celebrante competente ou de seu substituto legal, poderá ser observado o atendimento aos requisitos previstos no artigo 1540 do Código Civil, que trata da celebração do casamento nuncupativo, tema a ser abordado logo mais adiante.

Prosseguindo, o termo então será lavrado pelo Oficial ou por um oficial *ad hoc* nomeado pela autoridade celebrante, observando-se o prazo de cinco dias para a realização do registro, que se fará perante duas testemunhas.

Questão não aclarada pelo artigo 1539 do Código Civil é a necessidade de prévia habilitação. Milton Paulo de Carvalho Filho afirma ser pressuposto o "cumprimento das formalidades preliminares, com a expedição do respectivo certificado de habilitação", pois "a situação grave e urgente tratada neste artigo é a que *não* põe em risco imediato a vida dos nubentes, sendo necessário que eles providenciem o processo de

---

22. FACHIN, Luiz Edson. **Código Civil Comentado**. São Paulo. Atlas, 2003, v. XV apud CARVALHO FILHO, Milton Paulo de. Art. 1539. In: PELUSO, Cezar (Coord). **Código Civil Comentado: Doutrina e Jurisprudência**. 10 ed., Barueri, SP. Manole, 2016. p. 1541.
23. Item 89.4, Cap. XVII, Provimento CGJ 58/89.

habilitação[24]". Mário de Carvalho Camargo Neto e Marcelo Salaroli de Oliveira entendem pela possibilidade de realização do casamento sem a prévia habilitação, pois "a habilitação não é requisito prévio para a celebração nessas condições, pois estaria prejudicado todo o intento legal de estabelecer uma forma urgente de celebração de casamento[25]", invocando, para tanto, previsão contida no item 89.2 das Normas de Serviço Paulista permitindo posterior habilitação a ser processada pelo Oficial de Registro Civil do local da celebração. Já as Diretrizes Extrajudiciais do Estado de Rondônia admitem a celebração com ou sem prévia habilitação[26].

2.2.2) Casamento em iminente risco de vida de um dos contraentes

Esta forma de celebração matrimonial também é conhecida como *in extremis vitae momentis* ou casamento nuncupativo e diferencia-se da hipótese tratada no subitem supra porque será realizada quando um dos nubentes se encontrar em iminente risco de vida, ou seja, encontra-se acometido por doença em fase terminal ou, novamente de acordo com as lições de Luiz Edson Fachin, "em situações como catástrofes, acidentes, crimes contra a vida e outras hipóteses em que um dos nubentes esteja agonizante e pretenda casar-se antes de falecer[27]".

De acordo com Marcio Martins Bonilha Filho, "a avaliação do risco de vida envolve aspecto subjetivo, não dependendo de modo obrigatório de parecer técnico, seja em relação ao outro contraente, seja no tocante às testemunhas participantes do ato, que devem ser maiores e capazes, e o risco é aferido no momento da celebração[28]".

Nesta hipótese, declarará o nubente de forma livre e espontânea, de viva voz, a vontade de se contrair em matrimônio, sem o compareci-

---

24. PELUSO, Cezar (Coord.). **Código Civil Comentado: Doutrina e Jurisprudência**. 10 ed., Barueri, São Paulo: Manole. 2016. p. 1541.
25. CAMARGO NETO, Mario de Carvalho; OLIVEIRA, Marcelo Salaroli de. **Registro Civil das Pessoas Naturais: Habilitação e Registro de Casamento, Registro de Óbito e Livro "E"**, vol. 2. (Coord. Christiano Cassettari). São Paulo: Saraiva, 2014. p. 75.
26. Parágrafos 1º e 2º do art. 675 do Provimento 018-2015-CG
27. FACHIN, Luiz Edson. **Código Civil Comentado**. São Paulo. Atlas, 2003, v. XV apud CARVALHO FILHO, Milton Paulo de. Art. 1540. In: PELUSO, Cezar (Coord.). **Código Civil Comentado: Doutrina e Jurisprudência**. 10 ed., Barueri, SP. Manole, 2016. p. 1542.
28. ALVIM NETTO, José Manuel de Arruda; CLÁPIS, Alexandre Laizo; CAMBLER, Everaldo Augusto (Coord.). **Lei de Registros Públicos: Comentada**. E-book. Rio de Janeiro: Forense, 2014. p. 314.

mento da autoridade celebrante e do oficial de registro civil, mas com a presença de seis testemunhas que não tenham parentesco em linha reta, ou, na colateral, até segundo grau.

Terão as testemunhas do ato o prazo de dez dias contados da celebração para apresentar o termo ao Juiz. No Estado de São Paulo, caberá ao Juiz Corregedor Permanente processar a habilitação[29]. No Estado do Paraná será competente o Juízo da matéria de família, se não houver vara especializada[30].

Veja-se que o processo de habilitação correrá perante a autoridade judicial (e não perante o registrador civil), ao qual caberá observar as exigências previstas pelo artigo 1541 do Código Civil.

Importante consequência da determinação judicial para a lavratura do assento de casamento assim realizado é a expressa previsão de efeitos retroativos, quanto ao estado dos cônjuges, à data da celebração, conforme parágrafo 4º do artigo acima citado.

Convalescendo o nubente antes da realização do registro, poderá este e o outro nubente ratificar o casamento perante a autoridade celebrante e o oficial de registro civil na presença de duas testemunhas exibindo para tanto o certificado de habilitação.

Com estas breves considerações acerca da celebração, passa-se ao momento do registro de casamento e seus efeitos.

3) DO REGISTRO DE CASAMENTO

Realizada a celebração, lavra-se o assento no livro de registro de casamento, com a assinatura do presidente do ato, dos cônjuges, das testemunhas e do Oficial de Registro, conforme previsto no artigo 1.536 do Código Civil, consignando-se o instrumento de procuração para casar se o caso. Deve o Oficial de Registro Civil colher a impressão digital dos contraentes que não puderem ou não souberem assinar.

Quando da lavratura do assento de casamento, atenção especial deverá ser tomada no cotejo entre as disposições da Constituição Federal, da Lei de Registros Públicos (artigo 70), do Código Civil (artigo 1.536) e das Normas de Serviço Extrajudiciais Estaduais.

---

29. Itens 53 e 90.3, Cap. XVII, Provimento CGJ 58/89.
30. Art. 274 do Provimento 249/2013

A título de exemplo, temos a previsão contida no item 9º do artigo 70 da Lei de Registros Públicos, já não mais encontrando suporte constitucional por promover discriminação entre os filhos, situação vedada pelo artigo 226 da Constituição Federal de 1988, posterior à Lei 6.015 de 1973, numa clara hipótese de não recepção constitucional.

Observado os requisitos da lavratura, extrai-se como principal efeito decorrente do registro a publicidade dada ao casamento celebrado.

A partir de então, servirá a certidão deste registro como principal meio de prova, dotado inclusive de fé pública.

Não se nega a prova do casamento por outros meios, no entanto deverá ser justificada a falta ou a perda do registro (art. 1543 do CC).

Na prática, não é raro se deparar com situações pelas quais as pessoas compareçam ao oficial de registro civil munidas da primeira certidão extraída do casamento realizado em longínqua data, porém, por razões desconhecidas, o responsável pela serventia registral civil à época deixou de realizar o registro nos livros da serventia. Nestas hipóteses, aquela certidão poderá servir como início de prova a fundamentar o processo de justificação judicial para fins de restauração do assento de casamento, nos termos do artigo 109 da Lei de Registros Públicos.

3.1) Dos Livros de Registro

O casamento civil será lavrado em livro próprio, ou seja, no Livro B, conforme previsão do artigo 33, II, da Lei de Registros Públicos.

Já o casamento religioso com efeitos civis será lavrado no Livro B Auxiliar, conforme previsto no art. 33, III, da Lei de Registros Públicos.

Quanto à conversão da união estável em casamento, por se tratar de procedimento posterior à Lei de Registros Públicos, necessário se faz analisar as diretrizes administrativas estaduais. Vide o caso do Estado da Bahia, cuja conversão será registrada no Livro B[31], enquanto no Estado do Rio Grande do Sul a conversão será registrada no Livro B-Auxiliar[32].

---

31. Art. 556, Provimento Conjunto CGJ/CCI - 009/2013.
32. Art. 53, Provimento Nº 32/06-CGJ

3.2) Do Casamento Civil

O casamento é civil, nos termos do artigo 226, §1º da Constituição Federal.

A título de registro histórico, Maria Celina Bodin de Moraes e Ana Carolina Brochado Teixeira comentam o artigo 226 da Constituição Federal de 1988 e explicam que:

> Antes mesmo da proclamação da República, em março de 1888, através do Decreto 9.886, o regime imperial fizera "cessar os efeitos civis dos registros eclesiásticos", buscando fortalecer o registro civil secular. Esta foi ainda a occasio legis do Decreto n. 181, de 24 de janeiro de 1890, conhecido como a "Lei do Casamento e do Registro Civil", que teve a finalidade de regulamentar a solenidade do casamento civil e configurou-se em um importante marco da institucionalização da ordem republicana, a ponto de tornar-se a única previsão, relativa à matéria, a ser constitucionalizada em 1891[33].

3.2.1) Dos Efeitos do Casamento Civil

Como dito anteriormente, a celebração constitui o casamento e o registro terá por finalidade a prova do casamento celebrado. É importante não confundir a constituição com o registro, não é deste que decorre o casamento, o registro não possui efeito constitutivo, mas apenas probatório.

Provada a sua existência, do casamento extraem-se diversos reflexos, efeitos jurídicos que serão tratados a seguir.

O casamento: (a) é uma das formas de constituição de família; (b) gera a emancipação legal do contraente menor de idade (art. 5º do CC); (c) faculta a supressão parcial ou a adoção do sobrenome do outro em razão da nova formação familiar; (d) atribui o *status* de casado ao nubente; (e) estabelece a comunhão de vida, prevendo direitos e impondo deveres conjugais; (f) permite o livre planejamento familiar, ressaltando as obrigações e os deveres de educação, guarda e sustento se o casal optar por ter filhos; (g) estabelece a presunção de filiação; (h) cria os vínculos de afinidade com os parentes do outro (art. 1595 do CC); e, (i) torna eficaz entre os cônjuges o regime de bens escolhido pelo casal.

---

33. MORAES, Maria Celina Boldin de; TEIXEIRA, Ana Carolina Brochado. **Comentário ao artigo 226**. In: CANOTILHO, J. J. Gomes; MENDES, Gilmar F.; SARLET, Ingo W.; STRECK, Lenio L. (Coords.). **Comentários à Constituição do Brasil**. E-book. São Paulo: Saraiva/Almedina, 2013. p. 4.999.

3.3) Do Casamento Religioso com Efeitos Civis

De início, ressalta-se a laicidade do Estado brasileiro ao não adotar uma religião específica, não discriminando ou distinguindo as religiões ora existentes, dando assim primazia ao direito fundamental à liberdade de crença e ao livre exercício dos cultos religiosos, possibilitando o registro das uniões matrimoniais quando observadas as exigências legais.

Milton Paulo de Carvalho Filho explica que "o casamento religioso realizado perante autoridade religiosa ou ministro religioso tem sua validade sujeita a uma condição: de que seja ele inscrito no livro de Registro Civil das Pessoas Naturais, após cumpridas as formalidades do processo de habilitação"[34], ou seja, registro no Livro B-Auxiliar, produzindo, a partir de então, efeitos civis.

Nenhum casamento terá ingresso nos registros públicos sem habilitação. No caso do casamento religioso, a habilitação poderá ser anterior ou posterior à celebração. Assim é a previsão contida nos artigos 1.515 e 1.516 do Código Civil.

Optando os contraentes pela habilitação prévia, imperioso cientificá-los acerca do prazo de validade do certificado de habilitação (90 dias). Celebrado o enlace, deverá ser levado a registro no prazo de 90 dias, sob a condição de ser exigida nova habilitação acaso expirado o prazo para registro. Apresentado ao Oficial de Registro Civil, este terá 24 horas para realizar o registro nos termos do art. 74 da Lei 6015/73.

Ainda na esteira do magistério de Milton Paulo de Carvalho Filho, afirma o doutrinador que "a morte de um dos cônjuges não impedirá o registro civil do casamento religioso realizado validamente, quando o pedido de registro for encaminhado dentro do prazo estabelecido pela lei[35]".

O Código de Normas e Procedimentos dos Serviços Notariais e de Registro do Estado do Piauí determina a necessidade do reconhecimento de firma da autoridade celebrante do casamento[36].

---

34. PELUSO, Cezar (Coord.), **Código Civil Comentado: Doutrina e Jurisprudência**. 10 ed., Barueri, SP. Manole, 2016. p. 1512.
35. PELUSO, Cezar (Coord.), **Código Civil Comentado: Doutrina e Jurisprudência**. 10 ed., Barueri, SP. Manole, 2016. p. 1514.
36. Art. 501, p. único, Provimento n° 017/2013.

3.3.1) Dos Efeitos do Casamento Religioso

Importante efeito decorrente do registro do casamento religioso é a sua retroação à data da celebração do casamento, passando-se de mera união religiosa para o status de união matrimonial, por força do artigo 75 da Lei 6015/73, consequentemente gerando também a prova do casamento ora celebrado.

Walter Ceneviva restringe a eficácia retroativa do registro prevista no artigo supracitado ao dizer que "o registro que produz efeitos jurídicos a partir da celebração matrimonial é apenas o requerido em noventa dias, a contar de sua realização. O CC/02, com melhor redação (art. 1.515), corrigiu o texto da LRP. Dá efeito retroativo quando o registro é feito no prazo de noventa dias a partir da habilitação registrada[37]".

A jurisprudência mineira também demonstra receio acaso admitido efeitos retroativos ao registro do casamento religioso conforme julgado a seguir ementado:

> CASAMENTO RELIGIOSO. EFEITOS CIVIS. REGISTRO. DECURSO DO PRAZO. IMPOSSIBILIDADE. - Decorrido o prazo legal para o registro em cartório do casamento religioso, precedido de habilitação legal, para que sejam atribuídos efeitos civis ao matrimônio deve ser realizada nova habilitação. - Temerário se admitir que o casamento religioso produza efeitos civis retroativos à data da celebração, após o decurso de mais de quinze anos, período durante o qual podem ter sido praticados atos jurídicos influenciados pelo estado civil. - Falecido um dos cônjuges, tornando inviável a habilitação, o registro civil do casamento religioso, somente será possível se justificada a sua falta no momento oportuno, na forma do art. 1543, parágrafo único, do CCB/02, comprovando-se, ainda, a inexistência de impedimentos para a declaração do casamento. - Recurso provido[38].

Em um caso semelhante à jurisprudência paulista decidiu pela negativa do registro de casamento religioso pretendido pelo cônjuge supérstite, apesar de ocorrida a celebração, porém sem a observância do processo de habilitação e com potencial risco de prejuízo a terceiros[39].

---

37. CENEVIVA, Walter. **Lei dos Registros Públicos Comentada,** 20. ed. São Paulo: Saraiva, 2010. p. 192.
38. Tribunal de Justiça de Minas Gerais. Apelação Cível nº 1.0024.08.245324-/001, 7ª Câmara Cível, Relatora: Heloisa Combat. Julgado em 14 abr. 2009.
39. Tribunal de Justiça de São Paulo. Apelação Cível nº 0021905-88.2011.8.26.0224, 6ª Câmara de Direito Privado, Relator: Percival Nogueira. Julgado em: 26 abr. 2012.

No entanto, existe precedente jurisprudencial gaúcho possibilitando o suprimento judicial do casamento civil mediante prova da cerimônia religiosa e a não ocorrência de prejuízo a terceiros, conforme a seguinte ementa:

> Registro civil das pessoas naturais. Suprimento judicial de casamento civil. Casamento religioso realizado em 1906. Requisito para a obtenção de cidadania italiana pela neta. Comprovada a comunhão de vida e a formação de prole. Possibilidade. A CF/88, em seu art. 226, §2º, confere ao casamento religioso efeito civil, nos termos da lei. Também o CC, em seu art. 1.515, atribui ao casamento religioso, atendidas as exigências da lei para validade do casamento civil, a equiparação a este, conquanto seja registrado no registro próprio, produzindo efeitos a partir da data de sua celebração. Na espécie, comprovada a existência da cerimônia religiosa e a formação de prole, não há como deixar de reconhecer a vontade das partes de contraírem matrimônio. Demonstrado o interesse da autora em suprir judicialmente o registro civil de casamento de seus avós, para fins de obtenção de cidadania italiana e não demonstrando qualquer prejuízo a terceiros, já que falecido os nubentes há vários anos, imperioso acolher a pretensão da autora. Recurso provido[40].

E no caso da lavratura de pacto antenupcial em casamento religioso não registrado, produzirá aquele pacto efeitos entre as partes? E como será vista a relação posterior à celebração religiosa não registrada? O julgado abaixo ementado não reconheceu a validade do pacto antenupcial e aplicou as regras da união estável diante da ausência do registro do casamento religioso, senão vejamos:

APELAÇÃO - Ação de Reconhecimento de União Estável - Alegações de Casamento Religioso, relacionamento anterior pelo período de 4 anos - Pacto Antenupcial não levado a registro, e separação depois de 6 meses - Sentença de improcedência - Inconformismo da autora, que alega a validade do pacto antenupcial, embora o casamento religioso realizado não tenha sido registrado em cartório, que presentes todos os requisitos da união estável e a existência de relacionamento público, com o intuito de constituir família - Descabimento - Não restaram cumpridos os requisitos legais necessários para a produção de efeitos civis do casamento religioso celebrado, posto que não houve a habilitação, tampouco o registro no Cartório de Registro Civil, nos termos do artigo 1.516, do CC - Reconhecida a união estável pelo período de 6 meses, regrada pelo regime da comunhão parcial de bens, "ex vi" do artigo 1.725, do CC - O

---

40. Tribunal de Justiça do Estado do Rio Grande do Sul. Apelação Cível nº 70.027.429.802, 7ª Câmara Cível, Relator: Ricardo Raupp Ruschel. Julgado em: 27 maio 2009.

pacto antenupcial não pode ser considerado para regrar a união estável, pois tem sua validade condicionada à realização de casamento civil - Recurso provido em parte, para reconhecer a união estável entre as partes no período de 28 de maio de 2012 até meados de fevereiro de 2013[41].

3.4) Da Conversão de União Estável em Casamento

A Constituição Federal de 1988 reconheceu como união estável a formação familiar que anteriormente levava o nome de concubinato puro, ou seja, a relação informal entre duas pessoas não impedidas de casar, mas cujo matrimônio não tenha sido levado a efeito.

O constituinte tencionou facilitar a conversão da união estável em casamento conforme a previsão contida no §3º do artigo 226.

Para tanto, editou-se a Lei 8.971, de 29 de dezembro de 1994, a disciplinar os direitos do companheiro quanto aos alimentos e à sucessão e, posteriormente, de modo a regulamentar a conversão da união estável em casamento, fora editada a Lei 9.278, de 10 de maio de 1996, prevendo que "os conviventes poderão, de comum acordo e a qualquer tempo, requerer a conversão da união estável em casamento, por requerimento ao Oficial do Registro Civil da Circunscrição de seu domicílio" (art. 8º).

No entanto, com a edição do Código Civil em 2002, referida conversão passou a exigir a dedução do pedido dos companheiros ao juiz.

Veja-se que o casamento, seja o civil, seja o religioso com efeitos civis, poderá ser registrado diretamente pelo oficial de registro depois de cumprida as exigências próprias do processo de habilitação.

As normativas extrajudiciais estaduais passaram a regular, de forma minudente, o procedimento de conversão, vide o caso do Estado de Rondônia ao prever a requisição de conversão perante o Oficial de Registro Civil do domicílio dos conviventes[42].

Para ter ingresso no registro, não se dispensa a habilitação dos companheiros, de modo a tornar público o pedido de conversão e verificar a ocorrência de impedimentos matrimoniais. No entanto, as normas administrativas do Estado de São Paulo dispensam autorização judicial, celebração do matrimônio, bem como do assento não conterá indicação

---

41. Tribunal de Justiça do Estado de São Paulo. Apelação nº 0004728-96.2013.8.26.0077, 9ª Câmara de Direito Privado, Relator: José Aparício Coelho Prado Neto. Julgado em: 23 fev. 2016.
42. Art. 673 do Provimento 018-2015-CG.

da data da celebração, do nome do presidente do ato e das assinaturas dos companheiros e das testemunhas[43].

A Corregedoria Geral da Justiça do Estado de São Paulo enfrentou a questão do falecimento de um dos companheiros após a formulação do pedido de conversão e decidiu pela possibilidade do registro, pois "a formulação conjunta do pedido basta para espelhar a vontade, prescindindo-se de solenidade ou celebração e, *ipso facto*, de comparecimento dos interessados (assim como de testemunhas) para assinatura do assento. Firmará o registrador, tão-somente, ao lavrá-lo como ato de ofício[44]".

3.4.1) Dos Efeitos da Conversão de União Estável em Casamento

Uma vez tendo acesso ao registro, produzir-se-ão os mesmos efeitos do casamento civil, ou seja, os direitos e deveres conjugais, regime de bens, deveres em relação aos filhos e os benefícios da formalização da união perante a sociedade.

No Estado de São Paulo é vedado constar do assento de casamento a data de início, período ou duração da união estável[45].

Já no Estado do Rio de Janeiro a data de início é elemento do pedido de conversão e, homologada pelo Juiz, este indicará a data do início dos efeitos da união estável, devendo ser anotada no espaço destinado às "observações", do Livro de Registro de Casamento e da certidão de casamento respectiva[46].

Mario de Carvalho e Marcelo Salaroli de Oliveira apontam que a melhor solução fora aquela adotada pelo Estado de Minas Gerais, permitindo o registro da conversão com menção ao início da união estável se houver reconhecimento e ordem judicial neste sentido[47].

Quanto ao regime de bens, se adotado regime diverso da comunhão parcial, exige-se apresentação de escritura pública com o regime ora escolhido, uma vez submetida a conversão às exigências da lei civil, produ-

---

43. Itens 87.2 e 87.3, Cap. XVII, Provimento CGJ 58/89.
44. Corregedoria Geral da Justiça do Estado de São Paulo. Processo CG 747/2004, Relator: José Antonio de Paula Santos Neto. Julgado em: 08 nov. 2004.
45. Item 87.5, Cap. XVII, Provimento CGJ 58/89.
46. §§1º e 8º do art. 783 da Consolidação Normativa da CGJ do Estado do Rio de Janeiro.
47. CAMARGO NETO, Mario de Carvalho; OLIVEIRA, Marcelo Salaroli de. **Registro Civil das Pessoas Naturais: Habilitação e Registro de Casamento, Registro de Óbito e Livro "E"**, vol. 2. (Coord. Christiano Cassettari). São Paulo: Saraiva, 2014. p. 87.

zindo efeitos *inter partes* a partir do registro da conversão e *erga omnes* após o seu registro no Livro 03 da serventia imobiliária do domicílio do casal.

Os conviventes poderiam eleger o regime de bens anterior à conversão da união estável? O Superior Tribunal de Justiça possui precedente no sentido da impossibilidade da opção por regime diverso da comunhão parcial caso não tenha havido formalização da união estável a regrar os efeitos pessoais e patrimoniais[48].

Interessante decisão proferida pelo Conselho Superior da Magistratura do Estado de São Paulo possibilitou a adoção do regime da comunhão parcial de bens na hipótese de um dos companheiros possuir mais de 70 (setenta) anos quando do registro da conversão de união estável em casamento. Isto porque no caso concreto havia o reconhecimento judicial da união estável desde longínqua data e a imposição do regime da separação obrigatória de bens representaria um óbice à legalização da união de fato[49].

Também é interessante cotejar esta conversão de união estável em casamento com a possibilidade de registro da sentença declaratória ou escritura pública de união estável em Livro "E" do Oficial de Registro Civil nos termos do Provimento 37 do CNJ, sobretudo em razão de recente decisão tomada pela 2ª Vara de Registros Públicos da Comarca de São Paulo-SP[50].

Chama atenção porque fora permitido o ingresso de escritura pública de união estável em que um dos conviventes, septuagenário quando da apresentação a registro, afastou o regime da separação obrigatória de bens, previsto pelo inciso II do art. 1.641 do Código Civil, aplicado por analogia à união estável[51].

In casu, fora declarado e lavrado pela tabeliã a adoção do regime da comunhão parcial de bens porque iniciada a convivência antes de completados os 70 (setenta) anos, havendo, inclusive, respaldo jurispruden-

---

48. Superior Tribunal de Justiça. Recurso Especial nº 1.383.624, Rel. Min. Moura Ribeiro, Terceira Turma. Julgado em 02 jun. 2015.
49. Tribunal de Justiça do Estado de São Paulo. Apelação Cível nº 0046326-29.2011.8.26.0100, Conselho Superior da Magistratura, rel. José Renato Nalini. Julgado em 12 set. 2012.
50. Tribunal de Justiça do Estado de São Paulo. Processo nº 1000633-29.2016.8.26.0100 – Pedido de Providências, Juiz de Direito Marcelo Benacchio. Julgado em 06 jun. 2016.
51. Superior Tribunal de Justiça. Recurso Especial nº 1.090.722, Rel. Min. Massami Uyeda, Terceira Turma, julgado em 02/03/2010. DJe 30 ago. 2010.

cial do Superior Tribunal de Justiça acerca da não aplicação do regime de separação obrigatória de bens se um dos conviventes não incorrer nesta restrição patrimonial em razão da faixa etária à época do início da convivência[52][53].

Assim, fica demonstrada a possibilidade de efeitos retroativos à data de início da convivência nesta hipótese, o que não se alcançaria se os companheiros tivessem optado pela conversão da união estável em casamento.

4) CONCLUSÃO

O tema abordado no presente artigo está em constante desenvolvimento, demandando estudo contínuo, pois apesar de vivermos tempos de fluidez, a realização pessoal, a segurança jurídica e a confiança ainda são esperadas e quistas pela sociedade.

Para tanto, o poder público, por meio do legislador em sentido amplo quanto pelos demais atores (oficiais de registro, juízes de casamento, juízes de direito, tabeliães, advogados e promotores), no anseio de atender às demandas de segurança jurídica e promoção da dignidade da pessoa humana, justifica o rito processual do casamento, com suas exigências no tocante ao cumprimento das formalidades e solenidades da celebração e do registro de casamento.

Isto porque o casamento possui enorme relevância jurídica perante a sociedade, pois a esta influencia e sofre influência, vide o tratamento acerca das novas uniões familiares (por exemplo, a conversão de união estável em casamento, o casamento de pessoas do mesmo sexo) e a possibilidade do ingresso e reconhecimento como matrimônio.

Além disto, recentes decisões, tanto judiciais como administrativas, colacionadas neste artigo, comprovam a atualidade do tema.

Não se pretende esgotar os desdobramentos da celebração e do registro de casamento com esta rápida abordagem, mas espera-se apenas e tão somente que este trabalho aclare e fomente novas discussões para os desafios a serem enfrentados.

---

52. Superior Tribunal de Justiça. Recurso Especial nº 918.643, Rel. Min. Massami Uyeda, Rel. para o Acórdão Min. Nancy Andrighi, Terceira Turma. Julgado em 26 abr. 2011. DJe 13 maio 2011.
53. Superior Tribunal de Justiça, Recurso Especial nº 1.254.252, Rel. Min. Nancy Andrighi, Terceira Turma, julgado em 22/04/2014, DJe 29 abril 2014.

5) REFERÊNCIAS BIBLIOGRÁFICAS

ALVIM NETTO, José Manuel de Arruda; CLÁPIS, Alexandre Laizo; CAMBLER, Everaldo Augusto (Coord.). **Lei de Registros Públicos: Comentada.** E-book. Rio de Janeiro: Forense, 2014.

BAHIA. Provimento Conjunto CGJ/CCI - 009/2013. **Dispõe sobre o Código de Normas e Procedimentos dos Serviços Notariais e de Registro do Estado da Bahia.** Publicado em 12 de agosto de 2013. Disponível em: <http://www5.tjba.jus.br/corregedoria/images/pdf/provimento_conjunto_cgj_cci_009_2013.pdf>. Acesso em: 19 jul. 2016.

BRASIL. Constituição, 1891. **Constituição Republicana dos Estados Unidos do Brasil:** promulgada em 24 de fevereiro de 1891. Disponível em: <https://www.planalto.gov.br/ccivil_03/constituicao/constituicao91.htm>. Acesso em: 20 jul. 2016.

BRASIL. Constituição, 1988. **Constituição da República Federativa do Brasil:** promulgada em 5 de outubro de 1988. Disponível em: <http://www.planalto.gov.br/ccivil_03/constituicao/constituicaocompilado.htm>. Acesso em: 02 jul. 2016.

BRASIL. Lei nº 10.406/2002. **Código Civil:** promulgado em 10 de janeiro de 2002. Disponível em: <http://www.planalto.gov.br/ccivil_03/leis/2002/L10406.htm>. Acesso em: 02 jul. 2016.

BRASIL. Lei nº 13.146/2015. **Lei Brasileira de Inclusão da Pessoa com Deficiência (Estatuto da Pessoa com Deficiência):** promulgada em 6 de julho de 2015. Disponível em: <http://www.planalto.gov.br/ccivil_03/_ato2015-2018/2015/Lei/L13146.htm>. Acesso em: 02 jul. 2016.

BRASIL. Lei nº 6.015/1973. **Lei dos Registros Públicos:** promulgada em 31 de dezembro de 1973. Disponível em: <http://www.planalto.gov.br/ccivil_03/leis/L6015original.htm>. Acesso em: 05 jul. 2016

BRASIL. Lei nº 8.971/1994. **Lei do Direito dos Companheiros a Alimentos e à Sucessão**: promulgada em 29 de dezembro de 1994. Disponível em: <http://www.planalto.gov.br/ccivil_03/leis/L8971.htm>. Acesso em: 23 jul. 2016.

BRASIL. Lei nº 9.278/1996. **Lei que Regula o §3º do art. 226 da Constituição Federal de 1988**: promulgada em 10 de maio de 1996. Disponível em: <http://www.planalto.gov.br/ccivil_03/leis/L9278.htm>. Acesso em: 23 jul. 2016

CAMARGO NETO, Mario de Carvalho; OLIVEIRA, Marcelo Salaroli de. **Registro Civil das Pessoas Naturais: Habilitação e Registro de Casamento, Registro de Óbito e Livro "E"**, vol. 2. (Coord. Christiano Cassettari). São Paulo: Saraiva, 2014.

CANOTILHO, J. J. Gomes; MENDES, Gilmar F.; SARLET, Ingo W.; STRECK, Lenio L. (Coords.). **Comentários à Constituição do Brasil**. E-book. São Paulo: Saraiva/Almedina, 2013.

CENEVIVA, Walter, **Lei dos Registros Públicos Comentada,** 20. ed. E-book. São Paulo: Saraiva, 2010.

CONSELHO NACIONAL DE JUSTIÇA. Resolução nº 175/2013. **Dispõe sobre a habilitação, celebração de casamento civil, ou de conversão de união estável em casamento, entre pessoas de mesmo sexo.** Publicada em 14 de maio de 2013. Disponível em: <http://www.cnj.jus.br/busca-atos-adm?documento=2504>. Acesso em: 05 jul. 2016.

DOMINGUES, Claudia do Nascimento. **Poliafetividade e Poliamor Novas Formações Afetivas e a Família Pós-Moderna**. In: DEL GUÉRCIO NETO, Arthur (Coord.), **O Direito Notarial e Registral em Artigos**. São Paulo: YK Editora, 2016.

MATO GROSSO DO SUL. Provimento CGJ nº 1, de 27 de janeiro de 2003. **Dispõe sobre a atualização do Código de Normas da CorregedoriaGeral de Justiça e dá outras providências.** Disponível em: <https://www.tjms.jus.br/sistemas/biblioteca/legislacao_comp.php?lei=18509>. Acesso em: 12 jul. 2016.

MINAS GERAIS. Lei Estadual nº 13.454/2000. **Lei que Dispõe sobre a Justiça de Paz**: publicada em 12 de janeiro de 2000. Disponível em: <http://www.almg.gov.br/consulte/legislacao/completa/completa.html?tipo=LEI&num=13454&comp=&ano=2000>. Acesso em: 12 jul. 2016.

MINAS GERAIS. Provimento nº 260/CGJ/2013. **Codifica os atos normativos da Corregedoria Geral de Justiça do Estado de Minas Gerais relativos aos serviços notariais e de registro.** DJe: 29 de outubro de 2013. Disponível em: <http://www8.tjmg.jus.br/institucional/at/pdf/cpr02602013.pdf>. Acesso em: 12 jul. 2016.

MINAS GERAIS. Resolução nº 490/2005, Corte Superior do Tribunal de Justiça do Estado de Minas Gerais. **Regulamenta a Lei que Dispõe sobre a Justiça de Paz.** Publicada em 26 de outubro de 2005. Disponível em: < http://www.serjus.com.br/on-line/resolucao_490_2005_regulamenta_lei_13453_2000_justica_de_paz_17_11_2005.html>. Acesso em: 12 jul. 2016.

ONU. **Declaração Universal de Direitos Humanos**, 1946. Disponível em: <http://www.dudh.org.br/wp-content/uploads/2014/12/dudh.pdf>. Acesso em: 02 jul. 2016.

PELUSO, Cezar (Coord.), **Código Civil Comentado: Doutrina e Jurisprudência**. 10 ed., Barueri, SP. Manole, 2016.

PIAUÍ. Provimento n° 017/2013. **Código de Normas e Procedimentos dos Serviços Notariais e de Registro do Estado do Piauí.** Publicado em 27 de agosto de 2013. Disponível em: <http://www.anoregpi.org.br/arquivos/Provimento_017_2013_codigo_de_normas.pdf>. Acesso em: 09 jul. 2016.

RIO DE JANEIRO. **Consolidação Normativa da CGJ do Estado do Rio de Janeiro – Parte Extrajudicial.** Publicada em 25 de maio de 2016. Disponível em: <http://cgj.tjrj.jus.br/documents/1017893/1038412/cncgj-extrajudicial.pdf>. Acesso em: 09 jul. 2016.

RIO GRANDE DO SUL. Provimento Nº 32/06-CGJ. **Consolidação Normativa Notarial e Registral. Atualização e Revisão.** Publicado em 16 de novembro de 2006. Disponível em: <http://www.cartorio.tjrs.ieses.org/documentos/ARQUIVOS/cnnrcgj0122012.pdf>. Acesso em: 09 jul. 2016.

RONDÔNIA. Provimento nº 0018/2015. **Dispõe sobre a Revogação do Provimento 026/2013-CG e Republicação das Diretrizes Gerais Extrajudiciais.** DJe: 16 de setembro de 2015. Disponível em: <https://www.tjro.jus.br/submenu-provimentos/menu-provimentos-2015/item/5313-018-2015-cg>. Acesso em: 09 jul. 2016.

SÃO PAULO. Decreto Estadual nº 28.253/1988. **Organiza a Administração Superior da Secretaria e da Sede da Secretaria da Justiça.** Publicado em 14 de março de 1988. Disponível em: <http://www.al.sp.gov.br/repositorio/legislacao/decreto/1988/decreto-28253-14.03.1988.html>. Acesso em: 12 jul. 2016.

SÃO PAULO. Provimento CGJ 58/89. **Normas de Serviço dos Cartórios Extrajudiciais**. Publicado em 28 de novembro de 1989. Disponível em: <http://www.tjsp.jus.br/Download/Corregedoria/NormasExtrajudiciais/NSCGJTomoII.pdf>. Acesso em: 02 jul. 2016.

CAPÍTULO 10

União estável e seu registro no Livro E

Izolda Andréa de Sylos Ribeiro[1]

Sumário: Introdução; 1. Do concubinato à união estável; 2. Caracterização da união estável; 3. Reconhecimento jurídico da união estável; 4. Do registro da união estável; 5. Questões práticas do registro da união estável; 5.1. Da capacidade dos conviventes; 5.2. Do regime de bens; 5.3. Dos efeitos patrimoniais do registro da união estável; 5.4. Da alteração do nome dos companheiros; 5.5. Da emissão de certidões; 5.6. Dos impedimentos para o registro da união estável; 5.7. Da imposição de causas suspensivas; 5.8. Do registro da união estável unilateral e da união estável *post mortem*; 5.9. Da dissolução da união estável por requerimento unilateral; 5.10. Do casamento quando há registro anterior de união estável; 5.11. Da presunção de paternidade aos filhos dos companheiros; Conclusão; Bibliografia

INTRODUÇÃO

O registro da união estável no Livro E do Registro Civil das Pessoas Naturais surgiu no ordenamento jurídico através das Normas de Serviço das Corregedorias Estaduais dos Tribunais de Justiça, sendo o primeiro ato do Estado de São Paulo no ano de 2012, através do Provimento CGJ 41/2012. Em 2014 a Corregedoria Nacional de Justiça do CNJ editou o Provimento 27/2014, dando normativas nacionais a serem observadas pelas Corregedorias Estaduais, consignando que as normativas estaduais não foram revogadas no que forem compatíveis.

Suprindo a falta de lei em sentido estrito sobre o assunto, as normas de serviço extrajudiciais resolveram o problema, inserindo o instituto da união estável como passível de registro, e a maior consequência para os

---

1. Oficial de Registro Civil das Pessoas Naturais e Tabeliã de Notas do Município de Lavínia, Comarca de Mirandópolis, Estado de São Paulo, entre os anos de 2010 e 2015. Oficial de Registro Civil das Pessoas Naturais da Comarca de Novo Horizonte, Estado de São Paulo. Graduada e Especialista em Direito Civil e Direito Processual Civil pela Unitoledo de Araçatuba, SP.

conviventes é o seu uso como meio de prova constituída com validade perante os órgãos públicos e particulares.

O registro confere publicidade aos fatos da vida, e gera efeitos para além da esfera privada dos conviventes, dando maior segurança jurídica aos terceiros contratantes, que conseguem comprovar o estado familiar de forma mais simples e segura.

A publicidade registral confere ao registro da união estável a sua oponibilidade *erga omnes*. Se o fato está inscrito no livro de registros seu efeito probatório pode ser verificado por qualquer pessoa por meio da publicidade conferida pelas certidões.

Além disso, confere a presunção de veracidade daquilo que está inscrito no livro de registro. Ou seja, para a união estável registrada no Livro E a presunção é que seja verdadeira e vigente até que haja averbação de seu término.

Assim, o registro da união estável no Livro E, trouxe para os casais que se enquadram nesse instituto, uma visibilidade maior da que havia anteriormente, restrita à possibilidade da escritura pública ou da sentença judicial. Registrando esse fato no Registro Civil das Pessoas Naturais, a publicidade feita por meio das certidões acaba por facilitar a prova, quando necessária.

Mesmo não alterando o estado civil dos conviventes, verifica-se que com o registro da união estável, demonstram para a sociedade que o seu estado familiar é o de companheiros, e que deverá ser respeitado por todos, com todas as consequências que serão analisadas no presente artigo.

1. DO CONCUBINATO À UNIÃO ESTÁVEL

Desde as primeiras organizações humanas verificou-se a necessidade de socialização das pessoas. Em grupos os seres humanos conseguiram prolongar a espécie, criar laços para sobreviver nas eras antigas e de certa forma evoluir através das comunidades. E assim, surgiu a família como célula criadora da sociedade. Nos primórdios os homens se uniam em torno da família, posteriormente formam-se os clãs, as tribos e por fim as cidades.

Nos dizeres de Maria Berenice Dias: *"A família é tanto uma estrutura pública como uma relação privada, pois identifica o indivíduo como integrante do vínculo familiar e também como partícipe do contexto social"*[2].

---

2. DIAS, Maria Berenice. *Manual de Direito das Famílias*. 4. ed. em livro eletrônico baseada na 11. ed. São Paulo: Editora Revista dos Tribunais. 2016, p. 29.

Assim, como ser social, as pessoas se unem para viver a família. Hoje em dia a família é vista na forma mais plural possível, não mais como homem, mulher e filhos, mas sim em seus vários arranjos: tradicional, decorrente do casamento, homoafetiva, pluriafetiva, fraternal, concubinária, entre tantas outras.

Neste momento, voltam-se os olhos para a união estável, e como sua evolução ocorreu.

Após a civilização moderna, o casamento foi o primeiro laço civil gerador das famílias. Não se concebia família fora do casamento, sendo as demais relações denominadas espúrias ou concubinárias. Tanto que o casamento era considerado um instituto indissolúvel, cabendo apenas o desquite, que impedia um novo casamento. Assim, para os casais que já houvessem sido casados só restava o título de concubinos, pois eternamente seriam impedidos de se casar novamente.

O Código Civil de 1916 só previa a família com base no casamento, o que não quer dizer que a união estável não existia nessa época. Nestes termos é a análise de Maria Berenice Dias[3]:

> Apesar da rejeição social e do repúdio do legislador, vínculos afetivos fora do casamento sempre existiram. O Código Civil de 1916, com o propósito de proteger a família constituída pelos sagrados laços do matrimônio, omitiu-se em regular as relações extramatrimoniais. E foi além. Restou por puni-las. Tantas reprovações, contudo, não lograram coibir o surgimento de relações afetivas extramatrimoniais. Não há lei, nem do deus que for, nem dos homens, que proíba o ser humano de buscar a felicidade. As uniões surgidas sem o selo do casamento eram identificadas com o nome de concubinato.

A primeira súmula do Supremo Tribunal Federal a proteger o então concubinato foi a de número 380, aprovada em sessão plenária de 03 de abril de 1964, dispõe: *"Comprovada a existência de sociedade de fato entre os concubinos, é cabível a sua dissolução judicial, com a partilha do patrimônio adquirido pelo esforço comum"*. Analisando sua origem histórica:

> Sabe-se que a Súmula 380 foi uma engenhosa formulação construída pela doutrina e pela jurisprudência, durante a vigência da Constituição de 1946, consolidada no início da década de sessenta, para tangenciar a vedação de tutela legal das famílias constituídas sem casamento, de modo a encontrar-se alguma proteção patrimonial a, frequentemente, mulheres abandonadas por seus companheiros, após anos de convivência afetiva. Como não era possível encontrar fundamento no direito de

---

3. DIAS, Maria Berenice. *op cit,* p. 643.

família, em virtude da vedação constitucional, socorreu-se do direito obrigacional, segundo o modelo das sociedades mercantis ou civis de constituição incompleta, ou seja, das "sociedades de fato". Essa construção é típica do que determinada escola jurídica italiana denominou "uso alternativo do direito". Os efeitos da Súmula limitam-se exclusivamente ao plano econômico ou patrimonial.

Todavia, o que era um avanço, ante a regra de exclusão das entidades familiares, fora do casamento, converteu-se em atraso quando a Súmula continuou a ser utilizada após a Constituição de 1988. Note-se que até mesmo para uma das entidades familiares por ela explicitadas, a união estável, continuou sendo aplicada a Súmula, como se não fosse família e devesse ser considerada uma relação patrimonial, até o advento da Lei nº 8.971/94. Houve necessidade de a Lei n.º 9.278/96 dizer o óbvio, a saber, as questões relativas à união estável deveriam ser decididas nas varas de família, pois tratavam-se de relações de família.[4]

Com a lei do divórcio (Lei 6.515/77), o panorama mudou, sendo possível aos casais que já não conseguiam viver harmoniosamente e como uma família extinguir completamente o matrimônio, dando a possibilidade de novas constituições familiares, tanto pelo casamento como pela união de duas pessoas sem o casamento, que posteriormente veio a ser denominada união estável.

A Constituição Federal de 1988 previu em seu artigo 226, parágrafo 3º a união estável. Desta forma, a Lei Maior reconheceu a união estável no direito brasileiro como entidade familiar diversa do casamento e sem relação hierárquica com este.

Regulamentando a Constituição Federal foi aprovada a Lei Federal 8.971/1994, que regulou os alimentos e a sucessão dos companheiros, e posteriormente a Lei Federal 9.278/96, que regulamentou a união estável, de forma geral e abrangente.

Com o advento do Código Civil de 2002, a união estável veio regulamentada nos artigos 1.723 a 1.727, tendo incorporado e revogado as leis ordinárias anteriores, exceto no que diz respeito ao direito real de habilitação, que continua tendo sua previsão no artigo 7º, parágrafo único, da Lei 9.278/96.

Assim, está no Código Civil toda a regulamentação sobre a união estável, sendo esta conceituada no artigo 1.723, com cláusulas abertas para que seja analisada caso a caso a sua constituição, visto que não mais

---

4. LÔBO. Paulo Luiz Netto. *Entidades familiares constitucionalizadas: para além do numerus clausus*. Artigo disponível em < http://www.ibdfam.org.br/_img/congressos/anais/193.pdf> Acesso em 24 nov. de 2016, p. 12.

se exige prazo de convivência, prole em comum, nem mesmo residência sob o mesmo teto. Inclusive, trouxe o Código Civil a previsão da sucessão *causa mortis* do companheiro, em artigo declarado inconstitucional pelo Supremo Tribunal Federal em sede de recurso extraordinário[5], que afastou a diferenciação entre a sucessão do cônjuge e do companheiro, aplicando as mesmas regras do casamento à união estável, no tocante à sucessão legítima, e que não será objeto de análise neste artigo.

Passa-se então à análise dos requisitos para a caracterização da união estável.

2. CARACTERIZAÇÃO DA UNIÃO ESTÁVEL

Nos termos legais, a união estável pode ser conceituada como a convivência pública, contínua e duradoura entre duas pessoas, com o objetivo de constituição de família. Superado o termo "entre homem e mulher", hoje a união estável é entendida como a relação entre pessoas, qualquer que seja o sexo, que desejam uma família sem as formalidades do casamento. Assim:

> A lei não define nem imprime à união estável contornos precisos, limitando-se a elencar suas características (CC 1.723): convivência pública, contínua e duradoura estabelecida com o objetivo de constituição de família. Preocupa-se em identificar a relação pela presença de elementos de ordem objetiva, ainda que o essencial seja a existência de vínculo de afetividade, ou seja, o desejo de constituir família.[6]

Para a caracterização da união estável necessária a presença de requisitos previstos no artigo 1.723 do Código Civil, que repetiu o artigo 1º da Lei 9.278/96. São elementos constitutivos da união estável: convivência pública, contínua e duradoura, somado ao objetivo de constituição de família.

Entende-se por convivência pública e contínua aquela que não é breve ou momentânea. Essa é a diferença entre o namoro e a união estável. Para se caracterizar como união estável a relação deve ser efetivamente estável, ou seja, com consistência, que deve ser analisada no caso concreto, e pode ser resumida na notoriedade da relação perante a sociedade, que não seja eventual.

---

5. STF - RE 646.721-RS – Relator Min. Marco Aurélio, Redator do Acórdão Min. Roberto Barroso. Extrai-se da ementa do recurso extraordinário a seguinte tese afirmada em repercussão geral: *"No sistema constitucional vigente, é inconstitucional a distinção de regimes sucessórios entre cônjuges e companheiros, devendo ser aplicado, em ambos os casos, o regime estabelecido no art. 1.829 do CC/2002."*
6. DIAS. Maria Berenice. *op cit*, p. 658.

Assim, uniões estáveis são aquelas que não são interrompidas, que denotam uma estabilidade familiar. Esta deve ser analisada diante de cada caso concreto, tendo em vista a informalidade da união. Verifica-se mais pela intenção dos conviventes do que pelo prazo de duração da união.

Aliás, não existe na lei um prazo pré-definido para a caracterização da união estável. O termo união duradoura deve ser analisado caso a caso, de acordo com as circunstâncias do casal. Assim o termo duradouro para dizer que aquela união é estável é um termo aberto, sem parâmetros concretos, bastando verificar apenas a estabilidade da relação.

Somado a isso, para a sua caracterização é indispensável o objetivo do casal na constituição de uma família. Esse é o elemento fundamental para caracterizar a união estável, denominado aspecto subjetivo ou *affectio maritalis*, que pode ser traduzido em um compromisso pessoal e de ambos os conviventes para constituição da família e os esforços em comum para que esta relação se concretize, baseada no respeito mútuo, na boa convivência e na tolerância recíproca.

Não se exige para sua caracterização a existência de prole em comum, sendo assim, filho não é um dos requisitos para caracterizar a união como estável.

Quanto à convivência sob o mesmo teto, há divergência doutrinária quanto a ser um requisito para caracterização da união estável, havendo posições de peso em ambos os sentidos, conforme divergência doutrinária trazida pelo Desembargador do Tribunal de Justiça de São Paulo, Milton Paulo de Carvalho Filho[7]:

> Dúvida há sobre a coabitação, se ela constitui ou não requisito para o reconhecimento da união estável ou mesmo dever dos companheiros. Regina Beatriz Tavares da Silva (op. cit.) considera que a lei em vigor não exige a convivência sob o mesmo teto e que, mesmo com domicílios diversos, pode-se estabelecer união estável entre um homem e uma mulher, como reflexo da evolução social. Para Zeno Veloso (op. cit.), o dever de coabitação é imperativo lógico, estado implícito na união estável, só sendo assim possível a separação de corpos de que trata o disposto no art. 1.562 do Código Civil. Aduz que não se pode dar à Súmula n. 382 do STF sua aparente extensão, pois ela foi editada em outro contexto social e legislativo. Compartilha-se do entendimento deste último doutrinador, com a observação feita por ele, de que é preciso que se reconheça a evolução social no sentido de que algumas uniões, inclusive formais, ad-

---

7. PELUZO. Ministro Cezar (Coord). *Código Civil Comentado. Doutrina e Jurisprudência*. 2. Ed. São Paulo: Manole, 2008, p. 1854.

mitem a intenção de constituir família, mesmo se os cônjuges ou companheiros morem em casas separadas, exigindo-se neste caso prova mais robusta e segura da união estável.

A Súmula citada acima, de número 382 do Supremo Tribunal Federal, tem a seguinte redação: *"A vida em comum, sob o mesmo teto, more uxorio, não é indispensável à caracterização do concubinato".* Publicada em 08 de maio de 1964, com base em precedentes julgados de investigação de paternidade, caracterizou a relação de concubinato mesmo com os concubinos morando em casas separadas para declarar a paternidade e reconhecer a relação. Ao que pese ter um contexto histórico e fático distinto, a referida súmula pode ser aplicada ainda hoje na caracterização da união estável, mesmo que o casal não viva sob o mesmo teto.

Pela lógica da informalidade da união estável, não são as residências diversas que irão impedir a sua caracterização, pelo contrário. A prática mostra que também os casais casados civilmente, por imposição do trabalho ou da vida acabam morando em casas separadas, e até em cidades diversas, sem que com isso haja descaracterização da união afetiva formada por esta família, da mesma forma como ocorre na união estável.

Por fim, para se configurar união estável devem estar afastadas desta relação as causas impeditivas para o casamento, por expressa disposição legal no artigo 1.727 do Código Civil, aplicando regra de interesse público. Nestes casos, quando houver algum impedimento para o casamento o que se tem é o concubinato.

Porém, caso a pessoa casada seja separada de fato ou judicialmente, pode-se plenamente configurar a união estável, tendo em vista ser essa uma situação fática.

Quanto às causas suspensivas, não impedem a configuração da união estável, e quanto à obrigatoriedade do regime de separação de bens previsto para o casamento, a doutrina diverge quanto sua aplicação para a união estável, que será abordado em seus pormenores na sequência.

Definida a união estável, passa-se ao histórico do seu reconhecimento jurídico pelos tribunais, e sua evolução jurisprudencial.

3. RECONHECIMENTO JURÍDICO DA UNIÃO ESTÁVEL

Do repúdio ao pleno reconhecimento dos direitos dos conviventes, o direito passou, através das decisões dos tribunais, por evoluções num curto espaço de tempo no que se refere ao reconhecimento da união estável como entidade familiar a ser protegida e reconhecida.

Através de pesquisa na jurisprudência do Superior Tribunal de Justiça, órgão responsável pela maioria das decisões definitivas a respeito do tema, verifica-se essa evolução. Em princípio negando-se qualquer direito à concubina, mesmo não havendo impedimentos ao casamento, tratando a relação afetiva entre duas pessoas como uma relação contratual, nem mesmo sendo julgada pelo direito de família e sim pelo direito obrigacional; passando pelo reconhecimento na época da promulgação da Constituição de 1988, com ressalvas, que faziam a união estável estar em segundo plano familiar em relação ao casamento; e posteriormente a jurisprudência atual, dando contornos constitucionais e de direito de família à união estável, e como deve ser, respeitando a livre vontade do casal na constituição de família e protegendo os companheiros de forma mais abrangente, reconhecendo também às famílias homoafetivas a união estável.

De início, baseado no Código Civil de 1916, que apenas previa as relações adulterinas entre homem e mulher que não fossem casados, ou que estivessem impedidos do casamento, criou-se um entendimento de que essas uniões não deveriam ser tratadas pelo direito de família e sim pelo direito obrigacional. Antes da lei do divórcio havia a figura do desquite, que impedia o desquitado de contrair novo casamento, sendo este vínculo *ad eternum*, uma vez casado civilmente só restava o concubinato caso quisesse sair da relação anterior e constituir uma nova família. E esta relação era tratada como contratual, aplicando as regras das sociedades civis em relação aos valores patrimoniais, apenas.

Com a edição da Lei do Divórcio, livram-se os ex-cônjuges do paradigma da adulterinidade, pois prevendo a dissolução do casamento civil e as segundas núpcias seriam possíveis novas constituições familiares sob os cuidados do direito. Porém, quanto às relações não advindas do casamento civil continuavam, em princípio, a serem tidas com o nome de concubinato, sendo este dividido em puro e impuro. O concubinato puro relegou-se aos casais que não tinham impedimentos para o casamento, e o concubinato impuro aos casais impedidos de casar.

A Constituição Federal de 1988, prevendo expressamente a união estável, veio de encontro com a jurisprudência que havia se formado após a lei do divórcio. Em sua égide, temos pelo STJ, o reconhecimento gradativo dos direitos dos conviventes.

O Código Civil de 2002, corroborando com o entendimento constitucional, previu a união estável de forma abrangente, e a jurisprudência foi se aprimorando. Em termos gerais, de acordo com a jurisprudência consolidada do STJ, não é preciso que os companheiros vivam sob o mesmo teto para que seja caracterizada a união estável[8]; também não se reconhecem as uniões estáveis simultâneas[9]; e ainda, o casamento válido de um dos companheiros não impede o reconhecimento da união estável desde que esteja separado de fato ou judicialmente[10]; e quanto aos bens reconhece o direito real de habitação ao companheiro sobrevivente, mesmo não havendo previsão expressa no artigo 1.831 do Código Civil[11]; além de outros aspectos mais práticos que serão abordados na sequência.

Do reconhecimento da união estável pela jurisprudência e pela legislação, resta agora a análise da caracterização concreta da união estável, ou seja, a forma com que esta tenha efeito perante terceiros e que faça prova pré-constituída aos companheiros.

Em princípio, para caracterização da união estável não se exige documento escrito e firmado entre os conviventes, tendo em vista a união estável ser uma situação fática, sem exigir dos companheiros nenhum documento para que a mesma exista. Basta preencher os requisitos da convivência pública, contínua e duradoura, somado ao objetivo de constituir uma família para que se tenha caracterizada a união estável.

Porém, para que a união estável seja comprovada perante terceiros, os conviventes podem se valer de documentos escritos como forma de dar publicidade e evidência à união estável. Assim, referida declaração de convivência pode ser feita através de instrumento particular firmado pelas partes, ou por escritura pública declaratória de convivência lavrada por um notário, profissional dotado de fé pública, ou mesmo através de sentença judicial que reconheça a referida união estável. E ainda, para efeitos de publicidade, foi criada a possibilidade de registro da união estável no Registro Civil das Pessoas Naturais, conforme analisado em sequência.

4. DO REGISTRO DA UNIÃO ESTÁVEL

Publicidade, fé pública e perpetuidade dos fatos são os pilares dos registros públicos. Ao registrar um fato da vida no Registro Civil das Pessoas

---

8. STJ. AgRg no AREsp 649786/GO, Rel. Ministro MARCO AURÉLIO BELLIZZE, TERCEIRA TURMA, Julgado em 04/08/2015, DJE 18/08/2015.
9. STJ. AgRg no AREsp 609856/SP, Rel. Ministro RAUL ARAÚJO, QUARTA TURMA, Julgado em 28/04/2015, DJE 19/05/2015.
10. STJ. AgRg nos EDcl no AgRg no AREsp 710780/RS, Rel. Ministro RAUL ARAÚJO, QUARTA TURMA, Julgado em 27/10/2015, DJE 25/11/2015.
11. STJ. REsp 1203144/RS, Rel. Ministro LUIS FELIPE SALOMÃO, QUARTA TURMA, Julgado em 27/05/2014, DJE 15/08/2014.

Naturais, torna-se presumido que todas as pessoas dele tenham conhecimento, o denominado efeito *erga omnes*. O registro público faz com que o fato jurídico torne-se conhecido de todos.

Nesse sentido:

> O Registro Civil das Pessoas Naturais é um mecanismo de publicidade jurídica que permite a qualquer interessado conhecer o estado das pessoas e suas vicissitudes.
>
> [...]
>
> O primeiro efeito de qualquer sistema de publicidade registral é a oponibilidade *erga omnes* dos fatos e situações jurídicas inscritos no livro próprio. No que tange ao Registro Civil das Pessoas Naturais, o principal efeito da publicidade é o probatório.
>
> [...]
>
> Um segundo efeito da publicidade jurídica é a presunção de veracidade do registro. A publicidade supõe o oferecimento aos interessados da verdade oficial. A lei estabelece a presunção de que aquilo que consta no registro é verdadeiro, e, se o seu teor não é verdadeiro, o interessado pode reclamar que se retifique ou anule.
>
> [...]
>
> O terceiro efeito é a fé pública registral que, no nosso ordenamento jurídico é bastante atenuada. Os atos de estado civil, como os demais documentos públicos, fazem prova plena dos fatos ocorridos na presença do oficial competente e por este constatados e mencionados no assento, observadas as formalidades legais [...].
>
> No entanto, é preciso distinguir, no registro e demais assentos, as enunciações que o registrador civil tem obrigação de constatar, das declarações que lhe são feitas pelos interessados, sem que a lei lhe imponha o dever de verificar a veracidade [...][12]

Tomando como exemplo o casamento. Para a sociedade civil, duas pessoas só podem ser denominadas casadas após a celebração civil ser registrada no livro de casamentos do Oficial de Registro Civil das Pessoas Naturais competente para tanto. Nesse contexto, o casamento celebrado por autoridade religiosa, após preenchidos os requisitos legais da habilitação, pode ser registrado no livro de casamentos auxiliar, dando efeitos civis ao ato que até então era de conhecimento apenas dos nubentes e seus convidados. Com o registro do casamento adquire-se o estado civil de casados.

Já na união estável, por ser uma situação fática, caracterizada pela convivência pública, contínua e duradoura de um casal visando consti-

---

12. LOUREIRO, Luiz Guilherme. Registros Públicos: teoria e prática. 7. Ed. Salvador: Editora Juspodivm, 2016, p. 141/142.

tuir família, até pouco tempo atrás não havia uma normatização sobre seu registro. Sendo assim, os casais que conviviam em união estável, para tentar fazer prova pré-constituída desta situação agiam de duas formas distintas, extrajudicialmente: firmando uma declaração privada, acompanhados de duas testemunhas, ou através de uma escritura pública declaratória de união estável firmada perante um notário dotado de fé pública. Já na via judicial, utilizada de forma mais comum quando da separação do casal, a união estável poderia ser reconhecida por um juiz de direito, através de sentença que declarava a união estável, ou que declarava e a dissolvia, firmando os direitos dos conviventes.

A princípio, não se reconhecia como possível o registro da união estável no Registro Civil das Pessoas Naturais. Para que o casal tivesse assegurado seus direitos, valiam-se apenas da escritura pública ou do instrumento particular declaratório da união estável, sem que possuíssem eficácia perante terceiros e perante órgãos públicos para aquisição de direitos decorrentes do direito de família.

Neste sentido é a decisão datada de 22 de março de 2004, proferida pelo então Juiz Corregedor Permanente da 2ª Vara de Registros Públicos da Capital de São Paulo, Dr. Márcio Martins Bonilha Filho[13]. No caso analisado, pretendia-se o registro de um instrumento particular de declaração de união estável no Livro E no Oficial de Registro Civil do 1º Subdistrito da Sé, em São Paulo, Capital.

Em sua decisão, o Excelentíssimo Juiz Corregedor Permanente entendeu que, por não haver previsão legal ou normativa, seria impossível registrar a situação fática relatada pelos conviventes; e ainda que a falta de registro de nada abalaria a autenticidade, segurança e eficácia do ato, indicando aos conviventes a opção da escritura pública de declaração de união estável perante tabelião de notas, para garantir a perpetuidade da declaração, pois o registro civil das pessoas naturais só seria possível para os atos formais e solenes que repercutissem no estado civil da pessoa natural, indicando, por fim, como outra alternativa aos pretendentes a conversão da união estável em casamento. Em resumo, entendeu-se que por não haver previsão expressa de registro da união estável nem na lei, nem nas normas de serviço, não seria possível seu registro no Livro E.

Mas afinal, para que serve e o que pode ser levado a registro no Livro E do Registro Civil das Pessoas Naturais?

---

13. <http://www.arpensp.org.br/?pG=X19leGliZV9ub3RpY2lhcw==&in=MTE5OA==&filtro=1>
Acesso em: 08 out. 2016.

A Lei Federal 6.015/1973, também denominada Lei de Registros Públicos, prevê no parágrafo único do artigo 33 o Livro E, reservado para inscrição dos demais atos relativos ao estado civil da pessoa natural, de competência dos Registros Civis Sede de Comarcas, ou no Registro Civil do 1º Subdistrito para as Comarcas que possuam mais de uma dessa especialidade.

Nos termos do previsto na Lei de Registros Públicos, o Livro E é destinado para todos os demais atos que sejam relativos ao estado civil, sem numerá-los taxativamente. Sendo assim, de acordo com as mudanças sociais, as Corregedorias podem inserir como de competência de assento no Livro E, os atos não previstos para registro nos demais livros.

Quanto à publicidade e visando sua facilitação, previu a lei a concentração desses atos em um único cartório da comarca, em sua sede ou no 1º subdistrito, para facilitação da localização dos referidos assentos. Desta forma, é competente para o registro no Livro E o cartório da sede do domicílio do interessado, para facilitar a localização de referidos registros pelas pessoas que mantenham qualquer tipo de relação com os registrados, uma vez que para os efeitos legais e civis o domicílio é a sede da pessoa natural, sua residência com ânimo definitivo e o local onde se presume presente para todos os efeitos de direito.

Seguindo a publicidade do domicílio, todos os atos relativos ao estado civil inscritos no Livro E do Registro Civil da Sede da comarca de residência da pessoa natural, serão comunicados para a devida anotação nos assentos de nascimento e casamento, fazendo uma ligação entre todos eles, sendo possível verificar qual é realmente a situação civil de uma pessoa.

De início apenas dentro do Estado de São Paulo essas informações eram realizadas eletronicamente através de uma central, denominada Central de Informações do Registro Civil – CRC[14], mantida inicialmente pela Associação dos Registradores das Pessoas Naturais do Estado de São Paulo – ARPEN-SP, que interligava todos os Oficiais de Registros do Estado, criando uma rede de informações que facilitou a localização e a publicidade desses registros. Vários Estados começaram a criar suas Centrais próprias para interligar os seus Oficiais de Registro Civil, como Minas Gerais, Paraná, Rio de Janeiro, Rio Grande do Sul e Santa Catarina.

---

14. Provimento CGJ 19/2012.

Por meio do Provimento nº 46 da Corregedoria Nacional de Justiça, publicado em 18 de junho de 2015, a Central de Informações do Registro Civil – CRC tornou-se nacional, sendo organizada pela Associação Nacional dos Registradores das Pessoas Naturais – ARPEN-Brasil, com objetivo de interligar todos os Cartórios de Registro Civil de Pessoas Naturais do país, para que as comunicações sejam realizadas de forma eletrônica entre todos os Estados da Federação.

Os registros realizados no Livro E atendem às finalidades dos registros públicos, que vêm previstas no artigo 1º da Lei Federal 8.935/94, explanados precisamente por Mario de Carvalho Camargo Neto e Marcelo Salaroli de Oliveira[15], que aqui se faz um breve resumo: o registro no Livro E confere publicidade ao ato ou fato que altera o estado civil da pessoa natural, dando efeitos *erga omnes*, através da emissão de certidões de seu conteúdo; além disso, confere autenticidade, que é a forma de dizer a todos que o que lá está transcrito é autêntico, pois advindo de documentos públicos ou de decisões judiciais; garante por outro lado a segurança, pois os atos previstos como registráveis consideram-se aptos a gerar efeitos jurídicos, colocando para a sociedade um mecanismo que permite acesso a essas informações, certificando certas situações jurídicas; e por fim confere eficácia ao fato que altera o estado civil da pessoa natural após ser registrado.

Conforme mencionado, o Livro E é o repositório para todos os atos ou fatos relativos à pessoa natural que dizem respeito ao seu estado civil, por expressa previsão de lei, restando às normas administrativas estaduais definirem quais casos serão levados a registro, sem com isso afetar o princípio da legalidade.

Restou ao Tribunal de Justiça de São Paulo, na vanguarda da normatização sobre registros públicos no país, através de sua Corregedoria Geral de Justiça, editar o Provimento CGJ 41/2012, publicado em 17 de dezembro de 2012, que modificou inteiramente o Capítulo XVII das Normas de Serviço da Corregedoria Geral de Justiça, que trata do Registro Civil das Pessoas Naturais, para inserir os itens 113 a 116, em uma Subseção própria denominada "Da União Estável".

As razões para essa alteração vieram no Parecer 487/2012-E, constante do Processo CGJ 2012/162147 da Corregedoria Geral de Justiça, que merece transcrição:

---

15. CAMARGO NETO, Mario de Carvalho; OLIVEIRA, Marcelo Salori de. *Registro Civil das Pessoas Naturais: habilitação e registro de casamento, registro de óbito e Livro E, volume 2*. São Paulo: Saraiva, 2014, p. 146/147.

As uniões estáveis são um fato social relevante, o Censo de 2010, realizado pelo IBGE, apurou o aumento das uniões estáveis de 28,6% em 2000 para 36,4% em 2010, bem como a diminuição dos casamentos de 49,2% em 2000 para 42,9% em 2010.

Desse modo, em conformidade à compreensão exposta, houve a criação do registro da união estável no livro "E", trazendo para o Registro Civil esse fato social de inegável importância e que não pode ser ignorado; **a pessoa portadora da situação jurídica de companheiro em união estável, por óbvio, não é solteira, merecendo a inserção disso no registro civil.** (grifo nosso)

Noutra quadra, consoante recentemente tratado no Supremo Tribunal Federal e entendimento pacífico do Conselho Superior da Magistratura, o casamento e união estável de pessoas do mesmo sexo foram inseridos nas previsões das NSCGJ.[16]

Desta forma, nos itens 113 a 116 do Capítulo XVII, das Normas de Serviço das Serventias Extrajudiciais, estão previstas as regras para o registro da união estável no Livro E do Registro Civil das Pessoas Naturais.

Em 11 de julho de 2014, seguindo as esteiras da Corregedoria Paulista, foi publicado o Provimento CNJ nº 37/2014, pela Corregedoria Nacional de Justiça, para uniformizar em todo o país, com normas básicas para o registro das uniões estáveis no Livro E do Registro Civil das Pessoas Naturais.

Em sua exposição de motivos, a Corregedoria Nacional de Justiça indica que a normatização visa conferir segurança jurídica aos companheiros e a terceiros, inclusive no que se refere às disposições patrimoniais, prevendo que o seu registro é facultativo.

Passa-se então à análise desses dois instrumentos normativos de forma conjunta.

O registro da união estável no Livro E foi previsto como facultativo, mas a vantagem do registro é sua publicidade e eficácia contra terceiros, pois uma vez registrada, a presunção é que a união estável seja conhecida de todos, e o casal poderá fazer a prova de sua situação pessoal apenas com a apresentação da certidão do registro, perante órgãos públicos e particulares. Ainda, expressamente previsto na normativa nacional, em seu artigo 1º, que a união estável passível de registro é aquela entre homem e mulher ou entre duas pessoas do mesmo sexo, seguindo o princípio da monogamia previsto implicitamente no ordenamento nacional.

---

16. <http://www.arpensp.org.br/principal/index.cfm?tipo_layout=SISTEMA&url=noticia_mostrar.cfm&id=17387> Acessado em: 02 nov. 2016.

Para ter assento no Livro E, a união estável deve estar revestida de certas formalidades: escritura pública de contrato ou distrato de união estável ou sentença declaratória de reconhecimento, dissolução ou extinção de união estável. Essa formalidade, da qual se revestiu o assento, é válida na medida em que tanto o reconhecimento pelo juiz de direito, quanto a declaração de ambos os conviventes da união estável dão uma maior credibilidade a este instituto fático.

Na sequência, estabelece o item 113 das Normas de Serviço Paulista e o artigo 2º do Provimento Nacional que o lugar competente para o registro é o Oficial de Registro Civil das Pessoas Naturais da Sede ou do 1º Subdistrito da Comarca onde os companheiros têm ou tiveram seu último domicílio, este no caso de uniões que já tiveram reconhecida sua dissolução ou término. Como acima exposto, referida regra de competência registral diz respeito à publicidade perante terceiros, sendo o local de mais fácil acesso para as pessoas que vierem a ter quaisquer negócios com algum dos conviventes.

E é ainda no item 113 das Normas Paulistas e o artigo 2º do Provimento Nacional que estão descritos todos os aspectos que devem conter o registro da união estável. A disposição da norma é de dever, na expressão "devendo constar", revelando assim que os pontos previstos nesse item são obrigatórios ao registro, devendo tanto a escritura pública quanto a sentença serem devolvidos para rerratificação, caso não apresentem todos os requisitos previstos.

São então requisitos obrigatórios para o registro da união estável, conforme o seguinte quadro abaixo, comparativo de ambas as normativas:

Normas de Serviço da Corregedoria Geral de Justiça de São Paulo	Provimento nº 37/2014 da Corregedoria Nacional de Justiça
a) a data do registro;	a) a data do registro;
b) o prenome e o sobrenome, datas de nascimento, profissão, indicação da numeração das Cédulas de Identidade, domicílio e residência dos companheiros;	b) o prenome e o sobrenome, a data de nascimento, a profissão, a indicação da numeração da Cédula de Identidade, o domicílio e residência de cada companheiro, e o CPF se houver;
c) prenomes e sobrenomes dos pais;	c) prenomes e sobrenomes dos pais;
d) data e Registro Civil das Pessoas Naturais em que foram registrados os nascimentos das partes, seus casamentos e, ou, uniões estáveis anteriores, assim como os óbitos de seus outros cônjuges ou companheiros, quando houver;	d) a indicação das datas e dos Ofícios de Registro Civil das Pessoas Naturais em que foram registrados os nascimentos das partes, os seus casamentos ou uniões estáveis anteriores, assim como os óbitos de seus anteriores cônjuges ou companheiros, quando houver, ou os respectivos divórcios ou separações judiciais ou extrajudiciais se foram anteriormente casados;

Normas de Serviço da Corregedoria Geral de Justiça de São Paulo	Provimento nº 37/2014 da Corregedoria Nacional de Justiça
e) data da sentença, Vara e nome do Juiz que a proferiu, quando o caso;	e) data do trânsito em julgado da sentença ou do acórdão, número do processo, Juízo e nome do Juiz que a proferiu ou do Desembargador que o relatou, quando o caso;
f) data da escritura pública, mencionando-se no último caso, o livro, a página e o Tabelionato onde foi lavrado o ato;	f) data da escritura pública, mencionando-se no último caso, o livro, a página e o Tabelionato onde foi lavrado o ato;
g) regime de bens dos companheiros;	g) regime de bens dos companheiros, ou consignação de que não especificado na respectiva escritura pública ou sentença declaratória.
h) o nome que os companheiros passam a ter, em virtude da união estável.	

Diante da comparação, soma-se à normativa estadual a indicação do número do cadastro de pessoa física no Ministério da Fazenda (CPF), previsto na normativa nacional como facultativo, mas se aplicado por analogia o disposto no Provimento CGJ-SP nº 59/2016, publicado em 07/10/2016 no DJE[17], que previu para os assentos de nascimento e de casamento a inclusão do número do cadastro nos registros, deve ser aplicado também aos registros de uniões estáveis, como requisito obrigatório.

Quanto ao previsto na alínea "d" de ambas as normativas, é obrigatória a indicação dos assentos de nascimento e eventual casamento anterior dos companheiros, pois são imprescindíveis para fins de anotação e comunicação do registro da união estável para os registros de origem e anteriores dos companheiros. Assim, é o que dispõe o item 114 das Normas de Serviço da Corregedoria Geral de Justiça de São Paulo:

> 114. Após o aperfeiçoamento dos registros referidos no item anterior, deverá o Oficial anotá-los nos atos anteriores, com remissões recíprocas, se lançados em seu Registro Civil das Pessoas Naturais, ou fará comunicação ao Oficial do Registro Civil das Pessoas Naturais em que estiverem os registros primitivos dos companheiros.

E o que dispõe o artigo 4º do Provimento da Corregedoria Nacional de Justiça:

> Art. 4º. Quando o estado civil dos companheiros não constar da escritura pública, deverão ser exigidas e arquivadas as respectivas certidões de nascimento, ou de casamento com averbação do divórcio ou da separação judicial ou extrajudicial, ou de óbito do cônjuge se o companheiro

---

17. <http://www.arpensp.org.br/?pG=X19leGliZV9ub3RpY2lhcw==&in=NDU0MDY=> Acesso em: 09 out. de 2016.

for viúvo, exceto se mantidos esses assentos no Registro Civil das Pessoas Naturais em que registrada a união estável, hipótese em que bastará sua consulta direta pelo Oficial de Registro.

Caso não constem essas informações da escritura pública declaratória de união estável ou mesmo da sentença judicial, deve ser requisitada, como complemento de informações para o registro, a apresentação das respectivas certidões de nascimento, de casamento, de óbito em caso de viuvez, ou de registros anteriores de união estável, em seus originais, caso não estejam registrados no Registro Civil competente a efetuar o registro da união estável, com a finalidade de realizar as anotações e comunicações obrigatórias, conforme Enunciado da ARPEN-SP[18]:

> Enunciado 11: Para o registro da união estável, se na escritura pública não estiver mencionado o seu número de matrícula ou número de livro, fls. e termo, o oficial de registro civil poderá exigir a apresentação de certidões de nascimento, casamento ou outros documentos dos companheiros para fins de realizar as anotações e comunicações obrigatórias. (Fundamento: artigos 4º e 6º do Provimento 37/2014 da Corregedoria Nacional de Justiça - CNJ)

Em complementação às anotações e averbações obrigatórias, prevê o artigo 6º do Provimento 37/2014 do CNJ:

> Art. 6º. O Oficial deverá anotar o registro da união estável nos atos anteriores, com remissões recíprocas, se lançados em seu Registro Civil das Pessoas Naturais, ou comunicá-lo ao Oficial do Registro Civil das Pessoas Naturais em que estiverem os registros primitivos dos companheiros.
>
> § 1º. O Oficial averbará[19], no registro da união estável, o óbito, o casamento, a constituição de nova união estável e a interdição dos companheiros, que lhe serão comunicados pelo Oficial de Registro que realizar esses registros, se distinto, fazendo constar o conteúdo dessas averbações em todas as certidões que forem expedidas.
>
> § 2º. As comunicações previstas neste artigo poderão ser efetuadas por meio eletrônico seguro, com arquivamento do comprovante de envio, ou por outro meio previsto em norma da Corregedoria Geral da Justiça para as comunicações de atos do Registro Civil das Pessoas Naturais.

Inovando, a Corregedoria Geral de Justiça do Estado de São Paulo previu como item obrigatório do registro a eventual mudança de nome dos companheiros em virtude da união estável, o que será abordado com maior profundidade na sequência.

---

18. <http://www.arpensp.org.br/?pG=X19wYWdpbmFz&idPagina=528> Acesso em: 09 out. 2016.
19. O termo "averbará" contido no texto do Provimento deve ser lido como "anotará" pois todos os atos ali elencados são atos de anotação, e não de averbação, em prol da boa técnica registral.

Quanto à dissolução da união estável seu regramento está previsto no artigo 7º do Provimento 37/2014 do CNJ. Caso seja apresentada a escritura pública ou sentença judicial de dissolução de união estável, poderá ser registrada mesmo que não haja sido feito o registro da união estável em questão. Já na hipótese de haver união estável previamente registrada, a dissolução será averbada à margem do registro. Ainda foi previsto o registro da união estável e a averbação de sua dissolução em sequência quando a sentença judicial ou a escritura pública de dissolução ou extinção prever o prazo de duração da união estável, devendo constar essa informação do assento para fins de publicidade. Nos seguintes termos:

> **Art. 7º.** Não é exigível o prévio registro da união estável para que seja registrada a sua dissolução, devendo, nessa hipótese, constar do registro somente a data da escritura pública de dissolução.
>
> § 1º. Se existente o prévio registro da união estável, a sua dissolução será averbada à margem daquele ato.
>
> § 2º. Contendo a sentença em que declarada a dissolução da união estável a menção ao período em que foi mantida, deverá ser promovido o registro da referida união estável e, na sequência, a averbação de sua dissolução.

Os documentos apresentados para o registro da união estável deverão ser arquivados na Serventia em meio físico ou mídia digital segura, fazendo-se referência a este arquivamento no corpo do assento no Livro E, de forma a permitir sua localização, nos termos do artigo 3º do Provimento 37/2014 do CNJ. A referência ao arquivamento no corpo do assento parece desnecessária, tendo em vista que o arquivamento, como ocorre com as habilitações de casamento, é feito em ordem cronológica dos registros e baseado no número do termo do Livro E da respectiva união. Também pelos meios tecnológicos utilizados pelos cartórios, é possível que as imagens dos documentos apresentados estejam vinculadas ao próprio assento, não sendo necessária tal menção no registro.

Não foi prevista expressamente a gratuidade para o registro da união estável. Porém, caso seja o registro baseado na sentença judicial, se o juiz deferir os benefícios da justiça gratuita, o registro será feito sem a cobrança de custas e emolumentos da parte, incluída a primeira certidão respectiva. Porém, caso o registro união estável decorra de escritura pública, não há previsão de gratuidade, sendo devidos custas e emolumentos, até mesmo porque a escritura pública não foi isenta de pagamentos, e caso os conviventes sejam hipossuficientes lhes resta o caminho do casamento civil, ou mesmo da conversão da união estável em casamento, estes dois com previsão expressa de gratuidade para os considerados pobres.

É nesse sentido o Enunciado nº 19, da Associação dos Registradores Civis das Pessoas Naturais de São Paulo: *"Não há previsão legal de gratuidade para o registro de união estável devendo as partes serem orientadas a contraírem casamento".*[20]

Assim, após a análise do registro da união estável passa-se para o estudo das questões práticas e controvertidas a respeito do instituto.

5. QUESTÕES PRÁTICAS DO REGISTRO DA UNIÃO ESTÁVEL

5.1. Da capacidade dos conviventes

Não houve previsão normativa sobre a capacidade dos conviventes, ou a partir de qual idade poderia ser reconhecida a união estável entre duas pessoas.

Usando por analogia o casamento, não há óbice para o registro da união estável do maior 16 e menor de 18 anos de idade, desde que o título seja uma sentença judicial transitada em julgado, ou a escritura pública declaratória revestida da formalidade da assinatura conjunta dos pais, ou de um na falta do outro, ou ainda do representante legal, na qualidade de assistentes do menor relativamente incapaz, e de anuentes para o casamento, nos termos do artigo 1555 do Código Civil.

Porém, como o artigo 5º do Código Civil traz um rol taxativo, a união estável não é causa de emancipação do menor. Sendo assim, poderá conviver em união estável, porém ainda é considerado relativamente incapaz para os atos da vida civil, sendo que aos pais resta a alternativa de emancipar o convivente para que desta forma responda por seus atos plenamente perante terceiros.

Essa não é a posição de Maria Berenice Dias[21]. Para a autora a emancipação que se dá com o casamento, mesmo com a omissão legal, não pode ser afastada quando da constituição da união estável, pois casamento e união estável devem ter a mesma eficácia jurídica.

Quanto aos menores de 16 anos, o artigo 1.520 do Código Civil permite o casamento apenas em caso de gravidez, e de forma excepcional, dependendo neste caso de suprimento de idade para o casamento, que é deferido pelo juiz, na análise do caso concreto. Sendo a união estável uma situação

---

20. <http://www.arpensp.org.br/?pG=X19wYWdpbmFz&idPagina=528> Acesso em 14 nov. de 2016.
21. DIAS. Maria Berenice. Op.cit., p. 655.

de fato, não cabe ao direito controlar a idade dos conviventes. Mas, verifica-se a impossibilidade do registro de tal escritura pública no Livro E, por analogia ao casamento, e também porque o menor de 16 anos deve ser representado pelos pais nos atos da vida civil, como na lavratura de escritura pública. Sendo a declaração da convivência em união estável exclusiva dos conviventes, por ser *intuito personae*, não cabe a lavratura e o registro de escritura pública de união estável para os menores de 16 anos.

Assim, apenas mediante a apresentação do mandado judicial os menores de 16 anos de idade poderiam ter sua união estável registrada de forma excepcional, na análise do caso concreto, não cabendo ao registrador entrar no mérito da decisão, atendo-se apenas aos aspectos formais.

O entendimento para os menores de 14 anos é da impossibilidade tanto da união estável quanto do casamento, nos termos do artigo 217-A do Código Penal, que prevê o estupro de vulnerável, mesmo se a relação for consentida pelo menor. Sempre haverá presunção de violência, e por ser crime de ação penal pública incondicionada considera-se que o menor de 14 anos não tem discricionariedade para um relacionamento amoroso. Sendo assim, impossível o reconhecimento da união estável e seu registro.

Já em relação aos portadores de necessidades especiais, segue o disposto no Estatuto da Pessoa com Deficiência – Lei nº 13.146/2015, que em seu artigo 6º, inciso I, prevê que a deficiência não afeta a capacidade civil da pessoa para casar ou constituir união estável, devendo ser reconhecida sua capacidade plena. Isto se aplica desde que a pessoa com deficiência mental ou intelectual tenha condições de expressar sua vontade, declarando sua união estável perante o tabelião de notas, para a lavratura da escritura pública, ou o juiz de direito, para reconhecimento judicial da união estável, e assim proceder ao registro no Livro E.

5.2. Do regime de bens

O regime de bens entre os companheiros é regido pelo artigo 1.725 do Código Civil.

Quanto ao regime de bens, para a Normativa nacional deverá constar o regime de bens, ou ser consignado que não foi especificado na escritura pública ou sentença judicial. Já para a Normativa paulista, o regime de bens vem como item obrigatório para o registro da união estável, sem ressalvas.

Para a opção pelos companheiros do regime de bens da separação de bens, comunhão total de bens e participação final nos aquestos, além dos regimes híbridos, basta sua formalização por contrato escrito. No caso, pode ser uma cláusula na própria escritura pública declaratória da união estável, sendo levada ao registro no Livro E em um único instrumento, declarando essa opção das partes. Desta forma, diferente do casamento, o pacto de regime de bens da união estável pode vir no mesmo título da sua consolidação.

O mais prudente é que o regime de bens sempre conste da escritura pública ou da sentença que reconheceu a união estável. Mesmo que se aplique o regime legal da comunhão parcial de bens à união estável, por disposição do artigo 1.725 do Código Civil, é indicado constar no registro da união estável a opção por esse regime. A Normativa nacional indica que deverá ser consignado que não constou essa opção na escritura pública ou na sentença judicial, porém pela prudência, e pensando na sua efetividade perante terceiros, é indicado que sempre conste a opção patrimonial no registro, devendo esta vir expressa na sentença ou na escritura pública.

Em recente decisão do Superior Tribunal de Justiça, cuja ementa segue transcrita[22], não se reconheceu a eficácia retroativa do regime de bens firmado em escritura pública, devendo prevalecer o regime da comunhão parcial antes da lavratura da escritura pública de união estável, e o regime escolhido de separação de bens surtindo efeitos após a lavratura da mesma.

> EMENTA
>
> *RECURSO ESPECIAL. CIVIL E PROCESSUAL CIVIL. DIREITO DE FAMÍLIA. ESCRITURA PÚBLICA DE RECONHECIMENTO DE UNIÃO ESTÁVEL. REGIME DA SEPARAÇÃO DE BENS. ATRIBUIÇÃO DE EFICÁCIA RETROATIVA. NÃO CABIMENTO. PRECEDENTES DA TERCEIRA TURMA.*
>
> *1. Ação de declaração e de dissolução de união estável, cumulada com partilha de bens, tendo o casal convivido por doze anos e gerado dois filhos.*
>
> *2. No momento do rompimento da relação, em setembro de 2007, as partes celebraram, mediante escritura pública, um pacto de reconhecimento de união estável, elegendo retroativamente o regime da separação total de bens.*
>
> *3. Controvérsia em torno da validade da cláusula referente à eficácia retroativa do regime de bens.*
>
> *4. Consoante a disposição do art. 1.725 do Código Civil, "na união estável, salvo contrato escrito entre os companheiros, aplica-se às relações patrimoniais, no que couber, o regime da comunhão parcial de bens".*

---

22. < https://www.26notas.com.br/blog/?p=12824> Acesso em 22 de nov. 2016.

5. *Invalidade da cláusula que atribui eficácia retroativa ao regime de bens pactuado em escritura pública de reconhecimento de união estável.*

6. *Prevalência do regime legal (comunhão parcial) no período anterior à lavratura da escritura.*

7. *Precedentes da Terceira Turma do STJ.*

8. *Voto divergente quanto à fundamentação.*

9. *RECURSO ESPECIAL DESPROVIDO* (RESP 1.597.675-SP. Relator Min. Paulo de Tarso Sanseverino, j. 18/10/2016).

Nestes termos, os conviventes podem dispor livremente sobre o regime de bens durante a vigência da união estável, mas esse regime terá eficácia a partir da sua estipulação através de escritura pública ou escrito particular. Baseado no princípio da segurança jurídica, a decisão acima citada concluiu que o pacto de regime de bens diverso da comunhão parcial só terá efeito a partir de sua contratação, regendo o período da união estável em que não havia contrato escrito entre os conviventes o regime da comunhão parcial de bens.

Em voto divergente quanto à fundamentação, a Ministra Nancy Andrighi atentou para o fato que na escritura pública em questão, as partes acordaram que o regime da separação total de bens vigeria para os bens presentes e futuros, nada falando sobre os bens passados, e assim, mesmo divergindo, a decisão da Ministra foi no sentido de que como foi acordado pelas partes dessa forma, quanto aos bens anteriores ao período da lavratura da escritura, seria a união estável regida pelo regime da comunhão parcial de bens.

Porém, em sua divergência, vale destacar o seguinte entendimento, que não foi aplicado ao caso concreto pelos motivos acima expostos, mas que orienta para outro sentido sobre o regime de bens na união estável:

> Quanto ao tema, tenho me manifestado, reiteradamente, pela necessidade de preservação, nos lindes da Justiça, das manifestações volitivas das pessoas, obviamente quando não tisnadas por vícios de consentimento ou tenham sido tidos por nulos, os negócios jurídicos, decorrentes dessas manifestações.
>
> [...]
>
> Vale aqui ressaltar, que embora a locução "união estável" guarde "sinonímia legal" com o termo casamento, tanto quanto ocorre com os vocábulos sinônimos, os institutos têm proximidade muito grande, mas não são idênticos, razão pela qual, nem sempre é possível aplicar-se o regramento expresso do casamento, para as uniões estáveis. E isso é tanto mais verdade, quanto o é a capacidade de restringir a autonomia da vontade da regulação do casamento.

É dizer: as regulações restritivas, próprias do casamento, não podem atingir, indistintamente, as uniões estáveis, se não houver fundada razão baseada em princípios jurídicos ou proteção de valores socialmente benquistos.

Assim, não vejo como possível a singela e genérica aplicação do posicionamento do STJ, relativa à impossibilidade de a alteração do regime de bens no matrimônio ter efeitos *ex tunc*, aos contratos que dispõe sobre relações patrimoniais na união estável.

Nestes, a lei não faz restrições, ao revés, dá ampla liberdade de contratação, podendo os companheiros, inclusive, solverem as questões sobre o patrimônio da forma como bem lhes aprouver.

Nesse sentido o escólio de Maria Berenice Dias:

Quando do fim da união, os companheiros podem solver as questões patrimoniais sem interferência da Justiça, mesmo que tenham sido adquiridos bens imóveis. Na hipótese de haver consenso sobre a divisão dos bens, se no título de propriedade o adquirente se qualificou como vivendo em união estável, é possível realizar a partilha extrajudicial. Caso contrário, nem isso é necessário.

Como não há a necessidade da intervenção estatal para sacralizar o fim da união estável – quer existam filhos mesmo incapazes – pode o casal se limitar a proceder a partilha de bens, que pode ser levada a efeito por contrato particular, mesmo de bens imóveis. (Dias, Maria Berenice. In: Manual de Direito das Famílias; 11ª ed. São Paulo: Revista dos Tribunais, pag. 267)

Ora, na espécie, os ex-companheiros nada mais fizeram do que acordar, em verdadeiro pacto resolutório, sobre o patrimônio amealhado durante a união estável havida entre as partes.

Assim, pedindo vênias ao eminente Ministro Relator, nada vejo que vulnere o quanto acordado entre as partes, nem mesmo a existência de possíveis direitos de terceiros, que podem ser resguardados em via própria.[23]

Quanto à imposição do regime da separação obrigatória de bens, previsto no artigo 1.641 do Código Civil, como se verá à frente, não se aplica para as pessoas que contraírem união estável com inobservância das causas suspensivas do casamento, por expressa disposição legal. Mas e para os demais casos: pessoas maiores de 70 anos e pessoas que dependerem para casar de suprimento judicial?

A respeito dos menores de idade, podem optar pelo regime que lhes aprouver caso sejam autorizados pelos pais ao casamento, nos termos dos artigos 1.517 e 1.537 do Código Civil. Assim, caso optem os menores entre

---

23. <https://www.26notas.com.br/blog/?p=12824> Acesso em 22 de nov. de 2016.

16 e 18 anos por um regime diverso do regime da comunhão parcial de bens, desde que haja autorização dos pais ou responsáveis, o instrumento da autorização deverá ser transcrito na escritura de pacto antenupcial.

O mesmo se aplica à união estável do menor entre 16 e 18 anos.

Os casos de suprimento judicial ocorrem quando um dos pais não concorda com o casamento do filho em idade núbil, ou quando os pais não estão presentes para autorizar, neste caso impõe-se o regime da separação obrigatória de bens, visando preservar o menor e seu patrimônio. Mas neste caso, cessada a causa, ou seja, completando o convivente 18 anos poderá livremente escolher novo regime de bens, através de nova escritura pública declaratória de união estável específica para alteração de regime de bens, a ser averbada no registro realizado no Livro E.

Para os menores de 16 anos, sempre é necessária a autorização judicial para o casamento, no caso específico da gravidez, nos termos do artigo 1.520 do Código Civil. E como dito acima, sendo nulo o casamento dos menores que não completaram a idade núbil, não é possível o reconhecimento da união estável nesses casos. Assim, se a menor de 16 anos já está em um relacionamento amoroso do qual resulta a gravidez deve-se buscar o casamento, com suprimento judicial, não sendo possível o reconhecimento da união estável.

Já em relação aos maiores de 70 anos, há jurisprudência firmada no Superior Tribunal de Justiça, nos seguintes termos: *"Na união estável de pessoa maior de 70 anos, impõe-se o regime da separação obrigatória, sendo possível a partilha de bens adquiridos na constância da relação, desde que comprovado o esforço comum".* Trata-se da edição de número 50 da Jurisprudência em Teses do STJ[24].

Para corroborar, é nesse sentido o Enunciado 261 da III Jornada de Direito Civil do Conselho da Justiça Federal em 2004, antes da alteração da idade de 60 para 70 anos: *"A obrigatoriedade do regime da separação de bens não se aplica a pessoa maior de 60 anos, quando o casamento for precedido de união estável iniciada antes dessa idade".*

Também já houve decisão do Conselho Superior da Magistratura do Tribunal de Justiça de São Paulo no caso de conversão de união estável em casamento, pela não aplicação do regime da separação obrigatória de bens, quando comprovada que a união estável teve início quando os

---

24. <http://www.stj.jus.br/SCON/jt> Acesso em: 15 nov. de 2016.

conviventes eram menores de 70 anos, na análise do caso concreto, cuja ementa segue transcrita:

> REGISTRO CIVIL – Conversão de união estável em casamento iniciada antes do convivente atingir os setenta anos de idade - possibilidade do registro do casamento sob o regime de comunhão parcial de bens na especificidade do caso concreto – Recurso provido. (Apelação Cível 0046326-29.2011.8.26.0100, Rel. Min. José Renato Nalini. j. 12/12/2012, DJE de 24/01/2013).

Em que pese o entendimento firmado pelo Tribunal Superior, não há sentido na imposição do regime da separação obrigatória de bens para os maiores de 70 anos em união estável. Por expressa disposição legal não se aplicam as causas suspensivas do casamento à união estável, e aqui a lógica deveria ser a mesma. A união estável é equiparada ao casamento, porém as disposições que restringem a vontade, como a imposição do regime de bens, não deveriam ser aplicadas à união estável. Isso sem entrar no mérito do posicionamento que entende ser a disposição legal inconstitucional por ferir a dignidade da pessoa maior de 70 anos ao tolher sua vontade para escolher qual regime de bens vigorará tanto no seu casamento quanto na sua união estável.

Nesse sentido, o panorama da jurisprudência administrativa no Estado de São Paulo, que a princípio negava o registro da escritura pública de união estável lavrada após um ou ambos os conviventes completarem 70 anos, mudou em recente decisão, da 2ª Vara de Registros Públicos da Capital de São Paulo, publicada em 19 de dezembro de 2016[25], permitindo o registro de uma escritura pública de união estável, lavrada após os conviventes completarem 70 anos, optando pelo regime da comunhão parcial de bens, da qual se extraem as razões de decidir, a seguir transcritas, para uma melhor análise:

> Compulsando os autos, verifica-se que, aos 26 de abril de 2011, foi lavrada escritura pública de declaração de união estável de M.R. e C.A.S., sob o regime de comunhão parcial de bens (fls. 07/10).
>
> O objeto do presente expediente cuida da possibilidade de registro da referida escritura, tendo em vista a idade dos conviventes quando da realização do ato notarial, porquanto ambos contavam com mais de 70 (setenta) anos de idade, ferindo, em tese, o disposto no artigo 1.641, inciso II, do Código Civil, aplicado por analogia na hipótese (fls. 11).
>
> A Sra. Oficial do Registro Civil das Pessoas Naturais e de Interdições e Tutelas do (...)º Subdistrito (...),(...) aduziu que caso semelhante foi decidido por esta Corregedoria Permanente nos autos do processo nº (...).

---

25. <https://www.26notas.com.br/blog/?p=12910> Acesso em: 20 dez. 2016

Explanou a Sra. Registradora que, haja vista o recurso administrativo interposto sobre a r. Sentença prolatada, aguardava a solução da questão para cumprir o que lhe for determinado (fls. 23).

A d. Promotora de Justiça opinou, nos termos do recente julgado provindo da E. Corregedoria Geral da Justiça, que não acolheu o recurso oposto à r. Sentença deste Juízo, nos autos do supramencionado processo nº (...), em favor da procedência do pedido inicial, entendendo que a Sra. Titular deve proceder ao registro da referida escritura.

Transcreve-se, abaixo, a citada decisão da E. CGJ:

UNIÃO ESTÁVEL – REGIME DE SEPARAÇÃO OBRIGATÓRIA – Segundo a jurisprudência do E. STJ, aplica-se à união estável o art. 1641, II, do CC – É a idade dos conviventes no início da convivência que importa para eventual imposição do regime de separação de bens, sendo irrelevante o momento em que eventualmente venham a formalizar a união, por meio de escritura pública – Salvo raras exceções, não cabe ao Tabelião ou ao Registrador colher provas da veracidade das idades que os conviventes declararem por ocasião da escritura pública de união estável – Recurso desprovido. (grifo nosso)

Consigno assim que, ainda que a compreensão doutrinária e jurisprudencial majoritária seja no sentido da aplicação à união estável o regime da separação obrigatória de bens, por analogia às disposições do casamento (Código Civil, artigo 1.641, inciso II), para pessoa maior de setenta anos, também é corrente a existência de entendimentos doutrinários acerca da não aplicação deste dispositivo legal do casamento à união estável; destarte, igualmente, haveria essa possibilidade no âmbito da qualificação notarial.

No mais, não se deve perder de vista que a escritura pública é ato notarial que reflete a vontade das partes na realização de negócio jurídico, reproduzindo, portanto, exatamente aquilo que as partes declararam perante o preposto da serventia.

Ainda nesta senda, os outorgantes declararam perante o Sr. Notário, quando da lavratura do ato em análise, que são conviventes e companheiros, com o objetivo de constituir família, desde o dia 21 de junho de 1961. Faz prova irrefutável da referida união a existência de cinco filhos, nascidos nos anos de 1961, 1962, 1963, 1968 e 1969 (fls. 07/10).

Bem assim, por tudo o que consta dos autos e, mais, seguindo o recente decisum desta Corregedoria Permanente, bem como o entendimento da E. CGJ, e, por fim, acolhendo cota da n. Representante do Ministério Público, determino à Sra. Oficial que proceda ao registro da Escritura Pública de União Estável, objeto do presente pedido de providências, após certificado o trânsito em julgado desta decisão.

Em resumo, de acordo com o entendimento mais recente, no registro da união estável do maior de 70 anos, para verificar qual o regime de bens a ser seguido, deve-se atentar para a data da lavratura da escritura pública de união estável e para o seu conteúdo declaratório. Escritura lavrada em data anterior à idade de 70 anos, ou após os 70 anos com a declaração de início da união estável anterior a este fato, poderão os conviventes escolher o regime de bens que melhor lhes aprouver. Já para a escritura lavrada após um ou ambos os conviventes completarem 70 anos, sem a declaração de início, ou tendo iniciado posteriormente aos 70 anos, caberá aplicar o regime da separação obrigatória de bens, nos termos do artigo 1.641 do Código Civil e da jurisprudência pacificada do STJ[26].

Nesse passo, deverá o registrador civil atentar para as datas e declarações contidas no instrumento público para aplicar a imposição do regime legal de bens. Por outro lado, quando o registro for baseado em sentença judicial, deverá o oficial atentar para os efeitos da sentença e o seu alcance, no cumprimento da decisão judicial.

5.3. Dos efeitos patrimoniais do registro da união estável

Com relação aos efeitos patrimoniais, prevê o artigo 5º da Normativa Nacional que o registro da união estável no Livro E produz efeitos patrimoniais entre os companheiros, porém não prejudica terceiros que não tiverem participado da escritura pública. Isto quer dizer que, é obrigação do companheiro quando for contratar com terceiro, por exemplo, ao vender ou adquirir um imóvel, apresentar a certidão do registro da união estável, para constar no contrato ou escritura pública além do seu estado civil, a sua situação familiar de companheiro.

Sendo assim, para a normativa nacional, o companheiro deve fazer prova de sua situação familiar, e teria que arcar com o ônus de um possível questionamento patrimonial quando o outro companheiro não comparecesse para a venda do imóvel, por exemplo. Neste caso, a normativa assim previu por não haver dispositivo legal que conceda aos companheiros a alteração de seu estado civil de solteiro, sendo de bom alvitre consignar-se na escritura pública declaratória de união estável uma cláusula expressa sobre os efeitos patrimoniais para que não haja dúvidas tanto aos conviventes quanto aos terceiros.

Cabe aqui uma crítica. Ao ser levada a escritura pública ou sentença que reconhece a união estável ao registro civil de pessoas naturais, esse

---

26. Enunciado 18: Se os companheiros são maiores de 70 (setenta) anos de idade na data da lavratura da escritura pública de união estável, o regime de bens entre eles será o da separação obrigatória de bens (REsp 646.259/RS, Rel. Ministro LUIS FELIPE SALOMÃO, QUARTA TURMA, julgado em 22/06/2010, DJe 24/08/2010) - <http://www.arpensp.org.br/?pG=X19wYWdpbmFz&idPagina=528> Acesso em 15 nov. de 2016.

registro será anotado nos atos anteriores, nascimentos e casamentos anteriores dos companheiros. Portanto não parece sensato negar a publicidade e o efeito *erga omnes* do registro da união estável, pois esta constará dos assentos civis dos companheiros, fazendo prova de sua existência. Seria mais coerente a previsão de que o registro tem eficácia perante terceiros desde que devidamente anotado nos assentos anteriores dos companheiros, pois é este o sentido do registro. Caso entendido de forma contrária não haveria vantagem em registrar a união estável no Livro E.

Para corroborar com essa crítica, em decisão publicada no dia 02 de agosto de 2017[27], a Corregedoria Geral da Justiça do Estado de São Paulo confirmou o item 85.1 do Capítulo XX das Normas de Serviço da Corregedoria Geral da Justiça, que condiciona o prévio registro da união estável no Livro E do Registro Civil das Pessoas Naturais como exigência para anotação desta condição familiar no Registro de Imóveis, nos seguintes termos da decisão no Recurso Administrativo nº 2017/00118884 – Parecer 273/2017-E, de lavra da Excelentíssima Juíza Auxiliar da Corregedoria, Doutora Tatiana Magosso:

> REGISTRO DE IMÓVEIS – Reclamação – União estável – Alegação de que o item 85.1 das NSCGJ contrariaria o disposto no art. 1º do Provimento 37, do CNJ – Necessidade de Registro no Livro E do Registro Civil para que a união estável conste do Registro Imobiliário – Exigência que não contraria qualquer disposição legal e tampouco fere regulamentação do CNJ – Princípios da segurança jurídica e publicidade.
>
> [...]
>
> Embora se compreenda a irresignação do reclamante quanto à necessidade de prévio registro da escritura pública de união estável junto ao Registro Civil de Pessoas Naturais (Livro E), não se vislumbra qualquer impropriedade, ilegalidade, ou mesmo formalidade desnecessária nessa exigência normativa.
>
> A lavratura de escritura pública de união estável não passa por qualquer qualificação quanto ao conteúdo do ato, tratando-se apenas de formalização de declaração desse estado de fato. Não são verificados pelo Tabelião os impedimentos legais (art. 1.723, parágrafo 1º c.c. art. 1.521, ambos do Código Civil). O Tabelião se limita a checar a identidade dos declarantes e a transcrever as declarações por ele prestadas acerca da configuração de união estável, início do convívio marital e regime de bens adotado.
>
> O Tabelião não verifica previamente o estado civil dos declarantes, o que possibilita que pessoas casadas declarem-se conviventes. Não se ignora

---

27. <https://www.26notas.com.br/blog/?p=13629> Acesso em: 15 out. 2017

o fato de que pessoas casadas, porém separadas de fato, possam viver em união estável. Entretanto, em termos registrais, é necessária extrema cautela para que não haja promiscuidade patrimonial e mesmo insegurança jurídica quanto ao estado civil dos envolvidos.

Por outro lado, o Registrador Civil, ao receber escritura de união estável para registro no Livro E, qualifica o título, nos termos do item 115, do Capítulo XVII das NSCGJ, somente registrando escrituras de união estável de pessoas solteiras, divorciadas ou separadas judicial ou extrajudicialmente. Pessoas casadas, porém separadas de fato, somente podem obter registro de união estável caso tenha transitado em julgado sentença judicial nesse sentido.

A inserção desse dado (união estável) no Registro Civil centraliza, em relação a cada pessoa, as informações referentes ao estado civil e eventual convívio marital, obstando incompatibilidades ou ambiguidades de situações familiares.

Cediço que a união estável é fato que gera importantes consequências jurídicas, inclusive no âmbito patrimonial. Por essa razão, a precisão das informações referentes ao estado familiar de um indivíduo é de extrema relevância quando se cuida de registro imobiliário, tendo em vista a repercussão patrimonial disso decorrente.

A prévia inserção dessa informação no Registro Civil evita, por exemplo, que uma pessoa separada de fato, sem partilha de bens formalizada, possa adquirir imóvel declarando-se convivente com terceira pessoa, o que geraria incerteza jurídica referente à titularidade do bem.

É por esse motivo que, para que figure da matrícula do imóvel, a união estável deverá ter sido declarada judicialmente, ou estabelecida por escritura pública registrada no Livro E do Registro Civil das Pessoas Naturais, consoante se depreende da leitura das Normas de Serviço da Corregedoria Geral da Justiça, em especial, itens 11.b.5 e 85.1, do Capítulo XX.

A alegação de que a norma em análise estaria impondo obrigação desnecessária, ou que estaria contrariando Provimento do CNJ não corresponde à verdade. Com efeito, como bem aduziu a ARPEN, os conviventes podem optar ou não por mencionar sua condição familiar junto ao registro imobiliário. Caso optem por não registrar a união estável junto ao Registro Civil, ainda assim poderão adquirir o imóvel, qualificando-se simplesmente como solteiros. Por outro lado, caso pretendam anotar a união estável no registro de imóveis, deverão, necessariamente, passar pelo registro prévio junto ao Registro Civil.

Portanto, em prol da segurança jurídica, para os fins de registro imobiliário, não basta mera declaração de união estável firmada pelos interessados, ainda formalizada em escritura pública.

Em suma, o parecer que, respeitosamente, submeto a Vossa Excelência, é no sentido de que não merece reparo a atual redação do item 85.1, do Capítulo XX, das NSCGJ, devendo ser mantida a exigência de prévia inserção, no Livro E do Registro Civil, da configuração de união estável, como condição de anotação no Registro de Imóveis.

5.4. Da alteração do nome dos companheiros

Já previsto pela Lei 6.015/1973 em seu artigo 57, parágrafo 2º, a alteração do nome dos companheiros foi inserida no registro da união estável pelas Normas de Serviço da Corregedoria Geral de Justiça do Estado de São Paulo, no item 113, alínea "h" do Capítulo XVII. Tal possibilidade não veio prevista na normativa nacional da Corregedoria Nacional de Justiça. Seguem as previsões então vigentes:

> Art. 57. A alteração posterior de nome, somente por exceção e motivadamente, após audiência do Ministério Público, será permitida por sentença do juiz a que estiver sujeito o registro, arquivando-se o mandado e publicando-se a alteração pela imprensa, ressalvada a hipótese do art. 110 desta Lei.
>
> [...]
>
> § 2º A mulher solteira, desquitada ou viúva, que viva com homem solteiro, desquitado ou viúvo, excepcionalmente e havendo motivo ponderável, poderá requerer ao juiz competente que, no registro de nascimento, seja averbado o patronímico de seu companheiro, sem prejuízo dos apelidos próprios, de família, desde que haja impedimento legal para o casamento, decorrente do estado civil de qualquer das partes ou de ambas.
>
> § 3º O juiz competente somente processará o pedido, se tiver expressa concordância do companheiro, e se da vida em comum houverem decorrido, no mínimo, 5 (cinco) anos ou existirem filhos da união.
>
> § 4º O pedido de averbação só terá curso, quando desquitado o companheiro, se a ex-esposa houver sido condenada ou tiver renunciado ao uso dos apelidos do marido, ainda que dele receba pensão alimentícia.
>
> § 5º O aditamento regulado nesta Lei será cancelado a requerimento de uma das partes, ouvida a outra.
>
> § 6º Tanto o aditamento quanto o cancelamento da averbação previstos neste artigo serão processados em segredo de justiça.
>
> [...]
>
> 113. Os registros das sentenças declaratórias de reconhecimento, dissolução e extinção, bem como das escrituras públicas de contrato e distrato envolvendo união estável, serão feitos no Livro "E", pelo Oficial do Registro Civil das Pessoas Naturais da Sede, ou onde houver, no 1º Subdistrito da Comarca em que os companheiros têm ou tiveram seu último domicílio, devendo constar:
>
> [...]
>
> (h) o nome que os companheiros passam a ter, em virtude da união estável.

De acordo com a Lei 6.015/73, a alteração do nome dizia respeito apenas à mulher, que poderia requerer ao Juiz Corregedor Permanente do Registro Civil do seu assento de nascimento, para averbar a inclusão do sobrenome do companheiro ao seu nome, em casos restritos e específicos, não havendo a mesma previsão ao homem. Sendo assim, na literalidade, a mudança do nome da mulher era medida excepcional e desde que houvesse motivo ponderável.

Pela normatização paulista, basta o requerimento dos companheiros na escritura pública ou na sentença judicial para que seja alterado o nome com acréscimo do sobrenome do outro no registro da união estável.

Assim, equipara-se em mais um ponto o registro da união estável ao registro de casamento. Os companheiros podem optar por acrescer ao seu o sobrenome do outro, em qualquer ordem, mas desde que não sejam suprimidos todos os sobrenomes de família. Diante desse contexto, cria-se um nome familiar para as famílias advindas da união estável.

A previsão da alteração do nome no registro da união estável foi tema de decisão do Conselho Superior da Magistratura do Tribunal de Justiça de São Paulo, publicada em 27/05/2014, na Apelação n° 9000001-04.2013.8.26.0541[28], originando o Provimento nº 15/2015, que inseriu a alínea "h", acima transcrita.

Decorre da decisão a seguinte ementa:

> Registro Civil - Registro de escritura pública de união estável - pretensão de acréscimo do sobrenome do companheiro ao da companheira - possibilidade - inteligência dos artigos 57, §2°, da lei de registros públicos e 1.565, §1°, do Código Civil, em consonância com o art. 226, §3°, da Constituição Federal - dúvida improcedente, determinando-se o registro da escritura, com acréscimo do sobrenome.

Tal normativa baseou-se em decisão proferida pelo Superior Tribunal de Justiça de relatoria da Ministra Nancy Andrighi[29], que aplicou analogicamente o disposto no artigo 1.565, parágrafo 1º do Código Civil à união estável, para permitir a utilização do nome do companheiro, criando assim um nome familiar na união estável, desde que provado por instrumento público a anuência do companheiro cujo nome será adotado, com a seguinte ementa:

---

28. <https://www.extrajudicial.tjsp.jus.br/pexPtl/visualizarDetalhesPublicacao.do?cdTipopublicacao=3&nuSeqpublicacao=175> Acesso em: 13 nov. 2016.
29. STJ - REsp nº 1.206.656 - GO - 3ª Turma - Rel. Min. Nancy Andrighi - DJ 11.12.2012

CIVIL. PROCESSUAL CIVIL. RECURSO ESPECIAL. UNIÃO ESTÁVEL. ALTERAÇÃO DO ASSENTO REGISTRAL DE NASCIMENTO. INCLUSÃO DO PATRONÍMICO DO COMPANHEIRO. POSSIBILIDADE. I. Pedido de alteração do registro de nascimento para a adoção, pela companheira, do sobrenome de companheiro, com quem mantém união estável há mais de 30 anos. II. A redação do o art. 57, § 2º, da Lei 6.015/73 outorgava, nas situações de concubinato, tão somente à mulher, a possibilidade de averbação do patronímico do companheiro, sem prejuízo dos apelidos próprios, desde que houvesse impedimento legal para o casamento, situação explicada pela indissolubilidade do casamento, então vigente. III. A imprestabilidade desse dispositivo legal para balizar os pedidos de adoção de sobrenome dentro de uma união estável, situação completamente distinta daquela para qual foi destinada a referida norma, reclama a aplicação analógica das disposições específicas do Código Civil relativas à adoção de sobrenome dentro do casamento, porquanto se mostra claro o elemento de identidade entre os institutos e a parelha *ratio legis* relativa à união estável, com aquela que orientou o legislador na fixação, dentro do casamento, da possibilidade de acréscimo do sobrenome de um dos cônjuges, pelo outro. IV. Assim, possível o pleito de adoção do sobrenome dentro de uma união estável, em aplicação analógica do art. 1.565, § 1º, do CC-02, devendo-se, contudo, em atenção às peculiaridades dessa relação familiar, ser feita sua prova documental, por instrumento público, com anuência do companheiro cujo nome será adotado. V. Recurso especial provido.

E assim, nos itens 137 e 138 das Normas de Serviço da Corregedoria Geral de Justiça de São Paulo, ficaram consignados que os nomes alterados em virtude do registro da união estável devem ser comunicados para anotação nos assentos anteriores de nascimento e casamento dos companheiros, fazendo a ligação entre os registros civis, da exata forma como feito nos casamentos civis e conversões de união estável.

Por ser novidade, há notícias de que os órgãos emissores dos documentos pessoais (IIRGD-SP quanto à emissão de registro geral de identidade e Receita Federal quanto ao cadastro de pessoas físicas) não estão aceitando a alteração do nome com a apresentação pelo companheiro da certidão do registro da união estável, por simples falta de conhecimento da interpretação infraconstitucional dada pelo STJ e da consequente alteração nos registros públicos. Resta ao interessado, caso persista a negativa, socorrer-se da via judicial para obter a ordem para a mudança do nome conforme consignado no registro da união estável.

5.5. Da emissão de certidões

A emissão de certidões dos registros de união estável foi regulamentada pelo CNJ no artigo 9º do Provimento 37/2014.

Essas certidões não são feitas nos formatos das certidões de casamento, por falta de previsão nos Provimentos do mesmo CNJ a respeito do formato e padronização[30].

Para que a certidão reflita o assento, deverão constar as seguintes informações: nomes dos companheiros, e eventuais nomes adotados com a união estável; nacionalidade, naturalidade, datas de nascimento e nome dos pais dos companheiros; regime de bens adotado na união estável e menção da escritura pública quando diverso da comunhão parcial de bens; além da data do registro da união estável e dados do Livro E, data da escritura pública de declaração de união estável, ou da sentença declaratória. Poderá também constar a data de início da união estável na certidão, se essa informação estiver presente no registro.

Em caso de dissolução, a certidão da união estável deverá conter como item obrigatório a menção da averbação de dissolução, com eventual mudança de nome dos companheiros e data da dissolução.

Assim, optou-se por constar expressamente que se trata de certidão de registro de união estável, com a matrícula no Livro E, e a advertência expressa que *"esse registro não produz os efeitos da conversão da união estável em casamento".* Tal advertência é necessária para que não haja confusão entre os institutos jurídicos de casamento e união estável, preservando-se, com a diferenciação nas certidões, os direitos dos casais e de terceiros.

5.6. Dos impedimentos para o registro da união estável

Em ambas as Normativas existe um único impedimento para o registro da união estável no Livro E: caso algum dos companheiros seja casado, ou ambos. Mesmo que separados de fato, não é possível o registro.

Só é possível o registro da união estável para pessoas casadas e separadas de fato quando a convivência for reconhecida por sentença judicial transitada em julgado, pois neste caso a comprovação é feita em juízo.

Também é possível o registro da união estável no caso de separação judicial ou extrajudicial já averbada no assento de casamento, pois apesar de não extinguir o vínculo conjugal, põe fim aos efeitos do casamento, como regime de bens, fidelidade e coabitação. Assim, os separados

---

30. <http://www.cnj.jus.br/atos-normativos?documento=1311> Provimento CNJ 02 de 27/04/2009 e Provimento CNJ 03 de 17/11/2009 – Acesso em 02 de nov. de 2016.

judicial ou extrajudicialmente não podem se casar, mas podem validamente constituir união estável.

Não foi previsto nas normativas sobre o registro das uniões poliafetivas, não tendo sido permitido, nem tampouco proibido. Contudo foi determinado pela Corregedoria Nacional de Justiça que as Corregedorias Estaduais recomendem aos notários que se abstenham de lavrar novas escrituras declaratórias de união poliafetiva, sendo em São Paulo emitido o Comunicado da Corregedoria Geral de Justiça de nº 572/2016[31], como feito por todas as demais Corregedorias Estaduais, nos mesmos moldes. Assim, os notários devem aguardar a decisão da Corregedoria Nacional de Justiça que analisa o assunto em âmbito nacional[32].

Além disso, todos os impedimentos para o casamento, previstos no artigo 1.521, obstam a caracterização da união estável por expressa disposição do artigo 1.723, parágrafo 1º, ambos do Código Civil. Com exceção para os separados judicial ou extrajudicialmente, e para os separados de fato desde que o registro da união estável seja feito com base em sentença judicial que a reconheça, conforme acima mencionado.

5.7. Da imposição de causas suspensivas

Para caracterização da união estável não pode haver a incidência das causas impeditivas para o casamento, sob pena de configurar a relação de concubinato, esta não sujeita a registro no Livro E.

Já em relação às causas suspensivas, que no casamento implicam na observância do regime da separação legal ou obrigatória de bens, nos termos do artigo 1.641 do Código Civil, não se aplicam à união estável, por expressa disposição legal no artigo 1.723, parágrafo 2º do Código Civil.

Para Flávio Tartuce[33]: *"Como decorrência lógica dessa premissa legal, as causas suspensivas do casamento não impõe o regime da separação obrigatória de bens à união estável."* E segue explicando que por ser norma que restringe a liberdade e a autonomia da vontade não se admite sua aplicação por analogia.

---

31. Publicado no Diário da Justiça Eletrônico de São Paulo em 27/04/2016 – p. 27 <http://www.arpensp.org.br/?pG=X19leGliZV9ub3RpY2lhcw==&in=MzkyOTU=> Acesso em 03 dez. de 2016.
32. <https://www.cnj.jus.br/pjecnj/ConsultaPublica/DetalheProcessoConsultaPublica/listView.seam?ca=0590d8affc0c1fcb744932607f0f0fcb39b484d172d84d8e> Acesso em 03 dez. de 2016.
33. TARTUCE, Flávio. *Manual de direito civil: volume único*. São Paulo: Método, 2011, p. 1091.

Sendo assim, as formalidades para a celebração do casamento não podem ser aplicadas à caracterização da união estável, por expressa disposição legal. Quanto aos demais casos que impõe o regime da separação obrigatória de bens, quais sejam, pessoas maiores de 70 anos e todos os que dependerem para casar de suprimento judicial, foram analisados acima, quando tratado sobre o regime de bens aplicados à união estável.

5.8. Do registro da união estável unilateral e da união estável post mortem

Para ter assento no Livro E, como já mencionado, a união estável deve estar revestida da formalidade da escritura pública de contrato ou distrato de união estável ou sentença declaratória de reconhecimento, dissolução ou extinção de união estável.

Para que se tenha uma escritura pública de união estável passível de registro, é necessária a presença de ambos os companheiros perante o Tabelião de Notas, que colherá a declaração de ambos e dará forma legal às suas vontades.

Nesse passo, não é possível o registro da união estável feita por escritura pública unilateralmente por um dos companheiros. Assim, já houve decisão proferida pela Corregedoria Geral de Justiça de São Paulo, negando o registro de declaração unilateral de união estável[34]. Nela entendeu-se que, visando a segurança jurídica, a escritura pública de união estável deve ser firmada por ambos os companheiros, pois o instituto gera direitos e deveres a ambos, sendo imprescindível a presença de ambos os companheiros para sua constituição.

A decisão é acertada, uma vez que, fosse permitido o registro de declaração unilateral, mesmo que formalizada por escritura pública, qualquer pessoa poderia declarar união estável com qualquer outra pessoa, mesmo sem que esta soubesse da referida declaração, dando margem à insegurança.

Assim, o tabelião de notas também deve se abster na lavratura de declarações unilaterais de união estável, mesmo que acompanhadas de testemunhas, tendo em vista a ineficácia do instrumento e o embate à segurança jurídica do ato.

---

34. Processo CG 2015/34704 – Parecer 168/2015-E de 26/05/2015 do Juiz Assessor da Corregedoria Geral de Justiça, Dr. Gabriel Pires de Campos Sormani, aprovado pelo Corregedor Geral da Justiça, Desembargador Hamilton Elliot Akel, aos 08/06/2015, publicado no DJE de 19/06/2015, página 14 Edição 1908.

O mesmo não se aplica à sentença judicial, que pode reconhecer a união estável a pedido de apenas um dos companheiros após o término da união. Usualmente acontece na ação de reconhecimento e dissolução de união estável quando um deles deixa o processo correr à revelia, mas há provas concretas e cabais da relação então existente. Neste caso, com base na sentença judicial, é perfeitamente possível fazer o registro da sentença que reconheceu a união estável e decretou sua dissolução, de duas formas: se a sentença houver reconhecido o prazo de duração da união será feito o registro da união estável e no mesmo ato, à margem do termo, a averbação de sua dissolução; mas se a sentença não reconhecer o prazo de duração deverá ser feito o registro da extinção da união estável, mesmo sendo requerida judicialmente por apenas um dos companheiros.

O mesmo entendimento é aplicado para o reconhecimento da união estável por sentença judicial após o falecimento de um dos companheiros, a uma porque o juiz analisará as provas da referida relação, e a outra porque o registrador civil não analisa o mérito da decisão judicial, mas apenas seus aspectos formais para o registro.

Sendo assim, plenamente possível o registro da união estável mesmo após a morte de um dos companheiros, cabendo ao outro o requerimento do registro ao Oficial de Registro Civil das Pessoas Naturais. Tanto para o caso de escrituras públicas firmadas em vida, e neste caso após o registro cabe ao Oficial fazer a anotação do falecimento do companheiro à margem do assento; quanto para o caso de reconhecimento da união estável após a morte, com base em sentença judicial, que irá demarcar o prazo de vigência da união para sua produção de efeitos.

Procederá o Oficial da mesma forma, fazendo o registro da união estável e no mesmo ato a anotação à sua margem da dissolução pelo falecimento do companheiro.

5.9. Da dissolução da união estável por requerimento unilateral

Uma das questões mais controvertidas, e ainda sem jurisprudência consolidada sobre o assunto, dada sua novidade, é sobre a dissolução e extinção da união estável e sua averbação no Livro E.

Sendo a união estável uma situação de fato, levada ao Registro Civil para promover publicidade para as partes e terceiros, sua dissolução é feita por averbação à margem do termo no Livro E, apresentando os interessados a escritura pública de dissolução de união estável firmada por ambos os conviventes ou por meio de sentença de dissolução da união estável após seu trânsito em julgado.

Seguindo os parâmetros do divórcio, deve conter o instrumento público ou a sentença a data da dissolução da união estável, se houve partilha de bens ou se esta será feita posteriormente, a volta do uso do nome anterior, e se por sentença a data do trânsito em julgado da decisão.

O problema maior surge quando a união estável se extingue e só resta um dos companheiros para fazer o requerimento, que seria por extinção unilateral. Caso seja reconhecida por sentença basta sua averbação à margem do termo de união estável. Mas seria possível a declaração unilateral de extinção da união estável?

Não há essa resposta no artigo 7º da normativa nacional, tampouco há previsão na normativa estadual. Mas como resolver essa questão?

Quando a extinção é feita através do Judiciário, por sentença transitada em julgado, não há dúvida que deva ser averbada, pois passando pelo crivo judicial, mesmo unilateralmente, a extinção reflete a realidade fática.

Sobre a extinção por escritura pública, o artigo 733 do Novo Código de Processo Civil, expressamente prevê a extinção consensual da união estável através de escritura pública. Em seu parágrafo 2º dispõe que o tabelião só poderá lavrar a escritura pública se os interessados (no plural) estiverem assistidos por advogado ou defensor público.

Criou o Novo Código de Processo Civil uma formalidade para extinguir ou dissolver uma união informal. Se o contrato de união estável exige apenas que seja feito por escritura pública para ser levado a registro no Livro E do Registro Civil das Pessoas Naturais, qual o sentido de se impor aos ex-conviventes a obrigatoriedade de fazer o distrato com acompanhamento de um advogado?

Seria menos custoso para as partes que a escritura de distrato ou de dissolução de união estável fosse feita da mesma forma como foi contratada, ou seja, apenas entre os conviventes sem necessidade de testemunhas, perante um tabelião de notas.

No mesmo sentido, não existe justificativa lógica para proibir a dissolução da união estável por escritura unilateral, pela simples razão que um dos conviventes tem a liberdade em não mais viver em união estável, sem precisar da concordância do outro. A escritura unilateral de dissolução de união estável nada mais é do que a prova concreta de que não existe mais a convivência pública, contínua e duradoura, e que o objetivo de constituição de família já foi superado, desejando uma das partes por fim àquela relação documentalmente, com a averbação da dissolução no registro da união estável feito no Livro E.

Conclui-se nesse ponto, que a averbação da dissolução ou extinção da união estável, poderia ser levada ao assento através de escritura pública de dissolução de união estável, ou por sentença judicial transitada em julgado. E ainda, tendo em vista a liberdade individual de não mais permanecer no relacionamento, possível também por meio de escritura pública declaratória de extinção de união estável, lavrada com o comparecimento de apenas um dos conviventes, acompanhado de advogado, nos termos da lei processual civil em vigor, sendo esta formalidade questionável como dito anteriormente.

Esta averbação da dissolução ou extinção da união estável será informada para anotação nos assentos anteriores de ambos os conviventes, e assim, a união estável está desfeita, para todos os fins de direito. No caso de extinção unilateral, é defensável a sua averbação no registro por não ser proibida na Normativa Nacional, pela lógica do instituto da união estável e visando a publicidade e a veracidade ínsitas nos registros públicos, devendo constar que a extinção deu-se de forma unilateral, para resguardar eventuais direitos de terceiros e do outro convivente.

5.10. Do casamento quando há registro anterior de união estável

O registro da união estável foi concebido para fins de publicidade do instituto e para facilidade dos conviventes no que diz respeito à sua prova.

Porém, o registro da união estável não altera o estado civil dos conviventes, por falta de previsão legal. Por exemplo, se os conviventes são solteiros com o registro da união estável seu estado civil continuará de solteiros, para todos os fins de direito, mas com todas as consequências da união estável. Com o registro da união estável alteram seu estado familiar para conviventes, conforme doutrina contemporânea do direito de família.

Por não alterar o estado civil, é possível a habilitação de casamento de um convivente que tenha sua união estável registrada no Livro E mesmo sem sua dissolução, pois a união estável não é impedimento nem causa suspensiva ao casamento.

Assim, não é preciso primeiro dissolver a união estável para posteriormente habilitar e celebrar o casamento, ou mesmo a conversão da união estável em casamento, tanto entre os conviventes, como quanto entre um dos conviventes e um terceiro.

Neste sentido é a orientação da ARPEN-SP: *"Enunciado 20: Para a habilitação para o casamento não é necessário previamente cancelar ou dissolver eventual registro de união estável com outra pessoa"*[35].

5.11. Da presunção de paternidade aos filhos dos companheiros

Recente atualização das Normas de Serviço da Corregedoria Geral de Justiça do Estado de São Paulo permitiu que a presunção de paternidade para o registro dos filhos havidos no casamento se estendesse à união estável.

Inseriu-se no Capítulo XVII da Normativa estadual o item 41 e o subitem 41.1[36], nos seguintes termos:

> 41. Para o registro de filho havido na constância do casamento ou da união estável, basta o comparecimento de um dos genitores.
>
> 41.1. A prova do casamento ou da união estável será feita por meio de certidão de casamento, certidão de conversão de união estável em casamento, escritura pública de união estável ou sentença em que foi reconhecida a união estável do casal.

Nem mesmo foi exigido, para o reconhecimento de filho na constância da união estável, o registro no Livro E, apenas a comprovação da referida situação familiar mediante escritura pública ou sentença que reconheça a união estável do casal.

CONCLUSÃO

Diante do exposto, foi uma grande evolução a previsão do registro das uniões estáveis no Livro E do Registro Civil das Pessoas Naturais. Desde seu reconhecimento constitucional faltava aos conviventes a praticidade e a segurança em poder contar com um registro público que refletisse e que fizesse prova, mediante a emissão de uma certidão com fé pública, de sua situação familiar.

Mesmo não alterando o estado civil dos conviventes, o registro da união estável traz a certeza de que essas famílias estão asseguradas pelo sistema da publicidade registral, conferindo efeito *erga omnes*, perpetuidade e segurança jurídica.

---

35. <http://www.arpensp.org.br/?pG=X19wYWdpbmFz&idPagina=528> Acesso em 15 de nov. de 2016.
36. Provimento CGJ 52/2016.

Munidos da certidão do registro da união estável, os conviventes podem fazer prova perante os órgãos públicos e particulares de sua situação familiar como, por exemplo, facilitar o requerimento de pensão por morte perante os órgãos previdenciários públicos e privados, inserir o companheiro em planos de saúde empresariais e individuais, constituir prova da união para fins de inventário e partilha em caso de falecimento de um dos conviventes, entre outros efeitos.

São inúmeras vantagens aos companheiros do reconhecimento e publicidade registral da união estável firmada judicialmente ou extrajudicialmente, consignando para todos os fins de direito qual o regime de bens e efeitos patrimoniais entre o casal, estabelecendo um novo nome familiar, dando enfim, publicidade a essa família.

Assim sendo, perante o Registro de Imóveis, munidos da certidão do registro da união estável, podem os conviventes averbar essa situação nos imóveis que sejam proprietários, estipulando em relação aos seus bens o regime patrimonial que lhes aprouver, dando publicidade também na tábua registral de sua situação familiar, dando segurança tanto ao casal quanto aos terceiros contratantes.

Em que pese a crítica doutrinária, que entende a união estável como uma situação de fato não necessitando da manifestação de vontade dos conviventes para que produza efeitos jurídicos, e que qualquer fórmula contrária restaria na desnaturação do instituto, a previsão do registro da união estável no Livro E consolida para a sociedade o vínculo de convivência até então *inter partes*.

A publicidade dada pelo sistema de Registros Públicos brasileiro, através de seu sistema de registros, anotações e averbações permite a possibilidade de conhecimento e de veracidade dos fatos nele inscritos, a qualquer pessoa e de forma permanente.

Uma vez inscrito o fato da vida, constante do registro da união estável perante o Registro Civil das Pessoas Naturais no Livro E, o sistema de publicidade registral irá permitir a oponibilidade desta situação contra todos.

E, desta forma, tem-se como principal efeito da publicidade registral o probatório, ou seja, uma vez inscrito, presume-se verdadeiro e pode ser usado como prova da situação familiar dos conviventes, bem como qual o regramento para o seu patrimônio, imprescindível para a segurança de terceiros que com eles venham a contratar.

Como a lei estabelece uma presunção relativa de veracidade, caberá ao interessado provar que o estado familiar daquela pessoa não é aquele inscrito no livro próprio do Registro Civil, o que garante aos conviventes a segurança de que aquele registro da união estável lhes dará segurança ao longo da sua vida em comum.

Por ser um instituto registral novo, muitos são os questionamentos a respeito do seu alcance, e mesmo dos aspectos práticos do registro como afirmado nesta oportunidade. Caberá à jurisprudência administrativa através das corregedorias permanentes, gerais e nacional, no âmbito da Corregedoria Nacional de Justiça, darem os parâmetros ao registro da união estável.

Muitos dos posicionamentos aqui adotados podem ser alterados de acordo com a consolidação desses registros e da jurisprudência administrativa que ocorrerão ao longo do tempo, com novas ideias e novos questionamentos que surgem na atividade registral.

Neste momento só resta aplaudir esta iniciativa de fazer com que essas famílias, criadas pelo vínculo do afeto e não do casamento civil, sejam vistas e respeitadas pela sociedade. O registro da união estável no Livro E confere a publicidade e segurança necessárias para os conviventes exercerem seus direitos civis e constitucionais. E ainda, sendo previsto como um registro facultativo e não obrigatório, não tolheu a vontade dos conviventes, mas apenas lhes forneceu um meio de publicidade jurídica e perene de sua situação familiar.

BIBLIOGRAFIA

BRANDELLI, Leonardo. Nome Civil da Pessoa Natural. São Paulo: Saraiva, 2012.

CAMARGO NETO, Mario de Carvalho; OLIVEIRA, Marcelo Salaroli. *Registro Civil das Pessoas Naturais: habilitação e registro de casamento, registro de óbito e livro E, volume 2*. São Paulo: Saraiva, 2014.

DIAS, Maria Berenice. *Manual de Direito das Famílias*. 4. ed. em livro eletrônico baseada na 11. ed. São Paulo: Editora Revista dos Tribunais, 2016.

LÔBO, Paulo Luiz Netto. *Entidades familiares constitucionalizadas: para além do numerus clausus*. Artigo disponibilizado no site do IBDFAM. Acesso em 24 de novembro de 2016.

LOUREIRO, Luiz Guilherme. *Registros Públicos: teoria e prática*. 7. ed. Salvador: Editora Juspodivm, 2016.

PELUSO, Ministro Cezar (coord.). *Código Civil Comentado – Doutrina e Jurisprudência*. 2. ed. São Paulo: Manole, 2008.

TARTUCE, Flávio. *Manual de Direito Civil: volume único*. São Paulo: Método, 2011.

CAPÍTULO 11

A cognoscibilidade do registro da união estável no registro civil e a averbação no álbum imobiliário como atos definidores da boa-fé objetiva do companheiro não anuente na fiança

Jorge Rachid Haber Neto[1]

Sumário: 1. Introdução; 2. Natureza Jurídica da União Estável, regime de bens e a implicação prática da outorga; 3. O registro facultativo da União Estável como epicentro regulamentador da boa-fé objetiva e proteção da confiança entre o companheiro não anuente da fiança e o credor.; 4. Vícios do negócio jurídico e efeitos sobre o empresário individual constituído por um dos companheiros; 5. Análise emolumentar e forma de compensação em São Paulo; 6. Considerações Finais; 7. Referências

1. INTRODUÇÃO

O Brasil partilha do entendimento racionalista, universalista e imperativista categórico de Immanuel Kant de que o homem é o centro do universo e a informação atualizada do registro civil das pessoas naturais é a materialização necessária para a prática de todo e qualquer negócio jurídico, mesmo não notarial ou registral. Essa ideologia constitucional e filosofia moral gera a interdisciplinaridade do registro civil com todos os ramos da ciência.

---

[1] Oficial de Registro Civil das Pessoas Naturais e Tabelião de Notas de Nova Guataporanga da Comarca de Tupi Paulista – São Paulo. Mestrando pela Escola Paulista de Direito – EPD. Pós-Graduado em Direito Notarial, Registral e Civil na Rede de Ensino LFG. Bacharel em Direito pelo Centro Universitário do Pará – CESUPA. Bolsista pelo Programa Sócrates *ERASMUS MUNDUS* em Portugal – Faculdade de Direito da Universidade de Coimbra (FDUC).

Sabe-se que o registro civil das pessoas naturais é a atribuição registral responsável por tutelar a questão de estado do indivíduo. O seu maior conhecimento e a maximização de sua utilização aumentam a segurança jurídica nas relações interpessoais.

O ser humano, vivo ou não, individualmente considerado, é um sujeito alvo de um complexo de relações jurídicas nos estados político (cidadania e nacionalidade), individual (idade, sexo e capacidade) e familiar (parentesco e situação conjugal na qual incluímos a união estável).

Quando visualizado coletivamente, a informação atualizada do Registro Civil das Pessoas Naturais, é imprescindível para gerar segurança jurídica e eficácia social. Isto porque essa fonte fiel de publicidade gera efeito prático determinante da capacidade de fato, legitimação e boa-fé objetiva nas relações contratuais.

Configura-se, à luz do direito civil constitucionalizado, união estável, segundo o artigo 1.723 do Código Civil, e entendimento, em sede de mutação constitucional, na ADI 4277-DF e ADPF 132-RJ, do artigo 226, § 3º, da Constituição Federal, a entidade familiar entre pessoas do mesmo sexo ou não, que convivem de forma pública, contínua e duradoura, estabelecida com o objetivo de constituição de família, com causa suspensiva ou não, desde que sem impedimentos matrimoniais, salvo, nos casos da ocorrência de separação de fato ou judicial.

Especificamente quanto ao companheiro não anuente na fiança, a publicidade positiva cognoscível por meio do registro facultativo da união estável somada a averbação no Registro de Imóveis (Item 11, alínea "b", 5, do Capítulo XX das Normas de Serviço da Corregedoria Geral da Justiça de São Paulo) vão servir de marco temporal preventivo, objetivo e apto a determinar para a sua proteção patrimonial ou a do credor.

Nessa linha de raciocínio, com o intuito de prevenir litígios e dar publicidade cognoscível e apta a desencadear uma consequência jurídica previsível, geradora de segurança jurídica individual e coletiva, o registro da União Estável no Livro "E" foi regulamentado por meio do Provimento 37, de 07 de Julho de 2014, pelo Conselho Nacional de Justiça.

Essa regulação, logo que criada, foi alvo de críticas por falta de base legal a se normatizar já que não existe previsão desse registro, na Lei 6.015 de 1973, tampouco em qualquer outra legislação esparsa.

Atualmente, o provimento permanece válido e refletiu na reprodução da matéria em várias normas de serviço ou denominados códigos de normas estaduais.

Em que pese a latente inconstitucionalidade formal ou nomodinâmica, por vício de iniciativa, em razão de elaboração por autoridade incompetente, o Conselho Nacional de Justiça, e tendo em vista que o Oficial de Registro Civil das Pessoas Naturais como agente público vinculado ao princípio da estrita legalidade, e incapaz de declarar inconstitucionalidade na esfera administrativa, a normativa geral criada vem sendo rigorosamente obedecida pelos Oficiais Registradores Civis.

Os casos paradigmáticos ou *leading cases* que despertaram interesse no assunto foram os recursos especiais REsp nº 1.299.894 – Superior Tribunal de Justiça – Distrito Federal – 4ª Turma – Rel. Min. Luis Felipe Salomão – DJ 28.03.2014 e REsp nº 1299866/DF, 4ª Turma – Rel. Min. Luis Felipe Salomão – DJ 25.02.2014).

Foi sustentado, à época, pelo credor, a impossibilidade deste saber se o fiador viveria ou não em união estável e essa falta de publicidade não poderia servir de obstáculo para o fiador anuir e alegar a condição de companheiro em benefício da própria torpeza, beneficiando-se com a nulidade da garantia oferecida. Não teria como o credor realizar essa pesquisa em todos os tabelionatos de notas do Brasil.

Na ocasião, quando havia lacuna a respeito da publicidade positiva cognoscível, ficou decidido que não é nula e nem anulável a fiança prestada por fiador convivente em união estável sem a outorga uxória do outro companheiro, ou seja, na ausência de publicidade no Registro Civil e averbação da escritura pública ou da sentença declaratória de União estável no Registro de Imóveis, o entendimento do Superior Tribunal de Justiça, é pela validade e eficácia total da garantia em favor do credor ou adquirente, presumindo-se a boa-fé deste e a má-fé do fiador ou vendedor.

Inocorreu a incidência sumular 332 do STJ, ou seja, a garantia fidejussória permaneceu válida sob pena de caracterizar vedação ao comportamento contraditório quanto à falta de legitimação negocial para a obrigação acessória assumida, ocasionando a violação dos deveres anexos à boa fé objetiva. Não pode o fiador anuir e alegar, em seu benefício, a anulação ou ineficácia que buscou ocasionar.

No casamento a publicidade é presumida e modifica o estado civil dos nubentes. Já na união estável a publicidade é requisito caracterizador do instituto, porém apenas o registro no Livro "E" do Registro Civil pode torná-la cognoscível, com efeito jurídico *erga omnes*.

Para fins imobiliários, deve-se somar o registro acima mencionado, à averbação da escritura pública ou da sentença declaratória de União estável no Registro de Imóveis, com base no princípio da concentração, a ponto de isentar de responsabilidade, com base na ineficácia parcial, o companheiro não anuente na fiança em propriedade condominial. O registro e a averbação, em ambas e diferentes atribuições, são conservatórios e meios de prova incontroversos do dever de eticidade.

2. NATUREZA JURÍDICA DA UNIÃO ESTÁVEL, REGIME DE BENS E A IMPLICAÇÃO PRÁTICA DA OUTORGA

Com amparo nos princípios constitucionais da dignidade da pessoa humana (artigo 1º, III, da CF/88), igualdade ou não discriminação (artigo 5º, *caput*, CF), e liberdade (artigo 5º, *caput*, CF) as questões que envolvem união estável tem relação com o direito de família e não mais com o direito dos contratos.

Desse modo, a união estável tem natureza jurídica de entidade familiar e não de contrato. E quais seriam as implicações práticas da determinabilidade da natureza jurídica, em especial quanto à outorga?

Tratando-se de entidade familiar, a união estável é a exteriorização de uma situação informal de fato com ânimo subjetivo de afetividade e mutual assistência dos companheiros apta ao propósito de constituir uma família.

Assim, como entidade familiar que é, gera impedimentos matrimoniais (como, por exemplo, nos parentescos por afinidade) possui regime de bens e, no Estado de São Paulo, os companheiros podem até alterar seus sobrenomes[2].

Contudo, para que se goze de maior proteção jurídica, em especial a patrimonial, é recomendável a formalização da união estável por escritura pública com posterior registro no Oficial de Registro Civil do ultimo domicílio dos companheiros e averbação da escritura pública ou da sentença declaratória de União estável no Registro de Imóveis.

A presunção legal é a de manutenção do estado civil familiar das pessoas. A escritura pública declaratória gera efeito entre as partes, a inversão processual do ônus probatório e, quando registrada no Registro Civil e averbada no Registro de Imóveis, gera publicidade cognoscível perante terceiros credores e previsibilidade na sequela da propriedade imobiliária.

---

2. BRASIL. SÃO PAULO. Normas de Serviço da Corregedoria Geral da Justiça – São Paulo. Cartórios Extrajudiciais. Tomo II. Capítulo XVII, item 113, H), Provimento CG 15/2015, São Paulo -SP, 2015.

Por conta dessa cognoscibilidade, entendemos que para fins negociais (excluindo apenas o aspecto sucessório do artigo 1.790, do Código Civil) os efeitos da união estável são similares ao do casamento. O poder de administração, sua interpretação restritiva e harmônica, visam a proteção do patrimônio mínimo do seio familiar.

Para a registradora civil Marília Miranda[3]:

> "As dificuldades oriundas da falta de publicidade da união estável podem ocorrer quando, por exemplo, na hipótese em que o regime da comunhão parcial de bens lhe for aplicável, imóveis são adquiridos pelos conviventes a título oneroso e durante a constância da união, mas somente em nome de um dos companheiros".

Nesse sentido, são as seguintes decisões judiciais[4] e administrativas[5]. Logo, sempre que o companheiro não anuente na fiança for condô-

---

3. MIRANDA, Marília Ferreira de. Direito Notarial e Registral Avançado. A eficácia dos atos lavrados no Livro "E" do Registro Civil das Pessoas Naturais. Coordenação Consuelo Yatsuda Moromizato Yoshida, Marcelo de Oliveira Fausto Figueiredo Santos e Vicente de Abreu Amadei, 1ªed. São Paulo-SP: Editora revista dos Tribunais, 2014, p. 241.
4. RECURSO ESPECIAL Nº 1.265.809 - DF (2011/0163849-0) RELATOR : MINISTRO LUIS FELIPE SALOMÃO (...) DIREITO DE FAMÍLIA. CONTRATO DE LOCAÇÃO. FIANÇA. FIADOR QUE CONVIVIA EM UNIÃO ESTÁVEL. INEXISTÊNCIA DE OUTORGA UXÓRIA. DISPENSA. VALIDADE DA GARANTIA. INAPLICABILIDADE DA SÚMULA N. 332/STJ. FALTA DE INDICAÇÃO DE DISPOSITIVO LEGAL OBJETO DE CONTROVÉRSIA. AUSÊNCIA DE DEMONSTRAÇÃO ANALÍTICA DE DISSÍDIO PRETORIANO. 1. "[...] *não é nula nem anulável a fiança prestada por fiador convivente em união estável sem a outorga uxória do outro companheiro.* Não incidência da Súmula n. 332/STJ à união estável". (REsp 1299866/DF, Rel. Ministro LUIS FELIPE SALOMÃO, QUARTA TURMA, julgado em 25/02/2014, DJe 21/03/2014) (...) DECISÃO 1. Cuida-se de recurso especial interposto por MARIA PERPÉTUA DE JESUS, com fundamento no art. 105, III, a e c, da Constituição Federal de 1988, contra acórdão proferido pelo TRIBUNAL DE JUSTIÇA DO DISTRITO FEDERAL E TERRITÓRIOS, assim ementado: APELAÇÃO CÍVEL - EMBARGOS DE TERCEIRO - FIANÇA LOCATÍCIA - BEM DE FAMÍLIA - INDIVISIBILIDADE DO IMÓVEL - RECURSO DESPROVIDO. *1. A Constituição Federal não equiparou o convivente ao cônjuge, sendo válida a fiança prestada isoladamente por aquele que é companheiro, tendo, contudo, a sua meação resguardada nos termos da lei. 2. O artigo 1.647, inciso III do Código Civil, é explícito no sentido de que a vedação de prestação de fiança sem a anuência do cônjuge, dirige-se às hipóteses de casamento e, assim, não se aplica ao cônjuge que vive em união estável, ainda que se reconheça esta união entre homem e mulher como entidade familiar. 3. Segundo entendimento do Plenário do Supremo Tribunal Federal, ao julgar o RE 407.688/SP, este considerou legítima a penhora do bem de família pertencente a fiador de contrato de locação, ao argumento de que o art. 3º, inciso VII da Lei 8.009/90 não viola o disposto no art. 6º da Constituição Federal. 4.* Sendo o imóvel indivisível, a constrição recai sobre metade do bem, que, embora integralmente levado a hasta pública, garante-se, ao co-proprietário não executado, metade do valor apurado. 5. Sentença mantida. Opostos embargos de declaração, foram rejeitados. Em suas razões recursais, aponta a parte recorrente, além dissídio jurisprudencial relacionado à indivisibilidade do bem e ao bem de família, ofensa ao disposto no art. 1.647, inciso III, do CC. Sustenta, em síntese, que: (a) sendo o imóvel indivisível, a venda de todo o bem, além de alienar a parte que

mino do bem, mesmo não constando seu nome na matrícula imobiliária, mas comunicável por força dos regimes de bens da comunhão universal, comunhão parcial sem bens particulares, bens comunicados na participação final nos aquestos ou na separação total convencional e nos bens comunicados pelo regime separação legal obrigatória com interpreta-

---

foi separada para a mulher, também estaria desobedecendo a guarida legal dada ao bem de família; (b) se o imóvel for vendido, a mulher será despojada do único lugar em que poderia residir com seus filhos e (c) não é possível a fiança sem sua autorização expressa, citando a Súmula 332 do STJ. Contrarrazões ao recurso especial às fls. 197/202. Crivo positivo de admissibilidade na origem (fls. 204/206). É o relatório. DECIDO. 2. No que diz respeito à violação do art. 1.647, inciso III, do CC, a decisão recorrida está em consonância com a jurisprudência do STJ, pois conforme precedente da Quarta Turma, por mim relatado (REsp 1.299.894/DF), a exigência de outorga uxória a determinados negócios jurídicos transita exatamente por aquele aspecto em que o tratamento diferenciado entre casamento e união estável se justifica. É por intermédio do ato jurídico cartorário e solene do casamento que se presume a publicidade do estado civil dos contratantes, de modo que, em sendo eles conviventes em união estável, hão de ser dispensadas as vênias conjugais para a concessão de fiança. *Assim, não é nula nem anulável a fiança prestada por fiador convivente em união estável, sem a outorga uxória do outro companheiro.* O acórdão tem a seguinte ementa: DIREITO CIVIL-CONSTITUCIONAL. DIREITO DE FAMÍLIA. CONTRATO DE LOCAÇÃO. FIANÇA. FIADORA QUE CONVIVIA EM UNIÃO ESTÁVEL. INEXISTÊNCIA DE OUTORGA UXÓRIA. DISPENSA. VALIDADE DA GARANTIA. INAPLICABILIDADE DA SÚMULA N. 332/STJ. 1. Mostra-se de extrema relevância para a construção de uma jurisprudência consistente acerca da disciplina do casamento e da união estável saber, diante das naturais diferenças entre os dois institutos, quais os limites e possibilidades de tratamento jurídico diferenciado entre eles. 2. Toda e qualquer diferença entre casamento e união estável deve ser analisada a partir da dupla concepção do que seja casamento - por um lado, ato jurídico solene do qual decorre uma relação jurídica com efeitos tipificados pelo ordenamento jurídico, e, por outro, uma entidade familiar, dentre várias outras protegidas pela Constituição. 3. Assim, o casamento, tido por entidade familiar, não se difere em nenhum aspecto da união estável - também uma entidade familiar -, porquanto não há famílias timbradas como de "segunda classe" pela Constituição Federal de 1988, diferentemente do que ocorria nos diplomas constitucionais e legais superados. Apenas quando se analisa o casamento como ato jurídico formal e solene é que as diferenças entre este e a união estável se fazem visíveis, e somente em razão dessas diferenças entre casamento - ato jurídico - e união estável é que o tratamento legal ou jurisprudencial diferenciado se justifica. 4. A exigência de outorga uxória a determinados negócios jurídicos transita exatamente por este aspecto em que o tratamento diferenciado entre casamento e união estável é justificável. É por intermédio do ato jurídico cartorário e solene do casamento que se presume a publicidade do estado civil dos contratantes, de modo que, em sendo eles conviventes em união estável, hão de ser dispensadas as vênias conjugais para a concessão de fiança. *5. Desse modo, não é nula nem anulável a fiança prestada por fiador convivente em união estável sem a outorga uxória do outro companheiro.* Não incidência da Súmula n. 332/STJ à união estável. 6. Recurso especial provido. (REsp 1299866/DF, Rel. Ministro LUIS FELIPE SALOMÃO, QUARTA TURMA, julgado em 25/02/2014, DJe 21/03/2014). (STJ - REsp: 1265809 DF 2011/0163849-0, Relator: Ministro LUIS FELIPE SALOMÃO, Data de Publicação: DJ 17/06/2015).

ção à luz da Súmula 377 do Supremo Tribunal Federal⁶ ("No regime de separação legal de bens, comunicam-se os adquiridos na constância do casamento⁷") ou qualquer outro regime misto em que haja comunicação de bens, terá o mesmo direito de excluir, pela ineficácia parcial, sua quo-

---

5. União estável. Alienação de bem - consentimento. Pacto - registro. Publicidade registral - terceiro - boa-fé. STJ - RECURSO ESPECIAL: 1.424.275 - MT LOCALIDADE: São Paulo. DATA JULGAMENTO: 21/08/2014 DATA DJ: 16/12/2014. Relator: PAULO DE TARSO SANSEVERINO. **Legislação:** 1. CC2002 - Código Civil de 2002 | 10.406/2002, ART: 1725, 1647, INC: I. 2. CPC - Código de Processo Civil | 5.869/1973, ART: 449 e 794, INC: II. 3. CF - Constituição da República | 1988, ART: 226, PAR: 3. 4. LO - Regulamenta o §3º do art. 226 da CF | 9.278/96, ART: 5
 RECURSO ESPECIAL. DIREITO PATRIMONIAL DE FAMÍLIA. UNIÃO ESTÁVEL. ALIENAÇÃO DE BEM IMÓVEL ADQUIRIDO NA CONSTÂNCIA DA UNIÃO. NECESSIDADE DE CONSENTIMENTO DO COMPANHEIRO. EFEITOS SOBRE O NEGÓCIO CELEBRADO COM TERCEIRO DE BOA-FÉ. 1. A necessidade de autorização de ambos os companheiros para a validade da alienação de bens imóveis adquiridos no curso da união estável é consectário do regime da comunhão parcial de bens, estendido à união estável pelo art. 1.725 do CCB, além do reconhecimento da existência de condomínio natural entre os conviventes sobre os bens adquiridos na constância da união, na forma do art. 5º da Lei 9.278/96, Precedente. 2. Reconhecimento da incidência da regra do art. 1.647, I, do CCB sobre as uniões estáveis, adequando-se, todavia, os efeitos do seu desrespeito às nuanças próprias da ausência de exigências formais para a constituição dessa entidade familiar. 3. Necessidade de preservação dos efeitos, em nome da segurança jurídica, dos atos jurídicos praticados de boa-fé, que é presumida em nosso sistema jurídico. 4. A invalidação da alienação de imóvel comum, realizada sem o consentimento do companheiro, dependerá da publicidade conferida a união estável mediante a averbação de contrato de convivência ou da decisão declaratória da existência união estável no Ofício do Registro de Imóveis em que cadastrados os bens comuns, ou pela demonstração de má-fé do adquirente. 5. Hipótese dos autos em que não há qualquer registro no álbum imobiliário em que inscrito o imóvel objeto de alienação em relação a co-propriedade ou mesmo à existência de união estável, devendo-se preservar os interesses do adquirente de boa-fé, conforme reconhecido pelas instâncias de origem. 6. RECURSO ESPECIAL A QUE SE NEGA PROVIMENTO.

6. Inventário. Partilha. Regime da separação obrigatória de bens. Continuidade. Súmula 377/STF. Aquestos - comunicação. Título judicial - qualificação registral. REGIME DA SEPARAÇÃO LEGAL DE BENS - SÚMULA 377 DO STF - AQUISIÇÃO A TÍTULO ONEROSO - COMUNICAÇÃO DOS AQUESTOS. Imóvel adquirido a titulo oneroso na constância do casamento celebrado no regime da separação legal de bens. Não demonstrada a ocorrência de esforço unilateral (por prova produzida nas vias ordinárias), presume-se comunicação do bem. Observância do princípio da continuidade. 1VRPSP - PROCESSO: 1027173-17.2016.8.26.0100 1VRPSP – PROCESSO LOCALIDADE: São Paulo CIRC.: 5. DATA JULGAMENTO: 30/05/2016 DATA DJ: 01/06/2016. Relator: Tânia Mara Ahualli. Legislação: 1. CC2002 - Código Civil de 2002 | 10.406/2002, ART: 2022. 2. LRP - Lei de Registros Públicos | 6.015/1973, ART: 195. *"Decerto que o entendimento da Sumula 377 do STF é no sentido da presunção do esforço comum para a aquisição de aquestos, no tocante aos casamentos realizados pelo regime da separação legal de bens. Dá-se, portanto, a inversão do ônus da prova, devendo ser comprovada a contribuição unilateral para a evolução patrimonial".*

7. EL DEBS, Martha. Legislação Notarial e de Registros Públicos. Coletânea de Leis para Cartórios. 3ªed. Salvador-BA: Editora JusPodivm, 2016, p. 1708.

ta parte, ou por meio de embargos à execução, eventual penhora em que seu companheiro figurou como fiador.

Em se tratando de patrimônio particular do companheiro que o ofertou em fiança, a interpretação teleológica do artigo 1.647, III, do Código Civil, é de que é despicienda a outorga do outro companheiro. Não há vício invalidante ou ineficacial decorrente de falta de legitimação já que o patrimônio é exclusivamente particular, independentemente do registro ou não da sentença judicial ou escritura pública de união estável.

Ademais, é possível a modificação do regime de bens no decorrer da união estável, gozando as partes de um critério mais flexível para essa modificação, tendo em vista que a regra restritiva do artigo 1.639, § 2º, do Código Civil, aduz que, no casamento, é admissível a alteração do regime de bens, desde que preenchido quarto requisitos cumulativos: autorização judicial mediante alvará averbável no assento de casamento, pedido motivado, consenso por ambos os cônjuges, e justo motivo a ser verificado pelo juiz.

Para o Tabelião Robson de Alvarenga[8]:

> "O atual regramento legal das *uniões estáveis* padece de graves falhas e contradições, o que evidencia a urgente necessidade de aprimoramento legislativa, sob pena de proliferação de insegurança jurídica sobre questões que afetam profundamente a intimidade das pessoas, a harmonia e a paz social".

No decorrer da união estável, apesar do caráter da informalidade e da autonomia privada, partilha-se do entendimento de que a alteração do regime de bens deve obedecer a mesma forma de constituição escolhida para a união estável.

Serão exemplificados os casos de constituição por escritura pública ou título judicial que são os aptos a ingresso registro civil e de imóveis.

A alteração por instrumento particular de uma escritura pública violaria o artigo 104, I, do Código Civil e princípio da simetria das formas. Igualmente, a modificação, por escritura pública, do regime de bens de união estável reconhecida por sentença judicial viola a coisa julgada material.

---

8. PINHO, Ruy Rebello. Separação, Divórcio e Inventário em Cartório. Aspectos Jurídicos e Práticos da Nova Lei 11.441/07. ALVARENGA, Robson de. União Estável e Sucessão Hereditária – São Paulo: Quartier Latin, 2008, p. 150.

Neste diapasão, nos casos de modificação do regime de bens, o efeito será *ex nunc* (a contar e produzir efeitos da data da modificação para frente). Essa alteração, todavia, não convalidará uma anulação, tampouco gerará a (in) eficácia superveniente, seja parcial ou total, por falta de outorga do companheiro, salvo, indireta ou expressamente, se decretado judicial e de forma motivada o efeito *ex tunc,* já que a falta de outorga, no casamento, pelo Código Civil de 2002, gera a anulabilidade e, na União Estável, gera ineficácia parcial do negócio jurídico.

3. O REGISTRO FACULTATIVO DA UNIÃO ESTÁVEL COMO EPICENTRO REGULAMENTADOR DA BOA-FÉ OBJETIVA E PROTEÇÃO DA CONFIANÇA ENTRE O COMPANHEIRO NÃO ANUENTE DA FIANÇA E O CREDOR.

Entre os companheiros não existe comunhão e indivisibilidade como ocorre no casamento, mas propriedade condominial determinável por fração ideal. Se divisível, logo é passível de individualização, inclusive, para fins de penhora em execução em face do companheiro fiador com união estável registrada no registro civil e averbada no registro de imóveis.

Por entender que a natureza jurídica da união estável é de entidade familiar, conforme acima explicitado, aplica-se, com adaptações, o Título II, Do Direito Patrimonial, Subtítulo I, Do Regime de Bens entre os Cônjuges, artigos 1.639 a 1.652, do Código Civil, no que compatível.

Nesse sentido, Liana Varzella Mimary[9] aduz: "Assim, por presunção absoluta de lei, forma-se entre os companheiros um condomínio e uma composse de todos os bens adquiridos a título oneroso ou eventual durante a constância da união estável".

Os companheiros que optam por não registrar a União Estável escolhem o efeito exclusivo e interno entre os mesmos. Já os que decidem pela publicidade positiva cognoscível, e foram mais diligentes na tutela jurídica dos efeitos dessa união, merecem um tratamento jurídico diferenciado à luz da boa-fé objetiva.

Não poderia, por óbvio, o sistema tratar igualmente tais relações jurídicas que possuem efeitos diferentes, dependendo da opção ou não

---

9. MIMARY, Liana Varzella. O direito notarial e registral em artigos: A União Estável e o Registro Civil das Pessoas Naturais. 1ªed.-São Paulo: YK editor, 2016, Coordenação Arthur Del Guércio Neto e Lucas Barelli Del Guércio, p. 366.

pelo registro. Pensar de modo contrário seria tornar o registro no Livro "E" vazio juridicamente, conforme de poderia depreender, distorcidamente, do artigo 5º, do Provimento 37 do Conselho Nacional de Justiça, a saber:

> "O registro de união estável decorrente de escritura pública de reconhecimento ou extinção produzirá efeitos patrimoniais entre os companheiros, não prejudicando terceiros que não tiverem participado da escritura pública".

Observe-se que a parte final do dispositivo reproduz que a escritura pública não prejudicará terceiros que não tiverem participado da mesma. Não há incompatibilidade interpretativa de que do registro dessa escritura no registro civil e averbação no registro de imóveis poderá ocorrer a ineficácia parcial dos negócios realizados sem a anuência do(a) convivente, ou seja, a união estável pode ter eficácia interna ou publicidade externa.

Acerca da publicidade Walter Ceneviva[10] afinca:

> "O vocábulo *publicidade* compreende realidades jurídicas diversas, tanto no direito público quanto no direito privado, podendo ser obrigatória ou facultativa. A lei reconhece a existência de atos e fatos jurídicos que devem ser conhecidos por todos ou, pelo menos, conhecíveis, sob forma de divulgação inconfundível com a propaganda comercial. A divulgação provida de autenticidade, segurança e eficácia distingue-se da destinada a anunciar fatos, serviços ou produtos de interesse privado. Publicar, enquanto serviço público, é ação de lançar, para fins de divulgação geral, ato ou fato juridicamente relevante, em meio físico ou eletrônico admitido em lei, indicando o agente que neles interfira (ou os agentes que interfiram), com referência ao direito ou ao bem da vida mencionado. (...) A publicidade legal própria da escritura notarial registrada é, em regra, passiva. Está aberta aos interessados em conhecê-la, mas cognoscível por todos, ante a oponibilidade afirmada em lei".

Ainda sobre o assunto afirma Luiz Guilherme Loureiro[11]:

> "Qualquer meio de prova pode ser utilizado para a demonstração da existência da união estável, tal como documentos, prova oral, etc. A existência de contrato escrito a regular a vida em comum dos companheiros faz prova patente da existência da união estável, notadamente se revestir a forma de escritura pública, uma vez que será dotado de eficácia, publicidade e presunção de validade. Também a ata notarial constitui prova

---

10. CENEVIVA, Walter. Lei dos Notários e dos Registradores comentada (lei 8.935/94). 8ªed., rev. e atual - São Paulo: Saraiva editora, 2010, p. 44 e 45.
11. LOUREIRO, Luiz Guilherme. Registros Públicos. Teoria e Prática. 7ªed. rev., atual e ampl. - Salvador: Editora Juspodivm, 2016, p. 265.

pré-constituída da união estável. (...) Mas como acima assinalado, o documento público ou particular apenas faz prova relativa da união estável, isso é, não garante a oponibilidade de seus efeitos em relação a terceiros. Daí a constatação do Superior Tribunal de Justiça que a escritura pública (e mesmo a sentença) não modifica o estado civil da pessoa que vive em união estável (Resp. n. 1299894). A realidade do ato ou negócio jurídico apenas se impõe em relação a terceiro pela oponibilidade própria do Registro jurídico. O terceiro deve suportar essa realidade, isso é, contar necessariamente com ela no momento de exercitar seus direitos. Em sentido contrário, a inoponibilidade, como define Ragel Sanchez, "é a faculdade específica concedida por lei a uma pessoa, pelo fato de ser alheia a uma atuação perfeitamente válida, para que, sem necessidade de impugna-la, pode atuar em defesa de seus interesses como se tais atos não se tivessem produzidos. Daí se infere que, para que a união estável possa produzir relevantes efeitos jurídicos em relação aos demais membros da comunidade, é preciso que seja inscrita no Registro Civil das Pessoas Naturais e averbada, quando for o caso, nas matrículas relativas aos imóveis pertencentes ao casal. Da mesma forma, eventual contrato de bens diverso do regime de comunhão parcial de bens deve ser inscrito no Registro de Imóveis, por aplicação analógica das regras dispostas nos incisos I, n. 12 e II, n.1, do art. 167 da Lei de Registros Públicos".

Assim, defendemos que para aqueles companheiros que não registraram a união estável e não averbaram no registro dos seus imóveis, se um deles anuiu como fiador em contrato de locação, eventual penhora deve ocorrer em face de todo o imóvel, tendo em vista que o credor não teria como saber o estado condominial da propriedade constante no nome do (a) fiador (a) apenas. Incorrerão os conviventes na figura correlata, da vedação ao comportamento contraditório, da boa-fé objetiva, na função controladora, ensejadora de ato ilícito, pela negligência.

Desse modo, para Cristiano Sobral[12]:

> "Referida vedação assegura a manutenção da situação de confiança legitimamente criada nas relações jurídicas contratuais, onde não se admite a adoção de condutas contraditórias. Trata-se de "uma regra de coerência, por meio da qual se veda que se aja em determinado momento de uma certa maneira e, ulteriormente, adote-se um comportamento que frusta, vai contra aquela conduta tomada em primeiro lugar". Portando, o venire contra factum proprium significa a proibição de ir contra fatos próprios já praticados".

Nesse caso, pensamos que tem direito o credor a penhora de todo o bem imóvel e o convivente não anuente responde conjuntamente com

---

12. PINTO, Cristiano Vieira Sobral. Direito Civil Sistematizado – 4.ª ed. rev., atual. e ampl. – Rio de Janeiro: Forense, 2012, p. 294.

o fiador em face do credor, assegurado o regresso do convivente não anuente em relação ao seu companheiro.

Por outro lado, havendo publicidade cognoscível, o ônus da pesquisa do atual e real estado da propriedade imobiliária é do credor. A busca passa pela solicitação de uma certidão atualizada do Livro "A" ou "B" do Registro Civil das Pessoas Naturais respectiva em que constará qualquer averbação ou anotação. Além disso, a certidão atualizada do Registro de Imóveis, com prazo de validade de 30 (trinta) dias, é essencial. Com a publicidade, nas esferas pessoal e real, a boa-fé objetiva se estabelece em favor do convivente que não anuiu na fiança em prejuízo do credor não cauteloso.

A respeito dos conviventes, para Liana Varzella Mimary[13], citando Maria Berenice Dias, tem que:

> Assim, escriturado imóvel em nome de somente um deles, o documento público é válido pois não encerra nenhum vício. Tampouco há quebra de continuidade registral, o que dificulta o encontro de uma justificativa para a anulação do negócio jurídico. A ausência de melhor regulamentação traz incertezas, principalmente a terceiros. Quem adquire o bem não pode ser prejudicado, pois há que se prestigiar tanto a boa-fé do adquirente como a veracidade do registro público. A problemática envolve duas vítimas: o companheiro que não teve o nome inserido no registro e o terceiro que celebrou o negócio, cuja aparência o fez crer tratar-se o vendedor do único proprietário do imóvel. Estabelece-se um conflito entre o direito do terceiro de boa-fé e o direito do companheiro coproprietário que não figura no título de propriedade. Como o sistema jurídico tutela o interesse do terceiro para garantir a segurança do tráfico jurídico, é valorizada a publicidade registral. A tendência é reconhecer a higidez do negócio, assegurado ao companheiro direito indenizatório a ser buscado contra o parceiro".

Logo, a fixação desse marco definidor da boa-fé objetiva previne litígios, gera expectativa de comportamento, segurança jurídica e economicidade. Contudo, e se ocorre a hipótese de assinatura dolosa do contrato, por parte do fiador, em local divergente do registro da união estável previamente registrada em seu habitual e último domicílio?

A respeito da publicidade no registro civil Mário Camargo[14] afirma:

---

13. MIMARY, Liana Varzella. O direito notarial e registral em artigos: A União Estável e o Registro Civil das Pessoas Naturais. 1ªed.-São Paulo: YK editor, 2016, Coordenação Arthur Del Guércio Neto e Lucas Barelli Del Guércio, p. 366.
14. CAMARGO NETO, Mario de Carvalho. Registro Civil das Pessoas Naturais: habilitação e registro de casamento, registro de óbito e livro "E", volume 2 / Mario de Carvalho Camargo Neto,

> "Essa publicidade baseada no domicílio do interessado se justifica pelo fato de que os atos levados a registro no Livro "E" alteram o estado da pessoa natural, tornando-se de extrema relevância seu conhecimento por todos aqueles com quem a pessoa mantém relações sociais ou econômicas" (...) Diante disso, andou bem o legislador ao delimitar o registro do Livro "E" ao domicílio do interessado, e dentro da comarca de domicílio e apenas um Registro Civil, facilitando o conhecimento de fato relevante de alteração do estado da pessoa natural que não é objeto de alteração nos registros utilizados para identificação (nascimento e casamento). Assim é possível saber se determinada pessoa é interdita ou ausente e quem é seu curador, solicitando certidão positiva ou negativa de um único Registro Civil do domicílio do interdito ou do último domicílio do ausente. Há críticas acerca da publicidade baseada no domicílio, que foi muito eficiente outrora, haja vista que diante dos avanços da chamada sociedade da comunicação as relações não são circunscritas a uma única localidade com limitações espaciais, mas podem se dar em diversos estados ou países, o que leva à busca por uma publicidade mais integradora e mais ampla. Outro entrave a esta publicidade domiciliar é o fato de que as pessoas podem mudar de domicílio após algum registro, o que faria que o Livro "E" de domicílio nada contivesse, mas apenas o do domicílio anterior, ou ainda, é possível ter mais de um domicílio como permite a lei. Em face de tais ponderações, não há necessidade de se propor qualquer alteração na sistemática, mas tão somente observar as ferramentas que já existem para uma publicidade adequada, quais sejam, as anotações previstas nos arts. 106 e 107 da Lei n. 6.015/73. Em conformidade com tais artigos, qualquer registro ou averbação realizados no Livro "E" deverá ser anotado nos registros anteriores, de nascimento e de casamento, o que permitirá a todos que obtiverem certidão atualizada daqueles registros o conhecimento de alguma inscrição no Livro "E" e o cartório em que esta foi realizada. É dessa maneira que os registros do Livro "E" são amarrados com os demais registros da pessoa natural, criando-se uma malha firme de informações, com fácil localização destas".

Dessa forma, a mudança superveniente ao registro da União Estável pelo convivente fiador em nada prejudicará a cognoscibilidade, a eticidade e a socialidade da relação jurídica. Imprescindível, contudo, a exigência, pelo credor, de certidão atualizada do registro civil e imobiliária.

4. VÍCIOS DO NEGÓCIO JURÍDICO E EFEITOS SOBRE O EMPRESÁRIO INDIVIDUAL CONSTITUÍDO POR UM DOS COMPANHEIROS

A realização de negócio jurídico sem a outorga do convivente, diferentemente dos casos de outorga conjugal, em que haverá a invalidação

---

Marcelo Salaroli de Oliveira – São Paulo: Saraiva, 2014. – (Coleção Cartórios / coordenador Christiano Cassettari, p. 144 e 145).

na modalidade anulação, conforme preceito 1.649, *caput*, do Código Civil, na União Estável se terá a parcial (in) eficácia da obrigação em relação ao companheiro não anuente.

Nesta toada, Milton Paulo de Carvalho Filho[15], a respeito da dos atos com falta de autorização do cônjuge assevera que:

> "Qualquer dos cônjuges poderá promover a anulação de atos praticados pelo outro sem a vênia conjugal. O caso é de anulabilidade, pois o ato poderá ser validado pelo cônjuge que dele não participou, ou pelo decurso do tempo. Enquanto não anulado, o ato é eficaz até o pronunciamento judicial, tendo, portanto, efeito *ex nunc*. O STJ editou recentemente a Súmula n. 332 com o seguinte teor: "A fiança prestada sem autorização de um dos cônjuges implica a ineficácia total da garantia". O entendimento inserto nos acórdãos - de casos anteriores à vigência do atual CC – que deram origem a súmula, na verdade, define e realça a impossibilidade da *subsistência de parte da fiança* (invalidade total da garantia) quando conferida sem a autorização de um dos cônjuges. Daí porque talvez não se atentou para a utilização do termo correto, pois, sob a égide da lei anterior implicava nulidade, enquanto para o CC vigente, a ausência de autorização para a concessão da garantia importa anulabilidade, não se justificando o direcionamento para o campo da ineficácia. A lei prevê o prazo decadencial de dois anos, cuja contagem sera iniciada após a dissolução da sociedade conjugal – é a separação, portanto, não o divórcio, que dissolve o vínculo. O prazo referido é muito longo, prejudicando a estabilidade dos negócios jurídicos, uma vez que a separação do casal poderá ocorrer muitos anos depois da realização do negócio e, ainda assim, este poderá ser anulado durante os dois anos seguintes à dissolução da sociedade conjugal. O dispositivo, em seu parágrafo único, permite a aprovação posterior do negócio jurídico, por meio do consentimento do cônjuge que não o havia dado. Essa autorização far-se-á por instrumento público ou particular autenticado e garantirá validação do ato e estabilidade das relações jurídicas. O consentimento posterior descrito terá lugar dentro do prazo decadencial previsto em lei, pois, após seu decurso, o ato já estará convalidado".

Quando um dos conviventes exerce a atividade de empresário individual, que é ente despersonalizado, desprovido de personalidade jurídica, com o Cadastro Nacional de Pessoa Jurídica-CNPJ apenas para fins fiscais (tributação diferenciada como pessoa jurídica para fins de Imposto de Renda), poderia uma dívida pessoal de seu companheiro atingir o seu patrimônio afetado a atividade empresarial?

---

15. FILHO, Milton Paulo de Carvalho. Código Civil Comentado. Doutrina e Jurisprudência: Lei n. 10.406, de 10.01.2002: contém o código civil de 1916 / coordenador Cézar Peluso – Barueri-SP – 7. ed. rev. e atual, Editora Manole, 2013, p. 1856 e 1857).

Sob o aspecto da teoria da aparência e da falta de autonomia patrimonial, tem-se, por pacífico, que pelas dívidas do empresário individual haverá responsabilidade civil direta e ilimitada, incluído o patrimônio pessoal.

O inverso, também, ocorre, ou seja, pela dívida pessoal decorrente de garantia fidejussória prestada pelo convivente fiador, responderão os bens próprios do companheiro(a) afetados a atividade empresarial, comunicados por força do regime de bens dos companheiros.

Nesse sentido, dispõe o artigo 978 do Código Civil: "O empresário casado pode, sem necessidade de outorga conjugal, qualquer que seja o regime de bens, alienar os imóveis que integrem o patrimônio da empresa ou gravá-los de ônus real".

Ainda acerca desta temática foi aprovado o Enunciado 6, da I Jornada de Direito Comercial do Conselho da Justiça Federal[16]:

> "O empresário individual regularmente inscrito é o destinatário da norma do art. 978 do Código Civil, que permite alienar ou gravar de ônus real o imóvel incorporado à empresa, desde que exista, se for o caso, prévio registro de autorização conjugal no Cartório de Imóveis, devendo tais requisitos constar do instrumento de alienação ou de instituição do ônus real, com a consequente averbação do ato à margem de sua inscrição no Registro Público de Empresas Mercantis".

Essa regra, quanto ao casamento merece ter interpretação analógica, com base na autonomia privada, em relação a união estável, por conta da natureza jurídica de entidade familiar.

Desse modo, na União Estável de convivente não anuente de fiança prestada pelo(a) companheiro(a), inexiste necessidade de outorga do companheiro, por conta da afetação do bem à atividade (e não por conta de autonomia que é inexistente), com inscrição prévia na Receita Federal, Junta Comercial e no Registro Civil das Pessoas Naturais, merecendo gozar dessa liberdade e proteção o empresário individual regular e estes bens vinculados a atividade, com base no princípio da função social da empresa.

A mesma responsabilidade patrimonial ocorre com o empresário irregular, ou seja, aquele que exerce atividade sem CNPJ ou sem inscri-

---

16. ROSADO, RUY. 1. Código comercial (2002)—coletânea. 2. Direito Comercial – estudo e ensino. – 3.Enunciados aprovados. I. Conselho da Justiça Federal (Brasil). Centro de Estudos Judiciários. Brasília 2013 <http://www.cjf.jus.br/cjf/corregedoria-da-justica-federal/centro-de-estudos-judiciarios-1/publicacoes-1/jornadas-de-direito-comercial/livreto-i-jornada-de-direito-comercial.pdf/view> . Acesso em 16 de Jul. 2016, p. 51).

ção prévia na junta comercial, contudo, além de poder ser atingido por dívida do outro convivente, precisa de anuência do (a) companheiro(a) para alienação, por falta de afetação do bem ao CNPJ.

5. ANÁLISE EMOLUMENTAR E FORMA DE COMPENSAÇÃO EM SÃO PAULO

Parece muitas vezes desarrazoado que os credores exijam certidão de nascimento ou casamento atualizadas para realização de cada negócio jurídico. Todavia, nos mais importantes, neles incluídas as alienações, realização de ônus reais e as garantias pessoais, que venham a atingir o patrimônio imobiliário familiar, são absolutamente necessárias essas informações recentes, seja pela segurança jurídica da pactuação, seja como forma de prevenção de litígios.

No Estado de São Paulo, o valor dos atos e certidões são relativamente módicos e merecem ser incluídos nas transações. É, outrossim, nacionalmente assegurada a gratuidade para os reconhecidamente pobres no sentido legal mediante declaração do próprio interessado, ou a rogo, em se tratando de analfabeto, desde que haja a assinatura de duas testemunhas, neste último caso.

Quanto à gratuidade do ato de registro de União Estável no Livro "E" e das certidões em geral do registro civil das pessoas naturais, como forma de expansão do *acess to justice*, Fábio Caldas de Araújo[17], afirma que:

> "Aos reconhecidamente pobres será garantido o acesso ao serviço registral, nos termos do art. 30, § 1º: "Os reconhecidamente pobres estão isentos de pagamento de emolumentos pelas demais certidões extraídas pelo cartório de registro civil". Muito embora o foro extrajudicial não seja qualificado como um órgão inerente à prestação da tutela jurisdicional, motivo pelo qual os titulares das funções registrais e notariais sejam qualificados como terceiros em colaboração e não serventuários, não resta a menor dúvida que o conceito de "efetividade" da justiça poderá esbarrar no entrave dos emolumentos. De nada adiantaria o juiz deferir o benefício da assistência judiciária para um processo de separação ou divórcio, se o casal não consegue obter a certidão da averbação junto ao cartório de registro civil. O acesso efetivo à justiça compreende todas as fases do processo, inclusive aquela relativa ao cumprimento

---

17. ARAÚJO, Fábio Caldas de. Lei de Registros Públicos Comentada. Coordenação de José Manuel de Arruda Alvim Neto, Alexandre Laizo Clápis, Everaldo Augusto Cambler. – Rio de Janeiro: Forense, 2014, p. 140.

da eficácia mandamental da decisão. Os mandados de averbação e de registro não poderão ser cobrados quando o benefício da assistência tiver sido deferido em juízo".

Dessa forma, os atos gratuitos são compensados através de planilhas demonstrativas preenchidas mensalmente pelos Oficiais Registradores Civis e vistadas pelos Juízes Corregedores Permanentes, instruídas com os comprovantes dos atos gratuitos, que deverão entregues junto ao Sindicato dos Notários e Registradores do Estado de São Paulo – SINOREG-SP, até o 5º (quinto) dia útil do mês subsequente ao da prática dos atos.

A planilha protocolada na sede do SINOREG-SP após o 5º (quinto) dia útil terá sua compensação no último dia do mês subsequente ao da prática dos atos. Os mandados judiciais deverão conter a menção a gratuidade em seu bojo e, caso não conste, são aceitas as cópias das sentenças, desde que nestas constem a referência a gratuidade. Nos demais casos, a documentação necessária para o ressarcimento será a cópia do termo constando "isento de custas e emolumentos", rubricada pelo Oficial e cópia da declaração de pobreza assinada pelo usuário requerente.

Atualmente, no exercício de 2016, tem-se na Tabela V – Registro Civil das Pessoas Naturais, anexa a Lei 11.331/2002, com o máximo de 5% de Imposto Sobre Serviço – ISS, a certidão em breve relatório, incluídas as buscas, custa R$29,31 (vinte e nove reais e trinta e um centavos), acrescida de R$14,65 (quatorze reais e sessenta e cinco centavos) por averbação ou anotação acrescida na certidão.

6. CONSIDERAÇÕES FINAIS

O casamento e a União Estável são institutos similares, mas não iguais, ambos gozam de proteção constitucional e infraconstitucional independente.

Na hipótese específica de fiança por um dos conviventes sem a anuência do outro (a) companheiro(a), para nós, com base na teoria geral do direito civil e nos precedentes judiciais e administrativos, deve haver ineficácia parcial da garantia em face dos bens imóveis do proprietário que não manifestou a sua vênia.

Essa (in) eficácia parcial decorre da cognoscibilidade decorrente da publicidade positiva e oponibilidade *erga omnes* do registro somada a averbação nas matrículas dos imóveis dos conviventes, ou seja, a dívida permanece, não incorrendo em anulação como no casamento.

Entendemos, contudo, que apenas com o devido registro da união estável no Livro "E", do 1º Ofício ou da 1ª subdivisão judiciária da Comarca do último domicílio dos companheiros, somado a averbação da escritura pública ou da sentença declaratória de União estável no Registro de Imóveis, gerará a plena proteção do companheiro não anuente do fiador em relação à fração ideal de sua propriedade.

Nesse binômio: Registro em sentido estrito da União Estável no Livro "E" do registro civil, comprovada com a anotação no nascimento ou casamento, somada a averbação no Registro de Imóveis, comprovada com certidão atualizada com prazo de 30 (trinta) dias, entendemos que esse último ato de averbação é o marco temporal definidor da boa-fé objetiva, na sua função controladora, na figura correlata da vedação ao comportamento contraditório, materializando os princípios da eticidade, socialidade, dignidade da pessoa humana e solidariedade social.

Sob o prisma da interdisciplinaridade, entendemos que a averbação no fólio imobiliário é ato acessório não apenas da matrícula, mas do estado da pessoa física, cuja atribuição coube ao registro civil das pessoas naturais, porque tutela como instrumento imediato o imóvel, mas como fim mediato a pessoa humana, à luz da ótica constitucional Kantiana.

Assim, a comprovação do registro no Livro "E" é requisito preliminar indispensável a ser exigido para averbação da União Estável nas matrículas pelo(a) Registrador(a) Imobiliário(a).

O vício de legitimação, nesse caso, gerará a (in) eficácia parcial (e não a invalidação como na vênia conjugal), por falta de previsão legal dessa regra restritiva, já que o Código Civil de 2002 tutelou apenas o casamento. Os companheiros diligentes serão prestigiados pela exclusão de suas respectivas frações ideais, já que vigorará a conservação do negócio jurídico e permanecerá a obrigação acessória do convivente fiador.

7. REFERÊNCIAS

ARAÚJO, Fábio Caldas de. Lei de Registros Públicos Comentada. Coordenação de José Manuel de Arruda Alvim Neto, Alexandre Laizo Clápis, Everaldo Augusto Cambler. – Rio de Janeiro: Forense, 2014.

BRASIL. SÃO PAULO. Normas de Serviço da Corregedoria Geral da Justiça – São Paulo. Cartórios Extrajudiciais. Tomo II. Capítulo XVII, item 113, H), Provimento CG 15/2015, São Paulo -SP, 2015.

CENEVIVA, Walter. Lei dos Notários e dos Registradores comentada (lei 8.935/94). 8ªed., rev. e atual - São Paulo: Saraiva editora, 2010.

CAMARGO NETO, Mario de Carvalho. Registro Civil das Pessoas Naturais: habilitação e registro de casamento, registro de óbito e livro "E", volume 2 / Mario de Carvalho Camargo Neto, Marcelo Salaroli de Oliveira – São Paulo: Saraiva, 2014. – (Coleção Cartórios / coordenador Christiano Cassettari.

DIAS, Maria Berenice. Registro da união estável. Jus Navigandi. Teresina, ano 19, n. 4031, 15 jul. 2014. Disponível em: <http://jus.com.br/artigos/30231>. Acesso em 15 jul. 2016.

EL DEBS, Martha. Legislação Notarial e de Registros Públicos. Coletânea de Leis para Cartórios. 3ªed. Salvador-BA: Editora JusPodivm, 2016.

FILHO, Milton Paulo de Carvalho. Código Civil Comentado. Doutrina e Jurisprudência: Lei n. 10.406, de 10.01.2002: contém o código civil de 1916 / coordenador Cézar Peluso – Barueri-SP – 7. ed. rev. e atual, Editora Manole, 2013.

LOUREIRO, Luiz Guilherme. Registros Públicos. Teoria e Prática. 7ªed. rev., atual e ampl. - Salvador: Editora Juspodivm, 2016.

MIRANDA, Marília Ferreira de. Direito Notarial e Registral Avançado. A eficácia dos atos lavrados no Livro "E" do Registro Civil das Pessoas Naturais. Coordenação Consuelo Yatsuda Moromizato Yoshida, Marcelo de Oliveira Fausto Figueiredo Santos e Vicente de Abreu Amadei, 1ªed. São Paulo-SP: Editora revista dos Tribunais, 2014.

MIMARY, Liana Varzella. O direito notarial e registral em artigos: A União Estável e o Registro Civil das Pessoas Naturais. 1ªed.-São Paulo-SP: YK editor, 2016, Coordenação Arthur Del Guércio Neto e Lucas Barelli Del Guércio.

PINHO, Ruy Rebello. Separação, Divórcio e Inventário em Cartório. Aspectos Jurídicos e Práticos da Nova Lei 11.441/07. ALVARENGA, Robson de. União Estável e Sucessão Hereditária – São Paulo: Quartier Latin, 2008.

PINTO, Cristiano Vieira Sobral. Direito Civil Sistematizado – 4.ª ed. rev., atual. e ampl. – Rio de Janeiro: Forense, 2012.

ROSADO, RUY. 1. Código comercial (2002) — Coletânea. 2. Direito Comercial – estudo e ensino. – 3. Enunciados aprovados. I. Conselho da Justiça Federal (Brasil). Centro de Estudos Judiciários. Brasília 2013 <http://www.cjf.jus.br/cjf/corregedoria-da--justica-federal/centro-de-estudos-judiciarios-1/publicacoes-1/jornadas-de-direito-comercial/livreto-i-jornada-de-direito-comercial.pdf/view >. Acesso em 16 de Jul. 2016.

CAPÍTULO 12

O fim da personalidade jurídica no viés registral das pessoas naturais

Fernanda Ferrarini[1]

Sumário: 1. Considerações Preliminares; 2. Histórico do registro civil das pessoas naturais; 3. Morte e o registro civil das pessoas naturais; 4. Aspectos sanitários e políticas públicas; 5. Características peculiares dos registradores civis de pessoas naturais; 6. Considerações finais; 7. Referências Bibliográficas

1. CONSIDERAÇÕES PRELIMINARES

A Constituição Federal garantiu a saúde e sua inviolabilidade, elevando-a à categoria de direito social[2]. Disciplinou o SUS, Sistema Único de Saúde, responsável pelas ações de vigilância sanitária e epidemiológica. Nos artigos 196 e seguintes[3] dispõe que a saúde é direito de todos e dever do Estado.

---

1. Graduada e Mestre em Direito pela UNESP - Universidade Estadual Paulista "Júlio de Mesquita Filho", Faculdade de História, Direito e Serviço Social, campus de Franca/SP e pesquisadora da FAPESP – Fundação de Amparo à Pesquisa do Estado de São Paulo. Advogada e consultora jurídica em Ribeirão Preto/SP, membro da Associação dos Advogados de São Paulo (1999-2013). Docente Universitária em Direito Civil na graduação, pós-graduação e no curso preparatório para OAB/carreiras jurídicas – 'Tático' (1999-2013). Tabeliã e registradora titular no Maranhão (2013-2015). Tabeliã e registradora titular em São Paulo (2015-hoje). E-mail: fernandaferrarini@gmail.com

2. Art. 6º São direitos sociais a educação, a saúde, a alimentação, o trabalho, a moradia, o lazer, a segurança, a previdência social, a proteção à maternidade e à infância, a assistência aos desamparados, na forma desta Constituição.

3. Art. 196. A saúde é direito de todos e dever do Estado, garantido mediante políticas sociais e econômicas que visem à redução do risco de doença e de outros agravos e ao acesso universal e igualitário às ações e serviços para sua promoção, proteção e recuperação. Art. 197. São de relevância pública as ações e serviços de saúde, cabendo ao Poder Público dispor, nos termos

Direito à saúde não se exaure em si mesmo, pois garante a vida, sua manutenção e continuidade com dignidade, até a morte. Trata-se de típica preocupação do constitucionalismo social, direito fundamental de segunda geração. Estudá-la melhorará a qualidade de vida humana enquanto direito público subjetivo. "Direito à saúde tem posição jurídica tipicamente prestacional, consoante o Estado Democrático de Direito. Saúde é um bem irrevogável e indispensável"[4].

Morte tem origem etimológica no latim 'mors'. É um fato jurídico, um acontecimento relevante para o Direito, pois põe fim à existência humana, completa o ciclo da vida. Com a possibilidade jurídica dos transplantes de tecidos, órgãos e partes do corpo, definiu-se a morte encefálica como marco para a retirada deles. A Lei nº 9434/1997 possibilitou o transplante, mas o médico continua sendo responsável pelo reconhecimento da extinção da personalidade jurídica.

O direito à vida é direito fundamental. Todos têm direito à existência digna, que sua integridade física, moral e intelectual seja respeitada *erga omnes*. Daí a vedação da pena de morte, exceto em caráter excepcional, mediante declaração de guerra, CF/88, artigo 5º, caput e XLVII, "a".

Outros ramos do direito também se preocuparam com a morte: o direito administrativo estudou a vacância dos cargos públicos (Lei nº 8112/90, artigo 33, inciso IX); no ramo tributário, a arrecadação de tributos e as implicações entre fisco e contribuinte (CTN, artigo 131 e CF/88, artigo 155, inciso I); no eleitoral a morte é causa de cancelamento do alistamento eleitoral; candidato à presidência da república pode falecer durante as eleições (CE, artigo 71 e CF/88, artigo 77, §4º); quanto ao direito da seguridade social, há a pensão por morte (Lei nº 8213/1991, artigo 74), o auxílio-funeral; a morte do empregado extingue o contrato de trabalho, FGTS do empregado falecido pode ser levantado pelos dependentes, caso ele fosse optante, bem como as cotas correspondentes do PIS/PASEP.

O direito penal cuidou da morte em diversos crimes e contravenções, estipulou penas e medidas de segurança aos infratores: homicídio, eutanásia, induzimento, instigação ou auxílio a suicídio, infanticídio, aborto, lesões corporais seguida de morte, destruição, subtração ou ocultação

---

da lei, sobre sua regulamentação, fiscalização e controle, devendo sua execução ser feita diretamente ou através de terceiros e, também, por pessoa física ou jurídica de direito privado.
4. SARLET. IW. A eficácia dos direitos fundamentais. 8ª ed., Porto Alegre: Livraria do Advogado; 2007, p. 204.

de cadáver, vilipêndio de cadáver ou de suas cinzas, contravenção de inumar ou exumar cadáver, calúnia contra os mortos, impedimento ou perturbação da cerimônia funerária, violação de sepultura, bem como ser extintiva da punibilidade. O direito processual penal também, ao dispor sobre o corpo de delito, inclusive com necropsia, se necessário (Lei nº 8.501/1992).

Já no processo civil a morte é constatada pela certidão de óbito, admitidas provas técnicas específicas, quando oportuno. O documento que contém a declaração médica é o atestado de óbito, garantia que não há possibilidades de o indivíduo estar vivo, podendo ser processada a inumação.

A morte não implica completo fim jurídico no âmbito pessoal, há um prolongamento de sua personalidade jurídica: a vontade do falecido sobrevive no testamento (possível também o testamento vital), no direito moral do autor, no direito à imagem, à honra, no respeito ao cadáver, dentre outras situações.

No âmbito do Registro Civil das Pessoas Naturais tem-se a prova do estado e da capacidade da pessoa. Um dos desideratos do registro público é dar segurança às relações jurídicas. "É correto dizer que os serviços que prestam os cartórios são os únicos inteiramente comprometidos com a consecução das garantias da autenticidade, segurança, eficácia e publicidade dos atos jurídicos mais importantes previstos na lei civil, na Lei dos Registros Públicos. " [5]

Os princípios específicos do Registro Civil das Pessoas Naturais são: legalidade ou juridicidade (qualificação registral adstrita ao ordenamento jurídico); publicidade (visa dar eficácia 'erga omes', possibilitando a comunicação da fé pública, exceto situações excluídas por lei); segurança jurídica (inscrição dos registros e preservação dos mesmos, gozando de presunção 'iuris tantum'); autenticidade (discernir o falso do verdadeiro, priorizando a veracidade dos fatos); independência (atuar com imparcialidade); conservação (os arquivos das serventias extrajudiciais devem ser bem guardados e preservados); instância ou rogação (os atos de registros devem ser solicitados, exceto averbações e comunicações); continuidade (sequência cronológica nos assentos e atos de

---

5. RODRIGUES, Marcelo Guimarães. Privatização de serviços notariais traz celeridade. Consultor Jurídico, São Paulo, publicado em 06/06/2011. Disponível em http://www.conjur.com.br/2011-jun-06/privatizacao-servicos-notariais-traz-celeridade-aos-atos-civeis. Acesso em 14/12/2016.

averbação); territorialidade (o registrador está limitado à sua circunscrição geográfica, sob pena de anulabilidade do atos lavrados); imutabilidade do nome (individualizador do ser humano); direito ao registro e à certidão (desnecessidade de informar o porquê do pedido da certidão).

É o ramo dos registros públicos mais atrelado às garantias de direitos humanos, à dignidade da pessoa humana, aqueles direitos inatos, universais, absolutos, inalienáveis e imprescritíveis, consagrados desde a Declaração Universal dos Direitos Humanos, artigo 1º.

A rigor o registro público é o único serviço estatal inteiramente comprometido com a consecução da garantia da autenticidade, segurança, eficácia e publicidade dos atos jurídicos (CF/88, artigo 236; LRP, art. 1º; Lei nº 8.935, de 1994, art. 1º). "É um serviço público privatizado", ou um serviço público "exercido em caráter privado", razão pela qual aqueles investidos na função notarial, mediante concurso público, não são funcionários públicos e não participam do quadro de pessoal do serviço público[6].

Daí a relevância da Lei nº 13.484, de 26 de setembro de 2017, elevando os ofícios de registro civil das pessoas naturais à categoria de OFÍCIOS DA CIDADANIA. Passarão a oferecer outros serviços essenciais à população, tais como: carteira de identidade, de trabalho, passaporte, poderão realizar convênios com os correios para postagem de documentos ou entrega deles, retirados nas serventias, convênios com a OAB – Ordem dos Advogados do Brasil, no intuito de escaneamento e remessa de arquivos à Justiça, dentre outras possibilidades, até mesmo com as demais especialidades notariais e registrais, com Detrans e juntas comerciais.

O registro cria presunção relativa de verdade. Não dá autenticidade ao negócio causal ou ao fato jurídico de que se origina, mas sim ao direito que dele deriva. Autenticidade é a qualidade daquilo que é confirmado por ato de autoridade e deriva do poder certificante que a esta é inerente.

Não há órgão público de maior capilaridade do que os serviços notariais e de registro, no Brasil. Os ofícios extrajudiciais fazem história, são geradores de recursos aos cofres públicos e empregos. Existem mais de quinze mil ofícios extrajudiciais em todo o país, nos quais trabalham mais de trezentas mil pessoas [7].

---

6. Ovídio A. Baptista da Silva. Teoria geral do processo. São Paulo: Saraiva, 2000, p. 82.
7. A eficiência desses serviços na prevenção de lides já foi comprovada pelos EUA. Países que adotaram o notariado latino, como França, Alemanha, Itália, Espanha, Holanda, Japão e o Brasil, con-

2. HISTÓRICO DO REGISTRO CIVIL DAS PESSOAS NATURAIS

Nos primórdios da humanidade os registros tinham apenas fins de controle numérico da população. Seu papel era estratégico, as inscrições públicas passaram a ser política de Estado.

Em Roma nasceu a primeira centelha do registro civil, retrocedendo ao rei Sérvio Túlio, que impôs um censo à população. A cada cinco anos o *pater* elaborava um documento chamado *tabulae census*, no qual declarava o patrimônio familiar, a situação pessoal do declarante (nome dos pais, idade e domicílio) e dos membros da família (esposa e número de filhos).

Com o mesmo propósito de recenseamento o rei Sérvio Túlio criou um interessante sistema de contagem populacional: obrigou a jogarem uma moeda nos templos religiosos, quando ocorria um nascimento ou óbito. Através de sua contagem era possível conhecer a quantidade da população e principalmente, quantos homens estavam aptos a lutarem. [8]

Com as conquistas de novos povos houve uma miscigenação de culturas, onde gentis casaram-se com livres, escravos foram libertos ou procriaram. Essa diversidade levou a um declínio da população livre, o *Populus Romanus*, fazendo com que o Imperador Otaviano Augusto determinasse uma reforma ético-matrimonial. [9]

---

forme a percentagem do Produto Interno Bruto – PIB comprometido com o orçamento do Poder Judiciário, tem um custo do Judiciário de 0,5% do PIB. Já nos países como Estados Unidos da América – EUA, com outro tipo de notariado, o custo eleva-se para 3,6% do PIB. A China, ao protocolar seu pedido de inscrição junto à União Internacional do Notariado – UINL, preferiu adotar o notariado latino, pois verificou, através das suas embaixadas, que o número de litígios judiciais em questões patrimoniais e familiares é menor nos países de notariado latino que nos demais.

8. No caso do nascimento, atirava-se uma moeda junto ao templo da deusa *Lucina*, filha de Juno com Júpiter, já que protetora dos partos e das gestantes. Para a ocasião do falecimento, jogava-se no de *Venus Libitina*, pois era ela a deusa da morte, dos cadáveres e dos funerais. Quando da puberdade masculina, ato que representava a entrada de um homem na vida adulta, a moeda era para o templo de *Juventas*, divindade protetora dos adolescentes no momento de deixar a infância. De forma criativa e ao mesmo tempo prática, o sistema de contagem de moedas redundava em arrecadação tributária e facilidade de aferição. (CRETELLA JÚNIOR, José. Curso de Direto Romano. Rio de Janeiro: Forense, 1997, p. 110.)

9. Os exemplos mais conhecidos e citados da reforma do Imperador Otaviano Augusto são: a) *lex Iulia de Maritandis Ordinibus*, estabeleceu a obrigatoriedade de se contrair um *iustum matrimonium* os homens entre os 25 e os 60 anos e as mulheres entre os 20 e os 50 anos, sob pena de sanções, como as de limitação à ascensão a cargos públicos; b) *lex Aelia Sentia*, de 4 d.C., visou controlar a manumissão, ou seja, a libertação de escravos pelos seus senhores. Um escravo só poderia ser liberto quando tivesse, pelo menos, 20 anos de idade; c) *lex Papia Poppea*, de 9 d.C, regulava questões de ordem sucessória, além de atribuir recompensas às famílias com prole numerosa, decorrente do *ius liberorum*. (CONTRIM NETO, A. B. Enciclopédia Saraiva do Direito, coordenador Limongi França, São Paulo: Saraiva, 1980, V. 55. p. 316.)

Essas leis visavam a pureza racial da elite romana. Não há em Roma registros do estado civil. [10] Não obstante, indiretamente, pode-se dizer que tais leis criaram um sistema de registros públicos sobre o estado civil da pessoa. Afinal, era necessário comprovar, perante os órgãos de Estado, o cumprimento dessas obrigações.

A lei *Aelia Sentia* dava benefícios aos romanos de prole numerosa e impunha sanções ao cidadão sem descendência. Para fins de recebimento de benefícios estatais, ou até mesmo para evitar imposição de sanções, no mundo grego-egípcio, mas já sob domínio romano, foi criada a praxe de se declarar, perante autoridade pública, o nascimento de cidadão livre.

Para a aplicação dessa normativa, foi necessário criar um sistema de registros de nascimento, constituído das declarações dos interessados perante a autoridade pública. A partir de então teve início o interesse no registro civil da pessoa natural.

Tal sistema vigorou até a reforma de Marco Aurélio, o qual impôs a obrigatoriedade de registro dos nascimentos de todos os cidadãos romanos, legítimos ou ilegítimos, razão pela qual lhe é atribuída a origem do estado civil. Após ter passado pelo Egito, onde o registro dos nascimentos por funcionários do Estado já era praticado, Marco Aurélio obrigou o registro dos nascimentos. Tal interesse era eminentemente militar, para a formação da força bélica romana. [11]

Os registros públicos romanos visavam somente dados estatísticos da população, para fins fiscais e militares. Por não existir um sistema de provas pré-constituídas e seguras para determinar com exatidão a idade, o casamento e a morte de alguém, além de suas relações de parentesco, sempre que era necessário demonstrar o estado civil de uma pessoa usava-se a "fama pública". A *probatio per vocem et famam* era realizada por meio de testemunhos de parentes ou vizinhos, ou pela análise de algum juiz sobre os dados perquiridos.

As reformas de Augusto e Marco Aurélio não representaram apenas mais um ônus aos cidadãos, mas consolidaram a mentalidade das autoridades e dos nacionais acerca da necessidade de existir um regime de captação dos atos e fatos relacionados ao estado civil de sua população.

---

10. IGLESIAS, Juan. Direito Romano. Coleção Direito Europeu. (org.) MOLINA, Antonio García Pablos de. São Paulo: RT, 2011. p. 225.
11. CRETELLA JÚNIOR, José. op. cit., p. 119.

Essas mudanças instituíram um sistema de provas pré-constituídas do estado civil das pessoas naturais, aprimorando os regimes existentes nos ordenamentos jurídicos. Um sistema de coleta dos fatos da vida da pessoa integrou as civilizações.

Já na Idade Média, antes do Concílio de Trento a Igreja Católica usava o registro de bispos, príncipes ou fiéis, vivos ou mortos. Um outro uso surgiu nas cidades italianas: a emancipação dos filhos de família e os filhos deixados ao abandono, anotava-se nos livros públicos. [12]

A idade dos indivíduos, os matrimônios, as filiações, puderam ser demonstrados com segurança nos séculos XIV e XV. O Concílio de Trento sistematizou o registro dos batismos, nascimento, casamento, óbitos.

Com a Revolução Francesa surgiu a Lei revolucionária, de 20 de setembro de 1792. Apesar dos excessos e irregularidades quanto à publicidade do estado das pessoas, foi um marco relevante. O Código de Napoleão originou o Registro Civil com força probante absoluta.

Na França, o antecedente mais conhecido do registro público é o *nantissement*, espécie de investidura pública na titularidade de imóvel que perdurou até a revolução de 1789, quando foi substituído pela transcrição em registro público. [13]

A Espanha também possui antecedentes históricos em termos de registros públicos: a *roboracion* e os *pregones* eram anotações realizadas pelos catalães e constituíam, provavelmente o princípio dos assentos registrais tedescos.

Na Inglaterra o registrador ficou incumbido dos registros de nascimento e óbitos declarados. Os casamentos registrados deviam ser inscritos num registro especial, tanto os religiosamente celebrados ou os civis. Cópias eram trimestralmente enviadas ao Registro Geral.

Em Portugal foi criado o Registro de Hipotecas e entregue em cada comarca a um tabelião privativo, em 1836.

No Brasil Imperial os assentamentos paroquiais eram revestidos de valor probante. A Igreja era responsável pelos registros públicos referentes aos batismos, casamentos e óbitos.

---

12. LOPES, Miguel Maria de Serpa. Tratado dos registros públicos, 5ªed., Rio de Janeiro: Livraria Freitas Bastos, 1962, v.1, p. 23.
13. MOUTEIRA GUERREIRO, J. A. *Noções de direito registral*. Coimbra: Editora Coimbra,1993. p. 18.

Existiam também os registros de hipotecas, de 1843, que deu origem ao Registro Geral, regulamentado pela Lei nº 1.237, de 1864. Com ele nasceram as linhas mestras do registro imobiliário no Brasil.

Em 1861 surgiu para os acatólicos, o casamento leigo, registrando-se os atos dele decorrentes. Com o decreto nº 9.886, de 7 de março de 1888, foi instituído um registro com função probatória do nascimento, casamentos e óbitos. Aos casamentos compreendia os celebrados perante autoridade religiosa. Com o advento da República o art. 72, § 4º da Constituição Federal de 1891 fixou que: "a República só reconhece o casamento civil, cuja celebração será gratuita".

Porém, só com a proclamação da República, em 1889, ocorreu a separação entre Igreja e Estado. O Estado criou os registros públicos para prática dos atos civis, que até então eram realizados pela Igreja.

O Registro Geral passou para a atual nomenclatura de Registro de Imóveis, apenas, quando da entrada em vigor do Código Civil de 1916, que incorporou o Registro Geral, dando-lhe feição mais apropriada. No essencial, o Código Civil de 1916 manteve a necessidade da transcrição para transferência do domínio, mas acrescentou uma presunção de domínio em favor do titular do direito inscrito.

O Decreto nº 4.827, de 1924, reorganizou os registros públicos previstos pelo Código Civil e foi aperfeiçoado pelo Decreto nº 4.857 de 1939. Somente em 1973 foi publicada a lei modernizadora, com princípios e normas gerais para os registros públicos no Brasil: a Lei nº 6.015/73.

3. MORTE E O REGISTRO CIVIL DAS PESSOAS NATURAIS

Registro vem do latim regesta [14], plural neutro de regestus (copiado, trasladado), o assento ou a cópia, em livro próprio, de ato que se tenha praticado, ou de documento que se tenha passado. Diz-se, igualmente, registro.

Em sentido técnico, registro público é o repositório de certos atos ou fatos, lavrado por oficial público em assentos especiais, seja à vista dos títulos comuns que lhe são apresentados, seja em razão de declarações escritas ou verbais das partes interessadas. Serve como meio de prova especial, como instrumento de conservação de documento e, principalmente, como meio de publicidade. Pode ser tanto um meio de defesa,

---

14. De Plácido e Silva. Vocabulário Jurídico. Rio de Janeiro: Forense, 11ª ed., 1989, vol. IV, p. 69.

como elemento de garantia e instrumento de publicidade para que não se alegue desconhecimento ou ignorância de sua existência.

Com efeito, o registro público nasceu para servir à pessoa, espelhando os fatos jurídicos relativos à vida em sua dinâmica, não é mero repositório de fatos engessados das leis escritas. Ao contrário, é o retrato fiel da vida, notável laboratório humano de mudanças sucessivas e infinitas, a serviço do qual o direito justifica a sua existência, como insubstituível elemento edificante e pacificador. "É o direito que deve servir à pessoa, não o contrário", nos dizeres do Ministro do STF Luiz Fux [15].

> *Antes de conceber ou adorar Indra ou Zeus, o homem adorou os mortos; teve medo deles, dirigiu-lhes preces. Parece que é essa a origem do sentimento religioso. Foi, talvez, à vista da morte que o homem teve pela primeira vez a ideia do sobrenatural, e quis confiar em coisas que ultrapassavam a visão dos olhos. A morte foi o primeiro mistério; ela colocou o homem no caminho de outros mistérios. Elevou seu pensamento do visível para o invisível, do passageiro para o eterno, do humano para o divino.* [16]

Na Bíblia, Coríntios, capítulo 15, versículo 26 também há referência à morte: "o último inimigo a ser destruído é a morte. " [17]

Paradoxalmente, ao se estudar a morte esbarra-se no início da vida, haja vista o evento morte por fim àquilo que se iniciou e com repercussões no mundo jurídico. Brevemente, para se apurar o início da personalidade civil destacam-se três teorias principais, dentre outras: a *Teoria Natalista*, a *Concepcionista* e a *da Personalidade Condicional*.

A *teoria natalista* defende que só existe personalidade jurídica após o nascimento, sob a condição de nascer com vida. O Código Civil adota-a ao estabelecer, no art. 2º, que "a personalidade civil da pessoa começa do nascimento com vida; mas a lei põe a salvo, desde a concepção, os direitos do nascituro".

A *Teoria Concepcionista* entende que a vida é constatada a partir da fecundação do óvulo com o espermatozoide, formando o ovo ou zigoto. Assim, a personalidade civil é instituída a partir da concepção, pois se

---

15. Recurso Extraordinário nº 898.060-SP, de 22/09/2016.
16. Fustel de Coulanges, A Cidade Antiga. ebookLibris, tradução de Frederico Ozanam Pessoa de Barros, p. 20. http://bibliotecadigital.puc-campinas.edu.br/services/e-books/Fustel%20 de%20Coulanges-1.pdf <acesso em 08 de janeiro de 2017>
17. CHOSSANI. Frank Wendel, A atuação do Oficial de Registro Civil das Pessoas Naturais e do Tabelião de Notas na disposição do corpo morto. Postado em 6 de janeiro de 2017 às 08:29. Disponível em http://www.portaldori.com.br/2017/01/06/. Acessado em 12/03/2017.

há vida, existem direitos [18]. Há nítida mescla da teoria natalista com a concepcionista no código civil atual, certa confusão do legislador.

A *Teoria da Personalidade Condicional* afirma que a lei resguarda a personalidade civil desde à concepção, com a condição de nascer vivo. O nascituro possui direitos sob condição suspensiva, o nascimento com vida, sem a qual não haverá personalidade jurídica.

O moderno entendimento dos atuais julgados entende que a personalidade da criança deve ser atribuída **desde o momento da concepção**. Apesar de o Código Civil brasileiro ter adotado posicionamento tradicional de que a personalidade civil só é adquirida através do nascimento com vida, assim estabelecido no artigo 4º do Código Civil de 1916 e mantido no 2º do Código Civil de 2002. Destarte, a vida é determinada no momento da concepção.

Há confusão na eleição de uma teoria única desde o Direito Romano. Ulpiano, jurisconsulto do século III d. C., ao escrever ao Pretor Urbano, Valério Prisciano, descrevia o nascituro como parte das entranhas de sua mãe. [19]

Outra ocorrência foi quanto à Lei Falcídia (40 a.C.), nos comentários de Papiniano: "no que se refere a filho de escrava, não deveria haver distinção de tempo, uma vez que antes do parto, não se poderia verdadeiramente falar existisse um ser humano". [20]

Já em outros textos romanos vê-se adoção da tese concepcionista: na sentença de Paulo, "...quem estiver no útero será tratado como humano, toda vez que se inquirir sobre os proveitos do próprio parto. Antes do nascimento, em nada aproveita." [21] "O nascituro não era homem para

---

18. O aborto é punido como crime contra a pessoa, conforme os artigos 124 e 126 do Código Penal, de acordo com tal teoria. Também a CLT a adota, nos seus artigos 392, 393 e 394, onde discorre sobre a proteção à maternidade, a fim de proteger a vida do nascituro.
19. Trata-se de um caso em que o marido acusa a esposa de estar grávida e ela o nega. Ulpiano conclui afirmando que 'antes do parto (o filho) é parte da mulher ou de suas vísceras'. Tradução livre do trecho do Digesto, Lib. XXV, Tit. IV, 1, §1: "Ex hoc rescripto evidentissime apparet, senatusconsulta de liberis agnoscendi locum non habuisse, si mulier dissimularet se praegnatem, vel etiam negaret: nec immerito: partus enim, antequam edatur, mulieris portio est, vel viscerum".
20. Tradução livre do trecho do Digesto, Lib. XXXV, Tit. II, 9, § 1: "Circa ventrem ancillae nulla temporis admissa distinctio est, nec immerito: quia partus nondum editus, homo non recte fuisse dicitur".
21. Tradução do trecho do Digesto, Lib. I, Tit. V, 7: "Qui in utero est, perinde ac si in rebus humanis esset, custoditur, quotiens de commodis ipsius partus quaeritur: quamquam alii, antequam nascatur, nequaquam prosit".

os romanos. Mas, se nascesse com vida viável e forma humana, sua existência seria considerada desde a concepção". [22]

Segundo Gagliano e Pamplona Filho [23], o nascimento com vida pode ser identificado pelo funcionamento do aparelho cardiorrespiratório. Caso ocorra morte antes ou durante o parto, é possível provar se nasceu vivo ou não, através do exame de *docimasia hidrostática de Galeno*, o qual verifica se entrou ar nos pulmões da criança [24].

O artigo 6º do Código Civil preceitua que "a existência da pessoa natural termina com a morte; presume-se esta, quanto aos ausentes, nos casos em que a lei autoriza a abertura de sucessão definitiva". Só com a morte termina a existência da pessoa natural.

Doutrinariamente pode-se falar em: morte civil, morte real, morte simultânea ou comoriência e morte presumida. A morte civil existiu entre a Idade Média e a Moderna, especialmente para os condenados a penas perpétuas e para os que abraçavam a profissão religiosa, permanecendo recolhidos. Essas pessoas eram privadas dos direitos civis e consideradas mortas para o mundo. Embora vivas, eram tratadas pela lei como se mortas fossem. Não sobreviveu no direito moderno.

Há um resquício da morte civil no art. 1.816 do Código Civil, que trata o herdeiro afastado da herança como se ele "morto fosse antes da abertura da sucessão". Mas somente para afastá-lo da herança, haja vista conservar sua personalidade para os demais efeitos [25].

> "Cada vez mais se prestigia a dignidade da pessoa humana, princípio maior da Constituição Federal. Assim, por elementar razão de ordem ética, quem desrespeita a dignidade do outro merece ser punido. Quando a afronta ocorre entre pessoas que têm vínculo familiar e afetivo tão estreito,

---

22. SEMIÃO, Sérgio Abdalla. *Os direitos do nascituro*. Belo Horizonte: Del Rey, 2003. p. 16.
23. Gagliano Pablo Stolze, Pamplona Filho Rodolfo. Novo curso de direito civil. Parte geral. São Paulo: Saraiva; 2002. Vol. 1, p. 132-41.
24. Se teve respiração, mesmo que por poucos segundos, nasceu com vida e adquiriu a personalidade civil (o que influencia imensamente em questões sucessórias, por exemplo). Quanto aos direitos dos nascituros, há o direito à vida, aos alimentos, à filiação e investigação de paternidade, à curatela, de receber doações (condicionado ao seu nascimento com vida) e o direito de suceder (direito de receber por testamento, também condicionado ao nascimento com vida).
25. Ementa: Ação de Indignidade. Direito das Sucessões. Demanda fundada no artigo 1.814, I do CC. Requerido é autor de homicídio contra a genitora da Autora. Sentença de Procedência. Inocorrência da prescrição. Cerceamento de defesa não verificado. Declaração de indignidade - Sentença mantida Recurso improvido. (Voto nº 16/31300; Apelação nº 0000723-02.2015.8.26.0646; Comarca: Urânia; Apelante: Reinaldo Lima Santana; Apelado: Ieda Camila Dionisio Santana).

> *a ponto de ser um herdeiro do outro, a forma encontrada pela lei para inibir tais ações é de natureza patrimonial. Simplesmente é subtraído o direito à herança (...) O instituto da indignidade é a provação do direito hereditário cominada por lei, a quem cometeu certos atos ofensivos à pessoa ou aos interesses do antecessor. Merece ser alijado da sucessão o herdeiro que age contra a vida ou a honra do autor da herança ou comete atos ofensivos contra os membros de sua família. Também se sujeita a mesma penalidade se obstaculiza a manifestação de vontade do testador. A indignidade permite a exclusão dos herdeiros legítimos, necessários, facultativos, testamentários, bem como dos legatários. É uma pena civil aplicada ao herdeiro que recebe a herança e a perde. A sentença declaratória da indignidade dispõe sobre a eficácia retroativa e alcança o direito do herdeiro no seu nascedouro, quando da abertura da sucessão. Declarada a indignidade, os bens tornam-se erepticios, esquisito nome para identificar o retorno dos bens ao acervo sucessório do autor da herança. A devolução tem efeito ex tunc, retroativo à data da morte do titular da herança. Devido ao caráter personalíssimo da pena, o indigno transmite sua parte na herança aos seus descendentes, como se morto fosse.".* [26]

Na legislação militar também ocorre hipótese de a família do indigno do oficialato, que perde o seu posto e a respectiva patente, receber pensões como se ele tivesse falecido (Decreto-Lei n. 3.038, de 10.2.1941) [27].

A morte real é apontada no artigo 6º do Código Civil como responsável pelo término da existência da pessoa natural. A sua prova faz-se pelo atestado de óbito, na hipótese de existir o corpo, ou ainda, por ação declaratória de morte presumida, sem decretação de ausência (artigo 7º do CC), ou ainda, a justificação judicial do artigo 88 da Lei nº 6015.

Com os avanços da medicina, foi instituída a morte encefálica. Mas o legislador se manteve omisso, não estabeleceu o momento exato da morte para que ocorra a abertura da sucessão: se a morte encefálica ou a cardiorrespiratória.

---

26. DIAS, Maria Berenice. Manual das Sucessões, 3ª ed., São Paulo: Editora Revista dos Tribunais, 2013, pg. 304.
27. MANDADO DE SEGURANÇA - Impetração que se volta contra decisão proferida na Justiça Militar - Policial militar reformado. Superveniência de condenação pelo cometimento de crime tipificado no Código Penal Militar. Oferecimento de representação, pela Procuradoria de Justiça, para pedir a decretação da perda da graduação e de cassação dos proventos de inatividade. Acolhimento do pedido pelo Eg. Tribunal de Justiça Militar. Incompetência da Justiça Comum para conhecer deste mandado de segurança. Aplicação do art. 125, §4º, da CF e do art. 81, §2º, da CE. Processo extinto, sem resolução do mérito, com determinação de remessa dos autos ao Eg. Tribunal de Justiça Militar. (Voto nº 23.546; Mandado de Segurança nº 2200055-74.2016.8.26.0000; Impetrante: Onofre Rodrigues Liberato Impetrados: Tribunal de Justiça Militar do Estado de São Paulo e outros; Órgão Julgador: 6ª Câmara de Direito Público; Relatora: Desª. Maria Olívia Alves).

> Duas pessoas, casadas pelo regime da comunhão universal de bens que não possuam ascendentes nem descendentes. O marido tem a morte cerebral detectada, mas continua vivendo à custa de aparelhos. Neste ínterim, a esposa falece. Se entendermos que o momento da morte cerebral é o que determina a extinção da personalidade e, portanto, da pessoa, a esposa sobreviveu ao marido, herdou os seus bens no momento da sua morte transmitiu-os aos seus colaterais. Se se entender, entretanto, que a pessoa só morre quando todo o organismo pára, como o marido era mantido através de aparelhos, ele sobreviveu à sua mulher, herdou os bens dela e os transmitirá aos seus colaterais quando o organismo parar por completo. [28]

Existem divergências a respeito da instituição da morte encefálica. A tanatologia é a ciência que estuda a morte e suas consequências jurídicas, bem como na medicina [29]. Até o final da década de 60 vigia o conceito tradicional de morte: a cessação irreversível da circulação sanguínea e da respiração. Era inadmissível considerar morto um indivíduo cujo coração ainda batesse.

No entanto, em 1967 Dr. Christian Barnard, um médico africano, de Capetown, retirou o coração que ainda batia de um paciente para transferi-lo a outro paciente. Para transplantar um órgão faz-se necessário retirá-lo o mais rápido possível, logo que se constitua o estado de inconsciência do doador. Para que este médico não fosse considerado um homicida, foi preciso considerar que o doador do órgão já estava morto, apesar de seu coração ainda bater.

A partir disso a morte encefálica começou a ser aceita: "[...] o conceito de morte foi deslocado da parada irreversível da respiração e da circulação para o de morte cerebral" [30].

Em 1968, o Comitê Ad Hoc da Faculdade de Medicina de Harvard, em publicação no Journal of American Medical Association, identificou o conceito de morte cerebral com o conceito de coma irreversível. Fundamentou na carga que se impõe à família de pacientes com morte cerebral detectada.

Além disso, para que vidas sejam salvas através da transplantação de órgãos faz-se necessário que a morte cerebral possa ser considerada efetivamente como morte. Em 1976 a 1979, médicos na "Conference of

---

28. NAVARRO, Hélio Alberto de Oliveira Serra E. O "termo" da pessoa humana nos ordenamentos jurídicos brasileiro e português. Consulex, Cidade, n. 182, ago. 2004, p. 51.
29. CROCE, Dalton. Manual de Medicina Legal. 5. Ed. São Paulo: Saraiva, 2004, p. 347.
30. GOMES, Hélio. *Medicina Legal*. 33. ed. Rio de Janeiro: Freitas Bastos, 2004, p. 72.

Royal Colleges" receitaram que, para se declarar morto o paciente, teria que haver:

> [...] coma profundo irreversível de causa diagnosticada, parada respiratória resistente a altas tensões de gás carbônico no sangue arterial (acima de 50mmHg), bem como ausência de reflexos com sede no tronco cerebral, ausência de reação a estímulos dolorosos no território de inervação dos nervos cranianos, e temperatura corporal igual ou acima de 35ºC. Além disso, a causa não poderia ser intoxicação por depressores do sistema nervoso central, ou por curarizantes, diabetes ou insuficiência da tireóide. Prescindia de EEG, angiografia ou cintilografia cerebrais. [31]

Hodiernamente a morte real ocorre com o diagnóstico de paralisação da atividade encefálica, segundo o artigo 3º da Lei n. 9.434/97, que dispõe sobre o transplante de órgãos. Extingue a capacidade civil: "o fim da personalidade natural é a morte da pessoa. *Mors omnia solvit*. Com a morte desaparece a personalidade humana" [32].

O falecido não é mais sujeito de direitos e obrigações, o que lhe acarreta a extinção do poder familiar, a dissolução do vínculo matrimonial, mudança do estado civil, abertura da sucessão, a extinção dos contratos personalíssimos, a extinção da sociedade conjugal e da obrigação de pagar alimentos, que se transfere aos herdeiros do devedor (CC, art. 1.700), fim do usufruto, da punibilidade penal [33], ética e administrativa, suspensão dos prazos processuais, término dos benefícios previdenciários, direito ao seguro de vida pelos beneficiários. "Com a morte extinguem-se todos os direitos personalíssimos do *de cujus* para só se transmitirem os direitos patrimoniais" [34].

Há doutrinador que afirma ter o morto, resquícios de personalidade civil, não se aplicando o artigo 6º/CC aos direitos da personalidade [35]. Alguns direitos do morto permanecem, como a possibilidade dos lesados indiretos pleitearem indenização por lesão à honra ou imagem do falecido (CC, artigo 12, parágrafo único e artigo 20).

A regra era lavrar o assento de óbito no lugar do falecimento, ainda que o finado seja sepultado em outra localidade, se possível, em vinte e quatro horas a contar da morte. Em 26 de setembro de 2017, foi publica-

---

31. GOMES, Hélio. Ob. cit. p. 73.
32. LIMA. João Franzen de, *Curso de direito civil brasileiro*. 4. ed. Rio de Janeiro, vol. I, p. 162.
33. Código de Processo Penal, artigo 62: "no caso de morte do acusado, o juiz somente à vista da certidão de óbito, e depois de ouvido o Ministério Público, declarará extinta a punibilidade".
34. LOPES, Miguel Maria de Serpa. *Curso de direito civil*. Rio de Janeiro: Freitas Bastos, 1962. v. I,.p. 265.
35. TARTUCE, Flávio. Manual de Direito Civil: volume único.7ª ed., São Paulo: Método, 2017.

da a Lei nº 13.484 alteradora da Lei nº 6015, quanto ao ofício de registro civil das pessoas naturais competentes para lavrar o óbito. Pode-se optar entre o local da morte ou o da residência do "de cujus", quando o falecimento se deu em outro local, preferencialmente em 24 horas. Trata-se da conversão da Medida Provisória nº 776, de 26 de abril de 2017 em lei, modificando a anterior competência única para o assento de óbito.

É assentado no Livro C, mediante a declaração de óbito emitida por médico, se houver, ou duas pessoas qualificadas que tenham presenciado a morte, segundo a Lei 11976/2009 e Portaria nº 116/2009 da Secretaria de Vigilância da Saúde. Trata-se de registro gratuito, bem como a primeira certidão respectiva (Lei 6015, artigo 30 e CF/88, artigo 5º, LXXVI, "b").

Há hipótese legal do sepultamento preceder o registro, na falta de médico e duas testemunhas no local [36]. A Lei nº 6015 prevê o prazo de vinte e quatro horas para a lavratura do óbito, preferencialmente antes do sepultamento. Entretanto, faculta, também, quinze dias, não sendo possível antes, prorrogado por até três meses, se a residência do falecido distar mais que trinta quilômetros da sede do cartório.

Fora dessas hipóteses caberá o registro de óbito tardio, mediante autorização do juiz corregedor permanente (artigos 78, 50 e 52, Lei nº 6015). O magistrado decidirá quais as condições e peculiaridades do assento, devendo constar o atraso justificado, bem como o motivo do mesmo.

Ressalta-se o comando legal da competência cumulativa do oficial de registro civil de criança morta com menos de um ano: ele lavrará o registro de nascimento, caso ainda não realizado, independentemente do lugar do parto ou residência dos ascendentes, bem como o do óbito, no local dele ou da residência dos genitores.

Qualquer pessoa elencada no artigo 79 [37] da Lei nº 6015 poderá declarar o óbito, adotando-se a ordem preferencial elencada. Algumas

---

36. "L6015, art. 83. Quando o assento for posterior ao enterro, faltando atestado de médico ou de duas pessoas qualificadas, assinarão, com a que fizer a declaração, duas testemunhas que tiverem assistido ao falecimento ou ao funeral e puderem atestar, por conhecimento próprio ou por informação que tiverem colhido, a identidade do cadáver. " Exceto quanto ao cadáver destinado às pesquisas e estudos em instituições de ensino de medicina, que deverá ter um requerimento instruído por atestado de óbito feito por **médico**, a fim de se obter autorização do juiz corregedor permanente para a devida lavratura do assento de óbito.

37. L6015, artigo 79: são obrigados a fazer declaração de óbito: 1°) o chefe de família, a respeito de sua mulher, filhos, hóspedes, agregados e fâmulos; 2º) a viúva, a respeito de seu marido, e de cada uma das pessoas indicadas no número antecedente; 3º) o filho, a respeito do pai ou da

normas de serviços estaduais dispensam a necessidade dessa ordem sucessiva, como por exemplo, as normas do Rio de Janeiro, Ceará, entre outras. A normas paulistas consignam a não observância da ordem sucessiva, mediante o respectivo atestado médico (item 93.3, capítulo XVII).

O declarante poderá, através de mandatário, ou ainda, por preposto de estabelecimento público ou privado, informar os elementos necessários ao assento. As autoridades policiais informarão o óbito de pessoa acidentalmente ou violentamente encontrada morta, tão logo tenham notícia. Na falta de pessoa indicada na lei qualquer um que tenha assistido aos últimos suspiros de vida do finado poderá ser declarante.

Se a causa da morte for desconhecida, o registro conterá "causa indeterminada" na Parte I do Atestado Médico da DO. A moléstia mal definida deverá ser estudada por serviços de verificação de óbitos, Lei 11976/2009, artigo 5º, a fim de precisar o motivo do falecimento. Ao se descobrir a causa, elemento relevantíssimo para a publicidade do fato, inclusive a título de seguro, dever-se-á averbá-la no assento lavrado.

No caso de finado desconhecido, mas com informação sobre as circunstâncias de sua morte, o assento consignará, com a finalidade de proporcionar a identificação necessária, a declaração de estatura ou medida, se for possível, cor, sinais aparentes, idade presumida, vestuário e qualquer outra indicação que facilite, no futuro, seu reconhecimento. Esses dados são indispensáveis para possibilitar a identificação do morto.

Dever-se-á extrair a individual dactiloscópica, onde houver. É relevante tirar a impressão digital do falecido, na presença de testemunhas, sob a iniciativa da autoridade policial responsável pelas declarações.

Da mesma forma, eventual mudança de local do sepultamento deverá ser informada no cartório, mediante documento autêntico. Após autorização do Ministério Público ela será averbada à margem do registro. Diante da Lei nº 13.484, de 26/09/2017, o oficial retificará o registro, averbará ou anotará à sua margem, de ofício ou a requerimento do interessado, independentemente de autorização judicial ou manifestação do

---

mãe; o irmão, a respeito dos irmãos e demais pessoas de casa, indicadas no nº 1; o parente mais próximo maior e presente; 4º) o administrador, diretor ou gerente de qualquer estabelecimento público ou particular, a respeito dos que nele faleceram, salvo se estiver presente algum parente em grau acima indicado; 5º) na falta de pessoa competente, nos termos dos números anteriores, a que tiver assistido aos últimos momentos do finado, o médico, o sacerdote ou vizinho que do falecimento tiver notícia; 6º) a autoridade policial, a respeito de pessoas encontradas mortas. Deve-se observar o CC/2002, artigo 1567: "a direção da sociedade conjugal será exercida, em colaboração, pelo marido e pela mulher, sempre no interesse do casal e dos filhos".

Ministério Público. Caso não seja hipótese de erro evidente ou simples averbação/anotação, então será necessário intervenção judicial, nos termos do artigo 109 da Lei nº 6015 [38].

Também são hipóteses de averbações no registro de óbito: reconhecimento de filiação do falecido (CC, artigo 1609); cadáver destinado a estudo e pesquisa de escola de medicina [39]; pessoa desconhecida, caso seja identificada posteriormente ao assento.

É recomendável cremar o corpo no interesse da saúde pública, caso a doença seja contaminável, mediante documento firmado por profissional da saúde (um médico-legista ou dois médicos). Deverá constar a informação da cremação no assento de óbito. Ou ainda, o 'de cujus' pode ter manifestado essa vontade em vida [40].

Pode-se manifestar a vontade sobre tratamento médico em vida: as diretivas antecipadas de vontade (DAV) ou também conhecido por testamento vital. Tem origem nos EUA, por volta de 1969, mediante a proposta de Luis Kutner, visando proteger o direito individual de permitir sua morte, através do 'living will' [41].

Kutner defendeu o direito do paciente se recusar a ser submetido a tratamento médico cujo objetivo fosse estritamente prolongar-lhe a

---

38. A Lei de Registros Públicos, no seu artigo 110, expõe algumas situações passíveis de alteração de forma administrativa: inexatidões de ordem cronológica e sucessiva referente à numeração do livro, da folha, da página, do termo, bem como da data do registro; erros materiais; os erros na transposição de elementos constantes de ordens e mandados; a ausência de indicação do Município relativo ao nascimento ou naturalidade do registrado, nas hipóteses em que existir descrição precisa do endereço do local do nascimento; a elevação de Distrito a Município ou alteração de suas nomenclaturas por força de lei.

39. "Assento de óbito – Destinação de cadáver à Faculdade de Medicina da USP – Autorização judicial – Dispensa da publicação de editais – Peculiaridade da espécie – Concordância do MP" (Proc. nº 583.00.2006.179152 4/000000-000 – nº de ordem 7576/2006, 2ª Vara de Registros Públicos da Capital – SP, DOE 22.08.2006). "Registro de óbito – Inobservância do item 100.4 do Capítulo XVII das Normas de Serviço da Corregedoria- Geral da Justiça do Estado – Ausência de reclamação de familiares ou interessados, por ocasião da expedição dos editais – Orientação traçada ao Oficial do Registro Civil para tomar as devidas cautelas, nos casos relativos à doação de corpos para Universidades, processando-se o expediente antes da lavratura do assento de óbito" (Proc. nº 000.02.217627-6 – Proc. CP nº 1102/02-RC, DOR 06.02.2003, 2ª Vara de Registros Públicos da Capital – SP).

40. "Cremação de cadáver – Ausência de manifestação expressa em vida de vontade da falecida em ser cremada – Falta de iniciativa da família em requerer a cremação – Descabe ao Judiciário o suprimento dessas omissões – Pedido indeferido" (Proc. 583.11.2006.108949-6/000000-000 – nº de ordem 7862/2006, 2ª Vara de Registros Públicos da Capital – SP).

41. Kutner L. Due process of euthanasia: the living will, a proposal. Indiana Law J. 1969;44:539-54.

vida, na hipótese de estado clínico irreversível ou ainda, em estado vegetativo persistente (EVP).

Na América Latina foi legislado primeiro em Porto Rico, seguido por Argentina e Uruguai [42]. No Brasil teve início com a Resolução do Conselho Federal de Medicina nº 1995, de 31/08/2012, concedendo direito ao paciente de externar sua vontade sobre tratamentos médicos e designar representante para ratificar sua decisão. Tal resolução obriga o médico a acatar o desejo do paciente, haja vista ter força normativa entre a classe médica.

Representa um grande avanço no Brasil, pois vincula o médico à vontade do paciente. O Poder Judiciário reconheceu a constitucionalidade dessa resolução.

Na Constituição Federal do Brasil constam os princípios da dignidade da pessoa humana (art. 1, III), da autonomia privada (art. 5º) e a proibição constitucional de tratamento desumano (art. 5º, III). A Carta Magna reconhece o direito à vida desde que digna. Reconhece ainda, a autonomia privada. Assim, obrigar uma pessoa a se submeter a um tratamento que ele não deseja, quando este não terá função de lhe devolver uma vida plena é degradante, desumano.

A DAV tem natureza jurídica de escritura pública declaratória, onde a pessoa manifesta sua vontade, ainda viva, a respeito de seu estado doente e acamado. O futuro paciente disciplinará decisões sobre o fim de sua vida e nomeará um procurador para defendê-las. Ele declara ter ciência dos métodos paliativos a fim de prolongar-lhe a vida e manifesta seu querer, no sentido de desautorizar a eutanásia [43]. Ou ainda, pode

---

42. Porto Rico. Ley no 160, de 17 de noviembre de 2001. Ley de declaración previa de voluntad sobre tratamiento médico en caso de sufrir una condición de salud terminal o de estado vegetativo persistente. [Internet]. Porto Rico: LexJuris; 2001 (acesso 05 mar. 2017). Disponível: http://www.lexjuris.com/LEXLEX/Leyes2001/lex2001160.htm. Argentina. Ley no 26.529, de 21 de octubre de 2009. Derechos del Paciente en su Relación conlos Profesionales e Instituciones de la Salud. [Internet]. Argentina: InfoLeg; 2009 (acesso 05 mar. 2017). Disponível: http://www.uba.ar/archivos_secyt/image/Ley%2026529.pdf. Uruguai. Parlamento del Uruguay. Ley no 18.473, de 3 de abril de 2009. Voluntad anticipada. Diário Oficial. 21 abr. 2009 (acesso 05 mar. 2017);(27.714). Disponível:http://www.parlamento.gub.uy/leyes/AccesoTextoLey.asp?Ley=18473&Anchor.

43. REGISTRO CIVIL. Exumação e cremação de cadáver postulada pelos filhos -sepultamento por iniciativa daqueles que estavam presentes quando do óbito. Notícia trazida por outro filho de que o falecido desejava ser cremado. Alegados motivos religiosos. Indeferimento, pelo Juízo da Corregedoria Permanente, sob o argumento de que o art. 77, § 2º, da Lei nº 6.015/73 exige demonstração de manifestação de vontade, em vida, pelo finado. Recurso com alegação de que, no Município de Santos, a Lei Municipal nº 3.933/75 reputa suficiente o consentimento da família. Discussão prejudicada diante do disposto no Decreto Estadual nº 16.017/80. Prazo mínimo para exumação fixado em três anos contados do óbito, que, in casu, ocorreu

em 10/11/2008. Provimento negado. CGJSP > PROCESSO: 2009/11308 LOCALIDADE: Santos DATA JULGAMENTO: 07/05/2009 DATA DJ: 18/05/2009. Relator: Ruy Pereira Camilo. PARECER Nº 138/09-E PROCESSO CG Nº 2009/11308 (138/2009-E).

REGISTRO CIVIL. Exumação e cremação de cadáver postulada pelos filhos. Sepultamento por iniciativa daqueles que estavam presentes quando do óbito. Notícia trazida por outro filho de que o falecido desejava ser cremado. Alegados motivos religiosos. Indeferimento, pelo Juízo da Corregedoria Permanente, sob o argumento de que o art. 77, § 2º, da Lei nº 6.015/73 exige demonstração de manifestação de vontade, em vida, pelo finado. Recurso com alegação de que, no Município de Santos, a Lei Municipal nº 3.933/75 reputa suficiente o consentimento da família. Discussão prejudicada diante do disposto no Decreto Estadual nº 16.017/80. Prazo mínimo para exumação fixado em três anos contados do óbito, que, in casu, ocorreu em 10/11/2008. Provimento negado. Excelentíssimo Senhor Corregedor Geral da Justiça Cuida-se de recurso interposto por Tânia Maria Pires de Camargo, Jorge Pires de Camargo Neto e João Carlos Pires de Camargo contra decisão do MM. Juiz Corregedor Permanente do Oficial de Registro Civil das Pessoas Naturais e de Interdições e Tutelas do 1º Subdistrito da Sede da Comarca de Santos, pela qual, com fulcro no art. 77, § 2º, da Lei nº 6.015/73, foi indeferido pedido de exumação e cremação do cadáver de Jorge Pires de Camargo Júnior, sob o fundamento de que não há demonstração de que o falecido tenha manifestado, em vida, a vontade de ser cremado (fls. 22). Decisão esta mantida em face de embargos de declaração, que foram rejeitados (fls.34/35). Segundo os recorrentes, o sepultamento de seu pai foi providenciado pelos filhos presentes quando da morte, mas, posteriormente, outro filho noticiou que ele desejava ser cremado. Alegam, preliminarmente, que houve "cerceamento de defesa", pois não tiveram oportunidade para produção de provas a fim de demonstrar qual era a religião do falecido. No mais, asseveram que o pedido merece acolhida, pois amparado pelo direito de liberdade de crença, visto que o finado era espírita e a família acredita que seu espírito "não está em paz", por "ter sido enterrado e não cremado" (fls. 25). Afirmam, ainda, que a Lei Municipal nº 3.933, de 19 de fevereiro de 1975, do Município de Santos, prevê, em seus artigos 2º e 3º, que o consentimento dos familiares basta para autorizar a cremação, sendo que tal orientação deve prevalecer, mesmo porque a Lei nº 6.015/73 não é específica sobre o assunto. Requerem a reforma do decisum, para reconhecimento da "total procedência do pedido de exumação de cadáver" (fls. 36/45). Discorda o Ministério Público, segundo o qual deve ser negado provimento ao recurso (fls. 49/51). Relatei. Passo a opinar. Anoto que, em razão da natureza do presente procedimento, o recurso interposto, conquanto erroneamente denominada "apelação", deve ser apreciado como administrativo (na forma do artigo 246 do Código Judiciário do Estado de São Paulo), cujo exame compete a esta Corregedoria Geral da Justiça. Não há que se cogitar de cerceamento de defesa, pois, além de se transitar em esfera meramente administrativa, sabendo-se que a produção de provas sob o crivo do contraditório é própria do âmbito jurisdicional, cumpre observar que a primeira questão a ser enfrentada é de direito e apresenta cunho prejudicial. Deveras, segundo a r. decisão recorrida, a cremação é inviável diante do art. 77, § 2º, da Lei nº 6.015/73, uma vez que não trazida manifestação de vontade, em vida, do falecido, no sentido de que pretendia ser cremado. Os recorrentes contestam tal necessidade, invocando legislação municipal santista (da qual citam apenas alguns artigos). Cumpre, todavia, ter em mente que o corpo já foi sepultado há meses e que a primeira questão a ser examinada diz respeito à exumação, relegada a discussão sobre a cremação a momento lógico posterior. Tanto assim, que os próprios recorrentes pleitearam, nas razões recursais, a "procedência do pedido de exumação de cadáver". Tal exumação, contudo, não se afigura possível em face de regra expressa acerca da matéria, consubstanciada pelo Decreto Estadual nº 16.017, de 04 de novembro de 1980, com abrangência concernente a todo o Estado de São Paulo: Decreto Nº 16.017, de 4 de novembro de 1980 Altera a redação do artigo 551 e parágrafos do Regulamento aprovado pelo Decreto nº 12.342, de 27 de setembro de 1978 PAULO SALIM MALUF. Como se vê, o prazo mínimo fixado para que se possa cogitar de exumação de cadáver de adulto é de três anos, computados a partir

desejar que seja levado a seu domicílio, visando falecer em casa. As mulheres grávidas podem constar, ainda, que a DAV ficará suspensa até o fim da sua gestação.

Tais diretivas não se referem a transplantes de órgãos, regulado pelas Leis nºs 9434/1997 e 10.211/2001. O foco delas não é regular assunto já legislado, que se exige autorização do cônjuge ou parente maior de idade, em conformidade com a linha sucessória. Aqui a vontade dos familiares se sobrepõe à do doente. Já nas diretivas antecipadas de vontade deve ficar evidente a vontade do futuro paciente e ser respeitada, consentâneo com a autonomia privada. O paciente deverá ter registrado seu testamento vital na ficha médica ou no prontuário.

É de bom alvitre a indicação de profissional médico, com CRM, indicado pelo outorgante, que tenha auxiliado na feitura das DAV, inclusive atestando sua sanidade mental e pleno gozo da sua capacidade civil. Há a possibilidade de objeção de consciência médica, consubstanciado no Código de Ética Média, artigo 28 [44]. As DAVs são revogáveis.

A legislação atual é omissa quanto à incineração da ossada identificada e não reclamada, depositadas em ossário geral de cemitérios municipais [45]. Geralmente as normas locais determinam autorização do Juiz Corregedor Permanente.

---

do falecimento. No caso vertente, está claro que este lapso temporal não decorreu, pois o óbito se verificou em 10 de novembro de 2008 (fls. 05). Nítido, ademais, que o Juízo da Corregedoria Permanente do Oficial de Registro Civil, no plano estritamente administrativo-correcional em que atua, não dispõe de atribuição para contornar dito prazo. Pode, evidentemente, ser excepcionado, conforme expresso no diploma em tela, por determinação de autoridade judicial para instruir procedimento perquisitivo sob sua égide. Mas está claro que não é o que se dá na presente hipótese concreta. Quanto, por seu turno, a determinação emanada da via jurisdicional propriamente dita, in casu não há, mesmo porque escolhida. repita-se. senda administrativa. Portanto, existe, até mesmo, ultrapassagem do campo de ação do Corregedor Permanente do Registro Civil, sendo certo que, sem embargo do incontestável direito à crença religiosa, não se pode ignorar a regulamentação estabelecida no aludido diploma de regência, que é de ordem pública e de caráter sanitário. Inviável, assim, autorizar, nesta seara correcional-administrativa, a exumação almejada. Diante do exposto, é no sentido de que seja negado provimento ao recurso o parecer que, mui respeitosamente, submeto à elevada apreciação de Vossa Excelência. Sub censura. São Paulo, 27 de abril de 2009. (a) JOSÉ ANTONIO DE PAULA SANTOS NETO. Juiz Auxiliar da Corregedoria DECISÃO: Aprovo o parecer do MM. Juiz Auxiliar da Corregedoria e por seus fundamentos, que adoto, nego provimento ao recurso interposto. São Paulo, 7 de maio de 2009. RUY PEREIRA CAMILO. Corregedor Geral da Justiça.

44. Art. 28 - Recusar a realização de atos médicos que, embora permitidos por lei, sejam contrários aos ditames de sua consciência. O outorgante deve mostrar conhecer tal faculdade médica. Mediante a objeção de consciência fundamentada outro profissional médico poderá cumprir a DAV.

45. Cremação de ossada. Requisitos legais preenchidos. Alvará judicial. 2VRPSP > PROCESSO: 1062977-80.2015.8.26.0100 LOCALIDADE: São Paulo DATA DJ: 13/07/2015 **íntegra:** Proces-

O assento conterá os dados presentes na DO ou informados pelas testemunhas e pelo declarante. O artigo 80 da Lei nº 6015 elenca as informações relevantes, além de outros requisitos presentes em normas estaduais, como o número da DO, nome, qualificação e assinatura do declarante, ou se for analfabeto, alguém assinará a seu rogo. Exceto no caso de declaração anotada pelo serviço funerário. A hora da morte é relevante devido ao princípio de *saisine*, CC 1784, momento de transmissão da herança.

Não sendo possível consignar no assento de óbito todos os elementos necessários o Oficial fará menção de que o declarante ignorava os dados faltantes. As correções de erros formais de elementos registrais do óbito, que não configurem questão de estado, poderão ser apreciados pelo Juiz Corregedor Permanente, mediante provocação dos interessados [46]. Questões de estado deverão ser apreciadas jurisdicionalmente, de acordo com as leis de organização judiciária estadual e as Resoluções do Poder Judiciário de cada unidade da Federação [47].

---

so 1062977-80.2015.8.26.0100 - Pedido de Providências - DIREITO CIVIL - A.F.B.F. - VISTOS. Antonio Fernandes Borges Filho, qualificado na inicial, ajuizou o presente pedido objetivando autorização judicial para proceder à cremação de Raimundo Estéfano Pinto - sendo que os despojos exumados foram transladados para o Cemitério São Paulo. O representante do Ministério Público manifestou-se a fl. 14. É o breve relatório. DECIDO. Cuida-se de requerimento de interesse de Antonio Fernandes Borges Filho, objetivando *autorização judicial para proceder à cremação dos restos mortais de seu tio*, cujo óbito ocorreu em 11 de setembro de 1995. Preenchidos os requisitos legais, impõe-se seja *autorizada a cremação* e translado dos restos mortais de Raimundo Estéfano Pinto, conforme as razões destacadas pelo culto Dr. Promotor de Justiça em seu parecer, notadamente a ausência de morte violenta e a cerimônia referente a Revolução de 1.932. Nos termos do artigo 551 do Decreto Estadual nº 16.017 de 04 de novembro de 1980, foi preenchido o requisito temporal. Em face do exposto, com destaque para a concordância manifestada pelo representante do Ministério Público (fl. 14), defiro o pedido inicial, para autorizar a cremação dos restos mortais de Raimundo Estéfano Pinto para o Crematório Municipal dr. Jayme Augusto Lopes - Vila Alpina, São Paulo/SP, observadas todas as *PRECAUÇÕES NECESSÁRIAS E AS EXIGÊNCIAS PERTINENTES DA AUTORIDADE SANITÁRIA* para a execução do ato. Expeça-se o alvará requerido. Outrossim, expeça-se ainda, *MANDADO PARA O OFICIAL DO REGISTRO CIVIL DAS PESSOAS NATURAIS* do 22º Subdistrito - Tucuruvi, após a consumação do translado e exumação, com cópia desta decisão, *PARA RETIFICAÇÃO DO ASSENTO DE ÓBITO, CONSTANDO AINDA QUE AS CINZAS SERÃO ENCAMINHADAS À CRIPTA DOS FALECIDOS EX-COMBATENTES DA REVOLUÇÃO CONSTITUCIONALISTA DE 1932*. No intento de viabilizar a retificação do assento de óbito, o requerente deverá comunicar o translado, oportunamente. R.I.C. - ADV: PRISCILA THOMAZ DE AQUINO (OAB 342433/SP) (*grifos nossos*).

46. "Registro de óbito – Retificação para constar que o falecido era separado judicialmente, deixando prole Pedido acolhido na via administrativa" (2ª Vara de Registros Públicos da Capital – SP – Proc. 583.00.2004.038433- 9/000000-000 – Nº de ordem 3458/2004, *DOE* 18.08.2006).

47. VOTO DA RELATORA Nos termos do art. 515, § 1º do CPC, passo a análise do mérito. E neste contexto, entendo pela reforma da sentença nos termos do voto abaixo delineado. Trata-se de recurso inominado em face da sentença que julgou improcedentes os pedidos autorais. Argumenta a autora que, em 03-11-2008 (fls. 23-24), adquiriu os direitos correspondentes ao

Alguns estados regulamentaram o Serviço Funerário Municipal [48], dispensando o plantão do registrador civil. O declarante, mediante o atestado médico, terá a DO preenchida pelo funcionário da funerária,

---

uso do jazigo perpétuo no Jardim das Oliveiras- Quadra Setor IX- Jazigo 64. Alega que quando do sepultamento de sua esposa, em 26-12-2013 (fl. 22), teria sido impedido de proceder ao sepultamento no referido jazigo da família, sob a alegação de que a sepultura não estaria pronta. Por tal motivo, sustenta o autor que sua esposa fora sepultada em local diverso daquele adquirido, local este de maior acessibilidade e de posição privilegiada. O réu, por sua vez, sustenta que não houve falha na sua prestação de serviços. No caso, ouso divergir do ilustre magistrado sentenciante. Dúvidas não restam de que é o Sr. Miguel da Penha Trindade o titular dos direitos correspondentes ao uso do jazigo perpétuo 64, quadra IX, do Jardim das Oliveiras (fls. 23-24), desde dezembro de 2008, conforme inclusive admitido pelo réu em sua peça de defesa. Sabe-se que o sepultamento em jazigo particular depende da prova da titularidade do jazigo ou carneiro, o que não se contesta nos autos. Sendo assim, havendo comprovação da titularidade da sepultura onde pretendia o autor que sua esposa fosse sepultada, razões não há para que tal fato não se desse na forma pretendida. As alegações da parte ré no sentido de não estar apta a realizar o sepultamento da esposa do autor no jazigo por ele adquirido, em razão da ausência de comunicação do óbito com 12 horas de antecedência, não é razoável e não encontra qualquer respaldo legal, especialmente se considerarmos tratar-se de contrato firmado no ano de 2008, ou seja, há cinco anos, sendo este sim um prazo de antecedência mais que razoável para que o jazigo do autor estivesse hábil ao efetivo uso. Inegável, portanto, a ocorrência de falha na sua prestação de serviços. A hipótese, a toda evidência, não se amolda ao disposto na súmula nº 75 desta E. Corte de Justiça, não se havendo de falar em mero aborrecimento, eis que os fatos em tela, indiscutivelmente, repercutiram no estado psíquico do autor, causando-lhe profundo abalo psicológico em virtude da prática de ato atentatório à dignidade de sua família e memória de seus entes queridos. Quanto ao seu valor, considerando o princípio da razoabilidade de proporcionalidade e as particularidades do caso concreto, entendo justa e razoável uma indenização no valor de R$ 10.000,00 (dez mil reais). Diante do exposto, conheço e dou provimento ao recurso interposto pela parte autora para fins de julgar PROCEDENTE o pedido autoral e condenar a ré na obrigação de transferir os restos mortais de sua esposa para o jazigo por ele adquirido, no prazo de 20 dias, sob pena de multa a ser fixada na fase de execução, arcando, ainda, a ré com o pagamento das despesas dela decorrentes, bem como aquelas relativas à gravação do nome da falecida, tudo isto atendidas as disposições legais específicas acerca da matéria. Condeno, por fim, a ré a pagar a parte autora o valor de R$ 10.000,00 (dez mil reais), a título de danos morais, devidamente atualizado a contar desta data e acrescido de juros de mora a contar da citação. Sem ônus sucumbenciais. P.R. I. Rio de Janeiro, 12 de agosto de 2015. ADRIANA MARQUES DOS SANTOS LAIA FRANCO JUÍZA RELATORA PODER JUDICIÁRIO QUINTA TURMA RECURSAL Recurso nº 34115-15.2014.8.19.0014 Sessão 13/08/2015 Recorrente: MIGUEL DA PENHA TRINDADE Recorrido: LAND OF PEACE EMPREENDIMENTO E PARTICIPAÇÕES. (TJ-RJ - RI: 00341151520148190014 RJ 0034115-15.2014.8.19.0014, Relator: ADRIANA MARQUES DOS SANTOS LAIA FRANCO, Quinta Turma Recursal, Data de Publicação: 17/09/2015 00:00).

48. No estado de São Paulo foi editada Portaria e assinado um Termo de Adoção conjunta entre a Corregedoria Permanente do Tribunal de Justiça estadual, a prefeitura municipal, o Ofício Registral de Pessoas Naturais e o serviço funerário (Provimento CGJ-SP nº 11/2001 e 41/2012). "Anotação de declarações de óbitos no Município da Capital – Competência exclusiva do Serviço Funerário Municipal – Lei Municipal nº 8.383/76 – Item 97 e seguintes do Capítulo XVII das Normas de Serviço da Corregedoria-Geral da Justiça do Estado – Agências funerárias particulares não podem intermediar essa atividade" (Proc. nº 583.00.2006.147399-7/000000-000 – nº de ordem 4914/2006, *DOE* 27.07.2006, 2ª Vara de Registros Públicos da Capital – SP).

previamente instruído. Portando a segunda via da declaração prestada no serviço funerário poder-se-á sepultar o corpo, ou ainda, removê-lo para outro município. Os servidores credenciados pela funerária preencherão as declarações de óbito, com os requisitos específicos, sob responsabilidade civil, administrativa e penal.

Da mesma forma acontecerá com o registro de nascimento de recém-nascido que faleceu em seguida, lavrado no Livro "C" do ofício de registro civil das pessoas naturais, seguindo ordem sequencial de numeração. O oficial competente para lavrar o óbito também tornar-se-á para lavrar o nascimento, local da morte, ainda que o do nascimento tenha sido diferente.

O assento do natimorto conterá apenas a subscrição do oficial, realizado no Livro "C"-Auxiliar. Enunciado 3 da ARPEN-Associação dos Registradores de Pessoas Naturais do Estado de São Paulo, defende que: "a atribuição de nome ao natimorto é facultativa, mas, uma vez registrado o nome, não será possível registrar outro filho como o mesmo prenome, devendo ser usado então duplo prenome ou nome completo diverso".

As ocorrências de óbito devem ser comunicadas à Justiça Eleitoral, à respectiva Circunscrição do Recrutamento Militar e ao Instituto Nacional de Seguro Social, mediante a expedição de relações mensais necessárias. Algumas normas estaduais exigem comunicação a mais órgãos, como a de São Paulo [49].

---

49. CGJSP, capítulo XVII, item 27. Os Oficiais dos Registros Civis das Pessoas Naturais fornecerão mensalmente à Fundação SEADE, até o dia 10 do mês subsequente, os dados para levantamento do número de nascimentos, casamentos, óbitos e natimortos, por mídia digital ou informação eletrônica. 27.1. Os Registros Civis das Pessoas Naturais deverão encaminhar à Fundação SEADE cópia das Declarações de Nascido Vivo (DN) e dos *Atestados de Óbito (DO)*, até a regularização do registro perante o banco de dados da Fundação. ... 27.3. Os Registros Civis das Pessoas Naturais comunicarão à Circunscrição de Recrutamento Militar correspondente ao respectivo distrito, os óbitos de brasileiro de sexo masculino, entre 17 e 45 anos de idade, por intermédio de relação mensal. 27.4. Os Registros Civis das Pessoas Naturais encaminharão mensalmente à Secretaria da Fazenda relação dos óbitos registrados, com os dados da existência ou não de bens deixados pelo falecido. 27.5. Serão enviadas até o dia 15 de cada mês, a qualquer um dos Cartórios Eleitorais existentes na localidade em que estiverem situados os Registros Civis das Pessoas Naturais, relação dos óbitos dos cidadãos alistáveis ocorrido no mês anterior, para cancelamento das inscrições. 27.6. Serão informados mensalmente, até o dia 10 do mês subsequente, à Receita Federal do Brasil – SRB e ao Instituto Nacional do Seguro Social – INSS, por meio eletrônico, a relaçao de óbitos registrados, independentemente da idade dos falecidos. 27.7. Serão remetidas mensalmente ao Ministério da Justiça, cópias dos registros de casamento e de óbito de estrangeiros. 27.8. Serão encaminhadas mensalmente, até o dia 10 do mês subsequente, ao Instituto de Identificação Ricardo Gumbleton Daunt – IIRGD e à Secretaria de Segurança Pública do Estado de São Paulo, através da Central de Informações do Registro Civil – CRC, os dados de todos os óbitos Registrados Serão enviadas para a Central de Informações do Registro Civil

Os óbitos (art. 31 da LRP) ocorridos a bordo de navios brasileiros, de guerra ou mercantes, em viagem, serão assentados conforme a legislação da marinha, aplicando-se as normas relativas ao nascimento, *mutatis mutandis*, no que lhes for aplicável, com as referências do art. 80 da Lei 6015. Exceto se o enterro ocorrer no porto, onde será tomado o assento.

Os requisitos do assento devem ser observados, cumprindo-se a exigência legal, indiferente do lugar e às circunstâncias do óbito. O legislador se limitou à menção de navio, omitindo referência à aeronave, mas a regra comporta interpretação extensiva, abrangendo, igualmente, os falecimentos a bordo de aviões, cuja legislação específica disciplina a matéria (Código Brasileiro de Aeronáutica – Lei nº 7.565/1986).

Na eventualidade de o óbito acontecer em porto estrangeiro, aportando o navio em nosso território, há que se cumprir a lei local, observado o art. 7º da Lei de Introdução às Normas do Direito Brasileiro. Hão que se respeitar os pactos e convenções internacionais. O registro será lavrado segundo as normas correspondentes aos óbitos em terra.

É possível não constar causa de morte vexatória **nas certidões de óbito**, tais como AIDS, suicídio, infanticídio, asfixia, ou até mesmo causas vagas, como colapso cardíaco, parada cardiorrespiratória, haja vista, talvez, não traduzirem as patologias exatas do óbito. Alguns pareceres de corregedorias estaduais [50] diziam que não era possível, mas o posicionamento mais moderno afirma poder-se omitir [51].

O artigo 115 do Código de ética médica faculta ao médico que acompanha seu paciente, mesmo após um tempo relativo da sua última consulta, atestar o óbito dele, desde que conheça a doença. Deve existir

---

(ARPEN-SP), em até dez dias da realização do ato, as informações referentes aos registros, bem como suas alterações, conforme acima disciplinado.

50. Processo CGSP 1.432/96 (725/96): REGISTRO CIVIL. Certidão de óbito parcial. Omissão de alguns elementos do assento. Pretensão de supressão do nome do cônjuge de falecido e com MENÇÃO APENAS PARCIAL DA *CAUSA MORTIS*. Requerimento que não se enquadra na hipótese de certidão resumida ou em relatório previstos no art. 19 da Lei 6015/73. Possibilidade de entendimento equivocado do assento. Manutenção do indeferimento. *Negado provimento ao recurso. (grifos nossos)*

51. Código de Normas dos Serviços Notariais e Registrais do estado de Pernambuco: Art 714 - §1º As serventias de registro civil de pessoas naturais devem se abster de indicar **na certidão** de óbito quais os meios e circunstâncias que envolvam a morte, limitando-se a transcrição da *causa mortis* apontada em documento emitido pelo serviço de saúde. §2º Expressões que, de alguma forma possam macular a imagem da pessoa falecida ou o sentimento familiar, como por exemplo, "suicídio", "infanticídio", "AIDS", dentre outros, não devem constar na certidão de óbito. *(grifos nossos)*

nítida correlação entre o diagnóstico e a forma da morte do paciente. A declaração de óbito é requisito da assistência médica, não pode ser recusada. O Código Penal, artigo 302 alerta para o crime contra a fé pública. A Resolução do Conselho Federal da Medicina nº 1641/2002 veda emissão da declaração de óbito quando presente atuação de outro profissional não médico, por motivo terapêutico ou diagnóstico.

No mesmo sentido quanto à questão de constar união estável no atestado de óbito: STJ, no Recurso Especial 419.475-DF (2002/0029683-0) [52] pediu a exclusão da existência do companheiro no assento de óbito. Mas nas normas estaduais também já consta tal possibilidade [53].

A **morte presumida** pode ser: a) com declaração de ausência; e b) sem declaração de ausência. Morte presumida **com declaração de ausência** está prevista no CC, artigo 6º e na Lei nº 6015, artigo 29: "presume-se a morte, quanto aos ausentes, nos casos em que a lei autoriza a abertura de sucessão definitiva". Trata-se de instituto protetivo, que visa a correta transmissão do patrimônio do ausente e posterior declaração de sua morte presumida. A sentença declaratória da ausência nomeará curador e será registrada no **Livro E** do primeiro ofício de registro civil

---

52. CIVIL. REGISTRO PÚBLICO. INSERÇÃO DE REGISTRO SOBRE EXISTÊNCIA DE COMPANHEIRO NO ASSENTO DE ÓBITO. LEI N. 6.015/1973. INFORMAÇÃO DE CARÁTER SUBJETIVO NÃO PREVISTA NO ROL TAXATIVO. IMPOSSIBILIDADE. EXCLUSÃO. I. O rol dos elementos que devem constar do assento de óbito é taxativo, de sorte que descabe nele se fazer inserir informação acessória, voluntariamente prestada, acerca de eventual convivência comum da **de cujus** com terceiro. II. Destarte, é de ser determinada a exclusão de dado indevidamente incorporado ao registro de falecimento. III. Recurso especial não conhecido. Enunciados 36 e 38 da Associação dos Registradores de Pessoas Naturais do estado de São Paulo: "para constar no registro de óbito que o falecido vivia em união estável basta que o declarante afirme tal fato jurídico, não sendo necessário apresentar nem mencionar qualquer documento". "No registro de óbito não é possível constar a data de início da união estável, mas é possível constar a data da escritura pública, sentença judicial ou registro da união estável, se houver".

53. Normas de serviço cartórios extrajudiciais CGSP, capítulo XVII, item 94. O assento de óbito deverá conter: a) a hora, se possível, o dia, o mês e o ano do falecimento; [...] d) se era casado ou vivia em união estável, o nome do cônjuge ou companheiro supérstite, mencionando-se a circunstância quando separado judicialmente, divorciado, ou de união estável dissolvida; se viúvo ou companheiro supérstite, o nome do cônjuge ou companheiro pré-morto; e o Registro Civil das Pessoas Naturais do casamento ou união estável; e) no caso da alínea anterior, a menção se limitará as relações de estado civil atuais, salvo se o declarante apresentar as informações relativas a toda cadeia de casamentos e uniões estáveis anteriores; [...] n) o nome do declarante e sua qualificação. Normas de serviço extrajudiciais CGDF, Artigo 252. No registro de óbito, além dos requisitos previstos no art. 80 da Lei n.6.015/1973, constarão a data do nascimento do falecido e o número de sua inscrição eleitoral, quando existente ou conhecido do declarante. Parágrafo único. A união estável, previamente reconhecida por sentença declaratória ou escritura pública bilateral, poderá ser consignada no assento do óbito.

das pessoas naturais ou primeiro subdistrito da comarca do último domicílio dele.

Ausência simboliza o desaparecimento de uma pessoa de seu domicílio, sem deixar notícias e sem designar procurador ou representante a quem caiba a administração de seus bens. Washington de Barros Monteiro ensina que ausência é a soma de: não presença + falta de notícias + decisão judicial [54], popularmente conhecida por *LINS* (Lugar Incerto e Não Sabido). O Ministério Público ou qualquer interessado podem requerer a ausência[55].

Caso o ausente tenha deixado mandatário, mas este não quiser ou não puder exercer o mandato, ou mesmo continuá-lo, ou ainda, se os seus poderes forem insuficientes, também será decretada ausência. Com a entrada em vigor do Estatuto da Pessoa com Deficiência, Lei nº 13.146/2015, alteradora do Código Civil de 2002, o ausente não é mais tratado como incapaz. Ele apenas terá um representante para cuidar de seu patrimônio, um apoiador de decisões relevantes da sua vida.

A primeira fase é constituída pela curadoria dos bens, ou seja, ocorre a constatação do desaparecimento da pessoa e mediante requerimento de pessoa interessada, decretar-se-á a curadoria do ausente. Trata-se de zelar pelo patrimônio dele, visando um possível retorno.

Em seguida há a sucessão provisória, após um ou três anos, de acordo com o Código Civil, artigo 26. A sentença da abertura da sucessão provisória, após seu trânsito em julgado, será averbada, especificando os herdeiros habilitados e se há testamento conhecido [56].

E por fim, a sucessão definitiva, dez anos após o trânsito em julgado da sentença que concedeu a abertura da sucessão provisória; ou então, se o ausente tinha setenta e cinco anos quando desapareceu e já contam mais de cinco anos desse desconhecimento. Flávio Tartuce [57] defende que nessa hipótese não haveria necessidade das fases anteriores, ingressando-se direto nessa terceira fase da ausência.

---

54. MONTEIRO. Washington de Barros, Curso de direito civil. 39. ed. São Paulo: Saraiva, v. 1, p. 114.
55. Enunciado 97 da I Jornada de Direito Civil da Justiça Federal: "Art. 25. No que tange à tutela especial da família, as regras do Código Civil que se referem apenas ao cônjuge devem ser estendidas à situação jurídica que envolve o companheirismo, como por exemplo na hipótese de nomeação de curador dos bens do ausente (art. 25 do Código Civil)."
56. O cônjuge do ausente não precisa aguardar mais de dez anos, para ter seu casamento legalmente desfeito e contrair novas núpcias. Ele poderá requerer o divórcio direto, com base na separação de fato por mais de dois anos (CC, art. 1.580, § 2º), mediante citação do ausente por edital.
57. TARTUCE, Flávio. Manual de Direito Civil: volume único, 7ª ed., São Paulo: Método, 2017, p. 107.

A declaração judicial da ausência produz os efeitos de morte real. O registro dela será realizado no Livro "E" e deverá conter: data do registro, nome, idade, estado civil, profissão, domicílio anterior do ausente, data e registros de nascimento e casamento dele, nome do(s) cônjuge(s), tempo de ausência, requerente do processo, data da sentença, vara e juiz que a proferiu, nome do promotor público atuante no processo, nome, estado, profissão, domicílio do curador e limites da curatela.

O Código Civil permite que os interessados requeiram a sucessão definitiva e o levantamento das cauções prestadas dez anos depois de passada em julgado a sentença que concede a abertura da sucessão provisória. Pode-se requerer a sucessão definitiva, provando-se que o ausente conta com oitenta anos de idade e que de cinco datam as últimas notícias dele.

A morte presumida **sem decretação de ausência** consta no artigo 7º do Código Civil. São requisitos: I — perigo de vida; II — se alguém, desaparecido em campanha ou feito prisioneiro, não for encontrado até dois anos após o término da guerra. A decretação da morte somente poderá ser requerida depois de esgotadas as buscas e averiguações, devendo a sentença fixar a data provável do falecimento. [58]

Quando os parentes requerem apenas a declaração de ausência, para que possam providenciar a abertura da sucessão provisória e, depois, a definitiva, não pretendem que seja declarada a morte do ausente, mas apenas que ele está desaparecido e não deixou representante para cuidar de seus negócios. Na hipótese do art. 7º retro transcrito, pretende-se, ao contrário, que se declare a morte que se *supõe* ter ocorrido, sem decretação de ausência [59].

---

58. A título exemplificativo, o alpinista brasileiro Bernardo Collares, aos 46 anos de idade, foi escalar o monte Fitz Roy. Numa altitude de 3045 metros caiu e fraturou a bacia, por falha no equipamento de rapel. Sua acompanhante tentou auxílio, mas levou dois dias para chegar ao povoado mais próximo. Autoridades argentinas, médicos e familiares da vítima concordaram que não seria possível sobreviver e foi declarada sua morte (http://direito.folha.uol.com.br/blog/morte-presumida. Acesso em 16 de março de 2017.). Foi a mesma situação com o Padre Adelir De Carli, desaparecido aos 20 de abril de 2008, no litoral de Santa Catarina, levado por balões de gás (http://extra.globo.com/noticias/brasil/bombeiros-encerram-buscas-por-padre-levado-por-baloes-509114.html. Acesso em 16 de março de 2017). Outra tragédia nesses mesmos moldes aconteceu com o vôo 447 do Airbus da Air France, que partiu do Rio de Janeiro, aos 31 de maio de 2009, em direção a Paris e caiu sobre o Oceano Atlântico (https://blog-dopaulomayr.wordpress.com/2009/07/08/voo-447-da-air-france-e-a-morte-presumida/. Acesso em 16 de março de 2017).

59. Registro Civil das Pessoas Naturais – desaparecidos políticos – morte presumida por lei federal 9140/95 – óbito – inscrição no Livro E. Decisão 279/96. Data: 1/2/1996. Localidade: Brasília.

A expressão "perigo de vida" é genérica. Pode traduzir aqueles que desapareceram em catástrofes, bem como os que estavam em perigo de vida, sendo extremamente *provável* a sua morte. Visando evitar insegu-

---

Relator: Marcelo Martins Berthe. Óbito. Registro Civil das Pessoas Naturais. Desaparecidos políticos. Morte presumida por lei. Lei Federal 9140/95. Assento de óbito de pessoas desaparecidas. Morte presumida. Assento mediante simples apresentação de requerimento na forma do artigo 3 da Lei Federal 9140, de 4 de dezembro de 1995, arquivando o oficial o requerimento em pasta própria. Ato deve ser praticado perante o Oficial do Cartório de Registro Civil das Pessoas Naturais do I Subdistrito da comarca. Processo CG 279/96. Interessado: Ministério da Justiça – Presidente da Comissão Especial, criada pela Lei nº 9140/95. Localidade: Brasília (DF). Tratam os autos de expediente provocado pela Comissão Especial do Ministério da Justiça criada pela Lei Federal 9140/95, cujo diploma legal reconhece como mortas as pessoas desaparecidas em razão de participação, ou acusação de participação, em atividades políticas, no período de 2 de setembro de 1962 a 15 de agosto de 1979, e dá outras providências. Segundo consta da promoção encaminhada a esta Corregedoria Geral da Justiça pelo Presidente da referida Comissão Especial, Doutor Miguel Reale Júnior, os que têm requerido os assentos de óbito, assim como previsto na lei, estariam encontrando dificuldade junto aos Serviços de Registro das Pessoas Naturais para a realização dos atos. Conforme mencionado os respectivos oficiais estariam exigindo, para a lavratura dos assentos, dados que não poderão ser fornecidos pelos interessados, tais como data e local de óbito, a causa mortis, o número do cic daquele que foi reconhecido morto, ou ainda outros elementos que não estão ao alcance dos interessados. Daí porque o pedido de providências a esta Corregedoria Geral da Justiça. É o relatório. Passo a opinar. Depreende-se da lei em exame que o legislador pretendeu reconhecer os óbitos daqueles desaparecidos durante o período indicado, os quais estiveram envolvidos com agentes públicos por motivos políticos, como preceituado no artigo primeiro. Trata-se de morte presumida por força de lei, em face do desaparecimento das pessoas elencadas no Anexo I da mencionada lei federal. A evidência que a situação excepcional de que cuida essa lei não permitirá se exija, do interessado no assento de óbito, o fornecimento de informações que ele certamente não disporá. No caso o assento de óbito deverá ser lavrado nos termos previstos na lei federal, mediante simples apresentação de requerimento na forma do artigo terceiro. Apenas cumprirá anotar que ele foi lavrado com fundamento na Lei Federal 9.140 de 4 de dezembro de 1995, arquivando o oficial o requerimento em pasta própria. De outro lado, conforme consta do artigo 3º da Lei 9.140/95, o assento deve ser lavrado perante o Oficial do Cartório de Registro Civil das Pessoas Naturais do domicílio do requerente no ato. Assim, considerada as peculiaridades dos casos tratados nessa lei federal, tenho que seria prudente que esses registros sejam sempre realizados no livro destinado aos assentos de óbito do Cartório de Registro Civil das Pessoas Naturais do 1º subdistrito da Comarca em que tiver domicílio o requerente. Esse procedimento facilitará o controle desses atos, além de, em caso de necessidade, proporcionar a rápida localização dos assentos. Finalmente limitará o número de oficiais com atribuição para a realização desses registros, os quais têm caráter excepcional, o que poderá evitar possíveis transtornos para aqueles que viessem a procurar cartórios menores, não afeitos com a matéria. A Lei de Registros Públicos, para registros menos comuns, já adotou precedente, ao estabelecer, no parágrafo único do artigo 33, que nos Cartórios do 1º Ofício, ou da 1ª subdivisão judiciária, em cada Comarca, haverá outro livro para a inscrição dos demais atos relacionados com o estado civil, designado sob letra "E" Isto posto, proponho seja a matéria normalizada nos termos acima, a fim de facilitar e agilizar a realização dos registros previstos na Lei Federal 9.140 de 4 de dezembro de 1995. É o parecer que, respeitosamente, submeto à elevada consideração de V. Exa. sub censura. São Paulo, 23 de janeiro de 1996. MARCELO MARTINS BERTHE - Juiz Auxiliar da Corregedoria DECISÃO: Aprovo o parecer do MM. Juiz Auxiliar. A situação exposta é excepcional, o que demanda solução de caráter idêntico. Aliás, conveniente a limitação das serventias como sugerido. Publique-se o parecer, ao qual atribuo caráter normativo, para conhecimento dos Senhores Oficiais do Registro Civil e interessados em geral. São Paulo, 29 de janeiro de 1996. MÁRCIO MARTINS BONILHA - Corregedor Geral da Justiça.

rança social, o juiz determinará data e hora da morte, por isso o instituto ser denominado por morte presumida", pois não se sabe se a vítima realmente faleceu naquele horário e dia.

A sentença declaratória de morte presumida sem ausência será registrada no **Livro E** do **primeiro ofício de registro civil das pessoas naturais ou primeiro subdistrito da comarca do último domicílio do desaparecido**. Deverá conter: data do registro, nome, idade, estado civil, profissão, domicílio anterior do ausente, data e registros de nascimento e casamento dele, nome do(s) cônjuge(s), requerente do processo, data da sentença, vara e juiz que a proferiu, nome do promotor público atuante no processo, data provável do falecimento.

Algumas normas estaduais determinam que tal registro seja lavrado no Livro "C". Deve-se observar a norma do estado que o oficial está exercendo sua delegação.

Há quem defenda tratar-se do mesmo instituto contido no artigo 88 da Lei nº 6015 [60], a "justificação judicial para o assento de óbito" [61]. Entretanto, não são os mesmos institutos, aqui há **CERTEZA** da morte em alguma catástrofe e o corpo não foi encontrado. Trata-se de um procedimento destinado a suprir a falta do atestado de óbito, haja vista a ausência do corpo.

Será observado o Código de Processo Civil, artigos 861 a 866, específico para a justificação da existência de algum fato ou relação jurídica, dirigido pelo juiz togado. Daí alguns estados regulamentarem a lavratura da morte presumida de pessoa desaparecida em naufrágio, inundação, incêndio, terremoto ou outra catástrofe, no Livro "C", ratificando serem institutos diferentes [62]. Nesse mesmo sentido apontam Reinaldo Velloso dos Santos [63], Marcelo Velloso dos Santos e Thiago Lobo Bianconi

---

60. "Art. 88. Poderão os juízes togados admitir justificação para o assento de óbito de pessoas desaparecidas em naufrágio, inundação, incêndio, terremoto ou qualquer outra catástrofe, quando estiver provada a sua presença no local do desastre e não for possível encontrar-se o cadáver para exame. Parágrafo único. Será também admitida a justificação no caso de desaparecimento em campanha, provados a impossibilidade de ter sido feito o registro nos termos do art. 85 e os fatos que convençam da ocorrência do óbito."
61. NERY Jr, Nelson e NERY, Rosa Maria de Andrade. *Código Civil anotado*. 2. ed. São Paulo: RT, 2003, p. 146. DUARTE, Nestor. In: PELUSO, Cezar (coord.). *Código Civil Comentado*: doutrina e jurisprudência. 6ª ed., São Paulo: Manole, 2012, p. 24. CASSETARI, Christiano. *Elementos de direito civil*. São Paulo: Saraiva, 2011, p. 69.
62. CGSP, tomo II, capítulo XVII, itens 97.1 e 112.
63. SANTOS, Reinaldo Velloso dos. *Registro Civil das Pessoas Naturais*. Porto Alegre: Sergio Antonio Fabris Editor, 2006, p. 126.

⁶⁴, Mário de Carvalho Camargo Neto e Marcelo Salaroli de Oliveira ⁶⁵. O acidente ocorrido no aeroporto de Congonhas/São Paulo, com o avião da TAM, em 2007, é típico exemplo dessa hipótese. ⁶⁶

O assento de óbito de pessoa desaparecida em qualquer modalidade de catástrofe será efetivado em cumprimento de mandado judicial, expedido nos autos de justificação, por ordem de juiz vitalício. A competência é em razão da matéria, atribuída por lei de organização judiciária estadual, ou por Resolução do Tribunal de Justiça do Estado, como sucede em São Paulo.

O processo de justificação tem aplicação para a demonstração da presença da pessoa desaparecida no local do desastre e da circunstância de não ter sido encontrado o cadáver para exame.

Exige-se a convergência, pelo emprego de meios probatórios legais e dos moralmente legítimos, a que se refere o art. 332 do CPC, dos fatores convincentes para comprovar a ocorrência real do naufrágio, da inundação, do incêndio, do terremoto ou outra catástrofe. Além disso, deve-se tentar apurar, a indicação induvidosa da presença da vítima no local do acontecimento.

Após o aperfeiçoamento do registro de óbito o oficial deverá anotá-lo nos atos anteriores, nos assentos de nascimento e casamento, se presente, com remissões recíprocas, se lançados em seu Registro Civil das Pessoas Naturais, ou fará comunicação ao Oficial do Registro Civil das Pessoas Naturais em que estiverem os registros primitivos, mais ágil e eficiente se realizada através da CRC, Central de Informações de Registro Civil das Pessoas Naturais, quando a serventia estiver integrada nela.

A justificativa judicial é regulada pelos arts. 861 a 866 do CPC, o magistrado aprecia o conjunto probatório e forma sua livre convicção, para admitir o registro do óbito cabível. Nessa forma de jurisdição voluntária é de rigor a intervenção do Ministério Público e a decisão nela proferida fica sujeita ao reexame recursal.

---

64. Marcelo Velloso dos Santos e Thiago Lobo Bianconi, Questões de Registro Civil. Disponível em: https://registrocivil.wordpress.com/2010/08/12/obito-corpo-de-pessoa-nao-localizado-registro-mediante-mandado-judicial-diferenciacao-entre-a-justificacao-prevista-no-artigo-88-da-lei-6-0151973-e-a-morte-presumida-prevista-no-codigo-civil-regr/. Acesso aos 16/03/2017.

65. CAMARGO Neto. Mário de Carvalho e OLIVEIRA. Marcelo Salaroli de, In: CASSETARI, Christiano (coord.). *Registro Civil das Pessoas Naturais II*, São Paulo: Saraiva, 2014, p. 134.

66. http://www.portaldori.com.br/2014/03/24/morte-presumida-justificacao-do-obito-e-o-registro-civil-das-pessoas-naturais/. Acessado em 16 de março de 2017.

Já na hipótese do Código Civil artigo 7º, o juiz não se pronunciará sobre o mérito da prova, atendo-se à verificação das formalidades legais. O parágrafo único do artigo 7º menciona o desaparecimento em campanha, admitindo, igualmente, a justificação judicial. Deve-se comprovar a impossibilidade de formalização do registro nos termos do art. 85 da Lei 6015, segundo a legislação militar e os fatos que convençam da ocorrência do óbito.

O artigo 11 da Lei nº 6.015 afirma que "nenhuma justificação em matéria de registro civil, para retificação, restauração ou abertura de assento, será entregue à parte", devendo ser arquivados os autos na Unidade de Serviço do Registro Civil. Essa determinação constitui exceção à regra geral, segundo a qual os autos da justificação judicial devem ser entregues ao requerente, independentemente de traslado, decorrido o prazo de 48 horas da decisão, nos termos do art. 866 do CPC.

As exigências de ordem pública e os princípios relativos à segurança e publicidade dos registros públicos justificam a conservação dos referidos autos pelo órgão responsável pelo registro, permitindo eventual exame posterior, atestado pela fé pública.

A **comoriência** está prevista no art. 8º do Código Civil e dispõe que, se dois ou mais indivíduos falecerem na mesma ocasião (não precisa ser no mesmo lugar), não se podendo averiguar qual deles morreu primeiro, "presumir-se-ão simultaneamente mortos".

Quando duas pessoas morrerem em determinado acidente só há interesse jurídico em saber qual delas morreu primeiro se uma for herdeira ou beneficiária da outra. Do contrário, tornar-se-á irrelevante.

O principal efeito da presunção *iuris tantum* da morte simultânea é que, sem tempo ou oportunidade para a transferência de bens entre os comorientes, um não herdará do outro. Não há, pois, transferência de bens e direitos entre comorientes. Por conseguinte, se um casal sem descendentes e ascendentes morrer em um acidente, sem ser possível saber qual morreu primeiro, um não herdará do outro.

Destarte, os colaterais da mulher ficarão com a meação dela, enquanto os colaterais do marido ficarão com a meação dele. Diversa seria a solução se houvesse prova de que um faleceu pouco antes do outro. O que viveu um pouco mais herdaria a meação do outro e, por sua morte, a transmitiria aos seus colaterais.

O diagnóstico científico do momento exato da morte só pode ser feito por médico legista. Se este não puder estabelecer o exato momento das mortes, porque os corpos se encontram em adiantado estado de putrefação, por exemplo, presumir-se-á a morte simultânea. A situação de dúvida que o artigo 8º pressupõe é a incerteza invencível.

Relevante ressaltar que "o juiz apreciará livremente a prova" (CPC, art. 131). Cumpre, em primeiro plano, apurar, pelos meios probatórios regulares, desde a inquirição de testemunhas até os processos científicos empregados pela medicina legal, se alguma das vítimas precedeu às outras. Destarte, é possível laudo médico afastando a premoriência. Na falta de um resultado positivo, vigorará a presunção da simultaneidade da morte, sem se atender a qualquer ordem de precedência, em razão da idade ou do sexo [67].

Destaca-se o avanço alcançado com a CRC – Central de Informações de Registro Civil das Pessoas Naturais, sistema desenvolvido e administrado pela ARPEN-SP, Associação dos Registradores de Pessoas Naturais do Estado de São Paulo, cedido gratuitamente à ARPEN-Brasil, para facilitar a integração de todos os ofícios de registro civil de pessoas naturais do país.

Inicialmente foi regulamentada pelo Provimento nº 38 do Conselho Nacional de Justiça, aos 25/07/2014, revogado pelo Provimento nº 46 do Conselho Nacional de Justiça, em 16/06/2015. Resulta do poder de fiscalização e normatização pelo Poder Judiciário, visando a rapidez, qualidade satisfatória e eficiente dos serviços notariais e registrais, respeitando o artigo 5º, inciso X da Carta Magna no tocante à intimidade, honra e imagem das pessoas.

Seu desiderato é possibilitar buscas mais ágeis, registros de nascimentos, casamentos, óbitos, bem como as respectivas averbações e anotações, expedição de certidões eletrônicas, aprimorando o intercâmbio de documentos eletrônicos e o tráfego de dados.

Possibilita o acesso direto de órgãos do Poder Público, a interligação com o Ministério das Relações Exteriores, encaminha documentos a serem cumpridos por outras serventias de registro civil.

O Provimento 67 da Corregedoria Geral de Justiça de São Paulo, de 05/12/2016, ratificou a conquista inegável de racionalidade, eco-

---

67. "Comoriência. Acidente de carro. Vítima arremessada a 25 metros de distância do local, encontrada morta pelos peritos 45 minutos depois, enquanto o marido foi conduzido ainda com vida ao hospital falecendo em seguida. Presunção legal não afastada. Sentença de improcedência reformada. Recurso provido". (TJSP, Apelação com Revisão 566.202.4/5, Acórdão 2652772, São João da Boa Vista, 8ª Câmara de Direito Privado, Rel. Des. Caetano Lagrasta, j. 11.06.2008, DJESP 27.06.2008).

nomicidade e desburocratização ao interligar as serventias de registro civil com o Poder Judiciário e demais órgãos da Administração Pública. Estabeleceu a obrigatoriedade de informar os registros retroativamente e os assentos lavrados antes da entrada em vigor da atual Lei de Registros Públicos, Lei nº 6015/1973, serão informados à CRC gradativamente.

A carga dos registros lavrados antes de 1º de janeiro de 1976, data da entrada em vigor da referida lei, será realizada a cada seis meses, correspondente ao período de três anos de assentos, a partir de 1º de janeiro de 2017. Constarão registros dos Livros A, B, B-auxiliar, C e E.

O Provimento 08 da Corregedoria Geral de Justiça de São Paulo, de 06/03/2017, determinou a consulta obrigatória do registro de nascimento ou casamento no sítio eletrônico da CRC, objeto de futura anotação, na tentativa de localizá-lo e possibilitar a comunicação e anotação respectiva. Às vezes o declarante do falecido não apresenta documento hábil para encontrar esses registros anteriores, não sabe informar e não resta meio adequado para possibilitar essa anotação. Essa busca pela CRC facilita a comunicação entre as serventias registrais e permite o cumprimento perfeito e adequado dos serviços registrais.

Os registros informados deverão conter, em regra, o número de matrícula ou número do livro, termo e folha, nome dos registrados, filiação, data do assento, data da ocorrência do ato ou fato. Poderão ser acrescentados ou excluídos dados ou registros, por mandado judicial.

Assentos cancelados ou sigilosos apenas serão acessados pelo oficial da serventia, por meio de certificado digital emitido pela ICP-Brasil, infraestrutura de chaves públicas brasileiras. Ou ainda, pela intranet, com identificação de usuário e senha.

Pode ser que a informação seja negativa, não sendo encontrado o registro. Certidão negativa poderá ser obtida por meio dessa central também, sendo expedida pelo oficial que buscou e não localizou as informações fornecidas. Os interessados devem especificar o período da busca, qual espécie do registro, qual a localidade e a máxima individualização possível, visando afastar homonímia.

Há pagamento de emolumentos por cada ato requerido. Expedida a certidão ela ficará disponível por trinta dias na central de serviços eletrônicos compartilhados, sendo expressamente proibido seu envio por e-mail.

4. ASPECTOS SANITÁRIOS E POLÍTICAS PÚBLICAS

Um dos objetivos da saúde pública é o estudo do processo saúde-doença, que visa promover, proteger e restaurar a saúde dos indivíduos. Às vezes é preciso restringir liberdades e alguns direitos individuais, como acontece com a vigilância sanitária, com a aplicação compulsória de vacinas, com a fluoretação da água, situações em que se justifica a preponderância do interesse público sobre o individual.

De igual modo, pode ser entendida a não submissão dos médicos à questão do sigilo profissional, tão valorizada em seus Códigos de Ética, em questões como a emissão do atestado de óbito, com a especificação completa das causas que conduziram à morte.

Dessa forma, a discussão sobre aspectos principalmente legais e éticos do evento "óbito" mostra-se importante e de conhecimento imperioso para todos aqueles que se dedicam ao seu estudo, seja na saúde, ou na pesquisa científica.

A Organização Mundial da Saúde [68] define a morte como a cessação dos sinais vitais em um momento qualquer depois do nascimento com vida, sem possibilidade de ressuscitação. Esse conceito, estabelecido em 1950, parece não englobar qualquer conotação com o que se entende hoje por morte cerebral, como já explanado.

No fim da década de 60 uma Comissão da Escola Médica de Harvard, composta por dez médicos, um jurista e um teólogo, equiparou, pela primeira vez, o coma irreversível à morte do paciente, estabelecendo critérios para a sua aceitação.

A história da Medicina mostra, em todas as suas facetas, a obsessão do médico em evitar a morte. *"... sempre nos ensinaram que a morte é a nossa principal inimiga, contra a qual devemos envidar todos os nossos esforços"* [69].

Estas variáveis vão permitir o estabelecimento de um panorama das populações segundo níveis de saúde. Vários indicadores trabalham com dados de mortalidade, no numerador ou no denominador [70].

---

68. Organização Mundial da Saúde. Classificação Estatística Internacional de Doenças e Problemas Relacionados à Saúde. 10ª revisão. São Paulo: centro brasileiro de classificação de doenças; 1995.
69. Andrade E O. Apresentação In MS/CFM/CBCD. *A Declaração de Óbito: documento necessário e importante*. Brasília; 2007.
70. Organização Panamericana de Saúde. *Rede Interagencial de Informações para a Saúde – RIPSA – Indicadores e dados básicos para a saúde: conceitos e aplicações*. Brasília; 2002 (1ª ed) e 2008 (2ª ed.).

Em 1975 foi criado o Sistema de Informações sobre Mortalidade - SIM, para obter dados de mortalidade no país. Destarte foi possível gerir um estudo profundo da saúde pública, planejar e avaliar ações e programas, produzir indicadores na saúde, inclusive sócio demográficos.

A declaração de óbito é uma obrigação legal, não está sujeita às determinações éticas quanto ao sigilo profissional. O Código de Ética Médica [71] menciona que é vedado ao médico, *"atestar óbito quando não o tenha verificado pessoalmente ou quando não tenha prestado assistência ao paciente; salvo, no último caso, se o fizer como plantonista, médico substituto ou em caso de necropsia ou verificação médico-legal."*

No mesmo sentido a Resolução do Conselho Federal de Medicina nº 1.779 de 11 de novembro de 2005 [72] estabelece normas complementares sobre a matéria. O novo Código de Ética Médica esclarece que: "*... o médico guardará sigilo a respeito das informações de que detenha conhecimento no desempenho de suas funções, com exceção dos casos previstos em lei*" (Capítulo I – Princípios fundamentais – XI) e, em outro tópico: "*... É vedado ao médico revelar fato de que tenha conhecimento em virtude do exercício de sua profissão, salvo por motivo justo, dever legal...*" (art.73) (grifos nossos).

Dessa forma, segundo a legislação em vigor, (Lei nº 11.976 de 07.07.09 [73]), o médico deve atestar o óbito, usando o formulário "Decla-

---

71. Conselho Federal de Medicina. Código de Ética Médica – Resolução CFM nº 1246 de 26.01.1998.
72. Disponível em http://www.portalmedico.org.br/resoluções/cfm/2005/1779_2005.htm (acessado em 29 de novembro de 2016)
73. Lei 11976/2009, art. 1. O documento oficial do Sistema Único de Saúde para atestar a morte de indivíduos, pacientes e não pacientes, é a Declaração de Óbito. Lei 11976/2009, art. 19. A competência para a emissão da DO será atribuída com base nos seguintes parâmetros: I--Nos óbitos por causas naturais com assistência médica, a DO deverá ser fornecida, sempre que possível, pelo médico que vinha prestando assistência ao paciente, ou de acordo com as seguintes orientações: a) A DO do paciente internado sob regime hospitalar deverá ser fornecida pelo médico assistente e, na sua ausência ou impedimento, pelo médico substituto, independentemente do tempo decorrido entre a admissão ou internação e o óbito; b) A DO do paciente em tratamento sob regime ambulatorial deverá ser fornecida por médico designado pela instituição que prestava assistência, ou pelo SVO; c) A DO do paciente em tratamento sob regime domiciliar na Estratégia Saúde da Família (ESF), internação domiciliar e outros deverá ser fornecida pelo médico pertencente ao programa ao qual o paciente estava cadastrado, podendo ainda ser emitida pelo SVO, caso o médico não disponha de elementos para correlacionar o óbito com o quadro clínico concernente ao acompanhamento registrado nos prontuários ou fichas médicas destas instituições; e d) Nas localidades sem SVO ou referência de SVO definida pela CIB, cabe ao médico da ESF ou da Unidade de Saúde mais próxima verificar a realidade da morte, identificar o falecido e emitir a DO, nos casos de óbitos de paciente em tratamento sob regime domiciliar, podendo registrar "morte com causa indeterminada" quan-

ração de Óbito". A especificação da causa da morte deve ser corretamente relatada.

Erros, imprecisões e omissões verificados no preenchimento da DO podem conduzi-lo às penalidades previstas no Código Penal e na legislação dos Conselhos de Medicina.

As DO são coletadas pelas Secretarias Municipais ou Estaduais de Saúde em hospitais e cartórios, sendo então codificadas e transcritas para um sistema informatizado.

A codificação e seleção das causas de morte obedece ao disposto internacionalmente pela Organização Mundial da Saúde, por meio da

---

do os registros em prontuários ou fichas médicas não ofereçam elementos para correlacionar o óbito com o quadro clínico concernente ao acompanhamento que fazia. Se a causa da morte for desconhecida, poderá registrar "causa indeterminada" na Parte I do Atestado Médico da DO, devendo, entretanto, se tiver conhecimento, informar doenças preexistentes na Parte II deste documento.

II-Nos óbitos por causas naturais, sem assistência médica durante a doença que ocasionou a morte: a) Nas localidades com SVO, a DO deverá ser emitida pelos médicos do SVO; b) Nas localidades sem SVO, a Declaração de Óbito deverá ser fornecida pelos médicos do serviço público de saúde mais próximo do local onde ocorreu o evento e, na sua ausência, por qualquer médico da localidade. Se a causa da morte for desconhecida, poderá registrar "causa indeterminada" na Parte I do Atestado Médico da DO, devendo, entretanto se tiver conhecimento, informar doenças preexistentes na Parte II deste documento.

III-Nos óbitos fetais, os médicos que prestaram assistência à mãe ficam obrigados a fornecer a DO quando a gestação tiver duração igual ou superior a 20 (vinte) semanas, ou o feto tiver peso corporal igual ou superior a 500 (quinhentos) gramas, e/ou estatura igual ou superior a 25 (vinte e cinco) centímetros.

IV-Nos óbitos não fetais, de crianças que morreram pouco tempo após o nascimento, os médicos que prestaram assistência à mãe ou à criança, ou seus substitutos, ficam obrigados a fornecer a DO independente da duração da gestação, peso corporal ou estatura do recém-nascido, devendo ser assegurada neste caso também a emissão da Declaração de Nascidos Vivos pelo médico presente ou pelos demais profissionais de saúde.

V-Nas mortes por causas externas: a) Em localidade com IML de referência ou equivalente, a DO deverá, obrigatoriamente, ser emitida pelos médicos dos serviços médico-legais, qualquer que tenha sido o tempo decorrido entre o evento violento e a morte propriamente; e b) Em localidade sem IML de referência ou equivalente, a DO deverá ser emitida por qualquer médico da localidade, ou outro profissional investido pela autoridade judicial ou policial na função de perito legista eventual (ad hoc), qualquer que tenha sido o tempo decorrido entre o evento violento e a morte propriamente. § 6º Nos óbitos ocorridos em localidades onde exista apenas um médico, este é o responsável pela emissão da DO. § 7º Nos óbitos naturais ocorridos em localidades sem médico, a emissão das 3 (três) vias da DO deverá ser solicitada ao Cartório do Registro Civil de referência, pelo responsável pelo falecido, acompanhado de 2 (duas) testemunhas, em conformidade com os fluxos acordados com as corregedorias de Justiça local. § 8º As Secretarias Municipais de Saúde deverão indicar o médico que emitirá a DO, de acordo com o preconizado acima, caso restem dúvidas sobre a atribuição. § 9º As Secretarias Municipais de Saúde deverão utilizar-se dos meios disponíveis na busca ativa de casos não notificados ao SIM.

Classificação Internacional de Doenças, atualmente em sua 10ª Revisão (CID-10).

O sistema é gerido pelo Ministério da Saúde, que é responsável também pela consolidação de dados no nível nacional e por sua divulgação (www.datasus.gov.br e MS/CD-ROM).

Sua finalidade precípua é a de qualificação da informação ou vigilância do óbito e, no caso da pesquisa científica, a de poder oferecer subsídios para diferentes objetivos, particularmente aqueles que se referem ao estudo da causa da morte. Desse ponto de vista, Johansson, em sua tese de doutorado, defendida na Universidade de Upsalla, Suécia, em 2008, comenta que *"... embora não sejam as únicas estatísticas médicas disponíveis, os dados de mortalidade são largamente usados em pesquisas médicas, monitoramento da saúde pública e planejamento e seguimento da assistência à saúde."*

Situação diferente é a que se verifica nos casos em que o Instituto Médico Legal – IML – emite uma DO inconclusiva, anotando no campo relativo à causa da morte, por exemplo, a expressão *"Aguardando exames toxicológicos"*. Posteriormente ele envia à Secretaria de Saúde e ao Ofício do Registro Civil das pessoas naturais um comunicado esclarecendo a causa da morte em função do resultado do exame referido (intoxicação por benzodiazepínico: suicídio). Nesse caso, deverá ser feita uma averbação no registro, quanto à causa. Assim, o comunicado do IML será parte integrante da DO original.

Informações sobre Mortalidade no Brasil, embora implantado em 1976, só foi regulamentado, com a Portaria nº 474 do Ministério da Saúde, que estabelecia regras quanto ao preenchimento do formulário, fluxos e prazos. Ela foi substituída pela Portaria Nº 116 de 11 de fevereiro de 2009 [74].

Essa legislação não prevê, expressamente, regulamentação para a investigação do óbito. Ela esclarece apenas *"o conjunto de ações relativas à coleta, codificação, processamento de dados, fluxo, consolidação, avaliação e divulgação das informações sobre os óbitos ocorridos no país e que compõem o Sistema de Informações sobre Mortalidade"* (art. 1º).

Em outro tópico explica que *"a Secretaria de Vigilância em Saúde, gestora nacional do SIM, tem como uma de suas atribuições desenvolver ações visando o aprimoramento da qualidade da informação"*, repetindo

---

74. http://bvsms.saude.gov.br/bvs/saude_legis/svs/2009/prt.0116-11-02-2009.html

em outros artigos a mesma competência para as secretarias estaduais e municipais de saúde.

O acesso a esses dados permite análises variadas, conforme o sexo, faixa etária, cor, estado civil, escolaridade, ocupação, local de ocorrência, dentre outros. Mediante avanços tecnológicos a transferência de dados dos municípios para o âmbito federal diminuiu bastante, aumentando a relevância dessa política.

5. CARACTERÍSTICAS PECULIARES DOS REGISTRADORES CIVIS DE PESSOAS NATURAIS

Em obediência ao princípio da publicidade e da moralidade os Ofícios de Registro Civil das Pessoas Naturais têm o dever de enviar relatórios dos óbitos à Justiça Eleitoral, ao INSS, ao Ministério da Defesa, às Forças Armadas, dentre outras informações, visando evitar que mortos votem e continuem a receber benefícios previdenciários, além de outros motivos.

Os registradores também colaboram na compilação de dados geopolíticos, fornecendo dados ao Instituto Brasileiro de Geografia e Estatística – IBGE, ao Instituto Nacional de Seguro Social - INSS, aos cartórios eleitorais. Visam evitar fraudes, pagamentos indevidos, a elaboração de estudos sobre fecundidade, nupcialidade, mortalidade e densidade demográfica. Destarte, os registradores e notários contribuem na melhor operabilidade das políticas públicas.

Eles fiscalizam o recolhimento dos impostos nos atos em que atuam, colaborando com a melhoria da arrecadação. Trata-se da responsabilidade tributária, estabelecida pelo art. 134 do Código Tributário Nacional - CTN. Essa responsabilidade, conforme a doutrina mais abalizada, é subsidiária (somente é possível cobrar dos titulares se os contribuintes não pagarem o débito) e não "solidária", como consta no artigo 134 [75].

A morte põe fim à personalidade jurídica. Ademais, a adequada elaboração do registro de óbito tem extrema importância no direito suces-

---

75. Alguns autores, como Sacha Calmon Navarro Coelho (COELHO, 2008) entendem ser inconstitucional a Taxa de Fiscalização do Poder Judiciário, haja vista tal fiscalização não caracterizar poder de polícia, não preenchidos, portanto, o artigo 145 inciso II da CF/88, para a instituição de taxas. No entanto, na ADI nº 2129 MC/MS, DJ de 16 jun. 2006, bem como na ADI nº 3151-1/MT, DJ de 28 abr. 2006, o Supremo Tribunal Federal manifestou-se pela constitucionalidade da taxa de fiscalização do poder judiciário sobre as delegações de notas e de registros públicos, vencido, em ambas as oportunidades, o Min. Marco Aurélio, que entendia pela inconstitucionalidade da referida taxa.

sório. O óbito é anotado à margem dos assentos de nascimento e de casamento, possibilitando o conhecimento imediato sobre eventual morte de uma pessoa.

O aprimoramento constante da função e a confiança depositada em notários e registradores pelos cidadãos, além do fato de que eles estão presentes em todos os municípios brasileiros e mesmo nos pequenos distritos, têm levado ao aumento das suas atribuições, "desjudicializando" e aumentando a confiança do Poder Judiciário nos serviços públicos extrajudiciais.

A título exemplificativo: a Lei nº 11.790/2008 transferiu aos Oficiais de Registro Civil das Pessoas Naturais a atribuição de apreciar os pedidos de registro de nascimento tardios; a Lei nº 13.112/2015 determinou prazo de sessenta dias para o registro do filho, seja feito pelo pai ou pela mãe; o Provimento nº 52 do CNJ – Conselho Nacional de Justiça, de 15 de março de 2016 regulamentou o registro de crianças nascidas a partir de reprodução assistida, dispensando prévia ordem judicial; no âmbito notarial, a Lei nº 11.441/ 2007 possibilitou escrituras públicas de separações, divórcios, restabelecimentos da sociedade conjugal, inventários e partilhas, desde que sejam consensuais e não envolvam interesses de menores ou incapazes; novo código de processo civil, a Lei nº 13.105/2015 inovou, autorizando a usucapião extrajudicial.

Notários e Registradores contribuem muito na agilidade e eficiência em servir a população. Surgiram centrais facilitadoras dos serviços registrais. É o caso da CRC - Central de Informações de Registro Civil das Pessoas Naturais, que permite aos interessados, agentes públicos ou particulares, requererem o que lhes for conveniente: buscas, certidões de registros, retificações, averbações, anotações, transmissão de documentos a outras serventias, até mesmo de outros estados.

O interessado não mais precisa se locomover ao cartório de origem para obter uma certidão de registro, ou outro serviço necessário. Trata-se de plataforma de interligação entre cartórios e registro civil de todo país, prestando serviços em meio eletrônico, até mesmo com o Ministério das Relações Exteriores. Habilmente o professor Vitor Frederico Kumpel [76] colocou a Central de Informações do Registro Civil – CRC, como a menor distância entre dois cartórios de Registro Civil.

---

76. KÜMPEL. Vitor Frederico, CRC – A menor distância entre duas Serventias de Registro Civil. Disponível em http://www.migalhas.com.br/Registralhas/98,MI180651,61044-CRC+A+menor+distancia+entre+duas+Serventias+de+Registro+Civil. Acessado em 06 de junho de 2017.

Ainda na seara notarial, há a Central Notarial de Serviços Eletrônicos Compartilhados - CENSEC, sistema administrado pelo Colégio Notarial do Brasil - Conselho Federal - CNB-CF, cuja finalidade é gerenciar banco de dados com informações sobre existência de testamentos, procurações e escrituras públicas de qualquer natureza, inclusive separações, divórcios e inventários lavradas em todos os cartórios do Brasil, publicizando tais atos e evitando operações ilícitas.

Os responsáveis por tais centrais, regulamentadas conforme cada normativa das corregedorias estaduais às substâncias entorpecentes, poderão celebrar convênios, a fim de ampliar o acesso a esses bancos de dados.

Aos 30/03/1961 foi concluída a Convenção sobre Estupefacientes, em Nova Iorque, onde foi reconhecido a toxicomania como um flagelo para a humanidade. Previa medidas de prevenção e combate, por ser considerada questão de saúde pública, piorando os problemas sociais.

Nesse mesmo sentido, frente à internacionalização econômica, preocupados em diminuir o uso das substâncias prejudiciais à saúde e ao mesmo tempo, combater o crime e o branqueamento de capitais, a fim de diminuir sensivelmente o patrimônio da criminalidade, em 12/12/1988 foi realizada a Declaração de Princípios do Comitê de Basileia. Foi a base legislativa sobre o assunto em toda Europa. A partir daí os bancos deveriam cooperar com essa luta.

Em março de 1998 o Brasil assinou a Convenção de Viena, resultado dessa movimentação internacional. Ficou tipificado o crime de lavagem de dinheiro, mediante a Lei nº 9613/1998, atualizada em 2012, pela Lei 12.683/2012. Todos os crimes do Código Penal Brasileiro foram considerados crimes antecedentes. Foi reflexo de um movimento internacional: a Convenção de Viena, a Convenção contra o crime organizado transnacional de 2000 e a Convenção contra a Corrupção de 2003.

Dessarte, os notários e registradores colaboram muito nesse engajamento, haja vista tabularem os negócios jurídicos conforme valores mercadológicos, fiscalizarem o pagamento dos tributos, informarem órgãos públicos: a receita federal, secretarias estaduais e municipais, das transações entabuladas. Os registradores de pessoas naturais informam as causas dos óbitos, contribuindo com as políticas públicas e o estudo dos aspectos da saúde.

O mundo registral acompanha a evolução tecnológica, sempre com profissionais atentos e estudiosos do direito, buscando aprimorar a eficiência e agilidade dos serviços notariais e registrais. Muitas horas de lazer são abdicadas para cumprirem com esse desiderato aprioristicamente, responsáveis com o serviço público que prestam.

Os delegados de função ou ofício público são alheios ao aparelho estatal, mas "[...] exprimem a vontade estatal, munidos de uma qualidade que só podem possuir porque o Estado lhes emprestou sua força jurídica e os habilitou a assim agirem [...]", sendo dois os requisitos para a sua caracterização "[...] um, de ordem *objetiva,* isto é, a natureza estatal da atividade desempenhada; outro, de ordem *subjetiva*: a investidura nela".[77]

No contexto político hodierno a social democracia está se transmudando para um regime republicano. Há necessidade latente de um Estado mais forte, protetor do patrimônio público. Bresser Pereira ensina que:

> *"a onda neoliberal fracassou porque as sociedades modernas precisam de um Estado forte, e não fraco. Um Estado é republicano quando é suficientemente forte para proteger o patrimônio público da captura privada. É republicano porque é forte e é forte porque sob o aspecto fiscal limita sua dívida, é forte administrativamente porque está engajado na reforma da gestão pública, e é forte politicamente porque cidadãos, políticos e funcionários públicos sabem que os princípios que regem a política não são os mesmos que regem os mercados."* [78]

Nesse contexto republicano, a lei é considerada fonte de liberdade, uma liberdade positiva. Isaiah Berlin estabeleceu os conceitos de liberdade negativa e positiva.

> *"O primeiro, também denominado simplesmente de "liberdade de", refere--se à possibilidade de se fazer escolhas livres, com a restrição de que as mesmas não podem transgredir os direitos de terceiros, ou seja, demarcam o que não se pode fazer (por exemplo, matar, roubar, assaltar). Já o conceito de liberdade positiva, ou de "liberdade para", diz respeito a escolhas dentro de um determinado conjunto de restrições determinadas por normas de direito positivo, que estabelecem o que se pode fazer".* [79]

No mesmo sentido Bobbio [80] mantém a dicotomia dos conceitos de "liberdade negativa" e "liberdade positiva". Ele leciona que a primeira seria a ausência de constrangimentos (daí negativa) e a segunda, auto-

---

77. BANDEIRA DE MELLO, 2005, p. 226-227.
78. BRESSER-PEREIRA, Luiz Carlos. *O Surgimento do Estado Republicano.* Revista Lua Nova, São Paulo, 2004, n. 62, p. 131-150.
79. BERLIN, Isaiah. *Quatro Ensaios sobre a Liberdade.* Tradução de Wamberto Hudson Ferreira. Brasília, EDUnB, 1981. p.39.
80. BOBBIO, Norberto. *Igualdade e liberdade.* Rio de Janeiro: Ediouro, 1996.

determinação. Exemplificando: liberdade negativa seria a "situação na qual um sujeito tem a possibilidade de agir sem ser impedido", enquanto na liberdade positiva "o sujeito tem a possibilidade de orientar seu próprio querer no sentido de uma finalidade, de tomar decisão, sem ser determinado pelo querer dos outros". A liberdade negativa seria uma liberdade do individualismo, enquanto a positiva, a liberdade cidadã.

Nessa direção estão os registros públicos, por decorrência de lei, são obrigatórios. Engendram-se na categoria das liberdades positivas, ou seja, dizem respeito a um conjunto de escolhas dentro de um determinado conjunto de restrições de direito positivo. Os registros civis são formas de o Estado conceder cidadania às pessoas. A busca do bem público em seu compromisso republicano supera a satisfação das preferências individuais visando os interesses do Estado. Só existirão virtudes cívicas conforme os direitos fundamentais estiverem efetivamente garantidos. "O direito não é uma pura teoria, mas uma força viva". [81] "As seguranças da vida humana são muito inseguras..." [82].

6. CONSIDERAÇÕES FINAIS

O registro é o conjunto de atos autênticos tendentes a ministrar prova segura e certa do estado das pessoas, a perpetuidade de um documento. Ele fornece meios probatórios fidedignos, cuja base primordial descansa na publicidade, que lhe é imanente. Registrar é o ato praticado pelo oficial de registro, enquanto registro expressa o conteúdo do ato praticado.

Registro Civil das Pessoas Naturais é fundamental à cidadania. A informatização e agilidade na prestação desses serviços facilita a vida da sociedade, tornando mais prático e eficiente o alcance dos serviços registrais. A intranet da Associação dos Registradores de Pessoas Naturais – Central de Informações do Registro Civil trouxe agilidade à eficiência da atividade registral, integrando-se à era digital.

Atualmente, elevado a Ofício da Cidadania, após a Lei nº 13.484/2017, as serventias de Registro Civil das Pessoas Naturais desburocratizaram a vida social, facilitaram a prestação de serviços aos cidadãos com segurança jurídica e de modo mais célere, utilizando os cartórios mais próximos de suas residências.

---

81. Rudolf Von Ihering. A luta pelo direito. Tradução de Mario de Meroc. SP: centauro, 2003, p. 21.
82. DIPP, Ricardo. Introdução ao direito notarial e registral. Porto Alegre: safE, 2004, , p. 39.

O Poder Judiciário também tem confiado nos oficiais e notários, 'extrajudicializando' muitos serviços antes apenas judiciais. As Corregedorias de Justiça dos Estados têm se empenhado sobremaneira nesse ínterim, aprovando provimentos e atualizando as normas de serviços do extrajudicial, acreditando na eficiência, preparo e seriedade dos registradores e notários pátrios. Recentemente o Tribunal de Justiça de São Paulo proporcionou curso de iniciação aos aprovados no décimo concurso público para outorga de Delegações de Notas e de Registros bandeirantes, auxiliando e facilitando o mister registral, sem descurar da segurança jurídica.

As Associações têm se adiantado, procurando auxiliar os oficiais a alcançarem um serviço inovador, eficiente, ágil, seguro e dinâmico, estimulando e concedendo prêmios de qualidade no atendimento aos clientes, a exemplo da Associação dos Registradores de Pessoas Naturais de São Paulo e Sindicato os notários e registradores de São Paulo.

Todos os cartórios de Registro Civil paulistas podem se inscrever para a próxima edição do projeto. A intenção é elevá-los rumo à certificação internacional de qualidade, padrão ISO 9000. Serão distribuídos kits de avaliação, inclusive aos cartórios deficitários, que terão kits gratuitos. Receberão ampla consultoria, cujo relatório será remetido ao final do prêmio de qualidade.

Anualmente é promovido o Prêmio de Qualidade Total da Associação dos Notários e Registradores do Brasil (Anoreg-Brasil). Visa dar maior visibilidade, eficiência e profissionalização aos Cartórios. O PQTA conta com quatro categorias de premiação bronze, prata, ouro e diamante. Nos últimos anos duplicou o número de inscritos e consequentemente a quantidade de cartórios reconhecidos pela qualidade no atendimento.

A duração da vida coincide com a da personalidade jurídica, que se constitui em um atributo da pessoa humana e a ela está indissoluvelmente ligada. Assim, desde que vive e enquanto vive, o homem é dotado de personalidade, não obstante ela começar com o nascimento e terminar com a morte. A ordem jurídica admite a existência da personalidade em hipóteses em que não ocorre a coincidência entre ela e a vida, por meio de uma ficção jurídica.

Ao médico compete atestar a ocorrência da morte, em documento solene: o atestado de óbito. Ele tem como finalidades principais: a confirmação da ocorrência do evento, a definição da causa mortis e a satisfação do interesse médico-sanitário, embora tal testemunho possa ser feito por duas testemunhas idôneas, que tenham presenciado ou verificado o falecimento. O assento do óbito deve conter as circunstâncias qualificadoras da pessoa, possibilitando a comprovação do falecimento, bem como proporcionar acesso às informações.

A Lei nº 6015 e as normas extrajudiciais estaduais enumeram os elementos mínimos que devem constar no assento: a hora, o dia, o mês e o ano do falecimento; o lugar do falecimento; o prenome, o sobrenome, o sexo, a idade, a cor, o estado civil, a profissão, a naturalidade, o domicílio e a residência do morto. Ainda, se era casado ou vivia em união estável, o nome do cônjuge ou companheiro supérstite, mencionando-se a circunstância quando separado judicialmente, divorciado, ou de união estável dissolvida; se viúvo ou companheiro supérstite, o nome do cônjuge ou companheiro pré-morto; e o Registro Civil das Pessoas Naturais do casamento ou união estável; os prenomes, os sobrenomes, a profissão, a naturalidade e a residência dos pais. Caso tenha deixado testamento conhecido, informar também, se deixou filhos, nome e idade de cada um, mencionando se entre eles há interditos; se a morte foi natural ou violenta e a causa conhecida, com o nome dos atestantes; o lugar do sepultamento; se deixou bens; se era eleitor; ao menos uma das informações a seguir arroladas - número de inscrição do PIS/PASEP, número de inscrição no Instituto Nacional de Seguro Social – INSS, se contribuinte individual; número de benefício previdenciário - NB, se a pessoa falecida for titular de qualquer benefício pago pelo INSS, número do CPF, número de registro de carteira de identidade e respectivo órgão emissor, número do título de eleitor, número de registro de nascimento, com informação do livro, da folha e do termo, número e série da carteira de trabalho; o nome do declarante e sua qualificação.

Os efeitos jurídicos da morte são importantíssimos. O registro civil das pessoas naturais compreende o assento de nascimento, de casamento, de óbito, de emancipação, de interdição, de ausências, entre outros. É o espelho da vida civil do cidadão, nos aspectos jurídicos mais relevantes. Na esfera civil são: a dissolução da comunhão de bens entre cônjuges, da sociedade conjugal, do poder familiar, extinção do dever de alimentos, do usufruto, entre outros. Entretanto, o efeito civil de maior repercussão é a abertura da sucessão do falecido.

Também se inserem no rol dos efeitos do óbito: o legado do usufruto, sem fixação de tempo, que perdura até a morte do legatário; a morte do herdeiro livra os bens vinculados da cláusula de inalienabilidade e semelhantes; a morte do fiduciário gera a consolidação do fideicomisso. Ressalta-se, ainda, o dever de respeitar o cadáver, o direito à imagem e à honra do falecido, protegidos pelos legitimados legais, a possibilidade de promoção de militares e de servidores públicos post mortem. A morte não impede que determinados atos do falecido ultrapassem-na. É a hipótese do morto se fazer presente no mundo dos vivos através do testamento.

Na seara penal há a extinção da punibilidade do criminoso, bem como a suspensão da instância dos efeitos processuais. O falecido tem direito à revisão criminal, com o fito de absolvição. Também pode ser declarada sua falência.

O registro de óbito é inarredável para a ordem pública, com profundas repercussões jurídicas, pelo interesse geral de que se reveste, devendo ser anotado, com as remissões recíprocas, nos assentos de nascimento e casamento.

Da certidão do óbito, gratuita (art. 5º, LXXVI, "b"', CF), depende a efetivação do sepultamento, à vista de precedente atestado médico, se houver no lugar, ou em caso contrário, de duas pessoas qualificadas, que tiverem presenciado a morte.

As ocorrências de óbito devem ser comunicadas a vários órgãos administrativos, a fim de assegurar dados estatísticos. Por exemplo, a justiça eleitoral, circunscrição do recrutamento militar, ao Instituto Nacional de Seguro Social, dentre outros, muitos já integrados à central de informações dos registros públicos, da Associação dos Registradores de Pessoas Naturais.

Paradoxalmente o fim da vida, do qual decorrem emoções tristes, pode representar o início de batalhas jurídicas, que provocarão emoções igualmente ruins.

7. REFERÊNCIAS BIBLIOGRÁFICAS

ALEXANDRINO, Marcelo; PAULO, Vicente. Direito Administrativo Descomplicado. São Paulo: Método, 2011.

ALEXY, Robert. Teoria dos Direitos Fundamentais. São Paulo: Malheiros, 2011.

ALVES, José Carlos Moreira. Os efeitos jurídicos da morte. IV Jornada de Direito Civil, Brasília, v. I, 2007.

AMORIM, José Roberto Neves. Direito em nome da pessoa física. 1. ed. São Paulo: Saraiva, 2003.

Andrade E O. Apresentação In MS/CFM/CBCD. A Declaração de Óbito: documento necessário e importante. Brasília; 2007.

ANDRADE, C. L. T.; SZWARCWALD, C. L. Desigualdades sócio-espaciais da adequação das informações de nascimentos e óbitos do Ministério da Saúde, Brasil, 2000 – 2002. Cad. Saúde Pública, v. 23, n. 5, 2007.

BALBINO FILHO, Nicolau. Registro de Imóveis: doutrina, prática e jurisprudência. São Paulo: Saraiva, 2010.

BASTOS, Celso Ribeiro. Curso de direito constitucional. São Paulo: Saraiva, 1990.

BERLIN, Isaiah. Quatro Ensaios sobre a Liberdade. Tradução de Wamberto Hudson Ferreira. Brasília, EDUnB, 1981.

BOBBIO, Norberto. Igualdade e liberdade. Rio de Janeiro: Ediouro, 1996.

BONAVIDES, Paulo. Curso de direito constitucional. 19. ed. São Paulo: Malheiros, 2007.

BRASIL. Ministério da Saúde. Conselho Federal de Medicina. Centro Brasileiro de Classificação de Doenças. A declaração de óbito: documento necessário e importante. Brasília, 2009.

BRASIL. Ministério da Saúde. Estatísticas de mortalidade: Brasil. 1977/1995. Brasília, 1984-1998.

BRASIL. Ministério da Saúde. Fundação Nacional de Saúde. Manual de procedimento do sistema de informações sobre mortalidade. Brasília, 1999.

BRESSER-PEREIRA, Luiz Carlos. O Surgimento do Estado Republicano. Revista Lua Nova, São Paulo, 2004, n. 62.

CAMARGO Neto. Mário de Carvalho e OLIVEIRA. Marcelo Salaroli de, In: CASSETARI, Christiano (coord.). Registro Civil das Pessoas Naturais II, São Paulo: Saraiva, 2014.

CANARIS, Claus-Wilhelm. Pensamento sistemático e conceito de sistema na Ciência do Direito. Lisboa: Fundação Calouste Gulbenkian, 2002.

CARVALHO, Kildare Gonçalves. Direito constitucional didático. Belo Horizonte: Del Rey, 2002.

CASSETTARI, Christiano. Elementos de Direito Civil. São Paulo: Saraiva, 2015.

CENEVIVA, Walter. Lei dos Notários e Registradores Comentada. São Paulo: Saraiva, 2016.

CENEVIVA, Walter. Lei dos Registros Públicos Comentada. São Paulo: Saraiva, 2014.

CHAIMOWICZ, E. A saúde dos idosos brasileiros às vésperas do século XXI: problemas, projeções e alternativas. Rev. Saúde Pública, v. 31, n. 2, 1997.

CHAVES, Antonio. Direito à vida e ao próprio corpo. São Paulo: Revista dos Tribunais, 1994.

CHAVES, Carlos Fernando Brasil; REZENDE, Afonso Celso Furtado de. Tabelionato de Notas e o Notário Perfeito. Campinas: Millennium Editora, 2010.

Conselho Federal de Medicina. Código de Ética Médica – Resolução CFM nº 1246 de 26.01.1998.

CONTRIM NETO, A. B. Enciclopédia Saraiva do Direito, coordenador Limongi França, São Paulo: Saraiva, 1980, V. 55.

CRETELLA JÚNIOR, José. Curso de Direto Romano. Rio de Janeiro: Forense, 1997.

CROCE, Dalton. Manual de Medicina Legal. 5. Ed. São Paulo: Saraiva, 2004.

De Plácido e Silva. Vocabulário Jurídico. Rio de Janeiro: Forense, 1989, vol. IV.

DELGADO, Mário Luiz. Problemas de Direito Intertemporal no Novo Código Civil. São Paulo: Saraiva, 2004. DIAS, Maria Berenice. Manual das Sucessões. São Paulo, Revista dos Tribunais: 2008.

DIAS, Maria Berenice. Manual das Sucessões, São Paulo: Editora Revista dos Tribunais, 2013.

Diniz. Maria Helena, Curso de direito civil brasileiro. 18 ed. atualizada de acordo com o novo código civil. São Paulo: Saraiva; 2002. Vol. 1.

_____. O Estado Atual do Biodireito. São Paulo: Saraiva, 2007.

_____. Código civil anotado. São Paulo, Saraiva: 2008.

_____. Curso de direito civil brasileiro. São Paulo: Saraiva, v. 1, 2001.

_____. Sistemas de Registros de Imóveis. São Paulo: Saraiva, 2012.

DIP, Ricardo. Direito Administrativo Registral. São Paulo: Saraiva, 2011.

_____. Introdução ao direito notarial e registral. Porto Alegre: safE, 2004.

FERNANDES, Regina de Fátima Marques. Registro Civil das Pessoas Naturais, conforme com a legislação vigente. Porto Alegre: Norton, 2005.

França G V. Medicina legal. Rio de Janeiro: Guanabara-Koogan; 2001.

FREITAS, Sérgio Henriques Zandona; FREITAS, Carla R. C. C. Z. Os institutos jurídicos da teoria geral do Estado. In: CASTRO, João Antônio Lima; FREITAS, Sérgio Henriques Zandona (Coord.). Direito processual: estudos no Estado Democrático de Direito. Belo Horizonte: Instituto de Educação Continuada da Pontifícia Universidade Católica de Minas Gerais (IEC PUC-Minas), 2008.

Gagliano OS, Pamplona Filho R. Novo curso de direito civil. Parte geral. São Paulo: Saraiva; 2014. Vol. 1.

Gomes O. Introdução ao direito civil. 18 ed. Rio de Janeiro: Forense; 2001.

GOMES, Hélio. Medicina Legal. 33. ed. Rio de Janeiro: Freitas Bastos, 2004.

HIRONAKA, Giselda Maria Fernandes Novaes; TARTUCE, Flávio; SIMÃO, José Fernando. Direito de Família e das Sucessões – Temas Atuais. São Paulo: Método, 2009.

IGLESIAS, Juan. Direito Romano. Coleção Direito Europeu. (org.) MOLINA, Antonio GarcíaPablos de. São Paulo: RT, 2011.

Kutner L. Due process of euthanasia: the living will, a proposal. Indiana Law J. 1969;44:539-54.

LARENZ, Karl. Derecho civil: parte general. Madri: Editoriales de Derecho Reunidas, 1978.

_____. Metodologia da Ciência do Direito. Lisboa: Fundação Calouste Gulbenkian, 1997.

LAURENTI, R. Décima revisão da classificação internacional de doenças e de problemas relacionados à saúde (CID-10): a revisão final do século. Boletim Oficina Sanit. Panan., v. 118, n. 3, 1995.

LEITE, Francisco Tarciso. Metodologia Científica: Métodos e técnicas de pesquisa (Monografias, Dissertações, Teses e Livros). Aparecida: Idéias & Letras, 2008.

LIMA. João Franzen de, Curso de direito civil brasileiro. 4. ed. Rio de Janeiro, vol. I.

Limongi França R. Instituições de direito civil. atualizada. São Paulo: Saraiva; 1996.

LINS, Caio Mário de Albuquerque. Coleção Concurso para Notários e Registradores: Registro de Títulos e Documentos e Registro Civil das Pessoas Jurídicas. São Paulo: Companhia Mundial de Publicações.

LOPES, Miguel Maria de Serpa. Tratado dos registros públicos, 5ªed., Rio de Janeiro: Livraria Freitas Bastos, 1962, v.1.

LOUREIRO FILHO, Lair da Silva; LOUREIRO, Claudia Regina Magalhaes. Notas e Registros Públicos. São Paulo: Saraiva, 2012.

LOUREIRO, Luiz Guilherme. Registros Públicos – Teoria e Prática. São Paulo: Método, 2016.

MEIRELLES, Hely Lopes. Direito administrativo brasileiro. São Paulo: Malheiros, 2005.

MELLO JORGE, M. H. P. Informações em saúde: uma ferramenta do nível local ao central. Porto Alegre, 2005. [Mimeo].

_____ As condições de saúde no Brasil: retrospecto de 1979 a 1995. Rio de Janeiro: Ed. Fiocruz; 2000.

MELLO JORGE, M. H. P.; LAURENTI, R.; GOTLIEB, S. L. D. O Sistema de Informações sobre Mortalidade: passado, presente e futuro. São Paulo, CBCD, 2006.

MIRANDA, Gladson Rogério de Oliveira. Registro de Pessoas Naturais: Perguntas e Respostas. Porto Alegre: Norton, 2005.

Miranda, Pontes de. Tratado de direito privado. Parte geral. Tomo I. Campinas: Bookseller, 1999.

MONTEIRO, Washington de Barros. Curso de Direito Civil. Volume 1 – Parte Geral. São Paulo: Saraiva, 2016.

MORAES, Alexandre de. Direito constitucional. São Paulo: Atlas, 2016.

MOUTEIRA GUERREIRO, J. A. Noções de direito registral. Coimbra: Editora Coimbra,1993.

NAVARRO, Hélio Alberto de Oliveira Serra E. O "termo" da pessoa humana nos ordenamentos jurídicos brasileiro e português. Consulex, Cidade, n. 182, ago. 2004.

NERY Jr, Nelson e NERY, Rosa Maria de Andrade. Código Civil anotado. 2. ed. São Paulo: RT, 2003, p. 146. DUARTE. Nestor. In: PELUSO, Cezar (coord.). Código Civil Comentado: doutrina e jurisprudência. 6ª ed., São Paulo: Manole, 2012, p. 24. CASSETARI, Christiano. Elementos de direito civil. São Paulo: Saraiva, 2015.

NEVES, Daniel Amorim Assumpção Neves. Manual de Direito Processual Civil. São Paulo: Método, 2016.

OLIVEIRA, Marcelo Salaroli de. Publicidade Registral Imobiliária. São Paulo: Saraiva, 2010.

OMRAN, A. R. The epidemiologic transition: a theory of the epidemiology of population change. Milbank Memorial Fund Quarterly, n. 49, part 1, p. 509-538. 1971.

Organização Mundial da Saúde. Classificação Estatística Internacional de Doenças e Problemas Relacionados à Saúde. 10ª revisão. São Paulo: centro brasileiro de classificação de doenças; 1995.

ORGANIZAÇÃO MUNDIAL DA SAÚDE. Classificação estatística internacional de doenças e problemas relacionados à saúde. 10a. rev. São Paulo: CBCD, 1995.

Organização Panamericana de Saúde. Rede Interagencial de Informações para a Saúde – RIPSA – Indicadores e dados básicos para a saúde: conceitos e aplicações. Brasília; 2008.

ORGANIZACIÓN PANAMERICANA DE LA SALUD. Boletín epidemiológico, v. 24, n. 4. 2003.

Ovídio A. Baptista da Silva. Teoria geral do processo. São Paulo: Saraiva, 2010.

PAIVA, João Pedro Lamana; TIMM, Luciano Benetti; TUTIKIAN, Cláudia Fonseca. Novo Direito Imobiliário e Registral. São Paulo: Quarter Latin, 2010.

PELUSO, Cezar. Código Civil Comentado. Barueri: Manole, 2015.

Pereira CMS. Instituições de direito civil. 18 ed. Rio de Janeiro: Forense; 1997. Vol. 1.

RIBEIRO, Luís Paulo Aliende. Regulação da Função Pública Notarial e de Registro. São Paulo: Saraiva, 2009.

RIZZARDO, Arnaldo. Parte Geral do Código Civil. Rio de Janeiro, Forense: 2008.

Rodrigues Silvio. Direito civil. Parte geral. 34 ed. São Paulo: Saraiva; 2003. Vol. 1.

RODRIGUES, Silvio. Direito Civil. Volume I – Parte Geral. São Paulo: Saraiva, 2006.

Rudolf Von Ihering. A luta pelo direito. Tradução de Mario de Meroc. SP: centauro, 2003.

SANTOS, Reinaldo Velloso dos. Registro Civil das Pessoas Naturais. Porto Alegre: Sergio Antonio Fabris Editor, 2006.

SANTOS-PRECIADO, J. L. et al. La transición epidemiológica de las y los adolescentes em México. Salud **Pública de México**, v. 45, supl. 1, 2003.

SARLET, Ingo Wolfgang. Dignidade da pessoa humana e direitos fundamentais na Constituição Federal de 1988. São Paulo. Saraiva, 2001.

SARLET. IW. A eficácia dos direitos fundamentais. Porto Alegre: Livraria do Advogado; 2007.

SEMIÃO, Sérgio Abdalla. Os direitos do nascituro. Belo Horizonte: Del Rey, 2003.

SILVA, José Afonso. Curso de direito constitucional positivo. São Paulo: Malheiros, 2006.

SUNDFELD, Carlos Ari. Fundamentos de Direito Público. São Paulo: Malheiros, 1992.

TARTUCE, Flávio. Manual de Direito Civil: volume único. São Paulo: Método, 2017.

Venosa Silvio de S. Direito civil. Parte geral. São Paulo: Atlas, 2004. Vol. 1.

VENOSA, Sílvio de Salvo. Direito Civil. Volume I – Parte Geral. São Paulo: Atlas, 2009.

Wald A. Direito civil. Introdução e parte geral. São Paulo: Saraiva; 2002.

VELOSO, Zeno. Código Civil Comentado. São Paulo: Saraiva 2015.

Sítios:

ASSOCIAÇÃO DOS REGISTRADORES DE PESSOAS NATURAIS DO ESTADO DE SÃO PAULO (São Paulo). Cronologia do Registro Civil no Brasil. Disponível em: . Acesso em: 08 jan. 2017.

_____. O Registro Civil no Brasil. Disponível em: . Acesso em: 08 jan. 2017.

_____. CNJ edita o Provimento 28/2013 e normatiza procedimentos para realização do registro tardio de nascimento em todo o Brasil. Disponível em: . Acesso em: 22 de nov. 2016.

BRASIL. A Resolução nº 1.482/1997 Conselho federal de Medicina aprovada sessão de 10.09.1997 publicada em 19.09.1997 em DOU. Disponívelem: <http://www.portalmedico.org.br/resolucoes/cfm/1997/1482_1997.htm>. Acesso em: 5 out. 2010.

BRASIL. CONSELHO NACIONAL DE JUSTIÇA. . Provimento nº 28. 2013. Disponível em: . Acesso em: 22 de nov. 2016.

CARMO, Jairo Vasconcelos Rodrigues do. Regime Jurídico De Sigilo No Registro Facultativo De Documentos Privados Em Papel Ou Mídia Digitalizada. Disponível em: "http://www.irtdpjbrasil.com.br/RegimeJuridicoSigilo.htm", acesso em 05/01/2013.

CHOSSANI. Frank Wendel, A atuação do Oficial de Registro Civil das Pessoas Naturais e do Tabelião de Notas na disposição do corpo morto. Postado em 6 de janeiro de 2017 às 08:29. Disponível em http://www.portaldori.com.br/2017/01/06/. Acessado em 12/03/2017.

Derechos del Paciente en su Relación conlos Profesionales e Instituciones de la Salud. [Internet]. Argentina: InfoLeg; 2009 (acesso 05 mar. 2017). Disponível: http://www.uba.ar/archivos_secyt/image/Ley%2026529.pdf. Uruguai.

Fustel de Coulanges, A Cidade Antiga. ebookLibris, tradução de Frederico Ozanam Pessoa de Barros, p. 20. http://bibliotecadigital.puc-campinas.edu.br/services/e-books/Fustel%20de%20Coulanges-1.pdf <acesso em 08 de janeiro de 2017>

http://bvsms.saude.gov.br/bvs/saude_legis/svs/2009/prt.0116-11-02-2009.html

http://www.portaldori.com.br/2014/03/24/morte-presumida-justificacao-do-obito-e-o-registro-civil-das-pessoas-naturais/. Acessado em 16 de março de 2017.

http://www.portalmedico.org.br/resoluções/cfm/2005/1779_2005.htm acessado em 29 de novembro de 2016.

https://blogdopaulomayr.wordpress.com/2009/07/08/voo-447-da-air-france-e-a-morte-presumida/. Acesso em 16 de março de 2017).

KÜMPEL. Vitor Frederico, CRC – A menor distância entre duas Serventias de Registro Civil. Disponível em http://www.migalhas.com.br/Registralhas/98,MI180651,61044-CRC+A+menor+distancia+entre+duas+Serventias+de+Registro+Civil. Acessado em 06 de junho de 2017.

LAGO, Ivan Jacopetti do. A História da Publicidade Imobiliária no Brasil. Dissertação (Mestrado em Direito) – Faculdade de Direito da Universidade Federal de São Paulo, São Paulo 2008. Disponível em: <http://www.teses.usp.br/teses/disponiveis/2/2131/tde-11072011-151552/pt-br.php>, Acesso em 25/09/2012.

Lei de Registros Públicos – Lei nº 6.015/1973. Disponível em: <http://www.planalto.gov.br/ccivil_03/Leis/L6015.htm>. Acesso em: 5 abr. 2017.

MAGALHÃES, Luiz. De onde vieram os cartórios? Jornal Tribuna do Brasil, 04/05/2004. Disponível em: <http://www.irtdpjbrasil.com.br/NEWSITE/historia_dos_Cartorios.htm >, Acesso em: 12/10/2012.

Marcelo Velloso dos Santos e Thiago Lobo Bianconi, Questões de Registro Civil. Disponível em: https://registrocivil.wordpress.com/2010/08/12/obito-corpo-de-pessoa-nao-localizado-registro-mediante-mandado-judicial-diferenciacao-entre-a-justificacao-prevista-no-artigo-88-da-lei-6-0151973-e-a-morte-presumida-prevista-no-codigo-civil-regr/. Acesso aos 16/03/2017.

CAPÍTULO 13

Natimorto – direito ao nome em respeito ao princípio da dignidade humana

Dayane Amirati[1]

Sumário: 1. Introdução 2. Nascido vivo e Nascido morto 3. Teorias da Personalidade 3.1. Teoria Natalista 3.2 Teoria da Personalidade Condicional 3.3 Teoria Concepcionista 4. Direitos da personalidade e o Princípio da Dignidade 4.1. Direito ao Nome 5. Nome do natimorto e as Normas de Serviço dos Estados Brasileiros 5.1. Normas de Serviço do Estado de São Paulo 5.2 Normas de Serviço do Estado de Minas Gerais 5.3 Normas de Serviço do Estado de Pernambuco 5.4. Normas de Serviço do Estado de Sergipe 5.5. Normas de Serviço do Estado do Mato Grosso do Sul 5.6. Normas de Serviço do Estado de Rondônia 5.7. Normas de Serviço do Estado do Rio de Janeiro 5.8. Normas de Serviço em outros Estados da Federação 6. Conclusão 7. Referências Bibliográficas.

1. INTRODUÇÃO

O tema direito ao nome do natimorto é matéria pouco discutida em âmbito legal e administrativo, razão pela qual nos motiva a explorar referido tema.

O presente trabalho busca trazer a discussão, bem como provocar movimentação legislativa e administrativa quanto à necessidade de se

---

1. Oficial de Registro Civil das Pessoas Naturais e Tabeliã de Notas do Município de Pratânia, Comarca de São Manuel, São Paulo, aprovada no 7º Concurso de Outorga do Estado de São Paulo. Conciliadora e Mediadora perante os Centros de Solução de Conflitos nas Comarcas de Botucatu e de São Manuel, Estado de São Paulo. Pós-graduada em Direito Notarial e Registral Imobiliário pela Escola Paulista de Direito - EPD. Pós-graduanda em Direito Notarial e Registral Imobiliário pela Escola Paulista da Magistratura do Estado de São Paulo – EPM. Graduada em Direito pelo Instituto Presbiteriano Mackenzie.

autorizar a inserção do nome no registro de natimorto como forma de preservação aos direitos constitucionais, como será debatido a seguir.

Antes de partir ao conceito de natimorto, propriamente dito, faz-se relevante conceituar nascituro.

Nascituro é aquele que foi concebido, mas ainda não nasceu. O conceito de nascituro também abrange o embrião *in vitro* ou crioconservado, ou seja, considera-se natimorto o embrião antes mesmo de ser implantando no ventre materno, entendimento firmado pela Professora Titular da USP Silmara Juny Chinellato[2]. Todavia, a Professora Titular da PUC Maria Helena[3] discorda, entendendo ser nascituro apenas o embrião intrauterino.

Contudo, a maior controvérsia assenta sobre a personalidade civil do nascituro, intimamente ligada ao tema em debate, a qual será discutida mais a frente.

Elucidado o conceito de nascituro, a figura do natimorto torna-se mais clara, que, em linhas gerais é o nascituro que morreu no ventre materno.

Contudo, para ser natimorto, o óbito do feto no ventre materno precisa preencher alguns requisitos. Todavia, na área médica há discussões quanto ao entendimento do que seja feto-natimorto e feto oriundo de aborto, o qual não tem ingresso registral.

Apesar de existir Portaria do Ministério da Saúde e Resolução do Conselho Federal de Medicina definindo o período de 20 semanas para considerar o feto, como natimorto, há controvérsias na doutrina médica. Há quem entenda ser natimorto, o concepto morto com o período igual ou superior a 22, 24 ou 28 semanas gestacionais.

Pautando-se em embasamento legal, pode-se dizer que se considera natimorto aquele que não respirou, e que tinha idade gestacional igual ou superior a 20 semanas, ou peso corporal igual ou superior a 500 gramas ou estatura igual ou superior a 25 centímetros, isso conforme artigo 19, inciso IV, da Portaria nº 116 de 11 de fevereiro de 2009 do Ministério da Saúde – Secretaria de Vigilância em Saúde e artigo 2º, item 02, da Resolução nº 1.601 de 09 de agosto de 2000 do Conselho Federal de Medicina.

---

2. CHINELLATO, Silmara Juny. *Tutela civil do nascituro*. São Paulo: Saraiva, 2001.
3. DINIZ, Maria Helena. *O estado atual do biodireito*. 2.ed.São Paulo: Saraiva, 2002.

A definição de natimorto com base na Portaria 116 do Ministério da Saúde e na Resolução nº 1.601 do Conselho Federal de Medicina, se faz por raciocínio inverso, ou seja, a Portaria e a Resolução estabelecem em que casos a Declaração de Óbito deve ser emitida. Partindo da premissa de que só se emitirá Declaração de Óbito quando se operar o óbito, propriamente dito, ou quando se operar o instituto do natimorto (artigo 53, §1º, da Lei nº 6.015/1973), não há que se ter dúvidas de que natimorto é o feto morto com idade gestacional igual ou superior a 20 semanas, ou peso corporal igual ou superior a 500 gramas, ou estatura igual ou superior a 25 centímetro:

> "Art. 19. A competência para a emissão da DO será atribuída com base nos seguintes parâmetros:
>
> (...)
>
> II. Nos óbitos fetais, os médicos que prestaram assistência à mãe ficam obrigados a fornecer a DO quando a gestação tiver duração igual ou superior a 20 (vinte) semanas, ou o feto tiver peso corporal igual ou superior a 500 (quinhentos)gramas, e/ou estatura igual ou superior a 25 (vinte e cinco) centímetros"[4].
>
> "Art. 2º - Os médicos no preenchimento da declaração de óbito obedecerão as seguintes normas:
>
> (...)
>
> 2) Morte Fetal: - Em caso de morte fetal os médicos que prestaram assistência a mãe ficam obrigados a fornecer a declaração de óbito do feto, quando a gestação tiver duração igual ou superior a 20 semanas ou o feto tiver peso corporal igual ou superior a 500 (quinhentos) gramas e/ou estatura igual ou superior a 25 cm"[5].

Nas situações acima indicadas, o médico que prestou assistência à mãe estará obrigado a emitir a Declaração de Óbito – DO, a qual deverá ser levada ao Oficial de Registro Civil das Pessoas Naturais do local do nascimento do feto para que o registrador civil proceda ao assento de natimorto em livro próprio, C- auxiliar, o qual é obrigatório por expressa previsão legal do artigo 53, §1º, da Lei nº 6.015 de 31 de dezembro de 1973.

Na hipótese de o feto não atingir o marco estabelecido pela Portaria do Ministério da Saúde e Resolução do Conselho Federal de Medicina não será emitida Declaração de Óbito e por consequência não se lavrará

---

4. Portaria nº 116 de 11 de fevereiro de 2009 do Ministério da Saúde – Secretaria de Vigilância em Saúde.
5. Resolução nº 1.601 de 09 de agosto de 2000 do Conselho Federal de Medicina.

o assento de natimorto, uma vez estar-se diante do aborto, instituto sem ingresso registral.

Em continuidade ao tema, relevante se faz diferenciar o nascido vivo do nascido morto, já que na esfera registral a postura do registrador se difere frente a cada um dos casos.

2. NASCIDO VIVO E NASCIDO MORTO

O artigo 53 da Lei nº 6.015 de 31 de dezembro de 1973 apresenta duas situações: nascido vivo e nascido morto.

Antes de conceituá-las convém definir o que seja óbito fetal. Óbito fetal é a morte do produto da concepção antes da sua expulsão do ventre materno independentemente no período gestacional. Logo, podemos dizer que o conceito de óbito fetal abrange o conceito de natimorto e de produto de aborto.

Pode-se dizer que, se depois da separação do feto do ventre materno, este não respirar, estaremos diante de um natimorto (nascido morto) ou do produto de aborto. A diferença entre um e outro consistirá no tempo de gestação ou no peso ou no comprimento do feto.

Melhor explicando, se a gestação tiver período igual ou superior a 20 semanas, ou o feto tiver peso corporal igual ou superior a 500 gramas ou estatura igual ou superior a 25 centímetros estaremos diante de um natimorto, obrigatoriamente registrado no Livro C-Auxiliar, conforme previsão legal no artigo 53, §1º, da Lei nº 6.015/1973. Se a duração da gestação for inferior a 20 semanas, ou o feto tiver peso corporal inferior a 500 gramas ou estatura inferior a 25 centímetros estaremos diante de um feto abortado, sem relevância registrária.

A segunda situação está prevista no artigo 53, §2º, da Lei nº 6.015 de 31 de dezembro de 1973, que é do nascido vivo que vem a óbito na ocasião do parto. Considera-se nascido vivo aquele que respirou, estando cortado ou não o cordão umbilical, estando ou não desprendida a placenta. Neste caso, temos o nascimento com vida, porque respirou, ainda que por poucos segundos, e na sequência a morte em razão da cessação da respiração. Desta feita, serão lavrados dois assentos, o assento de nascimento (Livro A) e o assento de óbito (Livro C), mas nunca o de natimorto (Livro C-auxiliar).

Antigamente a constatação da respiração se fazia pelo exame clínico denominado docimasia hidrostática de Galeno, na qual se extraiam os pulmões do feto, e os submergia em água, caso flutuassem significaria que o feto respirou, se afundassem significaria que não respirou, em razão da inexistência de oxigênio nas redes alveolares. Contudo, atualmente, a medicina tem recursos mais modernos e eficientes para aferir a respiração.

Em continuidade ao estudo, relevante se faz apresentar as controvérsias quanto à teoria da personalidade, já que instituto imprescindível ao tema em debate.

3. TEORIAS DA PERSONALIDADE

As correntes doutrinárias, acerca do início da personalidade, existentes no Brasil buscam elucidar a situação jurídica do nascituro.

Como dito, o estudo das teorias da personalidade faz-se relevante para o tema em questão, já que natimorto é o nascituro que morreu no ventre materno. Além disso, a partir do momento em que for definido o marco inicial da aquisição da personalidade, direitos são atribuídos, dentre os quais, o direito ao nome.

O artigo 2º do Código Civil enuncia que *"A personalidade civil da pessoa começa do nascimento com vida; mas a lei põe a salvo, desde a concepção, os direitos do nascituro".*

A partir desta previsão legal, três correntes doutrinárias se apresentam: a teoria natalista, a teoria da personalidade condicional e a teoria concepcionista.

3.1. TEORIA NATALISTA

Essa teoria tem como adeptos, principalmente, doutrinadores mais tradicionais, como Sílvio Rodrigues[6] e Caio Mário da Silva Pereira[7], mas também o contemporâneo Sílvio de Salvo Venosa[8].

Por essa teoria se entende que o nascituro não pode ser considerado pessoa, pois o Código Civil, em seu artigo 2º, exige para a aquisição da personalidade, o nascimento com vida. Portanto, o nascituro não teria direitos, mas mera expectativa.

---

6. RODRIGUES, Sílvio. *Direito Civil. Vol 1.* 33ª ed. São Paulo: Saraiva, 2003.
7. PEREIRA, Caio Mário da Silva. *Instituições de Direito Civil. Vol. 1.* 19ª ed. Rio de Janeiro: Forense, 2002.
8. VENOSA, Sílvio de Salvo. *Direito Civil. Parte Geral. Vol 1.* 3ª ed. São Paulo: Atlas, 2003.

O ponto nefrálgico desta teoria é a constatação de que, se o nascituro não é pessoa, ele é uma coisa, constatação esta que lhe nega até mesmo direitos fundamentais ligados à personalidade, como direito à vida, à investigação de paternidade, aos alimentos, à imagem e ao nome.

Cumpre destacar o que assevera Caio Mário da Silva Pereira[9], adepto de tal corrente:

> *"O nascituro não é ainda uma pessoa, não é um ser dotado de personalidade jurídica. Os direitos que se lhe reconhecem permanecem em estado potencial. Se nasce adquire personalidade, integram-se na sua trilogia essencial, sujeito, objeto e relação jurídica; mas, se se frustra, o direito não chega a constituir-se, e não há falar, portanto, em reconhecimento de personalidade ao nascituro, nem se admitir que antes do nascimento já ele é sujeito de direito".*

Nota-se, portanto, que esta corrente esbarra no que aduz o artigo 2º do Código Civil, que consagra expressamente direitos àquele que foi concebido e ainda não nasceu.

3.2. TEORIA DA PERSONALIDADE CONDICIONAL

Para esta teoria a personalidade jurídica começa no nascimento com vida, porém os direitos do nascituro encontram-se em condição potencial, sob condição suspensiva, ou seja, subordinada a um evento futuro e incerto, que no caso é justamente o nascimento com vida daquele que foi concebido.

Como defensor dessa teoria podemos citar Washington de Barros Monteiro[10], como a seguir se pode observar:

> *"Discute-se se o nascituro é pessoa virtual, cidadão em germe, homem in spem. Seja qual for a conceituação, há para o feto uma expectativa de vida humana, uma pessoa em formação. A lei não pode ignorá-lo e por isso lhe salvaguarda os eventuais direitos. Mas, para que estes se adquiram, preciso é ocorra o nascimento com vida. Por assim dizer, o nascituro é pessoa condicional; a aquisição da personalidade acha-se sob a dependência de condição suspensiva, o nascimento com vida. A esta situação toda especial chama Planiol de antecipação da personalidade."*

A crítica a tal corrente é que ela apega-se a questões patrimoniais, não se preocupando com questões pessoais atinentes à personalidade

---

9. PEREIRA, Caio Mário da Silva. *Instituições de Direito Civil. Vol. 1.* 19ª ed. Rio de Janeiro: Forense, 2002, pág. 144/145.
10. MONTEIRO, Washington de Barros. *Curso de direito civil: parte geral.* 38ª ed. São Paulo: Saraiva, 1980, pág. 61.

do nascituro. Há de se ressaltar que os direitos da personalidade não podem estar sujeitos a condição, termo ou encargo, e adotando-se tal linha se concluiria que o nascituro não teria direitos efetivos, mas mera expectativa de direitos.

3.3. TEORIA CONCEPCIONISTA

Por fim, temos a teoria concepcionista, a qual sustenta que o nascituro é pessoa humana com direitos resguardados por lei, cuja personalidade é adquirida desde a concepção.

Os adeptos de referida corrente sustentam que a personalidade começa antes do nascimento, havendo proteção dos interesses do nascituro desde a concepção.

Essa é a teoria mais contemporânea e tem como precursora Silmara Juny Chinellato[11], a qual sustenta que:

> "Mesmo que ao nascituro fosse reconhecido apenas um status ou um direito, ainda assim seria forçoso reconhecer-lhe a personalidade, porque não há direito ou status sem sujeito, nem há sujeito de direito que tenha completa e integral capacidade jurídica (de direito ou de fato), que se refere sempre a certos e determinados direitos particularmente considerados. Não há meia personalidade ou personalidade parcial. Mede-se ou quantifica-se a capacidade, não a personalidade. Por isso se afirma que a capacidade é a medida da personalidade. Esta é integral ou não existe. Com propriedade afirma Francisco Amaral: 'Pode-se ser mais ou menos capaz, mas não se pode ser mais ou menos pessoa'".

Acrescenta ainda que:

> "...a personalidade do nascituro não é condicional; apenas certos efeitos de certos direitos dependem do nascimento com vida, notadamente os direitos patrimoniais materiais, como doação e a herança. Nesses casos, o nascimento com vida é elemento do negócio jurídico que diz respeito à sua eficácia total, aperfeiçoando-a."

Nesta mesma esteira, a Professora Titular da PUC/SP Maria Helena Diniz[12] constrói entendimento que divide a personalidade jurídica em formal e material.

Apresenta que a personalidade material é aquela relacionada aos direitos patrimoniais, os quais somente são adquiridos no nascimento

---

11. CHINELATO, Silmara Juny. *Tutela civil do nascituro*. São Paulo: Saraiva, 2000, p. 168/169.
12. DINIZ, Maria Helena. *O estado atual do biodireito*. 2.ed.São Paulo: Saraiva, 2002.

com vida. Já a personalidade jurídica formal relaciona-se aos direitos da personalidade que o nascituro detém desde a concepção.

Essa é a teoria prevalente no Brasil, tendo sido, inclusive, objeto do Enunciado nº 01 do Conselho da Justiça Federal (CJF) e do Superior Tribunal de Justiça (STJ), aprovado na I Jornada de Direito Civil, enunciando que: *"Art. 2º. A proteção que o Código defere ao nascituro alcança o natimorto no que concerne aos direitos da personalidade, tais como nome, imagem e sepultura".*

Em suma, os direitos da personalidade são resguardados desde a concepção, e assim o sendo, ao natimorto estão assegurados os direitos da personalidade, dentre os quais está o direito ao nome.

Assim, sob uma perspectiva civil-constitucional pode-se observar que a Constituição abarcou direitos fundamentais, dentre os quais podemos extrair o direito da personalidade, o qual, pela via reflexa relaciona-se ao princípio da dignidade humana, tema a seguir abordado.

4. DIREITOS DA PERSONALIDADE E O PRINCÍPIO DA DIGNIDADE

A Constituição Federal abarcou os direitos fundamentais postos à disposição da pessoa humana, que, como já dito, sob uma perspectiva civil-constitucional podemos extrair os direitos da personalidade.

Nesta toada, temos o Enunciado nº 274 do Conselho da Justiça Federal e Superior Tribunal de Justiça aprovado na IV Jornada de Direito Civil em reconhecimento a tese de Gustavo Tepedino[13] prevendo que *"Os direitos da personalidade, regulados de maneira não exaustiva pelo Código Civil, são expressões da cláusula geral de tutela da pessoa humana, contida no art. 1º, III, da Constituição (princípio da dignidade da pessoa humana). Em caso de colisão entre eles, como nenhum pode sobrelevar os demais, deve-se aplicar a técnica da ponderação".*

Partindo ao enfoque civilista o professor Flávio Tartuce elenca alguns conceitos de doutrinadores renomados acerca dos direitos da personalidade, dentre os quais selecionamos dois, os quais seguem transcritos[14]:

---

13. TEPEDINO, Gustavo. *A tutela da personalidade no ordenamento civil-constitucional brasileiro. Temas de Direito Civil Tomo I.* Rio de Janeiro: Renovar, 2004.
14. TARTUCE, Flávio. *Manual de Direito Civil. Vol. único.* São Paulo: Método, 2014. p. 87/88.

> *"São direitos subjetivos da pessoa de defender o que lhe é próprio, ou seja, a sua integridade física (vida, alimentos, próprio corpo vivo ou morto, corpo alheio, vivo ou morto, partes separadas do corpo vivo ou morto); a sua integridade intelectual (liberdade de pensamento, autoria científica, artística e literária) e sua integridade moral (honra, recato, segredo pessoal, profissional e doméstico, imagem, identidade pessoal, familiar e social)".* (Maria Helena Diniz).
>
> *"Consideram-se, assim, direitos da personalidade aqueles direitos subjetivos reconhecidos à pessoa, tomada em si mesma e em suas necessárias projeções sociais. Enfim, são direitos essenciais ao desenvolvimento da pessoa humana, em que se convertem as projeções físicas, psíquicas e intelectuais do seu titular, individualizando-o de modo a lhe emprestar segura e avançada tutela jurídica".* (Cristiano Chaves de Farias e Nelson Rosenvald).

Analisando tais conceitos, podemos extrair que a personalidade é elemento que individualiza o ser humano, ou seja, é um conjunto de atributos que torna a pessoa natural única.

Em análise ao previsto no Código Civil entre os artigos 11 a 21 podemos relacionar alguns direitos da personalidade, os quais se apresentam em um rol exemplificativo (*numerus apertus*), sendo eles: direito ao corpo e às partes do corpo, direito à honra, direito à imagem, direito à palavra, direito à privacidade e direito ao nome. No caso do natimorto, podemos incluir também o direito à sepultura.

Observa-se que a reunião de direitos da personalidade em um 'ser' o qualifica como pessoa única, o que nos faz inferir serem os direitos da personalidade inerentes à pessoa e à sua dignidade.

No que concerne ao tema em debate, e com base no já exposto, não há que se negar proteção jurídica, quanto aos direitos da personalidade, ao natimorto.

Iniciamos tratando do conceito de natimorto, e concluímos dizendo ser ele um nascituro que faleceu no ventre materno, e assim o sendo, todos os atributos personalíssimos previstos à pessoa que se estendem ao nascituro, se estendem ao natimorto.

Nessa esteira temos que o natimorto é titular de direitos da personalidade, dentre os quais se destacam o direito à vida, à integridade física, aos alimentos, ao nome, à imagem e à sepultura.

Em razão do trabalho em questão ter como enfoque o direito ao nome, nos limitaremos ao tratamento detido do instituto.

4.1. DIREITO AO NOME

A possibilidade de identificação do natimorto pela atribuição de um nome no assento de óbito importa respeito ao princípio da solidariedade humana, haja vista o enorme sofrimento dos pais por terem perdido o filho, bem como ao princípio da dignidade da família e do natimorto ao fazê-lo existir como ente único no ordenamento jurídico.

Luiz Guilherme Loureiro[15] ao tratar do nome faz a seguinte ponderação:

> "É evidente, entretanto, que ninguém quer ver sua identidade e sua personalidade expressadas em um número, código ou sinal físico ou comportamental. O nome, invocador de toda uma história, de um passado e de uma tradição familiar, continua ser importante elemento de identificação e, mais do que isso, um direito da personalidade".

Embasando-se nesse entendimento, nota-se que toda pessoa é detentora de direitos da personalidade, inclusive o nascituro. Sendo o natimorto, nascituro morto no ventre materno, evidenciado está que é merecedor de tal tutela, de modo que, negar-lhe o direito ao nome afrontaria diretamente o princípio da dignidade.

Cumpre consignar que na hipótese de haver nascimento com vida, o nome e o sobrenome constarão do assento de nascimento registrável no Livro A perante o competente Oficial de Registro Civil das Pessoas Naturais. Enquanto, se houver nascimento sem vida, sem que tenha havido ao menos algum sinal de respiração, estaremos diante do natimorto, cujo registro caberá também ao Oficial de Registro Civil das Pessoas Naturais, porém no Livro C-auxiliar. Todavia, atualmente, paira enorme divergência quanto à possibilidade de inclusão do nome e do sobrenome no assento de natimorto nos diversos estados da federação.

O presente artigo apresenta algumas dessas situações díspares na busca de trazer a debate tal incongruência haja vista ser patente que o direito ao nome é direito da personalidade ínsito à pessoa e intimamente ligado ao princípio constitucional da dignidade. Logo, o natimorto, como pessoa que o é, tem o direito de detê-lo.

O Professor Rubens Limogi França[16] com grande sabedoria divide o direito ao nome sob três enfoques distintos:

---

15. LOUREIRO, Luiz Guilherme. *Registros Públicos – Teoria e Prática*. 3ª ed. Método: São Paulo, 2012, p. 47.
16. FRANÇA, Rubens Limongi. *Do nome civil das pessoas naturais*. 2. ed. São Paulo: Revista dos Tribunais, 1964. p. 178.

> "O direito de pôr o nome não é o direito ao nome e muito menos o direito a um nome. Verbi gratia, o pai tem o direito de pôr o nome em seu filho, que ao nascer tem o direito ao nome, mas não tem o direito a um nome. Só depois de posto o nome é que o direito ao nome da criança passa ao estágio de direito a um nome. Portanto, além de outras, nota-se desde logo a diferença que consiste em o sujeito do direito de pôr o nome ser um (o pai) e o direito ao nome, outro (a criança). O mesmo se dá com relação ao direito a um nome, sendo que, ainda, o direito de pôr o nome lhe é anterior".

Abordando-se o direito ao nome do natimorto, podemos observar três faces, quanto ao conceito e quanto à titularidade do direito.

A primeira é o *direito de pôr o nome*, que se caracteriza no direito que os pais do natimorto têm em dar-lhe um nome.

A segunda é o *direito ao nome*, cuja titularidade é do nascituro, enquanto ser vivo intrauterino. Partindo da premissa que o nascituro é detentor de direitos da personalidade, premissa esta já discutida e incontestável, observa-se que o direito ao nome é direito garantido independentemente do nascimento. O nascituro enquanto ser vivo que remanesce no ventre materno já detém o direito de ter um nome, o *direito ao nome*. Nesta linha de raciocínio, ao natimorto (nascituro falecido no ventre materno) também é garantido o *direito ao nome*, uma vez que referido direito já lhe era assegurado antes mesmo de nascer e falecer ainda no ventre. Sendo o natimorto, titular de direitos, assim como o nascituro o é, não haveria lógica em negar-lhe direito ao nome, sob a alegação de que nasceu morto, uma vez que o direito ao nome já lhe havia sido previamente garantido.

A terceira é o *direito a um nome*, que é a exteriorização do *direito ao nome*, o qual advém do registro, o tornando único. Todavia, há situações inversas nas quais o *direito a um nome* é anterior ao registro, que é o caso de pessoas que são conhecidas por apelidos ou pseudônimos, e posteriormente pleiteiam a inclusão destes em seu assento civil.

Mariana Undiciatti Barbieri Santos[17] em sua monografia diferencia também o *direito de pôr o nome* e o *direito de tomar o nome* sob o ângulo da titularidade:

> "Por fim, o direito de pôr o nome se caracteriza como o direito que determinada pessoa tem de atribuir nome a outrem. E o direito de tomar

---

17. SANTOS, Mariana Undiciatti Barbieri. *Nome de Natimorto*. Monografia apresentada em curso de especialização *lato senso* em Direito Notarial e Registral perante a Escola Paulista da Magistratura. São Paulo: EPM, 2012. p. 40.

> *o nome é aquele que determinada pessoa tem de atribuir, a si própria, determinado prenome ou nome de família".*

O que se discute nesse artigo é o direito a um nome, que é a exteriorização do nome com a inscrição deste nos livros registrais das pessoas naturais.

Demonstrou-se que o direito ao nome decorre dos direitos da personalidade, os quais são irrenunciáveis e intransmissíveis, e que a exteriorização deste é o direito a um nome, fazendo-o único com a sua inscrição perante o Oficial de Registro Civil das Pessoas Naturais.

A esta situação, nas palavras do desembargador Jones Figueirêdo Alves[18], fica evidente *"... um luto social diante do natimorto, filho dos pais que não o tiveram e cidadão que a sociedade não o recebeu. Mães de mãos vazias e parturientes de parto inútil compõem uma realidade de vida que não pode ser despercebida pelo direito".*

Desta feita, vê-se que a ausência do nome fere de modo patente e incisivo o princípio da dignidade. E como forma de afastar triste lacuna, diversos estados da federação têm se movimentado e têm alterado suas normas de serviço para fazer constar o direito ao nome do natimorto, resguardando-se, portanto, o princípio constitucional da dignidade. No capítulo a seguir serão apresentadas as normas de serviço de alguns Estados da federação, ora compreensíveis da necessidade de atribuir um nome ao natimorto ora não.

5. NOME DO NATIMORTO E AS NORMAS DE SERVIÇO DOS ESTADOS BRASILEIROS

Conforme já explicitado, a atribuição de nome e sobrenome ao natimorto importará o respeito à dignidade da família e do natimorto.

O artigo 53, §1º da Lei nº 6.015/1973 dispõe que o registro de natimorto deve ser feito *"com os elementos que couberem"*, sem, no entanto, explicitá-los.

Baseado neste artigo, a interpretação mais consentânea com o direito seria fazer inserir neste registro elementos dos assentos de nascimento e de óbito. E assim o fazendo, a inclusão do nome do natimorto no assento não afrontaria o previsto na legislação, pelo contrário, a res-

---

18. ALVES, Jones Figueirêdo. *Identidade do natimorto em dignidade do seu óbito.* Disponível em: http://www.irpen.org.br/noticia.php?not=3632 Acessado em: 17/12/2016.

peitaria sob o enfoque constitucional do princípio da dignidade dos pais e do natimorto.

Ocorre que há estados que vão além do previsto no artigo 53, §1º da Lei nº 6.015/1973, vedando expressamente a menção ao nome do natimorto, e outros simplesmente não relacionando tais elementos.

A fim de reconhecer tal direito e dirimir interpretações normativas díspares, foi apresentado Projeto de Lei em 2013 na Câmara buscando alterar o artigo 53, §1º, da Lei nº 6.015/1973 para a seguinte redação: *"No caso de ter a criança nascido morta, será o registro feito no livro "C Auxiliar", com os elementos que couberem, inclusive, caso seja a vontade dos pais, com o nome e o prenome que lhe forem postos".*

Ocorre que em 30 de junho de 2015, o então, presidente da República, Michel Temer, vetou integralmente o Projeto de Lei (PL nº 5.171 da Câmara e PL 88/2013 do Senado), veto este mantido pela Câmara em 24 de setembro de 2015.

Na justificativa de veto, o presidente em exercício, afirmou que, após ter ouvido o Ministério da Justiça e a Secretaria de Políticas para as Mulheres, da Presidência da República, *"a alteração poderia levar a interpretações que contrariariam a sistemática vigente no Código Civil, inclusive com eventuais efeitos não previstos para o direito sucessório".*

Em suma, na esfera legislativa nada foi resolvido, e as razões do veto só denotam a ausência de entendimento sobre a matéria.

Na árdua busca para atender aos anseios daqueles que passaram por enorme sofrimento ao perder o filho, somado ao desprezo da ordem jurídica em dar-lhe ao menos um nome, a saída seria buscar nos diversos Estados da federação a alteração nas Normas de Serviço Extrajudiciais.

5.1. NORMAS DE SERVIÇO DO ESTADO DE SÃO PAULO

Em decorrência da monografia apresentada em curso de pós-graduação perante a Escola Paulista da Magistratura do Estado de São Paulo pela registradora Mariana Undiciatti Barbieri Santos[19], as Normas de Serviço do Estado de São Paulo foram revistas.

---

19. SANTOS, Mariana Undiciatti Barbieri. *Nome de Natimorto.* Monografia apresentada em curso de especialização *lato senso* em Direito Notarial e Registral perante a Escola Paulista da Magistratura. São Paulo: EPM, 2012.

Graças ao primoroso trabalho apresentado pela registradora, o Provimento CG/SP nº 41/2012 foi editado e as Normas foram alteradas para comportar a seguinte redação: *"Em caso de natimorto, facultado o direito de atribuição de nome, o registro será efetuado no livro "C-Auxiliar", com o índice em nome do pai ou da mãe, dispensando o assento de nascimento."* (Item 32, Capítulo XVII, das Normas de Serviço da Corregedoria-Geral da Justiça do Estado de São Paulo).

5.2. NORMAS DE SERVIÇO DO ESTADO DE MINAS GERAIS

Seguindo a vanguarda paulista, a Corregedoria de Minas também reviu suas Normas de Serviço e atribuiu a faculdade aos pais em atribuir nome e sobrenome ao natimorto com a edição do Provimento CG/MG nº 260/2013, que comportou o novo entendimento no artigo 537 do Capítulo IV, cuja redação segue transcrita: *"O registro de natimortos será feito no Livro "C - Auxiliar" e conterá, no que couber, os elementos de registro do nascimento e do óbito, facultando-se aos pais dar nome ao natimorto".*

5.3. NORMAS DE SERVIÇO DO ESTADO DE PERNAMBUCO

O desembargador Jones Figueirêdo Alves[20], grande entusiasta da matéria, apresentou proposta para alteração das Normas de Serviço de Pernambuco para facultar aos pais a inclusão no nome e sobrenome no assento de natimorto.

A proposição restou frutífera, sendo editado o Provimento CG/PE nº 12/2014, que incluiu no artigo 634, parágrafo único, no Código de Normas: *"O Oficial deverá consignar no assento de óbito do natimorto o prenome e sobrenome, sempre que for solicitado pelo declarante"* (artigo 634, parágrafo único, Título IV, Código de Normas dos Serviços Notarias e de Registros do Estado de Pernambuco).

5.4. NORMAS DE SERVIÇO DO ESTADO DE SERGIPE

Seguindo a mesma tendência normativa, o Estado de Sergipe prevê em suas Normas de Serviço a faculdade de ser inserido o nome do natimorto no respectivo registro.

Observa-se que referida alteração se deu pelo Provimento CG/SE nº 04/2015, que também estabeleceu expressamente a vedação à expres-

---

20. ALVES, Jones Figueirêdo. *Identidade do natimorto em dignidade do seu óbito*. Disponível em: http://www.irpen.org.br/noticia.php?not=3632 Acessado em: 17/12/2016.

são 'feto' no assento, além de inovar quanto à possibilidade de indexação do livro C-auxiliar com base no nome do natimorto, e não só com base no nome dos pais: *"Em caso de natimorto, será facultada ao declarante a indicação do nome, não sendo usada a expressão "feto". O registro será efetuado no Livro C - Auxiliar, com índice em nome do registrado, do pai ou da mãe, dispensado o assento de nascimento"* (artigo 353 da Consolidação Normativa Notarial e Registral do Estado de Sergipe).

5.5. NORMAS DE SERVIÇO DO ESTADO DE MATO GROSSO DO SUL

As Normas de Serviço do Estado de Mato Grosso do Sul vedava expressamente a inclusão do nome no assento de natimorto: *"Quando se tratar de natimorto, não será dado nome, nem usado o termo "feto": o registro será efetuado no Livro "C - Auxiliar", com o índice em nome do pai ou da mãe, dispensando-se o assento de nascimento".*

Contudo, seguindo a tendência que vêm se espalhando pelos diversos Estados da Federação, o Estado de Mato Grosso do Sul também alterou seu Código de Normas, o fazendo pelo Provimento CG/MS nº 80/2013, o qual facultou aos pais o direito de escolher um nome ao seu filho natimorto: *"Quando se tratar de natimorto, facultado o direito de escolha do nome do registrando, o registro será efetuado no Livro "C – Auxiliar", com índice em nome do pai ou da mãe, dispensado o assento de nascimento"* (artigo 635 do Código de Normas da Corregedoria-Geral de Justiça do Estado de Mato Grosso do Sul).

5.6. NORMAS DE SERVIÇO DO ESTADO DE RONDÔNIA

O Estado de Rondônia, por expressa previsão nas Diretrizes Gerais Extrajudiciais, reconhece o direito da personalidade ao nascituro, e assegura o respeito ao princípio da dignidade dos pais, atribuindo-lhes a faculdade de exercerem o direito de colocarem um nome ao filho morto: *"Art. 599. Em caso de "natimorto", facultado o direito de atribuição de nome, o registro será efetuado no livro "C-Auxiliar", com o índice em nome do pai ou da mãe, dispensando o assento de nascimento".*

5.7. NORMAS DE SERVIÇO DO ESTADO DO RIO DE JANEIRO

No Estado do Rio de Janeiro, a Consolidação Normativa da Corregedoria Geral de Justiça do Estado do Rio de Janeiro, Parte Extrajudicial, nada prevê a respeito da possibilidade de inclusão no nome e sobrenome de natimorto. Desta feita, nos assentos de natimorto consta apenas o dizer *"óbito fetal"* ou *"natimorto".*

Em razão de tal ausência normativa, a Defensoria Pública do Estado do Rio de Janeiro provoca o Tribunal de Justiça propondo alteração normativa para fazer constar no assento de natimorto o nome e o sobrenome.

5.8. NORMAS DE SERVIÇO EM OUTROS ESTADOS DA FEDERAÇÃO

No *Estado do Rio Grande do Sul* não houve alteração legislativa. Havendo, apenas previsão genérica no artigo 115 da Consolidação Normativa Notarial e Registral da Corregedoria-Geral da Justiça, para que se lavre o assento de natimorto com *'os elementos adequados'.*

O Código de Normas Extrajudiciais do *Estado do Paraná* sequer faz menção ao registro de natimorto, apenas estabelece que o índice será pelo nome dos genitores (artigo 97, parágrafo único) e que as certidões de registro de natimorto explicitem apenas o número da matrícula em sua parte superior e os demais elementos aplicáveis (artigo 115).

O *Estado da Bahia* não alterou seu Código de Normas, prevendo no artigo 474 genericamente que, se a criança nascer morta será feito o registro de natimorto com os *'elementos que couberem'* sem ao menos especificar quais são.

Assim temos que, nestes Estados em que inexiste regra expressa nas normas de serviço, a atuação prática é sempre a mesma, lavrar assentos com os *'elementos que couberem'* e sem a menção do nome e do sobrenome.

Os registradores civis atuam desta maneira em razão do previsto no artigo 53, §1º, da Lei 6.015/73, que permite tão somente a inclusão dos elementos conhecidos, excluindo-se, portanto, o nome que seria elemento 'desconhecido'.

Entende-se como elementos necessários para a lavratura do assento, os mesmos empregados nos registro de nascimento e de óbito, ressalvadas as peculiaridades do registro: como data, hora e local de nascimento sem vida, sexo, idade gestacional, cor, se era gemelar, qualificação completa dos pais - nome, naturalidade, profissão, idade da genitora na ocasião do parto e domicílio, nome dos avós maternos e paternos - , causas da morte e nome do médico que a atestou e local do sepultamento.

Nestes Estados, a realidade é triste. O filho esperado e com nome já idealizado por seus pais tornam-se meros registros de feto que feneceu, sem a inclusão de nome em seu assento de natimorto, como um nada para o ordenamento jurídico.

Por fim, a seguir pontuaremos os elementos mais incisivos do instituto, bem como demarcaremos necessidade de evolução legislativa quanto ao tema direito ao nome do natimorto.

6. CONCLUSÃO

Por todo o exposto, conclui-se que o natimorto (nascituro que faleceu no ventre), é titular de direitos da personalidade, haja vista o artigo 2º do Código Civil ter adotado a teoria concepcionista, e assim o sendo, é inegável seu direito em ter um nome e o de seus pais em dar-lhe um nome.

Insubsistente a manutenção do entendimento de que ao natimorto não se dará um nome, isto porque após 20 semanas gestacionais, o feto passa à condição de nascituro, situação que o faz alcançar direitos da personalidade, dentre os quais o direito personalíssimo a nome e sobrenome.

Ademais, ficou demonstrado que a omissão do nome no assento de natimorto importa enorme afronta ao princípio da dignidade da pessoa humana seja aos pais, que passaram pelo traumático evento do filho morto, seja ao nascituro, que merece respeito e não desprezo pela ordem jurídica.

Todavia, tem-se visto que desde a alteração das Normas de Serviço do Estado de São Paulo tem havido enorme mobilização para alteração de tal previsão na esfera legislativa federal e administrativa dos Estados. Na esfera legislativa, por ora, a mudança não prosperou, porém na esfera administrativa, tem prosperado a passos largos.

Atualmente, há ao menos seis estados da federação que alteraram suas Normas para facultar aos pais o direito de atribuir ao filho natimorto um nome e um sobrenome. Hoje, os Estados que já têm tal normatização são: São Paulo, Minas Gerais, Pernambuco, Sergipe, Mato Grosso do Sul e Rondônia, em breve o Rio de Janeiro.

Por fim, este trabalho buscou trazer, mais uma vez, a debate a discussão acerca da possibilidade de atribuição de nome e sobrenome ao natimorto. O direito ao nome atende ao preceito constitucional da dignidade dos pais e do nascituro. Além do quê, concluindo nas palavras de Mariana Undiciatti Barbieri Santos[21], "*o direito deve estar a serviço*

---

21. SANTOS, Mariana Undiciatti Barbieri. *Nome de Natimorto*. Monografia apresentada em curso de especialização *lato senso* em Direito Notarial e Registral perante a Escola Paulista da Magistratura. São Paulo: EPM, 2012. p.63.

da vida, e não a vida a serviço do direito: não são os pais que devem ceder frente à impossibilidade de atribuição de nome ao filho que nascera morto, mas sim o ordenamento que deve acolher e regulamentar o direito dos pais de pôr nome em seu filho nessa condição".

7. REFERÊNCIAS BIBLIOGRÁFICAS.

ALVES, Jones Figueirêdo. *Identidade do natimorto em dignidade do seu óbito.* Disponível em: http://www.irpen.org.br/noticia.php?not=3632 Acessado em: 17/12/2016.

CAMARGO NETO, Mário de Carvalho e OLIVEIRA, Marcelo Salaroli. *Registro Civil das Pessoas Naturais: habilitação e registro de casamento, óbito e livro "E".* Vol. II. São Paulo: Saraiva, 2014.

CAMARGO NETO, Mário de Carvalho e OLIVEIRA, Marcelo Salaroli. *Registro Civil das Pessoas Naturais: parte geral e registro de nascimento.* Vol. I. São Paulo: Saraiva, 2014.

CHAVES, Antônio. *A esperada evolução do Registro Civil das Pessoas Naturais no Brasil* in Revista de Direito Civil. RDCiv 28/07: abr-jun/1984 *in* Coleção Doutrinas Essenciais – Direito Registral. Org. DIP, Ricardo e JACOMINO, Sérgio. V. I. São Paulo: Editora Revista dos Tribunais, 2011.

CHINELATO, Silmara Juny. *Tutela civil do nascituro.* São Paulo: Saraiva, 2000, p. 168/169.

DINIZ, Maria Helena. *O estado atual do biodireito.* 2.ed.São Paulo: Saraiva, 2002.

FRANÇA, Rubens Limongi. *Alteração de Prenome Composto* in Revista dos Tribunais. RT 596/44: nov/1973 *in* Coleção Doutrinas Essenciais – Direito Registral. Org. DIP, Ricardo e JACOMINO, Sérgio. V. I. São Paulo: Editora Revista dos Tribunais, 2011.

FRANÇA, Rubens Limongi. *Do nome civil das pessoas naturais.* 2ª ed. São Paulo: Revista dos Tribunais, 1964.

GONÇALVES, Carlos Roberto. *Direito Civil Brasileiro.* Vol. I. 4ª ed. São Paulo: Saraiva, 2007.

LENZA, Pedro. *Direito Constitucional Esquematizado.* 12ª ed. São Paulo: Saraiva, 2008.

LOUREIRO, Luiz Guilherme. *Registros Públicos – Teoria e Prática.* 3ª ed. São Paulo: Método, 2012.

MONTEIRO, Washington de Barros. *Curso de direito civil: parte geral.* 38ª ed. São Paulo: Saraiva, 1980.

PEREIRA, Caio Mário da Silva. *Instituições de Direito Civil.* Vol. 1. 19ª ed. Rio de Janeiro: Forense, 2002.

RODRIGUES, Sílvio. *Direito Civil. Vol 1.* 33ª ed. São Paulo: Saraiva, 2003.

SANTOS, Mariana Undiciatti Barbieri. *Nome de natimorto.* Jornal Arpen-SP, nº 128, ano 13, outubro de 2012. Disponível em: htttp://www.arpensp.org.br/?pG=X19qb3JuYWlzX2FycGVu&id_jornal=99 Acessado em: 08/12/2016

SANTOS, Mariana Undiciatti Barbieri. *Nome de Natimorto.* Monografia apresentada em curso de especialização *lato senso* em Direito Notarial e Registral perante a Escola Paulista da Magistratura. São Paulo: EPM, 2012.

SANTOS, Reinaldo Velloso dos. *Registro Civil das Pessoas Naturais.* Porto Alegre: Sergio Antonio Fabris Editor, 2006.

TARTUCE, Flávio. *Manual de Direito Civil. Vol.único.* São Paulo: Método, 2014.

TARTUCE, Flávio. Os direitos da personalidade no novo Código Civil. *Revista Jus Navigandi*, Teresina, ano 10, n. 878, 28 nov. 2005. Disponível em: <https://jus.com.br/artigos/7590>. Acessado em: 16/12/2016

TEPEDINO, Gustavo. *A tutela da personalidade no ordenamento civil-constitucional brasileiro. Temas de Direito Civil Tomo I.* Rio de Janeiro: Renovar, 2004.

VENOSA, Sílvio de Salvo. *Direito Civil. Parte Geral. Vol 1.* 3ª ed. São Paulo: Atlas, 2003.

http://www.saude.sp.gov.br/resources/ccd/homepage/acesso-rapido/civs/oficina-aprimoramento/obito_fetal_perda_fetal_ou_morte_fetal.pdf Acessado em: 09/12/2016

https://registrocivil.wordpress.com/2010/08/12/natimorto-regra-de-competencia-prazo-elementos-do-assento/ Acessado em: 15/12/2016

Ministério da Saúde. Secretaria de Vigilância em Saúde. Departamento de Análises de Situação em Saúde. Organização: Coordenação Geral de Informações e Análise Epidemiológica. *Manual de Instruções para o preenchimento da declaração de nascido vivo.* Disponível em: http://portalpbh.pbh.gov.br/pbh/ecp/files.do?evento=download&urlArqPlc=manualdn_nova.pdf Acessado em: 09/12/2016

CAPÍTULO 14

Averbações e anotações no registro civil das pessoas naturais

Vívian Pereira Lima[1]

Sumário: Introdução; 1. Averbações e Anotações no Registro Civil das Pessoas Naturais; 1.1. Princípios Relacionados; 1.2. Procedimento; 1.2.1. Averbações; 1.2.1.1. Espécies de Títulos Apresentados; 1.2.1.1.1. Mandado Judicial; 1.2.1.1.2. Escritura Pública; 1.2.1.1.3. Títulos Administrativos; 1.2.1.2. Meio de Apresentação do Título; 1.2.1.3. Certidão devida pelo ato de averbação; 1.2.1.4. Atualização dos Dados na Central; 1.2.2. Anotações; 1.2.2.1. Formas de Apresentação; 1.2.2.1.1. Intranet; 1.2.2.1.2. Correios; 1.2.2.1.3. Certidão; 1.2.2.1.4. Banco de Dados da CRC; 1.2.2.2. Prazo de Cumprimento; 2. Averbações em Espécie; 2.1. Averbações no Registro de Nascimento; 2.1.1. Alterações de Paternidade e Maternidade; 2.1.2. Alteração do Nome; 2.1.2.1. Efeitos Em Cascata Da Alteração Do Nome; 2.1.3. Suspensão e Perda do Poder Familiar; 2.1.4. Guarda e Tutela; 2.1.5. Adoção; 2.1.6. Perda e Aquisição da Nacionalidade; 2.2. Averbações No Registro De Casamento; 2.2.1. Separação, Restabelecimento Da Sociedade Conjugal E Divórcio; 2.2.2. Nulidade e Anulação do Casamento; 2.2.3. Alteração do Regime de Bens; 2.2.3. Alteração do Nome; 2.3. Averbações No Registro De Óbito; 2.3.1. Alteração de Local de Sepultamento; 2.3.2. Sepultamento ou Cremação de Cadáver Destinado a Estudo; 3. Retificações no Registro Civil; 4. Anotações em Espécie; 4.1. Anotações No Registro De Nascimento; 4.1.1. Casamento e União Estável; 4.1.2. Separação, Restabelecimento da Sociedade Conjugal, Divórcio e Dissolução de União Estável; 4.1.3. Óbito; 4.1.4. Emancipação; 4.1.5. Interdição e Tomada de Decisão Apoiada; 4.2. Anotações no Registro de Casamento; 4.2.1. Novo Casamento e União Estável; 4.2.2. Óbito; 5. Conclusão; 6. Referências Bibliográficas

INTRODUÇÃO

Os atos da vida civil são de extrema relevância jurídica pelo que, em sua grande maioria, são documentados no Registro Civil das Pessoas Naturais.

Todavia, em razão do dinamismo da vida, estes registros não poderiam permanecer estáticos, já que devem buscar espelhar a verdade real, ou seja, aquilo que atualmente representa aquela pessoa natural.

---

1. Tabeliã no Estado da Bahia. Foi Oficial de Registro Civil das Pessoas Naturais no Estado de São Paulo.

Neste contexto temos as averbações e as anotações que tem por escopo a atualização das informações daquela pessoa natural, publicizando a realidade atual e fática, projetada à margem dos registros respectivos, o que será por nós a seguir analisado.

1. AVERBAÇÕES E ANOTAÇÕES NO REGISTRO CIVIL DAS PESSOAS NATURAIS

Ante a necessidade de constantes alterações nos assentos do Registro Civil, bem como, indicações de atualizações decorrentes de outros assentos, criou-se o mecanismo das averbações e das anotações.

Segundo Reinaldo Velloso dos Santos, "a averbação é a consignação à margem do assento da alteração de um de seus elementos, como a retificação, o reconhecimento de paternidade, a alteração de nome, a separação e o divórcio"[2].

As averbações, portanto, prestam-se a alterar informações contidas naquele registro em que serão apostas.

Já as anotações são remissões de informações contidas em outros assentos para que não haja solução de continuidade da informação da vida daquela pessoa.

Conforme brilhante conceituação de Mario de Carvalho Camargo Neto e Marcelo Salaroli de Oliveira, "as anotações são remissões a outros registros ou averbações relativos ao registrado, são indicações de que existe outro ou outros atos de registro civil relativos à mesma pessoa"[3].

As anotações são indícios de direito e devem ser redigidas de modo simplificado, pois a busca da completa informação e constituição daquele direito somente é feita com a documentação a que a anotação se refere[4].

1.1. Princípios Relacionados

Alguns princípios do Registro Civil das Pessoas Naturais tem aplicação direta nas averbações e nas anotações.

---

2. SANTOS, Reinaldo Velloso dos. *Registro Civil das Pessoas Naturais.* Porto Alegre: Sergio Antonio Fabris Editor, 2006, p. 160.
3. CAMARGO, Mario de Carvalho Neto; OLIVEIRA, Marcelo Salaroli de Oliveira. *Registro Civil das Pessoas Naturais I.* São Paulo: Saraiva, 2014, p. 79.
4. Por exemplo, para fins de comprovação da viuvez a mera anotação na certidão de casamento não se faz suficiente, sendo necessária a apresentação da respectiva certidão de óbito.

O primeiro que podemos mencionar é o princípio da **legalidade**.

O princípio da legalidade está relacionado com o prévio exame de legalidade que deve ser feito aos títulos e documentos que lhe são apresentados para que se proceda à averbação ou anotação devida, ou seja: a própria qualificação registrária. É pacífico perante o Conselho Superior da Magistratura que até mesmo títulos judiciais se submetem à qualificação registrária.

Nesse sentido, esclareceu a decisão da 2ª Vara de Registros Públicos de São Paulo-SP:

[...] Longe de constituir desobediência ou afronta ao comando judicial, assinalo que a materialização do presente expediente traduz o lícito exercício da atuação pertinente à qualificação registraria do título (judicial ou não), desempenhada pelo Oficial. (...) O sistema registrário não se compadece com aparências, tampouco dispõe o Oficial registrador de atribuição para abrandar a divergência dos nomes, sob pena de se vulnerar o princípio da continuidade, o que não se concebe. As divergências apontadas reclamam prévia retificação nos órgãos competentes. Portanto, a recusa apresentada pela Oficial do Registro Civil das Pessoas Naturais do Subdistrito da Capital, afigura-se correta, no âmbito de qualificação registrária do título [5].

Assim, é possível exigir a complementação ou retificação de documento judicial apresentado, não se confundindo a qualificação registrária necessária com o descumprimento de ordem judicial.

O princípio da **continuidade**, igualmente mencionado na decisão acima colacionada, tem relação direta com o tema ora abordado. Isto porque as averbações e anotações devem, em regra, observar a continuidade.

No que diz respeito às averbações, estas sempre observarão a continuidade. Assim, impossível averbar o restabelecimento da sociedade conjugal, sem antes averbar a separação do casal.

Esclarece-se que se considera a data da ocorrência do fato para que se verifique a continuidade, sendo irrelevante que permaneçam visualmente em ordem diversa na coluna respectiva. Ou seja, nada impede que em determinado assento de nascimento seja anotado um divórcio onde já existia a anotação de óbito daquela pessoa, pois o que se deve conside-

---

5. Processo: 1031544-92.2014.8.26.0100, Julgado aos 25/05/2015.

rar é a data em que realizado o divórcio, na qual a pessoa se encontrava viva, por óbvio. Neste sentido há decisão da 2ª Vara de Registros Públicos de São Paulo-SP[6].

O princípio da continuidade, quando hipótese de anotação, não deve seguir o mesmo rigor. Muitas vezes ao anotarmos um novo casamento no assento de nascimento daquele registrando, não há o motivo da extinção do casamento anterior ou até mesmo, não há anotação de casamento anterior. O ideal é a busca pela completa sequência dos atos. Contudo, caso tal providência tenha sido tomada sem que se logre êxito, deve-se anotar a informação, ainda que fora da continuidade pretendida.

Este é o entendimento de Marcelo Salaroli de Oliveira e de Mario de Carvalho Camargo Neto:

[...] se passado um prazo de cinco dias úteis ou prazo maior que o oficial considerar razoável ante as peculiaridades do caso, não for enviada a comunicação de casamento, a melhor conduta é anotar o divórcio, ainda que sem a prévia anotação do casamento, pois para o sistema de publicidade é mais interessante ter a informação, ainda que incompleta, do que não ter informação alguma[7].

Cumpre ressaltar que os Oficiais devem adotar boas práticas para que se consiga respeitar esta continuidade. É frequente na vida prática a seguinte situação: o Registro Civil envia, via Central de Informações de Registro Civil das Pessoas Naturais (CRC), ao outro cartório, a comunicação de novo casamento e este recebedor rejeita a comunicação sob o argumento: "enviar divórcio do anterior". Ocorre que esta rejeição apenas gera o retrabalho ao cartório que enviou a comunicação, pois frequentemente a extinção do casamento anterior se deu em outro cartório, seja pelo divórcio, seja pela morte. Nesta hipótese mencionada, o cartório deve reenviar a mesma comunicação anteriormente rejeitada e acrescer no campo observações: "do casamento anterior é viúvo, com registro de óbito realizado no cartório "X" — solicitar a comunicação à este" ou "averbado o divórcio no assento de casamento lavrado no cartório "Y" — solicitar a comunicação à este".

Assim, visando evitar tais rejeições, sugere-se que a comunicação seja enviada com o preenchimento no campo "observações" do motivo da dissolução anterior. Caso não tenha sido enviada com este esclareci-

---

6. Processo 000.02.192647-6 publicado no Diário Oficial aos 28/11/2002.
7. *Op.cit.*, p. 65.

mento, o cartório recebedor da nova comunicação pode utilizar-se da ferramenta "mensagens internas" da Central de Informações de Registro Civil das Pessoas Naturais (CRC) para solicitar informação ao Cartório competente. Desta forma, evita-se a rejeição desnecessária de comunicação que se encontra completa e passível de cumprimento. Observa-se que a quebra da continuidade deve ser verificada e solucionada não pelo cartório que enviou a comunicação, mas por aquele que recebeu, cabendo a este (e não àquele) preencher a informação faltante neste lapso.

Temos por muitas vezes que os elementos para que se faça a anotação faltante consta da própria comunicação recebida, como é o caso das comunicações de divórcio, que contem data do casamento, nome que passou a adotar, livro, folhas e termo do assento de casamento. Nestes casos, pode-se utilizar da mesma comunicação para que se proceda às duas anotações devidas. Alguns Oficiais paulistas continuam a exigir o envio das duas comunicações justificando ser necessário para o devido ressarcimento destas pelo Sindicato dos Notários e Registradores (SINOREG). Todavia, ressalta-se que devemos nos pautar na eficiência do serviço público, sendo possível, portanto, o cumprimento de dois atos com apenas uma comunicação, caso constem todas as informações suficientes para tal.

Ainda podemos mencionar como princípio relacionado, o princípio da **instância ou rogação**, princípio pelo qual atividade do Oficial deve iniciar mediante provocação da parte interessada.

Para as averbações, o princípio da instância tem total aplicação, já que para ser realizada à margem do assento, faz-se necessária a provocação da parte interessada, ou seja, requerimento, ainda que verbal, e apresentação de documento hábil.

Contudo, o princípio da instância não está presente nas anotações, que são feitas, em regra, de ofício, mediante comunicação interna entre cartórios.

Por fim, é da essência dos registros públicos o princípio da **publicidade**, meio pelo qual se dá conhecimento *erga omnes* de todos os atos praticados, inclusive das averbações e anotações nele contidas, através da emissão da respectiva certidão.

As averbações podem ser transcritas em campo próprio da certidão, como é o caso das averbações de separação e de divórcio, ou alteradas diretamente no corpo da certidão.

Quando a informação contida na averbação não for protegida por sigilo e, sendo hipótese de alteração diretamente no corpo da certidão, como são os casos de retificação judicial ou retificação administrativa, deve-se mencionar no campo destinado às averbações na certidão a afirmação: "a presente certidão envolve elementos de averbação à margem do termo"[8].

Contudo, é possível que a informação contida na averbação constante do assento seja restrita e sigilosa, como são os casos de averbação de legitimação, legitimação adotiva, proteção à testemunha, reconhecimento de paternidade, alteração de patronímico e adoção. Nestes casos, fica proibida a transcrição da averbação ou menção da frase "a presente certidão envolve elementos de averbação à margem do termo", devendo a informação alterada ser incluída no próprio corpo da certidão, não constando qualquer referência sobre a existência desta averbação[9].

1.2. Procedimento

1.2.1. Averbações

As averbações se iniciam com a apresentação do título competente, que deve ser submetido à qualificação registrária. Este título pode ser um mandado judicial, uma carta de sentença, uma escritura pública ou procedimento administrativo com ou sem manifestação do Ministério Público ou Juiz Corregedor. Juntamente com o título, tem-se o requerimento da parte interessada, que muitas vezes é verbal e implícito com a apresentação do documento hábil para averbação.

Veremos a seguir os títulos mais frequentes de apresentação perante o Registro Civil.

1.2.1.1. Espécies de Títulos Apresentados

1.2.1.1.1. Mandado Judicial

Na grande maioria dos casos o título recebido é um mandado judicial ou sentença judicial transitada em julgado com força de mandado judicial. O documento judicial é apresentado pela parte ou pelo próprio Poder Judiciário.

---

8. Item 38.3 do Capítulo XII e item 47.7 do Capítulo XVII das Normas de Serviço da Corregedoria Geral de Justiça do Estado de São Paulo, bem como, enunciado 28 da Associação dos Registradores de Pessoas Naturais do Estado de São Paulo.
9. Item 47.7.1 do Capítulo XVII das Normas de Serviço da Corregedoria Geral de Justiça do Estado de São Paulo, bem como, enunciado 25 da Associação dos Registradores de Pessoas Naturais do Estado de São Paulo.

Em São Paulo, as sentenças e mandados em regra são assinados digitalmente pelos Juízes e seus colaboradores, sendo na maioria das vezes recebido na forma física pelo Oficial. Assim, a primeira qualificação a ser feita é a conferência do documento digital no site do E-SAJ[10]. Sendo autêntico, procede-se à qualificação dos demais elementos. Aqui não é feita qualificação de mérito, mas sim dos elementos extrínsecos do documento. Estando em tudo conforme, procede-se à averbação devida.

Em sendo caso de processo digital, a informação acerca do cumprimento do mandado pode ser feita via peticionamento eletrônico pelo responsável da unidade extrajudicial. Caso não seja processo eletrônico, a comunicação é feita de forma física mediante protocolo no fórum destinatário ou protocolo integrado no fórum de sua Comarca para aquele destinatário, ou ainda pelos correios.

1.2.1.1.2. Escritura Pública

É possível que a provocação seja por meio de Escrituras Públicas de Separação, Divórcio ou Reconciliação, bem como, de Reconhecimento de Paternidade. Nestes casos, é interessante que se faça a consulta do ato na Central de Serviços Eletrônicos Compartilhados (CENSEC) para que se verifique a autenticidade deste[11]. Também é pertinente que o Oficial proceda à conferência do Sinal Público constante do traslado apresentado, igualmente na Central de Serviços Eletrônicos Compartilhados (CENSEC), na sub-Central, CNSIP.

Feita a conferência de autenticidade do documento, procede-se à qualificação que, sendo positiva, gera a averbação devida.

1.2.1.1.3. Títulos Administrativos

Por fim, o título apresentado para averbação muitas vezes é produzido pela própria serventia, como é o caso, por exemplo, dos Reconhecimentos de Paternidade ou Retificações Administrativas de Assento. Nestes casos, dispensam-se maiores indagações acerca da autenticidade do documento, eis que produzido pelo Oficial com manifestação de interessados.

Deve-se ter maior cautela nos casos em que o Procedimento de Reconhecimento de Paternidade foi produzido em outra serventia, sendo

---

10. Acessar o site http://esaj.tjsp.jus.br/ e fazer a "Conferência de Documento Digital".
11. Dentro da CENSEC é possível fazer a "Consulta a Ato", seja na Central CESDI que possui consulta aberta ao público, seja na Central CEP que deve ser acessada por meio de Certificado Digital.

conveniente que se confirme por contato telefônico a sua autenticidade. Para maior segurança do ato, sugere-se que sempre que o Procedimento seja feito em serventia diversa daquela que possui o assento de nascimento, que aquele procedimento seja encaminhado via *E-Protocolo* à serventia competente, ferramenta que explicaremos no tópico a seguir.

1.2.1.2. Meio de Apresentação do Título

Os títulos acima mencionados podem ser apresentados pelo interessado na forma física, diretamente na serventia competente, ou por meio digital, por intermédio da ferramenta denominada "E-Protocolo", inclusa dentro da Central de Informações de Registro Civil das Pessoas Naturais (CRC).

Pela ferramenta *E-Protocolo* é possível protocolizar em qualquer serventia do Estado de São Paulo documentos destinados à averbação em outra serventia do mesmo Estado. Explico: caso a parte compareça em seu balcão portando mandado judicial para averbação em assento de casamento de outra serventia no Estado de São Paulo, ainda que se trate de beneficiário da Justiça Gratuita, é possível encaminhá-lo de forma digitalizada pelo *E-Protocolo* e receber a certidão devida pela mesma ferramenta. Pelo *E-Protocolo* é possível enviar os seguintes títulos para averbação em outra serventia: Procedimento de Reconhecimento de Paternidade, Procedimento de Alteração de Patronímico, Alterações de Estado Civil (Separação, Reconciliação e Divórcio, judiciais ou extrajudiciais), Procedimento Administrativo de Retificação e Mandados de Retificação.

Ainda, especificamente em relação ao mandado, este pode ser encaminhado diretamente pelo Juízo Competente por meio da ferramenta "CRC-Jud" integrante da Central de Informações de Registro Civil das Pessoas Naturais (CRC), com explicações pertinentes no Comunicado CG Nº 1376/2015 da Corregedoria Geral de Justiça[12]. Nestes casos, os títulos

---

12. "COMUNICADO CG Nº 1376/2015. (Processo nº 2005/526) A Corregedoria Geral da Justiça COMUNICA aos Senhores Magistrados, Dirigentes e Servidores das Unidades Judiciais da Primeira Instância que no prosseguimento das operações disponibilizadas na Central de Informações do Registro Civil (CRC – Jud), os mandados de averbação destinados aos Oficiais de Registro Civil das Pessoas Naturais poderão ser encaminhados pela mencionada ferramenta, no menu "Mandados Eletrônicos", observadas as orientações que seguem: 1. Após emissão regular dos mandados no sistema SAJ/PG5, gerar arquivo no formato "pdf", utilizando o aplicativo "PDF Creator24": a) Selecionar o documento desejado e acionar a função de impressão a partir das seguintes funcionalidades do SAJ/PG5: Gerenciador de Arquivos (Menu ou Ícone: "Imprimir"), Pasta Digital (botão atividade: "Imprimir Mandado"), Consulta do Processo (Ícon-

para averbação são encaminhados pela plataforma e seu cumprimento é informado pela mesma ferramenta com envio da certidão eletrônica, o que além de reduzir custos, traz eficiência, celeridade e praticidade para todos interessados envolvidos.

1.2.1.3. Certidão devida pelo ato de averbação

Das averbações ou procedimentos administrativos realizados, deve-se incluir como resultante do ato uma certidão, conforme Nota Explicativa da Tabela de Emolumentos do Estado de São Paulo[13].

Situação curiosa ocorre quando da apresentação de mandado judicial de separação, divórcio ou reconciliação proveniente de Justiça Gratuita concedida a ambos litigantes. Temos que do ato de averbação, inclui-se UMA certidão. Assim, aquele contraente que primeiro apresenta o mandado consegue sua via isenta de custas e emolumentos. E como gerar a certidão daquele outro contraente que apresenta o mandado com Justiça Gratuita já averbado no respectivo assento? Para estas situações a única solução encontrada é a expedição de nova certidão mediante assinatura de declaração de pobreza, caso seja hipótese, pois impossível aplicar a Justiça Gratuita para a emissão da certidão.

Da mesma forma ocorre com tais mandados judiciais quando as partes não são beneficiárias da Justiça Gratuita, pois o primeiro interessado que apresentar o título para averbação irá arcar com os custos de uma averbação enquanto o segundo interessado irá arcar com valor inferior, devido pela emissão da certidão com averbação.

1.2.1.4. Atualização dos Dados na Central

Por fim, importante frisar que as averbações que gerem divergência com informação anteriormente prestada na Central de Informações de Registro Civil das Pessoas Naturais (CRC), devem ser atualizadas nesta, mediante edição do registro, constando a data da averbação que ense-

---

ne: "Imprimir) ou Editor de Texto (Menu: "Arquivo/Imprimir"); b) Selecionar a impressora "PDF 24"; c) A tela do aplicativo "PDF Creator24" será exibida; d) Acionar o botão "Salvar PDF"; e) Sugere-se que os arquivos sejam salvos em formato compactado em pasta compartilhada da Unidade Judicial; f) Caso não instalada no computador a impressora "PDF24" ou na impossibilidade de criação de compartilhamento e compactação de arquivos pela Unidade, acionar suporte técnico da Comarca. 2. Para o envio eletrônico do mandado ao sistema CRC--Jud, seguir o passo a passo abaixo, constante do "Manual CRC-Jud": Dúvidas: spi.planejamento@tjsp.jus.br. (DJE 21, 22, 23/10/2015)".

13. "1- É gratuita a primeira certidão dos atos previstos nesta tabela".

jou a alteração. Assim, se por exemplo, acrescido o nome do pai e novo sobrenome ao registrando em razão de reconhecimento de paternidade, estas novas informações deverão ser atualizadas na Central.

1.2.2. Anotações

Já as anotações podem ser feitas diante de comunicação recebida de outro cartório, por ato praticado por aquela própria serventia, mediante apresentação de certidão original pelo interessado ou até mesmo diante da informação obtida nas buscas dentro da Central de Informações de Registro Civil das Pessoas Naturais (CRC).

1.2.2.1. Formas de Apresentação

1.2.2.1.1. Intranet

As comunicações "intrasserventia" atualmente são feitas das seguintes formas: via CRC, via Malote Digital ou via postal.

As comunicações previstas nos artigos 106 e 107 da Lei n. 6.015/73 deverão ser enviadas obrigatoriamente pela Central de Informações de Registro Civil das Pessoas Naturais (CRC), ressaltando que a Central conta atualmente com 24 (vinte e quatro) Estados integrados ou em integração[14]. Neste caso, é desnecessário imprimir e arquivar cópia da comunicação recebida ou enviada[15], bastando a menção de seu número na anotação efetuada para que possa ser consultada a qualquer tempo pela Central.

Ainda, para os Estados não integrados na Central de Informações de Registro Civil das Pessoas Naturais (CRC)[16], é possível se valer do "Sistema Hermes - Malote Digital" criado pelo Conselho Nacional de Justiça. Nesta ferramenta você deve produzir a comunicação, digitalizá-la e en-

---

14. Alguns Estados possuem apenas algumas serventias cadastradas na Central, como por exemplo, os Estados do Amazonas, Tocantins ou Bahia.
15. Capítulo XVII das NSCGJSP: "135.1. As comunicações serão feitas obrigatoriamente via "intranet" (ARPEN-SP), se destinadas ao Estado de São Paulo, e mediante carta relacionada em protocolo, se endereçadas aos Registros Civis das Pessoas Naturais de outros Estados e ainda não interligadas; as comunicações remetidas por outros Estados ficarão arquivadas no Registro Civil das Pessoas Naturais que as receber até efetiva anotação".
16. O Provimento n.º 46 do Conselho Nacional de Justiça de 16/06/2015 determinou a obrigatoriedade de adesão de todos os Registros Civis do país à Central de Informações de Registro Civil das Pessoas Naturais (CRC): "Art. 4º (...) 1º. A adesão às funcionalidades da Central de Informações de Registro Civil das Pessoas Naturais – CRC será feita pelas serventias de todos os Estados da Federação no prazo máximo de um ano a contar da vigência deste Provimento (...)".

viar para a serventia escolhida. Há comprovante de leitura facilitando a comprovação do seu recebimento.

1.2.2.1.2. Correios

Para outros Estados a comunicação é feita pela forma antiga e retrógrada da via postal. É o caso do Estado da Bahia, por exemplo, que a grande maioria das serventias não se encontra integrada na Central de Informações de Registro Civil das Pessoas Naturais ou no Malote Digital.

As cartas enviadas deverão ser relacionadas em Protocolo para controle de correspondências. É comum que os Oficiais enviem a correspondência com Aviso de Recebimento, o que aumenta o custo operacional da serventia. Por isto é de tamanha importância a integração de todos os Estados na Central de Informações de Registro Civil das Pessoas Naturais o mais breve possível.

1.2.2.1.3. Certidão

Por fim, temos a possibilidade da anotação mediante apresentação de documento hábil pelo interessado. Prevê as Normas de Serviço da Corregedoria do Estado de São Paulo que "a anotação poderá ser feita à vista do original da respectiva certidão, ou de cópia autenticada, devendo a mesma ser arquivada em classificador próprio relativo às comunicações recebidas de outras serventias"[17]. Muitas vezes o interessado possui a Certidão de Óbito e solicita a de Casamento com a anotação de óbito, ainda não recebido para anotação. É possível nestes casos, utilizar-se da Certidão de Óbito apresentada para efetuar a anotação devida, arquivando-se a cópia da certidão utilizada para este fim.

1.2.2.1.4. Banco de Dados da CRC

O Provimento 46 do Conselho Nacional de Justiça autoriza que a anotação seja feita mediante informação obtida na CRC – Buscas[18].

Caso a suficiente informação seja localizada na Central, o Oficial poderá lança-la diretamente à margem do assento mediante anotação

---

17. Capítulo XVII, Seção X, item 138.3 das Normas de Serviço da Corregedoria Geral de Justiça do Estado de São Paulo.
18. "Art. 9º - A utilização da CRC – Comunicações não impede a realização da anotação por outros meios, como a apresentação diretamente ao Oficial de Registro Civil das Pessoas Naturais do original ou cópia autenticada da certidão do ato, ou a informação obtida na CRC – Buscas".

devida. Esta modalidade é principalmente utilizada quando da anotação de novo casamento no assento de nascimento da registranda que possui como última anotação o casamento anterior. Visando cumprir a continuidade, é prudente que o Oficial pesquise na Central a possibilidade do óbito do anterior cônjuge e assim, mencione esta informação previamente à informação do novo casamento a ser anotado, conforme veremos sugestão em tópico pertinente.

1.2.2.2. Prazo de Cumprimento

A anotação deve ser efetuada pela própria serventia que praticou o ato quando lhe seja pertinente ou enviada para cumprimento em outra serventia, no prazo máximo de 5 (cinco) dias a contar da prática do ato. Observa-se que as comunicações enviadas via Central de Informações de Registro Civil das Pessoas Naturais estão submetidas à "correição online"[19]. Assim, deixando o Oficial de cumprir no prazo legal comunicação recebida pela Central, sua serventia será alertada por meio de Comunicado da Corregedoria Geral de Justiça sobre a possibilidade de aplicação de pena em razão de sua desídia.

2. AVERBAÇÕES EM ESPÉCIE

2.1. Averbações no Registro de Nascimento

O registro de nascimento, em razão de ser o primeiro na ordem cronológica da vida da pessoa natural, é o que mais sofre alterações.

Em sua existência natural, é possível que a pessoa tenha a paternidade alterada, submeta-se à tutela, à guarda, entre tantos outros acontecimentos juridicamente relevantes.

Iremos analisar algumas averbações pertinentes ao assento de nascimento.

---

19. Determina o artigo 14 do Provimento 38/2014: *Art. 14. O sistema deverá contar com módulo de geração de relatórios (correição online) para efeito de contínuo acompanhamento, controle e fiscalização pelas Corregedorias Gerais da Justiça e pelo Conselho Nacional de Justiça.* Esse é um dos módulos da Central de Informações do Registro Civil - CRC disponibilizado aos Juízes Corregedores de cada Estado participante, onde é possível acompanhar em tempo real os envios e as pendências das Serventias de sua circunscrição. Por este instrumento é possível verificar se há comunicações (em aberto, recebidas de 5 a 30 dias ou recebidas há mais de 30 dias) ou ainda serventias que estão irregulares com as cargas dos índices de assento efetuados (sem carga ou sem carga há mais de 10 dias) entre outras funções.

2.1.1. Alterações de Paternidade e Maternidade

Frequente são os casos de alteração na paternidade, seja para incluí-la ou excluí-la dos registros.

Os procedimentos de reconhecimento de paternidade são os mais comuns no dia a dia das serventias, utilizados nas situações em que não há paternidade prévia estabelecida no assento.

Cumpre inicialmente esclarecer que é dever do Oficial indagar a respeito da indicação de paternidade quando da feitura de assento apenas com a maternidade estabelecida. Caso a mãe indique e dê elementos suficientes, é possível iniciar o procedimento do suposto pai, determinado pela Lei 8.560/92.

Todavia, caso a mãe decida por não indicar a paternidade naquele momento, deve o Oficial orientar acerca da possibilidade de indicação e comparecimento ao cartório em qualquer outro momento, sendo prudente preencher Declaração de Negativa de Indicação de Paternidade no ato do registro, a ser arquivada na serventia.

O reconhecimento de paternidade pode ser feito de diversas formas: diretamente quando da feitura do assento de nascimento, por escritura pública, em testamento, por termo particular de reconhecimento de paternidade feito em qualquer Registro Civil das Pessoas Naturais, nos moldes do Provimento 16 do Conselho Nacional de Justiça e por manifestação perante o juiz.

O procedimento mais atrelado ao Registro Civil é o reconhecimento administrativo de paternidade, nos termos do Provimento 16 do Conselho Nacional de Justiça, pois produzido inteiramente pelo Oficial de Registro Civil das Pessoas Naturais e por isso, merece destaque.

O reconhecimento de paternidade pela via administrativa é realizado por qualquer Oficial de Registro Civil das Pessoas Naturais, não havendo necessidade que seja realizado na serventia que possui o assento de nascimento do reconhecido.

Comparece o pai, obrigatoriamente maior de 16 (dezesseis) anos, portando documento de identificação e postula reconhecimento do filho, por meio do preenchimento do Termo de Reconhecimento de Paternidade contido no Provimento 16 do Conselho Nacional de Justiça. Aqui merece uma crítica: o modelo de Termo de Reconhecimento contido no Provimento 16 do CNJ exige que se conste o "estado civil" do genitor em sua qualificação. Contudo, é pacífico ser discriminatório de filiação conter o estado civil dos pais no assento de nascimento, motivo pelo qual, alguns Oficiais não preenchem esta informação no Termo de Reconhecimento de Paternidade.

O modelo ora analisado contem a seguinte afirmação: "DECLARO, sob as penas da lei, que a filiação por mim afirmada é verdadeira e que RECONHEÇO, nos termos do art. 1.609, II, do Código Civil, meu (minha) **FILHO(A) BIOLÓGICO(A)** acima identificado".

Diante do texto acima proposto, discute-se: cabe reconhecimento de paternidade na forma administrativa quando o pai afirma não ser o pai biológico, mas se considera pai afetivo da criança?

Esta questão não é pacífica entre os Registradores Civis e ausente regulamentação específica para estes casos.

Para aqueles Oficiais que aplicam o reconhecimento de paternidade socioafetiva na via administrativa, preenche-se o termo de reconhecimento de paternidade socioafetiva que é encaminhado ao Juiz Corregedor. Havendo seu deferimento, faz-se a averbação devida. Estes Oficiais fundamentam-se na decisão da Corregedoria Geral de Justiça do Estado de São Paulo, CG n.º 2014/144284, de 19/11/2014, em que o brilhante Juiz Dr. Swarai Cervone de Oliveira afirmou:

> "Em relação aos filhos biológicos, para os havidos durante a constância do casamento, a lei presume a filiação (CC 1.597); quanto aos concebidos fora dele, basta a declaração do pai perante o registrador para que seja averbada a paternidade no assento de nascimento (art. 1º, I, da Lei nº 8.560/92).
>
> No caso do filho havido fora do casamento, é importante destacar que não exige qualquer prova específica daquele que se apresenta com pai, sendo suficiente a afirmação desta qualidade perante o registrador – ou mesmo perante o juiz (o art. 2º, § 3º, da Lei nº 8.560/92).
>
> Quanto à filiação por socioafetividade que, repita-se, não se confunde com a adoção, a via judicial também é prescindível porque a Lei nº 8.560/92 cuida do reconhecimento de filhos havidos fora do casamento, sem discriminar o tipo de filiação: biológica ou socioafetiva.
>
> Assim, impedir o reconhecimento da filiação socioafetiva na via administrativa implicaria inegável afronta à vedação da discriminação da filiação em virtude da natureza prevista no § 6º, do art. 227, segundo o qual:
>
> Os filhos, havidos ou não da relação do casamento, ou por adoção, terão os mesmos direitos e qualificações, proibidas quaisquer designações discriminatórias relativas à filiação.
>
> Deste modo, se o filho biológico pode ser reconhecido voluntariamente pelo pai mediante simples declaração – desacompanhada de qualquer

prova – feita perante o oficial de registro civil, o mesmo direito, nas mesmas condições, deve ser concedido ao filho socioafetivo."

Contudo, há entendimento minoritário pela não aplicação do reconhecimento socioafetivo na via administrativa. Estes Oficiais negam a aplicação da decisão da Corregedoria Geral de Justiça com o seguinte argumento. A decisão foi proferida aos 19/11/2014 no seguinte caso em concreto: o casal de mulheres optou por gerar um filho por meio de inseminação artificial em que fertilizou-se óvulos de ambas e sémen de doador anônimo, introduzindo o óvulo em uma das mães, que foi a responsável pela gestação (*gestatrix*). Pretendeu-se acrescer o nome da mãe que participou de todo o procedimento de fertilização e considera-se mãe afetiva do bebê. A jurisprudência já estava consolidada para que esta maternidade fosse reconhecida pela via judicial em adoção unilateral. Porém, inovando e desburocratizando, o Excelentíssimo Juiz Dr. Swarai Cervone de Oliveira entendeu pela aplicação do procedimento administrativo de reconhecimento de filho socioafetivo.

Ocorre que naquele momento peculiar, no mês de novembro de 2014, alguns Estados já regulamentavam aquela situação, como era o caso dos Estados de Pernambuco, Maranhão, Ceará e Bahia[20], enquanto o Estado de São Paulo permanecia inerte. Visando preencher esta lacuna, a decisão da Corregedoria Geral de Justiça foi proferida.

Todavia, aos 14 de março de 2016 o Conselho Nacional de Justiça editou o Provimento n.º 52 que regulamentou o registro de nascimento dos filhos havidos por reprodução assistida, exatamente a hipótese que ensejou a decisão acima mencionada. Temos, portanto, que a decisão da Corregedoria Geral de Justiça do Estado de São Paulo é anterior ao Provimento, e por isso, alguns Oficiais entendem que ela não deve ser aplicada a casos que não se enquadram em tal situação de reprodução assistida. Para estas hipóteses, há a aplicação do Provimento n.º 52 do Conselho Nacional de Justiça, não cabendo estender o mesmo entendimento para qualquer tipo de paternidade ou maternidade socioafetiva, como o caso de padrastos ou madrastas, que continuam dependendo da adoção unilateral para sua inclusão no registro.

Cabe lembrar que qualquer dos posicionamentos adotados tem embasamento jurídico, devendo o Oficial se valer de seu entendimen-

---

20. O Estado da Bahia publicou o Provimento Conjunto CGJ/CCI-008/2014 datado de 17/11/2014 que regulamentava o registro de nascimento de filhos de casal homoafetivo, cujo teor foi publicado na Revista nº 153 de novembro de 2014 da ARPEN.SP.

to, corroborado pelo Juiz Corregedor da serventia, enquanto não regulamentado o reconhecimento socioafetivo na via administrativa, além do caso previsto no Provimento n.º 52 do Conselho Nacional de Justiça.

O reconhecimento de filho nos termos do Provimento 16 do Conselho Nacional de Justiça exige a concordância do registrado se maior de idade ou de sua genitora quando menor de idade, concordância esta que é dada no próprio procedimento administrativo. Havendo a negativa da mãe ou em sua falta, o artigo 7º, §2º do referido Provimento determina que o caso seja submetido ao Juiz Competente.

Atualmente é possível que os documentos pertinentes ao procedimento sejam digitalizados e encaminhados via "E-Protocolo" pela Central de Informações de Registro Civil das Pessoas Naturais (CRC) aos cartórios interligados.

Quanto aos emolumentos devidos pelo ato, recente alteração no Estatuto da Criança e Adolescente dada pela Lei 13.257/2016, determinou que sejam gratuitos os atos pertinentes ao reconhecimento de paternidade: "Art. 102 (...) §6º São gratuitas, a qualquer tempo, a averbação requerida do reconhecimento de paternidade no assento de nascimento e a certidão correspondente".

Em relação à paternidade temos ainda possível a sua exclusão pela via judicial, nos autos de ação negatória de paternidade e anulatória de registro civil.

A ação negatória de paternidade é aquela manejada pelo pai que visa afastar a presunção de filiação decorrente do casamento, desconstituindo-se a paternidade daquele filho, com fulcro no artigo 1.601 do Código Civil. Há entendimento no sentido de ser possível o manejamento desta ação pelo pai casado ou não com a genitora do filho[21].

Já a ação anulatória de registro civil ou a ação declaratória de inexistência de filiação visa reivindicar estado contrário do que resulta o registro, que foi decorrente de falsidade ou erro no assento do registro civil, nos termos do artigo 1.604 do Código Civil, podendo ser manejada por qualquer pessoa que apresente legítimo interesse em demonstrar a existência de erro ou falsidade do registro civil[22].

---

21. TJMG, Apelação Cível n. 1.0035.09.152971-5/001(1), rel. Des. Dárcio Lopardi Mendes, j. 22.04.2010 *apud* Milton Paulo de Carvalho Filho, Código Civil Comentado, p. 1630.
22. Superior Tribunal de Justiça. REsp 1238393/SP Min. Raul Araujo. Julgado aos 02/09/2014.

É possível a inclusão da paternidade mediante ação de investigação de paternidade e ação de prova de filiação.

A ação de investigação de paternidade é aquela manejada pelo suposto filho em face do suposto pai, objetivando que seja reconhecida a paternidade, de forma compulsória, nos termos da Lei 8.560/1992.

A ação de prova de filiação prevista no artigo 1.606 do Código Civil é igualmente manejada pelo suposto filho, contudo, diferentemente da ação de investigação de paternidade, a filiação aqui não é compulsória, pois o pai sempre agiu como se pai fosse, servindo apenas para buscar a regularização do registro[23].

Não muito frequente, mas possível, temos a existência de mandado para exclusão ou inclusão de maternidade, muitas vezes configurada por questões socioafetivas reconhecidas judicialmente.

Por fim, temos a possibilidade de mandado para inclusão de maternidade ou paternidade onde antes já lhe havia uma estabelecida, sem sua prévia exclusão. Estes casos são os recentemente julgados de multiparentalidade.

A multiparentalidade é verificada no caso concreto, mas podemos elencar quatro casos pragmáticos[24] na jurisprudência:

a) Adoção Unilateral por Casais Homoafetivos: a discussão da multiparentalidade se iniciou na doutrina e jurisprudência a partir das novas constituições de família, especificamente nos casos de união homoafetiva em que se verifica a existência de "dois pais" ou "duas mães". Reconhecendo este novo paradigma de família, o Superior Tribunal de Justiça decidiu no Resp. 889852/RS (Julgado aos 27/04/2010 pelo Ministro Luis Felipe Salomão da 4ª Turma) pela existência de fortes vínculos afetivos entre o menor e a companheira de sua mãe biológica, estabelecendo a dupla maternidade mediante adoção unilateral pela mãe socioafetiva.

b) Inseminação Artificial por Casais Homoafetivos: a ideia de adoção unilateral evoluiu para aceitar que é desnecessário o procedimento posterior de adoção unilateral por uma das pessoas envolvidas, ainda que somente afetivamente, no procedimento de inseminação artificial. Com este novo conceito, a 2ª Vara de Registros Públicos decidiu pela realização do

---

23. PELUSO, Cezar. *Código Civil Comentado.* 8ª ed., Barueri: Manole, 2014, p. 1.642.
24. CASSETTARI, Christiano. Multiparentalidade e Parentalidade Socioafetiva Efeitos Jurídicos. São Paulo: Atlas, 2014, p.152 a 166.

assento já com a dupla maternidade, pela via administrativa, mediante reconhecimento socioafetivo (Processo n.º 0016266.45.2012.8.26.0001 de 26/07/2012, Julgado pelo MM. Juiz Márcio Martins Bonilha Filho). Posteriormente, o Provimento n.º 52 do Conselho Nacional de Justiça veio regulamentar a situação em todo território nacional, determinando a possibilidade da dupla maternidade ou paternidade diretamente no cartório.

c) Relação de *Padrastio* e *Madrastio*: frequentes são os casos em que se acresce à paternidade ou maternidade biológica aquela estabelecida em decorrência de laços afetivos. Caso interessante foi julgado pela 1ª Vara Cível da Comarca de Ariquemes, Estado de Rondônia no Processo n.º 0012530-95,2010.8.22.0002 (julgado aos 13/03/2012 pela MM. Juíza Dra. Deisy Cristhian Lorena de Oliveira Ferraz) em que a menor foi reconhecida afetivamente pelo seu padrasto direto quando da lavratura do assento de nascimento. Posteriormente, decidiu desconstituir esta paternidade registral para constar seu pai biológico, com quem passou a se relacionar após exame de DNA que confirmou a paternidade. Entendendo pelo melhor interesse da menor e percebendo a existência de laços afetivos com ambos pais, a juíza determinou a inclusão do pai biológico sem afastar a paternidade registral e socioafetiva estabelecida com padrasto.

d) Coexistência de Parentalidade Biológica e Afetiva: Caso semelhante ao acima exposto é aquele em que se manteve a mãe biológica no registro, em razão de respeito à maternidade estabelecida, mas reconheceu-se a socioafetividade existente e firmada no decorrer da vida com outra figura materna. Foi o ocorrido na Apelação Cível nº 0006422-26.2011.8.26.0286 julgado pelo Tribunal de Justiça do Estado de São Paulo pelo desembargador, Dr. Alcides Leopoldo e Silva Junior aos 14/08/2012, em que a menor ao perder sua mãe com apenas três dias de vida, estabeleceu fortes vínculos afetivos com sua madrasta com quem iniciou seu relacionamento aos dois anos de idade. Por respeito à memória da falecida mãe, o Tribunal entendeu por apenas acrescer a maternidade estabelecida socioafetivamente, sem excluir a biológica.

Ressalte-se que o Egrégio Supremo Tribunal Federal julgou recentemente o Recurso Extraordinário n.º 898060[25] no qual se discutia a prevalência da paternidade socioafetiva sobre a biológica. Entendeu por maioria de votos que "a paternidade socioafetiva, declarada ou não em registro público, não impede o reconhecimento do vínculo de filiação concomitante baseado na origem biológica, com os efeitos jurídicos pró-

---

25. Julgado aos 21/09/2016.

prios". Ou seja, a paternidade socioafetiva não exime de responsabilidade o pai biológico. Desta forma, negaram provimento ao Recurso interposto pelo pai biológico que discordou da sentença que estabeleceu sua paternidade, com efeitos patrimoniais, independentemente do vínculo com o pai socioafetivo.

Diante de todo o exposto, estabelecida as principais situações de alteração de maternidade e de paternidade, temos a necessidade da averbação devida no assento de nascimento, que deve conter todos os dados que o assento de nascimento conteria originariamente referente ao pai ou mãe ora acrescidos, em especial o elemento da naturalidade dos genitores, pois este dado é mencionado nas certidões em breve relatório[26].

2.1.2. Alteração Do Nome

O nome em regra é imutável. Porém muitos são os motivos que podem ensejar sua alteração. Vejamos alguns exemplos na legislação e jurisprudência:

a) após atingida a maioridade civil, mediante pedido de natureza administrativa, feito diretamente ao Oficial do Registro Civil das Pessoas Naturais (artigo 56 da Lei 6.015/73 e item 35 das Normas de Serviço da Corregedoria do Estado de São Paulo);

b) acréscimo de apelido notório (artigo 58 da Lei 6.015/73)[27];

c) proteção à testemunha (artigo 58, parágrafo único da Lei 6.015/73 e artigo 9º da Lei 9.807/99);

---

26. De acordo com as Normas de Serviço da Corregedoria do Estado de São Paulo, Capítulo XVII, Seção IV, item 47 as certidões em breve relatório deverão conter: "...a data em que foi feito o assento, o local e a data do nascimento por extenso. 47.1. As certidões em breve relatório conterão, obrigatoriamente, os dados constantes das letras "a", "b", "c", "d", "e" (nome e naturalidade), "f" e "h" do item 37".

27. Caso mais recente é o do apresentador de programa gastronômico, José Antonio Gomes Pinheiro Machado, que pretendeu incluir "Anonymus Gourmet", nome do seu quadro de receitas e apelido pelo qual ficou conhecido. A sentença foi procedente para que passasse a se chamar, José Antonio Anonymus Gourmet Gomes Pinheiro Machado. "REGISTRO CIVIL. PEDIDO DE ACRÉSCIMO DE PRENOME, TRANSFORMANDO-O DE SIMPLES EM COMPOSTO. EXISTÊNCIA DE MOTIVAÇÃO PONDERÁVEL. 1. O sistema registral está submetido ao princípio da legalidade, sendo que a liberdade individual encontra limite nas disposições de ordem pública. 2. A possibilidade de alteração de nome constitui exceção dentro da regra geral de imutabilidade e, como exceção, deve ser interpretada restritivamente. 3. É admissível a inclusão no nome de apelido público notório, desde que fiquem preservados o prenome e também os apelidos de família. Inteligência do art. 58 da Lei nº 6.015/73. Recurso provido, por maioria. (TJRS - Apelação Cível nº 70031381452 - Porto Alegre - 7ª Câm. Cível - Rel. Des. Sérgio Fernando de Vasconcellos Chaves - DJ 06.04.2010).

d) acréscimo de sobrenome de padrasto e madrasta (art. 57, §8º da Lei 6.015/73);

e) decorrente de casamento e união estável, bem como, de separação, divórcio, anulação e dissolução (artigo 1565, §1º do Código Civil e alínea "h", item 113 do Capítulo XVII das Normas de Serviço da Corregedoria Geral de Justiça do Estado de São Paulo[28]);

f) retificação por erro de grafia (artigo 109 e art. 11 da Lei 6.015/73);

g) naturalização do estrangeiro (artigo 43 da Lei 6.815/1980);

h) adoção de crianças ou adolescentes (artigo 47, § 5º, ECA);

i) exposição ao ridículo (o artigo 55, parágrafo único, da Lei 6.015/73 impede o registro de nome que exponha ao ridículo. Todavia, caso tenha sido registrado, a jurisprudência admite sua alteração);

j) evitar homonímia (o item 33.1 do Capítulo XVII das Normas de Serviço da Corregedoria Geral de Justiça do Estado de São Paulo sugere que os Oficiais orientem os pais acerca da conveniência em acrescer mais de um sobrenome ao prenome dos filhos, a fim de se evitar prejuízos à pessoa em razão da homonímia. Todavia, caso o registrando tenha prejuízo em razão de homonímia, a jurisprudência admite a inclusão de outro patronímico);

k) por consequência de alterações de paternidade ou maternidade (admitido na jurisprudência nos casos de negatória de paternidade, reconhecimento de filho, declaratória de maternidade, supressão por abandono afetivo, entre outros);

l) cirurgia de mudança de sexo (admitida na jurisprudência para adequar à realidade de fato, sendo possível até mesmo averbar a alteração de sexo contida no assento);

Vale ressaltar que o Decreto 8.727/2016 que dispôs sobre o uso do nome social e o reconhecimento da identidade de gênero de pessoas travestis e transexuais no âmbito da administração pública federal não autorizou a averbação do nome social junto ao registro de nascimento, tendo tão somente autorizado a alteração do nome em cadastros de órgãos e entidades da administração pública federal direta, autárquica e fundacional que deverão conter o campo "nome social" em destaque,

---

[28]. As Normas de Serviço da Corregedoria Geral de Justiça do Estado de São Paulo foi alterada após o julgamento da Apelação Cível n. 9000001- 04.2013.8.26.0541 do Conselho Superior da Magistratura datada de 18/03/2014.

acompanhado do nome civil, que será utilizado apenas para fins administrativos internos.

Ressalvado casos específicos em que é feito novo registro, como é o caso da adoção de menor de idade, as alterações do nome são feitas por meio de averbação à margem do assento.

2.1.2.1. Efeitos Em Cascata Da Alteração Do Nome

Algumas situações de alteração de nome acabam por ensejar efeitos em cascata, ou seja, afetam outros assentos constantes do Registro Civil. Vejamos algumas hipóteses:

a) **alteração de patronímico**: em razão da possibilidade de alteração do nome com o casamento ou união estável, é possível que o nome constante do assento de nascimento do filho ou neto daquele que teve seu nome alterado não mais corresponda à realidade. Nestes casos, deve-se proceder a averbação de alteração de patronímico que, em São Paulo, por disposição expressa no Código de Normas, prescinde de oitiva do Ministério Público, bastando a apresentação de documento original que comprove o alegado. Nos demais Estados, é possível a aplicação do artigo 97 da Lei 6.015/73, com alteração dada pela Lei 13.484, de 26/09/2017 e, igualmente, dispensar a manifestação do Ministério Público. Assim, caso a mãe queira que seu novo nome conste do registro de sua filha, basta comparecer ao Registro Civil portando a certidão competente para que seja feita a averbação de seu novo nome, diretamente na serventia.

b) **retificação**: é possível que o registrado proceda a retificação de nome em seu registro, afetando registros posteriores de seus filhos ou netos. Caso a retificação tenha sido judicial, o ideal é que sejam expedidos quantos mandados judiciais forem os assentos a serem retificados. Contudo, caso esta providência não tenha sido adotada, é possível que se faça novo procedimento de retificação naquele assento alterado "em cascata". Este foi o sentido do Comunicado n.º 1595/2015 da Corregedoria Geral de Justiça do Estado de São Paulo, publicado aos 03/12/2015 e republicado aos 11/03/2016 sob n.º 339/2016[29]. Em caso de altera-

---

29. "COMUNICADO CG Nº 1595/2015: A Corregedoria Geral da Justiça comunica que, nos casos em que a retificação de um ou mais elementos de um determinado registro civil puder afetar outros assentos relacionados à mesma pessoa natural, anteriores ou sucessivos, contaminados pelo(s) mesmo(s) erro(s) porventura nele(s) existente(s), o Oficial de Registro Civil das Pessoas Naturais responsável poderá valer-se da decisão judicial e ensejar o procedimento

ção decorrente de procedimento de retificação administrativa, deve-se adotar novo procedimento para a posterior retificação. Ressalte-se que a nova redação do artigo 110 da Lei 6.015/73, dada pela Lei 13.484, de 26/09/2017, dispensa a manifestação do Ministério Público para esses erros que não exigem qualquer indagação para a constatação imediata de necessidade de sua correção.

c) **reconhecimento de paternidade:** frequente são os casos em que a pessoa que tem a paternidade reconhecida, com o devido acréscimo do nome do pai no registro, é casada ou possui filhos registrados sem avós estabelecidos. Nestes casos, faz-se necessária a alteração dos assentos posteriores (de casamento, se o reconhecido é o próprio registrado ou de nascimento, se para acrescer avós). Por não ser hipótese de "erro" nos assentos, mas sim acréscimo, tais averbações seguem o procedimento estabelecido no artigo 97 da Lei 6.015/73, com alteração dada pela Lei 13.484, de 26/09/2017. Antes mesmo da mencionada alteração legislativa, no Estado de São Paulo, já vigia nas Normas de Serviço da Corregedoria Geral[30] um procedimento facilitado que dispensava a manifestação do Ministério Público. Cumpre ressaltar que a averbação pode ser feita até mesmo no assento de óbito, eis que é possível que o reconhecimento seja posterior ao falecimento do filho, nos termos do artigo 1.609 do Código Civil.

2.1.3. Suspensão e Perda do Poder Familiar

Segundo a doutrina, poder familiar "é um encargo, delegado pela sociedade aos pais, esta exerce, por meio da lei, uma fiscalização sobre a atuação dos genitores, zelando, exclusivamente, pelo interesse dos menores"[31].

Como consequência desta fiscalização da sociedade, é possível a imposição de medidas destinadas aos pais, quando estes violarem direitos das crianças e adolescentes, buscando-se a proteção do menor.

Neste contexto temos a perda e a suspensão do poder familiar.

Ambas as situações são apresentadas ao Registro Civil por meio de mandado judicial e devem ser averbadas no respectivo assento do menor.

---

administrativo previsto no artigo 110 da Lei nº 6.015/73, dispensando-se a ordem judicial, mas não a manifestação conclusiva do Ministério Público".

30. As Normas de Serviço da Corregedoria Geral de Justiça do Estado de São Paulo, no Capítulo XVII, Seção IX, item 124.4, dispõem: *"Depois de averbado o reconhecimento de filho no registro de nascimento, a averbação correspondente no registro de casamento da pessoa reconhecida ou no registro de nascimento de seus filhos será feita por este mesmo procedimento, independentemente de manifestação do Ministério Público, ou de decisão judicial".*

31. PELUSO, Cezar, *op. cit.*, p. 1676.

Observe-se que não há exigência de que no mandado conste o nome da pessoa que passa a deter o poder familiar[32] ou a data do trânsito em julgado[33]. Contudo, a menção da ocorrência do trânsito em julgado é obrigatória quando da perda do poder familiar. Já a suspensão do poder familiar, pode ser concedida liminarmente no processo e averbada antes da sentença definitiva[34].

A averbação não deve mencionar a causa que levou à suspensão ou perda do poder familiar, ainda que conste da sentença, em razão da proteção da intimidade.

Contudo, na emissão da certidão não se pode omitir a existência da perda ou suspensão do poder familiar averbada no assento, emitindo-se com a transcrição da averbação em campo próprio da certidão.

2.1.4. Guarda e Tutela

A guarda é uma das formas de colocação em família substituta consistente na prestação de assistência material, moral e educacional à criança ou adolescente. A guarda convive com o poder familiar, destinando-se a situações peculiares, como a falta eventual dos pais ou responsáveis. Pode conferir ao seu detentor o direito de representação ou assistência para prática de atos específicos e determinados pelo juiz[35].

A tutela é igualmente forma de colocação em família substituta que, ao contrário da guarda, exige prévia suspensão ou extinção do poder familiar e confere ao tutor a representação legal do incapaz, nos casos de falecimento, ausência dos pais ou do poder familiar que detinham.

Segundo as Normas de Serviço da Corregedoria do Estado de São Paulo[36], serão averbados no nascimento, o termo de guarda e responsabilidade e a nomeação de tutor, ambas à vista de título judicial.

---

32. Conforme decidido pela Corregedoria Geral de Justiça de São Paulo no Processo 571/2006 aos 24/07/2006, pelo Relator Dr. Gilberto Passos de Freitas.
33. Nada dispõe as Normas de Serviço da Corregedoria Geral de Justiça do Estado de São Paulo, no Capítulo XVII, Seção IX, item 127 a respeito da data do trânsito em julgado: "A averbação das sentenças de perda ou suspensão de poder familiar será feita no Registro Civil das Pessoas Naturais que registrou o nascimento do menor, fazendo constar: a) data da averbação; b) data da sentença, Vara e nome do Juiz que a proferiu; c) nome da pessoa que passa a deter o poder familiar e sua qualificação se conhecida".
34. SANTOS, Reinaldo Velloso dos, *op. cit.*, p. 178.
35. ALVES, Roberto Barbosa. *Direito da Infância e da Juventude*. São Paulo: Saraiva, 2008, p. 20.
36. Cap. XVII, Seção IX, item 122.

Curiosamente, o Registro Civil das Pessoas Naturais da Sede de Comarca ou, onde exista mais de um Registro Civil na Comarca, do 1º Subdistrito, é denominado: Oficial de Registro Civil das Pessoas Naturais e de Interdições e "Tutelas". A denominação pode gerar alguma confusão, mas no Estado de São Paulo[37], as tutelas não são registradas neste cartório, sendo apenas averbadas no assento de nascimento respectivo.

A averbação de Guarda pode ser feita com base em mandado ou com base no próprio termo de guarda, hipótese em que não se exige o trânsito em julgado da sentença, podendo ser averbado até mesmo o termo de guarda provisória[38].

Já a averbação da tutela deve conter: a data da averbação, a data da sentença, Vara e nome do Juiz que a proferiu, o nome do tutor nomeado e sua qualificação, se conhecida e a anotação sobre eventual existência de hipoteca legal.

2.1.5. Adoção

A adoção é igualmente forma de colocação em família substituta que estabelece parentesco civil entre adotante e adotado.

Em regra a adoção tem ingresso no Registro Civil das Pessoas Naturais por intermédio de dois mandados: um de cancelamento do registro anterior e outro destinado à lavratura de novo assento, nos moldes proferidos na sentença de adoção.

Contudo, por exceção, a adoção poderá se averbada no assento de nascimento do adotado nas seguintes hipóteses: sentenças concessivas de adoção do maior e sentenças de adoção unilateral de criança ou adolescente.

O procedimento de adoção do maior de idade deve obrigatoriamente contar com sua concordância, não se embasando na assistência e proteção do adotado, como é o caso dos menores de idade. Desta forma, não se justifica o cancelamento do seu assento originário, bastando a averbação da adoção à margem.

A adoção unilateral é aquela em que se mantem o vínculo com o outro genitor. Tem muita ocorrência nos casos de famílias reconstituídas em que o atual cônjuge adota o filho ou filha de seu atual parceiro.

---

37. Em outros Estados, como é o caso do Rio de Janeiro, as tutelas são registradas na Sede de Comarca.
38. CAMARGO, Mario de Carvalho Neto; OLIVEIRA, Marcelo Salaroli de Oliveira, *op. cit.*, p. 251.

Igualmente preserva-se o assento originário em razão da mantença do vínculo com um dos genitores.

Ressalte-se que nestes casos de adoção, a certidão será emitida sem que conste qualquer referência que possa indicar a averbação da adoção, cumprindo-se a igualdade entre filhos prevista na Constituição Federal, artigo 227, §6º da Constituição Federal. Frise-se que está proibida a menção da expressão: "a presente certidão envolve elementos de averbação à margem do termo"[39].

Caso o próprio interessado solicite sua certidão de inteiro teor, há entendimento firmado no Enunciado n.º 22 da Associação dos Registradores de Pessoas Naturais do Estado de São Paulo (ARPEN-SP), pela dispensa de autorização do Juiz Corregedor se na época da adoção o registrado já era plenamente capaz[40]. Para os demais casos, é necessária a autorização.

2.1.6. Perda e Aquisição da Nacionalidade

São brasileiros natos, conforme determina a Constituição Federal em seu artigo 12: a) os nascidos em território brasileiro, desde que seus pais não estejam a serviço de seu país; b) os nascidos no estrangeiro, de pai brasileiro ou mãe brasileira, desde que qualquer deles esteja a serviço do Brasil; c) os nascidos no estrangeiro de pai brasileiro ou de mãe brasileira, desde que sejam registrados em repartição brasileira competente ou venham a residir na República Federativa do Brasil e optem, em qualquer tempo, depois de atingida a maioridade, pela nacionalidade brasileira.

De outro lado, são brasileiros naturalizados: a) os que, na forma da lei, adquiram a nacionalidade brasileira, exigidas aos originários de países de língua portuguesa apenas residência por um ano ininterrupto e idoneidade moral; b) os estrangeiros de qualquer nacionalidade, residentes na República Federativa do Brasil há mais de quinze anos ininterruptos e sem condenação penal, desde que requeiram a nacionalidade brasileira.

---

39. Normas de Serviço da Corregedoria Geral de Justiça do Estado de São Paulo, Cap. XVII, Seção IV, Item 47.7: "Sempre que houver qualquer alteração posterior ao ato cuja certidão é pedida, deve o Oficial mencioná-la, obrigatoriamente, contendo a informação de que "a presente certidão envolve elementos de averbação à margem do termo", não obstante as especificações do pedido, sob pena de responsabilidade civil e penal, ressalvados os casos de legitimação, legitimação adotiva, proteção à testemunha, reconhecimento de paternidade, alteração de patronímico e adoção".

40. Enunciado 22: "A emissão de certidão de inteiro teor para o próprio registrado só necessita de autorização judicial nos casos em que no registro conste referência à adoção, nos casos de registros cancelados em virtude de adoção e nos casos de proteção à testemunha. No entanto, independe de autorização judicial se, na data da adoção, o registrado já era plenamente capaz".

Assim, a aquisição da nacionalidade brasileira deverá ser averbada do respectivo assento.

De outro lado, são hipóteses em que pode ser decretada a perda da nacionalidade brasileira, nos termos do parágrafo quarto, artigo 12 da Carta Magna:

§4º - Será declarada a perda da nacionalidade do brasileiro que:

I - tiver cancelada sua naturalização, por sentença judicial, em virtude de atividade nociva ao interesse nacional;

II - adquirir outra nacionalidade, salvo nos casos:

a) de reconhecimento de nacionalidade originária pela lei estrangeira;

b) de imposição de naturalização, pela norma estrangeira, ao brasileiro residente em estado estrangeiro, como condição para permanência em seu território ou para o exercício de direitos civis.

O cancelamento da naturalização depende de sentença judicial proferida pela Justiça Federal.

Já os procedimentos de perda da nacionalidade brasileira por aquisição voluntária de outra nacionalidade e o de reaquisição da nacionalidade brasileira são previstos na Lei n. 818/49 e no Decreto n. 3.453/2.000 e devem ser decretados pelo Ministério da Justiça[41].

A perda da nacionalidade brasileira deverá ser averbada no registro de nascimento embasada na comunicação enviada pelo Ministério da Justiça, conforme preconiza a Lei de Registros Públicos[42].

Vale ressaltar a previsão das Normas de Serviço da Corregedoria Geral de Justiça do Estado de São Paulo[43] sobre a necessidade de averbação em traslado de assento consular de nascimento, cujo registro em repartição consular tenha sido lavrado entre 7 de junho de 1994 e 21 de setembro de 2007, do fato do registrando ser "brasileiro nato de acordo com o disposto no art. 12, inciso I, alínea "c", in limine, e do artigo 95

---

41. Lei 818/49: "Art. 24. O processo para cancelamento da naturalização será da atribuição do Juiz de Direito competente para os feitos da União, do domicílio do naturalizado, e iniciado mediante solicitação do Ministro da Justiça e Negócios Interiores, ou representação de qualquer pessoa". Decreto Lei 3.453/2000: "Art. 1ºFica delegada competência ao Ministro de Estado da Justiça, vedada a subdelegação, para declarar a perda e a reaquisição da nacionalidade brasileira nos casos previstos nos arts. 12, § 4o, inciso II, da Constituição, e 22, incisos I e II, e 36 da Lei no 818, de 18 de setembro de 1949".
42. Artigo 102 item 5º.
43. Item 154, Seção XIII, Capítulo XVII.

dos ADCTs da Constituição Federal". Não se trata de hipótese de aquisição da nacionalidade brasileira, mas tão somente de explicitação da nacionalidade, haja vista ter ocorrido neste específico período, disposição constitucional que dispunha de forma diversa[44]. As Normas de Serviço dispõem que a averbação poderá ser feita a requerimento do interessado ou de ofício pelo Oficial, sendo mais comum na prática registral, a averbação por requerimento do interessado, mediante pagamento de custas devidas pelo ato (ato de averbação em geral).

2.2. Averbações No Registro De Casamento

O registro de casamento pode permanecer intacto sem qualquer alteração daquela realidade estampada durante toda a vida conjugal do casal. Contudo, frequentes têm sido os casos de alteração de alguma das condições ali estabelecidas, seja o estado civil dos nubentes ou o regime de bens escolhido. Tais alterações sempre serão promovidas por meio de averbação, como a seguir exemplificaremos as mais frequentes.

2.2.1. Separação, Restabelecimento da Sociedade Conjugal e Divórcio

Conforme doutrina notarial majoritária, a separação judicial ou extrajudicial continua sendo prevista e aplicável mesmo após a Emenda Constitucional n.º 66 de 2010 que apenas pretendeu suprimir, para o divórcio, o requisito de prévia separação judicial por mais de 1 (um) ano ou comprovada separação de fato por mais de 2 (dois) anos. Portanto, não objetivou extinguir o instituto da separação, que continuou vigente no Código Civil. Outrossim, o novo Código de Processo Civil continuou a prever a separação, o que reforçou o entendimento pela vigência do instituto, também expresso no enunciado n.º 514 da V Jornada de Direito Civil do CJF.

A separação extingue a sociedade conjugal, mas mantem o vínculo matrimonial (que somente é extinto com a morte ou divórcio). A sociedade conjugal e o vínculo matrimonial são inconfundíveis, pois a socie-

---

44. A Emenda Constitucional de Revisão n.º 3 de 9 de junho de 1994 alterou a alínea "c" do inciso I do artigo 12 da Constituição Federal para prever que seriam brasileiros natos os nascidos no estrangeiro, de pai brasileiro ou mãe brasileira, desde que venham a residir na República Federativa do Brasil e optem, em qualquer tempo, pela nacionalidade brasileira. Contudo, tal situação gerou a problemática dos apátridas (reportagens a respeito do tema disponíveis em <http://www.brasileirinhosapatridas.org/manchete.htm>, acessado aos 16 nov. de 2016). Visando corrigir a situação criada, a Emenda Constitucional n.º 54, de 20 de setembro de 2007 alterou o texto constitucional para a redação atual e acresceu o artigo 95 no Ato das Disposições Constitucionais Transitórias.

dade conjugal, de forma simples, significa o convívio, os deveres entre os cônjuges, enquanto o vínculo matrimonial é um instituto maior que a sociedade conjugal, seria o casamento válido propriamente dito.

Em razão da manutenção do vínculo matrimonial, é possível nestes casos, o restabelecimento da sociedade conjugal nos moldes em que foi estabelecida, sem alterações.

Já o divórcio extingue o próprio vínculo conjugal, não sendo possível restabelecê-lo. Com a nova redação dada ao artigo 226, §6º da Constituição Federal, não mais se exige prazo mínimo de separação de fato ou judicial para decretação do divórcio.

Ainda é possível que o divórcio seja apresentado por conversão de separação. Neste caso, deve-se verificar a prévia existência da averbação da separação, em respeito ao princípio da continuidade.

Tanto a separação, o restabelecimento da sociedade conjugal quanto o divórcio (direto ou por conversão de separação) podem ser judiciais ou extrajudiciais.

Caso judicial, o título apresentando a registro em regra é o mandado, que deve ser qualificado assim como todos os títulos apresentados.

O mandado deve conter a informação de Livro, Folhas e Termo de Casamento, nome dos contraentes (atuais e que voltaram ou não a utilizar), nome do Juiz que proferiu a sentença e que expediu o mandado, número do processo, Vara, Foro e Comarca, data da sentença e do mandado, ocorrência do trânsito em julgado e notícia sobre a partilha de bens.

Tem-se tornado frequente a apresentação não de um mandado nos moldes costumeiros, mas sim de uma "sentença judicial com força de mandado" para realização das averbações de divórcio. Nestes casos é comum que a sentença não mencione os dados de Livro e Folhas do assento de casamento dos contraentes, bem como, em alguns casos, sequer menciona o nome completo destes, pois não é incomum que apenas conste como "Requerente" no cabeçalho da sentença apresentada o nome de um dos contraentes seguido da expressão "e outro". Por isso, nestes casos, é necessário que junto à sentença judicial, seja apresentada a certidão de trânsito em julgado e cópia da certidão de casamento anexada aos autos, que suprirá eventual informação faltante da sentença.

Ainda, é possível, por exemplo, que o título não mencione a respeito do nome que algum dos cônjuges passará a utilizar. Neste caso, recomenda-se a devolução do mandado para que se conste a completa informação[45].

Em relação aos divórcios consensuais simples ou puros feitos no estrangeiro, houve recente alteração das Normas de Serviço da Corregedoria Geral de Justiça do Estado de São Paulo[46] para autorizar que a respectiva averbação seja feita sem a prévia homologação do Superior Tribunal de Justiça, bastando a apresentação de cópia integral da sentença estrangeira, bem como comprovação do trânsito em julgado, acompanhada de tradução oficial juramentada e de chancela consular, sendo desnecessário o prévio registro da sentença por Oficial de Registro de Títulos e Documentos[47]. Observa-se que atualmente a consularização pode ser substituída, quando possível, pelo procedimento de Apostilamento nos termos da Convenção da Apostila da Haia.

Contudo, caso a sentença estrangeira de divórcio consensual tenha tratado não só do divórcio, mas também da guarda dos filhos, alimentos ou partilha de bens (divórcio consensual qualificado), continua sendo exigida a prévia homologação pelo Superior Tribunal de Justiça.

Situação curiosa pode ocorrer caso haja recebimento de mandado judicial para que se averbe o divórcio em assento onde já se encontra aposta a anotação de óbito do contraente. Isto porque em alguns casos o processo judicial de divórcio tramita sem manifestação de um dos cônjuges que se encontra em lugar incerto e não sabido. Assim, durante o trâmite do processo, o Oficial recebe e cumpre a anotação de óbito. Neste caso, recebido mandado judicial de divórcio transitado em julgado em data na qual já teria ocorrido a morte de um dos contraentes, como proceder?

Não há decisão a respeito do tema. Contudo, passemos a analisar alguns aspectos jurídicos da situação.

Prevê o artigo 1.571 do Código Civil:

---

45. Este é o entendimento do qual compartilhamos exposto em: CAMARGO, Mario de Carvalho Neto; OLIVEIRA, Marcelo Salaroli de Oliveira. Registro Civil das Pessoas Naturais II. São Paulo: Saraiva, 2014, p. 93.
46. Cap. XVII, Seção IX, item 131.3.
47. Enunciado n.º 60 da Associação dos Registradores de Pessoas Naturais do Estado de São Paulo (ARPEN-SP): "A sentença estrangeira de divórcio consensual puro bem como a decisão extrajudicial de divórcio, que pela lei brasileira tem natureza jurisdicional, pode ser averbada no Registro Civil das Pessoas Naturais brasileiro, independentemente de homologação pelo Superior Tribunal de Justiça, sendo desnecessário o prévio registro da sentença por Oficial de Registro de Títulos e Documentos. Publicação com redação atual 22/06/2016".

Art. 1.571 A sociedade conjugal termina:

I - pela morte de um dos cônjuges;

II - pela nulidade ou anulação do casamento;

III - pela separação judicial;

IV - pelo divórcio

Assim, tanto a morte quanto o divórcio, extinguem a sociedade conjugal. A morte opera efeitos de pleno direito. Resta saber quando se operam os efeitos do divórcio.

Conforme doutrina majoritária, a sentença que decreta o divórcio é constitutiva negativa e tem efeitos *ex nunc*, ou seja, tem-se por desconstituída a sociedade conjugal, tão somente com o trânsito em julgado da sentença judicial.

Conforme preleciona Marcus Vinicius Rios Gonçalves;

"As sentenças podem ser constitutivas positivas ou negativas, também chamadas desconstitutivas, conforme visem criar relações até então inexistentes, ou desfazer as que até então existiam. As sentenças constitutivas tem eficácia *ex nunc*, produzem efeitos a partir de então, do momento em que se tornam definitivas, sem eficácia retroativa. Assim, em ação de divórcio, o casamento considerar-se-á desfeito somente após sentença, com trânsito em julgado[48]."

Portanto, no caso ora analisado, teríamos que o vínculo já se encontrava dissolvido pela morte de um dos cônjuges quando proferida a sentença de divórcio, devendo qualificar-se negativamente o mandado apresentado para averbação.

Nesse sentido já decidiu a Terceira Turma do Superior Tribunal de Justiça, caso em que foi relatora a Ministra Nancy Andrighi[49], esclarecendo que após a morte do requerente do divórcio, o advogado não poderia atuar praticando atos processuais em nome do já falecido, pois, de acordo com o artigo 24 da Lei 6.515/77, "o direito à ação de divórcio é personalíssimo e, por conseguinte, intransmissível, afastável no caso, a possibilidade de sucessão processual".

---

48. GONÇALVES, Marcus Vinicius Rios Gonçalves. *Direito Processual Civil Esquematizado*. 4ª ed., São Paulo: Saraiva, 2014, p. 433.

49. Decisão noticiada em 26/11/2001, mas o número do processo não foi divulgado em razão de se tratar de ação que tramita sob segredo de justiça. Disponível em: < http://www.serjus.com.br/on-line/viuvo.html>. Acesso em: 01 dez. 2016.

Na referida decisão, a Ministra Nancy Andrighi também destacou os artigos 32 da Lei 6.515/77 e 100 da Lei de Registros Públicos, afirmando que "o trânsito em julgado da decisão que decreta o divórcio constitui requisito indispensável à sua eficácia jurídica e à necessária averbação no livro de casamento do cartório competente".

Por fim, ressaltou já existir decisão do Superior Tribunal de Justiça nesse sentido: "O autor faleceu antes de transitada em julgado a decisão que concedeu o divórcio, em consequência, o estado civil do cônjuge sobrevivente é de viúva, não de divorciada".

Contudo, vale ressaltar que em problemática similar envolvendo o princípio da continuidade registral, o juízo prolator da sentença constitutiva (no caso de restabelecimento da sociedade conjugal) entendeu por aplicar a esta efeitos *ex tunc*, para que assim o mandado pudesse ser cumprido[50].

Desta forma, diante deste caso prático, é prudente inicialmente formular nota devolutiva expondo a quebra da continuidade ao Juízo expedidor da ordem para que ele esclareça o que entende devido, ressaltando-se que eventual retroatividade dos efeitos da sentença, geraria inconsistência em cascata em face do registro de óbito, em que constou o estado civil do falecido à época do falecimento como casado e não divorciado, o que não nos parece então ser a forma mais adequada de solução do caso.

É possível que a separação, divórcio ou restabelecimento da sociedade conjugal sejam apresentados por meio de traslado ou certidão de escritura pública.

---

50. A decisão proferida no Processo CG n.º 2008/82698 da Corregedoria Geral de Justiça, publicado aos 19/01/2009 no Diário da Justiça Eletrônico tratou do seguinte caso: casal obteve a separação judicial. Posteriormente, pleiteou reconciliação e, após, nova separação. Contudo, a segunda sentença de separação judicial foi proferida em data posterior à própria sentença de restabelecimento da sociedade conjugal. Para tentar harmonizar a situação criada, o juízo que prolatou a sentença judicial, fez retroagir os efeitos da conciliação à data do requerimento (e não à data da sentença), aplicando-se assim um efeito *ex tunc* à sentença de conciliação. Em que pese o respeitável entendimento adotado pelo juízo, deve-se analisar com prudência a possibilidade de modulação de efeitos de sentenças constitutivas ou desconstitutivas. Em sentido diverso, afirmando o efeito *ex nunc* da sentença de restabelecimento da sociedade conjugal, ver o julgado do Conselho Superior da Magistratura, Apelação Cível n.º 0003630-96.2010.8.26.0363, datada de 21/06/2012 em que foi Relator Dr. José Renato Nalini: "separação judicial – posterior reconciliação do casal que não retroage para fins de atribuir à esposa metade do imóvel que foi adquirido pelo marido no período em que dela estava separado judicialmente – efeitos "ex nunc" da sentença que restabelece a sociedade conjugal – recurso provido".

Deve-se proceder à qualificação atentando-se para a existência da indicação do nome que a mulher ou o marido passaram a adotar, além da identificação do Tabelião de Notas, livro, página e data em que aperfeiçoado o ato, que serão elementos da averbação a ser realizada.

É comum que no mandado judicial ou na escritura pública apresentada conste a informação a respeito da partilha de bens. Caso assim conste, há orientação para que esta informação seja lançada na referida averbação. Contudo, caso a partilha não tenha sido realizada, tal informação não deve constar na averbação[51].

2.2.2. Nulidade e Anulação do Casamento

As causas que ensejam nulidade e anulação de um casamento são específicas e de difícil aplicação, previstas no rol taxativo do artigo 1.548 e 1.550 ambos do Código Civil:

> "Art. 1.548. É nulo o casamento contraído:
>
> I - (Revogado pela Lei nº 13.146, de 2015 - Estatuto da Pessoa com Deficiência)
>
> II - por infringência de impedimento (Art. 1.521. Não podem casar: I - os ascendentes com os descendentes, seja o parentesco natural ou civil; II - os afins em linha reta; III - o adotante com quem foi cônjuge do adotado e o adotado com quem o foi do adotante; IV - os irmãos, unilaterais ou bilaterais, e demais colaterais, até o terceiro grau inclusive; V - o adotado com o filho do adotante; VI - as pessoas casadas; VII - o cônjuge sobrevivente com o condenado por homicídio ou tentativa de homicídio contra o seu consorte).
>
> Art. 1.550. É anulável o casamento:
>
> I - de quem não completou a idade mínima para casar;
>
> II - do menor em idade núbil, quando não autorizado por seu representante legal;
>
> III - por vício da vontade, nos termos dos arts. 1.556 a 1.558;
>
> IV - do incapaz de consentir ou manifestar, de modo inequívoco, o consentimento;
>
> V - realizado pelo mandatário, sem que ele ou o outro contraente soubesse da revogação do mandato, e não sobrevindo coabitação entre os cônjuges;
>
> VI - por incompetência da autoridade celebrante".

---

51. Enunciado 41 da Associação dos Registradores de Pessoas Naturais do Estado de São Paulo (ARPEN-SP): "Se constar do título judicial ou escritura pública que foi feita a partilha de bens por ocasião da separação ou divórcio, deverá constar na respectiva averbação a simples notícia de que foi feita a partilha. O inverso não deverá ser feito, ou seja, não se deve mencionar na averbação que não foi feita a partilha".

Nestes casos, ao contrário do que ocorre com a morte, separação ou divórcio, não inaugura-se um novo estado civil, mas sim retorna-se ao *status a quo* (se antes era solteiro, retorna-se ao estado civil de solteiro).

O título a ser apresentado no Registro Civil nestes casos é judicial e a averbação deverá conter a data em que o juiz proferiu a sentença, sua conclusão, a ocorrência do trânsito em julgado e o nome das partes.

Aqui observa-se o exíguo prazo previsto para comunicar a realização da averbação ao Juízo competente: dentro de 48 (quarenta e oito) horas[52].

2.2.3. Alteração do Regime de Bens

O Código Civil de 2002 previu a possibilidade de alteração do regime de bens inicialmente estabelecido pelos nubentes, mediante petição motivada direcionada ao Judiciário[53].

A averbação do novo regime é lançada no assento com base em mandado judicial apresentado.

Não há orientação específica a respeito da emissão desta certidão. Sugere-se que seja emitida já constando no campo próprio o novo regime de bens, porém, mencionando-se no campo "observação" o regime anteriormente estabelecido, bem como, transcrevendo-se a averbação de alteração de regime[54].

2.2.3. Alteração do Nome

Em razão do casamento, os nubentes podem alterar seus nomes, acrescendo o sobrenome do outro. De outro lado, com o divórcio é possível

---

52. Lei n.º 6.015/73: "Art. 100. No livro de casamento, será feita averbação da sentença de nulidade e anulação de casamento, bem como do desquite, declarando-se a data em que o Juiz a proferiu, a sua conclusão, os nomes das partes e o trânsito em julgado. (...) § 4º O oficial do registro comunicará, dentro de quarenta e oito horas, o lançamento da averbação respectiva ao Juiz que houver subscrito a carta de sentença mediante ofício sob registro postal".

53. "Art. 1.639. (...)§ 2º É admissível alteração do regime de bens, mediante autorização judicial em pedido motivado de ambos os cônjuges, apurada a procedência das razões invocadas e ressalvados os direitos de terceiros".

54. Sugestão de preenchimento do campo "observação" das certidões em breve relatório: "Obs.: O casamento foi celebrado pelo regime (mencionar regime originário). AVERBAÇÃO. Em cumprimento ao mandado judicial datado de (data), assinado digitalmente pelo MM. Juiz de Direito da (Vara, Foro, Comarca, Estado), Dr. (nome), arquivado em pasta própria, e conforme sentença datada de (data), transitada em julgado aos (data), proferida nos autos do Processo (n.º), pelo MM. Juiz de Direito, Dr. (nome), procedo a presente averbação a fim de constar a ALTERAÇÃO DE REGIME DE BENS dos contraentes, nos termos do artigo 1639, §2º do Código Civil, com efeito "ex nunc" para o regime da (regime alterado), ressalvados direitos de terceiros".

que as partes queiram manter o nome de casado/a ou voltar ao nome de solteiro/a.

Se após lavrada a escritura de divórcio em que se tenha pretendido manter o nome de casado ou casada, queira-se voltar ao nome de solteiro ou solteira, as Normas de Serviço do Estado de São Paulo autorizam a lavratura de escritura de retificação mediante declaração unilateral do interessado na volta ao uso do nome de solteiro, desde que com assistência de advogado.

Para os demais casos, é possível o pedido judicial para volta ao nome de solteiro.

Tanto o título extrajudicial quanto o judicial, serão averbados no assento de casamento respectivo.

2.3. Averbações No Registro De Óbito

As alterações no assento de óbito são bastante incomuns em razão de ser a morte o marco final da pessoa natural.

Todavia, alguns elementos registrais podem ser modificados por meio de averbação, como veremos a seguir.

2.3.1. Alteração de Local de Sepultamento

O assento de óbito deve conter, entre outros requisitos, o local do sepultamento.

É possível que os familiares façam a transferência dos restos mortais para outro local, ou seja, após o sepultamento que foi realizado no local mencionado no assento, há a transferência para outro local.

Observa-se que não é hipótese de erro no assento, pois o sepultamento foi realizado no local inicialmente informado, contudo, houve posterior transferência para outro local.

Neste caso a averbação se dará mediante apresentação de documento hábil seguindo o procedimento previsto no artigo 97 da Lei de Registros Públicos, ou seja, feita de ofício pelo Registrador, sendo tão somente submetida ao Ministério Público nas hipóteses em que o oficial suspeitar de fraude, falsidade ou má-fé nas declarações ou na documentação apresentada.

2.3.2. Sepultamento ou Cremação de Cadáver Destinado a Estudo

As Normas de Serviço da Corregedoria Geral de Justiça do Estado de São Paulo preveem a possibilidade de utilização de cadáver para estudo e pesquisa, mediante procedimento específico para este fim.

Nestes casos, após a devida utilização do cadáver no estudo e pesquisa, com o sepultamento ou cremação de seus restos, dever-se-á proceder à devida averbação.

Segue o mesmo procedimento previsto para alteração de local de sepultamento.

3. RETIFICAÇÕES NO REGISTRO CIVIL

Retificar significa corrigir, tornar reto, alinhar, endireitar. Alguns assentos no Registro Civil contem erros que merecem retificação.

A retificação no registro civil pode se apresentar de duas formas: administrativa ou judicial.

O procedimento administrativo é aquele previsto no artigo 110 da Lei de Registros Públicos, aplicável para as seguintes situações: I - erros que não exijam qualquer indagação para a constatação imediata de necessidade de sua correção; II - erro na transposição dos elementos constantes em ordens e mandados judiciais, termos ou requerimentos, bem como outros títulos a serem registrados, averbados ou anotados, e o documento utilizado para a referida averbação e/ou retificação ficará arquivado no registro no cartório; III - inexatidão da ordem cronológica e sucessiva referente à numeração do livro, da folha, da página, do termo, bem como da data do registro; IV - ausência de indicação do Município relativo ao nascimento ou naturalidade do registrado, nas hipóteses em que existir descrição precisa do endereço do local do nascimento; V - elevação de Distrito a Município ou alteração de suas nomenclaturas por força de lei.

Nessas hipóteses, deve ser feito um requerimento pela parte interessada, juntando-se as provas necessárias para comprovação desse erro. Entendendo o Oficial, ser o erro enquadrado em alguma das hipóteses mencionadas no artigo 110 da Lei 6.015/73, procederá a averbação devida. Caso não entenda se enquadrar em alguma das hipóteses acima mencionada, sugere-se que o Oficial elabore nota de recusa fundamentando a negativa na prestação do ato que poderá ter sua análise submetida ao Juiz Corregedor Permanente, diante do inconformismo do interessado. A alteração do artigo 110 supra é recente e ainda não temos um entendimento pacificado sobre o assunto. Vale ressaltar que há Oficiais que entendem que nesta hipótese duas outras soluções são cabíveis: remeter ao Ministério Público nos moldes da legislação anteriormente vigente ou orientar a parte para ingresso do pedido na forma judicial conforme disposto no artigo 109 da Lei de Registros Públicos, negando-se a submeter a recusa ao Juiz Corregedor Permanente.

Observa-se que a lei determina a necessidade de requerimento do interessado. Contudo aqui podemos interpretar como interessado, o próprio Oficial que tem interesse em não possuir erros no acervo pelo qual é responsável. Portanto, o procedimento pode ser instaurado de ofício pelo Oficial[55].

O procedimento deve ser lançado no Livro Protocolo de Entrada do Registro Civil a quem é direcionado o procedimento, podendo ser enviado de qualquer outro cartório via Central de Informações de Registro Civil das Pessoas Naturais (CRC) pelo E-Protocolo.

Muitos são os exemplos de erro evidente. Mas há alguns peculiares. Uma destas hipóteses *sui generis* é a situação da diferença de nome no assento de nascimento confrontando-se com a 1ª via da certidão entregue ao registrado. Erro este, não raro, eis que se tem conhecimento de antigas historias em que o Oficial primeiro elaborava e entregava a certidão ao interessado e mais tarde lavrava o assento com os dados que se recordava daquela pessoa (em alguns casos até mesmo "esquecia" desta lavratura gerando as problemáticas "certidões avulsas").

Vejamos um exemplo: entregue a 1ª via da certidão com o nome registrado de "Francisco José da Silva Junior" que no livro consta como sendo "Francisco José da Silva Filho". Em uma primeira análise logo nos vem a ideia de que o livro, que é a matriz, nunca estará errado – mas sim a certidão emitida.

Porém, refletindo sobre os aspectos práticos da situação em concreto, temos que Francisco José da Silva "Junior" já tem seus 30 (trinta) anos de idade. É conhecido entre os amigos como "Junior". Tem todos seus registros em órgãos públicos com este nome. Veio apenas descobrir a divergência ao solicitar uma nova Certidão para contrair matrimônio. A lei deve impor que a partir daquele momento ele passe a se chamar "Filho" ou deve-se admitir a correção do livro?

Nestes casos o nome pelo qual a pessoa é conhecida se sobrepõe àquele registrado nos livros e, ainda que nos soe estranho, o próprio

---

55. Enunciado 48 da Associação dos Registradores de Pessoas Naturais do Estado de São Paulo (ARPEN-SP): O Oficial de Registro é parte interessada para requerer a retificação de seus assentamentos, nos termos do artigo 110 da Lei de Registros Públicos. Fundamento legal: Lei 8.935/94, artigo 30, inciso I e nova redação do artigo 110 da Lei de Registros Públicos. Publicado em 11 de fevereiro de 2010.

assento deverá se adequar à certidão, desde que comprovado o uso daquele nome social durante toda a vida do registrado.

Há previsão de pagamento de emolumentos para o procedimento de retificação tão somente quando o erro constatado não foi causado pelo Oficial. Assim, por exemplo, o assento de casamento em que constou a genitora da contraente com o nome de solteira quando na verdade na época do casamento já possuía nome de casada, informação esta omitida ao Oficial diante de documentos antigos apresentados na habilitação do casamento[56], não pode ser erro imputado ao Oficial. Eventual procedimento de retificação para correção deste elemento deverá ser pago pelo interessado.

Para as demais hipóteses de erro atribuído ao Oficial, o procedimento é isento nos termos do artigo 3º, inciso IV da Lei Federal n.º 10.169/2000[57], bem como, §5º do artigo 110 da Lei 6.015/73[58].

As Normas de Serviço da Corregedoria Geral do Estado de São Paulo previam a proibição de início do procedimento administrativo quando o Oficial não vislumbrasse ser hipótese de retificação pela via administrativa[59]. Em que pese a revogação desta disposição, entendemos que a determinação continua válida, não havendo obrigatoriedade de instauração de procedimento no qual o Oficial perceba de forma cabal a existência de maiores indagações ou verifique a ausência de documentos que embasem o pedido, bem como, em hipóteses de ausência de previsão legal. Nestes casos, deve o Oficial manifestar a negativa por escrito para permitir que o interessado possa questionar o posicionamento do Oficial mediante procedimento de dúvida e assim manter incólume seu direito constitucional de petição. Vale lembrar que no dia a dia da serventia surgem pedidos teratológicos de retificação pela via administrativa. Em razão disso, entendemos que cabe ao Oficial exercer o juízo de admissibilidade da instauração do procedimento para que se evite pro-

---

56. Em São Paulo, não há exigência de certidão atualizada para apresentação quando da habilitação do casamento.
57. "Art. 3º É vedado: (...) IV – cobrar emolumentos em decorrência da prática de ato de retificação ou que teve de ser refeito ou renovado em razão de erro imputável aos respectivos serviços notariais e de registro".
58. "Art. 110, § 5º Nos casos em que a retificação decorra de erro imputável ao oficial, por si ou por seus prepostos, não será devido pelos interessados o pagamento de selos e taxas. (Incluído pela Lei nº 13.484, de 2017)"
59. Item suprimido pelo Provimento CG n.º 41/2012: "131.5. É defeso ao Oficial dar início ao procedimento quando a retificação requerida não se limita de plano à correção de erro de grafia ou evidente".

cedimentos imotivados e desnecessários. Tais fundamentos ganharam força com a alteração legislativa dada pela Lei nº 13.484 de 26/09/2017, que trouxe maior autonomia para que o Oficial proceda à retificação administrativa de ofício.

Nos casos de procedimento de retificação administrativa deve-se constar na averbação o número do protocolo (Livro Protocolo de Entrada) e aquilo que se retifica com a averbação. Nos casos anteriores à Lei 13.484 de 26/09/2017, deve-se também constar a data da manifestação do Ministério Público e sua conclusão favorável.

Temos ainda a existência de um procedimento judicial para retificação de assentos no Registro Civil, previsto no artigo 109 da Lei de Registros Públicos.

Diante de casos que não se enquadrem nas hipóteses do artigo 110 da Lei 6.015/73, será necessário ingressar com ação judicial de retificação objetivando a correção do assento. O título que ingressará na serventia, será o mandado judicial, que exigirá a aposição do "Cumpra-se" do Juiz Corregedor da Comarca, se vindo de Comarca diversa[60].

Nos casos de procedimento de retificação judicial deve-se constar na averbação os elementos que normalmente são mencionados em qualquer averbação embasada em título judicial, bem como, a informação da obtenção do devido "cumpra-se" caso seja esta a hipótese.

4. ANOTAÇÕES EM ESPÉCIE

4.1. Anotações No Registro De Nascimento

Como já mencionado no presente artigo, as anotações em si demonstram indício de existência de outros atos de registro civil relacionados àquela pessoa. A completa informação deve ser buscada no assento no qual a anotação aponta.

Partindo desta ideia inicial, falaremos a respeito das anotações e eventuais divergências práticas entre os Oficiais a respeito de seu conteúdo.

---

60. Enunciado 43 da Associação dos Registradores de Pessoas Naturais do Estado de São Paulo (ARPEN-SP): Apesar de o Capítulo XVII não mais mencionar a necessidade de "Cumpra-se" para cumprir mandado de retificação vindo de outra comarca (antigo 130.2), o §5º do artigo 109 da Lei de Registros Públicos faz esta exigência. O encaminhamento deverá ser feito até que haja posicionamento da Corregedoria Permanente ou da Corregedoria Geral mencionando a dispensa. Ressaltando que a exigência de "cumpra-se" é apenas para mandados de retificação, restauração ou suprimento de registro civil.

Nosso objetivo não é examinar todas as anotações possíveis, mas tão somente as mais usuais.

4.1.1. Casamento e União Estável

O casamento é lavrado no Livro B ou B-auxiliar, em regra da serventia de domicílio de um dos nubentes. Já a união estável é registrada no Livro E da serventia de domicílio dos nubentes.

Ambos registros são comunicados pelo respectivo cartório ao Registro Civil do nascimento dos nubentes ou companheiros, que deverá realizar a devida anotação com referências ao ato praticado de casamento ou união estável.

Aqui cabem algumas considerações.

Entendemos que a anotação deve conter o mínimo de informações que sejam suficientes a seu objetivo. Desta forma, não há motivo para no assento de nascimento do homem que não alterou o seu nome com o casamento, constar o nome que passou a utilizar sua cônjuge. Tal informação diz respeito ao assento desta não havendo motivo para sua menção em qualquer outro assento.

Caso seja recebida comunicação de casamento para que seja anotado em assento de nascimento no qual exista tão somente anotação de um casamento anterior, deve-se primar pelo princípio da continuidade.

Primeiramente cumpre ressaltar que a simples rejeição de comunicação via Central de Informações de Registro Civil das Pessoas Naturais (CRC) nestes casos não resolve o problema. Muitas vezes a pessoa casou-se em segundas núpcias tendo sido averbado o divórcio em Registro Civil diverso daquele do novo casamento. Assim, rejeitar a comunicação de novo casamento solicitando o motivo da extinção do anterior é medida insuficiente.

Deve-se solicitar, por mensagem interna, e-mail ou telefone, ao cartório que enviou a comunicação de novo casamento a informação do motivo da extinção do anterior vínculo matrimonial. A partir desta informação, buscar realizar a anotação faltante.

Caso seja hipótese de divórcio, anulação ou nulidade do anterior casamento, entrar em contato com o cartório que possui referida averbação para que este envie a comunicação devida. Neste caso, anota-se o divórcio, anulação ou nulidade do anterior e posteriormente procede-se a anotação do novo casamento, permanecendo o assento, neste caso, com duas novas anotações.

Sugere-se medida um pouco diversa nos casos em que o casamento anterior se extinguiu pela morte de um dos nubentes.

Primeiramente temos que analisar a necessidade de anotação avulsa do óbito de pessoa diversa daquela registrada no assento de nascimento (seu cônjuge). Entendemos que não é pertinente elaborar anotação avulsa, que acresceria um custo adicional à emissão daquela certidão, por não se tratar do óbito do registrando.

Outrossim, quando da lavratura do registro de óbito, o Registro Civil competente não está obrigado a enviar comunicação daquele óbito para o assento de nascimento da cônjuge do falecido.

De outro lado, a ausência desta informação pode ensejar em uma análise menos criteriosa, a percepção (falsa) de ocorrência de crime de bigamia. Por esta razão, sugerimos que a informação do óbito conste na mesma anotação do novo casamento[61].

Possuindo os dados do óbito, pode-se efetuar a busca na Central de Informações de Registro Civil das Pessoas Naturais (CRC) que será fonte hábil para que se proceda à complementação da anotação[62].

4.1.2. Separação, Restabelecimento da Sociedade Conjugal, Divórcio e Dissolução de União Estável

As Normas de Serviço da Corregedoria Geral de Justiça do Estado de São Paulo determinam que a separação, o restabelecimento, o divórcio e a dissolução da união estável, serão anotados nos assentos de nascimento dos cônjuges ou dos companheiros[63].

Desta forma, eventual alteração do estado civil nas hipóteses acima elencadas será comunicada pela forma competente e deverão ser anotadas no assento de nascimento do respectivo interessado.

As mesmas observações feitas no item anterior a respeito do nome eventualmente alterado, neste caso com a separação, restabelecimento,

---

61. Sugestão de texto para a anotação: "Extinto o casamento anterior em razão de óbito (livro C-, fls. Termo do Registro Civil de __), a registrada se casou aos (data), registro efetuado no Livro B-(n.º), fl. (n.º), Termo (n.º) do Registro Civil das Pessoas Naturais de ____ e passou a se chamar ____ (constar apenas se houve alteração de seu próprio nome) (intranet n.º __)".
62. Provimento n.º 46 de 16/06/2015 do Conselho Nacional de Justiça prevê: "Art. 9º - A utilização da CRC – Comunicações não impede a realização da anotação por outros meios, como a apresentação diretamente ao Oficial de Registro Civil das Pessoas Naturais do original ou cópia autenticada da certidão do ato, ou a informação obtida na CRC – Buscas". Grifos nossos.
63. Capítulo XVII, Seção X, item 138.

divórcio ou dissolução, são aplicadas à presente anotação. É pertinente que conste a alteração do nome apenas daquele contraente no qual está recebendo a anotação em seu registro de nascimento. Exemplificando: não há motivo para no assento de nascimento do homem divorciado, constar o nome que passou a utilizar sua ex-cônjuge. Tal informação diz respeito ao assento desta não havendo motivo para sua menção em qualquer outro assento.

A respeito da anotação ora analisada, cabe uma crítica ao costume registral. Alguns Oficiais procedem às anotações como verdadeiras averbações, contendo todas as informações que deveriam constar na própria averbação. Não podemos esquecer que a função primordial da anotação é a de indício de existência de outro registro que contém a informação desejada de forma integral e exauriente. Por isto não há a necessidade de uma completa descrição do ato a ser anotado.

Assim, por exemplo, a anotação de divórcio a ser realizada no assento de nascimento do registrando não necessita de transcrever o número dos autos de processo, Juiz que sentenciou, Vara, Comarca, etc. Tais dados devem constar na averbação de divórcio pertinente ao assento de casamento. A informação da ocorrência do divórcio deve ser apenas noticiada no assento de nascimento do divorciado, contendo as mínimas informações, como data da sentença, ocorrência do trânsito em julgado, número do livro, da folha, do assento, serventia e eventual nome que o próprio registrado passou a adotar. Na prática, muitos livros possuem quatro termos por folha, o que reduz o espaço utilizado para anotações e averbações. Por isto, não podemos sempre aplicar o famoso jargão *"o que abunda não prejudica"* pois neste caso, prejudica o espaço disponível e torna as informações menos claras e objetivas.

Aplicam-se as mesmas disposições aqui previstas para os casos de nulidade e anulação do casamento.

4.1.3. Óbito

A informação da lavratura do óbito deve ser enviada para anotação no registro de nascimento e casamento do falecido.

Na prática, é de grande dificuldade a localização do assento de nascimento do falecido quando este é casado. Muitas vezes os familiares não apresentam qualquer documento a respeito de seu registro de nascimento.

Nestas situações a boa prática entre os registradores tem possibilitado solicitar ao cartório que possui os autos de habilitação do casamento, as informações a respeito do nascimento do falecido, eis que a respectiva certidão de nascimento lá se encontra arquivada.

4.1.4. Emancipação

A emancipação é meio pelo qual há a cessação da incapacidade civil. Pode ser legal (causas previstas em lei), voluntária (concedida pelos pais) ou judicial (concedida em juízo).

A emancipação legal possui hipóteses especificadas em lei (artigo 5º, parágrafo único, inciso II a V do Código Civil[64]) e prescinde de publicidade pelos Registros Civis das Pessoas Naturais.

A emancipação voluntária é aquela concedida pelos pais, ou por um deles na falta do outro, ao filho menor púbere (maior de 16 anos e menor de 18 anos) mediante escritura pública. Aqui interpreta-se "falta" não só como morte, mas também, como ausência da participação daquele pai ou mãe na vida do menor[65].

Nas situações em que os pais foram destituídos do poder familiar, ou um dos pais diverge quanto à emancipação do filho, o caso deverá ser judicializado, podendo gerar a emancipação judicial.

Aqui nos é pertinente a análise da emancipação judicial e voluntária, que são aquelas que possuem ingresso no Registro Civil das Pessoas Naturais, especificadamente no Livro E da Sede de Comarca ou no 1º Subdistrito da Comarca onde houver mais de um Registro Civil do local de domicílio do menor emancipado[66].

Observa-se que a emancipação voluntária feita por escritura pública, por vezes é lavrada em cartórios que além de possuírem a atribuição notarial, cumulam atribuição de Registro Civil das Pessoas Naturais e possuem em seus livros o assento de nascimento do emancipado. Contudo, tais cartórios não são sede de Comarca e, portanto, não possuem Livro E.

---

64. "II - pelo casamento; III - pelo exercício de emprego público efetivo; IV - pela colação de grau em curso de ensino superior; V - pelo estabelecimento civil ou comercial, ou pela existência de relação de emprego, desde que, em função deles, o menor com dezesseis anos completos tenha economia própria".

65. Apelação Cível n. 96.914-0/9 do Conselho Superior da Magistratura de São Paulo, Relator Luiz Tâmbara, publicado aos 18/12/2002.

66. Capítulo XVII, SEÇÃO VIII, Subseção I, item 106: "Serão registrados no Livro "E" do Registro Civil das Pessoas Naturais do 1º Subdistrito da Comarca, com relação aos menores nela domiciliados, a emancipação por concessão dos pais, ou de um deles na falta do outro, mediante instrumento público, independentemente de homologação judicial, ou por sentença do Juiz, ouvido o tutor, se o menor tiver 16 anos completos".

Aqui se deve atentar para o cuidado de jamais efetuar a anotação de emancipação no assento de nascimento do emancipado à vista da escritura pública muitas vezes lavrada na mesma serventia.

Isto porque o registro da emancipação tem efeito constitutivo, como determina o artigo 91 da Lei 6.015/73: "Art. 91. (...) Parágrafo único. Antes do registro, a emancipação, em qualquer caso, não produzirá efeito". Assim sendo, antes do registro, a emancipação não possui eficácia.

Frise-se, portanto, que a anotação de emancipação no nascimento é feita com base na comunicação do registro da emancipação no respectivo Livro "E" e não deve ser feita à vista de Mandado Judicial ou Escritura Pública, podendo, contudo ser realizada, como nos demais casos de anotações em geral, à vista de documento autêntico, no caso, da certidão do registro da emancipação no Livro "E".

4.1.5. Interdição e Tomada de Decisão Apoiada

A Interdição e a Tomada de Decisão Apoiada são instrumentos previstos na atual legislação, que se submetem à registro no Livro E do Registro Civil das Pessoas Naturais[67].

Atualmente, segundo o Código Civil, temos as seguintes categorias de incapacidades: I- incapacidade absoluta: apenas destinada aos menores de 16 anos; II – incapacidade relativa destinada aos: a) maiores de dezesseis e menores de dezoito anos; b) ébrios habituais e viciados em tóxico; c) pródigos; d) aqueles que, por causa transitória ou permanente, não puderem exprimir sua vontade.

Assim, conforme lições de Christiano Chaves de Farias[68],

> "[...] o legislador objetivou as causas de incapacidade relativa, afastando indagações relativas ao estado mental. [...] A deficiência física, mental ou intelectual não é, somente por si, motivo determinante da incapacidade jurídica de uma pessoa. [...] Se, todavia, a pessoa com deficiência física, mental ou intelectual não puder, por algum motivo, exprimir sua vontade, poderá se sujeitar ao regime da incapacidade relativa por esse específico motivo (CC, art. 4º, III). A incapacidade decorre, nessa hipótese, da impossibilidade de manifestação de vontade, não da deficiência. Seria o caso de uma pessoa sem discernimento mental".

---

67. Normas de Serviço da Corregedoria Gera de Justiça do Estado de São Paulo, Capítulo XVII, Seção I: "(...) 1. Serão registrados no Registro Civil de Pessoas Naturais: (...) f) as interdições; (...) l) a sentença que decretar a tomada de decisão apoiada".
68. FARIAS, Christiano Chaves de; CUNHA, Rogério Sanches; PINTO, Ronaldo Batista. *Estatuto da Pessoa com Deficiência Comentado*. Salvador: JusPodivm, 2016, p. 309.

Portanto, a situação de deficiência por si só não gera a necessidade de interdição ou tomada de decisão apoiada. Deve-se no caso concreto verificar a possibilidade de manifestação de vontade. Caso a pessoa com deficiência manifeste vontade, esta é plenamente capaz e, facultativamente, pode se valer da nomeação de duas pessoas de sua confiança para lhe apoiar em decisões importantes. Caso a pessoa não manifeste vontade alguma, seja por deficiência mental grave ou por causa transitória como, por exemplo, a situação da pessoa "em coma", é necessária a nomeação de terceiro que a represente.

Temos a criação de modalidade menos invasiva àqueles portadores de alguma deficiência mas que manifestam vontade. É a denominada tomada de decisão apoiada.

A tomada de decisão apoiada está definida no artigo 1.783-A do Código Civil, como sendo

"o processo pelo qual a pessoa com deficiência elege pelo menos 2 (duas) pessoas idôneas, com as quais mantenha vínculos e que gozem de sua confiança, para prestar-lhe apoio na tomada de decisão sobre atos da vida civil, fornecendo-lhes os elementos e informações necessários para que possa exercer sua capacidade".

Assim, a pessoa deficiente que manifesta vontade, é tida por plenamente capaz. Porém, caso queira, esta poderá constituir duas pessoas de sua confiança como seus "conselheiros" que lhe trarão subsídios sobre aquilo que deva ser decidido. Ressalta-se que estas pessoas não são representantes ou assistentes daquele apoiado, pois não há qualquer incapacidade deste.

Contudo, não se extinguiu a curatela, que continua prevista no Novo Código de Processo Civil[69], bem como no Estatuto da Pessoa com Defici-

---

69. "Art. 755. Na sentença que decretar a interdição, o juiz: I - nomeará curador, que poderá ser o requerente da interdição, e fixará os limites da curatela, segundo o estado e o desenvolvimento mental do interdito; II - considerará as características pessoais do interdito, observando suas potencialidades, habilidades, vontades e preferências. § 1º A curatela deve ser atribuída a quem melhor possa atender aos interesses do curatelado. § 2º Havendo, ao tempo da interdição, pessoa incapaz sob a guarda e a responsabilidade do interdito, o juiz atribuirá a curatela a quem melhor puder atender aos interesses do interdito e do incapaz. § 3ºA sentença de interdição será inscrita no registro de pessoas naturais e imediatamente publicada na rede mundial de computadores, no sítio do tribunal a que estiver vinculado o juízo e na plataforma de editais do Conselho Nacional de Justiça, onde permanecerá por 6 (seis) meses, na imprensa local, 1 (uma) vez, e no órgão oficial, por 3 (três) vezes, com intervalo de 10 (dez) dias, constando do edital os nomes do interdito e do curador, a causa da interdição, os limites da curatela e, não sendo total a interdição, os atos que o interdito poderá praticar autonomamente".

ência (Lei n. 13.146/2015)[70] e deve ser aplicada de forma excepcional, para aqueles que não manifestam vontade (possuem incapacidade relativa, nos termos do artigo 4º, inciso III do Código Civil), especialmente para atos relacionados aos direitos de natureza patrimonial e negocial. Segundo as novas disposições, o juiz deve fixar os limites da curatela de acordo com as condições específicas do caso sendo possível a fixação de curatela compartilhada.

Conforme entendimento da doutrina, a curatela pode ter diferentes extensões a depender do grau de deficiência do curatelando. Desta forma pode ser determinado ao curador: i) ser representante do curatelando para todos os atos jurídicos, pois este não tem qualquer condição de praticá-los; ii) ser representante para certos e específicos atos, como por exemplo, atos patrimoniais, e ser assistente para os demais atos em que o curatelando tem condições de praticar (regime misto); iii) ser assistente para todos os atos, na hipótese em que o curatelando tem condições de praticá-los[71].

Tanto a interdição quanto a tomada de decisão apoiada são registradas no Livro E do Registro Civil das Pessoas Naturais da Comarca do interessado ou do 1º Subdistrito da Comarca onde houver mais de um Subdistrito. E, prevê o item 137, Seção X, Capítulo XVII das Normas de Serviço da Corregedoria Geral de Justiça do Estado de São Paulo:

> "137. A emancipação, a **interdição,** a ausência, a morte presumida e a união estável **serão anotadas, com remissões recíprocas, nos assentos de nascimento e casamento,** bem como a mudança do nome do cônjuge, em virtude de casamento, ou de dissolução da sociedade conjugal, por nulidade ou anulação do casamento, separação judicial ou divórcio, e a mudança do nome do companheiro, em virtude de registro de união estável, ou de registro de sua dissolução". Grifos nossos.

Aqui se percebe que o item 137 não menciona a tomada de decisão apoiada, provavelmente por mero esquecimento quando da adequação das normas ao Estatuto da Pessoa com Deficiência. Contudo, é prudente

---

70. "Art. 85.A curatela afetará tão somente os atos relacionados aos direitos de natureza patrimonial e negocial. § 1ºA definição da curatela não alcança o direito ao próprio corpo, à sexualidade, ao matrimônio, à privacidade, à educação, à saúde, ao trabalho e ao voto § 2ºA curatela constitui medida extraordinária, devendo constar da sentença as razões e motivações de sua definição, preservados os interesses do curatelado. § 3ºNo caso de pessoa em situação de institucionalização, ao nomear curador, o juiz deve dar preferência a pessoa que tenha vínculo de natureza familiar, afetiva ou comunitária com o curatelado".

71. FARIAS, Christiano Chaves de; CUNHA, Rogério Sanches; PINTO, Ronaldo Batista, op. cit., p. 240

que tal comunicação seja feita igualmente na hipótese de tomada de decisão apoiada para a devida anotação.

4.2. Anotações no Registro de Casamento

4.2.1. Novo Casamento e União Estável

É obrigatória a comunicação do novo casamento ao Registro Civil que possui o casamento imediatamente anterior. Contudo, prevê as Normas de Serviço da Corregedoria Geral de Justiça que é facultativa a comunicação aos casamentos anteriores e ao assento de nascimento[72].

Em relação a esta anotação, temos algumas reflexões necessárias inspiradas no brilhante artigo da Registradora Maria Luzia da Fonseca[73].

A anotação de novo casamento costumeiramente é feita no assento de casamento anterior da seguinte forma: "ANOTAÇÃO: O contraente ao lado casou-se com NOME E SOBRENOME aos (data), conforme assento lavrado no Livro B-(n.º), fl. (n.º), Termo (n.º) do Registro Civil das Pessoas Naturais de _____".

Aqui questiona-se: é necessária a menção do nome da pessoa com quem o antes divorciado se casou? Qual a relevância desta informação?

A dúvida é pertinente quando se constata que a ex-cônjuge que ainda possui o estado de divorciada irá utilizar daquele documento para demonstração de seu estado civil. E muito frequente é a situação em que o relacionamento não tenha terminado de forma saudável.

No artigo já mencionado coloca-se a seguinte situação:

> "Imagine o seguinte: uma pessoa se divorcia em razão da quebra do dever conjugal de fidelidade. Em regra o infiel logo se casa, pois apaixonado. A outra pessoa que se mantém divorciada já está com o amor próprio ferido, e ainda assim, necessitando da certidão de casamento atualizada, percebe que nela consta o nome da pessoa com quem o infiel se casou. O constrangimento é notório e dispensa comentários".

---

72. Capítulo XVII, Seção X, item 138.1:"O novo casamento deverá ser anotado no assento de casamento imediatamente anterior, sem prejuízo de sua anotação facultativa nos registros de casamentos anteriores e no assento de nascimento, se informados previamente na habilitação para o casamento".
73. FONSECA, Maria Luzia da. A anotação do novo casamento no assento do casamento anterior: Possibilidade de aviltar a dignidade da pessoa humana e acarretar onerosidade ao usuário. Publicado em 23/04/2015. Disponível em: <http://www.arpensp.org.br/?pG=X19leGliZV9u b3RpY2lhcw==&in=MjU0NzQ=> Acesso em: 11 ago. 2016.

Aqui a lógica é indiscutível. O constrangimento gerado pela colocação do nome da atual esposa na anotação do novo casamento não se justifica.

E, portanto, a autora completa:

> "Uma anotação é mera notícia da prática de outro ato. Portanto, nela basta que se identifique o ato praticado, no caso em tela o casamento, a data, a serventia que em lavrado, o livro, folha e número do assento. Se alguém quiser saber mais detalhes sobre o ato noticiado, que peça uma certidão do assento. O que não é justo é que a pessoa divorciada carregue em sua certidão de casamento o nome da pessoa que se casou com o ex-cônjuge"[74].

Temos que a menção do nome da pessoa com quem o antes divorciado tenha se casado é completamente desnecessária e dispensável, sob pena de ferir a dignidade da pessoa humana[75].

Outro questionamento pertinente levantado no referido texto é a necessidade ou não da anotação da separação ou do divórcio deste novo casamento ora anotado, no casamento imediatamente anterior.

Isto porque a cada nova anotação acresce-se um custo àquela certidão. Assim, caso a cônjuge que continua divorciada solicite sua certidão de casamento, deverá esta pagar pela averbação de seu divórcio, pela anotação do novo casamento do ex-marido e anotações de separação e divórcio deste novo casamento de seu ex-marido que não lhe diz respeito?

Entendemos que tais anotações não devem ser feitas no casamento anterior e dizem respeito tão somente ao novo casamento. Desta forma, cabível apenas a anotação de novo casamento dos contraentes, sem a menção do nome de seus atuais cônjuges.

4.2.2. Óbito

O óbito deve ser comunicado ao nascimento e ao casamento do falecido, conforme já mencionado.

Observa-se que recebida a comunicação do óbito em assento de casamento em que já averbado o divórcio, deve-se ater à data do divórcio.

---

74. Oficial e Tabeliã no Município de Potim-SP. Artigo: "A anotação do novo casamento no assento do casamento anterior: Possibilidade de aviltar a dignidade da pessoa humana e acarretar onerosidade ao usuário", publicado em 23/04/2015. Disponível em: <http://www.arpensp.org.br/?pG=X19leGliZV9ub3RpY2lhcw==&in=MjU0NzQ=>. Acesso em: 11 nov. 2016.

75. Sugestão de anotação de novo casamento: "O contraente casou-se aos (data), conforme assento lavrado no Livro B-, fl., Termo (n.º) do Registro Civil das Pessoas Naturais de _____".

Caso o óbito seja posterior à sentença de divórcio, entendemos que a comunicação deve ser rejeitada, pois o vínculo conjugal já se encontrava dissolvido.

Contudo, caso o óbito seja anterior à data da sentença de divórcio (ou seja, o falecimento ocorreu após a propositura da demanda mas antes da prolatação da sentença), sugere-se que a anotação seja feita e eventual discussão acerca dos efeitos da sentença judicial de divórcio prolatada quando já ocorrido o óbito de uns dos contraentes, seja discutida em juízo.

5. CONCLUSÃO

No presente trabalho expusemos as mais diversas situações de averbações e anotações existentes no Registro Civil, porém, sem buscar exaurir o assunto que possui muitas hipóteses não mencionadas.

Extraímos as seguintes conclusões, ora apresentadas.

As averbações se mostram como alterações das informações contidas naquele registro em que aposta enquanto as anotações buscam indiciar a existência de algum evento pertinente àquela pessoa constante do registro.

As averbações devem estritamente obedecer aos princípios da legalidade, continuidade, instância e publicidade, salvo hipóteses de sigilo, enquanto as anotações se atém aos princípios da legalidade e publicidade.

As averbações podem ter por objeto alterações no assento de nascimento, referentes à paternidade, maternidade, nome, poder familiar, guarda e tutela, adoção e nacionalidade.

A averbação que altera o nome registrado pode dar ensejo à alterações em outros assentos, em um "efeito cascata".

Já no assento de casamento as averbações podem ter por objeto alterações referentes à separação, restabelecimento da sociedade conjugal, divórcio, nulidade, anulação do casamento, alteração do regime de bens e alteração do nome.

No assento de óbito, muito menos frequente, é possível a averbação de alteração de local de sepultamento e informação de sepultamento ou cremação de cadáver destinado a estudo.

Por fim, temos retificações sendo realizadas em todas as espécies de assentos por meio de averbações.

Já as anotações possuem estrutura mais simplificada e frequentemente remetem a ocorrência de casamento, união estável, separação, restabelecimento da sociedade conjugal, divórcio, dissolução de união estável, óbito, emancipação, interdição e tomada de decisão apoiada.

As anotações devem ser reduzidas e tratadas como indício de direito, não devendo conter todos os elementos do registro ou averbação ao qual faz remissão.

6. REFERÊNCIAS BIBLIOGRÁFICAS

ALVES, Roberto Barbosa. **Direito da Infância e da Juventude.** São Paulo: Saraiva, 2008.

CAMARGO, Mario de Carvalho Neto; OLIVEIRA, Marcelo Salaroli de Oliveira. **Registro Civil das Pessoas Naturais I.** São Paulo: Saraiva, 2014.

CAMARGO, Mario de Carvalho Neto; OLIVEIRA, Marcelo Salaroli de Oliveira. **Registro Civil das Pessoas Naturais II.** São Paulo: Saraiva, 2014.

CASSETTARI, Christiano. **Multiparentalidade e Parentalidade Socioafetiva Efeitos Jurídicos.** São Paulo: Atlas, 2014.

CENEVIVA, Walter. **Lei dos Registros Públicos Comentada.** 19ª ed., São Paulo: Saraiva, 2009

FARIAS, Christiano Chaves de; CUNHA, Rogério Sanches; PINTO, Ronaldo Batista. **Estatuto da Pessoa com Deficiência Comentado.** Salvador: *Jus*Podivm, 2016.

FONSECA, Maria Luzia da. **A anotação do novo casamento no assento do casamento anterior: Possibilidade de aviltar a dignidade da pessoa humana e acarretar onerosidade ao usuário.** Publicado em: 23/04/2015.Disponível em http://www.arpensp.org.br/?pG=X19leGliZV9ub3RpY2lhcw==&in_MjU0NzQ= Acesso em 11 ago. 2016.

GONÇALVES, Marcus Vinicius Rios Gonçalves. **Direito Processual Civil Esquematizado.** 4ª ed., São Paulo: Saraiva, 2014.

PELUSO, Cezar. **Código Civil Comentado.** 8ª ed.,Barueri:Manole, 2014.

SANTOS, Reinaldo Velloso dos. **Registro Civil das Pessoas Naturais.** Porto Alegre: Sergio Antonio Fabris Editor, 2006

CAPÍTULO 15

Reflexos das anotações e averbações na segurança jurídica das pessoas naturais e nos negócios imobiliários

Marcielly Garcia Gibin[1]
Marcielly Rosa Nunes[2]

Sumário: 1. Introdução; 2. O princípio da segurança jurídica como norteador dos registros públicos; 2.1. A publicidade, autenticidade e eficácia dos registros públicos; 3. O estado da pessoa natural e o registro civil; 3.1. Estado civil da pessoa natural; 3.2. Procedimento registral *lato sensu*: registro, averbação e anotação; 3.3. Exteriorização do estado civil das pessoas naturais: certidões; 4. Reflexos das anotações e averbações do registro civil nos negócios imobiliários; 4.1. Averbações e anotações no assento de nascimento (Livro A); 4.2. Averbações e anotações no assento de casamento (Livro B e B auxiliar); 4.3. Averbações e anotações no Livro E; 5. Considerações finais; Referências

1. INTRODUÇÃO

A segurança jurídica como fundamento da existência dos registros públicos deve se apresentar devidamente atualizada, razão pela qual as comunicações e averbações entre as Serventias Extrajudiciais exigem celeridade e eficácia, refletindo maior garantia nas transações imobiliárias, como a conferição da capacidade e disponibilidade do direito.

---

1. Bacharel em Direito pela Faculdade Maringá. Pós-graduada em Direito Notarial e Registral. Tabeliã de Notas e Registradora Civil de Ribeira-SP.
2. Bacharel em Direito pela Universidade Paranaense. Pós-graduada em Direito Notarial e Registral. Membro da Comissão de Direito Imobiliário e Urbanístico da OAB – PR, subseção Londrina. Advogada.

Nesse contexto, para a realização do estudo, utilizou-se a metodologia de revisão bibliográfica, analisando-se artigos e livros da doutrina clássica e contemporânea, que contribuíram para sustentar as benesses do serviço registral.

O objetivo da pesquisa é demonstrar a importância da prestação do serviço, com seus reflexos e consequências nas relações imobiliárias. O estudo divide-se em três partes, iniciando-se pela abordagem da segurança jurídica, publicidade, autenticidade e eficácia, como sustentáculo dos registros públicos. Segue analisando o estado civil da pessoa natural e sua exteriorização por meio de certidões expedidas pelo registro civil.

Por fim, aborda a importância do registro das pessoas naturais se manter atualizado e suas implicações diretas no âmbito do registro imobiliário.

2. O PRINCÍPIO DA SEGURANÇA JURÍDICA COMO NORTEADOR DOS REGISTROS PÚBLICOS

O princípio da segurança jurídica é indissociável do Estado Democrático de Direito. Tem como respaldo garantir e proteger os direitos fundamentais. Assegura ao cidadão seu bem estar social, o bem comum da coletividade, sendo o próprio alvo do direito.

"O homem necessita de *segurança* para conduzir, planificar e conformar autônoma e responsavelmente a sua vida. Por isso, desde cedo se consideraram os princípios da *segurança jurídica* e da *protecção da confiança* como elementos constitutivos do Estado de direito"[3].

Nesse diapasão, o direito existe para o ser humano, para regular sua vida em sociedade, e para dar concretude ao sistema, imperioso a segurança jurídica.

Segurança é tudo aquilo que traz conforto, paz, tranquilidade. É o anseio que toda sociedade espera do ordenamento jurídico. "A segurança jurídica é uma das faces do bem comum; é um fim, pois, do direito e da sociedade política. É função jurídica a busca dessa segurança – estabilidade justa"[4].

---

3. CANOTILHO, José Joaquim Gomes. **Direito Constitucional e Teoria da Constituição**. 7. ed. Coimbra: Edições Almedina, 2003, p. 257.
4. DIP, Ricardo. **Segurança Jurídica e Crise Pós-Moderna**. São Paulo: Quartier Latin, 2012, p. 67-68.

A segurança advém de um Estado organizado, que estabelece uma conjuntura legislativa previamente definida, que regula as condutas humanas, disciplina seu desenvolvimento e efeito, e para ser almejada, depende de um sistema que impere a realidade envolta na sociedade, seja nos aspectos pessoais ou negociais. A exterioridade dos aspectos pessoais, denotam-se com evidência no Registro Civil de Pessoas Naturais, enquanto as relações imobiliárias se apresentam no âmbito do Registro de Imóveis.

Considerando que a vida do indivíduo é regida por diversos acontecimentos, iniciando com o nascimento e terminando com a morte, explora-se durante esse percurso situações que refletem diretamente no mundo jurídico.

Nesse ínterim social, que rotineiramente faz parte do ser humano, ocorrem fatídicos inesperados, razão pela qual é necessário verificar a completa situação jurídica da pessoa – estado civil e eventualmente do objeto negociado – imóvel, avaliando a capacidade dos sujeitos e os direitos a que dispõe.

O sistema que impera e proporciona a realidade das situações no ordenamento jurídico brasileiro são prestados atualmente[5] pelas Serventias Extrajudiciais de Registros, tendo como escopo basilar a Lei de Registros Públicos (Lei nº. 6.015/1973), sendo "o único serviço estatal inteiramente comprometido com a consecução da garantia da autenticidade, segurança, eficácia e publicidade dos atos jurídicos (CR, art. 236; LRP, art. 1º; Lei nº 8.935, de 1994, art. 1º)"[6].

Realizada de forma eficaz as mutações individuais pelo sistema registral, por garantir certeza e estabilidade quanto aos titulares envolvidos nas ações e quanto ao conteúdo do direito, a sociedade passa a confiar nas informações prestadas pela atividade, refletindo segurança jurídica.

Essa segurança é revelada por duas vertentes: segurança jurídica estática e dinâmica, como aponta Leonardo Brandelli:

> Se a segurança jurídica estática determina que o conteúdo e a titularidade dos direitos subjetivos sejam certos, e que o titular de um direito subjetivo não possa dele ser privado sem sua participação, a segurança

---

5. Outrora os registros eram feitos conforme o Direito Canônico.
6. RODRIGUES, Marcelo. **Tratado de Registros públicos e Direito Notarial.** São Paulo: Atlas, 2014, p. 827.

jurídica dinâmica preceitua que o adquirente de um direito subjetivo não pode ser privado do direito adquirido por circunstâncias alheias que lhe sejam desconhecidas, e que não lhe eram exigido conhecer, porque tomou as cautelas necessárias estabelecidas pelo ordenamento jurídico, devendo a aquisição ser mantida em consonância com o previsto no ato jurídico translativo[7].

É por meio dessa segurança que o indivíduo espera o resultado concreto dos seus negócios, uma vez que é exigível do ordenamento jurídico a certeza de um direito estável e previsível. Assim, nas transações que envolvem bens imóveis, "a atividade registral imobiliária tem por fim específico a publicidade da situação jurídica dos imóveis, concentrando em seus assentos todas as informações relevantes para a dinâmica das transações e para segurança dos titulares dos direitos"[8], permitindo que avalie os riscos e suas variáveis.

Portanto, verifica-se que a segurança jurídica é resultado dos institutos da publicidade, autenticidade e eficácia dos registros públicos, e para que seja alcançada, é necessário que todos os atos e fatos levados ao assentamento sejam englobados por esses elementos. Quando todos eles se compõem, propaga-se a segurança jurídica.

Unidos a essa ideia, nasce confiança e harmonia em todo o sistema e dessa forma, espera-se que as relações jurídicas sejam respeitadas pelo Estado e demais indivíduos.

2.1. A publicidade, autenticidade e eficácia dos registros públicos

A finalidade dos registros públicos é garantir a publicidade, autenticidade, segurança e eficácia dos atos e fatos levados ao assento (art. 1º, da Lei 6.015/73), assim, importante decorrer o que trata cada um deles, para maior compreensão do presente estudo.

2.1.1. Publicidade

A publicidade nos registros públicos visa dar cognoscibilidade a qualquer pessoa, isto é, conhecer as informações constantes no assento e opor a terceiros, salvo algumas exceções previstas em lei, *v.g.*, artigo 18 da Lei nº. 6.015/73, por via de regra, todos os atos são públicos.

---

7. BRANDELI, Leonardo. **Registro de Imóveis: Eficácia material**. Rio de Janeiro: Forense, 2016, p. 08.
8. OLIVEIRA, Marcelo Salori de. **Publicidade Registral Imobiliária**. São Paulo: Saraiva, 2010, p.25.

Fornece à coletividade informação dos movimentos de pessoas e bens, sendo a "alma dos registros públicos. É a oportunidade que o legislador quer dar ao povo de conhecer tudo que lhe interessa a respeito de determinados atos"[9].

A publicidade gera diversos efeitos, entre eles, a boa-fé, que decorre de todos os atos e fatos praticados no registro *lato sensu*. Tem boa-fé aquele que confiou na informação contida nos registros públicos, pois, terceiros não poderão alegar que desconhecem a situação, em razão de seus efeitos *erga omnes*.

Assim, "a publicidade registral, por conta de suas características, faz que os terceiros possam nela confiar e, no caso de adquirirem algum direito com base nessa confiança, serão tutelados"[10].

Nesse contexto, necessário observar também outros efeitos da publicidade dos registros públicos, qual seja, publicidade notícia, declarativa e constitutiva. O que vai distinguir cada uma é o tipo do ato a ser praticado no assento.

A publicidade notícia é aquela que apenas informa determinado ato e fato. A existência, validade e seus efeitos não dependem da inscrição no registro público, este apenas cria uma presunção absoluta de seu conhecimento face a terceiros. Um exemplo seria as anotações nos assentos do registro civil, pois face sua ausência, nenhum prejuízo acarreta ao cidadão.

A publicidade declarativa é aquela em que é necessária sua inscrição no registro público para que produza os efeitos esperados. Os atos e fatos são válidos, mas ainda não possuem eficácia *erga omnes*, antes do assento só geram efeitos entre as partes. A inscrição no registro torna um meio probatório contra terceiros, como é o caso da averbação do divórcio e o registro do casamento.

A publicidade constitutiva é aquela que sem o registro o direito não nasce. É imprescindível sua inscrição para a existência, validade e eficácia do ato. É o que denota-se com a emancipação judicial e com transmissão de domínio pela compra e venda de bem imóvel.

Ademais, a publicidade registral também não se confunde com a publicidade que emana dos cadastros públicos, conceituada como publicida-

---

9. BALBINO FILHO, Nicolau. **Registro de Imóveis**. 9. ed. São Paulo: Saraiva, 1999, p. 49.
10. BRANDELI, Leonardo. **Registro de Imóveis: Eficácia material**. Rio de Janeiro: Forense, 2016, p. 300.

de negativa, que apenas torna acessível a informação em banco de dados restritos. Enquanto que a publicidade decorrente dos registros públicos é a publicidade positiva, que torna o fato oponível a terceiros, presumindo o conhecimento por todos. Assim, "a publicidade registral não apenas predispõe ao conhecimento público atos e fatos jurídicos isolados, mas o faz de uma maneira organizada que, em relação a determinado objeto, também serão publicadas suas modificações, extinções, restrições, condições, circunstâncias e tudo o mais que seja juridicamente relevante"[11].

Como todos esses efeitos, a publicidade dos registros públicos garante que a segurança jurídica seja auferida, por tutelar não somente os interesses individuais, mas o interesse da coletividade e contribui para com a ordem social ao dar efetividade ao sistema jurídico.

2.1.2. Autenticidade

É o aspecto que decorre diretamente da fé pública que o Estado delega aos profissionais de direito que exercem a atividade notarial e de registro. Teor contido no artigo 3º da Lei dos Notários e Registradores, *in verbis*: "Notário, ou tabelião, e oficial de registro, ou registrador, são profissionais do direito, dotados de fé pública, a quem é delegado o exercício da atividade notarial e de registro".

É por meio da fé pública que todo o serviço prestado por esses profissionais do direito são considerados autênticos e, como consequência, os assentamentos presumem-se verdadeiros, legais e legítimos. Verdadeiros, porque o assento deve refletir a realidade, e as mutações constantes do objeto jurídico devem estar inseridas no assento. Legais, em face de ser obrigação do agente público à observância da lei para a prática dos atos. E legítimos, pois fora praticado por quem a lei delega a competência para realizar o ato.

Considerando todos os aspectos envoltos da autenticidade - verdadeiros, legais e legítimos, tem-se que a autenticidade dos atos de registro, em sentido lato, geram presunção de validade *juris tantum*. No sentido em que "a presunção significa que a sinalização feita pelo registro, seja da aquisição, seja do cancelamento, prevalece pró e contra quem for por ela atingido, enquanto não for produzida prova contrária"[12]. A qual

---

11. OLIVEIRA, Marcelo Salori de. **Publicidade Registral Imobiliária**. São Paulo: Saraiva, 2010, p.13.
12. CARVALHO, Afrânio. **Registro de Imóveis**. 4. ed. Rio de Janeiro: Forense, 1997. p. 162-163.

somente pode ser desconstituída, anulada ou cancelada por provocação de terceiros e, logo, mediante decisão judicial.

Assim, a autenticidade guarnece as partes uma segurança jurídica de que as informações constantes dos registros públicos correspondem à realidade, tanto o que se refere às pessoas, como também aos direitos que elas dispõem. Essa percepção origina proteção aos interesses de terceiros e de toda coletividade.

2.1.3. Eficácia

Todo ato e fato que ingressa no registro público espera-se a produção de algum resultado. "A eficácia compreende-se como a força ou poder que possa ter um ato ou um fato jurídico, para produzir os desejados efeitos"[13].

A eficácia se relaciona com a validade, vigência e qualidade do registro, "lavrado o assento, o qual nele descrito passa a prover de condições para produzir efeitos. É ato juridicamente existente e apto a irradiar-se na completeza de suas consequências"[14].

Os efeitos atingem as partes envolvidas e irradiam perante a sociedade, certificando que a finalidade do ato ou fato foi alcançada e que será respeitada por todos. "Esta aptidão para a produção plena de efeitos, que decorre do registro, claramente confere segurança jurídica aos atos e fatos registrados"[15].

3. O ESTADO DA PESSOA NATURAL E O REGISTRO CIVIL

Para que a pessoa exerça suas atividades e estabeleça relações jurídicas revestidas de segurança, é necessário conhecer o verdadeiro estado da pessoa natural com quem se pretende relacionar.

Isso porque, o estado civil retrata a trajetória das pessoas naturais no transcorrer da vida, seja por escolhas voluntárias ou involuntárias, é pelo estado[16] civil que as pessoas se encaixam em determinado meio social.

---

13. ALVIN NETO, José Manuel; CLÁPIS, Alexandre Laizo; CAMBLER, Everaldo Augusto. **Lei de Registros Públicos Comentada**. Rio de Janeiro: Forense, 2014.
14. NALINI, José Renato. **Registros Públicos e Segurança Jurídica**. Porto Alegre: Sergio Antônio Fabris Editor, 1998, p. 42.
15. CAMARGO NETO, Mário; OLIVEIRA, Marcelo Salaroli. **Registro Civil das Pessoas Naturais**. Coleção de cartório. São Paulo: Saraiva, 2014, p. 55.
16. A palavra "estado" provém do latim *status*, empregada pelos romanos para designar os vários predicados integrantes da personalidade (GONÇALVES, 2012, p. 150). Enquanto a pala-

Essa biografia particular-individual deve-se fazer presente nos assentos do Registro Civil das Pessoas Naturais, por ser a atividade competente para a prática dos atos da pessoa natural, conforme intelecção do artigo 29 da Lei dos Registros Públicos.

Nesse ideal lógico-sistêmico, evidencia-se o serviço registral na sociedade em suas muitas relações com o estado da pessoa, por ser a "atividade à qual a lei delega o registro dos mais importantes atos jurídicos referentes à pessoa natural"[17].

Demonstra-se, assim, a evidente importância dos registros públicos nas ordens de interesse no âmbito social e suas relações ao estado civil.

3.1. Estado civil da pessoa natural

O estado da pessoal natural situa e regula os direitos e deveres do indivíduo perante o Estado, interferindo diretamente na validade e eficácia dos negócios jurídicos, bem como nos direitos pessoais e patrimoniais.

O "estado civil é a qualificação jurídica da pessoa, resultante das diferentes posições que ocupa na sociedade, hábeis a produzir diferentes consequências. Enfim, é a posição jurídica da pessoa no meio social"[18].

Para que se compreenda a posição no meio social, mister apresentar os elementos que compõem o estado civil, sendo eles: estado político, familiar e individual.

O estado individual diz respeito à idade, capacidade e o sexo da pessoa natural. É este o meio que determina a condição de criança, adolescente e adulto. Provoca a aptidão ou não de realizar os atos por si só, determina o momento de aposentadoria, entre outros.

---

vra pessoa advém do latim *persona*, emprestada à linguagem teatral na antiguidade romana, primitivamente, significava máscara (MONTEIRO, 1966, p. 48). Os atores adaptavam ao rosto uma máscara, provida de disposição especial, destinada a dar eco às suas palavras. Personare queria dizer, pois, ecoar, fazer ressoar. A máscara era uma persona, porque fazia ressoar a voz de uma pessoa. Por curiosa transformação no sentido, o vocábulo passou a significar o papel que cada ator representava e, mais tarde, exprimiu a atuação de cada indivíduo no cenário jurídico. Por fim, completando a evolução, a palavra passou a expressar o próprio indivíduo que representa êsses papéis. Nesse sentido é que a empregamos atualmente (MONTEIRO, 1966, p. 65).

17. RODRIGUES, Marcelo. **Tratado de Registros públicos e Direito Notarial**. São Paulo: Atlas, 2014, p.67.
18. ROSENVALD, Nelson; FARIAS, Cristiano Chaves. **Curso de Direito Civil, v. 1 - Parte Geral e LINDB**. Salvador: Juspodivm, 2015, p. 303.

Já o estado familiar reflete as relações de matrimônio e parentesco, sendo suas consequências apresentadas no âmbito do direito das sucessões (herança); nas relações em que há obrigatoriedade de prestar alimentos; compra e venda de imóveis (anuência); etc.

O estado político se relaciona com nacionalidade, cidadania e naturalização. Seus aspectos determinam a concepção de nacional (nato ou naturalizado) ou estrangeiro, o que reporta em vários reflexos jurídicos, como o direito de votar e ser votado.

Todas essas informações acerca do estado da pessoa, assim como suas alterações, devem constar no assento. O procedimento para tanto, depende da situação sobrevinda, que poderá se dar por meio do registro, averbação ou anotação.

3.2. Procedimento registral *lato sensu*: registro, averbação e anotação

Todos os acontecimentos que são levados ao registro civil das pessoas naturais são realizados por meio do registro *lato sensu*, o que abrange o registro *scricto sensu*, averbação e anotação.

O "registro é o ato principal, lavrado em livro próprio, que documenta um ato ou fato, tornando o conhecimento deste ato ou fato perene, público e verdadeiro"[19]. É por meio dele que se retratam os principais acontecimentos da vida humana.

De acordo com o artigo 9º do Código Civil, serão registrados em registro público: o nascimento, casamento, óbito, emancipação, interdição, sentença declaratória de ausência e de morte presumida. Nesse sentido, complementa a Lei 6.015/73, que aduz no artigo 29, que serão registrados também: as opções de nacionalidade e a sentenças que deferirem a legitimação adotiva.

Esses registros não podem ser lançados *ex offício*, em razão do artigo 13, da Lei 6.015/73 impor para a prática do ato e ou ordem judicial, requerimento verbal ou escrito dos interessados, ou requerimento do Ministério Público. Portanto. O rol dos registros é considerada taxativa.

---

19. CAMARGO NETO, Mário; OLIVEIRA, Marcelo Salaroli. **Registro Civil das Pessoas Naturais**. Coleção de cartório. São Paulo: Saraiva, 2014, p. 67.

O ato de registro gera diversos efeitos, como denota Washington de Barros[20]:

> Registro é o conjunto de atos autênticos tendentes a ministrar prova segura e certa do estado das pessoas. Ele fornece meios probatórios fidedignos, cuja base primordial descansa na publicidade, que lhe é imanente. Essa publicidade, de que se reveste **o Registro, tem função específica: provar a situação jurídica do registrado e torná-la conhecida de terceiros**. O registro civil, relativo à pessoa natural e que ora nos interessa, se destina à fixação indelével dos principais fatos da vida humana, como o nascimento, o casamento e o óbito. Sua existência e funcionamento interessam de perto à nação, ao próprio registrado e a terceiros que com ele mantenham relações. Interessam à nação, porque esta depara no Registro fonte auxiliar preciosa para a administração pública, em serviços essenciais, como polícia, recrutamento militar, recenseamento, estatística, serviço eleitoral, arrecadação de impostos e distribuição da justiça. Interessam ao próprio registrado porque este encontra no Registro prova fácil, decisiva e imediata da própria situação: prova de idade para demonstração da capacidade civil, prova de nacionalidade para gozo dos direitos políticos, prova de estado para impetração de eventuais direitos. Interessam, finalmente, a terceiros que com este contratem, porque nos dados subministrados pelo Registro, à sua disposição, encontram eles a indispensável informação para maior segurança de seus negócios, verificando, num relance, se o contratante é maior ou menor, casado ou solteiro, e qual o regime matrimonial de bens adotado, na primeira hipótese[21]. (grifo nosso)

Verifica-se que o ato de registro têm implicações na aquisição de direitos, no exercício da cidadania, no destino de recursos públicos e,

---

20. Sob esse ponto de vista, nada sobreleva o Registro Civil, a que MAUPASSANT, hiperbolicamente, chama o deus legal, a gloriosa divindade, mais forte que a natureza e que reina nos templos das comunas. Que seria dos negócios públicos e privados, pergunta PLANIOL, se tivéssemos que nos ater, nessa matéria, à prova testemunhal, sempre falha e suspeita, às recordações semiapagadas dos próprios interessados e aos escritos particulares, que não apresentam garantia alguma de sinceridade? Efetivamente, como dizem NICOLA e FRANCESCO STOLFI, no Registro se pode encontrar a história civil da pessoa, por assim dizer, a biografia jurídica de cada cidadão. O Registro Civil é instituição que se deve à Igreja Católica. Desde a Idade Média, teve ela a ideia de anotar nascimentos, casamentos e óbitos, por meio de inscrições nos livros paroquiais. Entre nós, durante o Império, dadas as relações entre a Igreja e o Estado, tais registros eclesiásticos eram dotados de fidedignidade. Ainda hoje, pessoas nascidas anteriormente à secularização do Registro Civil fazem prova de idade mediante apresentação de batistério, cujo valor probante é reconhecido sem contestação. Aquela secularização do Registro Civil principiou com o Decreto nº. 9.886, de 7-3-1888, e hoje ela inspira toda a legislação pátria, nessa matéria. (BARROS, 1966, p. 87 e 88).
21. MONTEIRO, Whashington de Barros. **Curso de Direito Civil – Parte Geral**. 5. ed. São Paulo: Saraiva, 1966, p. 87.

assim, interfere diretamente nas relações pessoais e/ou negociais dos indivíduos.

Após a lavratura de um assento registral é natural que ocorram mutações relevantes no estado civil da pessoa natural, pois o ciclo natural da vida permeia em constantes transformações, raramente permanece estática.

Havendo alterações no estado da pessoa, essa deve ser ajustada no assento, visto que o registro deve se adaptar à realidade para que se mantenha a prova fiel dessa situação. A necessária atualização do assento principal apresenta-se por meio do procedimento de averbação.

A averbação é um procedimento secundário que irá alterar o assento principal, "a fim de que os dados relativos ao estado pessoal e familiar da pessoa natural reproduzam a realidade de determinado momento e garantam uma informação segura e atualizada a todos os membros da comunidade"[22].

As averbações no Registro Civil estão previstas no artigo 10 do Código Civil e nos artigos 29, §1º e 102 da Lei 6.015/73, *v.g.*, sentenças que decretam a nulidade ou anulação do casamento, ocorrência de divórcio ou separação judicial, o restabelecimento da sociedade conjugal; atos judiciais ou extrajudiciais que declararem ou reconhecerem a filiação; perda de nacionalidade brasileira, quando comunicada pelo Ministério da Justiça; perda e suspensão do poder familiar; as alterações ou abreviaturas de nomes.

Os rol das averbações, diferente do registro, são meramente exemplificativos, pois não há como o legislador prever todas as modificações do estado da pessoa natural, ou ainda "impedir a averbação de alguma alteração do teor do assento por falta de previsão legal, pela imperiosa necessidade dos registros espelharem a realidade fática"[23].

O procedimento administrativo do ato de averbar é regulamentado pelo artigo 97, da Lei 6.015/73, e pode ser realizado à vista da carta de sentença, de ordem judicial instrumentada por mandado ou ofício, ou, ainda, de petição acompanhada de certidão ou documento legal e

---

22. LOUREIRO, Luiz Guilherme. **Registros Públicos: Teoria e Prática**. 7. ed. Salvador: Juspodivm, 2016, p. 303.
23. SANTOS, Reinaldo Velloso dos. **Registro Civil das Pessoas Naturais**. Porto Alegre: Sergio Antônio Fabris Editor, 2006, p. 76.

autêntico, admitidos em todos os casos documentos em meio físico ou digital[24].

A Lei 6.015/73 não menciona o prazo para o oficial realizar a averbação, mas por analogia aplica-se o mesmo prazo da anotação que é de 05 (cinco) dias.

O último ato que abrange o registro *lato sensu* é a anotação, que não possui o caráter de criar, modificar o assento. São apenas informações a respeito de outro ato de registro ou de averbação, indicando sua ocorrência e remissão.

Assim, as anotações se referem a uma corrente de informações, "é um assento-remissão, isto é, tem a finalidade de interligar os registros, garantido uma informação mais atual e segura sobre o estado da pessoa natural"[25]. É o que denota-se no art. 107 da LRP, que exige, com remissões recíprocas, anotação do óbito nos assentos de nascimento e casamento, bem como anotação do casamento no assento de nascimento.

Ressalta-se que, distinto da averbação e do registro, que são meios de prova, a anotação não gera tal efeito. Sua omissão não tem o condão de favorecer ou prejudicar terceiros, visto que os atos de registro e averbação por si só possuem efeitos *erga omnes*.

Desse modo, o óbito não pode ser provado com a anotação no assento de nascimento, como também a ausência dessa informação no assento não prejudica direito de terceiros.

Em contrapartida, a anotação exterioriza a informação do ato a que se refere, ocasionado uma publicidade plena, o que garante a segurança jurídica e a certeza dos assentos derivados.

Outra diferença evidenciada com os atos de registro e averbação é a obrigatoriedade da anotação ser realizada *ex offício* pelo Oficial da serventia. O artigo 106, da Lei nº. 6.015/73, determina que se o ato derivado foi praticado em serventia diversa do ato primário, deverá o Oficial daquela, sob penalidade administrativa, civil e penal (art. 108, da LRP), comunicá-la a esta, que realizará a anotação no prazo de 05 (cinco) dias.

---

24. Item 119, do Cap. XVII, das Normas de Serviço da Corregedoria Geral da Justiça do Estado de São Paulo, Tomo II.
25. LOUREIRO, Luiz Guilherme. **Registros Públicos: Teoria e Prática**. 7. ed. Salvador: Juspodivm, 2016, p. 149.

3.3. Exteriorização do estado civil das pessoas naturais: certidões

O estado civil da pessoa "deve ser conhecido por todos e ter publicidade adequada para que possa se revestir de segurança e eficácia, e isso ocorre por meio do Registro Civil de Pessoas Naturais e suas certidões, devidamente atualizadas"[26].

A satisfatória realização do sistema é expedir uma certidão que traga em seu bojo todas informações necessárias atinentes a pessoa física. Isso porque, imprimem consequências diretas no âmbito da segurança jurídica e nas relações imobiliárias, *v.g.*, capacidade e disponibilidade.

Percebe-se o quão imprescindível é o exame da certidão atualizada para a realização de negócios imobiliários, tanto que em alguns estados como o de Minas Gerais, consta essa obrigatoriedade (§ único, do art. 162, do Provimento nº 260/CGJ/2013).

Para facilitar o acesso às certidões atualizadas do registro civil, foi criado no estado de São Paulo, o sistema integrado de pedidos de certidões on-line, por meio do *site* www.registrocivil.org.br. O cidadão não terá necessidade de se deslocar até a serventia em que consta o registro para solicitar a certidão, o que ocorrerá diretamente no endereço eletrônico. A emissão poderá ficar disponível em um link, ser encaminha pelo correio no endereço fornecido, ou ainda, materializá-la em qualquer serventia de registro civil.

Outro mecanismo que facilita a busca pela certidão atualizada e se apresenta em processo de modernização no Brasil, é a Central de Informações do Registro Civil - CRC, instituída pelo Provimento 46 do CNJ, que têm dentre suas finalidades, implantar, em âmbito nacional, sistema de localização de registros e solicitação de certidões. Possibilita a pessoa interessada de comparecer a qualquer serventia de registro civil, que solicitará através do CRC, a certidão na serventia em que se lavou o assento e a materializará.

A certidão atualizada deverá conter as averbações e anotações do assento e a Central de Informações do Registro Civil, ferramenta eletrônica que interliga as serventias de registro civil de todos os estados, autoriza o repasse dessas informações por meio de intercâm-

---

26. CAMARGO NETO, Mário; OLIVEIRA, Marcelo Salaroli. **Registro Civil das Pessoas Naturais**. Coleção de cartório. São Paulo: Saraiva, 2014, p. 29.

bio de documentos eletrônicos e pelo tráfego de informações e dados, com a missão de potencializar e expandir a eficiência do serviço de registro civil.

Desse modo, substancia-se que a satisfação do serviço registral das pessoas naturais está intimamente ligada a segurança jurídica no tráfico imobiliário. Os reflexos tornam-se evidentes quando as informações advindas do sistema registral civil mostram-se atualizadas, ou seja, perfectibilizando-se com as imediatas anotações e averbações em seus registros, como se verá no capítulo adiante.

4. REFLEXOS DAS ANOTAÇÕES E AVERBAÇÕES DO REGISTRO CIVIL NOS NEGÓCIOS IMOBILIÁRIOS

As averbações e anotações do registro civil têm aplicações diretas nas transações imobiliárias, e é por meio delas que alguns requisitos devem ser cumpridos para que o negócio jurídico alcance os efeitos almejados.

Numa análise negocial, faz-se mister obter uma certidão atualizada do registro civil das pessoas naturais das partes envolvidas. A prudência neste momento pode evitar a anulação ou até mesmo a nulidade do negócio jurídico pretendido. É daí que decorrem as eventuais consequências, das quais serão elencadas as situações mais corriqueiras.

4.1. Averbações e anotações no assento de nascimento (Livro A)

No livro de nascimento, serão averbadas as decisões declaratórias de filiação; o reconhecimento judicial ou voluntário dos filhos; a perda ou a retomada de nacionalidade brasileira, quando comunicadas pelo Ministério da Justiça a perda; a suspensão e a destituição do poder familiar; quaisquer alterações do nome; termo de guarda e responsabilidade; a nomeação de tutor; as sentenças concessivas de adoção do maior; as sentenças de adoção unilateral de criança ou adolescente (item 122, do Cap. XVII, do CNSP).

Os reflexos das averbações das decisões declaratórias de filiação; do reconhecimento judicial ou voluntário de filhos; das sentenças concessivas de adoção do maior e das sentenças de adoção unilateral de criança ou adolescente no registro de nascimento, por constituir um novo vínculo familiar, repercute diretamente nas disposições de bens, nas cláusulas testamentárias, na sucessão na preservação da legítima.

Constituída nova paternidade ou maternidade do registrado, não poderá mais o genitor vender seus bens imóveis aos seus herdeiros sem a anuência do novo descendente, sob pena de anulabilidade no negócio, de acordo artigo 496 do Código Civil de 2002, uma vez que a regra visa à preservação da legítima.

No que se refere às decisões de perda ou retomada de nacionalidade brasileira, essas também serão averbadas no assento de nascimento. A perda da nacionalidade brasileira faz com que considere a pessoa como estrangeira, e todos os requisitos para a prática de atos deverão ser observados como se estrangeiro fosse, consequentemente, para realizar a compra e venda de imóvel rural será necessária escritura pública, independente do valor do imóvel e deverá observar os demais requisitos exigidos pela Lei 5.709/71[27], sob pena de nulidade do negócio[28].

A averbação da perda, suspensão ou destituição do poder familiar no assento de nascimento, impossibilitam os pais de representar ou assistir seu filho, quando menor, nas transações imobiliárias e ainda não terão direito a sua herança.

No que se refere às averbações de alterações do nome no registro de nascimento serão também averbadas na matrícula do imóvel, visto a necessidade da matrícula refletir a realidade, assim, não poderá ingressar atos translativos no registro de imóveis sem constar essa alteração no fólio real.

Quando houver averbação de nomeação de tutor no assento de nascimento, as transações imobiliárias em nome do tutelado só poderão ser realizadas com autorização judicial (art. 1750, CC) e será necessária a nomeação de curador quando os interesses do menor colidirem com os do tutor.

---

27. No caso de herança atribuída a herdeiro legítimo que não tem a nacionalidade brasileira, se o imóvel estiver localizado em área considerada indispensável a segurança nacional, será necessário a autorização do Conselho de Defesa Nacional. A aquisição de imóvel rural entre 3 (três) e 50 (cinquenta) módulos de exploração indefinida, dependerá de autorização do Incra e não poderá exceder a 50 (cinquenta) módulos de exploração indefinida, em área contínua ou descontínua, salvo autorização do Presidente da República

28. A aquisição de imóvel rural, que viole as prescrições desta Lei, é nula de pleno direito. O tabelião que lavrar a escritura e o oficial de registro que a transcrever responderão civilmente pelos danos que causarem aos contratantes, sem prejuízo da responsabilidade criminal por prevaricação ou falsidade ideológica. O alienante está obrigado a restituir ao adquirente o preço do imóvel. (art. 15, da Lei 5.709/71)

As anotações no assento do registro de nascimento não são meios de prova, mas possuem efeitos de publicitar a informação, com consequências no trato imobiliário. Logo, a anotação da interdição no assento de nascimento não prova a incapacidade, mas informa a terceiros que houve o registro da interdição. Dessa forma, o terceiro não poderá alegar desconhecimento desse fato e deverá requisitar a certidão no Registro Civil das Pessoas Naturais em que registrada a interdição para verificar seus limites, é com esta que se prova a incapacidade do agente, o mesmo acontece com a emancipação, de forma inversa, já que com ela prova a plena capacidade da pessoa.

4.2. Averbações e anotações no assento de casamento (Livro B e B auxiliar)

Serão averbados no assento de casamento o divórcio, a separação, a nulidade ou anulação do casamento, o restabelecimento da sociedade conjugal, a alteração de regime de bens e a alteração do nome.

Nas alienações de imóveis onde o vendedor é pessoa casada, em regra, é necessária outorga conjugal, salvo se casado sob o regime da separação convencional de bens (art. 1.647, CC) ou dispensa no pacto no regime de participação final nos aquestos (art.1.656, CC). É a certidão de casamento atualizada que fornecerá as informações para a verificação dessa exigência, visto que, nenhum outro documento comprova a eficácia do regime de bens, tampouco o pacto antenupcial (ineficaz se não seguir o casamento, art. 1.653, CC).

Partindo dessa premissa, é a averbação da extinção da sociedade conjugal no assento de casamento que irá dispensar a outorga conjugal, fornecendo segurança ao comprador de que o vendedor tem a livre disposição de seus bens. Nas palavras de Maria Helena Diniz:

> (...) transitada em julgado a sentença declaratória de nulidade absoluta ou relativa do casamento, a decisão homologatória da separação judicial consensual ou a que conceder a separação judicial litigiosa deverá ser averbada no livro de casamento do Registro Civil competente (Lei n° 6.015/73, art. 100), e, se a partilha abranger bens imóveis, deverá ser também transcrita no Registro Imobiliário (Lei n° 6.015/73, arts. 29, parágrafo 1º, a, 100, parágrafos 1º a 5º, e 167, II, 14; CPC, art. 1.124). Além de averbável, é suscetível de registro, por ocorrer alteração do patrimônio dos ex-cônjuges, indicando a qual deles pertencerá o imóvel matriculado. Readquirindo os ex-cônjuges a propriedade exclusiva dos bens, desaparecem as restrições atinentes ao poder de disposição, principalmente no que concerne aos bens imóveis, e, para que terceiros tenham ciência do fato, a sentença, além de averbada no Livro de Regis-

tro de Casamento, deverá sê-lo no de Imóveis. E a sentença de divórcio só produzirá seus efeitos depois de averbada no Registro Público competente, ou seja, onde foi lavrado o assento do casamento (art. 32 da Lei 6.015/73). Antes da averbação aquelas sentenças não produzirão efeitos contra terceiros[29].

Por conta de seus efeitos, imprescindível a averbação dessa alteração no registro de casamento, pois, uma negociação pode eventualmente se tornar anulável, quando o cônjuge que realizou uma venda de imóvel ainda era casado legalmente, embora já ocorrido o divórcio sem a averbação no registro de casamento (art. 10, CC), uma vez que somente com a averbação dessa situação a sociedade conjugal é desfeita e, portanto, extinta, irradiando seus reflexos diretamente no registro imobiliário.

As anotações no assento de casamento, do óbito, interdição, ausência, morte presumida, união estável e novo matrimônio, dentre outras, informa a terceiros que houve modificação da situação conjugal, não bastando a anotação no assento para provar o ocorrido, como acontece no caso da viuvez, que somente será provada com a certidão do óbito do falecido.

4.3. Averbações e anotações no Livro E

Serão inscritos no Livro E os atos de emancipação voluntária e judicial, interdição, ausência, morte presumida, união estável, e os "demais atos relativos ao estado civil, o que se entende como aqueles atos e fatos para os quais é juridicamente possível ou legalmente imposto o registro e que não são objeto de registro e averbação específicos nos demais livros"[30], que serão lavrados na serventia do registro civil das pessoas naturais da circunscrição do domicílio do interessado.

Ainda nesse livro, serão feitas as averbações das sentenças que puserem termo à interdição, que determinarem substituições de curadores de interditos ou ausente, das alterações de limite da curatela, cessação ou mudança de interdição, cessação da ausência, a sentença de abertura de sucessão provisória, após o trânsito em julgado, bem como a sentença que determinar a abertura da sucessão definitiva[31].

---

29. DINIZ, Maria Helena. **Código Civil Anotado**. 15. ed. São Paulo: Saraiva, 2010, p. 54-55.
30. CAMARGO NETO, Mário; OLIVEIRA, Marcelo Salaroli. **Registro Civil das Pessoas Naturais**. Coleção de cartório. São Paulo: Saraiva, 2014.
31. Item 130 e 130.1 do cap. XVII, das Normas de Serviço da Corregedoria Geral da Justiça do Estado de São Paulo, Tomo II.

A interdição é o resultado de uma ação que declara a incapacidade de determinado sujeito. Este não poderá mais praticar certos atos da vida civil, pois será necessária nomeação de um curador que o representará. É uma medida de amparo, que visa proteger os bens do interditado, igualmente ocorre com os casos de ausência (art. 24, CC), em que se nomeará curador para administrar os bens do ausente, quando este não houver deixado procurador ou representante.

Nos negócios que envolverem bens imóveis do interditado ou do ausente, o curador somente poderá vender esses bens com autorização judicial, mediante prévia avaliação (art. 1.750, CC), na ausência desses requisitos o negócio será considerado nulo.

No assento de interdição/ausência, a averbação da sentença que decreta o seu término, resulta na extinção da figura do curador, medida que assegura a plena capacidade do registrado, que realizará seus atos por si só. Assim, todos os requisitos que eram necessários para validade dos negócios que envolviam bens imóveis desaparecem.

A averbação de substituição de curador de interdito ou ausente no assento, determina que a partir da data dessa averbação, os atos praticados em nome do ausente ou do interditado apenas serão válidos se realizados pelo novo curador. Portanto, é de rigor verificar se no assento há essa averbação, para constatar se a pessoa que está praticando o ato tem legitimidade para tanto.

As averbações de alterações de limite da curatela resultam na observação dos elementos necessários para validade ato, visto que, a interdição sendo parcial, poderá se tornar total e, sendo total, poderá se tornar parcial.

No assento de ausência, a averbação da sentença de abertura de sucessão provisória após o trânsito em julgado, reflete diretamente na disposição dos bens ausente, pois doravante proceder-se-á à abertura do testamento, se houver, e ao inventário e partilha dos bens, como se o ausente fosse falecido (art. 28, *caput*, CC). Com isso, desaparece a figura do curador e torna público com efeitos *erga omnes,* que os bens do ausente serão transmitidos sob condição suspensiva aos seus herdeiros e que em relação aos bens imóveis, só poderão alienar, não sendo por desapropriação, ou hipotecar, quando o juiz o ordene, para lhes evitar a ruína (art. 31, CC), uma vez que essa averbação não faz presumir a morte do ausente.

É por meio da averbação da sentença da sucessão definitiva no assento de ausência que se presume a morte do ausente, a extinção de sua sociedade conjugal (§ 1º, do art. 1.571, CC) e a efetivação da condição suspensiva dos bens transmitidos aos herdeiros, que poderão aliená-los livremente, considerando-se proprietários de pleno direito.

Todas as averbações ocorridas no Livro E (quando não desdobrado), para que sua publicidade seja plena, devem ser anotadas nos assentos de nascimento e casamento (quando houver) do registrado. Assim, a certidão do assento de nascimento ou casamento, quando expedida, conterá as anotações que constam no assento e o interessado nessas informações conhecerá a capacidade atual e os demais atos relativos a vida civil do registrado, que refletirá nas relações sociais e econômicas.

Para que essas anotações sejam cada vez mais céleres e eficazes, o estado de São Paulo, precursor no uso dos recursos tecnológicos, aderiu à Central de Informações do Registro Civil - CRC, no qual é possível realizar o envio das comunicações para as anotações nos assentos. Esse sistema começou entre as serventias do próprio estado de São Paulo, que "após quatro anos da implementação da intranet da Arpen/SP, com mais de um milhão de comunicações somente entre as serventias de Registro Civil do Estado"[32]. A intenção é que essas comunicações sejam realizas somente através desse sistema, com a integração de todos os estados da federação.

O objetivo é fornecer ao cidadão maior segurança sobre o serviço prestado. Suas consequências já podem ser notadas na pesquisa "A instituição em que o brasileiro confia", realizada pelo instituto Datafolha, solicitada pela Associação dos Notários e Registradores – Anoreg, que concluiu que o "cartório" é a instituição de maior segurança e grande credibilidade de seus usuários[33]. A saber, referida pesquisa usou como parâmetro, os Correios, Forças Armadas, Poder Judiciário, Ministério Público. O que reforça a finalidade dessa atividade.

Ademais a essa notória segurança aferida pelas Serventias Registrais, observa-se no contexto, reflexos no desenvolvimento jurídico e socioeconômico do Brasil, conforme aduziu Flauzilino Araújo dos Santos, no III Seminário Internacional de Direito Registral e Imobiliário, em 2008 em Teresópolis/RJ:

---

32. SANTOS, Reinaldo Velloso dos. **Registro Civil das Pessoas Naturais.** Porto Alegre: Sergio Antônio Fabris Editor, 2006, p. 109.
33. CARTÓRIOS BRASIL. Disponível em: <http://cartoriosbrasil.org.br/>. Acesso em: 20 de set. 2016.

O Registro de Imóveis tem atuado de forma eficiente ao disponibilizar aos órgãos de governo, à cadeia produtiva do país e aos cidadãos em geral, uma infraestrutura com elevados níveis de serviços, abrangendo as Novas Tecnologias de Informação e de Comunicação (NTICs). Seu principal produto que é a segurança jurídica dos negócios imobiliários tem sido fator de estímulo para atração de capital nacional e de investimentos estrangeiros, e funciona, ainda, como item de diminuição do risco Brasil e do custo Brasil. Como consequência, aumenta a circulação de bens, de dinheiro e a geração de empregos e renda, aspectos fundamentais para o desenvolvimento socioeconômico do país[34].

Feita esta breve exposição sobre as influências das atividades do registro civil com implicações nos negócios imobiliários, denota-se que não se trata de serviços burocráticos, mas sim, garantir a segurança jurídica aqueles que buscam os serviços de registros públicos. É o que apontou a pesquisa "Retratos da Sociedade Brasileira: Burocracia", realizada pelo Ibope a pedido da Confederação Nacional da Indústria – CNI. De acordo com o levantamento, entre os 25 serviços pesquisados no quesito burocracia, o registro de casamento e nascimento, respectivamente, ocuparam o 21º e 22º (o mais simples) lugares[35], o que afasta o lenda da burocracia do serviço público de registros.

5. CONSIDERAÇÕES FINAIS

A finalidade maior dos registros públicos é garantir a segurança jurídica dos atos e fatos levados ao assento. Para obter esse resultado, é necessário que se revistam de eficácia, publicidade e autenticidade.

O registro civil das pessoas naturais é o repositório da vida do indivíduo. Suas transformações são inseridas no assento por ato de averbação e anotação, assim, essencial que sejam imediatas e eficazes, por possuir uma natureza predominantemente assecuratória nas relações privadas e sociais.

A segurança jurídica almejada pelo Registro Civil e as relações imobiliárias, exigem que o sistema registral traga atualizado o estado civil das pessoas. O que leva a conclusão que as certidões emitidas pelas Ser-

---

34. INSTITUTO DE REGISTRO IMOBILIÁRIO DO BRASIL. **A importância dos Registros Imobiliários para o desenvolvimento jurídico e socioeconômico do Brasil.** Disponível em: <http://www.irib.org.br/boletins/detalhes/482>. Acesso em: 14 de out. 2016.

35. PORTAL DA INDÚSTRIA. Dica de Leitura. Disponível em: <http://arquivos.portaldaindustria.com.br/app/cni_estatistica_2/2015/07/28/182/RetratosDaSociedadeBrasileira_23_Burocracia1.pdf>. Acesso em: 20 de set. 2016.

ventias Extrajudiciais refletem a realidade e segurança jurídica entre as partes e terceiros.

Para realizar negócios imobiliários válidos e eficazes, é imprescindível o conhecimento da pessoa com quem se transaciona. A serventia de registro civil das pessoas naturais é responsável por fornecer essa publicidade através das certidões atualizadas.

É incontestável a repercussão dos atos de averbação e anotação no registro civil, por tratar de alteração do estado da pessoa natural, no registro imobiliário. Sua publicidade traduz na segurança jurídica do negócio. Assim, os requisitos necessários para sua concretude irão depender do atual estado da pessoa natural envolvida, que será exposta pela certidão atualizada.

REFERÊNCIAS

ALVIM NETO, José Manuel; CLÁPIS, Alexandre Laizo; CAMBLER, Everaldo Augusto. **Lei de Registros Públicos Comentada**. Rio de Janeiro: Forense, 2014.

BALBINO FILHO, Nicolau. **Registro de Imóveis**. 9. ed. São Paulo: Saraiva, 1999.

BRANDELI, Leonardo. **Registro de Imóveis: Eficácia material**. Rio de Janeiro: Forense, 2016.

BRASIL. **Lei n. 5.709, de 7 de outubro de 1971**. Aquisição de Imóvel Rural por Estrangeiro. Brasília, 1971. Disponível em: <http://www.planalto.gov.br/ccivil_03/leis/L5709.htm>. Acesso em: 10 de ago. 2016.

BRASIL. **Lei n. 6.015, de 31 de dezembro de 1973**. Registros Públicos. Brasília, 1973. Disponível em: <https://www.planalto.gov.br/ccivil_03/leis/L6015compilada.htm>. Acesso em: 10 de ago. 2016.

BRASIL. **Lei n. 10.406, de 10 de janeiro de 2002**. Código Civil. Brasília, 2002. Disponível em: < http://www.planalto.gov.br/ccivil_03/leis/2002/L10406compilada.htm>. Acesso em: 10 de ago. 2016.

CAMARGO NETO, Mário; OLIVEIRA, Marcelo Salaroli. **Registro Civil das Pessoas Naturais**. Coleção de cartório. São Paulo: Saraiva, 2014.

CANOTILHO, José Joaquim Gomes. **Direito Constitucional e Teoria da Constituição**. 7. ed. Coimbra: Edições Almedina, 2003.

CARTÓRIOS BRASIL. Disponível em: <http://cartoriosbrasil.org.br/>. Acesso em: 20 de set. 2016.

CARVALHO, Afrânio. **Registro de Imóveis**. 4. ed. Rio de Janeiro: Forense, 1997.

CONSELHO NACIONAL DE JUSTIÇA. **Provimento n. 46, de 16 de Junho de 2015**. Central de Informações de Registro Civil das Pessoas Naturais - CRC. Brasília, 2015. Disponível em: <http://www.cnj.jus.br/busca-atos-adm?documento=2966>. Acesso em: 20 de set. 2016.

DIP, Ricardo. **Segurança Jurídica e Crise Pós-Moderna**. São Paulo: Quartier Latin, 2012.

DINIZ, Maria Helena. **Código Civil Anotado**. 15. ed. São Paulo: Saraiva, 2010.

GONÇALVES, Carlos Roberto. **Direito Civil Brasileiro, v. 1 - Parte Geral**. 10. ed. São Paulo: Saraiva, 2012.

INSTITUTO DE REGISTRO IMOBILIÁRIO DO BRASIL. **A importância dos Registros Imobiliários para o desenvolvimento jurídico e socioeconômico do Brasil**. Disponível em: <http://www.irib.org.br/boletins/detalhes/482>. Acesso em: 14 de nov. 2016.

LOPES, Miguel Maria de Serpa. **Tratado de Registros Públicos, v. 1 - Parte Geral e Parte Especial**. 4. ed. Rio de Janeiro: Livraria Freitas Bastos S.A., 1960.

LOUREIRO, Luiz Guilherme. **Registros Públicos: Teoria e Prática**. 7. ed. Salvador: Juspodivm, 2016.

MINAS GERAIS. **Provimento n. 260, de 29 de outubro de 2013**. Codifica os atos normativos da Corregedoria Geral de Justiça do Estado de Minas Gerais relativos aos serviços notariais e de registro. Disponível em: <http://www8.tjmg.jus.br/institucional/at/pdf/cpr02602013.pdf>. Acesso em: 20 de out. 2016.

MONTEIRO, Washington de Barros. **Curso de Direito Civil – Parte Geral**. 5. ed. São Paulo: Saraiva, 1966.

NALINI, José Renato. **Registros Públicos e Segurança Jurídica**. Porto Alegre: Sergio Antônio Fabris Editor, 1998.

OLIVEIRA, Marcelo Salori de. **Publicidade Registral Imobiliária**. São Paulo: Saraiva, 2010.

PORTAL DA INDÚSTRIA. Dica de Leitura. Disponível em: <http://arquivos.portaldaindustria.com.br/app/cni_estatistica_2/2015/07/28/182/RetratosDaSociedadeBrasileira_23_Burocracia1.pdf>. Acesso em: 20 de set. 2016.

RODRIGUES, Marcelo. **Tratado de Registros públicos e Direito Notarial**. São Paulo: Atlas, 2014.

ROSENVALD, Nelson; FARIAS, Cristiano Chaves. **Direito Civil - Teoria Geral**. Rio de Janeiro: Lúmen Iuris, 2011.

ROSENVALD, Nelson; FARIAS, Cristiano Chaves. **Curso de Direito Civil, v. 1 - Parte Geral e LINDB**. Salvador: Juspodivm, 2015.

SANTOS, Reinaldo Velloso dos. **Registro Civil das Pessoas Naturais**. Porto Alegre: Sergio Antônio Fabris Editor, 2006.

SÃO PAULO (Estado). **Provimento n. 58, de 28 de novembro de 1989**. Normas de serviço da Corregedoria Geral de Justiça do Estado de São Paulo: Cartórios Extrajudiciais - Tomo II. São Paulo, 1989. Disponível em: <http://www.tjsp.jus.br/Download/Corregedoria/NormasExtrajudiciais/NSCGJTomoII.pdf>. Acesso em: 10 de out. 2016.

CAPÍTULO 16

A conciliação e a mediação no registro civil de pessoas naturais sob o foco do novo Código de Processo Civil

Thiago Cortes Rezende Silveira[1]

Sumário: 1. Introdução; 2. A Função Social do Registro Civil das Pessoas Naturais; 3. O exercício da cidadania e direitos humanos; 4. O acesso à justiça como direito humano e direito ao desenvolvimento; 5. A conciliação e a mediação como política pública de solução de conflitos; 6. A mediação e a conciliação no novo Código de Processo Civil; 7. A atual situação da conciliação e mediação nas serventias extrajudiciais; Considerações finais; Referências bibliográficas.

1. INTRODUÇÃO

O presente artigo tem por fim estudar o instituto da Mediação e Conciliação à luz da função social e cidadã do Registro Civil das Pessoas Naturais, analisando as recentes alterações no instituto, levadas a efeito pelo novo Código de Processo Civil.

O estudo é de suma importância para a sociedade civil, a comunidade acadêmica, aos estudiosos do direito, sobretudo aos aplicadores do direito como os Notários e os Registradores.

Saber conciliar e mediar é hoje em dia a melhor solução encontrada no nosso ordenamento jurídico, pois evita processos morosos que emperram a máquina administrativa e judiciária, traz o resultado prático

---

[1]. Mestrando pela Universidade de Marilia – UNIMAR/SP. Especialista em Direito Civil e Direito Notarial e Registral. Oficial de Registro Civil e Tabelião de Notas do Município de Rubiácea, Comarca de Guararapes/SP.

da demanda de forma mais célere e o mais importante: as próprias partes em comum acordo encontrarão a melhor solução para o seu litígio.

É um avanço social, pois ao se retirar processos do Poder Judiciário sobram mais recursos Estatais (capital humano e capital monetário) para serem aplicados em ações e demandas que realmente precisam da engrenagem Estatutária.

Mas como conciliar e mediar se as pessoas estão tão acostumadas a deixar seus problemas para um terceiro resolver? Será que esse instrumento de solução de litígios sem a figura do juiz interventor é realmente eficaz? E principalmente, como é que a Mediação e a Conciliação atua no âmbito do Registro Civil das Pessoas Naturais?

Para solucionar esse imbróglio, é apresentado o Objetivo Geral do trabalho que baseia-se no estudo epistemológico e por que não ontológico da função social e cidadã do Registro Civil das Pessoas Naturais. Desta forma, a pergunta que deve ser feita é a seguinte: como a cidadania é exercida por este Instituto? E, como ele está ligado diretamente ao exercício dos direitos humanos?

Já o Objetivo Específico pauta-se na verificação da nova normativa processualista (Novo Código de Processo Civil), bem como a Resolução nº 125 do CNJ e se essas normas atendem de fato aos objetivos ínsitos da Conciliação e da Mediação. Com base nessas premissas se pretende desenvolver o tema proposto.

Antes, porém, de analisar o mérito da questão faz-se necessário fazer um breve histórico do Registro Civil.

O registro dos principais fatos da vida de uma pessoa é de extrema relevância para qualquer sociedade, pois propicia segurança quanto às informações constantes desses assentamentos. Os livros de registro, de conservação perpétua, preservam a memória dos acontecimentos mais importantes da vida de todas as pessoas.

No Brasil, a atividade registral civil foi durante o período colonial e no início do período imperial, atribuição da Igreja Católica, que era considerada a religião oficial do Estado. Desta forma, podem ser encontrados nos livros de registro paroquial os batismos, casamentos e óbitos ocorridos no território brasileiro em tal período. Atualmente estes livros são encontrados nos arquivos das Cúrias Metropolitanas.

Com o advento da Lei 8.159/91, os registros civis de arquivos de entidades religiosas produzidos anteriormente à vigência do Código Civil ficaram identificados como de interesse público e social.

Com o processo de abolição da escravatura e com o início da imigração, esse sistema de registro paroquial deixou de atender as necessidades da sociedade brasileira, pois muitos imigrantes vinham de países que professavam outras religiões que não a católica.

Surgia então um processo histórico de demanda social por um sistema de registro que se sujeitasse às leis civis, levando mais tardar à transição para o Estado laico brasileiro.

Foi promulgada a Lei 1.144, de 11 de setembro de 1861, e Regulamento 3.069 de 17 de abril de 1863, que previa os registros de nascimentos, casamentos e óbitos de pessoas não católicas, feitos em livros próprios dos Escrivães dos Juízos de Paz.

Em 25 de abril de 1874 foi editado o Decreto nº 5.604 para a execução do artigo 2º da Lei 1.829 de 9 de setembro de 1870, na parte que estabelece o registo civil dos nascimentos, casamentos e óbitos.

> Com isso, surgiu em nosso país o Registro Civil das Pessoas Naturais, a cargo do Escrivão do Juizado de Paz em cada freguesia do Império. Os livros desse período registraram um enorme contingente de pessoas, constando registros de imigrantes, indigentes, libertos, alienados e condenados.[2]

Posteriormente foi baixado novo Regulamento pelo Decreto nº 9.886, de 7 de março de 1888, com entrada em vigor em 1º de janeiro de 1889, existindo, a partir de então com o advento da República, uma maior assimilação da sociedade sobre a obrigatoriedade do Registro Civil.

Desta forma, não adentraremos sobre o histórico do Registro Civil das Pessoas Naturais de outros locais do mundo, nem nos registros de épocas mais remotas do que a do descobrimento do Brasil, pois este é o nosso foco. Portanto, a partir deste breve contexto histórico brasileiro, podemos dar início a análise da função social/solidária do Registro Civil das Pessoas Naturais.

2. A FUNÇÃO SOCIAL DO REGISTRO CIVIL DAS PESSOAS NATURAIS

O Registro Civil das Pessoas Naturais é fonte de informações para a elaboração de políticas públicas nas áreas de saúde, economia, segurança pública e educação, para o desenvolvimento de programas sociais e para a melhor gestão dos recursos públicos.

---

2. SANTOS. Reinaldo Velloso dos. *Registro Civil das Pessoas Naturais.* Sergio Antonio Fabris Editor. Porto Alegre. 2006, p. 16.

> O Estado tem no registro civil a fonte principal de referência estatística: comete crime o oficial que não remeter, trimestralmente, à Fundação Instituto Brasileiro de Geografia e Estatística (IBGE), os mapas de nascimentos, casamentos e óbitos. É uma base para que os governos decidam suas medidas administrativas e de política jurídica.[3]

As informações do registro civil são de extrema importância para a população, pois possibilitam a elaboração de estatísticas vitais.

> As informações do registro civil, além de não gerarem qualquer ônus ao Poder Público para sua obtenção, tem função estratégica, pois dizem respeito aos principais atos da vida civil das pessoas naturais, possibilitando a elaboração e a atualização das estatísticas vitais da população, inclusive "a quantidade de nascimentos, a taxa de fecundidade, a média etária das gestantes, a quantidade de consultas no pré-natal, o crescimento populacional de cada região, a quantidade de óbitos, o índice de mortalidade infantil, a expectativa de vida, o acompanhamento das epidemias e das causas de mortes, as taxas de homicídios, suicídios e acidentes, enfim, tudo o que é relacionado à vida e à morte da população.[4]

Os Registradores civis prestam as seguintes informações: nascimentos, casamentos e óbitos que são comunicados ao Instituto Brasileiro de Geografia e Estatística (IBGE), para elaboração de estatísticas de auxílio às políticas públicas e programas sociais, essas mesmas informações são enviadas também à Fundação Sistema Estadual de Análise de Dados (SEADE), no Estado de São Paulo.

Os óbitos registrados são comunicados ao Instituto Nacional do Seguro Social (INSS) até o dia 10 do mês subsequente, o que evita que a previdência tenha gastos indevidos com benefícios de falecidos.

Comunicam-se os óbitos dos cidadãos alistáveis à Justiça Eleitoral para cancelamento da inscrição do eleitor, zelando pela democracia.

No que diz respeito aos estrangeiros são comunicados os casamentos e os óbitos ao Ministério da Justiça, para atualização dos registros no órgão, auxiliando assim na elaboração de políticas de segurança e na defesa da soberania do país.

Os óbitos dos cidadãos do sexo masculino entre 17 e 45 anos de idade são comunicados ao Ministério da Defesa a fim de se atualizar o cadastro de reservistas das forças armadas.

---

3. CENEVIVA. Walter. *Lei de registros públicos comentada*. São Paulo: Saraiva, 2010, p. 135.
4. NETO. Mario de Carvalho Camargo. *Registro Civil das Pessoas Naturais I, Parte Geral e Registro de Nascimento*. São Paulo, Editora Saraiva, 2014, p. 23.

Comunicam-se à Fundação Nacional do Índio (FUNAI) os nascimentos de indígenas, para que seja realizado o registro administrativo, contribuindo para a proteção dos povos e suas culturas.

São comunicados também os óbitos à Secretaria Estadual da Fazenda no Estado de São Paulo, evitando a evasão quanto ao recolhimento do imposto sobre transmissão *causa mortis*.

Por fim, no Estado de São Paulo, ainda são comunicados os óbitos, com o nome dos falecidos e número do Registro Geral (RG), ao Instituto de Identificação Ricardo Gumbleton Daunt (IIRGD).

Muitas outras informações podem ser prestadas pelo Registro Civil das Pessoas Naturais, devendo ser analisada cada normativa Estadual. Essas informações colaboram com o exercício da democracia, da segurança jurídica e dos direitos individuais.

Essas informações, portanto, servirão como base de dados para o desenvolvimento político, econômico e social do país, tornando possível planejar as políticas de ensino, como número de vagas em escolas, os serviços de saúde como o número de leitos e o combate à mortalidade infantil, as políticas de nutrição e de segurança alimentar, os programas habitacionais, os programas sociais, as políticas de segurança pública, entre outras.

3. O EXERCÍCIO DA CIDADANIA E DIREITOS HUMANOS

O Registro Civil de Nascimento é o documento mais elementar e essencial, sem o qual a pessoa não é um indivíduo.

Conforme Mário de Carvalho Camargo Neto: "Sem individualidade, dilui-se na mais primitiva e bruta humanidade, deixando de ser pessoa, ao menos para o mundo dos direitos".[5]

O exercício da cidadania depende do registro civil de nascimento e da documentação básica, pois, em um Estado democrático, tal exercício se manifesta pela participação do cidadão, o que não seria possível na situação de exclusão ou inexistência causada pela falta de documentação e de registro.

De acordo com o IBGE: "O registro de nascimento, realizado nos Cartórios, representa a oficialização da existência do indivíduo, de sua

---

5. NETO. Mario de Carvalho Camargo. *Registro Civil das Pessoas Naturais I, Parte Geral e Registro de Nascimento*. São Paulo, Editora Saraiva, 2014, p. 19.

identificação e da sua relação com o Estado, condições fundamentais do cidadão". [6]

> O Estado brasileiro se manifesta por dispositivos documentais, o que inclui carteira de identidade, carteira de trabalho, título de eleitor, cartão de contribuinte, carteira de reservista e carteira de motorista, desempenhando, assim, "uma instancia conferidora de cidadania e de dignidade social". [7]

Conforme Dalmo de Abreu Dallari: "A cidadania expressa um conjunto de direitos que dá a possibilidade de participar ativamente da vida e do governo de seu povo".[8]

Noutro giro, no que diz respeito aos Direitos Humanos, estes são estabelecidos pela ordem jurídica de um determinado Estado e, juntamente com os deveres, restringem-se aos seus membros, os direitos do cidadão englobam direitos individuais, políticos e sociais, econômicos e culturais e, quando são efetivamente reconhecidos e garantidos fala-se em cidadania democrática, que pressupõe a participação ativa dos cidadãos nos processos decisórios da esfera púbica.

Desta forma, é de suma importância realizar uma conceituação sobre o que são os Direitos Humanos e quais são suas características. Seu conceito avalia que são direitos inerentes a todos os seres humanos, independentemente de raça, sexo, nacionalidade, etnia, idioma, religião ou qualquer outra condição.

São incluídos o direito à vida e à liberdade de opinião e expressão, ao direito ao trabalho e à educação, o direito ao desenvolvimento econômico e sustentável, e, sobretudo, o direito à cidadania, que como já demonstrado é proporcionado pelo Registro Civil das Pessoas Naturais.

Caracterizam-se por serem universais, o que quer dizer que são aplicados de forma igualitária e sem discriminação a todas as pessoas; são fundados sobre o respeito pela dignidade e o valor de cada pessoa; são inalienáveis, e ninguém pode ser privado de seus direitos humanos; eles podem ser limitados em situações específicas.

Por exemplo, o direito à liberdade pode ser restringido se uma pessoa é considerada culpada por um crime diante de um tribunal e com o

---

6. Op. cit. p.19.
7. Op. cit. P. 20.
8. DALLARI. Dalmo de Abreu. *Direitos humanos e cidadania*. São Paulo, Editora Moderna, 1998, p. 14.

devido processo legal; são indivisíveis, inter-relacionados e interdependentes, já que é insuficiente respeitar alguns direitos humanos e outros não.

Na prática, a violação de um direito vai afetar o respeito por muitos outros; portanto, todos os direitos humanos devem ser vistos como de igual importância, sendo igualmente essencial respeitar a dignidade e o valor de cada pessoa.

Desta forma, o Registro Civil das Pessoas Naturais, ao acolher os assentos de nascimento, casamento e óbito de todos os cidadãos independentemente de raça, sexo ou religião concretiza não só a cidadania, mas a aplicação dos direitos humanos, que é requisito básico para a vida em sociedade.

4. O ACESSO À JUSTIÇA COMO DIREITO HUMANO E DIREITO AO DESENVOLVIMENTO

Como fora demonstrado anteriormente, os Direitos Humanos são direitos inerentes a todos seres humanos, independentemente de raça, sexo, nacionalidade, etnia, idioma, religião ou qualquer outra condição.

São incluídos o direito à vida e à liberdade de opinião e expressão, ao direito ao trabalho e à educação, ao acesso à justiça, ao exercício da cidadania, à saúde, à moradia digna entre outros direitos que levam ao próprio direito ao Desenvolvimento da sociedade.

No que tange ao Direito ao Desenvolvimento da sociedade que engloba o direito à cidadania, a Resolução nº 41/128 da Declaração sobre o Direito ao Desenvolvimento firmada na Assembleia Geral das Nações Unidas, ratifica em vários de seus artigos que é imperativo o dever do Estado a formulação de políticas nacionais adequadas para o desenvolvimento que visem o bem-estar de toda a população, cito como exemplo o artigos 2º, §3º:

> Os Estados têm o direito e o dever de formular políticas nacionais adequadas para o desenvolvimento, que visem ao constante aprimoramento do bem-estar de toda a população e de todos os indivíduos, com base em sua participação ativa, livre e significativa, e no desenvolvimento e na distribuição eqüitativa dos benefícios daí resultantes.[9]

---

9. Resolução nº 41/128 da Assembleia Geral das Nações Unidas. Disponível em <http://pfdc.pgr.mpf.mp.br/atuacao-e-conteudos-de-apoio/legislacao/direitos-humanos/decl_direito_ao_desenvolvimento.pdf> Acesso em 16. abr.2016.

Neste sentido, fora reforçado que os Estados tem a responsabilidade primária pela criação das condições favoráveis ao Desenvolvimento, a criação de medidas necessárias para a realização dos direitos ao desenvolvimento devendo assegurar a todos o acesso a recursos básicos, educação, serviços de saúde, alimentação dentre outros, é o que se traduz do artigo 3º, §1º e do artigo 8º, §1º da mesma Resolução:

> Artigo 3, §1º. Os Estados têm a responsabilidade primária pela criação das condições nacionais e internacionais favoráveis à realização do direito ao Desenvolvimento.

> Artigo 8, § 1º. Os Estados devem tomar, em nível nacional, todas as medidas necessárias para a realização do direito ao desenvolvimento, e devem assegurar, *inter alia*, igualdade de oportunidade para todos no acesso aos recursos básicos, educação, serviços de saúde, alimentação, habitação, emprego e distribuição equitativa da renda.[10]

Por fim, o artigo 10 ratifica o dever do Estatal de tomar medidas efetivas de desenvolvimento como adoção e implementação de políticas e medidas legislativas em níveis nacionais e internacionais.

> Artigo 10º Os Estados deverão tomar medidas para assegurar o pleno exercício e o fortalecimento progressivo do direito ao desenvolvimento, incluindo a formulação, adoção e implementação de políticas, medidas legislativas e outras, em níveis nacional e internacional.[11]

Assim sendo, o Conselho Nacional de Justiça do Estado Brasileiro por intermédio da Resolução nº 125 (CNJ), implantou no sistema Judiciário brasileiro a Política Pública Judiciária de resolução de conflitos por intermédio dos instrumentos da Conciliação e da Mediação como forma de facilitar o acesso à justiça a todos os seres humanos do Estado pátrio, para que nenhum cidadão tenha cerceado o seu direito de ter o acesso ao judiciário.

Dentre os importantes pilares dessa Resolução, menciono a mudança do paradigma de serviços judiciários, fazendo-os abrangentes também dos mecanismos de solução consensual de conflitos de interesses, sendo certo que a Resolução 125 do CNJ afirma expressamente que é assegurado: "*a todos o direito à solução dos conflitos pelos meios adequados à sua natureza e peculiaridade*"[12].(Grifo do autor), incumbindo aos órgãos judiciários, além da solução adjudicada mediante sentença, ofe-

---

10. Op. Cit.
11. Op. Cit.
12. BRASIL. CONSELHO NACIONAL DE JUSTIÇA. Azevedo, André Gomma de (Org.). Manual de Mediação Judicial, 5. Ed., Brasília/DF:CNJ, 2015.

recer mecanismos, como a mediação e a conciliação, bem assim prestar atendimento e orientação ao cidadão.

Ademais, assegurou também serviços de qualidade, exigindo que os mediadores e conciliadores sejam devidamente capacitados e treinados. Determinou-se a centralização dos serviços de conciliação, mediação e orientação, no Centro de Resolução de Conflitos e de Cidadania (Cejusc), aperfeiçoando-se permanentemente as práticas e controle de avaliação mediante organização e banco de dados de cadastro de Mediadores e Conciliadores.

Desta forma, após a efetiva e correta implementação da Resolução nº 125, teremos a atualização do conceito de acesso à justiça, tornando-se não mais mero acesso aos órgãos judiciários, e sim acesso à ordem jurídica justa.

Sendo assim, não é mais adequado referir-se à mediação e à conciliação como mecanismos "alternativos" à solução sentencial, devendo ser considerado como meio "adequado" de resolução de controvérsias.

O objetivo da resolução não é resolver a crise de desempenho da justiça, que impede o Desenvolvimento da sociedade, e do próprio ser humano, nem reduzir o monumental acervo de processos do judiciário, de mais de 92 milhões de processos, e sim o de dar tratamento adequado aos conflitos de interesses.

Certamente, com a maior utilização dos mecanismos consensuais, muitos processos se solucionarão como maior brevidade, e esse resultado é uma decorrência direta da correta política de tratamento dos conflitos de interesses, e não seu objetivo imediato.

Outro fator de Desenvolvimento proporcionado pela Resolução nº 125 do CNJ, é a transformação da sociedade brasileira, com o prevalecimento da cultura da pacificação, em vez da hoje dominante cultura da sentença.

É certo que essa nova mudança de paradigma ao criar essa cultura da pacificação irá desafogar o sistema judiciário, que refletirá automaticamente na economia do país, uma vez que toda demanda levada ao judiciário tem seu valor econômico agregado.

Sendo assim, o acesso à Justiça proporcionado pelo novo sistema de resolução de conflitos implementado pelo CNJ, além de assegurar um direito Humano essencial que se traduz na aproximação do cidadão à justiça, traduz também Direito ao Desenvolvimento e ao Desenvolvimento Econômico do país fazendo a economia girar com mais fluidez.

5. A CONCILIAÇÃO E A MEDIAÇÃO COMO POLÍTICA PÚBLICA DE SOLUÇÃO DE CONFLITOS

Conforme vimos, anteriormente, na Declaração dos Direitos Humanos, o Estado tem o dever de criar políticas públicas, para propiciar o exercício da cidadania e o desenvolvimento à população.

Essa nova Política Pública foi implementada pela Resolução nº 125 do Conselho Nacional de Justiça que dispôs sobre a Política Judiciária Nacional de tratamento adequado dos conflitos de interesse no âmbito do Poder Judiciário.[13]

Com o objetivo de observar o artigo 37 da Constituição Federal de 1988, no controle da atuação administrativa e financeira do Poder judiciário, obedecendo os Princípios da Legalidade, Impessoalidade, Moralidade, Publicidade e Eficiência, foi implementada a política da Conciliação e Mediação como forma de solução eficaz dos conflitos.

Considerando que a eficiência operacional, o acesso ao sistema de justiça e a responsabilidade social são objetivos estratégicos do Poder Judiciário, nos termos da Resolução/CNJ nº 70, de 18 de março de 2009, e que o direito de acesso à justiça, previsto no artigo 5º XXXV, da Constituição Federal, além de vertente formal perante os órgãos judiciários, implica em acesso à ordem jurídica justa, e que por isso cabe ao Poder judiciário estabelecer a política pública de tratamento adequado de problemas jurídicos e dos conflitos de interesses.

Ademais, ocorrem em larga e crescente escala na sociedade, de forma a organizar, em âmbito nacional, não somente os serviços prestados nos processos judiciais, como também os que possam sê-lo mediante outros mecanismos de solução de conflitos, em especial dos consensuais, como a mediação e a conciliação.

Há a necessidade de se consolidar uma política pública permanente de incentivo e aperfeiçoamento dos mecanismos de solução de litígios, e que a conciliação e a mediação são instrumentos efetivos de pacificação social, exercício da cidadania, solução e prevenção de litígios, e que

---

13. BRASIL. CONSELHO NACIONAL DE JUSTIÇA. Azevedo, André Gomma de (Org.). Manual de Mediação Judicial, 5 ed., Brasília/DF:CNJ, 2015.

sua apropriada disciplina em programas já implementados no país tem reduzido a excessiva judicialização dos conflitos de interesses, a quantidade de recursos e de execução de sentenças.

Torna-se, portanto, imprescindível estimular, apoiar e difundir a sistematização e o aprimoramento das práticas já adotadas pelos Tribunais, a relevância e a necessidade de organizar e uniformizar os serviços de conciliação, mediação e outros métodos consensuais de solução de conflitos, para lhes evitar disparidades de orientação e práticas, bem como para assegurar a boa execução da política pública, respeitadas as especificidades de casa segmento da justiça, e que a organização dos serviços de conciliação, mediação e outros métodos consensuais de solução de conflitos deve servir de princípio e base para a criação de Juízos de resolução alternativa de conflitos, verdadeiros órgãos judiciais especializados na matéria.

Desta forma, o Poder Judiciário contribui de forma significativa com toda a sociedade, que se valerá de um instrumento eficaz e rápido de solução de conflitos, trazendo benefícios para a própria sociedade, uma vez que a conciliação e a mediação poderá ser realizada nas Serventias Extrajudiciais.

Ao propiciar essa interação direta entre os litigantes por intermédio da mediação e da conciliação esse instrumento processual idealiza a função social solidária do Registro Civil das Pessoas Naturais, encampada no artigo 3º, I, da CF/88.

Como forma de resolução pacífica dos conflitos sem intervenção de um juízo ou de um Poder Estatal, a solidariedade toma conotação de papel principal nas relações interpessoais, propiciando que as partes criem um diálogo para a solução de seus próprios conflitos.

6. A MEDIAÇÃO E A CONCILIAÇÃO NO NOVO CÓDIGO DE PROCESSO CIVIL

A conciliação já possuía previsão legal no antigo Código de Processo Civil de 1973, e em algumas legislações especiais. A mediação, por sua vez, apesar de já ser utilizada em nosso ordenamento jurídico, só veio se efetivar com o advento da Lei nº 13.140 de 26 de junho de 2015, com a denominada Lei da Mediação.

O CPC/2015 fortalece, em boa hora, a conciliação, a mediação e a arbitragem como mecanismos hábeis à pacificação social e efetivação da função social e cidadã do Registro Civil das Pessoas Naturais.

Na realidade, a nova codificação estabelece como uma de suas principais premissas o incentivo à utilização dos métodos adequados de solução consensual de conflitos, conforme se observa do artigo 3º, § 3º, inserido no capítulo inicial que trata das normas fundamentais do processo civil.

Não obstante, o CPC/2015 menciona a conciliação, a mediação e a arbitragem em diversas passagens, deixando clara a intenção do legislador de incentivar a utilização de variados métodos de resolução de controvérsias.

Além disso, o novo Código trata dos mediadores e conciliadores judiciais, atribuindo-lhes a qualidade de auxiliares da justiça (art. 149), estando sujeitos, inclusive, aos motivos de impedimento e suspeição (art. 148, II).

Ademais, o CPC/2015 destinou a Seção V, do Capítulo III, para regulamentar as atividades dos conciliadores e mediadores judiciais e entre outras matérias, previu: a) a criação de centros judiciários de solução consensual de conflitos pelos tribunais, destinados à realização de audiências e pelo desenvolvimento de programas para auxiliar, orientar e estimular a autocomposição (art. 165); b) os princípios que informam a conciliação e a mediação (art. 166); c) o cadastro e a capacitação de conciliadores e mediadores (art. 167); d) a possibilidade de as partes escolherem, de comum acordo, o conciliador ou mediador (art. 168); e) as formas de remuneração dos conciliadores e mediadores (art. 169); f) os casos de impedimento (art. 170); g) a impossibilidade temporária do exercício da função (art. 171); g) o prazo de impedimento de um ano para o conciliador e mediador assessorar, representar ou patrocinar as partes (art. 172); h) as hipóteses de exclusão do cadastro (art. 173); i) a criação de câmaras de mediação e conciliação para a solução de controvérsias no âmbito da administração pública (art. 174); j) a possibilidade de outras formas de conciliação e mediação extrajudiciais (art. 175).

Mas a novidade mais importante neste tema devido aos impactos imediatos na estrutura do Poder Judiciário é a criação de audiência de conciliação/mediação como ato inicial do procedimento comum, ou seja, antes da apresentação da contestação pelo réu.

Segundo o Código, o réu será citado para comparecer à audiência de conciliação ou mediação (art. 334) e, somente com o encerramento do ato e em não tendo havido transação, terá início o prazo para contestação (art. 335, I).

A referida audiência só poderá ser dispensada pelo magistrado se ambas as partes manifestarem expressamente o desinteresse na composição consensual ou se a hipótese não admitir autocomposição (art. 334, §4º).

Em outros termos, é vedado ao juiz dispensar o ato, mesmo que o acordo seja improvável. Além disso, a lei não admite a dispensa por apenas uma das partes. Verifica-se, pois, que o legislador não levou em consideração a atual estrutura da maioria dos tribunais brasileiros, que não estão preparados para essa realidade legislativa.

Isso porque os juízes não conseguirão presidir todas as audiências de conciliação e mediação, o que, inclusive, não é tecnicamente indicado em razão do princípio da confidencialidade.

Não obstante, o Código estabelece como órgãos responsáveis pelas audiências os Centros Judiciários de Solução Consensual de Conflitos (art. 165), nos termos disciplinados pelo Conselho Nacional de Justiça.

Porém, com exceção de alguns Estados que se encontram mais avançados, grande parte dos tribunais ainda não absorveu a necessidade de priorizar a política da conciliação e não criaram os CEJUSCs em quantidade suficiente para atender essa demanda que a nova codificação impôs.

Assim, considerando que o Código foi publicado em 16/03/2015 e possui a *vacatio legis* de 1 (um) ano, ou seja, já está em vigor, o Poder Judiciário nacional precisa se mobilizar, em caráter de urgência, para implementar os Centros Judiciários de Solução Consensual de Conflitos, sob pena de inviabilizar a própria aplicação do instituto.

Ademais, além da estrutura física, os tribunais precisam capacitar os conciliadores e mediadores, criando o cadastro. Com efeito, se as audiências forem feitas por servidores, estagiários ou voluntários, indicados pelo juiz ou pelo Tribunal sem a prévia e devida capacitação, certamente pode comprometer qualitativamente a função da norma.

7. A ATUAL SITUAÇÃO DA CONCILIAÇÃO E MEDIAÇÃO NAS SERVENTIAS EXTRAJUDICIAIS

O acesso ao sistema de justiça e a responsabilidade social são objetivos estratégicos traçados pelo próprio Poder Judiciário.

Neste sentido, o direito de acesso à justiça está previsto no artigo 5º, XXXV da Constituição Federal de 1988 e implica em acesso à ordem jurídica justa. Sendo assim, a lei não excluirá da apreciação do Poder Judiciário lesão ou ameaça a direito.

As demandas e os conflitos sociais requerem tratamentos alternativos, pois ocorrem em escala maior e crescente que o próprio poder judiciário não dá conta de suportá-los. Há um verdadeiro déficit operacional no sistema jurídico.

Desta forma, o judiciário deve pensar não apenas nos processos judiciais, mas em outros mecanismos que possam prestar a justiça e a solução dos conflitos, como a Mediação e a Conciliação.

Há uma necessidade de se consolidar uma política púbica permanente de incentivo e aperfeiçoamento dos mecanismos consensuais de solução de litígios.

Corroborando com este entendimento, a conciliação e a mediação se apresentam como instrumentos efetivos de pacificação social, solução e prevenção de litígios, e que a sua apropriada disciplina em programas já implementados no país tem reduzido a excessiva judicialização dos conflitos de interesses, a quantidade de recursos e de execução de sentenças.

Há um novo paradigma social, que começa a ser difundido, onde a busca por uma sentença judicial passa a ser desmotivada em detrimento de autocomposição dos conflitos.

Neste sentido, o Conselho Nacional de Justiça que é o órgão de fiscalização e controle da atuação administrativa e financeira do Poder Judiciário editou a Resolução nº 125 de 29 de novembro de 2010, que dispôs sobre a Política Judiciária Nacional de tratamento adequado aos conflitos de interesse no âmbito do Poder Judiciário, dando início a uma série de medidas voltadas a implementar esse novo meio de pacificação social.

Uma delas foi a promulgação da Lei nº 13.105, de 16 de março de 2015, que instituiu o Novo Código de Processo Civil, em que a conciliação e a mediação passou a ter papel fundamental e axiológico na solução dos conflitos.

No seu artigo 3º, §3º o novo CPC, determinou que a conciliação, a mediação e outros métodos de solução consensual de conflitos deverão ser estimulados por Juízes, Advogados, Defensores Públicos e membros do Ministério Público, inclusive no curso do processo judicial.

Já nos artigos 165 e seguintes o legislador do novo CPC, na Seção V, deliberou sobre os Conciliadores e Mediadores Judiciais.

Entretanto, a maior mudança sobreveio no Capítulo V do noviço código, onde foi tratada acerca da Audiência de Conciliação ou de Mediação (artigos 334 parágrafos 1º ao 12). Desta forma, após o recebimento da petição inicial, se esta estiver apta a julgamento, o juiz designará audiência de conciliação ou mediação, e apenas não o fará se na própria petição inicial as partes indicarem expressamente o desinteresse na autocomposição do litígio.

Corroborando com o entendimento foi editada Lei nº 13.140, de 26 de Junho de 2015, denominada "Lei da Mediação", que veio regulamentar tanto a mediação Judicial como a Mediação Extrajudicial que será realizada por particulares.

Por fim, o Tribunal de Justiça do Estado de São Paulo, por intermédio de sua Corregedoria Geral de Justiça, editou o Provimento nº 17 de 5 de junho de 2013, que autorizou os notários e registradores a realizar mediação e conciliação nas serventias em que são titulares.

Entretanto, o Conselho Federal da Ordem dos Advogados da Seccional de São Paulo, no pedido de Providências nº 0003397.43.2013.2.00.0000, requereu ao Conselho Nacional de Justiça a cassação da liminar concedida.

A conselheira Gisela Gondin Ramos reconsiderou a decisão proferida anteriormente pelo Conselheiro Jorge Hélio, e deferiu o pedido de liminar determinando a suspensão da entrada em vigor do Provimento nº 17, de 05 de julho de 2013, da Corregedoria Geral da Justiça do Tribunal de Justiça do Estado de São Paulo e seus argumentos foram no sentido que o TJ/SP extrapolou o poder regulamentar ao confiar às Serventias Extrajudiciais de Notas e Registros Públicos a atribuição da mediação e conciliação.

Outro argumento utilizado pela Conselheira foi que o Provimento nº 17/2013 da CGJ/SP, ignorou a necessidade da presença de advogado e que caberia apenas a União legislar sobre Registros Públicos, esbarrando assim no Princípio da Legalidade administrativa estampado no artigo 37 da CF/88.

Por fim a Conselheira sustentou que a Corregedoria de Justiça tem competência para fiscalizar, orientar, disciplinar e aprimorar os serviços extrajudiciais e não legislar sobre eles. Ademais, criaria assim um mecanismo paralelo e privado aos Centros Judiciários de Solução de Conflitos e Cidadania (CEJUSC) instituídos pelo próprio CNJ.

Neste sentido, a Corregedoria Geral de Justiça do Estado de São Paulo, em comunicado oficial de nº 83/2016, publicado em 26 de janeiro de 2016, que trata da medição e conciliação extrajudicial estipulou: "A Corregedoria Geral de justiça orienta todas as Serventias Extrajudiciais deste Estado que se abstenham de realizar a mediação e conciliação extrajudiciais, enquanto não regulamentadas no âmbito desta Corregedoria Geral da Justiça".

Como pode-se perceber, a sociedade civil, tem muito a perder com a demora dos Órgãos Oficiais na regulamentação da conciliação e da mediação realizada pelas Serventias Extrajudiciais.

É uma afronta aos direitos humanos e ao direito à cidadania o cidadão ser tolhido desse direito de ter acesso à justiça seja ela qual forma for pela via judicial ou extrajudicial.

Ademais as Serventias Extrajudiciais, já demonstraram que estão aptas a proporcionarem esse tipo de atendimento à população, uma vez que seus dirigentes são pessoas altamente gabaritadas, concursadas e que estão aptos a prestar essa função pública à sociedade.

CONSIDERAÇÕES FINAIS

Conforme demonstrado, o presente trabalho estudou em um primeiro momento a função social e cidadã do Registro Civil das Pessoas Naturais. Vimos que essa Serventia deve fazer diversas comunicações a diversos órgãos públicos para que o Estado possa planejar suas políticas púbicas de segurança, saúde e economia.

Posteriormente fora analisado o exercício da cidadania proporcionado pelo Registro Civil com o assento de nascimento "mãe" de todos os outros documentos do cidadão, e a importância deste estabelecimento ao registrar os atos mais importantes da vida civil de uma pessoa.

Vimos também que a cidadania é uma concretização dos Direitos Humanos, que é um direito inerente ao ser humano independentemente de raça, sexo ou religião, e que está tipificado pela Organização das Nações Unidas, principalmente na resolução nº 41/128, que o Brasil é signatário, sendo portando obrigatória sua vinculação.

Ao se tratar de Direitos Humanos, matéria extremamente ligada ao registro civil das pessoas naturais, fora analisado que o aceso à justiça é também um dos direitos humanos e que o Estado tem o dever de implementar políticas públicas para a concretização desse direito elementar.

No Brasil, essa responsabilidade recaiu sobre o Poder Judiciário, que com o auxílio do CNJ editou a Resolução nº 125 que institui as novas políticas públicas de solução de conflitos.

E para acompanhar esse novo paradigma judicial, o Novo Código de Processo Civil incluiu esse instrumento importantíssimo no rol de procedimentos a serem adotados em todos os processos que forem ajuizados no território brasileiro.

E para regulamentar as conciliações e mediações no âmbito extrajudicial fora editada a Lei da Mediação de nº 13.140, de 26 de Junho de 2015, que em seu artigo 42 outorgou esse competência para as Serventias Extrajudiciais.

Neste sentido o Tribunal de Justiça do Estado de São Paulo, editou provimento de nº 17 atribuindo essa função aos Notários e Registradores, mas em comunicado da Corregedoria Geral de Justiça recomendou aos mesmos que não fizessem as conciliações e mediações até efetiva regulamentação.

Finalmente chegou-se à conclusão que a demora em normatizar essa competência outorgada aos Notários e Registradores, só colabora para piorar o cenário falimentar que se encontra hoje o Poder judiciário, que não dá conta de tratar de forma eficiente todas as demandas judiciais que são propostas diariamente.

Espera-se que logo, que for regulamentada a conciliação e a mediação nas Serventias Extrajudiciais, haverá um alívio significativo do Poder judiciário, colaborando assim com o desenvolvimento econômico do país, e principalmente proporcionando cidadania e acesso à justiça a todos que dela precisarem, ratificando os direitos humanos do cidadão que é a alma do Registro Civil das Pessoas Naturais.

REFERÊNCIAS BIBLIOGRÁFICAS

BRASIL. Constituição (1988). Constituição da República Federativa do Brasil: promulgada em 5 de outubro de 1988. 21.ed., *Vade Mecum Acadêmico de Direito*, São Paulo: Rideel, 2015.

BRASIL. Código Civil. 2002. 21. Ed., *Vade Mecum Acadêmico de Direito*, São Paulo: Rideel, 2015.

BRASIL. Conselho Nacional de Justiça. Azevedo, André Gomma de (Org.). Manual de Mediação Judicial, 5.ed., Brasília/DF:CNJ, 2015.

CENEVIVA. Walter. *Lei de registros públicos comentada*. 20.ed., São Paulo, Editora Saraiva, 2010.

DALLARI. Dalmo de Abreu. *Direitos humanos e cidadania*. São Paulo, Editora Moderna, 1998.

FERREIRA. Olavo Augusto Vianna Alves. *Direito Constitucional*, Tomo II, 2.ed., Salvador/BA, Editora Jus Podium, 2013.

NETO. Mario de Carvalho Camargo. *Registro Civil das Pessoas Naturais I, Parte Geral e Registro de Nascimento*. São Paulo, Editora Saraiva, 2014.

ORGANIZAÇÃO DAS NAÇÕES UNIDAS (ONU). Declaração sobre o direito ao desenvolvimento. Adotada pela Resolução n.41/128 da Assembleia Geral das Nações Unidas, de 4 de dezembro de 1986. Disponível em: <http://pfdc.pgr.mpf.gov.br/atuação-e-conteudos-de-apoio/legislacao/direitos- humanos/decl_direito_ao_desenvolvimento.pdf > Acesso em 27. abr. 2016.

SANTOS. Reinaldo Velloso dos. *Registro Civil das Pessoas Naturais*. Sergio Antonio Fabris Editor. Porto Alegre. 2006.

TRIBUNAL DE JUSTIÇA DE SÃO PAULO. *Conciliação e Mediação*. Disponível em: <http://www.tjsp.jus.br/EGov/Conciliacao/Estatistica.aspx?f=2 > Acesso em 27. abr. 2016.

CAPÍTULO 17

Os impactos do estatuto da pessoa com deficiência no registro civil das pessoas naturais

Camila Gibba Gomes[1]
Mariana Vida Piedade[2]

Sumário: 1 – Introdução; 2 – Histórico; 3 – Alterações no Código Civil e a teoria das incapacidades; 4 - Alterações práticas; 5 - Reflexos no Registro Civil; 5.1. Interdição; 5.2. Casamento; 5.3. Registro dos filhos; 5.4. Emancipação; 6 – Considerações finais; 7 - Bibliografia.

1 – INTRODUÇÃO

Este brevíssimo ensaio tem por escopo abordar a Lei Brasileira de Inclusão da Pessoa com Deficiência, lei nº 13.146, de 6 de julho de 2015, conhecida como Estatuto da pessoa com deficiência e seus impactos no Registro Civil das Pessoas Naturais.

O Estatuto trouxe muitas novidades e veio para cimentar as diretrizes trazidas pela Convenção de Nova York, decreto nº 6.949, de 25 de agosto de 2009, que é uma Convenção Internacional sobre os Direitos das Pessoas com Deficiência da qual o Brasil é signatário.

---

1. Pós-graduada em Direito Processual Civil pelo Complexo Jurídico Damásio de Jesus. Tabeliã de Notas e Protestos em Macatuba/SP. Ex-Tabeliã e Oficiala de Registro Civil das Pessoas Naturais em Areiopólis/SP.
2. Pós Graduada em Direito Tributário pela Universidade Anhanguera – Uniderp. Pós Graduada em Direito Civil pela Universidade Anhanguera – Uniderp. Ex - Tabeliã Substituta do 2º Tabelionato de Notas da Comarca de Presidente Olegário – MG. Oficial do Registro Civil das Pessoas Naturais da Comarca de Nova Esperança – PR.

Com a entrada em vigor no dia 02 de janeiro de 2016, o Estatuto veio destinado a assegurar e a promover, em condições de igualdade, o exercício dos direitos e das liberdades fundamentais por pessoa com deficiência, visando à sua inclusão social e cidadania, conforme dispõe o seu artigo primeiro.

Dessa maneira impactou diretamente na "teoria das incapacidades", tendo em vista que o Estatuto alterou os dispositivos 3º e 4º do Código Civil Brasileiro. O artigo 114 do referido Estatuto revogou todos os incisos do artigo 3º e alterou os incisos II e III do artigo 4º, sendo atualmente apenas absolutamente incapazes os menores de 16 anos.

E, por consequência, refletindo de modo direto no Registro Civil das Pessoas Naturais, alterando as regras pertinentes a casamento, interdição e outros, pois de acordo com o artigo 12 da Convenção, atesta que a "pessoa com deficiência tem assegurado o direito ao exercício de sua capacidade legal em igualdade de condições com as demais pessoas".

Com relação aos serviços notariais e registrais consta expressamente do art. 83, *caput*, do Estatuto que os "serviços notariais e de registro não podem negar ou criar óbices ou condições diferenciadas à prestação de seus serviços em razão de deficiência do solicitante, devendo reconhecer sua capacidade legal plena, garantida a acessibilidade", sob pena de incidirem na hipótese de "discriminação em razão de deficiência", com isso obrigando as serventias a adequada adaptação as novas regras.

2 – HISTÓRICO

A Constituição Federal de 05 de outubro de 1988 engendrou como fundamentos principais da República Federativa do Brasil a soberania, cidadania, a dignidade da pessoa humana e os valores sociais do trabalho e da livre iniciativa e o pluralismo político, conforme dispõe seu artigo primeiro.

Logo em seguida, constituiu como objetivos fundamentais, dentre outros, a promoção do bem de todos, sem preconceitos de origem, raça, sexo, cor, idade e quaisquer outras formas de discriminação:

> Art. 3º Constituem objetivos fundamentais da República Federativa do Brasil: I - construir uma sociedade livre, justa e solidária; II - garantir o desenvolvimento nacional; III - erradicar a pobreza e a marginalização e reduzir as desigualdades sociais e regionais; IV - promover o bem de todos, sem preconceitos de origem, raça, sexo, cor, idade e quaisquer outras formas de discriminação.

Segundo ensinamentos do Professor José Afonso da Silva: "É a primeira vez que uma Constituição assinala, especificamente, objetivos do Estado brasileiro, não todos, que seria despropositado, mas os fundamentais, e entre eles, uns que valem como base das prestações positivas que venham a concretizar a democracia econômica, social e cultural, a fim de efetivar na prática a dignidade da pessoa humana".[3]

Percebe-se que a Carta Maior busca o tratamento igualitário e a integração social todos, sem distinção. Afirma Jorge Miranda "A Constituição confere uma unidade de sentido, de valor e de concordância prática ao sistema dos direitos fundamentais. E ela repousa na dignidade da pessoa humana, ou seja, na concepção que faz a pessoa fundamento e fim da sociedade e do Estado".[4]

Apesar da expressa disposição legal contida na Constituição Federal de inclusão dos portadores de deficiência, não havia nenhuma legislação específica tratando desses direitos em nosso ordenamento jurídico.

O Brasil, no ano de 2008, ratificou a Convenção sobre os Direitos das Pessoas com Deficiência, adotada pela ONU, bem como seu Protocolo Facultativo. Essa Convenção foi aprovada e promulgada pelo quórum de votação previsto pelo art. 5º, §3º da Constituição Federal e, portanto, tendo equivalência de emenda constitucional.

A Convenção Internacional sobre os Direitos das Pessoas com Deficiência e seu Protocolo Facultativo, assinados em Nova York, em 30 de março de 2007, tem por propósito o de "promover, proteger e assegurar o desfrute pleno e equitativo de todos os direitos humanos e liberdades fundamentais por parte de todas as pessoas com deficiência e promover o respeito pela sua inerente dignidade", conforme dispõe seu primeiro artigo.

Com isso obrigando que os Estados que fazem parte da referida convenção promovam a realização de todos os direitos humanos e liberdades fundamentais por todas as pessoas com deficiência, sem qualquer tipo de discriminação por causa de sua deficiência para permitir a plena e efetiva inclusão desses cidadãos com deficiência, seja em espaços públicos ou privados.

---

3. SILVA, José Afonso da. *Curso de direito constitucional positivo*. 18.ed. São Paulo: Revista dos Tribunais, 2000, p.93.

4. MIRANDA, Jorge. Manual de direito constitucional. 3. ed. Coimbra: Coimbra Ed., 1991. V.2 p.166.

Parafraseando Flávia Piovesan "O propósito maior da Convenção é promover, proteger e assegurar o pleno exercício dos direitos humanos das pessoas com deficiência, demandando dos Estados-partes medidas legislativas, administrativas e de outra natureza para a implementação dos direitos nela previstos. Introduz a Convenção o conceito de "reasonable accommodation", apontando ao dever do Estado de adotar ajustes, adaptações, ou modificações razoáveis e apropriadas para assegurar às pessoas com deficiência o exercício dos direitos humanos em igualdade de condições com as demais. Violar o "reasonable accommodation" é uma forma de discriminação nas esferas pública e privada".[5]

Assim, em atendimento a referida Convenção, o Brasil, após a realização de mais de 1.500 reuniões, audiências públicas, seminários e conferências por todo o país, buscando efetivar os princípios da dignidade da pessoa humana, solidariedade, igualdade, não discriminação e outros, instituiu a Lei Brasileira de Inclusão da Pessoa com Deficiência, publicada em 06 de julho de 2015, somente entrando em vigor após 180 dias de sua publicação, ou seja, no dia 02 de janeiro de 2016.

O Estatuto veio para retirar os obstáculos que impediam as pessoas com deficiência, seja ela física, mental, intelectual ou sensorial, de exercer seus direitos, compreendendo as diversidades do ser humano, ampliando os direitos inerentes a esses cidadãos, como, por exemplo, o direito de casar-se, constituir união estável, exercer direitos sexuais e reprodutivos, exercer o direito à família e a convivência familiar, entre outros.

Assim, o Estatuto vem para beneficiar mais de 45,6 milhões de brasileiros, que segundo dados do IBGE – Instituto Brasileiro de Geografia e Estatística são pessoas que declaram possuir alguma deficiência, representando aproximadamente 23,9% da população brasileira.

3 – ALTERAÇÕES NO CÓDIGO CIVIL E A TEORIA DAS INCAPACIDADES

O Estatuto da Pessoa com Deficiência foi um grande avanço em prol da dignidade da pessoa com deficiência e isso trouxe reflexos para a legislação brasileira, em especial no Código Civil Brasileiro.

O Código Civil Brasileiro teve diversos artigos alterados e revogados, modificando e trazendo inovações quanto a Teoria das Incapacidades, pois foram modificadas regras sobre a capacidade civil da pessoa.

---

5. PIOVESAN, Flávia. *Direitos humanos e justiça internacional.* 2ed. São Paulo: Saraiva, 2011, pag 291/292

Especificamente o artigo 114 do Estatuto da Pessoa com Deficiência altera o disposto nos artigos 3º e 4º do Código Civil Brasileiro, que passam a ter a seguinte redação:

> "Art. 3º São absolutamente incapazes de exercer pessoalmente os atos da vida civil os menores de 16 (dezesseis) anos.
>
> Art. 4º São incapazes, relativamente a certos atos ou à maneira de os exercer:
>
> I - os maiores de dezesseis e menores de dezoito anos;
>
> II - os ébrios habituais e os viciados em tóxico;
>
> III - aqueles que, por causa transitória ou permanente, não puderem exprimir sua vontade;
>
> IV - os pródigos.
>
> Parágrafo único. A capacidade dos indígenas será regulada por legislação especial."

Assim, o Estatuto revoga todos os incisos do artigo 3.º e altera os incisos II e III do artigo 4.º do Código Civil de 2002, sendo somente absolutamente incapazes os menores de 16 anos e relativamente incapazes os maiores de dezesseis e menores de dezoito anos; os ébrios habituais e os viciados em tóxico; aqueles que, por causa transitória ou permanente, não puderem exprimir a sua vontade e os pródigos.

Em sua regra anterior ao Estatuto, eram absolutamente incapazes além dos menos de 16 anos, também os que, por enfermidade ou deficiência mental, não tiverem o necessário discernimento para a prática de atos e os que, mesmo por causa transitória, não puderem exprimir sua vontade.

Quanto à regra dos absolutamente incapazes, os incisos I e IV do artigo 4.º foram mantidos e no inciso II, foram retiradas as pessoas que por deficiência mental tenham o discernimento reduzido, mantendo-se os ébrios habituais e viciados em tóxicos. No inciso III, do mesmo artigo 4.º, foram retirados os excepcionais, sem desenvolvimento mental completo e incluído aqueles que, por causa transitória ou permanente, não puderem exprimir sua vontade.

Para mais fácil compreensão e visualização das alterações trazidas pelo Estatuto, o Professor Flávio Tartuce traz em seu Manual de Direito Civil uma tabela comparativa que segue abaixo: [6]

---

6. TARTUCE, Flávio. Manual de direito civil. Volume único. 6.ed. Rio de Janeiro: Forense; São Paulo: Método, 2016, Pag.83.

Anterior ao Estatuto:

Absolutamente incapazes (art. 3.º do CC)	Relativamente incapazes (art. 4º do CC)
I – os menores de dezesseis anos (menores impúberes); II – os que, por enfermidade ou deficiência mental, não tiverem o necessário discernimento para a prática desses atos; III – os que, mesmo por causa transitória, não puderem exprimir sua vontade.	I – os maiores de dezesseis e menores de dezoito anos (menores púberes); II – os ébrios habituais, os viciados em tóxicos, e os que, por deficiência mental, tenham o discernimento reduzido; III – os excepcionais, sem desenvolvimento mental completo; IV – os pródigos.

Após alterações trazidas pelo Estatuto:

Absolutamente incapazes (art. 3.º do CC)	Relativamente incapazes (art. 4º do CC)
"Art. 3.º São absolutamente incapazes de exercer pessoalmente os atos da vida civil os menores de 16 (dezesseis) anos." I – (Revogado); II – (Revogado); III – (Revogado).	"Art. 4.º São incapazes, relativamente a certos atos, ou à maneira de os exercer: I – os maiores de dezesseis e menores de dezoito anos; II – os ébrios habituais e os viciados em tóxicos; III – aqueles que, por causa transitória ou permanente, não puderem exprimir a sua vontade; IV – os pródigos.

Nas palavras do Professor Flávio Tartuce: "Com as mudanças, somente são absolutamente incapazes os menores de 16 anos, não havendo mais maiores absolutamente incapazes. Repise-se que o objetivo foi a plena inclusão da pessoa com algum tipo de deficiência, tutelando a sua dignidade humana. Deixa-se de lado, assim, a proteção de tais pessoas como vulneráveis, o que era retirado do sistema anterior. Em outras palavras, a *dignidade-liberdade* substitui a *dignidade-vulnerabilidade*".

No mesmo sentido Cristiano Chaves de Farias juntamente com Rogério Sanches Cunha e Ronaldo Batista Pinto na obra "Estatuto da pessoa com deficiência comentado artigo por artigo" diz: " Nova teoria das incapacidades: pessoa com deficiência não é incapaz por esse simples fato – Alterando sobremaneira a teoria das incapacidades consagrada na redação primitiva do Código Civil de 2002, a Norma Estatutária desatrelou os conceitos de incapacidade e de pessoa com deficiência. Não mais há, efetivamente, uma relação implicacional entre a deficiência (física, mental ou intelectual) e a incapacidade para os atos da vida civil. Até porque uma pessoa com deficiência pode não sofrer qualquer restrição à possibilidade de expressar as suas vontades e preferências. E, a outro giro, uma pessoa sem qualquer deficiência pode não ser capaz de exprimir a sua vontade, como na hipótese do menor de dezesseis anos de idade. Modifica-se assim, a estruturação das incapacidades absoluta e relativa".[7]

Nota-se assim, que a entrada em vigor do Estatuto da Pessoa com Deficiência causou uma enorme transformação na estruturação da teoria das incapacidades, alterando substancialmente quem são atualmente os absolutamente incapazes e relativamente incapazes, de forma que reflete bruscamente nos atos do registro civil das pessoas naturais.

4 - ALTERAÇÕES PRÁTICAS.

A Lei 13.146/2015, que institui o Estatuto da Pessoa com Deficiência, harmonizou nosso sistema legal às exigências da Convenção de Nova York de 2007. A nova norma objetiva proporcionar igualdade, acessibilidade, dignidade e autonomia individual às pessoas com deficiência.

A capacidade civil foi, sem sombra de dúvidas, um dos temas que sofreram profundas alterações. Uma verdadeira revolução se operou com a nova lei, inclusive dando nova redação aos arts. 3º e 4º do Código Civil, que tratam da teoria das incapacidades. A partir de agora, no ordenamento jurídico pátrio, só há uma causa de incapacidade absoluta, que se fundamenta no critério etário, qual seja ser a pessoa menor de 16 anos. Não há mais incapacidade absoluta baseada em critérios subjetivos.

Com o advento do Estatuto, a pessoa com deficiência, seja física, mental, intelectual ou sensorial, deve ser considerada plenamente capaz, deve ter garantida a sua acessibilidade e não poderá sofrer qualquer tipo de preconceito ou discriminação. Somente se não puder exprimir a sua vontade, será considerada relativamente incapaz, quando terá nomeado um curador num processo judicial, sendo esta medida considerada excepcional.

Portanto, a incapacidade relativa decorre da impossibilidade de manifestação de vontade e não da deficiência por si só. E por estarmos diante de incapacidade relativa, o ato praticado pelo incapaz sem a de-

---

[7]. FARIAS, Cristiano Chaves de. Estatuto da Pessoa com Deficiência comentado artigo por artigo / Cristiano Chaves de Farias, Rogério Sanches Cunha, Ronaldo Batista Pinto – Salvador: Ed. JusPodivm, 2016, pag. 309.

vida assistência do curador, não mais será considerado nulo, mas sim anulável.

Outra novidade, diz respeito aos direitos políticos das pessoas com deficiência, nos termos do art. 76, "o poder público deve garantir à pessoa com deficiência todos os direitos políticos e a oportunidade de exercê-los em igualdade de condições com as demais pessoas", assim, terão asseguradas não só a acessibilidade aos locais de votação, mas, fundamentalmente, o direito de votar e de ser votada.

Quantos as serventias extrajudiciais, o Estatuto prevê que "os serviços notariais e de registro não podem negar ou criar óbices ou condições diferenciadas à prestação de seus serviços em razão de deficiência do solicitante, devendo reconhecer sua capacidade legal plena, garantida a acessibilidade" (art. 83). E vai além, constitui discriminação o descumprimento desse preceito (§ único).

Não obstante, o notário e o registrador necessitam garantir a segurança jurídica aos atos que estiverem sob seu comando. Assim, havendo dúvidas sobre a clareza ou a possibilidade da manifestação de vontade do solicitante e, na ausência de curador fixado em sentença, não será possível a prática do ato, podendo o agente público exigir todos os documentos que entender necessários para formar sua convicção e ainda, levar a questão ao juiz competente para sanar a dúvida existente.

Por todas as alterações trazidas pela nova lei, temos que seu intuito não foi o de tão somente garantir proteção à pessoa com deficiência, mas sim estabelecer a sua inclusão social, conferindo-lhe autonomia existencial e patrimonial.

5 - REFLEXOS NO REGISTRO CIVIL.

A citada Lei nº. 13.146/2015, que foi instituída para regulamentar a Convenção sobre os Direitos das Pessoas com Deficiência, também é conhecida como Lei Brasileira da Inclusão e foi admitida no ordenamento jurídico nacional pelo Decreto Legislativo nº. 186 de 09/07/2008 e promulgada pelo Decreto Executivo nº. 6.949, de 25/08/2009.

A inovação legislativa defende a premissa que as "pessoas com deficiência gozam de capacidade legal em igualdade de condições com as demais pessoas, em todos os aspectos da vida" (art. 12 da Convenção sobre os Direitos das Pessoas com Deficiência).

Foi incumbido ao registrador civil das pessoas naturais o dever de reconhecer a capacidade legal plena das pessoas com deficiência e de garantir a sua acessibilidade. No entanto, apesar de todas as implicações que a novidade legislativa traz, o seu dever principal é atuar de forma a dar segurança jurídica aos atos que praticar, garantindo a publicidade, autenticidade, segurança e eficácia dos atos jurídicos. De maneira que deve promover a acessibilidade das pessoas com deficiência, mas também deve se certificar da sua autodeterminação e compreensão a respeito do ato a ser praticado.

5.1. INTERDIÇÃO.

Uma das maiores alterações concebidas pela Lei nº. 13.146/2015, diz respeito à interdição, que deve ser registrada no Registro Civil das Pessoas Naturais, no livro "E" e anotada nos Livros "A", "B", "B-auxiliar" e, quando existente, no registro de união estável, também no Livro "E".

Com o registro da interdição, que deve ser decretada judicialmente, confere-se publicidade a incapacidade. Importante frisar que apesar de o procedimento de interdição continuar existindo, ele deve ser tratado sob uma nova ótica.

Não há mais a figura da interdição completa, tendo em vista que o Estatuto é claro ao afirmar que a curatela é medida extraordinária e restrita a atos de conteúdo patrimonial ou econômico, não alcançando nem restringindo o direito ao próprio corpo, à sexualidade, ao matrimônio, à privacidade, à educação, à saúde, ao trabalho e ao voto (art. 85, § 1º).

Pelo disposto no art. 84, a "pessoa com deficiência tem assegurado o direito ao exercício de sua capacidade legal em igualdade de condições com as demais pessoas" e, quando necessário, "será submetida à curatela, conforme a lei". Assim, somente em situações excepcionais, a pessoa com deficiência poderá ser submetida a curatela, a qual atenderá exclusivamente ao seu interesse e será proporcional a sua efetiva necessidade, devendo se ater as circunstâncias de cada caso e durar o menor tempo possível. Ou seja, passa a ter natureza protetiva e não de interdição de exercício de direitos.

Com a inovação legislativa surge também relevante questão acerca da validade dos registros de interdição já existentes e, ainda, acerca da possibilidade de novos registros de interdições.

Tendo em vista que não existe mais a incapacidade absoluta, salvo a dos menores de dezesseis anos, a capacidade das pessoas já interditados será automaticamente expandida. No entanto, permanecerão relativamente incapazes. Os interditados somente restarão impedidos de praticar os atos "relacionados aos direitos de natureza patrimonial e negocial".

Assim, no que tange aos registros de interdições já existentes, não há que se falar em cancelamento legal. Tais atos permanecem válidos, mas faz-se necessária uma nova leitura dos mesmos, restringindo-os aos casos de direito patrimonial e negocial.

Contudo, dada a natureza constitutiva da sentença que decretou a interdição, é razoável que haja uma revisão judicial da situação dos interditados, para que possam evoluir para um regime de incapacidade relativa ou de tomada de decisão apoiada, conforme for o caso.

5.2. CASAMENTO.

Por força do disposto no art. 6º, inciso I, da Lei 13.146/2015, a deficiência não é impedimento ou sequer causa suspensiva ao casamento. Até mesmo aqueles sujeitos à curatela são livres para decidir por contrair matrimônio, nos termos do §1º do art. 85 do Estatuto.

A regra é a validade do casamento, a anulação é exceção e dependerá de decisão judicial, onde serão produzidas as provas cabíveis.

Quanto à anulabilidade do casamento, o § 2º do art. 1.550 do Código Civil, elucida que a pessoa com deficiência mental ou intelectual em idade núbil poderá contrair matrimônio, expressando sua vontade diretamente ou por meio de seu responsável ou curador. Assim, se houver vício de consentimento ou manifestação de vontade, o casamento será apenas anulável (inciso IV).

Imperioso ressaltar que a vontade é elemento essencial ao casamento, de modo que somente por vontade própria um indivíduo pode se casar. Isto posto, a interpretação do § 2º do art. 1.550, deve ser restritiva e fundamentada na natureza personalíssima do casamento, além da participação do responsável ou curador restar limitada a sua qualidade de mandatário do interditado, necessitando de instrumento público com poderes especiais.

5.3. REGISTRO DOS FILHOS.

Ressalta-se novamente o dever que tem o registrador atuar de forma a garantir a segurança jurídica aos atos em que intervier. Assim, deverá ter sua convicção formada acerca da lucidez daqueles que buscam os seus serviços e sobre a sua compreensão acerca dos atos a serem realizados.

O relativamente incapaz, que manifesta de forma clara a sua vontade, poderá efetuar o registro de nascimento, bem como o registro de reconhecimento espontâneo dos seus filhos sem assistência de seus pais, tutor, curador ou apoiador.

Independentemente da causa, se o genitor ou a genitora não puderem expressar sua vontade e o registrador ficar com dúvidas sobre sua autodeterminação, poderá levar a questão ao juiz competente pela Vara de Registros Públicos.

Diante de incapacidade absoluta da genitora, o registro de nascimento dos filhos poderá ser realizado mediante a apresentação da Declaração de Nascido Vivo (DNV) ou declaração médica que confirme a maternidade, com firma reconhecida.

5.4. EMANCIPAÇÃO.

A emancipação habilita a pessoa à prática de todos os atos da vida civil, ou seja, é a aquisição da plena capacidade civil pela antecipação da idade legal (art. 5º, § único, I, CC).

Deve ser feita por meio de instrumento público lavrado por Tabelião de Notas, o qual necessariamente deverá ser registrado no Registro Civil do 1º Subdistrito da Sede da Comarca do domicílio do emancipado. O registro será realizado no Livro "E", dando publicidade e autenticidade ao ato, além de garantir os efeitos contra terceiros. Registrada a emancipação, o cartório onde se realizou o registro do nascimento será comunicado para a necessária anotação.

As escrituras de emancipação somente poderão ser lavradas por ambos os genitores, ou por apenas um deles na falta do outro. Se algum deles for relativamente incapaz, mas manifestar de forma clara a sua vontade, a emancipação poderá ser lavrada e registrada, sem a necessidade de assistência.

Os notários e registradores devem reconhecer a capacidade legal plena de todos que solicitem seus serviços, porém, se o genitor ou a genitora não puderem expressar sua vontade e havendo dúvidas pelo agente público, este submeterá à apreciação do juiz corregedor do foro extrajudicial.

6 - CONSIDERAÇÕES FINAIS.

O Estatuto da Pessoa com Deficiência, lei 13.146/2015, veio para efetivar o direito proposto pela Constituição da República de 05 e outubro de 1.988 na busca de se proporcionar a aplicação do princípio da isonomia em seu sentido material, buscando um tratamento adequado para as pessoas portadoras de necessidades especiais. Com isso, alterou-se a teoria das incapacidades, além de trazer impactos em outros ramos do direito.

O Estatuto da Pessoa com Deficiência teve por intuito incorporar mais direitos e independência a essas pessoas que, antes do Estatuto, eram consideradas incapazes não podendo exercer os atos da vida civil sem representação.

7 - BIBLIOGRAFIA

FARIAS, Cristiano Chaves de. Estatuto da Pessoa com Deficiência comentado artigo por artigo / Cristiano Chaves de Farias, Rogério Sanches Cunha, Ronaldo Batista Pinto – Salvador: Ed. JusPodivm, 2016.

MIRANDA, Jorge. Manual de direito constitucional. 3. ed. Coimbra: Coimbra Ed., 1991. V.2.

PIOVESAN, Flávia. *Direitos humanos e justiça internacional*. 2ed. São Paulo: Saraiva, 2011.

SILVA, José Afonso da. *Curso de direito constitucional positivo*. 18.ed. São Paulo: Revista dos Tribunais, 2000.

TARTUCE, Flávio. Manual de direito civil. Volume único. 6.ed. Rio de Janeiro: Forense; São Paulo: Método, 2016.

CAPÍTULO 18

Análise acerca da imprescindibilidade da gratuidade do traslado de nascimento – uma proposta de inserção no ordenamento brasileiro

Aline Lima Pessoa de Mendonça[1]

Sumário: Lista de siglas; 1. Introdução; 2. Fundamentos da república federativa do Brasil; 2.1. Cidadania; 3. Nacionalidade brasileira; 3.1. Aspectos relevantes da nacionalidade; 4. Registro de nascimento; 4.1. Gratuidade; 5. Local do nascimento; 5.1. Brasileiros nascidos no exterior; 5.2. Resolução nº 155, CNJ; 6. Conclusão; Referências bibliográficas

LISTA DE SIGLAS

ANOREG – Associação dos Notários e Registradores do Brasil
CNJ – Conselho Nacional de Justiça
DJ – Diário de Justiça
LRP – Lei dos Registro Públicos – Lei nº 6.015/73
STF – Supremo Tribunal Federal
STJ – Superior Tribunal de Justiça
NS CGJSP – Normas de Serviço da Corregedoria Geral de Justiça do Estado de São Paulo.

---

1. Registradora Civil das Pessoas Naturais Interdições e Tutelas da Sede da Comarca de Brotas/SP. Mestranda em Direito. Pós-graduada em Direito Notarial e Registral e em Direito Civil. Graduada em Direito pela Universidade Federal de Ouro Preto/MG.

1. INTRODUÇÃO

O artigo 5.º da Constituição da República de 1988 traz, objetivamente, amplo rol de Direitos e Garantias Fundamentais, os quais, no contexto do Estado Democrático de Direito, significam muito mais do que meras referências, mas denotam princípios basilares da República Federativa do Brasil.

Neste trabalho, destacar-se-á, sobretudo, o conteúdo trazido pelo inciso LXXVI: *"São gratuitos para os reconhecidamente pobres, na forma da lei: a) o registro civil de nascimento; e b) a certidão de óbito".*

De cunho eminentemente objetivo, o conteúdo do referido excerto legal é abordado pela legislação infraconstitucional. Em 18 de outubro de 1989, ou seja, pouco mais de um ano após a promulgação da Carta Constitucional de 1988, foi editada a n.º 7.844/1989. Esta alterou o conteúdo do artigo 30 da Lei n.º 6.015/1973, legislação recepcionada pela nova ordem constitucional brasileira, porém, como evidenciado, foi alvo de alterações e de adaptações aos novos ditames nos anos que sucederam a vigência da Constituição de 1988.

Nesta toada, hodiernamente, tem-se que, por força da lei nº. 9.534/1997, a redação do artigo 30 da Lei nº. 6.015/73 foi novamente alterada e instituiu a gratuidade ao registro civil de nascimento e ao assento de óbito, assim como a primeira certidão de cada um dos atos. Da mesma forma, a mencionada lei acrescentou o inciso VI ao artigo 1º da Lei nº. 9.265/96 e passou a definir que são indistintamente gratuitos os atos necessários ao exercício da cidadania, quais sejam: os registros civis de nascimento e os de óbito, bem como a primeira certidão respectiva.

Assim, verifica-se que a referida gratuidade, concedida amplamente a todos, sem a necessidade de comprovação de pobreza, decorre, na verdade, da imprescindibilidade dos aludidos assentos ao exercício da Cidadania.

Considerada como o exercício dos direitos e deveres civis, políticos e sociais estabelecidos na Constituição, a Cidadania é a suma garantia fundamental e, de acordo com muitos doutrinadores, uma prerrogativa individual intimamente conectada ao princípio da dignidade da pessoa humana.

Desta forma, na busca de assegurar que os brasileiros sejam dignamente tratados no exercício de seus direitos e deveres, a mencionada gratuidade foi irrestritamente estabelecida de forma relativamente restrita pela Constituição Federal de 1988 e, posteriormente, melhor abordada e ampliada pela legislação infraconstitucional.

Isso, pois, ao contrário do exigido até o ano de 1997 pela Lei nº. 6.015/73, a declaração do estado de pobreza fazia-se necessária para se garantir o não pagamento das custas e emolumentos advindos da atividade registral que fossem ligadas ao nascimento e ao óbito e suas certidões.

No entanto, com a citada alteração legislativa, restou evidente a preocupação de assegurar-se ao cidadão brasileiro, de forma plena, tal garantia constitucional: a cidadania e seu exercício.

Desta forma, os assentos de nascimento e óbito respectivamente realizados nos livros A e C dos ofícios de registro civis das pessoas naturais passaram a ser gratuitos a qualquer pessoa.

Contudo, tem-se que a Constituição da República de 1988, no inciso I de seu artigo 12, definiu quem são os brasileiros natos. A amplitude desta conceituação torna-se complicada quando se aprecia a alínea "c" do referido artigo e conclui-se que além dos nascidos na República Federativa do Brasil, filhos ou não de estrangeiros, e daqueles nascidos no exterior, filhos de genitor ou genitoras brasileiros, desde que qualquer um desses esteja a serviço do Brasil, também é considerado brasileiro aquele nascido no estrangeiro, filho de pai ou de mãe brasileira, desde que registrados em repartição brasileira competente ou aqueles que, ainda que registrados no órgão estrangeiro competente, venham a residir na República Federativa do Brasil e optem, a qualquer tempo, depois de atingida a maioridade, pela nacionalidade brasileira.

Isto posto, questiona-se: Não seria correto que o brasileiro considerado como nato pela aludida alínea "c" tivesse direito à trasladação gratuita de sua certidão de nascimento? Não é esse tão brasileiro quanto o nascido em solo nacional e, portanto, titular dos mesmos direitos e deveres? Este indivíduo não será incluído aos registros públicos nacionais por meio de um autêntico registro de nascimento, porém feito na forma de trasladação?

Se o registro civil é o instrumento público hábil a garantir ao indivíduo o exercício da Cidadania, é salutar reconhecer que, com o fito de assegurar a isonomia de direitos a todos os nascidos vivos brasileiros, é essencial encarar como igualmente nacional tanto aquele que foi diretamente registrado nos Ofícios de Registro Civil das Pessoas Naturais do país, bem como o nascido no exterior abordado pela alínea "c" supracitada.

Assim, o que se pretende com o presente trabalho é abordar de forma detida a nacionalidade brasileira, a cidadania e o registro civil, de forma a responder a todos os questionamentos realizados e demonstrar a falta de isonomia ainda presente na legislação pátria ainda que passados vinte e oito anos da promulgação da Carta Constitucional de 1988.

2. FUNDAMENTOS DA REPÚBLICA FEDERATIVA DO BRASIL

O artigo primeiro da Carta Magna Brasileira de 1988, constante em seu Título I de nome "Dos Princípios Fundamentais", definiu, dentre outros aspectos, os fundamentos da República Federativa do Brasil. *In verbis:*

> Art. 1º A República Federativa do Brasil, formada pela união indissolúvel dos Estados e Municípios e do Distrito Federal, constitui-se em Estado Democrático de Direito e tem como fundamentos:
>
> I - a soberania;
>
> II - a cidadania;
>
> III - a dignidade da pessoa humana;
>
> IV - os valores sociais do trabalho e da livre iniciativa;
>
> V - o pluralismo político.
>
> Parágrafo único. Todo o poder emana do povo, que o exerce por meio de representantes eleitos ou diretamente, nos termos desta Constituição. (BRASIL, 1988)

Desta forma, faz-se necessário ressaltar que institutos como a soberania, a cidadania e a dignidade da pessoa humana não são apenas princípios relevantes, mas fundamentos da constituição e formação do Estado Democrático de Direito. Nas palavras de Canotilho e Vital Moreira:

> Os princípios fundamentais visam essencialmente definir e caracterizar a coletividade política e o Estado e enumerar as principais opções político-constitucionais [...] constituem, por assim dizer, a síntese ou a matriz de todas as restantes normas constitucionais. (CANOTILHO; MOREIRA,1991, p.61)

2.1. Cidadania

Sem a intenção de desconsiderar os demais fundamentos citados, dar-se-á no presente estudo, um maior enfoque àquele relevante aspecto para a sociedade brasileira, tendo-se em vista o contexto político-

-social no qual fora promulgada a Constituição da República de 1988. Conhecida como o "conjunto de prerrogativas de direito político conferidas à pessoa natural, constitucionalmente asseguradas e exercidas pelos nacionais" (MORAES, 2012, p.56) a Cidadania é um instituto de suma importância no ordenamento brasileiro, uma vez que é amplamente abordado por doutrinadores das mais diversas áreas, de sociólogos a constitucionalistas.

Também conhecida como a expressão de "um conjunto de direitos que dá à pessoa a possibilidade de participar ativamente da vida e do governo de seu povo [...]" (DALLARI, 1998, p.14), a cidadania está relacionada à ideia de que o sujeito que se encontre em pleno gozo de direitos possa participar da vida política do Estado ao, por exemplo, votar e/ou ao ser votado. (OLIVEIRA, 2010, p. 142)

Classificado por muitos doutrinadores como ativa e passiva, dentre esses, Benevides, afirma que:

> [...] o indivíduo é um cidadão passivo, na medida em que todos, em uma determinada sociedade, estão sujeitos a intervenção e sanção de uma ordem jurídica, ou seja, a partir da Constituição vigente, todos tem direitos e deveres. Porém, para que o indivíduo se torne um cidadão ativo, é fundamental efetivar sua participação nas esferas de poder, tanto para participar nos processos decisórios, como para se organizar na reivindicação de direitos sociais, econômicos e culturais [...]. (BENEVIDES, 2000)

Por fim, na concepção de José Afonso da Silva, o cidadão é o "nacional no gozo dos direitos políticos e os participantes da vida do Estado." (DA SILVA, 2005, p.327) Desta forma, dá-se conta de que no Direito Constitucional Brasileiro vigente, os conceitos de cidadania e de nacionalidade são distintos, porém conectam-se ao deixar evidente, o ilustre doutrinador supracitado, que o sujeito dotado de nacionalidade, ou seja, o nacional, quando encontra-se no exercício de seus direitos políticos torna-se um cidadão. Destarte, para que o cidadão possa alcançar tal capacidade e ser titular dos deveres e direitos constitucionalmente explicitados, ele deve ser, antes de tudo, e conforme o artigo 14, parágrafo 3º, inciso I, nacional. *In verbis*:

> Art. 14. A soberania popular será exercida pelo sufrágio universal e pelo voto direto e secreto, com valor igual para todos, e, nos termos da lei, mediante:
>
> I - plebiscito;
>
> II - referendo;
>
> III - iniciativa popular.

§ 1º - O alistamento eleitoral e o voto são:

I - obrigatórios para os maiores de dezoito anos;

II - facultativos para:

a) os analfabetos;

b) os maiores de setenta anos;

c) os maiores de dezesseis e menores de dezoito anos.

§ 2º - Não podem alistar-se como eleitores os estrangeiros e, durante o período do serviço militar obrigatório, os conscritos.

§ 3º - São condições de elegibilidade, na forma da lei:

I - a nacionalidade brasileira;

II - o pleno exercício dos direitos políticos;

III - o alistamento eleitoral;

IV - o domicílio eleitoral na circunscrição;

V - a filiação partidária;

VI - a idade mínima de:

a) trinta e cinco anos para Presidente e Vice-Presidente da República e Senador;

b) trinta anos para Governador e Vice-Governador de Estado e do Distrito Federal;

c) vinte e um anos para Deputado Federal, Deputado Estadual ou Distrital, Prefeito, Vice-Prefeito e juiz de paz;

d) dezoito anos para Vereador.

§ 4º - São inelegíveis os inalistáveis e os analfabetos.

§ 5º O Presidente da República, os Governadores de Estado e do Distrito Federal, os Prefeitos e quem os houver sucedido, ou substituído no curso dos mandatos poderão ser reeleitos para um único período subsequente.

§ 6º - Para concorrerem a outros cargos, o Presidente da República, os Governadores de Estado e do Distrito Federal e os Prefeitos devem renunciar aos respectivos mandatos até seis meses antes do pleito.

§ 7º - São inelegíveis, no território de jurisdição do titular, o cônjuge e os parentes consanguíneos ou afins, até o segundo grau ou por adoção, do Presidente da República, de Governador de Estado ou Território, do Distrito Federal, de Prefeito ou de quem os haja substituído dentro dos seis meses anteriores ao pleito, salvo se já titular de mandato eletivo e candidato à reeleição.

§ 8º - O militar alistável é elegível, atendidas as seguintes condições:

I - se contar menos de dez anos de serviço, deverá afastar-se da atividade;

II - se contar mais de dez anos de serviço, será agregado pela autoridade superior e, se eleito, passará automaticamente, no ato da diplomação, para a inatividade.

§ 9º Lei complementar estabelecerá outros casos de inelegibilidade e os prazos de sua cessação, a fim de proteger a probidade administrativa, a moralidade para exercício de mandato considerada vida pregressa do candidato, e a normalidade e legitimidade das eleições contra a influência do poder econômico ou o abuso do exercício de função, cargo ou emprego na administração direta ou indireta.

§ 10 - O mandato eletivo poderá ser impugnado ante a Justiça Eleitoral no prazo de quinze dias contados da diplomação, instruída a ação com provas de abuso do poder econômico, corrupção ou fraude.

§ 11 - A ação de impugnação de mandato tramitará em segredo de justiça, respondendo o autor, na forma da lei, se temerária ou de manifesta má-fé. (Grifo nosso) (BRASIL, 1988)

Ante o excerto legal exposto, é salutar ressaltar que a cidadania e a nacionalidade brasileira conectam-se no exercício da soberania popular, ou seja, da prerrogativa que cada indivíduo nacional e cidadão tem de participar ativamente da vida do Estado e de colocar-se perante os demais indivíduos da sociedade. Tal fato apenas é possível graças aos registros públicos, pois são estes verdadeiros repositórios de informações de toda a existência dos indivíduos.

3. NACIONALIDADE BRASILEIRA

Hodiernamente, o tratamento acerca da nacionalidade brasileira é trazido pela Constituição da República de 1988 em seu artigo 12. No entanto, faz-se importante ressaltar que, historicamente, desde a primeira Carta Magna Brasileira, a Constituição Política do Império do Brasil de 1824, tal temática fora abordada.

Contudo, antes de qualquer análise referente ao texto constitucional, imprescindível ressaltar do que se trata o referido instituto, a nacionalidade. De acordo com o ilustre doutrinador Pontes de Miranda: "nacionalidade é o vínculo jurídico-político de Direito Público interno, que faz da pessoa um dos elementos componentes da dimensão pessoal do Estado" (MIRANDA, 1997, p.176).

Destarte, admite-se a distinção de dois tipos de nacionalidade: a primária e a secundária.

A nacionalidade primária, ou original, está vinculada ao nascimento do indivíduo sendo, portanto, involuntária. Este tipo de nacionalidade está baseado em dois tipos jurídicos: ius solis que consiste no direito de adquirir a nacionalidade através do simples nascimento em território pátrio e o ius sanguinis, que consiste no vínculo sanguíneo com a pátria, ou, ainda, o critério misto.

A nacionalidade secundária ou adquirida é a que se adquire por vontade própria, após o nascimento, em regra pela naturalização, tácita ou expressa, portanto, naquela há solicitação e, nesta, aceitação de nacionalidade oferecida. (MORAES, 1997, p.176)

Assim, o já mencionado artigo 12 preceitua a respeito do critério de aquisição originária em seu inciso I, alíneas a e b e inciso II, alínea a. Por sua vez, acerca da aquisição secundária em seu inciso I, alínea c e inciso II, alínea b.

3.1. Aspectos relevantes da nacionalidade

Muitas são as características importantes no que tange o conceito de nacionalidade, dentre eles o modo o qual cada Estado determina quem são seus nacionais.

3.1.1. Critérios de determinação

Como já mencionado, tratam-se de critérios definidores da nacionalidade originária o *ius solis*, segundo o qual a determinação da nacionalidade se dá por considerar-se nacional o indivíduo nascido no território de um Estado específico, independentemente de sua ascendência, e o *ius sanguinis*, no qual é nacional de um Estado o indivíduo que possui com esse vínculo sanguíneo, ou seja, por meio da nacionalidade de seus genitores.

Interessa-nos no presente estudo abordar os aspectos mais relevantes da nacionalidade primária que institui o artigo 12, por isso, não serão extensos os comentários acerca da aquisição secundária da nacionalidade.

3.1.2. Critérios aplicáveis no Brasil

De acordo com o mencionado artigo 12 da Constituição da República, para a aquisição da nacionalidade originária brasileira utiliza-se de ambos os critérios citados, ou seja, tanto do *ius solis*, como do *ius sanguinis*. Assim, tem-se que:

> Art. 12. São brasileiros:
>
> I - natos:
>
> a) os nascidos na República Federativa do Brasil, ainda que de pais estrangeiros, desde que estes não estejam a serviço de seu país;

b) os nascidos no estrangeiro, de pai brasileiro ou mãe brasileira, desde que qualquer deles esteja a serviço da República Federativa do Brasil;

c) os nascidos no estrangeiro de pai brasileiro ou de mãe brasileira, desde que sejam registrados em repartição brasileira competente ou venham a residir na República Federativa do Brasil e optem, em qualquer tempo, depois de atingida a maioridade, pela nacionalidade brasileira; [...] (BRASIL, 1988)

Mediante apreciação do texto legal pode-se inferir que são considerados brasileiros os nascidos em território nacional, ainda que sejam seus pais estrangeiros, desde que não estejam esses a serviço de seu país; também aqueles nascidos em outros países, desde que qualquer dos genitores seja brasileiro esteja a serviço da República Federativa do Brasil; e, por fim, aqueles nascidos, de pai ou de mãe brasileira, desde que registrados em repartição brasileira competente ou que venham a residir em território nacional e optem, a qualquer tempo, depois de atingida a maioridade, pela nacionalidade brasileira.

4. REGISTRO DE NASCIMENTO

A Lei nº 6.015/73, em seu artigo 29, regulamentado pelo Decreto nº 7.231/2010, define que serão registrados no registro civil de pessoas naturais os nascimentos. Por sua vez, o artigo 33 da referida lei define que tais atos serão lavrados no livro A de cada serventia.

Dentre outros preceitos, a Lei nº 6.015/73, também conhecida como Lei de Registros Públicos (LRP), define que:

Art. 50. Todo nascimento que ocorrer no território nacional deverá ser dado a registro, no lugar em que tiver ocorrido o parto ou no lugar da residência dos pais, dentro do prazo de quinze dias, que será ampliado em até três meses para os lugares distantes mais de trinta quilômetros da sede do cartório. (BRASIL, 1973)

Assim, dentre outras relevantes regras acerca do registro de nascimento, resulta que por força da Lei nº 9.534/97 a redação do artigo 30 da LRP foi alterado e passou a vigorar com redação distinta. A gratuidade, antes, restrita apenas às pessoas reconhecidamente pobres e extensiva ao registro e certidões de nascimento e óbito, foi estendida a todos, sem qualquer necessidade de comprovação de estado de pobreza para o assento de nascimento e óbito, bem como para a primeira certidão respectiva. *In verbis*:

Art. 30. Não serão cobrados emolumentos pelo registro civil de nascimento e pelo assento de óbito, bem como pela primeira certidão respectiva.

§ 1º Os reconhecidamente pobres estão isentos de pagamento de emolumentos pelas demais certidões extraídas pelo cartório de registro civil.

§ 2º O estado de pobreza será comprovado por declaração do próprio interessado ou a rogo, tratando-se de analfabeto, neste caso, acompanhada da assinatura de duas testemunhas.

§ 3º A falsidade da declaração ensejará a responsabilidade civil e criminal do interessado. [...] (BRASIL, 1973)

A referida lei também se ocupou de incluir outros parágrafos e, assim determinou punição ao oficial do Registro Civil de Pessoas Naturais que descumprisse a gratuidade elencada pela nova redação do artigo 30 da LRP.

[...] § 3º-A Comprovado o descumprimento, pelos oficiais de Cartórios de Registro Civil, do disposto no caput deste artigo, aplicar-se-ão as penalidades previstas nos arts. 32 e 33 da Lei nº 8.935, de 18 de novembro de 1994.

§ 3º-B Esgotadas as penalidades a que se refere o parágrafo anterior e verificando-se novo descumprimento, aplicar-se-á o disposto no art. 39 da Lei nº 8.935, de 18 de novembro de 1994 [...]. (BRASIL, 1973)

4.1. Gratuidade

Ao regulamentar o inciso LXXVII do art. 5º da Constituição e dispor acerca dos atos necessários ao exercício da cidadania, a lei nº 9.265/1996, incluiu, por força das alterações trazidas pela lei nº 9.534/1997, em seu rol taxativo a gratuidade do registro civil de nascimento e do assento de óbito, bem como a primeira certidão respectiva.

Assim, por se tratar de elemento constitucionalmente definido como essencial ao exercício de um dos fundamentos o qual se assenta o Estado Democrático de Direito, a cidadania, tem-se que o registro de nascimento mostra-se como chave mestra por ser o primeiro documento da pessoa natural, o qual confere identidade ao sujeito e estabelece sua relação formal com o Estado. Trata-se da representação da existência legal do indivíduo e sem esse, é impraticável a retirada dos demais documentos necessários no decurso da vida do indivíduo.

A Convenção sobre os Direitos da Criança, de 1989, a qual o Brasil é signatário e foi promulgada no ordenamento brasileiro por meio do Decreto nº 99.710/1990, instituiu em seu artigo 7º:

1. A criança será registrada imediatamente após seu nascimento e terá direito, desde o momento em que nasce, a um nome, a uma nacionalidade e, na medida do possível, a conhecer seus pais e a ser cuidada por eles.

> 2. Os Estados Partes zelarão pela aplicação desses direitos de acordo com sua legislação nacional e com as obrigações que tenham assumido em virtude dos instrumentos internacionais pertinentes, sobretudo se, de outro modo, a criança se tornaria apátrida. (BRASIL, 1990)

E em seu artigo 8º:

> 1. Os Estados Partes se comprometem a respeitar o direito da criança de preservar sua identidade, inclusive a nacionalidade, o nome e as relações familiares, de acordo com a lei, sem interferências ilícitas.
>
> 2. Quando uma criança se vir privada ilegalmente de algum ou de todos os elementos que configuram sua identidade, os Estados Partes deverão prestar assistência e proteção adequadas com vistas a restabelecer rapidamente sua identidade. (BRASIL, 1990)

O antropólogo Roberto Da Matta assevera que os documentos concretizam e afirmam o exercício da cidadania, vez que, com o nascimento do Estado Moderno, a identificação dos indivíduos passou a estar ligada a documentos escritos (DA MATTA, 1978, p. 23). Desta forma, o registro de nascimento é o assento primário, aquele que tem o objetivo de advertir o Estado acerca da existência de mais um indivíduo e, ao mesmo tempo, garantir que esse tenha tratamento condizente ao exercer seus direitos e cumprir com seus deveres, ou seja, exercer a cidadania.

No voto proferido pelo Ministro-relator Nélson Jobim do Supremo Tribunal Federal na ADI-1.800/DF ajuizada pela ANOREG (Associação dos Notários e Registradores do Brasil), situação a qual se questionava a gratuidade já exposta, ponderou o ilustre:

> Com efeito, o nascimento e a morte constituem fatos naturais que afetam igualmente ricos e pobres, mas as suas consequências econômicas e sociais distribuem-se desigualmente. O diploma legal impugnado busca iguala-los nesses dois momentos cruciais da vida, de maneira a permitir que todos, independentemente de sua situação patrimonial, nesse particular, possam exercer os direitos de cidadania, exatamente nos termos do que dispõe o art. 5º, LXXVII, da Constituição da República. (BRASIL, 2007, p.127)

Destarte, por ser elemento tão essencial à vida do indivíduo na sociedade, bem como na relação desse com Estado na medida em que o registro de nascimento lhe permite exercer a cidadania, não há que se questionar a procedência da gratuidade, vez que essa se mostra indiscutivelmente fundamental e deve ser garantida a todos os brasileiros, independentemente de classe social, sexo e cor.

No entanto, questiona-se acerca do local de nascimento. Teria este o condão de definir ou não a gratuidade do registro?

4.1.1. Compensação pelos atos gratuitos

Contudo, antes de responder-se ao questionamento, faz-se importante ressaltar outro aspecto importante acerca da gratuidade do registro de nascimento e do assento de óbito, bem como da primeira certidão respectiva, a compensação por esses prevista em lei.

O artigo 236 da Constituição da República, que regula as atividades notariais e de registro, previu:

> Art. 236. Os serviços notariais e de registro são exercidos em caráter privado, por delegação do Poder Público.
>
> § 1º - Lei regulará as atividades, disciplinará a responsabilidade civil e criminal dos notários, dos oficiais de registro e de seus prepostos, e definirá a fiscalização de seus atos pelo Poder Judiciário.
>
> § 2º - Lei federal estabelecerá normas gerais para fixação de emolumentos relativos aos atos praticados pelos serviços notariais e de registro.
>
> § 3º - O ingresso na atividade notarial e de registro depende de concurso público de provas e títulos, não se permitindo que qualquer serventia fique vaga, sem abertura de concurso de provimento ou de remoção, por mais de seis meses. (BRASIL, 1988)

Assim, em 2000, editou-se a lei nº 10.169 que regulou o mencionado <u>parágrafo segundo do artigo 236 da Constituição Federal</u>, mediante o estabelecimento de normas gerais para a fixação de emolumentos relativos aos atos praticados pelos serviços notariais e de registro.

O artigo 8º da referida lei previu acerca da compensação aos registradores civis das pessoas naturais pelos atos gratuitos por eles praticados e estabelecidos na legislação já comentada, vez que não seria justo que o concessionário do serviço público prestasse serviços gratuitamente e arcasse com este ônus. *In verbis*:

> Art. 8º Os Estados e o Distrito Federal, no âmbito de sua competência, respeitado o prazo estabelecido no art. 9º desta Lei, estabelecerão forma de compensação aos registradores civis das pessoas naturais pelos atos gratuitos, por eles praticados, conforme estabelecido em lei federal.
>
> Parágrafo único. O disposto no caput não poderá gerar ônus para o Poder Público.(BRASIL, 2000)

Desta feita, a cada Estado e ao Distrito Federal lhes foi delegada a função de criarem maneira de compensação aos registradores pelos atos gratuitos definidos em lei. Isso, pois todo brasileiro tem o direito inalienável de ter acesso à cidadania e, como visto, essa é garantida por meio do registro de nascimento. Destarte, com o objetivo de não onerar os registradores civis com a instituição da referida gratuidade, a mencionada lei federal previu que cada Estado e o Distrito Federal criasse sua própria norma. Embora, na prática, alguns Estados ainda não regulamentaram tal fato, a título de exemplo, tem-se o Estado de São Paulo que em 26 de dezembro de 2002 promulgou a lei nº 11.331 que dispõe, dentre outros temas, acerca da compensação dos atos gratuitos e da complementação da receita mínima das serventias deficitárias. (SÃO PAULO, 2002)

5. LOCAL DO NASCIMENTO

Como abordado anteriormente e mediante a interpretação literal do texto legal, o registro de nascimento é gratuito a todos os brasileiros nascidos em território nacional, ainda que sejam seus pais estrangeiros e desde que não estejam esses a serviço de seu país. Tem-se, assim, que, embora já tenha sido alvo de questionamentos prévios e, até mesmo, de Ação Direita de Inconstitucionalidade, a gratuidade do registro de nascimento é garantida aos brasileiros elencados pela alínea "a" do artigo 12 da Constituição da República.

No entanto, a realidade é diferente em relação àquele nascido no exterior, filho de pai ou de mãe brasileira, desde que registrado em repartição brasileira competente ou que venha a residir em território nacional e opte, a qualquer tempo, depois de atingida a maioridade, pela nacionalidade brasileira. Isso, porque o brasileiro não nascido em solo brasileiro, ou seja, aquele que é nacional porque possui com o Estado o vínculo sanguíneo, por meio da nacionalidade de um ou de ambos genitores, não tem garantida a gratuidade de seu registro de nascimento.

5.1. Brasileiros nascidos no exterior

O texto do artigo 32 da lei nº 6.015/1973, tacitamente derrogado pelas disposições constitucionais posteriores e suas alterações, afirma que:

> Art. 32. Os assentos de nascimento, óbito e de casamento de brasileiros em país estrangeiro serão considerados autênticos, nos termos da lei do lugar em que forem feitos, legalizadas as certidões pelos cônsules ou quando por estes tomados, nos termos do regulamento consular.
>
> § 1º Os assentos de que trata este artigo serão, porém, transladados nos cartórios de 1º Ofício do domicílio do registrado ou no 1º Ofício do Distrito Federal, em falta de domicílio conhecido, quando tiverem de produzir efeito no País, ou, antes, por meio de segunda via que os cônsules serão obrigados a remeter por intermédio do Ministério das Relações Exteriores.

> § 2° O filho de brasileiro ou brasileira, nascido no estrangeiro, e cujos pais não estejam ali a serviço do Brasil, desde que registrado em consulado brasileiro ou não registrado, venha a residir no território nacional antes de atingir a maioridade, poderá requerer, no juízo de seu domicílio, se registre, no livro "E" do 1º Ofício do Registro Civil, o termo de nascimento. [...] (BRASIL, 1973)

Considerando-se, também, a disposição contida na Lei de Introdução às Normas do Direito Brasileiro, lei nº 4.657/1942, antiga Lei de Introdução ao Código Civil, em seu artigo 18 define-se:

> Art. 18. Tratando-se de brasileiros, são competentes as autoridades consulares brasileiras para lhes celebrar o casamento e os mais atos de Registro Civil e de tabelionato, inclusive o registro de nascimento e de óbito dos filhos de brasileiro ou brasileira nascido no país da sede do Consulado. (BRASIL, 1942)

E, ainda, a já mencionada alínea "c", do inciso I, do artigo 12, da Constituição da República, que teve seu texto alterado pela Emenda Constitucional de nº 54 de 20 de setembro de 2007 e passou a dispor acerca da opção de nacionalidade:

> Art. 12. São brasileiros:
>
> [...]
>
> c) os nascidos no estrangeiro de pai brasileiro ou de mãe brasileira, desde que sejam registrados em repartição brasileira competente ou venham a residir na República Federativa do Brasil e optem, em qualquer tempo, depois de atingida a maioridade, pela nacionalidade brasileira. (BRASIL, 1988)

Desta forma, com o fulcro de uniformizar normas e procedimentos para transcrições no Brasil de documentos lavrados no exterior, vez que esses eram distintos em cada unidade da Federação, publicou em 16 de julho de 2012, o Conselho Nacional de Justiça (CNJ), a resolução nº 155, que dispôs acerca do traslado de certidões de registro civil de pessoas naturais emitidas no exterior.

5.1.2. Transcrição, traslado e translado

Antes de abordar-se o texto da mencionada resolução, faz-se necessário analisar a diferenciação de dois conceitos amplamente debatidos no presente trabalho: a transcrição e o traslado.

Segundo o dicionário *online* Michaelis, transcrição, do latim *transcriptione*, quer dizer o ato ou efeito de escrever, copiar literalmente de escrito. (MICHAELIS, 2013) Desta feita, *in casu*, tem-se que transcrever é o ato de reproduzir no Livro E do 1º Ofício do domicílio do registrado ou no 1º Ofício do Distrito Federal, na falta de domicílio conhecido, o conteúdo da certidão estrangeira apresentada ao Registro Civil.

No entanto, salutar ressaltar-se, desde já, que a certidão original não será levada a registro simplesmente, faz-se necessário um processo elencado pela mencionada resolução 155 do CNJ e pelas normas de serviço de cada estado, como será observado mais adiante.

De outra feita, traslado ou translado, do latim *translatus*, de acordo com o mesmo dicionário, é a reprodução ou cópia de um texto genuíno (MICHAELIS, 2013) ou o transporte de um lugar para o outro, levar, mudar.

Assim, conclui-se que o ato de reproduzir o conteúdo da certidão original e lavrar-se no Livro E o registro de nascimento do brasileiro nascido no exterior é uma transcrição. Por sua vez, o documento que tem seu conteúdo transcrito ou copiado foi trasladado.

5.2. Resolução nº 155, CNJ

Nos artigos de 1º a 6º da mencionada resolução fez-se constar disposições comuns e importantes acerca do traslado de assentos de nascimento, de casamento e de óbito de brasileiros em país estrangeiro. No entanto, interessa-nos apenas, no presente estudo, os procedimentos concernentes ao traslado do nascimento e as esses dar-se-á destaque.

Desta forma, em conformidade ao disposto no artigo 32 da lei nº 6.015/73, porém de forma mais detalhada, tem-se que:

> Art. 1º O traslado de assentos de nascimento, casamento e óbito de brasileiros em país estrangeiro, tomados por autoridade consular brasileira, nos termos do regulamento consular, ou por autoridade estrangeira competente, a que se refere o caput do art. 32 da Lei nº 6.015/1973, será efetuado no Livro "E" do 1º Ofício de Registro Civil de Pessoas Naturais da Comarca do domicílio do interessado ou do 1º Ofício de Registro Civil de Pessoas Naturais do Distrito Federal, sem a necessidade de autorização judicial.
>
> Art. 2º Os assentos de nascimento, casamento e óbito de brasileiros lavrados por autoridade estrangeira competente, que não tenham sido previamente registrados em repartição consular brasileira, somente poderão ser trasladados no Brasil se estiverem legalizados por autoridade consular brasileira que tenha jurisdição sobre o local em que foram emitidas.
>
> § 1º Antes de serem trasladados, tais assentos também deverão ser traduzidos por tradutor público juramentado, inscrito em junta comercial brasileira.

> § 2º A legalização efetuada por autoridade consular brasileira consiste no reconhecimento da assinatura de notário/autoridade estrangeira competente aposta em documento original/fotocópia autenticada ou na declaração de autenticidade de documento original não assinado, nos termos do regulamento consular. O reconhecimento, no Brasil, da assinatura da autoridade consular brasileira no documento será dispensado, conforme previsto no art. 2º do Decreto nº 84.451/1980.
>
> § 3º Os oficiais de registro civil deverão observar a eventual existência de acordos multilaterais ou bilaterais, de que o Brasil seja parte, que prevejam a dispensa de legalização de documentos públicos originados em um Estado a serem apresentados no território do outro Estado, ou a facilitação dos trâmites para a sua legalização. (BRASIL, 2012)

5.2.1. Traslado de nascimento

No que se concerne, especificamente, ao traslado de nascimento tem-se que o registro feito no exterior pode ter sido realizado de duas maneiras: diretamente em autoridade consular brasileira ou junto a autoridade competente estrangeira no país de nascimento do indivíduo. Neste último caso, verificar-se-á algumas peculiaridades a seguir destacadas.

O artigo 7º da resolução prevê acerca do assento lavrado por autoridade consular brasileira no exterior e, assim, exige a apresentação de um rol sucinto de documentos. Observemos:

> Art. 7º O traslado de assento de nascimento, lavrado por autoridade consular brasileira, deverá ser efetuado mediante a apresentação dos seguintes documentos:
>
> a) certidão de assento de nascimento emitida por autoridade consular brasileira;
>
> b) declaração de domicílio do registrando na Comarca ou comprovante de residência/domicílio, a critério do interessado. Na falta de domicílio no Brasil, o traslado deverá ser efetuado no 1º Ofício do Distrito Federal; e
>
> c) requerimento assinado pelo registrado, por um dos seus genitores, pelo responsável legal ou por procurador.
>
> § 1º Deverá constar do assento e da respectiva certidão do traslado a seguinte observação: "Brasileiro nato, conforme os termos da alínea c do inciso I do art. 12, in limine, da Constituição Federal." (BRASIL, 2012)

Importante ressaltar o disposto no transcrito parágrafo 1º. A resolução previu expressamente que deverá constar na certidão do traslado que o registrado é brasileiro nato conforme estabeleceu a Constituição da República.

No que se refere à documentação a ser apresentada por aquele registrado em autoridade estrangeira competente, além dos trâmites previstos no já mencionado artigo 2º da resolução, o artigo 8º preceitua:

> Art. 8º O traslado de assento estrangeiro de nascimento de brasileiro, que não tenha sido previamente registrado em repartição consular brasileira, deverá ser efetuado mediante a apresentação dos seguintes documentos:
>
> a) certidão do assento estrangeiro de nascimento, legalizada por autoridade consular brasileira e traduzida por tradutor público juramentado;
>
> b) declaração de domicílio do registrando na Comarca ou comprovante de residência/domicílio, a critério do interessado. Na falta de domicílio no Brasil, o traslado deverá ser efetuado no 1º Ofício do Distrito Federal;
>
> c) requerimento assinado pelo registrado, por um dos seus genitores, pelo responsável legal ou por procurador; e
>
> d) documento que comprove a nacionalidade brasileira de um dos genitores.
>
> § 1º Deverá constar do assento e da respectiva certidão do traslado a seguinte observação: "Nos termos do artigo 12, inciso I, alínea "c", in fine, da Constituição Federal, a confirmação da nacionalidade brasileira depende de residência no Brasil e de opção, depois de atingida a maioridade, em qualquer tempo, pela nacionalidade brasileira, perante a Justiça Federal"(BRASIL, 2012).

Destarte, em conformidade ao exposto na parte final da alínea "c", do inciso I, do artigo 12, da Constituição da República, o indivíduo, filho de brasileiro, nascido fora do Brasil e registrado por autoridade competente estrangeira, tem o que a doutrina conhece por nacionalidade potestativa. Segundo José Afonso da Silva essa é assim conhecida, pois o efeito pretendido depende exclusivamente da vontade do interessado (DA SILVA, 2005, p.328).

Os documentos exigidos pelo transcrito artigo 8º referem-se ao traslado de nascimento a ser registrado no Livro "E" o qual dependerá de opção posterior do sujeito pela nacionalidade brasileira, sob pena de ser esse cancelado. O indivíduo deve, portanto, depois de atingida a maioridade optar, a qualquer tempo, pela nacionalidade brasileira junto à Justiça Federal, quando será publicada sentença de nacionalidade que também será levada a registro no Livro "E".

Importante ressaltar que o mais óbvio seria que no traslado de nascimento fosse averbada a sentença de opção de nacionalidade. No entanto, a lei, como visto, previu distintamente. Ao tratar do assunto, o artigo

32 da lei nº 6.015/73, preceituou que deverá ser objeto de registro a opção de nacionalidade no Livro "E" do primeiro ofício do domicílio do optante. Ocorre, portanto, mera anotação da opção de nacionalidade no registro de transcrição de nascimento.

5.2.2. A nacionalidade, suas garantias e a sua relação com o traslado de nascimento

Fato de extrema relevância consta no artigo 6º da resolução mencionada. Vejamos:

> Art. 6º As certidões dos traslados de nascimento, de casamento e de óbito, emitidas pelos Cartórios de 1º Ofício de Registro Civil de Pessoas Naturais deverão seguir os padrões e modelos estabelecidos pelo Provimento CNJ no 2, de 27 de abril de 2009, e pelo Provimento CNJ no 3, de 17 de novembro de 2009, bem como por outros subsequentes que venham a alterá-los ou complementá-los, com as adaptações que se fizerem necessárias. (BRASIL, 2012)

Mediante a leitura do destacado excerto, insta-se evidenciar que ao definir que as certidões dos atos transcritos nos registros civis das pessoas naturais deverão seguir os padrões e os modelos instituídos nacionalmente pelo CNJ para as certidões de nascimento, de casamento e de óbito realizadas em solo pátrio, a comentada resolução elevou a patamares iguais os atos realizados e ocorridos no exterior aos atos praticados no Brasil.

Tal fato não teria tanta importância se um dos fundamentos da República Federativa do Brasil não estivesse nele incluído. A tão comentada cidadania e sua garantia assegurada pelo registro de nascimento são também endossadas pelo traslado de nascimento. Executado mediante o cumprimento de determinados rigores por se tratar de um documento estrangeiro e, muitas vezes, em idioma distinto do português, o traslado de nascimento tem o fulcro de garantir ao seu possuidor a chave mestra, o fundamento basilar que é a cidadania.

Por meio da certidão extraída do traslado de nascimento assentado no Livro "E", o sujeito, bem como aquele nascido em solo pátrio e registrado no Livro "A", poderá solicitar a emissão de outros documentos essenciais para sua identificação e para o exercício de seus direitos e deveres sociais e políticos.

A certidão do traslado de nascimento feita no mesmo padrão da certidão do registro de nascimento iguala os institutos e permite concluir o que o artigo 12 da Constituição da República já afirmara: ambos, tanto o nascido no território nacional, bem como o nascido em terras adventícias, mas filho de brasileiro, são brasileiros natos, da mesma forma e em uma mesma medida.

Assim, nada mais acertado do que garantir a ambos a gratuidade de seus registros e primeira certidão. Isso, porque além de assegurar-lhe a nacionalidade, o registro ou o traslado de nascimento tem como objetivo garantir o exercício da cidadania e devem ser, portanto, gratuitos a ambos.

6. CONCLUSÃO

O registro civil de nascimento é o primeiro ato referente à declaração de existência da pessoa natural e sem esse é impossível que o indivíduo obtenha os demais documentos necessários ao exercício de seus direitos e deveres políticos e sociais. Desta forma, o registro de nascimento garante a concretização e a afirmação da cidadania.

As informações constantes a esse são fundamentais e acompanham o registrado por toda a vida, individualizando-o e definindo os três estados da pessoa natural, quais sejam: o estado político, o familiar e o individual.

Ausente o registro, a pessoa não tem acesso aos mais diversos serviços sociais básicos, como saúde, educação, o direito de ser votado e o dever de votar, o direito de exercer uma profissão com registro regular. Tampouco pode abrir contas em bancos ou participar de programas sociais governamentais.

Ademais, os ofícios de registro civil das pessoas naturais funcionam como informadores do Poder Público ao fornecer-lhe dados relevantes para a tomada de decisões políticas e programas sociais.

Desta forma, ante todo o explicitado, o registro de nascimento é fundamental e imprescindível ao indivíduo por atestar-lhe, dentre outros fatores, a nacionalidade e garantir-lhe a cidadania.

Da mesma forma, como explicitado, é o traslado de nascimento. Ainda que para seu registro seja exigida uma série de documentos e trâmites, essencialmente, pretende o traslado garantir exatamente os mesmos aspectos que o registro de nascimento.

Como visto, ambos os documentos referem-se ao registro de brasileiros natos diferindo-se, apenas, o local de nascimento desses. Como definido pela própria norma, o conteúdo e o modelo a ser usado para certidão de ambos os assentos é o mesmo, o que permite a conclusão de que o próprio legislador aproximou, ainda mais, os institutos.

Destarte, mediante a debatida gratuidade do registro de nascimento que visa, justamente, garantir a todos o elemento primordial que é a cidadania, por assegurar, na mesma medida, tal prerrogativa, o traslado de nascimento deve ser gratuito.

Seria discriminatório julgar que aquele nascido em território nacional possui direito ao registro gratuito, bem como a sua primeira certidão e, por sua vez, o nascido no exterior, igualmente brasileiro, não possuir tal direito.

O que se presencia, portanto, é uma gratuidade não extensa a todos os nacionais e que garante, portanto, apenas a alguns o direto amplo e irrestrito à cidadania e suas prerrogativas.

Neste sentido, o que se propõe é a extensão da gratuidade a todos os brasileiros natos, independentemente da forma em se dê seu registro, seja esse por meio de um assento no Livro "A" ou por intermédio da transcrição no Livro "E" do registro de nascimento.

REFERÊNCIAS BIBLIOGRÁFICAS

BENEVIDES, M. V. **Educação em direitos humanos: de que se trata?** In: BARBOSA, R. L. L. B. (Org.). Formação de educadores: desafios e perspectives. São Paulo: Editora UNESP, 2000.

BRASIL. Constituição (1988). Constituição da República Federativa do Brasil. **Diário Oficial da União, Brasília, 05 de outubro de 1988**. Disponível em: <http://www.planalto.gov.br/ccivil_03/constituicao/constituicao.htm>. Acesso em: 10 dez. de 2015.

BRASIL. Conselho Nacional de Justiça. Resolução nº 155, de 16 de julho de 2012. Dispõe sobre traslado de certidões de registro civil de pessoas naturais emitidas no exterior. Disponível em: <http://www.cnj.jus.br/images/ resol_gp_155_2012.pdf>. Acesso em 15 de dez. de 2015.

BRASIL. **Decreto nº 99.710, de 21 de novembro de 1990**. Promulga a Convenção sobre os Direitos da Criança. **Diário Oficial da União, Brasília, 22 de novembro de 1990**. Disponível em: < http://www.planalto.gov.br/ ccivil_03/decreto/1990-1994/D99710.htm>. Acesso em: 12 dez. de 2015.

BRASIL. Lei nº 4.657, de 4 de setembro de 1942. Lei de Introdução às normas do Direito Brasileiro. **Diário Oficial da União, Brasília, 9 de setembro de 1942**. Disponível em: < http://www.planalto.gov.br/ccivil_03/decreto-lei/Del4657.htm>. Acesso em: 14 dez. de 2015.

BRASIL. Lei nº 6.015, de 31 de dezembro de 1973. Dispõe sobre os registros públicos, e dá outras providências. **Diário Oficial da União, Brasília, 19 de setembro de**

1975. Disponível em: <http://www.planalto.gov.br/ccivil_03/ leis/l6015.htm>. Acesso em: 12 dez. de 2015.

BRASIL. Lei nº 10.169, de 29 de dezembro de 2000. Regula o § 2º do art. 236 da Constituição Federal, mediante o estabelecimento de normas gerais para a fixação de emolumentos relativos aos atos praticados pelos serviços notariais e de registro. **Diário Oficial da União, Brasília, 30 de dezembro de 2000.** Disponível em: < http://www.planalto.gov.br/ccivil_03/leis/l10169.htm>. Acesso em: 13 dez. de 2013.

BRASIL. Supremo Tribunal Federal. Ação Direta de Inconstitucionalidade 1.800-1/DF. Relator: Min. Nelson Jobim. **Diário Oficial Eletrônico nº112**, Brasília, 28 de setembro de 2007. Disponível em: <http://redir.stf.jus.br/pagina dorpub/ paginador. jsp?docTP=AC&docID=488644>. Acesso em: 15 de dez. 2013.

CANOTILHO, J. J. Gomes; MOREIRA, Vital. **Fundamentos da Constituição**. Coimbra: Coimbra Editora, 1991.

CENEVIVA, Walter. **Lei dos Registros Públicos Comentada**. 20ª. Ed. São Paulo: Saraiva, 2010.

DA MATTA, Roberto. **O ofício do Etnólogo, ou como ter "Anthropological Blues"** in NUNES, Edison de O. A aventura sociológica, Rio de Janeiro: Zahar, 1978.

DALLARI, Dalmo. **Direitos Humanos e Cidadania**. São Paulo: Moderna: 1998.

DA SILVA, José Afonso. **Curso de Direito Constitucional Positivo**. 24° Ed. São Paulo: Editora Malheiros, 2005.

MICHAELIS. Dicionário online. Brasília: 2013. Editora Melhoramentos. Disponível em: < http://michaelis.uol.com.br/> . Acesso em: 16 de dez. de 2013.

MORAES, Alexandre de. **Direito constitucional**. 28ª. Ed. São Paulo: Atlas, 2012.

OLIVEIRA, Miguel Augusto Machado de. **Direitos Humanos e Cidadania**. 3ª. Ed. São Paulo: RT, 2010

PONTES DE MIRANDA. Nacionalidade, p. 53. *Apud,* MORAES, Alexandre de. **Direito constitucional**, Atlas, São Paulo, 1997.

SÃO PAULO. **Lei nº 11.221, de 26 de dezembro de 2002.** *Dispõe sobre os emolumentos relativos aos atos praticados pelos serviços notariais e de registro, em face das disposições da Lei federal nº 10.169, de 29 de dezembro de 2000. Diário Oficial do Estado de São Paulo, 29 de dezembro de 2000. Disponível em: <http://www.al.sp.gov.br/repositorio/legislacao/lei/2002/lei%20n.11.331,%20de%2026.12.2002.htm>. Acesso em: 15 de dez. de 2015.*

CAPÍTULO 19

O oficial do registro civil das pessoas naturais como meio de garantir o acesso à justiça e o procedimento de retificação administrativa

Mariana Belo Rodrigues Buffo[1]

Sumário: 1. Introdução; 2. Considerações Iniciais Acerca da Atividade Extrajudicial, em Especial do Registro Civil das Pessoas Naturais; 2.1. Características da Função Registral: Fiscalização e Responsabilidade; 2.2 Finalidade e Princípios da Atividade Registral; 3. Modelo Atual de Jurisdição; 3.1 Desjudicialização; 3.2. Procedimento de Retificação Administrativa; 4. Conclusão; Referências Bibliográficas.

1. INTRODUÇÃO

Desde que o mundo é mundo, formado por seres humanos com interesses e desejos específicos e individualizados, existe o conflito, isto é, a pretensão resistida entre duas ou mais pessoas.

Na antiguidade, os litígios eram solucionados pelos próprios indivíduos, que faziam justiça com suas próprias mãos. Na grande maioria das

---

1. Oficial do 2º Registro de Imóveis de Campo Mourão, Paraná. Ex Registradora Civil das Pessoas Naturais e Tabeliã de Notas do Distrito de Aparecida de São Manuel, Comarca de São Manuel, São Paulo. Mestre em Soluções Alternativas de Controvérsias Empresariais pela Escola Paulista de Direito. Pós-graduada em Direito Sanitário, pelas Universidade de Campinas – UNICAMP, Direito Administrativo e Constitucional, pela Universidade do Sul de Santa Catarina – UNISUL e Direito Notarial e Registral pela Universidade Anhanguera-Uniderp. Pós-graduanda em Direito Notarial e Registral Imobiliário pela Escola Paulista da Magistratura do Estado de São Paulo. Professora convidada do Curso de Pós-Graduação em Gestão e Planejamento Organizacional, oferecido pela Escola de Educação Coorporativa da Unicamp, e do Curso de "Noções Básicas de Direito", oferecido pela Escola de Governo da Prefeitura Municipal de Campinas.

vezes, o mais forte, e não o detentor da melhor razão, tinha seu interesse sobreposto à vontade dos demais.

Com o passar dos anos, tornou-se necessária a criação de uma figura estatal capaz de garantir a segurança jurídica na solução dos conflitos. Instituiu-se o Estado- juiz.

No entanto, principalmente no período da Pós-Modernidade, houve uma excessiva judicialização dos conflitos, o que, conjugada com outros fatores, tornou o Poder Judiciário incapaz de solucionar, com presteza, todas as situações levadas ao seu conhecimento.

Assim, com a finalidade de reestruturar o sistema judiciário, o Direito Moderno tem apostado no processo de desjudicialização e, desta forma, nos Serviços Extrajudiciais como importantes aliados.

Devida à aptidão técnica, capacidade e qualidade nos serviços prestados, os Delegatários das Serventias Extrajudiciais têm-se deparado com a ampliação de suas competências, em especial, para dar a efetiva resposta à sociedade, quando o interesse privado for consensual.

Assim, dentre as possibilidades de se permitir uma solução mais ágil, foi ampliado o rol de possibilidades de retificação administrativa dos erros encontrados nos livros de registro do Registro Civil das Pessoas Naturais. Mais recentemente, além da a possibilidade, no Estado de São Paulo, de se prosseguir com a retificação administrativa após mandado judicial em retificação judicial, desde que o assento esteja contaminado pelos mesmos elementos já analisados judicialmente foi sancionada a Lei Federal nº 13.484/2017 que, além de criar o Ofício da Cidadania no Registro Civil também facilitou o processo de retificação administrativa.

2. CONSIDERAÇÕES INICIAIS ACERCA DA ATIVIDADE EXTRAJUDICIAL, EM ESPECIAL DO REGISTRO CIVIL DAS PESSOAS NATURAIS

A atividade extrajudicial é aquela exercida por Notários e Registradores, em conformidade com as competências que lhes são delegadas, para atendimento do bem comum.

Nos termos da Lei Federal n.º 8.935, de 18 de novembro de 1994, os serviços extrajudiciais se dividem em: Tabelionato de Notas, Tabelionato de Protesto, Registro de Imóveis, Registro Civil das Pessoas Naturais e de Interdições e Tutelas, Registro de Títulos e Documentos e Civil das Pessoas Jurídicas, Registro de Distribuição e, por fim, Registro de Contratos Marítimos.

Quanto ao seu surgimento, há apontamentos históricos que comprovam que a atividade do Notário e, posteriormente, do Registrador, é uma das atividades jurídicas humanas mais antigas, tendo surgido para mediar os relacionamentos sociais nas civilizações mais primitivas.

Na Roma antiga, a linguagem escrita era de domínio de poucas pessoas. Os documentos escritos eram quase inexistentes, haja vista, também, ao alto custo para a sua produção.

Com o desenvolvimento da sociedade, as crescentes relações comerciais, passaram a exigir a formalização da vontade das partes de forma que se perpetuasse no tempo e se garantisse maior segurança jurídica às relações sociais[2].

Assim, os *tabeliones*, profissionais que mais se aproximam dos Notários de hoje em dia, a formalizavam com a inscrição em tábuas, nas quais assinavam as partes e as testemunhas.

Ocorre, no entanto, que os contratos e ajustes elaborados não possuíam força executiva, tampouco sua guarda era concentrada em um local determinado, capaz de garantir sua ampla publicidade. Foi deste anseio, segundo Ricardo Henry Dip, que nasceram os sistemas de registros, responsáveis, em linhas gerais, por arquivar e publicizar os documentos redigidos, a fim de serem conhecidos por todos.

Na Babilônia, os atos eram registrados no Código de Hamurabi, pedra na qual se inseriam os limites das propriedades privadas.

Durante o Império, no Brasil, os serviços de registro passaram a ser realizados pelas autoridades eclesiásticas. Estas eram responsáveis pelos registros relativos às pessoas, bem como de suas propriedades, uma vez que se tornou obrigatória a legitimação da aquisição pela posse, mediante o registro em livro próprio da Igreja Católica.

No âmbito do Registro Civil das Pessoas Naturais, especialidade de atividade extrajudicial de maior interesse para o desenvolvimento deste nosso trabalho, essa atividade era delegada à Igreja Católica em razão de ser, naquela época, a religião oficial do Estado,[3] bem como de possuir uma importante capacidade de difusão, na medida em que as paróquias se difundiam nas pequenas vilas.

---

2. SOUZA, Eduardo Pacheco Ribeiro de. *Os serviços notariais e registrais no Brasil*. Coimbra; [s.n.], 4 de jun. 2005.
3. SANTOS, Reinaldo Velloso dos. *Registro Civil das Pessoas Naturais*. Porto Alegre: Sérgio Antonio Fabris Ed., 2006, p. 15.

Assim, o nascimento das pessoas naturais era comprovado pelo registro do batismo; o casamento aceito era o católico, comprovado pelo assento do pároco no livro próprio e, óbito, dos registros dos cemitérios que, tradicionalmente, eram feitos nas próprias paróquias.

Contudo, a vinda de imigrantes e a libertação dos escravos, que cultuavam, ambos, religião diversa, o sistema de registro paroquial deixou de atender aos anseios da sociedade que passou a exigir um sistema de registro secularizado, de responsabilidade do Estado laico, independentemente de qualquer religião.

Manter, em um Estado laico, o registro desses fatos civis sob responsabilidade da Igreja Católica significava inviabilizar o exercício da cidadania e dos demais direitos pelos professantes de outras religiões.

De acordo com Marcelo Gonçalves Tiziani:

> *o grande paradigma do registro civil estatal é a Constituição Francesa de 1791, assim dispondo em seu artigo 7, Título II: A lei considera o matrimônio como um contrato civil. O Poder Legislativo estabelecerá para todos os habitantes, sem distinção, o modo em que se constatarão os nascimentos, matrimônios e falecimentos e designará os oficiais públicos que receberão e conservarão os atos*[4].

Ao garantir o tratamento igual e, nesse sentido, sem qualquer distinção, rompeu- se, de forma definitiva, o liame entre o registro paroquial e o Estado.

No Brasil, a primeira norma a tratar do registro civil estatal foi a Lei n.º 586, de 06 de setembro de 1850, que autorizou, em seu artigo 17, o Governo brasileiro a estabelecer registros de nascimento e óbito como informações estatísticas, em especial para o recrutamento militar.

Ocorre, entretanto, que a população – incitada pela Igreja Católica, que não queria perder o registro paroquial e, assim, o poder de possuir as informações – rebelou-se contra esta lei e seu respectivo decreto (Decreto n.º 798/1851).

Para garantir, então, o acesso aos registros pelos professantes de outras religiões, foi publicada a Lei n.º 1.144, de 11 de setembro de 1861, regulamentada pelo Decreto n.º 3.069, de 17 de abril de 1863, que criou um registro estatal paralelo, para não católicos. realizados, nos casos de

---

4. TIZIANI, Marcelo Gonçalves. *Uma breve história do Registro Civil Contemporâneo*. Disponível em: http://www.portaldori.com.br/2016/10/11/artigo-uma-breve-historia-do-registro-civil--contemporaneo-por- marcelo-goncalves-tiziani/. Acessado em: 16.10.2016.

nascimento e óbito, pelos Escrivães dos Juízos de Paz em seus livros próprios, e de casamento, pelo Secretário da Câmara Municipal do local de residência de um dos cônjuges.

Somente em 1874, com a publicação do Decreto n.º 5.604, foi criado o Registro Civil das Pessoas Naturais, sistema único de registro de nascimento, casamentos e óbitos para toda a população, a cargo do Escrivão do Juizado de Paz de cada freguesia do Império.

Este Decreto foi revogado pelo Decreto n.º 9.886/1888 e, posteriormente, pelo Decreto n.º 10.044, de 22 de setembro de 1888, que tornou, a partir de 1 de janeiro de 1889, o Registro Civil das Pessoas Naturais na estrutura responsável por fazer prova de nascimento, idade, nome, filiação, casamento e óbito, o que permitiu assegurar a sua obrigatoriedade universal como único organismo legítimo e obrigatório.

Atualmente, no ordenamento jurídico brasileiro, o Registro Civil das Pessoas Naturais, em *status* constitucional, encontra previsão no artigo 236, artigo regulamentado

pela Lei Federal n.º 8.935/1994, composta por 55 (cinquenta e cinco) artigos, que disciplina tanto a atividade notarial quanto a registral.

Ademais, os serviços referentes aos registros são disciplinados pela Lei Federal n.º 6.015, de 31 de dezembro de 1973.

Finalmente, deve-se também observar, para o exercício da atividade, as Normas de Serviço publicadas pelas Corregedorias Gerais dos Tribunais de Justiça dos Estados em que se encontram as Serventias Extrajudiciais, cuja finalidade é dar concretude às regras gerais em consonância com as peculiaridades locais e demais leis e atos normativos esparsos.

2.1. Características da Função Registral: Fiscalização e Responsabilidade

A atividade registral, nos termos do artigo 236 da Constituição Federal, é exercida em caráter privado, por delegação do poder público, por profissionais do direito, aprovados em concurso público de provas e títulos, organizado pelo Tribunal de Justiça do local em que se encontrarem as serventias vagas[5].

---

5. Art. 236. Os serviços notariais e de registro são exercidos em caráter privado, por delegação do Poder Público. (Regulamento)

§ 1º Lei regulará as atividades, disciplinará a responsabilidade civil e criminal dos notários, dos oficiais de registro e de seus prepostos, e definirá a fiscalização de seus atos pelo Poder Judiciário.

A depender da especialidade do serviço extrajudicial delegado, há de se observar competências exclusivas, embora, todas elas, devam observar funções e deveres gerais para todo o serviço extrajudicial, tal como gerar segurança jurídica aos atos praticados; manter em ordem e conservar perpetuamente os livros e seu teor; atender as partes com eficiência, urbanidade e presteza; proceder de forma à dignificação da função, dentre outros.

Ao Registrador Civil das Pessoas Naturais, como exemplo, tem-se como competência exclusiva o registro dos principais atos e fatos da vida civil da pessoa natural, tais como: nascimento, casamento civil e religioso com efeitos civis, conversão de união estável em casamento, óbito, natimorto, emancipação[6].

Segundo os doutrinadores Mário de Carvalho Camargo Neto e Marcelo Salaroli de Oliveira trata-se:

> *(...) serviço público de organização técnica e administrativa destinado a garantir publicidade, autenticidade, segurança e eficácia dos atos e fatos da vida, bem como do estado da pessoa natural*[7].

Nota-se que ao Registrador Civil é delegada a importante tarefa de garantir o exercício da cidadania pelo indivíduo, que o faz por meio do seu registro de nascimento, documento oficial que comprova a sua existência, identificação e individualização. Após, deverá sempre manter permanente e atualizadas as informações sobre os cidadãos, por meio de outros registros, averbações e anotações.

Ao receber a delegação, que é personalíssima, o Registrador executará o serviço público em seu próprio nome e por sua conta e risco, tanto no que tange ao gerenciamento administrativo, quanto financeiro. Para tanto, deve observar as normas aplicáveis de caráter nacional e estadual, em especial, o regramento normativo das Corregedorias Gerais da Justiça do Estado de quem recebeu a delegação e da Corregedoria Nacional da Justiça.

Isto porque a Constituição Federal, no parágrafo 1º do artigo 236, e a Lei n.º 8.935/1994, nos artigos 37 e 38, determinam que compete, ao

---

§ 2º Lei federal estabelecerá normas gerais para fixação de emolumentos relativos aos atos praticados pelos serviços notariais e de registro. (Regulamento)

6. O rol dos atos passíveis de registro encontra-se disciplinado na Lei n.º 6.015/73, artigo 29, e nas Normas de Serviço da Corregedoria Geral da Justiça. No Estado de São Paulo, encontra-se no item 1, do Capítulo XVII.

7. CAMARGO NETO, Mário de Carvalho e OLIVEIRA, Marcelo Salaroli. *Registro Civil das Pessoas Naturais: parte geral e registro de nascimento*. Vol. I. São Paulo: Saraiva, 2014, p. 17.

Poder Judiciário, o exercício do Poder Disciplinar e o estabelecimento de normas gerais para a fiscalização dos atos praticados pelos delegatários dos serviços extrajudiciais.

Mais especificamente, compete, ao Juiz Estadual ou do Distrito Federal, isto é, ao Corregedor Geral da Justiça e aos Juízes Corregedores Permanentes, tal fiscalização, que deve zelar, dentre outros, para que o serviço seja prestado com rapidez, qualidade e de modo eficiente.

Também compete ao Corregedor Geral da Justiça e aos Corregedores Permanentes, o poder censório -disciplinar ao qual estão sujeitos os titulares das Serventias.

Assim, no exercício de suas funções e na prática dos atos próprios da Serventia, o delegatário do serviço poderá infringir normas penais, civis ou administrativas. Essas infrações são apuradas e as penas aplicadas pelo próprio Tribunal de Justiça, sempre que, por ação ou omissão, o Registrador ou Notário e seus prepostos causarem prejuízos a terceiros.

Conforme leciona José Renato Nalini[8], com a promulgação da Constituição Federal de 1988, houve substancial mudança do regime das serventias extrajudiciais não oficializadas, de sorte que os notários e registradores exercem função pública em seu próprio interesse, não havendo que se falar em relação hierárquica com o Estado e, portanto, os titulares devem ser os únicos responsáveis pelos danos provocados por suas ações e omissões profissionais, devendo responder com todo o seu patrimônio pessoal[9].

Ademais, ficarão também sujeitos às penas de repreensão, multa, suspensão por noventa dias, prorrogáveis por mais trinta dias , e perda da delegação, a serem aplicadas, sempre por escrito, em processo administrativo ou judicial, em que se garanta a ampla defesa e contraditório.

---

8. NALINI, José Renato; DIP, Ricardo. *Registro de Imóveis e Notas: responsabilidade civil e disciplinar.* São Paulo: RT, 1997, p.81-83.

9. Decisão 1ª VRPSPData: 19/8/2009 Data DOE: 20/8/2009, Fonte: 100.09.148742-8 Localidade: São PauloCartório: 25º Tabelionato de Notas da CapitalRelator: Márcio Martins Bonilha FilhoLegislação: Lei 8.935/94Representação. Regime disciplinar. Processo disciplinar. Escrevente – auxiliar.EMENTA NÃO OFICIAL. A LEI nº 8.935/94 alterou o regime disciplinar dos notários, registradores e prepostos, submetendo ao procedimento administrativo apenas os titulares das delegações de que trata o artigo 236 da Constituição Federal (notários e registradores). Os escreventes ou auxiliares não foram incluídos no regime disciplinar vigente e não podem ser mais submetidos a processos disciplinares, quer pelo Juízo da Corregedoria

   Permanente, quer pela Corregedoria Geral da Justiça o mesmo ocorrendo em relação ao Tabelião anterior.

2.2 Finalidade e Princípios da Atividade Registral

A atividade exercida pelo Registrador Civil das Pessoas Naturais, conforme acima demonstrado, é de suma importância para a sociedade, pois além de garantir o exercício da cidadania, também serve de fonte de informações para a elaboração de políticas públicas e programas sociais.

Ademais, é o único banco de dados atualizado que reúne os elementos de individualização da pessoa natural, em especial, aquele relativo ao nome e ao estado, seja este político, que envolve as informações quanto à nacionalidade, naturalidade e cidadania; o individual (sexo, idade e capacidade) ou o familiar (filiação, parentesco e situação conjugal).Estes dados podem, regra geral, serem acessados por qualquer cidadão, em razão do Registro Civil das Pessoas Naturais tem a finalidade de garantir a publicidade destas informações.

> Quando uma determinada situação jurídica é publicizada em registro público – no registro público que tenha atribuição específica para a publicização daquela situação jurídica – há uma verdadeira e ampla cognoscibilidade, presumindo que todos a conhecem – porque isto é realmente factível em razão da sistemática registral –, e que, portanto, lhe é oponível[10].

Também constituem finalidades desta especialidade de serventia extrajudicial garantir a autenticidade, segurança e eficácia dos atos e fatos.

Garantir a autenticidade significa conferir certeza aos conteúdos existentes nos livros de registro, bem como que as informações prestadas pelo Registrador, normalmente por meio de certidões, são legais e estão de acordo com as declarações prestadas. São, portanto, verdadeiras. Refere-se a uma certeza qualificada e relativa do conteúdo dos livros.

Da segurança jurídica decorre a necessidade de se abonar a estabilidade nas relações individuais e sociais, evitando-se alterações bruscas numa realidade fático-jurídica. Significa, portanto, a adoção de comportamentos coerentes e estáveis, em respeito às realidades consolidadas nos registros públicos. Decorre daí a necessária aplicação de regras específicas e extraordinárias para a modificação dos atos já registrados, cujo registro somente será alterado com o consentimento do registrado ou após um processo regular, que será abordado no próximo capítulo.

---

10. BRANDELLI, Leonardo. *Publicidade jurídica: primeiras linhas* in Revista Crítica de Direito Notarial e Registral. V. 1. N. 1, Jundiaí: jan/jun 2007, p.101.

Por fim, a eficácia dos atos representa que, uma vez inseridos nos livros de registro, estão aptos a produzirem efeitos, haja vista que se tornaram públicos e oponíveis contra terceiros.

Para que possam atingir as suas finalidades, o Oficial do Registro Civil das Pessoas Naturais deve observar inclusive os princípios, dos quais destacamos, para o presente estudo, os da: legalidade, instância ou rogação, territorialidade, conservação e continuidade.

Pelo princípio da legalidade, requer-se, do Registrador, o cumprimento das leis e princípios do direito e a realização prévia da qualificação registral, isto é, que se proceda a uma análise rígida de todos os documentos, títulos e declarações que lhes são apresentados para, somente depois, inseri-los nos livros de registro.

Para tanto, gozará de total independência, o que lhe garante a possibilidade de recusa motivada da prática do ato, caso não obedeça às formalidades impostas para a sua realização.

Importante destacar que o Registrador somente pode atuar, regra geral, se instado a fazê-lo pelo interessado. Não pode agir de ofício, salvo quando expressamente autorizado pela lei (princípio da rogação ou instância), bem como que somente poderá executar suas funções dentro da circunscrição para a qual recebeu a delegação. Reporta- se, pois, ao princípio da territorialidade, pelo qual o Oficial somente pode praticar *"os atos que por lei devam ser levados a registro em sua circunscrição, não lhe sendo permitida a prática de atos de atribuições de outra circunscrição, sob pena, conforme o caso, de anulabilidade do ato lavrado"*[11].

O princípio da conservação representa um dos deveres funcionais do delegatário do serviço extrajudicial, qual seja, de zelar pelos documentos públicos, livros e arquivos relativos à sua função, observadas as regras de inutilização previstos nas Normas de Serviço da Corregedoria Geral da Justiça que, no Estado de São Paulo, encontra-se nos itens 12 e 13 do Capítulo XVII.

Finalmente, o último princípio por nós destacado é o princípio da continuidade, pelo qual o Registrador deve observar a sequência lógica, legal e coerente dos atos e fatos para posterior lançamento nos livros de registro para que se garanta a compatibilidade dos atos registrados.

---

11. CAMARGO NETO, Mário de Carvalho e OLIVEIRA, Marcelo Salaroli. *Registro Civil das Pessoas Naturais: parte geral e registro de nascimento. Vol. I.* São Paulo: Saraiva, 2014, p. 63.

Por todo o exposto neste capítulo, podemos concluir que o Oficial do Registro Civil das Pessoas Naturais é um operador do direito com grande capacidade e conhecimento técnico, selecionado por meio de concurso público para a execução de atividades que lhes são delegadas pelo Estado.

Ademais, conforme passaremos a analisar, a competência confiada a estes profissionais vem sendo ampliada com o intuito de auxiliar o Poder Judiciário na efetiva prestação de seus serviços e, consequentemente, garantir o acesso efetivo à justiça, haja vista que as atividades exercidas pelas Serventias Extrajudiciais possuem, na maioria das vezes, funções preventivas e pacificadoras, cuja finalidade é diminuir e evitar o acúmulo de processos judiciais.

3. MODELO ATUAL DE JURISDIÇÃO

Jurisdição, em linhas gerais, é a atribuição concedida ao Poder Judiciário de dizer o direito no caso concreto para aqueles que se socorrem do Estado, com a finalidade de colocar fim a uma pretensão resistida e, consequentemente, satisfazer suas necessidades humanas.

Nos dizeres de Luiz Fernando do Vale de Almeida Guilherme:

> *na sociedade moderna, costuma-se dividir o sistema de soluções de conflitos em três fases distintas: autotutela, autocomposição e heterocomposição. Na primeira, denominada autotutela, em virtude da inexistência de um Estado suficientemente forte para superar as vontades individuais, os litígios eram solucionados pelas próprias forças, imperando a lei do mais forte. Suas características eram: a ausência de juiz distinto das partes e a imposição da decisão por uma parte à outra. Substituindo a força pela razão, verifica-se a autocomposição como sendo a segunda forma de solução de conflitos, onde as partes abririam mão de seus interesses ou de parte dele, de forma que, por meio de concessões recíprocas, seria possível chegar à solução de conflitos. São três as espécies de autocomposição: desistência – que seria a renúncia do interesse; submissão – que seria a renúncia à resistência oferecida ao interessado; e, por último, a transação – que representa, conforme salienta Maria Helena Diniz, um negócio jurídico bilateral, pelo qual as partes interessadas, fazendo concessões mútuas, previnem ou extinguem obrigações litigiosas ou duvidosas. É, portanto, uma composição amigável entre interessados sobre seus direitos, em que cada qual abre mão de parte de suas pretensões, fazendo cessar discórdias. A última forma de solução de conflitos é a heterocomposição, a qual ocorre quando a solução é decidida por terceiro alheio ao conflito. São espécies da heterocomposição: a arbitragem e a jurisdição*[12].

---

12. GUILHERME, Luiz Fernando do Vale Almeida. *Manual de Arbitragem*. 3. ed. São Paulo: Saraiva, 2012, p. 29.

Atualmente, temos uma sobrecarga na terceira forma de solução de conflitos, à medida que transferimos, principalmente ao Poder Judiciário, a responsabilidade de resolver todo e qualquer conflito de ordem pessoal , por meio da aplicação de um sistema normativo de comandos coercitivos e sancionatórios com eficácia vinculante e plena.

A partir do período da Modernidade, mais precisamente na Pós-Modernidade, a sociedade passou a viver uma judicialização excessiva dos conflitos, seja em razão do aumento da população, da urbanização, da facilitação do acesso à justiça, do sistema recursal ou do próprio relaxamento dos freios morais.

Ocorre que o Poder Judiciário não dá conta dessa grande judicialização, o que tem gerado insatisfação dos demandados e vulgarização do serviço prestado por incapacidade de solucionar os conflitos com presteza e eficiência, o que coloca em risco nosso Estado Democrático de Direito, à medida que a efetividade da tutela jurisdicional reclama tempestividade.

Como consequência, fez-se surgir a necessidade de reestruturação do Judiciário, por meio do estudo de suas competências e atribuições naturais.

Neste sentido, o Novo Código de Processo Civil Brasileiro[13] faz uma significativa distinção, dos artigos 711 a 725, entre jurisdição contenciosa e jurisdição voluntária.

Para o legislador, diferentemente do que ocorre na jurisdição contenciosa, onde há de fato um conflito posto, na voluntária, existe, na verdade, a administração de interesses privados. Nesta, o procedimento é mais simples: não há partes, mas sim, interessados naquela administração dos interesses e a decisão definitiva não alcança a força de coisa julgada material.

Este tipo de jurisdição é exercido pelo Juiz, mas também o pode ser por outras pessoas, capazes de garantir o verdadeiro acesso à justiça[14],

---

13. BRASIL. Lei n.º 13.105, de 16 de março de 2015. Código de Processo Civil. *Diário Oficial da União*. Poder Executivo, Brasília, DF, 17 mar. 2015. Disponível em: <http://www.planalto.gov.br/ccivil_03/_ato2015-2018/2015/lei/l13105.htm#art1045>. Acessado em: 02 nov. 2016.

14. O direito ao acesso à justiça encontra-se previsto no artigo 5º, inciso XXXV, da Constituição Federal, que dispõe que a lei não excluirá da apreciação do Poder Judiciário lesão ou ameaça a direito.

    Também é conhecido por princípio da inafastabilidade de jurisdição, do livre acesso ao Poder Judiciário, ou direito de ação.

551

à medida que se busca a solução em prazo razoável, com celeridade e qualidade.

Segundo Athos Gusmão Carneiro, um verdadeiro aliado do Poder Judiciário na efetivação do acesso à justiça são as Serventias Extrajudiciais, que já intervêm na administração dos interesses privados:

> os tabelionatos, lavrando escrituras públicas, quer facultativamente, quer porque imprescindíveis à formalização de atos jurídicos; os ofícios do Registro de Imóveis, operando os registros indispensáveis à alienação e constituição de direitos reais sobre bens de raiz (CC, arts. 1.245 e 1.492); os ofícios do Registro de Títulos e Documentos; os ofícios do Registro Civil das Pessoas Naturais e das Pessoas Jurídicas; os ofícios de Protestos Cambiais[15].

Em razão disso, concluímos que nem sempre o processo judicial é a melhor maneira de se alcançar a justiça social e de obter o melhor resultado em uma demanda, assim também nem sempre será o melhor caminho de acesso à justiça.

Segundo Watanabe:

> a problemática do acesso à Justiça não pode ser estudada nos acanhados limites do acesso aos órgãos judiciais já existentes. Não se trata apenas de possibilitar o acesso à Justiça enquanto instituição estatal, e sim de viabilizar o acesso à ordem jurídica justa[16].

Há, assim, a necessidade de novos modelos e, dentre eles, se destaca a desjudicialização.

3.1 Desjudicialização[17]

A ineficiência do Poder Judiciário em solucionar os conflitos de forma tempestiva, efetiva e com qualidade, e o anseio social pelo efetivo exercício do acesso à justiça têm feito com que os aplicadores e estudiosos dos Direitos busquem alternativas ao sistema posto. No Direito Moderno, destaca-se, como um novo modelo, a desjudicialização, concei-

---

15. CARNEIRO, Athos Gusmão. *Jurisdição e Competência*. 17ª ed. São Paulo: Saraiva, 2010, p. 48.
16. WATANABE, Kazuo. Acesso à justiça e sociedade moderna. In: (Coord.) GRINOVER, Ada Pellegrini; DINAMARCO, Cândido Rangel e WATANABE, Kazuo. **P**articipação e Processo. São Paulo: RT, 1988, p. 128-135.
17. O nobre Desembargador Ricardo Henry Marques Dip tem defendido que não se trata de desjudicialização (retirar da atribuição do Juiz e passar para, por exemplo, para o Chefe do Cartório Judicial, pois o termo significa retirar do Juiz e, não do Judiciário propriamente dito) mas, sim, de desjudiciarização, haja vista que as atribuições são delegadas para outros operadores do direito não inseridos no Poder Judiciário, na medida em que relações consensuais não são próprias para a função judiciária.

tuada como o processo pelo qual se permite a solução de determinados conflitos na esfera extrajudicial, isto é, fora do exercício da jurisdição.

Diante dos problemas que o Poder Judiciário tem enfrentado, a desjudicialização parece ser a solução tão buscada para diminuir o volume de processos, desburocratizar alguns procedimentos e acima de tudo acelerar muitas decisões, deixando, a cargo daquele Poder, a apreciação apenas do que for imprescindível à atuação do ente estatal, isto é, que possua, efetivamente, um conflito.

Trata-se de um meio alternativo de solução de controvérsia, colocado à disposição do cidadão que, querendo, poderá optar entre o Poder Judiciário ou o Extrajudicial.

É cediço que os Oficiais e Tabeliães possuem vocação natural à profilaxia jurídica, enquanto o Judiciário na solução do conflito posto. Aquele atua de maneira preventiva, no foco da segurança jurídica, minimizando riscos às situações jurídicas pessoais, negociais e prediais.

O Juiz Vitor Frederico Kümpel destaca que:

> Entre os escopos apresentados pelo sistema jurídico para desafogar o Poder Judiciário, estão a desjudicialização e a justiça restaurativa. Com a implantação dos concursos públicos de notários e registradores há mais de dez anos, é possível notar que tais operadores do direito se tornaram altamente técnicos e eficientes, passando a ganhar novas atribuições conferidas por lei, inclusive no que toca à autocomposição, tão necessária para desafogo da jurisdição[18].

Neste sentido, a naturalidade para que os serviços extrajudiciais receberam o universo jurisdicional de feição consensual, não é novidade. Além de seus delegatários serem pessoas de elevado saber jurídico, o exercício de suas funções requer seriedade (solenidade) dos atos, confiabilidade e publicidade.

A fim de corroborar com tal entendimento, temos que o Poder Legislativo, ao longo dos anos, tem editado leis que autorizam a solução de causas sem litígios no âmbito administrativo, dando mais força ao movimento da desjudicialização. Como exemplo, destacamos os procedimentos extrajudiciais em consignação em pagamento, para as obrigações em dinheiro (Lei nº 8.951/1994), a arbitragem (Lei n.º 9.307/1996), a possibilidade de o credor fiduciário vender o imóvel,

---

18. KUMPEL, Vitor Frederico. *O novo CPC e suas implicações na atividade notarial e registral III: A mediação extrajudicial e os notários*. Disponível em: http://www.cnbsp.org.br/index.php?pG=X19leGliZV9ub3RpY2lhcw==&in=MTE4OTk=&filtro=1&Data=. Acessado em: 26 de out de 2016.

quando este foi consolidado em seu nome, devido à mora (não pagamento da dívida) total ou parcial do fiduciante (Lei n.º 9.514/1997), a retificação administrativa de erros em registros imobiliários, desde que estas correções não lesem direito de nenhuma das partes e confrontantes e o mais importante que haja consenso entre eles (Lei n.º 10.932/2004), usucapião extrajudicial (Lei 13.105/2015) e Mediação e Conciliação (Lei n.º 13.140/2015).

No âmbito do Registro Civil das Pessoas Naturais, destacamos a possibilidade de se proceder, independentemente de autorização judicial, ao registro civil de nascimento declarado fora do decurso de prazo legal, desde que o Oficial não tenha dúvidas sobre o nascimento e origem da criança (Lei n.º 11.790/2008); autorização para que os nubentes se habilitem pessoalmente perante o Oficial de Registro Civil, ficando restrita a intervenção judicial, apenas nos casos em que sobrevierem impugnações por parte do Oficial, Ministério Público, ou por um terceiro interessado (Lei n.º 12.133/2009) e, também, a retificação administrativa dos erros em registros.

3.2. Procedimento de Retificação Administrativa

Nos capítulos anteriores, destacamos o importante papel do Oficial de Registro para garantir a publicidade, autenticidade, segurança jurídica e eficácia dos atos e fatos da vida civil da pessoa natural levada a registro na serventia pela qual responde.

É seu dever publicizar e perpetuar as situações registradas. Ocorre, no entanto, que embora escritos, os registros não são estáticos, haja vista que a vida das pessoas é dinâmica, o que requer atualização daquilo que está grafado, com a finalidade de que sempre se mantenha o registro como um espelho da realidade.

Da mesma forma deve agir o Registrador quando se deparar com erros no registro, pois a existência de equívocos faz com os registros deixem de ser verdadeiros.

Insta observar que a presunção de veracidade do conteúdo, do que está registrado, e a exatidão do registro não são absolutas. Além disso, o direito de retificar o registro é direito fundamental, previsto no artigo 5º, inciso LXXII, da Constituição Federal, inerente à dignidade da pessoa humana.

Portanto, a Lei de Registros Públicos, Lei n.º 6.015/1973, sempre previu processo específico para a retificação de registro civil, a ser tramitado na esfera judicial, limitando- se ao procedimento administrativo apenas os casos de correção de erro de grafia[19].

Contudo, mais uma vez, o estabelecimento de um processo moroso e caro para a retificação não garante o exercício, pelo cidadão, de seus direitos fundamentais, dentre eles, o de possuir uma decisão célere e eficiente. Assim, outras hipóteses de retificação foram delegadas para serem realizados diretamente perante o Oficial do Registro Civil das Pessoas Naturais.

Porém, previamente, faz-se necessário definir o teor do termo retificar.

Serpa Lopes defende que retificar é simplesmente corrigir um erro, um engano, uma omissão de ordem material[20]. Para Ricardo Marques Henry Dip *"retificar o registro é tornar reto, é endireitá-lo, aperfeiçoando--o à verdade das coisas"*[21].

Mario de Carvalho Camargo Neto e Marcelo Salaroli de Oliveira, por sua vez, distinguem retificação de alteração nos seguintes termos:

> *Assim, nota-se a importante distinção entre retificação e alteração. Retificar é tornar reto o que está torto, é corrigir um erro. Alterar significa modificar, mudar de um estado para outro, sem que necessariamente o estado anterior seja um erro. Sempre que há um descompasso entre o registro e a realidade deve-se pensar se há um erro ou uma alteração posterior ao registro*[22].

Constatado o erro, este poderá ser corrido pelo procedimento judicial ou administrativo. Aquele se encontr previsto no artigo 109 da Lei de Registros Públicos, enquanto este, no artigo seguinte, ambos de natureza administrativa, conforme leciona Lutero Xavier Assunção:

> *Segundo a doutrina dominante, a ação de retificação, restauração ou suprimento tem natureza administrativa, é de jurisdição voluntária, não fazendo, portanto, coisa julgada, podendo ser modificada por outra da mesma natureza ou de natureza contenciosa. É o que diz o art. 112, fechando o capítulo*[23].

---

19. Artigo 109 e seguintes.
20. SERPA LOPES, Miguel Maria de. *Tratado dos Registros Públicos*. Vol. I. 4ª ed. Rio de Janeiro: Editora Freitas Bastos, 1960, p. 350.
21. DIP, Ricardo Marques Henry. *Registros Públicos*. Campinas: Millennium, 2003, p. 54.
22. CAMARGO NETO, Mário de Carvalho e OLIVEIRA, Marcelo Salaroli. *Registro Civil das Pessoas Naturais: habilitação e registro de casamento, óbito e livro "E"*. Vol. II. São Paulo: Saraiva, 2014, p. 210.
23. ASSUNÇÃO, Lutero Xavier. *Registro civil das pessoas naturais: novos rumos*. Campinas: Millennium Editora, 2012, p. 183.

O processo judicial requer postulação ao Juiz de Direito por meio de advogado. Após a produção de todos os meios de prova em direito admitidos, sendo deferido o pedido, o Juiz expedirá mandado judicial para que o Registrador Civil averbe a retificação no assento defeituoso.

De acordo com as Normas de Serviço da Corregedoria Geral da Justiça do Estado de São Paulo, o mandado deve indicar, com precisão, *"os fatos ou as circunstâncias que devam ser retificados e em que sentido, ou os de devam ser objeto de novo pedido"*[24].

Importante destacar que a competência para processar a ação de retificação é o do local do assento ou de residência do interessado. Mas neste último caso, será necessário

previamente a averbação colher o "cumpra-se" do Juiz de Direito da Comarca de registro de assento.

Para o procedimento administrativo, requerido e processado diretamente pelo Oficial de Registro responsável pelo assento a ser retificado, inicialmente, a Lei apenas atribuiu a possibilidade de retificação de erro de grafia.

Em 2009, com a publicação da Lei n.º 12.100, o termo "erro de grafia" foi alterado para "erros que não exijam qualquer indagação para a constatação imediata de necessidade de sua correção". Trata-se, pois, do denominado "erro evidente".

Até 27 de setembro de 2017 apenas nestas hipóteses eram admitidas as retificações administrativas sendo indispensável a prévia oitiva e concordância do Ministério Público, isto porque, em 28 de setembro de 2017 foi publicada a Lei Federal nº 13.484.

Conhecida por ser a lei que criou o Ofício da Cidadania no Registro Civil, ela alterou artigos da Lei Federal nº 6.015/73 e, dentre eles, o artigo 110 que disciplina o procedimento administrativo de retificação.

A partir da publicação desta daquela lei, as hipóteses de retificação administrativa foram ampliadas, passando a contemplar, também: a) erros na transposição dos elementos constantes em ordens e mandados judiciais, termos ou requerimentos, bem como outros títulos a serem registrados, averbados ou anotados, e o documento utilizado para a referida averbação e/ou retificação ficará arquivado no registro no cartório, b) inexatidão da ordem cronológica e sucessiva referente à numeração

---

24. Item 139, Capítulo XVII.

do livro, da folha, da página, do termo, bem como da data do registro, c) ausência de indicação do Município relativo ao nascimento ou naturalidade do registrado, nas hipóteses em que existir descrição precisa do endereço do local do nascimento e d) elevação de Distrito a Município ou alteração de suas nomenclaturas por força de lei.

Em todas essas hipóteses e, também, nos erros que não exijam qualquer indagação para a constatação imediata de necessidade de sua correção o Oficial responsável pela Serventia em que se encontrar o assento, instado pela parte interessada por meio de petição assinada, ou até mesmo de ofício, faz juntar as provas do erro e uma vez convencido do equívoco averba, de imediato, a retificação, independentemente de prévia autorização judicial ou manifestação do Ministério Público.

A oitiva e prévia concordância do Ministério Público tornou-se excepcional, isto é, apenas nos casos em que o Oficial suspeitar de fraude, falsidade ou má-fé nas declarações ou nos documentos apresentados.

Observa-se que, caso o erro seja imputável à Serventia Extrajudicial, que a retificação administrativa processada deverá ser isenta de custas e emolumentos.

É muito comum, nos dias de hoje, nos depararmos com pedido de retificação de registros nos quais os nomes estrangeiros foram adaptados para o português, a fim de adequá-los à forma que consta de seus ancestrais estrangeiros e processar os pedidos de cidadania .

Refere-se, pois, a erro que exige produção de provas e proteção aos direitos de terceiro. Assim, para se garantir o exercício do direito de retificação, o pedido deverá ser judicial, nos termos do artigo 110.

> Contudo, como mecanismo de acelerar os pedidos e garantir o efetivo acesso à justiça, a Corregedoria Geral da Justiça do Estado de São Paulo, seguindo a tendência de desjudicialização, fez publicar, em 11/03/2016, o Comunicado n.º 339/2016 pelo qual tornou possível se processar uma retificação administrativa com base em um mandado judicial já expedido, desde que os registros estejam contaminados pelos mesmos erros, dispensando-se a ordem judicial, mas não a manifestação conclusiva do Ministério Público.
>
> *A Corregedoria Geral da Justiça comunica, em complementação ao disposto no Comunicado CG nº 1595/2015, publicado em 03/12/2015, que, nos casos em que a retificação de um ou mais elementos de um determinado registro civil puder afetar outros assentos relacionados à mesma pessoa natural, anteriores ou sucessivos, **contaminados pelo(s) mesmo(s) erro(s) porventura nele(s) existente(s), o Oficial de Registro Civil das Pessoas Naturais responsável poderá valer-se da decisão judi-***

*cial e ensejar o procedimento administrativo previsto no artigo 110 da Lei nº 6.015/73, dispensando-se a ordem judicial, mas não a manifestação conclusiva do Ministério Público, **estendendo-se o permissivo aos descendentes comuns, desde que o erro existente no registro não dependa de qualquer indagação para a constatação imediata da necessidade de correção** (grifos nossos).*

Alude-se a um importante avanço do Tribunal de Justiça do Estado de São Paulo em abreviar os posteriores pedidos de retificação, baseados nos mesmos elementos já analisados e decido pelo Poder Judiciário. Assim, não se justifica a necessidade de se exigir o ingresso judicial de pedidos idênticos para mera homologação.

Por fim, também avançou o mesmo Tribunal quando previu, nas Normas de Serviço da Corregedoria Geral da Justiça do Estado de São Paulo, a possibilidade de retificação, de ofício pelo Registrador, sem manifestação do Ministério Púbico e do Juiz, de erros funcionais decorrentes da inexatidão na ordem cronológica e sucessiva do número do Livro, Folha, Página, Termo e data do registro, bem como nos casos de elevação de um distrito a município ou alteração de suas nomenclaturas por força de lei.

Evidente, nesses casos, a capacidade e a qualificação do Oficial de reconhecer o erro e prontamente tornar o registro reto e exato, cabendo-lhe, apenas, a posterior comunicação ao seu Juiz Corregedor Permanente.

4. CONCLUSÃO

Por todo exposto, conclui-se com o presente trabalho que a reestruturação do Poder Judiciário como o único capaz de solucionar os problemas enfrentados pela população é iminente , sob pena das soluções serem dadas de maneira a não serem mais efetivas.

Diante deste cenário, o Oficial do Registro Civil das Pessoas Naturais, profissional do direito aprovado em concurso público, vem demonstrando, ao longo dos anos, ser o principal aliado do Poder Judiciário na reorganização das competências e atribuições.

Assim, a alta capacidade e aptidão técnica destes profissionais, bem como a seriedade e qualidade dos serviços que prestam, além da capilaridade e a possibilidade de acesso pela sociedade, garantem a ampliação de suas competências e ampliações de suas funções.

Vivemos um momento de desjudicialização das demandas para os serviços extrajudiciais.

Dentre as possibilidades, destacamos, no presente estudo, a possibilidade de se processar uma retificação administrativa com base em um mandado judicial já expedido, desde que os registros estejam contaminados pelos mesmos erros, dispensando-se a ordem judicial, mas não a manifestação conclusiva do Ministério Público.

REFERÊNCIAS BIBLIOGRÁFICAS

ASSUNÇÃO, Lutero Xavier. *Registro civil das pessoas naturais: novos rumos.* Campinas: Millennium Editora, 2012.

BRANDELLI, Leonardo. *Publicidade jurídica: primeiras linhas* in Revista Crítica de Direito Notarial e Registral. V. 1. N. 1, Jundiaí: jan/jun 2007.

BRASIL. Lei n.º 13.105, de 16 de março de 2015. Código de Processo Civil. *Diário Oficial da União.* Poder Executivo, Brasília, DF, 17 mar. 2015. Disponível em: <http://www.planalto.gov.br/ccivil_03/_ato2015-2018/2015/lei/l13105.htm#art1045>. Acessado em: 02 nov. 2016.

CAMARGO NETO, Mário de Carvalho e OLIVEIRA, Marcelo Salaroli. *Registro Civil das Pessoas Naturais: habilitação e registro de casamento, óbito e livro "E".* Vol. II. São Paulo: Saraiva, 2014.

CAMARGO NETO, Mário de Carvalho e OLIVEIRA, Marcelo Salaroli. *Registro Civil das Pessoas Naturais: parte geral e registro de nascimento.* Vol. I. São Paulo: Saraiva, 2014.

CARNEIRO, Athos Gusmão. *Jurisdição e Competência.* 17ª ed. São Paulo: Saraiva, 2010.

DIP, Ricardo Marques Henry. *Registros Públicos.* Campinas: Millennium, 2003. GUILHERME, Luiz Fernando do Vale Almeida. *Manual de Arbitragem.* 3. Ed. São Paulo: Saraiva, 2012.

KUMPEL, Vitor Frederico. *O novo CPC e suas implicações na atividade notarial e registral III: A mediação extrajudicial e os notários.* Disponível em: http://www.cnbsp.org.br/index.php?pG=X19leGliZV9ub3RpY2lhcw==&in=MTE4OTk=&filtro=1&Data=. Acessado em: 26 de out de 2016.

NALINI, José Renato; DIP, Ricardo. *Registro de Imóveis e Notas: responsabilidade civil e disciplinar.* São Paulo: RT, 1997.

SANTOS, Reinaldo Velloso dos *Registro Civil das Pessoas Naturais.* Porto Alegre. Sérgio Antonio Fabris Ed., 2006.

SERPA LOPES, Miguel Maria de. *Tratado dos Registros Públicos.* Vol. I. 4ª ed. Rio de Janeiro: Editora Freitas Bastos, 1960.

SOUZA, Eduardo Pacheco Ribeiro de. *Os serviços notariais e registrais no Brasil.* Coimbra; [s.n.], 4 de jun. 2005.

TIZIANI, Marcelo Gonçalves. *Uma breve história do Registro Civil Contemporâneo* Disponível em: http://www.portaldori.com.br/2016/10/11/artigo-uma-breve-historia--do- registro-civil-contemporaneo-por-marcelo-goncalves-tiziani/. Acessado em: 16.10.2016. WATANABE, Kazuo. Acesso à justiça e sociedade moderna. In: (Coord.) GRINOVER, Ada Pellegrini; DINAMARCO, Cândido Rangel e WATANABE, Kazuo. *Participação e Processo.* São Paulo: RT, 1988.

CAPÍTULO 20

A retificação de registro civil de transexuais: uma análise à luz do princípio da dignidade da pessoa humana

André Luiz Ferreira Valadares[1]

Sumário: 1. Introdução; 2. O princípio da dignidade da pessoa humana; 2.1. Antecedentes históricos; 2.2. O princípio da dignidade da pessoa humana como vetor interpretativo das normas jurídicas; 2.3. A aplicação do princípio da dignidade da pessoa humana na atividade do registro civil das pessoas naturais; 3. A importância do registro civil das pessoas naturais; 4. O registro civil como desaguadouro de direitos fundamentais e da personalidade; 4.1. Os direitos da personalidade; 4.2. O direito ao nome; 5. A transexualidade; 6. A retificação do registro civil na atualidade; 6.1. O entendimento dos tribunais brasileiros sobre a possibilidade de retificação do registro civil dos transexuais; 6.2. O entendimento minoritário dos tribunais brasileiros: a possibilidade de retificação de registro civil sem a prévia cirurgia de mudança de sexo; 7. A Nova Posição do STJ; 8. Conclusão; 9. Referências bibliográficas.

1. INTRODUÇÃO:

A dignidade humana é inerente a todos os seres humanos. Partindo dessa premissa – ainda que teoricamente consagrada –, é inegável que no contexto fático, vários segmentos da sociedade são excluídos e tem seus direitos paulatinamente negados pelo ordenamento jurídico. É preciso mudar essa realidade.

---

1. Advogado. Graduado em Direito pela Faculdade de Itaúna/MG. Pós-graduado em Direito Notarial e Registral pela Universidade Anhanguera – Uniderp. Pós-Graduando em Direito Processual Civil pela Instituição Damásio Educacional.

O cerne desse estudo é a transexualidade, compreendida como a não identidade entre o sexo biológico (pênis – vagina) e o gênero (homem – mulher). Os transexuais são exemplos de pessoas marginalizadas em nossa sociedade desde as mais priscas eras.

Diante dessa celeuma, tecem-se comentários a fim de mais bem compreender a transexualidade e desmistificá-la. O objetivo desse trabalho é mostrar a transexualidade sem firulas. Essa é uma realidade que precisa ser enfrentada tanto pelo legislador, quanto pelo Poder Judiciário. Um assunto tabu não deve jamais ser motivo para justificar a inércia do Poder Público em enfrentar um assunto que faz parte da realidade social.

Partindo-se do enunciado inicial, o presente estudo busca traçar o contexto histórico que fez emergir o princípio da dignidade da pessoa humana, a fim de assim aquilatar seu valor e significado na sociedade atual.

Contextualizando a dignidade da pessoa humana com a realidade *trans* explorada nesse trabalho, ficará revelada a grande exclusão jurídica e social sofridas por essas pessoas.

É nesse ponto que reside a grande celeuma a ser discutida: sendo a dignidade um valor ínsito a todas as pessoas, a ordem pública não pode excluir uns e acolher outros. Não é dado ao Poder Público negar a realidade e, omitindo-se em seu dever fundamental de regular as situações fáticas, permanecer inerte; ou, regulando tais situações, o fazer sem ter em vista a dignidade que reveste todo ser humano.

2. O PRINCÍPIO DA DIGNIDADE DA PESSOA HUMANA:

2.1. ANTECEDENTES HISTÓRICOS:

Durante a Segunda Guerra Mundial o mundo experimentou uma transformação sem precedentes. O nazismo buscava uma "raça pura ariana", descartando todas as pessoas que não se enquadravam nesse padrão. Em razão disso as pessoas foram reduzidas em sua dignidade e escalonadas conforme suas crenças, características físicas e sexualidade. As violações aos direitos humanos foram perpetradas sem qualquer escrúpulo.

Nesse mesmo contexto histórico, ditaduras ao redor do mundo violavam as garantias mais básicas dos cidadãos: a vida e a liberdade.

Em virtude desse grande retrocesso histórico e social, ultrapassado esse período, houve um grande movimento jurídico a fim de dar maior efetividade e proteção aos direitos fundamentais do homem e do cidadão, tudo isso para que o grande trauma anteriormente experimentado não se repetisse.

Foi nesse contexto que a dignidade da pessoa humana passou a ser reconhecida e protegida em diversas constituições ocidentais. As pessoas não podiam mais ser vistas como meros reflexos da ordem jurídica, mas como sua própria razão de ser. A ordem jurídica deve ser pautada no próprio homem, que é, por seu turno, a própria razão de existir da ordem jurídica.

2.2. O PRINCÍPIO DA DIGNIDADE DA PESSOA HUMANA COMO VETOR INTERPRETATIVO DAS NORMAS JURÍDICAS:

Com o homem ocupando o centro do ordenamento jurídico, a dignidade da pessoa humana foi, então, alçada a verdadeiro valor supremo. Nesse sentido, é esclarecedor o escólio de Marcelo Novelino, em seu Manual de Direito Constitucional:

> Núcleo axiológico do constitucionalismo contemporâneo, a dignidade é considerada o valor constitucional supremo e, enquanto tal, deve servir, não apenas como razão para a decisão de casos concretos, mas principalmente como diretriz para a elaboração, interpretação e aplicação das normas que compõem a ordem jurídica em geral, e o sistema de direitos fundamentais, em particular.[2]

Verifica-se, assim, que o sistema jurídico deve se pautar em normas que respeitem e deem efetividade ao princípio da dignidade da pessoa humana. Esse importante princípio irradiou seus efeitos em todos os núcleos jurídicos: o sistema não pode tolerar decisões judiciais que violem a dignidade da pessoa humana; o legislador, em sua atividade abstrata e inovadora não pode, sob pena de afronta ao núcleo constitucional, elaborar normas que violem ou deem menor efetividade à dignidade das pessoas; a Administração Pública deve empreender políticas públicas a fim de viabilizar a concretização desse princípio.

Todavia, a fim de melhor entender a influência desse "supraprincípio" na ordem jurídica, uma indagação primordial se faz necessária: o que seria dignidade da pessoa humana?

---

2. NOVELINO, Marcelo. Manual de Direito Constitucional. Livro digital. São Paulo, Saraiva, 2014.

A dignidade da pessoa humana foi encampada na grande maioria das constituições contemporâneas e tornou-se um "valor-fonte", a partir do qual emanam os demais direitos fundamentais. Desse modo, o conteúdo do princípio da dignidade da pessoa humana é impossível de ser esgotado, em virtude do próprio caráter exemplificativo do rol dos direitos fundamentais. Por isso, qualquer definição que pretenda esgotar esse princípio se mostrará incompleta.

Juliano Taveira Bernardes e Olavo Augusto Vianna Alves Ferreira lecionam nesse mesmo sentido:

> Princípio positivado na grande maioria das constituições contemporâneas, assume o papel tanto de valor-fonte, a partir do qual filosoficamente surgem os demais direitos fundamentais correlacionados, quanto de valor-nuclear ao redor do qual gravitam tais direitos fundamentais.
>
> Impossível, contudo, obter definição precisa do que seja dignidade da pessoa humana sem alguma perda do caráter atemporal e transcendente que o termo evoca.[3]

Em compasso com a evolução ocidental, a Constituição Brasileira de 1988 consagrou expressamente a dignidade da pessoa humana como um dos fundamentos da república, em seu artigo 1º, III.[4]

O movimento de positivação da dignidade da pessoa humana tem uma importante função: apesar de a dignidade constituir valor ínsito a todo ser humano, é importante que ela seja positivada para que, assim, seja reconhecida como um valor propriamente jurídico e não apenas moral, apto a irradiar sua própria normatividade.

Como mencionado anteriormente, a dignidade da pessoa humana iluminou todos os ramos do direito e, dessa influência, não escapou o Direito Registral, que na atualidade, tem um importante papel social.

2.3. A APLICAÇÃO DO PRINCÍPIO DA DIGNIDADE DA PESSOA HUMANA NA ATIVIDADE DO REGISTRO CIVIL DAS PESSOAS NATURAIS:

Como demonstrado anteriormente, nenhum ramo do Direito escapou incólume à aplicação do princípio da dignidade da pessoa humana.

---

3. BERNARDES, Juliano Taveira; FERREIRA, Olavo Augusto Vianna Alves. Direito Constitucional, tomo I, Teoria da Constituição. 4. ed. revista, ampliada e atualizada. Salvador. Juspodivm, 2014, p.198.
4 BRASIL. Constituição Federal de 1988. Palácio do Planalto. 1988. Disponível em: <http://www.planalto.gov.br/ccivil_03/constituicao/constituicao.htm>. Acesso em: 26 de janeiro de 2017.

Assim, não é difícil vislumbrar na atividade do registrador civil das pessoas naturais a aplicação desse supra princípio.

Inicialmente, cabe mencionar que em sua atividade o registrador deve sempre se ater ao princípio da legalidade. Por esse postulado, entende-se que ao registrador só é dado praticar os atos previstos em lei e conforme ela determina.

Assim, deve o indivíduo, sempre que for requerer a prática de determinado ato na serventia de registro civil, comprovar documentalmente as exigências legais, de modo a permitir a prática do ato que se pretende dar concretude. Na análise dos documentos apresentados, deparando-se o delegatário com a existência de algum vício de legalidade sanável, deve o oficial expedir uma nota devolutiva e requisitar que sejam cumpridas as diligências necessárias para que tal pendência seja sanada. Noutro giro, deparando-se o registrador com um ato cujo vício seja insanável, deve ele negar-se a praticar o registro. Tudo isso, frise-se, com base no princípio da legalidade.

Todavia, além desse princípio, deve o registrador estar sempre atento ao princípio da dignidade da pessoa humana. A atividade registral é o berço da cidadania dos brasileiros, sendo a certidão de nascimento o primeiro documento identificador expedido com a chancela estatal.

Como já explorado alhures, o princípio da dignidade da pessoa humana tem um significado muito volátil e abstrato, sendo de difícil aplicação prática na atividade registral.

Entretanto, o próprio legislador ordinário, atento a essa celeuma, inseriu na Lei dos Registros Públicos (Lei n. 6.015/73) um norte de aplicação desse importante princípio na atividade prática registral, vejamos:

> Art. 55, Parágrafo único, Lei 6.015/73. Os oficiais do registro civil não registrarão prenomes suscetíveis de expor ao ridículo os seus portadores. Quando os pais não se conformarem com a recusa do oficial, este submeterá por escrito o caso, independente da cobrança de quaisquer emolumentos, à decisão do Juiz competente.[5]

Nesse ponto, verifica-se que, atento à concretude que deve ser dada ao princípio da dignidade da pessoa humana, o legislador deu margem para que o registrador atue com certa discricionariedade, a fim de evitar

---

5. BRASIL. Lei de Registros Públicos. Palácio do Planalto. 1973. Disponível em: <http://www.planalto.gov.br/ccivil_03/leis/L6015consolidado.htm> Acesso em: 26 de janeiro de 2017.

que ingressassem no registro civil nomes suscetíveis de expor ao ridículo seus portadores.

Tendo por base esse dispositivo legal, podemos aplicar a sua *ratio* como norma geral para os atos praticados pelo registrador de pessoas naturais. Como se verifica no texto do aludido artigo, está o registrador autorizado a negar o registro e submeter o caso à apreciação do juiz competente em situações extremas, das quais ressai, sem o menor pudor, a violação à dignidade da pessoa humana.

Assim, nesse trabalho, adota-se a postura segundo a qual, diante de casos pontuais que revelem, sem maiores esforços valorativos, violação à dignidade da pessoa humana, ainda que seja cumprido pelo requerente todos os requisitos necessários legalmente para a prática do ato requerido, deve o registrador – atentando-se para um valor maior, qual seja: a dignidade –, furtar-se à prática do ato e submetê-lo a apreciação judicial.

3. A IMPORTÂNCIA DO REGISTRO CIVIL DAS PESSOAS NATURAIS:

Entre os atos e fatos jurídicos praticados a todo momento perante a sociedade, há aquele cujos efeitos repercutem não apenas na órbita de quem os praticou, mas irradiam seus efeitos perante toda a sociedade. Em razão desses efeitos extrapolarem o interesse privado, sendo pois, verdadeiro interesse público, é importante que se tenha um sistema de publicidade a fim de que todos possam ter acesso a esses acontecimentos.

Para tanto, o sistema de Registros Públicos é de salutar importância, desenvolvendo o papel de dar publicidade *erga omnes* a esses acontecimentos. E não para por aí: não basta apenas dar publicidade a esses acontecimentos; além disso, a informação prestada deve ser atualizada, verídica e completa, a fim de agregar aos atos e fatos passíveis de registro o adjetivo jurídico. Daí vem a missão do próprio sistema de Registros Públicos, que é garantir a publicidade, segurança, autenticidade e eficácia dos atos jurídicos (art. 1º, Lei 8.935/94).

O Desembargador do TJMG, Marcelo Rodrigues, em seu Tratado de Registros Públicos e Direito Notarial, em esclarecedora lição, aponta nesse sentido:

> Decerto, dentre os mais importantes atos jurídicos, há os que, por sua natureza e atributos, repercutem não só entre as partes que os praticam, expandindo os seus efeitos, reflexos ou diretos, nas órbitas do Es-

tado e de terceiros de boa-fé, o que, por si só, justifica a existência de um bom sistema de publicidade registral, seguro e confiável, estruturado em princípios e regras, que justifique a confiança nele depositada pela população.[6]

Dentre as várias atribuições registrais atribuídas por lei, uma merecerá especial atenção nesse estudo: o Registro Civil das Pessoas Naturais.

O Registro Civil das Pessoas Naturais cuida da atividade de conferir publicidade aos atos jurídicos mais importantes da vida de uma pessoa, dentre os quais encontra-se o nascimento, o casamento, a morte, entremeados por modificações tais que mereçam a publicidade registral (interdição, reconhecimento de filiação, ausência, divórcio etc.).

O Registro Civil das Pessoas Naturais, tendo atribuição conferida por lei para registro dos atos acima mencionados, revela-se como primeiro exercício de cidadania de toda e qualquer pessoa. O registro de nascimento agrega à existência – adquirida com o nascimento com vida –, o atributo da publicidade, advindo daí efeitos de grande importância social, que vão desde o direito a receber doses de vacinas nos postos de saúde até a inclusão em sistemas de benefício do Governo, dentre outros.

Nesse sentido, Edna Raquel Hogemann no estudo intitulado "Direitos Humanos, direitos para quem? O direito personalíssimo ao nome e a questão do sub-registro", esclarece:

> O registro civil de nascimento inegavelmente desempenha um papel estratégico como fator de expressão relacionado à cidadania. Os registros públicos de nascimentos, realizados nas serventias de pessoas naturais, são os documentos que conferem aos brasileiros a formalização de sua existência para o Estado e a sociedade em geral.
>
> Evidentemente, a existência do indivíduo independe da sua formalização, porém, o seu primeiro reconhecimento legal e social ocorre através do registro de nascimento.[7]

Tendo em vista a importância desse registro, a própria Constituição de 1988, assegurou a gratuidade do registro civil de nascimento, direito este que foi ampliado com a Lei n. 9.534/97, que estendeu a gratuidade a todas as pessoas, sem qualquer distinção.

---

6. RODRIGUES, Marcelo. Tratado de Registros Públicos e Direito Notarial. 1 ed. São Paulo. Atlas, 2014, p.9.
7. HOGEMANN, Edna Raquel. Direitos Humanos, direitos para quem? O direito personalíssimo ao nome e a questão do sub-registro. Disponível em: <http://www.adhep.org.br/anais/arquivos/Vencontro/gt4/gt04p04.pdf>. Acesso em: 26 de janeiro de 2017.

Assim, como pôde ser demonstrado, o direito ao registro de nascimento é um direito que concede direitos.

4. O REGISTRO CIVIL COMO DESAGUADOURO DE DIREITOS FUNDAMENTAIS E DA PERSONALIDADE:

4.1. OS DIREITOS DA PERSONALIDADE:

Como exposto anteriormente, após a 2ª Guerra Mundial, operou-se um cuidado da doutrina, principalmente germânica e francesa, com a proteção dos direitos que fossem afetos à pessoa humana. Com esse movimento, surgiu a categoria dos direitos da personalidade, direitos criados pelo homem e para a sua própria proteção.

Em nosso ordenamento jurídico, os direitos da personalidade ganharam tratamento mais encorpado com a Constituição Federal de 1988 e o Código Civil de 2002, ambos tratando expressamente da matéria.

Nesse sentido são as lições de Camila de Jesus Mello Gonçalves:

> Os direitos da personalidade consistem em proteção do ser humano contra ingerências de terceiros, na salvaguarda de seu eu e funções. Correspondem a direitos essenciais da pessoa, voltados à tutela de sua dignidade. Daí se afirmar que ilustram a inter-relação estabelecida entre a Constituição Federal e o Código Civil, em consequência dos reflexos do princípio da dignidade da pessoa humana e da tutela constitucional dos direitos da personalidade.[8]

O objeto de proteção dos direitos da personalidade são, pois, todos os valores afetos ao homem e sua dignidade, seja quanto ao seu aspecto físico, moral ou intelectual.[9]

Dentre os direitos da personalidade que possuem tratamento expresso em nosso ordenamento, está o direito ao nome, cuja análise segue adiante.

4.2. O DIREITO AO NOME:

O nome é o modo pelo qual a pessoa se apresenta no seio da sociedade. É ele, pois, o sinal individualizador e característico de cada pessoa

---

8. GONÇALVES, Camila de Jesus Mello. A transexualidade sob a ótica dos direitos humanos: uma perspectiva de inclusão. Faculdade de Direito da Universidade de São Paulo. São Paulo. 2012, p. 149.
9. FARIAS, Cristiano Chaves; ROSENVALD, Nelson. Curso de Direito Civil, Volume 1, Parte Geral e LINDB. São Paulo, Atlas: 2015, p. 127.

perante as outras. Em razão disso, o nome é um dos requisitos básicos para que uma pessoa exista perante a sociedade.

Nos dizeres de Edna Raquel Hogemann:

> O nome é a representação da pessoa humana. À vida segue-se o nome, identificador da pessoa, bem imediato que se lhe entrega. É o sinal caracterizador e indispensável toda pessoa, determinante de sua personalidade social e civil. É parte integrante da personalidade por ser o sinal exterior pelo qual se designa, se individualiza e se reconhece a pessoa no seio familiar e da sociedade. E, por isto, não é possível que uma pessoa exista sem esta designação pessoal. Deste modo, revela-se um dos requisitos básicos de nossa existência social. Assim, não por acaso o terceiro entre os direitos da criança, o nome civil, recebeu da Assembleia das Nações Unidas importância similar à nacionalidade.[10]

Em atenção a esse importante signo social, o Código Civil elencou o nome entre os direitos da personalidade e emprestou a ele especial proteção, dispondo em seu artigo 16 que "toda pessoa tem direito ao nome, nele compreendidos o prenome e o sobrenome." O diploma civilista, no entanto, não para por aqui: em seus artigos 18 e 19, foi garantida a proteção ao emprego do nome alheio com intuito comercial, bem como a extensão da sua proteção ao pseudônimo.

Como todos os direitos da personalidade, o nome é um direito absoluto (oponível *erga omnes*), impenhorável, imprescritível, inalienável, indisponível, personalíssimo, público e inexpropriável.

Dessa forma, constitui-se o nome em verdadeiro direito público subjetivo, como forma de se efetivar a dignidade do ser humano. A proteção civilista ao nome, não é propriamente uma proteção que se restringe a ele, mas abrange a própria dignidade humana.

É importante, aliás, mencionar que o princípio da dignidade da pessoa humana é a cláusula geral de onde brotam todos os dircitos da personalidade, de modo que a proteção a esses direitos tem seu pilar fincado na aludida cláusula.

Nesse ponto, as lições de Luciano Lima Figueiredo são esclarecedoras:

> Assim – nas pegadas dos ensinamentos de Pietro Pelingieri, Gustavo Tepedino, Cristiano Chaves de Farias, Luiz Edson Fachin e tantos outros

---

10. HOGEMANN, Edna Raquel. Direitos Humanos, direitos para quem? O direito personalíssimo ao nome e a questão do sub-registro. Disponível em: <http://www.adhep.org.br/anais/arquivos/Vencontro/gt4/gt04p04.pdf>. Acesso em: 26 de janeiro de 2017.

– há, ao lado da enumeração explicitada como direitos da personalidade no código civil, uma cláusula geral de tutela dos direitos da personalidade, que se dá no ordenamento nacional a partir do princípio da dignidade da pessoa humana.[11]

4.2.1. POSSIBILIDADE DE ALTERAÇÃO DO NOME:

Em regra, o nome da pessoa natural é imutável. Todavia, o legislador elencou hipóteses autorizadoras de modificação do nome.

Ab initio, é importante mencionar que ainda que haja na lei a possibilidade de alteração do nome, a ideia que deve reger esse assunto é a de que, como um atributo da personalidade, suas alterações podem justificar-se apenas por um motivo realmente relevante.

As causas autorizadoras de alteração do nome previstas em lei podem ser classificadas em causas necessárias e voluntárias.

As causas necessárias decorrem da modificação do estado de filiação (por exemplo, no caso de reconhecimento de paternidade ou de adoção) ou em virtude de alteração do próprio nome dos pais. Nesses casos, a lei buscou resguardar o nome de família, a fim de permitir a identificação da linhagem familiar.

Há, todavia, causas voluntárias aptas a ensejar a modificação do nome das pessoas.

A primeira causa voluntária é o casamento. O Código Civil de 2002, em seu artigo 1.565, §1º, dispõe que é autorizado a qualquer dos nubentes, acrescer ao seu, o sobrenome do outro. Nesse caso, frise-se, não há necessidade de qualquer intervenção judicial.

Outra hipótese voluntária de alteração do nome é o divórcio. Sobre essa hipótese, cabe mencionar que, atentando-se para a importância social do nome, o legislador autoriza a perda do nome acrescido em virtude do matrimônio, mas condiciona-a à vontade do cônjuge divorciado.

Existem ainda, outras hipóteses que possibilitam a alteração do nome, entre elas se destacando as seguintes: a) alteração do nome em virtude de união estável ou em caso de sua dissolução (art. 57, Lei 6.015/73); b) acréscimo do sobrenome do padrasto, desde que haja sua concordância (art. 57, Lei 6.015/73); c) aquisição da nacionalidade bra-

---

11. FIGUEIREDO, Luciano; FIGUEIREDO, Roberto. Direito Civil, Parte Geral, 4. ed. revista, ampliada e atualizada. Salvador. Juspodivm, 2014, p. 221.

sileira (artigo 43, Estatuto do Estrangeiro); d) nome vexatório (art. 55, Lei 6.015/73); adoção (art. 45, §5º, ECA e art. 1.627, CC); alteração do nome por vontade própria do titular, sem necessidade de justificativas, no prazo decadencial de um ano a contar da maioridade (art. 56, Lei 6.015/73), etc.[12]

Analisadas as principais hipóteses legais que autorizam a alteração do nome, verifica-se que, dentre elas, olvidou-se o legislador de incluir uma deveras importante: a alteração do nome dos transexuais.

5. A TRANSEXUALIDADE:

Para melhor compreender o conceito de transexualidade, antes se faz imperioso tecer comentários sobre sexo e gênero, pressupostos necessários para compreender a amplitude do conceito que se busca explorar.

A sociedade atual reproduz o sistema binário para compreender o gênero. Esse conceito se funda na ideia de que o gênero revela o sexo, bem como as demais características constitutivas dos seres humanos. Assim, quem possui a genitália feminina, deve ser mulher; quem possui a masculina, homem.

Berenice Bento, em lição deveras didática, em sua obra "O que é transexualidade", explora essa compreensão:

> O sistema binário (masculino versus feminino) produz e reproduz a ideia de que o gênero reflete, espelha o sexo, e que todas as outras esferas constitutivas dos sujeitos estão amarradas a essa determinação inicial: a natureza constrói a sexualidade e posiciona os corpos de acordo com as supostas disposições naturais.[13]

A transexualidade, todavia, transborda o método binário e rompe com ele. "Sugiro que a transexualidade é uma experiência identitária, caracterizada pelo conflito com as normas de gênero."[14]

A definição de transexualidade acima transcrita é feita ao arrepio das ciências médicas, que a conceituam como uma patologia relacionada à sexualidade e não ao gênero. Os transexuais, entretanto, não apresen-

---

12. MENDES, Clóvis. O nome civil da pessoa natural: direito da personalidade e hipóteses de retificação. Disponível em: <http://jus.com.br/artigos/13015/o-nome-civil-da-pessoa-natural> Acesso em: 26 de janeiro de 2017.
13. BENTO, Berenice. O que é transexualidade. 2. ed. São Paulo. Brasiliense, 2012, p. 17.
14. Idem, p. 18.

tam qualquer sintoma biológico que demonstra serem doentes. "Na condição de "doente", o centro acolhe com prazer os habitantes da margem para melhor excluí-los."[15] O conceito patológico empobrece e restringe a amplitude do tema: as pessoas não podem ser reduzidas ao seu sexo e menos ainda, por ele, serem excluídas socialmente.

Em razão desse conflito, a demanda de transgenitalização cirúrgica sempre foi interpretada pela medicina como um meio de se adequar o sexo, a fim de se ter uma unidade entre genitália e gênero.

> A mulher transexual demandaria uma vagina para receber o pênis e o homem transexual só teria sua masculinidade garantida com a produção de um pênis. Se a mulher é passiva, emotiva, frágil, dependente, e se o homem é ativo, racional, competitivo, logo se esperará que as mulheres e os homens transexuais implementem esse padrão. Estas convenções orientam os médicos e profissionais da saúde mental quando se aproximam das pessoas transexuais.[16]

Em sentido oposto, a vivência indica a falibilidade do conceito médico-científico para a definição da transexualidade. Outras nuances merecem ser levadas em conta: o caráter biológico, psicológico e sexual não podem ser analisados separadamente, mas tão somente em conjunto.

Nessa perspectiva, gênero, sexualidade e sexo se inter-relacionam das mais variadas formas. Um gay não será necessariamente transexual; um transexual-feminino pode ser gay - e assim, se relacionar com mulheres -; um transexual-masculino pode ser bissexual. "(...) a verdade dos gêneros não está no corpo, já nos diz a experiência transexual, mas nas possibilidades múltiplas de construir novos significados para os gêneros."[17]

> A afirmação "Não sou gay/lésbica. Sou um/a homem/mulher transexual" é comum nos discursos das pessoas transexuais. Esta demarcação identitária com homossexuais cumpre um importante papel de localizar e diferenciar gênero de sexualidade. No entanto, não se pode derivar daí que todas as mulheres e os homens transexuais sejam heterossexuais, afinal o fato de mulheres e homens transexuais assumirem a homossexualidade desfaz qualquer possibilidade de se produzir esta inferência.[18]

Nesse ponto, cabe tecer comentários ainda, sobre a diferença patente entre a transexualidade e a travestilidade. Como explorado acima,

---

15. Idem, p. 22.
16. Idem, p. 21.
17. Idem, p. 47.
18. Idem, p. 57.

as mulheres e homens *trans* lutam para que sejam reconhecidos socialmente pelo sexo e pelo nome com que se identificam. Por seu turno, os travestis transitam entre os dois gêneros, mas sem a vontade de serem reconhecidos socialmente pelo gênero do qual se travestem.

> Talvez a diferença esteja nos mecanismos mediante os quais se explicita ou visibiliza as divergências com as normas de gênero. As mulheres e os homens transexuais lutam para serem reconhecidas socialmente e legalmente de acordo com o gênero identificado. Para que isto ocorra, acionam uma complexa rede de discursos localizados em instituições médicas, religiosas, educacionais, políticas, jurídicas, familiares. Quando afirmam: "sou um/a homem/mulher", segue a pergunta inevitável: "Como você é um/a homem/mulher se não tem pênis/vagina?"[19]

Assim, destilada a necessária crítica ao conceito médico-científico de transexualidade, bem como ao padrão binário de gênero – que, conforme foi demonstrado, é incapaz de abarcar as variadas facetas humanas –, cabe entender o transexual como uma pessoa cuja dignidade merece ser respeitada, devendo ter seus direitos garantidos à luz do atual ordenamento jurídico. Todas essas construções, alvo de críticas nesse trabalho, tem feito com que os gêneros sejam aprisionados à diferença sexual, com o que não se pode concordar.

Desse modo, o indivíduo transexual deve ser compreendido como aquele que se identifica com o gênero oposto ao seu, independentemente de ter realizado ou não a cirurgia de trangenitalização. Quem é trans-homem, é homem e assim deve ser concebido, independentemente de prévia cirurgia para se adequar o sexo biológico; o mesmo raciocínio se aplica à trans-mulher.

Nesse ponto, importante se faz uma análise da posição sustentada pelos tribunais brasileiros acerca da retificação do registo civil dos transexuais.

6. A RETIFICAÇÃO DO REGISTRO CIVIL NA ATUALIDADE:

6.1. O ENTENDIMENTO DOS TRIBUNAIS BRASILEIROS SOBRE A POSSIBILIDADE DE RETIFICAÇÃO DO REGISTRO CIVIL DOS TRANSEXUAIS:

Inicialmente, cabe mencionar que estudando o tema em pauta, identificam-se distintas decisões acerca da retificação do registro civil dos indivíduos transexuais.

---

19. Idem, p. 77.

Há um primeiro grupo que sustenta a possibilidade de retificação de nome e de sexo, sem a possibilidade de se dar publicidade e esse fato, salvo por ordem judicial ou pedido do próprio interessado. Um segundo grupo, por sua vez, entende que deve ser concedido o pedido de retificação de nome e sexo, porém, determinam que isso se dê por meio de uma averbação no assento de nascimento, garantindo assim a publicidade a tal fato. Noutra ponta, encontra-se ainda decisões que determinam a alteração do nome, porém, pecando quanto à retificação do sexo, determinam que seja aposto no assento de nascimento a definição de sexo como "transexual". Ressalte-se, que todas essas decisões foram precedidas de cirurgia de mudança de sexo.

A exemplo das decisões que se filiam ao primeiro grupo, cabe trazer à baila a ementa do acórdão do julgamento da Apelação Cível n. 200500101910, do Tribunal de Justiça do Rio de Janeiro:

> Rio de Janeiro - Registro civil. Transexual que se submeteu a cirurgia de mudança de sexo. Postulando retificação de seu assentamento de nascimento (prenome e sexo). Adequação do registro à aparência do registrando que se impõe. Correção que evitará repetição dos inúmeros constrangimentos suportados pelo recorrente, além de contribuir para superar a Perplexidade no meio social causada pelo registro atual. Precedentes do TJ/RJ. Inexistência de insegurança Jurídica, pois o apelante manterá o mesmo número do CPF. Recurso provido para determinar a alteração do prenome do autor, bem como a retificação para o sexo feminino. (TJRJ, AC 200500101910, Rel. Des. Luis Felipe Salomão, j. 13/09/2005).

Esse, aliás, foi o entendimento encampado pela Corte Superior, no julgamento do Recurso Especial n. 1.008.398/SP, cuja relatora foi a Ministra Nancy Andrighi:

> Direito civil. Recurso especial. Transexual submetido à cirurgia de redesignação sexual. Alteração do prenome e designativo de sexo. Princípio da dignidade da pessoa humana. - Sob a perspectiva dos princípios da Bioética – de beneficência, autonomia e justiça –, a dignidade da pessoa humana deve ser resguardada, em um âmbito de tolerância, para que a mitigação do sofrimento humano possa ser o sustentáculo de decisões judiciais, no sentido de salvaguardar o bem supremo e foco principal do Direito: o ser humano em sua integridade física, psicológica, socioambiental e ético-espiritual. - A afirmação da identidade sexual, compreendida pela identidade humana, encerra a realização da dignidade, no que tange à possibilidade de expressar todos os atributos e características do gênero imanente a cada pessoa. Para o transexual, ter uma vida digna importa em ver reconhecida a sua identidade sexual, sob a ótica psicossocial, a refletir a verdade real por ele vivenciada e que se reflete na sociedade. - A falta de fôlego do Direito em acompa-

nhar o fato social exige, pois, a invocação dos princípios que funcionam como fontes de oxigenação do ordenamento jurídico, marcadamente a dignidade da pessoa humana – cláusula geral que permite a tutela integral e unitária da pessoa, na solução das questões de interesse existencial humano. - Em última análise, afirmar a dignidade humana significa para cada um manifestar sua verdadeira identidade, o que inclui o reconhecimento da real identidade sexual, em respeito à pessoa humana como valor absoluto. - Somos todos filhos agraciados da liberdade do ser, tendo em perspectiva a transformação estrutural por que passa a família, que hoje apresenta molde eudemonista, cujo alvo é a promoção de cada um de seus componentes, em especial da prole, com o insigne propósito instrumental de torná-los aptos de realizar os atributos de sua personalidade e afirmar a sua dignidade como pessoa humana. - A situação fática experimentada pelo recorrente tem origem em idêntica problemática pela qual passam os transexuais em sua maioria: um ser humano aprisionado à anatomia de homem, com o sexo psicossocial feminino, que, após ser submetido à cirurgia de redesignação sexual, com a adequação dos genitais à imagem que tem de si e perante a sociedade, encontra obstáculos na vida civil, porque sua aparência morfológica não condiz com o registro de nascimento, quanto ao nome e designativo de sexo. - Conservar o "sexo masculino" no assento de nascimento do recorrente, em favor da realidade biológica e em detrimento das realidades psicológica e social, bem como morfológica, pois a aparência do transexual redesignado, em tudo se assemelha ao sexo feminino, equivaleria a manter o recorrente em estado de anomalia, deixando de reconhecer seu direito de viver dignamente. - Assim, tendo o recorrente se submetido à cirurgia de redesignação sexual, nos termos do acórdão recorrido, existindo, portanto, motivo apto a ensejar a alteração para a mudança de sexo no registro civil, e a fim de que os assentos sejam capazes de cumprir sua verdadeira função, qual seja, a de dar publicidade aos fatos relevantes da vida social do indivíduo, forçosa se mostra a admissibilidade da pretensão do recorrente, devendo ser alterado seu assento de nascimento a fim de que nele conste o sexo feminino, pelo qual é socialmente reconhecido. - Vetar a alteração do prenome do transexual redesignado corresponderia a mantê-lo em uma insustentável posição de angústia, incerteza e conflitos, que inegavelmente atinge a dignidade da pessoa humana assegurada pela Constituição Federal. No caso, a possibilidade de uma vida digna para o recorrente depende da alteração solicitada. E, tendo em vista que o autor vem utilizando o prenome feminino constante da inicial, para se identificar, razoável a sua adoção no assento de nascimento, seguido do sobrenome familiar, conforme dispõe o art. 58 da Lei n.º 6.015/73. - Deve, pois, ser facilitada a alteração do estado sexual, de quem já enfrentou tantas dificuldades ao longo da vida, vencendo-se a barreira do preconceito e da intolerância. O Direito não pode fechar os olhos para a realidade social estabelecida, notadamente no que concerne à identidade sexual, cuja realização afeta o mais íntimo aspecto da vida privada da pessoa. E a alteração do designativo de sexo, no registro civil, bem como do prenome do operado, é tão importante quanto a adequação cirúrgica, porquanto é desta um desdobramento, uma decorrência lógica que o Direito deve assegurar. - Assegurar ao transexual o exercício pleno de sua verdadeira identidade sexual consolida, sobretudo, o princípio constitucional da dignidade da pessoa humana, cuja tutela consiste em promover o desenvolvimento do ser humano sob todos os aspectos, garantindo que ele não seja desrespeitado tampouco violentado em sua integridade psicofísica. Poderá, dessa forma, o redesignado exercer, em amplitude, seus direitos civis, sem restrições de cunho discriminatório ou de intolerância, alçando sua autonomia privada em patamar de igualdade para com os demais integrantes da vida civil. A liberdade se refletirá na seara doméstica, profissional e social do recorrente, que terá, após longos anos de sofrimentos, constrangimentos, frustrações e dissabores, enfim, uma vida plena e digna. - De posicionamentos herméticos, no sentido de não se tolerar imperfeições como a esterilidade ou uma genitália que não se conforma exatamente com os referenciais científicos, e, consequentemente, negar a pretensão do transexual de ter alterado o designativo de sexo e nome, subjaz o perigo de estímulo a uma nova prática de eugenia social, objeto de combate da Bioética, que deve ser igualmente combatida pelo Direito, não se olvidando os horrores provocados pelo holocausto no século passado. Recurso especial provido. (STJ, Recurso Especial n. 1.008.398/SP, Relator: Ministra NANCY ANDRIGHI, Data de Julgamento: 15/10/2009, T3 - TERCEIRA TURMA)

Nessa decisão, consignou a relatora que "das certidões do registro público competente não conste que a referida alteração é oriunda de decisão judicial, tampouco que ocorreu por motivo de redesignação sexual de transexual".

Noutro norte, o Tribunal de Justiça do Estado de São Paulo, em vários julgamentos vem entendendo que, a fim de preservar a continuidade dos Registros Públicos e eventuais direitos de terceiros, a retificação de nome e sexo deve ser averbada, publicizando, desse modo, a competente decisão. Nesse sentido, vejamos o seguinte aresto:

APELAÇÃO - Retificação de registro civil - Transexual que se submeteu à cirurgia de adequação ao sexo feminino - Obediência ao princípio da dignidade da pessoa humana - Harmonização dos direitos e garantias fundamentais com a segurança jurídica e a verdade registraria - Modificação de nome e sexo que, no entanto devem ser processadas pela via da averbação, para que se preserve a continuidade do registro civil e os direitos de terceiro - Recurso provido. (TJ-SP - APL: 994080457778 SP, Relator: Egidio Giacoia, Data de Julgamento: 23/02/2010, 3ª Câmara de Direito Privado, Data de Publicação: 12/03/2010)

Há, ainda, decisões, como a do Tribunal de Justiça do Rio Grande do Sul, que se postam no sentido de que a retificação do registro civil deve ser provida a fim de constar no assento registral o sexo "transexual". Vejamos:

ALTERAÇÃO DO NOME E AVERBAÇÃO NO REGISTRO CIVIL. TRANSEXUALIDADE. CIRURGIA DE TRANSGENITALIZAÇÃO. O fato de o apelante ainda não ter se submetido à cirurgia para a alteração de sexo não pode constituir óbice ao deferimento do pedido de alteração do nome. Enquanto fator determinante da identificação e da vinculação de alguém a um determinado grupo familiar, o nome assume fundamental importância individual e social. Paralelamente a essa conotação pública, não se pode olvidar que o nome encerra fatores outros, de ordem eminentemente pessoal, na qualidade de direito personalíssimo que constitui atributo da personalidade. Os direitos fundamentais visam à concretização do princípio da dignidade da pessoa humana, o qual, atua como uma qualidade inerente, indissociável, de todo e qualquer ser humano, relacionando-se intrinsecamente com a autonomia, razão e autodeterminação de cada indivíduo. Fechar os olhos a esta realidade, que é reconhecida pela própria medicina, implicaria infração ao princípio da dignidade da pessoa humana, norma esculpida no inciso III do art. 1º da CF, que deve prevalecer à regra da imutabilidade do prenome. Por maioria, proveram em parte. (TJ/RS, AC 70013909874, Porto Alegre, 7ª Câmara Cível, Relator: Maria Berenice Dias, Julgado em 05/04/2006, Publicação 17/4/2006)

Expostos principais entendimentos representantes das posições dos tribunais pátrios, a outra conclusão não se chega senão à de que é patente a insegurança jurídica que envolve o tema *sub examine*. A ausência legislativa causa tamanha insegurança jurídica que, conforme foi visto, deságua em decisões judiciais com entendimentos discrepantes sobre o mesmo fato.

Todavia, em todos esses julgados há uma característica comum: a jurisprudência majoritária em nosso país somente posta-se favoravelmente à retificação do registro civil, desde que precedida de cirurgia de redesignação sexual.

6.2. O ENTENDIMENTO MINORITÁRIO DOS TRIBUNAIS BRASILEIROS: A POSSIBILIDADE DE RETIFICAÇÃO DE REGISTRO CIVIL, SEM A PRÉVIA CIRURGIA DE MUDANÇA DE SEXO:

Em sentido oposto, e em decisões mais acertadas do que as anteriormente visitadas, vem caminhando a passos lentos a jurisprudência mais moderna, admitindo-se a retificação do registro civil sem a prévia necessidade de cirurgia de transgenitalização.

Decisões, ainda que minoritárias, revelam que há nos Tribunais Brasileiros um tímido movimento que tende a reconhecer não somente a dignidade da pessoa humana relacionada aos transexuais – sem exigir, assim, cirurgia de adequação sexual para a retificação de seu registro civil –, mas também dar efetiva concretude à máxima desse princípio.

Como já foi exposto no estudo sobre o que é a transexualidade, para se identificar o gênero de cada indivíduo, não deve-se pautar tão somente no binômio biológico, mas sim na confluência de todos os demais âmbitos (psicológico, social etc.) que, somados, resultam no ser humano.

Nesse sentido, posicionou-se o TJSP em alguns julgados no ano de 2014, vejamos:

> **São Paulo** - Retificação de registro civil. Transexual que preserva o fenótipo masculino. Requerente que não se submeteu à cirurgia de transgenitalização, mas que requer a mudança de seu nome em razão de adotar características femininas. Possibilidade. Adequação ao sexo psicológico. Laudo pericial que apontou transexualismo. Na hipótese dos autos, o autor pediu a retificação de seu registro civil para que possa adotar nome do gênero feminino, em razão de ser portador de transexualismo e ser reconhecido no meio social como mulher. Para conferir segurança e estabilidade às relações sociais, o nome é regido pelos princípios da imutabilidade e indisponibilidade, ainda que o seu detentor não o aprecie. Todavia, a imutabilidade do nome e dos apelidos de família não é mais tratada como regra absoluta. Tanto a lei, expressamente, como a doutrina buscando atender a outros interesses sociais mais relevantes, admitem sua alteração em algumas hipóteses. Os documentos juntados aos autos comprovam a manifestação do transexualismo e de todas as suas características, demonstrando que o requerente sofre inconciliável contrariedade pela identificação sexual masculina que tem hoje. O autor sempre agiu e se apresentou socialmente como mulher. Desde 1998 assumiu o nome de "Paula do Nascimento". Faz uso de hormônios femininos há mais de vinte e cinco anos e há vinte anos mantém união estável homoafetiva, reconhecida publicamente. Conforme laudo da perícia médico-legal realizada, a desconformidade psíquica entre o sexo biológico e o sexo psicológico decorre de transexualismo. O indivíduo tem seu sexo definido em seu registro civil com base na observação dos órgãos genitais externos, no momento do nascimento. No entanto, com o seu crescimento, podem ocorrer disparidades entre o sexo revelado e o sexo psicológico, ou seja, aquele que gostaria de ter e que entende como o que realmente deveria possuir. A cirurgia de transgenitalização não é requisito para a retificação de assento ante o seu caráter secundário. A cirurgia tem caráter complementar, visando a conformação das características e anatomia ao sexo psicológico. Portanto, tendo em vista que o sexo psicológico é aquele que dirige o comportamento social externo do indivíduo e considerando que o requerente se sente mulher sob o ponto de vista psíquico, procedendo como se do sexo feminino fosse perante a sociedade, não há qualquer motivo para se negar a pretendida alteração registral pleiteada. A sentença, portanto, merece ser reformada para determinar a retificação no assento de nascimento do apelante para que passe a constar como "PN". Sentença reformada. Recurso provido. (TJSP, AC 0013934-31.2011.8.26.0037, 10ª C. Dir. Priv., Rel. Carlos Alberto Garbi, j. 23/09/2014).

> **São Paulo** - Ação de retificação de assento civil. Alteração do nome por contra dos constrangimentos sofridos em razão do transexualismo. Insurgência contra sentença de improcedência do pedido porque o autor não se submeteu à cirurgia de ablação dos órgãos sexuais masculinos. Desnecessidade. Desconformidade entre sexo biológico e sexo psicológico que pode ser demonstrada por perícia multidisciplinar. Constrangimentos e humilhações que justificam o pedido de alteração do prenome masculino para feminino. Exigência de prévia cirurgia para interromper situações vexatórias constitui violência. Dilação probatória determinada. Sentença anulada para esse fim. Recurso provido. (TJSP, AC 0040698-94.2012.8.26.0562, Ac. 7648449, 3ª C. Dir. Priv., Rel. Des. Carlos Alberto de Salles, j. 24/06/2014).
>
> **São Paulo** - Ação de retificação de assento de nascimento. Pretensão de alteração do prenome, em virtude da sua condição de transexual. Sentença de improcedência. Data da distribuição da ação: 24/06/2013. Valor da causa: R$ 1.000,00. Apela o interessado, pugnando pela reforma da sentença, a fim de que no seu termo de nascimento conste nome feminino, dada sua condição psicológica. Pondera que sempre se compreendeu como mulher. Pugna pela aplicação da Constituição Federal, que garante o bem estar físico, mental e social. Sustenta que o permissivo está contido nos arts. 55, 57 e 58 da Lei nº 6.015/1973, visto que seu atual prenome vem lhe causando constrangimento, pois não condiz com seu gênero psicológico. Cabimento. Pretensão fundamentada em situação vexatória. Informações prestadas pela psicóloga que identifica incongruência entre a identidade determinada pela anatomia de nascimento e a identidade que a parte relatou sentir. Transexualidade é considerada doença (CID-10 F64.0), consistente no: Desejo de viver e ser aceito enquanto pessoa do sexo oposto. Cirurgia de transgenitalização dispensável para a alteração de nome. Recurso provido com determinação. (TJSP, APL 0016069-50.2013.8.26.0003, Ac. 7325171, 5ª C. Dir. Priv., Rel. Des. James Siano, j. 05/02/2014).

Como se depreende dos arestos acima transcritos, apesar de continuarem a tratar a transexualidade como uma verdadeira doença, o TJSP reconheceu a importância secundária da cirurgia de adequação sexual, consignando que deve-se também levar em conta o sexo biológico dos jurisdicionados.

O Tribunal de Justiça do Estado de Minas Gerais em isolados julgamentos tem também adotado esse entendimento:

> **Minas Gerais** - Retificação de assento de nascimento. Alteração do prenome e do sexo. Transexual. Interessado não submetido à cirurgia de transgenitalização. Princípio constitucional da dignidade da pessoa humana. Condições da ação. Presença. Instrução probatória. Ausência. Sentença cassada. O reconhecimento judicial do direito dos transexuais à alteração de seu prenome conforme o sentimento que eles têm de si mesmos, ainda que não tenham se submetido à cirurgia de transgeni-

talização, é medida que se revela possível em consonância com o princípio constitucional da dignidade da pessoa humana. Presentes as condições da ação e afigurando-se indispensável o regular processamento do feito, com instrução probatória exauriente, para a correta solução da presente controvérsia, impõe-se a cassação da sentença. (TJMG, AC 1.0231.11.012679-5/001, 6ª C. Cív., Rel. Des. Edilson Fernandes, p. 23/08/2013).

Esse importante julgado do TJMG, como se depreende de sua ementa, levou em conta o Princípio da Dignidade da Pessoa Humana, a fim de, dando concretude a ele, possibilitar a retificação do registro civil pleiteada.

É possível, assim, identificar um importante movimento jurisprudencial que, apesar de tímido, tem crescido nos últimos anos, proferindo decisões mais humanistas e acertadas.

7. A NOVA POSIÇÃO DO STJ

Em julgado publicado em 01 de agosto de 2017 (REsp 1.626.739-RS), o STJ, por meio de sua quarta turma, externou um posicionamento mais humanista e consentâneo com o posicionamento defendido no presente artigo, entendendo que "o direito dos transexuais à retificação do prenome e do sexo/gênero no registro civil não é condicionado à exigência de realização da cirurgia de transgenitalização".

Os fundamentos da decisão ressaltam que a dignidade da pessoa humana, valor-fonte do qual exsurgem os direitos fundamentais, dentro os quais os direitos à felicidade, à intimidade e a privacidade, devem prevalecer sobre concepções puramente biológicas e retrógradas, que não encontram mais suporte na realidade plural que vive hoje o mundo. Vejamos:

> Vale lembrar que, sob a ótica civilista, os direitos fundamentais relacionados com a dimensão existencial da subjetividade humana são também denominados de direitos de personalidade. Desse modo, a análise do tema reclama o exame de direitos humanos (ou de personalidade) que guardam significativa interdependência, quais sejam: direito à liberdade, direito à identidade, direito ao reconhecimento perante a lei, direito à intimidade e à privacidade, direito à igualdade e à não discriminação, direito à saúde e direito à felicidade. Assim, conclui-se que, em atenção à cláusula geral de dignidade da pessoa humana, a jurisprudência desta Corte deve avançar para autorizar a retificação do sexo do indivíduo transexual no registro civil, independentemente da realização da cirurgia de adequação sexual, desde que dos autos se extraia a comprovação da alteração no mundo fenomênico (como é o caso presente, atestado por laudo incontroverso), cuja averbação, nos termos do § 6º

do artigo 109 da Lei de Registros Públicos, deve ser efetuada no assentamento de nascimento original, vedada a inclusão, ainda que sigilosa, da expressão transexual ou do sexo biológico. (REsp 1.626.739-RS)

Embora essa seja uma decisão apenas da 4ª turma do STJ e ainda não represente entendimento pacífico do Tribunal Superior sobre o tema, não deve-se olvidar de sua força persuasiva, de modo que, doravante, deve-se observar uma guinada jurisprudencial, de modo a ensejar uma compreensão mais humanista sobre o tema tratado no presente estudo.

8. CONCLUSÃO

A busca pela dignidade da pessoa humana foi travada há anos e a vitória alçou esse verdadeiro valor-fonte a eixo central do ordenamento jurídico nacional e internacional. O constitucionalismo moderno acolheu com prazer tal princípio.

Entretanto, ainda que consagrado nas mais diversas constituições ocidentais, há ainda um grande desafio: a dignidade da pessoa humana precisa concretizar-se na sociedade atual e abranger absolutamente todas as classes sociais, sob pena de tornar-se apenas um desabafo ou um sonho.

Os transexuais têm sido, por séculos, marginalizados e excluídos do seio social. O Congresso Nacional, o Poder Judiciário e o Poder Executivo não têm, ainda atualmente, engendrado esforços suficientes a fim de concretizar a dignidade dessas pessoas, – e com isso não se pode concordar.

O presente trabalho buscou apresentar o tema da transexualidade, sob a ótica da possibilidade de retificação de seu registro civil, ancorado no princípio da dignidade da pessoa humana. E é nesse ponto que se faz uma importante ressalva: esse estudo não acaba aqui. A possibilidade de retificação do registro civil dos indivíduos *trans* é apenas um aspecto de sua dignidade que merece atenção e acolhimento pelo atual ordenamento jurídico.

A sociedade tem evoluído e aberto os olhos para a realidade que se buscou explorar no presente estudo. Diante dos olhos fechados da Casa do Povo e do Poder Executivo, o Poder Judiciário tem respirado novos ares e já se vislumbra um importante movimento jurisprudencial que, apesar de ainda ser minoritário, tem dado maior importância ao tema trabalhado e, entendendo a transexualidade como uma realidade digna de tutela (e não como doença), vem decidindo pela possibilidade da retificação do registro civil sem prévia cirurgia de redesignação sexual.

A caminhada ainda é longa e o presente trabalho tem como escopo dar ao leitor uma visão moderna e sem firulas da transexualidade e a implicância do registro civil das pessoas naturais na construção da dignidade dos indivíduos. Espera-se que o objetivo tenha sido alcançado.

9. REFERÊNCIAS BIBLIOGRÁFICAS:

BRASIL. **Constituição Federal de 1988**. Palácio do Planalto. 1988. Disponível em: <http://www.planalto.gov.br/ccivil_03/constituicao/constituicao.htm>. Acesso em: 26 de janeiro de 2017.

BRASIL. **Lei de Registros Públicos**. Palácio do Planalto. 1973. Disponível em: <http://www.planalto.gov.br/ccivil_03/leis/L6015consolidado.htm> Acesso em: 26 de janeiro de 2017.

BENTO, Berenice. **O que é transexualidade**. 2. ed. São Paulo. Brasiliense, 2012.

BERNARDES, Juliano Taveira; FERREIRA, Olavo Augusto Vianna Alves. **Direito Constitucional**, tomo I, Teoria da Constituição. 4. ed. revista, ampliada e atualizada. Salvador. Juspodivm, 2014.

FARIAS, Cristiano Chaves; ROSENVALD, Nelson. **Curso de Direito Civil**, Volume 1, Parte Geral e LINDB. São Paulo, Atlas: 2015, p. 127.

FIGUEIREDO, Luciano; FIGUEIREDO, Roberto. **Direito Civil**, Parte Geral, 4. ed. revista, ampliada e atualizada. Salvador. Juspodivm, 2014.

GONÇALVES, Camila de Jesus Mello. **A transexualidade sob a ótica dos direitos humanos: uma perspectiva de inclusão**. Faculdade de Direito da Universidade de São Paulo. São Paulo, 2012.

HOGEMANN, Edna Raquel. **Direitos Humanos, direitos para quem? O direito personalíssimo ao nome e a questão do sub-registro**. Disponível em: <http://www.andhep.org.br/anais/arquivos/Vencontro/gt4/gt04p04.pdf>. Acesso em: 26 de janeiro de 2017.

NOVELINO, Marcelo. **Manual de Direito Constitucional**. Livro digital. São Paulo, Saraiva, 2014.

RODRIGUES, Marcelo. **Tratado de Registros Públicos e Direito Notarial**. 1 ed. São Paulo. Atlas, 2014.

MENDES, Clóvis. **O nome civil da pessoa natural: direito da personalidade e hipóteses de retificação**. Disponível em: < http://jus.com.br/artigos/13015/o-nome-civil-da-pessoa-natural>

CAPÍTULO 21

Sistemas interligados do registro civil das pessoas naturais

Juliana Alves Miras Barros[1]

Sumário: 1. Introdução; 1.1. Apresentação; 1.2. A Evolução das Comunicações entre os Registros Civis das Pessoas Naturais; 2. Central Nacional de Informações do Registro Civil – CRC; 2.1. Parceria com a Receita Federal para emissão do CPF na certidão de nascimento e casamento; 2.2. E-Proclamas – Inovação dentro da Central de Informações do Registro Civil - CRC; 2.3. Normas de Serviço da Corregedoria Geral do Estado de São Paulo acerca da Central de Informações do Registro Civil - CRC; 3. Malote digital; 4. Central nacional de óbito de pessoas não identificadas; 4.1. Acessibilidade aos usuários e dados estatísticos; 5. Registro de nascimento em maternidades – provimento 13 do conselho nacional de justiça – unidades interligadas; 6. Portal do registro civil; 7. Sistema Nacional de Informações de Registro Civil – SIRC; 8. Sistema sofia; 9. Conclusão; 10. Referências bibliográficas.

1. INTRODUÇÃO

1.1. Apresentação

O presente trabalho visa abordar diversos temas acerca dos Sistemas Interligados de Comunicação entre os Registros Civis das Pessoas Naturais do Estado de São Paulo e também com outros Estados do Brasil.

Não se pretende esgotar o assunto, visto que com a evolução tecnológica temos todos os dias inovações e aperfeiçoamento de normas em nosso cotidiano profissional. O que se pretende é compilar os diversos

---

1. Oficial Registradora do Registro Civil das Pessoas Naturais e Tabelionato de Notas do Distrito de Braço, Comarca de Eldorado/SP

meios hoje existentes para facilitar a compreensão e o estudo do assunto, já que a abordagem doutrinária é escassa.

1.2. A Evolução das Comunicações entre os Registros Civis das Pessoas Naturais

O serviço prestado pelo Registro Civil das Pessoas Naturais é dinâmico e comunicativo, visto que deve ser interligado com todos os atos praticados pela pessoa natural, desde o seu nascimento até a sua morte. Muitas vezes esses atos não ocorrem na mesma circunscrição e surge a necessidade de comunicação entre os cartórios, para que toda cadeia registrária esteja de acordo com a realidade do estado da pessoa.

Além da comunicação entre cartórios, também se faz necessária a comunicação de diversos atos praticados para órgãos públicos com finalidades cadastrais e estatísticas.

Hoje, com a moderna rede tecnológica, a maioria dessas comunicações se faz via Internet e Intranet, mas nem sempre foi assim. Tudo era feito de forma postal. Não havia agilidade na prestação do serviço, visto que uma certidão requerida de forma postal demorava pelo menos 10 dias para chegar a seu destino.

O que de fato se tinha era um serviço precário e burocrático que não satisfazia plenamente o usuário, que normalmente corre contra o tempo na resolução dos seus problemas.

O avanço tecnológico e o empenho das entidades ligadas aos Registros Civis das Pessoas Naturais contribuíram de forma ímpar para que os sistemas se interligassem e o processo de comunicação e atendimento se modernizasse.

2. CENTRAL NACIONAL DE INFORMAÇÕES DO REGISTRO CIVIL – CRC

Criada pelo Provimento n. 38/2014 do Conselho Nacional de Justiça e administrada pela Associação Nacional dos Registradores de Pessoas Naturais (Arpen-Brasil), a CRC Nacional visa interligar todos os cartórios de Registro Civil das Pessoas Naturais do Brasil, possuindo em seu banco de dados informações sobre os registros de nascimentos, casamentos, óbitos, emancipações, interdições e ausências.

Dentro do módulo da CRC existem diversas funcionalidades significativas que otimizam o tempo do Oficial Registrador e do usuário.

Em regra, a Central de Informações do Registro Civil - CRC é obrigatória a todos os registradores civis do Estado de São Paulo, mas através de convênios firmados, já somos mais de 10 Estados Brasileiros interligados e mais de 30 entidades conveniadas com acesso aos quase 62 milhões de registros cadastrados, permitindo que as certidões sejam solicitadas com toda comodidade via internet.

2.1. Parceria com a Receita Federal para emissão do CPF na certidão de nascimento e casamento

É um projeto de grande repercussão no âmbito do Registro Civil, uma vez que em razão do convênio assinado entre a Receita Federal do Brasil e a Arpen/SP quem sai ganhando é o cidadão, tanto pela gratuidade da emissão do documento como pela praticidade de acesso a tudo num único lugar. Hoje a certidão de nascimento com CPF já é emitida em mais de 19 Estados brasileiros.

Na prática, primeiramente o Registrador Civil através da Central de Informações do Registro Civil - CRC deve assinar digitalmente o termo de adesão com a Receita Federal do Brasil. A partir daí, toda vez que proceder a um registro de nascimento, deverá acessar a Central de Informações do Registro Civil - CRC na opção CPF-RFB, clicar em inscrição e preencher as informações solicitadas. Ao gerar o número do CPF, colocá-lo no campo próprio do assento de nascimento ou casamento.

Ressalte-se que inicialmente era facultativo ao Registrador Civil gerar em cartório o CPF do registrando.

Ocorre que diante da edição do Provimento CG 59/2016, publicado em 07/10/2016 no Diário Oficial da União, essa funcionalidade se tornou obrigatória, inclusive com a emissão de CPF para aqueles que pretendem casar e ainda não o tem.

2.2. E-Proclamas – Inovação dentro da Central de Informações do Registro Civil - CRC

Já não era sem tempo que o avanço tecnológico não modernizasse também a publicação de editais de proclamas de casamento.

Muitos cartórios apenas afixavam em seus murais os editais por ausência de jornal na localidade em que situados, comprometendo a ampla publicidade que se pretende.

Com o Provimento n. 46 da Corregedoria Geral de Justiça do Estado de São Paulo, autorizou-se a publicação dos editais de proclamas de forma eletrônica, que são publicados em periódico digital da Arpen/SP no site www.proclamas.org.br.

O Oficial de Registro Civil, através da Central de Informações do Registro Civil – CRC tem a faculdade de escriturar seu livro D – Edital de Proclamas, de forma totalmente eletrônica, além de optar pela publicação em jornal digital.

É o avanço tecnológico contribuindo com a publicidade ampla; o meio ambiente, uma vez que se reduz a quantidade de papéis impressos; e redução de custos, visto que os jornais impressos cobram valor superior pela publicação.

2.3. Normas de Serviço da Corregedoria Geral do Estado de São Paulo acerca da Central de Informações do Registro Civil - CRC

As Normas de Serviço do Extrajudicial disciplinada pela Corregedoria do Estado de São Paulo, um manual obrigatório na atividade diária do Registrador, no Capítulo XVII, Subseção III, também explicita os principais aspectos da Central de Informações do Registro Civil - CRC, tais como operacionalização, prazos e registros de carga obrigatória.

Na prática, deve-se acessar o Sistema da Central de Informações do Registro Civil - CRC diariamente.

Os atos praticados nos Livros A – Nascimento; B- Casamento; B- auxiliar – Casamento Religioso com efeito Civil; C- Óbito e E – União Estável, Interdição, Ausência, Emancipação, Transcrições de Nascimento, Casamento e Óbito, deverão ser disponibilizados no prazo máximo de 10 dias corridos no sistema da Central de Informações do Registro Civil - CRC.

As certidões solicitadas pelo sistema devem ser atendidas em prazo máximo não superior a 5 dias úteis.[2]

Dentro do contexto, ainda sobre a efetividade da comunicação, passa-se a analisar o malote digital no próximo capítulo.

3. MALOTE DIGITAL

O Malote Digital do Tribunal de Justiça do Estado de São Paulo é um sistema utilizado para comunicações online entre as unidades judiciais e extrajudiciais, antigamente chamado de Sistema Hermes.

---

2. Provimento 38/2014 do Conselho Nacional de Justiça.

Também se utiliza o Malote Digital para cumprimento das comunicações previstas no Art. 106 da Lei 6015/73[3], aos cartórios não integrados à CRC.

De acordo com o Parágrafo Único do Artigo 8º do Provimento 38/2014 do Conselho Nacional de Justiça, publicado em 30/07/2014 no Diário Oficial da União "o envio de informações entre as serventias pela Central de Informações de Registro Civil das Pessoas Naturais – CRC dispensa o uso do Sistema Hermes – Malote digital de que trata o Provimento n. 25 da Corregedoria Nacional de Justiça".

Sempre com o intuito de integração entre os órgãos públicos, sociedade e registradores civis, analisa-se no capítulo seguinte a Central Nacional de Óbitos de Pessoas Não Identificadas.

4. CENTRAL NACIONAL DE ÓBITO DE PESSOAS NÃO IDENTIFICADAS

Em atendimento à Recomendação n. 19 do Conselho Nacional de Justiça, datada de 25/03/2015, editada pela Ministra Nancy Andrighi, a Arpen/SP disponibilizou a Central Nacional de Óbitos de Pessoas não identificadas.

Essa é mais uma ferramenta colocada à disposição da população com objetivo de auxiliar familiares que buscam por seus entes queridos desaparecidos.

4.1. Acessibilidade aos usuários e dados estatísticos

O acesso pode ser feito através do site www.registrocivil.org.br e conta hoje em seu cadastro com mais de 55 mil óbitos de desconhecidos cadastrados, sendo que a busca pode ser feita por características individuais das pessoas, Estado e Cidade de desaparecimento.

Esse serviço conta hoje com mais de 380 pessoas reconhecidas desde a sua implantação, o que reafirma a importância social do Registro Civil das Pessoas Naturais integrado diretamente com a sociedade.

Com o pensamento evolutivo acerca do melhor atendimento dos interesses da sociedade, e nesse mesmo contexto acima exposto, o Con-

---

3. Art. 106 da Lei 6015/73: "Sempre que o oficial fizer algum registro ou averbação, deverá, no prazo de cinco dias, anotá-lo nos atos anteriores, com remissões recíprocas, se lançados em seu cartório, ou fará comunicação, com resumo do assento, ao oficial em cujo cartório estiverem os registros primitivos, obedecendo-se sempre à forma prescrita no artigo 98."

selho Nacional de Justiça editou o Provimento 13 que se apresenta no capítulo seguinte.

5. REGISTRO DE NASCIMENTO EM MATERNIDADES – PROVIMENTO 13 DO CONSELHO NACIONAL DE JUSTIÇA – UNIDADES INTERLIGADAS

Sabe-se que o Registro Civil de Nascimento é o primeiro documento hábil ao exercício da cidadania. A grande preocupação gira em torno do grande número de sub-registros[4] de nascimento no Brasil.

Uma pesquisa divulgada pelo IBGE nos informa que entre 2002 e 2012 os sub-registros caíram de 20,3% para 6,7%, e vem de 2012 para cá diminuindo gradativamente, o que comprova a eficiência das Unidades Interligadas instaladas nas maternidades.

Criada pelo Provimento n. 13 do Conselho Nacional de Justiça e publicado no Diário Oficial da União em 06/09/2010, as Unidades Interligadas, que devem ser previamente cadastradas junto ao Sistema da Justiça Aberta, funcionam dentro das maternidades, com funcionários capacitados a colher as informações e documentos apresentados e transmitirem via internet ao Registro Civil das Pessoas Naturais para lavratura do termo e emissão da certidão de nascimento.

A grande vantagem e principal finalidade do programa de Unidades Interligadas é que a criança já sai da maternidade com seu registro, evitando que os pais se desloquem, muitas vezes com dificuldade, para o Registro Civil mais próximo.

Segundo Luiz Guilherme Loureiro, em seu Livro Registros Públicos – Teoria e Prática[5]:

> " a distância entre a maternidade e os cartórios, a falta de condições econômicas dos pais para arcarem com o transporte até a serventia, além de fatores vários, contribui para o alto número de sub-registro nas regiões mais pobres do Brasil, prejudicando o exercício da cidadania e menosprezando o princípio da dignidade humana".

Nos dizeres de Mario de Carvalho Camargo Neto e Marcelo Salaroli de Oliveira[6]:

---

4. Sub-registro de nascimento: pessoas sem registro de nascimento.
5. LOUREIRO, L.G. Registros Públicos: Teoria e Prática. 7. Ed. Juspodivm, 2016. P. 215-220
6. CAMARGO NETO, M. de C. Registro Civil das Pessoas Naturais: parte gerale registro de nascimento, volume 1/Mario de Carvalho Camargo Neto, Marcelo Salaroli de Oliveira. Editora Saraiva. São Paulo, 2016 (Coordenação Christiano Cassetari), p. 7 – Livro Digital.

"(...) é uma das mais importantes ferramentas de combate à falta de registro de nascimento – chamada sub-registro – seria a realização deste ainda no hospital maternidade em que nasce a criança, possibilitando-se que esta saia do estabelecimento hospitalar já registrada e com certidão de nascimento, para exercer regularmente os direitos e a cidadania desde os primeiros dias de vida".

Não há dúvida acerca dos benefícios sociais trazidos pela implantação das Unidades Interligadas nas maternidades, uma vez que possibilitou ao Registrador Civil cumprir sua função de forma mais ampla, efetiva e eficiente.

6. PORTAL DO REGISTRO CIVIL

Em funcionamento desde 1º de Agosto de 2016, o Portal Oficial do Registro Civil possibilita ao usuário onde quer que esteja, a consulta dos Registros Civis desde 1976.

Essa ferramenta foi idealizada pela Associação dos Registradores de Pessoas Naturais do Estado de São Paulo – Arpen/SP e integra a Central de Informações do Registro Civil – CRC.

Para ter acesso a mais essa facilidade, basta que o usuário acesse o site www.registrocivil.org.br e após cadastrar-se, buscar o registro que deseja, solicitando a certidão em meio físico ou eletrônico, com toda comodidade.

Ainda sobre a efetividade da comunicação, serão vistos nos próximos capítulos a excelente e efetiva aplicação do Sistema Nacional de Informações de Registro Civil – SIRC e do Sistema SOFIA.

7. SISTEMA NACIONAL DE INFORMAÇÕES DE REGISTRO CIVIL – SIRC

Instituído pelo Decreto Federal n. 8270/2014, o SIRC é uma plataforma digital que interliga os cartórios com as entidades públicas do Brasil.

É o sistema responsável por transmitir a comunicação de óbitos ao INSS e nascimentos e casamentos para o IBGE.

Na realidade, existe uma comunicação entre o Sistema Nacional de Informações de Registro Civil - SIRC e a Central de Informações do Registro Civil - CRC Nacional, onde toda carga de registros efetuados na Central de Informações do Registro Civil - CRC são automaticamente transmitidos ao Sistema Nacional de Informações de Registro Civil - SIRC. Somente o movimento negativo deve ser lançado manualmente no Sistema Nacional de Informações de Registro Civil - SIRC.

8. SISTEMA SOFIA

O Sistema Sofia é um programa desenvolvido para auxiliar os registradores civis no armazenamento dos arquivos digitalizados. Está disponível na base de dados da Central de Informações do Registro Civil – CRC, sendo mais uma ferramenta de integração tecnológica com entidades públicas e privadas.

Primeiramente, foi lançado como um programa piloto, disponível para adesão das 300 primeiras serventias que efetuassem a instalação do programa, no intuito de testar e acompanhar a efetiva funcionalidade do sistema, e posteriormente, colocada à disposição de todos os cartórios do Estado.

Para o presidente da Arpen/SP, Luis Carlos Vendramim Júnior, "o SOFIA nasce com o sonho de se tornar futuramente a escrituração eletrônica de todos os cartórios paulistas".[7]

Como toda evolução tecnológica, o sistema já conta com uma nova versão mais moderna e capaz de atender com mais eficiência o trabalho dos registradores.

9. CONCLUSÃO

O tema é extremamente novo e a evolução tecnológica é constante, e cabe ao Registro Civil das Pessoas Naturais buscar a adequação e efetivo implemento dessa modernização, almejando dar à sociedade respostas seguras e rápidas. Buscamos demonstrar os benefícios trazidos pela informatização da rotina de trabalho das serventias.

Sob essa perspectiva, a dificuldade de comunicação entre os Registradores Civis está sendo mitigada, sendo algo perceptível pela nossa sociedade. Todavia, não podemos negar que a evolução é contínua, que o aprimoramento decorre de erros e acertos, e que o foco principal é a extrema qualidade com segurança.

---

7. http://www.arpensp.org.br/?pG=X19leGliZV9ub3RpY2lhcw==&in=MzAyMDQ=&filtro=1 – Publicado em 25/08/2015; Acessado em 08 nov. 2016

Em última análise, deve-se acreditar para um futuro próximo, em um sistema totalmente interligado com todos os nossos Estados, primando pelo atendimento eficiente ao usuário, onde quer que ele esteja. Essa é a cara do nosso trabalho, sempre com amor e dedicação.

10. REFERÊNCIAS BIBLIOGRÁFICAS

LOUREIRO, L. G. Registros Públicos: Teoria e Prática. 7. Ed. JusPodivm, 2016. p. 215-220

NORMAS DE SERVIÇO DA CORREGEDORIA GERAL DO ESTADO DE SÃO PAULO. Atualizada em 10 out. 2016. Disponível em: http://www.tjsp.jus.br/Download/Corregedoria/NormasExtrajudiciais/NSCGJTomoII.pdf

ARPEN.SP. Revista. Publicação Mensal, Ano 17, n. 170. p. 29-37

ARPEN.SP. Revista. Publicação Mensal, Ano 17, n. 168. p. 15

CAMARGO NETO, M. de C. Registro Civil das Pessoas Naturais: parte geral e registro de nascimento, volume 1/Mario de Carvalho Camargo Neto, Marcelo Salaroli de Oliveira. Editora Saraiva. São Paulo, 2016 (Coordenação Christiano Cassetari), p. 7 – Livro Digital.

CAPÍTULO 22

Digitalização no registro civil e seus desdobramentos

Milena Ceze Gulla Hatanaka[1]

Sumário: 1. Introdução; 2. Histórico; 3. Conservação de documentos; 4. Normatização; 4.1 Tipos de arquivos mínimos disponíveis para perpetuidade da informação; 4.2 Previsão Legal; 5. Digitalização dos registros.; 6. Os registros em mídia digital; 6.1. Segurança e cloud backup.; 6.2. Multiplicidade de plataformas.; 6.3. Manutenção das Informações; 7. Reflexos atuais; 7.1 Privacidade e intimidade.; 7.2 Segurança e sigilo das informações pessoais; 8. Importância social dos Registros Civis e o Futuro da Atividade; 9. Conclusão; 10. Bibliografia.

1. INTRODUÇÃO

Concomitantemente com o surgimento da civilização humana existe um esforço para que toda forma de manifestação escrita fosse perpetrada para o acesso de futuras gerações ao histórico que determinado povo em determinada época entendia como importante. Dentro desta categoria de dados importantes, encontram-se os papéis que compõem todo o complexo de informações sobre o estado das pessoas nos registros civis das pessoas naturais.

O objetivo deste artigo é analisar o momento atual, especificamente no tocante aos registros civis das pessoas naturais, em que há uma confluência entre o uso tradicional do formato físico em papel e o manuseio de informações em formato digital, e informações são gerencia-

---

1. Bacharel em Direito pela Pontifícia Universidade Católica de São Paulo – PUCSP, pós-graduada em Direito Processual Civil pela FADISP, Oficial de Registro Civil das Pessoas Naturais e Tabeliã de Notas do Município de Nova Independência, Comarca de Andradina, Estado de São Paulo.

das e preservadas em formato eletrônico, bem como suas consequências e riscos.

Este trabalho não abordará o tema dos registros eletrônicos, mas sim a gestão documental e a segurança das informações em decorrência do advento de novas tecnologias que foram agregadas ao dia a dia das serventias.

2. HISTÓRICO

A história dos registros, como também dos tabelionatos, se confunde com a própria história humana[2]. Partindo da vida em sociedade, da invenção da escrita, ato consequente foi o interesse, e porque não, a necessidade de documentação do dia a dia e de todos os fatos cuja importância merecia a transcrição em um objeto físico – desde o uso de pedras, madeiras até a criação dos papiros e do papel em si.

Especificamente, o registro civil das pessoas naturais teve origem e estruturação umbilicalmente ligadas à Igreja Católica. Assim que ocorria um nascimento, a criança era batizada, momento em que a Igreja Católica registrava o seu nascimento[3]. O mesmo raciocínio era aplicado na hipótese de casamento, sendo o registro da celebração religiosa a prova do matrimônio. Em relação aos óbitos, era por costume que o sepultamento ocorresse nas campas, pequenos quadrados de madeiras numerados no chão dos templos, ou em túmulos próximos às igrejas. Tamanha a influência e presença no cotidiano brasileiro da Igreja que em 1861 foi editado o Decreto 1144 que atribuía efeitos civis aos casamentos religiosos[4].

---

2. Leonardo Brandelli menciona que a atividade notarial originou com a necessidade de uma pessoa/entidade que pudesse não apenas redigir os negócios entre as partes, mas que também trouxesse uma carga de segurança e certeza em seus atos. Desta feita, podemos com segurança exemplificar os escribas no Egito antigo, nos hebreus, os oficiais públicos na Grécia, os *notarii, argentarii, tabularii* e *tabeliones* em Roma.

3. SIQUEIRA, Alessandro Marques de. Registro Civil. In: Âmbito Jurídico, Rio Grande, XIII, n. 80, set 2010. Disponível em: http://www.ambito-juridico.com.br/index.php?n_link=revista_artigos_leitura&artigo_id=8373

4. A cronologia completa da evolução legislativa dos registos civis pode ser obtida no site da Arpen-SP, no seguinte link:<http://www.arpensp.org.br/principal/index.cfm?pagina_id=178>, acessado em 16 jun. 2016

    Apenas a título de curiosidade, as celebrações dos casamentos das demais religiões que não seguissem a fé católica passaram a ter efeitos civis no ano de 1863, com o advento do Decreto 3069.

Assim perdurou até 9 de setembro de 1870, com a edição da Lei nº 1.829[5], regulamentada pelos Decretos nº 5.604 de 25 de março de 1874 e Decreto 9886, de 7 de março de 1888, quando Dom Pedro II promoveu o recenseamento da população, determinando que o Governo seria competente para o registro dos nascimentos, casamentos e óbitos, pondo fim à competência das Igrejas para o assentamento de tais fatos. A pessoa encarregada para os registos passa a ser o Escrivão do Juiz de Paz, ao passo que as notas, averbações e certidões ficam a cargo do Secretário da Câmara Municipal. O referido decreto trouxe os primeiros contornos e formalidades dos Registros Civil das Pessoas Naturais que perduram até hoje, como a quantidade de páginas nos Livros, hipóteses de retificações, restauração, gratuidade de registro aos reconhecidamente pobres, entre outros[6].

Atualmente, os Registros Públicos, são regidos pela Lei 6.015 de 31 de dezembro de 1973 e pela Lei 8.935 de 18 de novembro de 1994, somados os Provimentos do Conselho Nacional de Justiça e das Normativas Estaduais, além de alterações trazidas por legislação esparsa, algumas presentes ao longo do trabalho.

3. CONSERVAÇÃO DE DOCUMENTOS

Conservação documentos é um conjunto de ações estabilizadoras que visa a desacelerar o processo de degradação de documentos ou objetos, por meio de controle ambiental e de tratamentos específicos, como higienização, reparos e acondicionamento[7]. A finalidade é buscar ao máximo a preservação do documento, pois, pela natureza do papel, utilizado nos Livros, o manuseio inadequado é o principal causador de danos e diminuição do tempo de duração do mesmo, levando inclusive à perda total.

Ultrapassada a questão da adequada conservação e manuseio dos papeis componentes do acervo de um Registo, todo documento possui um ciclo de vida divido em 3 fases, de acordo com a frequência de uso e da utilidade do documento[8]:

---

5. Texto disponível em: http://legis.senado.gov.br/legislacao/ListaPublicacoes.action?id=74497&tipoDocumento=LEI&tipoTexto=PUB
6. O texto integral do Dec. 9.886 de 1988 pode ser obtido no site da Câmara dos Deputados, através do link <http://www2.camara.leg.br/legin/fed/decret/1824-1899/decreto-9886-7-marco-1888-542304-publicacaooriginal-50566-pe.html>.
7. CASSARES, Norma Cianflone. Como fazer conservação preventiva em arquivos e bibliotecas. São Paulo: Arquivo do Estado e Imprensa Oficial, 2000, pág. 12.
8. SANT'ANNA, Marcelo Leone. Os desafios da preservação de documentos públicos digitais. **Revista IP**, v. 3, n. 2, p. 123-35, 2001.

1) Corrente: os documentos são usados com maior frequência e devem ser localizados próximos ao local de trabalho.

2) Intermediária: não há produção nova de documentos, sua utilização é menos frequente, e podem sem mantidos em arquivos centralizados.

3) Permanente: não terão mais uso, devendo ser preservados, de acordo com critérios de segurança, tendo como destino:

   a. Recolhidos em arquivo para guarda permanente.

   b. Microfilmados e recolhidos em arquivo para guarda permanente.

   c. Microfilmados e digitalizados para então serem recolhidos em arquivo para guarda permanente.

Na hipótese de o documento não ter utilidade, ainda que para fins diversos do que originalmente foi proposto, deverá ser eliminado[9]. Observa-se que as destinações propostas vão ao encontro das novas tecnologias agregadas à arquivística documental, que aderiu ao uso do microfilme e da digitalização.

4. NORMATIZAÇÃO

4.1 Tipos de arquivos mínimos disponíveis para perpetuidade da informação

A Lei de Registros Públicos – Lei 6.015 de 31 de dezembro de 1973 – em seu artigo 25, ciente da responsabilidade sobre os registros, documentos e dados existentes nos Registros Públicos, e antevendo que com o decorrer do tempo haveria o surgimento de novas tecnologias, trouxe o permissivo para a adoção de outras formas de gerir e preservas todos os papeis existentes em uma Serventia:

> "Art. 25. Os papéis referentes ao serviço do registro serão arquivados em cartório mediante a utilização de processos racionais que facilitem as buscas, facultada a utilização de microfilmagem e de outros meios de reprodução autorizados em lei."

Existem vários tipos de arquivos disponíveis resultantes da digitalização de textos e imagens, sendo os mais conhecidos, o JPG (*Joint Picture*

---

9. CRUZ, Nataly. Gestão de documentos no registro de imóveis - os cartórios extrajudiciais como detentores de arquivos públicos. Boletim do IRIB, São Paulo, n.354, p.159-161, mar. 2016.

Experts Group[10]), TIF[11] (*Tagged Image File*), GIF[12] (*Graphics Intercharge Format*) e PDF[13] (*Portable Document Format*).

O PDF é um formato digital de documento que pode ser criado tanto de outros formatos nativamente eletrônicos, como também proveniente de digitalização de papel. De uso em larga escala, por serem mais compactos, de fácil compartilhamento entre diversas plataformas e, caso necessária sua materialização em papel, não haverá perda de informações, tendo como resultado final uma imagem próxima ao documento original.

Por suas qualidades que o PDF/A foi definido como o padrão a ser adotado em escala mundial, atendendo aos requisitos de manutenção e formação de arquivos de segurança a longo prazo ocorreu em um comitê internacional responsável pelo ISO[14]. O ISO (*International Organization for Standardization*), com sede em Genebra, Suíça, é uma organização independente e não-governamental, cujos membros representativos de 162 países se reúnem para discutir e compartilhar sua base de conhecimento, provendo soluções e inovações e garantindo qualidade, segurança e eficácia ao padronizar produtos, serviços e sistemas em patamares internacionais[15]. Desta, em 2005 foi publicado o ISO 19005-1:2005[16] que definiu como formato de documento para preservação a longo prazo como o PDF/A-1.

No Brasil, a ABNT (Associação Brasileira de Normas Técnicas) é o membro representativo no ISO. Internamente, a resolução ISO 19005-

---

10. O JPG (também pode ser encontrado sob a denominação JPEG) oferece compressão de imagens, no entanto, quanto maior o nível de compressão, menor será o tamanho do arquivo, mas haverá piora na qualidade da imagem. Há também piora na resolução da imagem toda vez que a imagem é salva, perdendo sua qualidade ao longo do tempo, caso salva frequentemente.

11. O TIFF comprime imagens com ou sem perdas (este com o algoritmo JPEG), mas não é tão utilizado por ocupar muito espaço em disco, o que inviabilizaria o seu uso nos casos em que há a necessidade de guardar grande quantidade de imagens.

12. O GIF, inicialmente projetado para imagens fixas, tem a vantagem de incorporar imagens em movimento ("GIF animado"), gera arquivos de tamanho reduzido, mas com quantidade de cores bastante limitada. Embora também utilize a compressão sem perda, a depender da qualidade final desejada, pode não ser uma escolha interessante.

13. RAABE, A.; POHLMANN FILHO, O. Estudo Comparativo entre sistemáticas de digitalização de documentos: formatos HTML e PDF. *Ci. Inf.*, Brasília, v. 27, n. 3, p. 300-310, set./dez. 1998.

14. <http://www.revistatecnologiagrafica.com.br/index.php?option=com_content&view=-article&id=1762:a-nova-parte-da-norma-iso-19005-ou-simplesmente-pdfa-2&catid=60:normalizacao&Itemid=185>. Acessado em 17 jun. 2016.

15. <http://www.iso.org/iso/home/about.htm>. Acessado em 21 jun. 2016.

16. <https://www.iso.org/obp/ui/#iso:std:iso:19005:-1:ed-1:v2:en>. Acessado em 21 jun. 2016.

1:2005 foi publicada pela ABNT em 23/01/2009 sob o código ABNT NBR ISSO 19005-1:2009[17].

As normativas do ISSO e da ABNT explicam que a adoção do padrão PDF/A foi em razão da necessidade de um formato de mídia de imagem que pudesse armazenar os seus dados por um grande lapso temporal, se não, permanentemente, e que pudesse ser acessível e utilizável pelos mais variadas plataformas e gerações de tecnologia[18].

4.2 PREVISÃO LEGAL

O Governo Brasileiro, por meio da iniciativa do Comitê Executivo de Governo Eletrônico, iniciado em 2000, padronizou as especificações técnicas a serem utilizadas nos serviços de governo eletrônico, publicando por fim no e-PING – Padrões de Interoperabilidade de Governo Eletrônico. Neste documento, entre as recomendações, destaca-se que "para a elaboração da versão final de documentos, deve ser enviada a outros órgãos ou mesmo arquivada digitalmente, recomenda-se a utilização do formato PDF/A. Documentos que necessitem de garantia de integridade e/ou autoria, além de estarem em formato PDF/A, devem ser assinados digitalmente pelo seu autor, utilizando certificado ICP-Brasil."[19].

Especificamente em relação ao Poder Judiciário Brasileiro, em 2010, o CONARQ (Conselho Nacional de Arquivos) instituiu por meio da Portaria ° 94 de 21 de Dezembro de 2010 a Comissão Especial para Gestão Documental do Foro Extrajudicial[20]. Inicialmente, o projeto foi feito para a modernização e gestão documental dos acervos dos Cartórios de Registros de Imóveis da Amazônia Legal, pois tomou-se conhecimento que, por inciativa própria tabeliães e registradores começaram a migrar os

---

17. <http://www.abntcatalogo.com.br/norma.aspx?ID=29182>. Acessado em 21 jun. 2016.
18. Idem.
19. Item 8.2, do Documento de Referência da e-PING, versão 2011, a ser obtido através do seguinte sítio: <http://www.governoeletronico.gov.br/biblioteca/arquivos/documento-final-consulta-67-1/view>. A ICP-Brasil, Infraestrutura de Chaves Públicas Brasileira, foi criada pela MP n° 2200-2 de 24 de agosto de 2001, como forma de garantia de autenticidade, integridade e validade jurídica de documentos de forma eletrônica. Trata-se de uma cadeia hierárquica e de confiança que viabiliza a emissão de certificados digitais para identificação pessoal do cidadão, sendo que o Instituto Nacional de Tecnologia da Informação tem o papel de regulamentar a ICP-Brasil, nem como de credenciar e descredenciar os demais participantes da cadeia, supervisionar e fazer auditoria dos processos.
20. Disponível texto integral no Diário Oficial da União, edição n° 244, de 22 de dezembro de 2010, Seção 1.

seus acervos para meios eletrônicos[21]. Com receio de que fossem adotados parâmetros, mídias e sistemas que não tivessem a garantia de segurança ou de perenidade, o CNJ decidiu organizar uma comissão para que fosse padronizada toda forma de preservação de documentos em meio eletrônico.

Instituída em dezembro de 2010, pelo Conselho Nacional de Arquivos (Portaria n° 94/2010), a Comissão Especial do CNJ foi criada para propor ações de modernização, organização e gestão dos documentos dos cartórios de Registro de Imóveis da Amazônia Legal. As regras para documentos eletrônicos, no entanto, foram elaboradas para aplicação em todos os cartórios do país.

Como resultado imediato das reuniões, foi publicada a Recomendação n° 09, alterada pela Recomendação n° 11, ambas de 2013, que, pela necessidade de manutenção de arquivo de segurança, recomendou que fosse mantida cópia de imagens extraídas por scanner ou fotografia, ou arquivos de dados com assinatura eletrônica com certificação digital, conforme padrões ICP-Brasil, ou outro meio hábil. Recomendou, ainda, em seu artigo 5º, que prevalecerão as normas e determinações das Corregedorias Gerais de Justiça, dos Juízes Corregedores ou dos Juízes Competentes, de acordo com a organização local, no tocante à formação e guarda de arquivo de segurança, caso existentes[22].

Essas Resoluções do CNJ devem ser lidas em conjunto com a Lei n° 12.682 de 9 de julho de 2012, que, em poucos artigos, dispõe sobre a elaboração e o arquivamento de documentos em meios eletromagnéticos, devendo ser observada quando da digitalização, armazenamento e reprodução de documentos públicos.

Cumpre mencionar que, auxiliada pela Biblioteca Nacional e pelo Arquivo Nacional, a Comissão Especial do CNJ optou por seguir as referências da ABNT, adotando como formato padrão de digitalização o PDF/A, pelas razões acima elencadas.

A regulamentação veio ao encontro com a legislação vigente, especificando o uso de outros meios que não o papel para os serviços registrais. Antes mesmo da edição da Lei n° 8935, de 18 de novembro de

---

21. <http://www.cnj.jus.br/noticias/cnj/56710-tabeliaes-devem-aguardar-definicao-do-cnj--para-editar-regras-para-preservacao-digital-de-acervos>, acessado em 23 jun. 2016.

22. Quando da edição da Recomendação do CNJ sobre a digitalização, os estados de São Paulo e de Santa Catarina, que já adotavam como formato de digitalização o PDF/A.

1994, que regulamentou o artigo 236 do Constituição Federal, conhecida como Lei dos Notários e Registradores, em seu artigo 41 já preconizava que poderiam ser adotados, para a organização e execução de seus serviços, sistemas de microfilmagem, disco ótico e outros meios de reprodução, permitindo que a lei continuasse com aplicação pratica mesmo com o advento de novas tecnologias ainda não existentes quando de sua edição.

5. DIGITALIZAÇÃO DOS REGISTROS.

A introdução dos computadores auxiliou o serviço dentro dos Registros Civis e permitiu melhor gerenciamento das informações existentes. A digitalização é uma das consequências da informatização nos Serviços Registrais e Tabelionatos na busca de formas de preservação frente à ação de agentes externos que ocasionam por fim a perda das informações, bem como a administração de todo o acervo não apenas dos registros pertencentes ao Cartório, mas também de todos os demais documentos que são necessários para a prática dos atos atribuídos à atividade.

A digitalização dos documentos em papel é um processo cujo conceito pode ser extraído do artigo 1° da Lei n° 12.682/2012: "entende-se por digitalização a conversão fiel da imagem de um documento para código digital". O CNJ, em outro momento, quando da regulação do processo eletrônico, na Resolução n° 185 de 18 de dezembro de 2012, trouxe outro conceito complementar para digitalização: "processo de reprodução ou conversão de fato ou coisa, produzidos ou representados originalmente em meio não digital, para o formato digital;"[23].

Em seguida, no artigo 3°, a Lei traz os requisitos da digitalização: "o processo de digitalização deverá ser realizado de forma a manter a integridade, a autenticidade e, se necessário, a confidencialidade do documento digital, com o emprego de certificado digital emitido no âmbito da Infraestrutura de Chave Públicas Brasileira – ICP – Brasil.".

Efetivamente, é feita mediante a obtenção da imagem do documento ou do registro, que poderá ser por meio de scanner ou mesmo por cap-

---

23. Outro conceito que a lei traz é a diferenciação entre documento digital e documento digitalizado. No artigo 3° diz que documento digitalizado é a reprodução digital de documento originalmente físico, ao passo que documento digital é todo documento originalmente produzido em meio digital.

tura de imagem, convertendo o arquivo para que resulte em um PDF/A, pelas razões já abordadas, de modo que sua visualização seja equivalente ao antes documento físico, não podendo informações serem perdidas nesta conversão.

Como forma de auxílio às Serventias, diversas Associações, como a ARPEN-SP, ANOREG-SC, Recivil em Minas Gerais, bem como a Corregedoria Geral de Justiça de Alagoas, entre outros estados, firmaram convênios com empresas e até mesmo Sociedades[24], objetivando facilitar não apenas a escolha das empresas que poderiam auxiliar as serventias a fazer o serviço de digitalização, como também a negociação e a garantia de que a empresa teria condições técnicas mínimas de atender à todas as especificidades das leis e normas existentes, evitando o desperdício de esforço caso a digitalização resultasse em arquivos que não adequados ao objetivo e ratio de toda normativa.

Em relação ao prazo, as Recomendações do CNJ determinam que, em relação ao Registro Civil das Pessoas Naturais, a digitalização deve abranger o período mínimo compreendido por todos os registros desde 1980, com exceção ao Livro D – Proclamas do Registro Civil, cuja digitalização fica a critério do Oficial. A atualização dos registros não pode ter periodicidade maior do que um mês, conforme redação dos artigos 1º e 2º.

Ainda, para não haver discrepâncias entre os estados quanto ao prazo da conservação dos documentos e atos praticados pelos os Cartórios, e como forma de auxiliar os titulares na gestão de todo o seu acervo, o CNJ editou em 28 de setembro de 2015, o Provimento n° 50[25], que traz uma tabela de temporalidade de documentos nas serventias extrajudiciais, determinado qual seria o destino final de cada documento, em qual prazo, e se haverá a necessidade de microfilmagem e/ou digitalização dos mesmos antes de sua eliminação, levando em consideração, entre outros fatores, os ciclos de vida dos documentos, acima abordado, conforme a frequência de uso e valor dos documentos[26].

---

24. Em Alagoas a digitalização teve como parceira a Sociedade Genealógica de Utah, uma ONG que preserva o registros de interesse genealógico e histórico, que garantiu a microfilmagem a digitalização de todos os registros de nascimento, casamento desde e óbito dos cartórios do estado. A meta é que sejam digitalizados todos os registros.
25. A tabela pode ser consultada no seguinte sítio: <http://www.cnj.jus.br/busca-atos--adm?documento=3008>, acessado em 12 out. 2016.
26. CRUZ, Nataly. Gestão de documentos no registro de imóveis - os cartórios extrajudiciais como detentores de arquivos públicos. Boletim do IRIB, São Paulo, n.354, p.159-161, mar. 2016.

601

6. OS REGISTROS EM MÍDIA DIGITAL

6.1. Segurança e cloud backup.

Feita a cópia digitalizada do registro, deve haver precaução para que esse arquivo digital não seja perdido. Considerando, a Recomendação n° 09 de 2013 do CNJ, em seu artigo 2º e 3º, alerta que o Oficial deve ter o cuidado de manter na serventia um arquivo de segurança (backup), uma cópia da mídia digital, e mais, que outra cópia seja mantida em local diverso da serventia, com o uso de servidores externos, ou qualquer outra espécie de sistema de mídia eletrônica ou digital – trata-se da cópia na nuvem, ou *cloud backup*.

O *cloud backup* é feito por *cloud storage*, armazenamento na nuvem: um servidor, fora da serventia, que armazenará todas as imagens digitalizadas, em redundância. Os dados do equipamento da serventia são sincronizados com o servidor, permitindo que o acesso à informação ocorra a qualquer momento em qualquer local. A preocupação em guardar as imagens em mais outro local é que, caso todos os arquivos digitais sejam perdidos, tanto os originais quanto o backup da serventia, possam ser recuperados de forma fácil, mantendo a integralidade dos dados.

Os registos civis, como dito anteriormente, têm como princípios basilares a perenidade e a conservação de seus registros. Não seria diferente somente pelo fato de que o formato em que informação é apresentada é diverso do papel. Mais, pela facilidade de manuseio da mídia digital, podemos afirmar que os registros, uma vez digitalizados, são seguros tanto quanto os registros físicos em papel, já que não havia possibilidade de replicar o conteúdo dos acervos e guardar cópias dos registros igualmente em papel, seja por razões de custo, operacionalibilidade, ou mesmo de possibilidade física.

Ressalva-se, novamente, que o fato da informação ser facilmente acessível remotamente, não significa que qualquer pessoa possa obter os dados, mas somente os responsáveis pelos Registros Civis e seus colaboradores que tenham autorização para tanto, devendo o Oficial ter o cuidado de, quando da contratação do serviço de *cloud backup*, garantir a confidencialidade e segurança dos dados, devendo a empresa ser segura quanto a ataques de terceiros.

Neste ponto, é de se mencionar uma ferramenta criada pela Associação dos Registradores de Pessoas Naturais do Estado de São Paulo (ARPEN-SP), chamada de Software Inteligente ARPEN-SP, ou simplesmente

SOFIA, para auxiliar na atualização dos registros, operando dentro da CRC.

A CRC – Central de Informações de Registro Civil das Pessoas Naturais é uma plataforma que interliga os Registros Civis dos estados signatários[27] e permite a localização e emissão de qualquer registro entre os Cartórios que estejam interligados, bem como que entes públicos conveniados tenham acesso à sua base de dados. Trata-se de uma iniciativa conjunta da Associação Nacional dos Registradores de Pessoas Naturais (ARPEN-Brasil), Associação dos Registradores de Pessoas Naturais do Estado de São Paulo (ARPEN-SP) e do Conselho Nacional de Justiça (CNJ), que, por meio do Provimento n° 38, de 25 de julho de 2014 do CNJ instituiu a Central de Informações de Registro Civil das Pessoas Naturais – CRC.

Lançado oficialmente em janeiro de 2015, o SOFIA foi idealizado para ser uma plataforma que atendesse às demandas relacionadas à digitalização dos acervos registrais e à gestão eletrônica de documentos de registros (GED – Gerenciamento Eletrônico de Documento). Após a instalação do programa SOFIA nos computadores da serventia, e acesso via certificado digital[28], o oficial ou funcionário autorizado, poderá fazer o envio das mídias para os servidores do SOFIA, cuja indexação é feita pelos dados do registro (livro, folha e número do termo). Uma vez feito o envio, o SOFIA acaba sendo uma forma eficaz e segura de manter uma cópia de segurança em local fora da serventia, e em cloud data.

6.2. Multiplicidade de plataformas.

Os livros de registro devem, portanto, permanecer sob a guarda tanto em meio físico como também sua cópia digitalizada. A multiplicidade de plataformas reforça a ideia de segurança, tamanha a importância que os registros civis possuem para toda a sociedade. Ao impor ambos

---

27. Até a presente data, julho de 2016, fazem parte da CRC os seguintes estados: Acre, Amazonas, Ceará, Espírito Santo, Mato Grosso, Goiás, Piauí, Maranhão, Pernambuco, Rondônia, Santa Catarina, São Paulo, Tocantins. A adesão é feita mediante celebração de convênio padrão entre a ARPEN-SP, que determinará as condições, limites e temporalidade das informações, e Oficiais de Registro Civil das Pessoas Naturais, Corregedoria Geral ou ainda pela associação de classe representativa de Registradores Civis das Pessoas Naturais.

28. O acesso ao programa por meio de certificação digital permite o controle de quais pessoas podem ter acesso ao programa e é possível fazer um registro dos acessos, dificultando assim que as informações sejam obtidas e gerenciadas por alguém que não tenha permissões. Vem ao encontro com a segurança e autenticidade dos serviços de registros públicos, uma vez que as informações não podem ser livremente acessadas por qualquer pessoa.

meios físico e digital, assegura-se que as informações sejam facilmente recuperadas.

Os envios dos dados dos registros civis não se esgotam com o registro na serventia e as cópias de segurança digitalizadas, em backup interno ou via cloud backup. Existe, além do SOFIA, como mencionado, também a obrigatoriedade de enviar tais dados ao Sistema Nacional de Informações de Registro Civil (Sirc). Trata-se de uma iniciativa conjunta, cujo Comitê Gestor conta com a participação do Ministério da Previdência Social, Secretaria de Direitos Humanos da Presidência da República, Ministério da Justiça, Ministério da Defesa, Ministério das Relações Exteriores, Ministério da Fazenda, Ministério do Desenvolvimento Social e Combate à Fome, Ministério da Saúde, Ministério do Planejamento, Orçamento e Gestão, Instituto Nacional do Seguro Social – INSS, Instituto Brasileiro de Geografia e Estatística – IBGE, Conselho Nacional de Justiça, Associação Nacional dos Registradores de Pessoas Naturais - Arpen Brasil e Associação dos Notários e Registradores do Brasil (Anoreg/BR), regulamentado pela Portaria Conjunta nº 253, de 15 de junho de 2015[29].

O Sirc, criado pelo Decreto n° 8.270 de 26 de julho de 2014, é operacionalizado por meio de uma plataforma digital, conectando os cartórios aos ambientes de governo eletrônico do Estado brasileiro, tendo como finalidade formar uma base de dados do governo que capta, processa, arquiva e disponibiliza dados relativos a registros de nascimento, casamento, óbito e natimorto, produzidos pelos cartórios de registro civil das pessoas naturais, para a promoção serviços públicos, o acesso a direitos e benefícios sociais, coibir fraudes na concessão de benefícios, além de proteger os dados e permitir que sejam recuperáveis em meio digital.

Hoje o envio das informações é feito de forma automática pela CRC. Assim que alimentada a base de dados da Central de Registro Civil, automaticamente o sistema envia para o Sirc todas as informações inseridas no sistema, facilitando assim a dinâmica dos serviços nos cartórios.

A diferença entre o envio para o Sirc e para o SOFIA é que naquele há o envio das informações, ao passo que o SOFIA guarda uma cópia das imagens do registro, não apenas das informações.

No estado de São Paulo, adicionalmente, há envio dos mesmos registros ao Sistema Estadual de Análise de Dados – SEADE, que também tem a função de guarda das informações, como também de gerência, uma

---

29. A implementação dos estados ao Sirc está sendo feita de forma gradual.

vez que se trata de uma fundação que cuida da análise dos mais diversos dados buscando conhecer a realidade socioeconômica de cada região do estado de São Paulo, o mais próximo da situação fática.

Aparentemente, em uma primeira análise, a redundância dos mesmos dados, mas em plataformas e sistemas traria mais segurança, pois os dados ficam a salvo por conta da replicação dos próprios. Ou seja, quanto mais armazenados os registros, mais seguros os dados ficam, uma vez que são mais facilmente recuperáveis.

Ressalva-se, conclusivo que os Registros Civis incorporem novas tecnologias em seu funcionamento, a todo momento a noção de segurança deve permear todo o sistema. A integralidade do registro e de suas informações jamais pode ser colocada em risco de ser perdida. Tanto que nas reuniões da Comissão Especial para Gestão Documental do Foro Extrajudicial, uma das preocupações foi a segurança jurídica do formato digital. O consenso foi que, ainda que incorporado o meio digital, o documento físico não poderá ser totalmente substituído. Não existe nenhuma tecnologia digital nos dias de hoje que possa suprimir totalmente a existência dos registros em papel[30].

De fato, a Lei n° 12.682/12, no seu artigo 6º, já havia, expressamente, mencionado que: "*Os registros públicos originais, ainda que digitalizados, deverão ser preservados de acordo com o disposto na legislação pertinente.*".

6.3. Manutenção das Informações

Para evitar que as informações digitais fiquem desatualizadas, recomenda-se que os oficiais de registro tenham o cuidado de, sempre que houver alguma modificação nos registros, que arquivo digital seja substituído por outro gerado da imagem mais recente.

Muito debateu-se como seria feita a atualização das mídias digitais. Uma vez capturada a imagem de um registro e convertida em um arquivo em formato PDF/A, permanecerá o arquivo tal como quando de sua extração. Ocorre que nos Registros Civis, especialmente, há uma grande dinamicidade das informações[31], de modo que a imagem não mais refle-

---

30. <http://www.cnj.jus.br/noticias/cnj/56710-tabeliaes-devem-aguardar-definicao-do-cnj--para-editar-regras-para-preservacao-digital-de-acervos>, acessado em 23 jun. 2016.
31. Sobre os fatos da vida humana que influenciam diretamente o conteúdo dos registros civis, em uma breve e não exaustiva listagem, nos registros de nascimento são averbados: sentença

tirá o documento que o originou. Tomemos como exemplo o registro de nascimento de uma pessoa. Uma vez digitalizado, há o arquivo correspondente à imagem do documento físico. Se essa mesma pessoa contrair casamento, deverá ser feita uma anotação à margem do termo que informe que o estado civil dela passa de solteira para casada. E o PDF gerado a partir daquele registro original não mais será o reflexo da realidade do estado civil da pessoa, de modo que buscar apenas o arquivo digital pode resultar em insegurança jurídica – o que, desde o início foi mais temido na adoção da digitalização.

Neste ponto, o SOFIA mostra-se novamente uma plataforma inovadora que, além de ser repositório das mídias digitais, traz uma ferramenta que permite o gerenciamento dos arquivos digitais. Feito o carregamento da mídia para os servidores do SOFIA, além da obrigatoriedade de haver uma cópia em cloud data, conforme mencionado, é possível seja visualizada novamente essa imagem e que seja adicionado um ícone, onde é feita a anotação/averbação. Essa alteração é anexada ao arquivo, e salva na base de dados do SOFIA. Sempre que for novamente acessada a mídia digital, ela virá com o ícone que indicará que houve alguma alteração no conteúdo do registro, sendo possível o acesso ao seu conteúdo integral e atual.

7. REFLEXOS ATUAIS

7.1 Privacidade e intimidade.

A privacidade é a faculdade que cada indivíduo possui de impedir a intromissão de estranhos na sua vida privada, bem como de ter acesso e divulgar informações sobre cada um[32]. A intimidade é o direito que a pessoa tem de resguardar para si determinadas informações relativas a acontecimentos e desenvolvimento da vida da pessoa, incluindo aqui

---

declaratória de filiação; reconhecimento de paternidade, perda e retomada da nacionalidade brasileira; perda, suspensão e destituição do poder familiar; alteração do nome; nomeação de tutor; termo, guarda e responsabilidade; sentença de adoção do maior; e sentença de adoção unilateral, e são anotados o casamento e o óbito da pessoa. Em relação ao registro de casamento, são averbados: sentença de nulidade e anulação do casamento, e restabelecimento da sociedade conjugal, além da anotação do óbito. Existem ainda os reflexos da interdição e da tomada de decisão apoiada, conforme o Estatuto do Deficiente, que também tem reflexos nos registros de nascimento e casamento.

32. BASTOS, Celso Ribeiro; MARTINS, Ives Gandra. Comentários à Constituição do Brasil. São Paulo: Saraiva, 1989. v. 2.

suas informações e dados pessoais. Trata-se de um âmbito mais exclusivo da vida privada[33].

Ambos são direitos da personalidade, elementos constitutivos da personalidade de um sujeito, essenciais à preservação do princípio da dignidade, um complexo de direitos e deveres fundamentais[34] que asseguram um mínimo de respeito ao homem, somente pelo fato de ser homem[35]. Referidos direitos são indisponíveis, extrapatrimoniais (não avaliáveis economicamente), absolutos (oponíveis *erga omnes*), intransmissíveis (não podem ser transferidos a esfera jurídica de outrem), imprescritíveis (não se extinguem pelo uso, nem pela inércia), impenhoráveis, vitalícios, irrenunciáveis e ilimitados.[36]

Possuem previsão constitucional, no artigo 5º, inciso X, e considerados cláusula pétrea[37], por proteger uma gama de valores que necessitam de proteção pelo Poder Público, cuja redação segue, *in verbis*:

> "X - são invioláveis a intimidade, a vida privada, a honra e a imagem das pessoas, assegurado o direito a indenização pelo dano material ou moral decorrente de sua violação;"

Em sede infraconstitucional, entre tantas previsões[38], destacamos o artigo 21 do Código Civil:

> "Art. 21. A vida privada da pessoa natural é inviolável, e o juiz, a requerimento do interessado, adotará as providências necessárias para impedir ou fazer cessar ato contrário a esta norma."

Cumpre mencionar, em relação aos seus dados, para a administração pública a regra é a publicidade de seus atos, sendo o sigilo exceção,

---

33. PIRES NETO, Ari Alvares. A privacidade dos registros públicos disponibilizados na internet, p. 100. Rio de Janeiro: Ed. Publit, 2010.
34. GONÇALVES, Andrey Felipe Lacerda; BERTOTTI, Monique; MUNIZ, Veyzon Campos. O direito fundamental à privacidade e à intimidade no cenário brasileiro na perspectiva de um direito à proteção de dados pessoais. RDPrivado, São Paulo, v.14, n.54, p.52-55, abr./jun. 2013.
35. PIRES NETO, Ari Alvares. A privacidade dos registros públicos disponibilizados na internet, p. 86. Rio de Janeiro: Ed. Publit, 2010.
36. PIRES NETO, Ari Alvares. A privacidade dos registros públicos disponibilizados na internet, p. 133/134. Rio de Janeiro: Ed. Publit, 2010.
37. Cláusulas pétreas, ou núcleo constitucional intangível, consistem em uma série de valores dotados de tal magnitude que não podem ser objeto de emenda constitucional que tende a aboli-los, *in* BARROSO, Luís Roberto. "Constitucionalidade e legitimidade da criação do Conselho Nacional de Justiça". *Revista de Direito da Procuradoria Geral*, n.59. Rio de Janeiro: 2005. p. 147.
38. Outras previsões em nossa legislação, especialmente em relação aos Cartórios, serão abordadas neste artigo em tópico pertinente.

e desde que determinado por lei, ao passo que ao particular a regra é a privacidade, sendo defeso a publicação da vida privada.

7.2 Segurança e sigilo das informações pessoais

A digitalização e a utilização de sistemas informatizados nos Cartórios facilitaram a operacionalização do serviço, bem como o compartilhamento dos dados dos registros civis. As informações são enviadas com velocidade muito maior, com grande quantidade e qualidade de dados que, em razão do formato eletrônico, são rapidamente analisadas conforme a necessidade e conveniência do recebedor.

Em uma primeira análise, não haveria óbice nenhum sobre o compartilhamento das informações. Cada órgão que hoje recebe as informações dos registros civis tem grande importância social, auxiliando as políticas públicas presentes e futuras, fazendo com que os recursos públicos sejam mais bem empregados na sociedade.

No entanto, essa facilitação deve ser vista com cautela. Uma vez enviados, o sigilo dos dados compete a cada órgão que o armazena e gere – os cartórios têm dever de sigilo em relação à toda e qualquer informação obtida em decorrência de seu serviço, como preceitua o inciso VI do art. 30[39] da Lei dos Notários e Registradores – Lei nº 8935/94, cumprido com seriedade por todos os oficiais, vez que sua violação é uma das condutas passíveis de penalidade disciplinar[40]. Não apenas, há preceito constitucional, no art. 5º, inciso X, que protege a intimidade, a vida privada, honra e imagem das pessoas – conteúdo não muito distante das informações existentes nos Registros Civis, bem como o artigo 21[41] do Código Civil, que resguarda a vida privada da pessoa natural.

Não apenas a atividade proba dos oficiais, igualmente dos tabeliães, garante o respeito à intimidade, privacidade e vida privada, como também existe pelo Poder Judiciário fiscalização direta da atuação daqueles,

---

39. *Art. 30. São deveres dos notários e dos oficiais de registro: (...)*

    VI - guardar sigilo sobre a documentação e os assuntos de natureza reservada de que tenham conhecimento em razão do exercício de sua profissão;

40. *Art. 31. São infrações disciplinares que sujeitam os notários e os oficiais de registro às penalidades previstas nesta lei: (...)*

    IV - a violação do sigilo profissional;

    V - o descumprimento de quaisquer dos deveres descritos no art. 30.

41. *Art. 21. A vida privada da pessoa natural é inviolável, e o juiz, a requerimento do interessado, adotará as providências necessárias para impedir ou fazer cessar ato contrário a esta norma.*

por meio das Corregedorias, conforme a organização judiciária de cada estado dispuser. Trata-se de um sistema balanceado que busca unicamente pela boa prestação dos serviços extrajudiciais e obediência aos parâmetros legais.

Vale mencionar que, embora um dos princípios basilares dos registros seja a publicidade[42], ela é feita de forma indireta ao interessado, por meio de certidões[43], não sendo permitido ao público em geral, ou mesmo a outros órgãos, o acesso direto aos livros e ao conteúdo de seu registro sem autorização judicial, sob pena de violar o direito à privacidade e intimidade[44]. Ainda que exista o direito à informação, ela não é absoluta, sendo o Oficial de Registro Civil um verdadeiro guardião delas. Todavia, com a obrigatoriedade de enviar os dados dos registros a vários órgãos, uma vez enviada a informação, a responsabilidade sobre esses dados é de cada órgão, perdendo os Cartórios o controle sobre eles.

Sobre a intimidade e a privacidade, mister mencionar a edição no presente ano de 2016 de dois Decretos que poderiam minar em parte os esforços e o dever que os Registros Civis têm de sigilo. Em 11 de maio de 2016 foi publicado o Decreto n° 8.777, que instituiu a Política de Dados Abertos do Poder Executivo Federal que, buscando maior transparência pública, permite a publicação de dados inseridos nas bases de dados de órgãos da administração pública federal direta, autárquica e fundacional, sob a forma de dados abertos. Pela redação desse artigo, toda a base de dados do Governo Federal, incluindo os dados enviados pelos cartórios que compõem o Sistema Nacional de Registro Civil (Sirc), poderiam ser acessados por qualquer pessoa, já que o caput do artigo 4º disponibiliza os dados para livre utilização pelo Governo Federal e pela sociedade em geral.

Em 29 de junho de 2016 foi publicado o Decreto n° 8.789, que dispõe sobre o compartilhamento da base de dados na administração pública federal, sob a justificativa de simplificação dos serviços públicos,

---

42. Existe menção expressa à publicidade no art. 1º da Lei n° 8.935/94, art. 1º da Lei n 6.015/73, e art. 2º da Lei n° 9.492/97.

43. A informação se encontra no registro em si, diferente da certidão, que é um extrato de alguma das informações do registro de modo que atenda à publicidade, sem que a intimidade seja infringida.

44. JACOMINO, Sérgio. Registro Eletrônico: a nova fronteira do Registro Público Imobiliário. Parecer sobre o anteprojeto de regulamentação encaminhado pelo Ministério da Justiça. Sugestões acolhidas na reunião de Diretoria do Instituto de Registro Imobiliário. Maio, 2010, pág. 18.

formulação, implementação, avaliação e monitoramento das políticas públicas, análise e controle do pagamento de benefícios, melhoria na base de dados dos órgãos e entidades que compõem a administração pública federal direta e indireta, permite o compartilhamento de dados de forma automática entre os órgãos que a compõem[45].

Os dados que poderiam ser divulgados estão relacionados na Lei n° 12.527 de 18 de novembro de 2011. As informações relacionadas à pessoa natural identificada ou identificável é nomeada "informação pessoal" e no artigo 31, inciso II, autoriza, mesmo ressalvada a intimidade, vida privada, honra, imagem das pessoas, liberdades e garantias individuais, a divulgação ou acesso por terceiros ou pelo consentimento expresso da pessoa a que se refira a informação, ou por previsão legal.

Além dos Decretos 8.777 e 8.789, existe também o Projeto de Lei n° 1.775 de 2015, que instituiria o Registro Civil Nacional, e que, se aprovada, revogaria a Lei 9.454 de 7 de abril de 1997[46] que criou o Registro de Identidade Civil, substituindo-o. O Registro Civil Nacional ficaria a cargo da Justiça Eleitoral que mesclaria os dados desta com os constantes do Sistema Nacional de Registro Civil (Sirc), bem como outros disponibilizados por outros órgãos. A responsabilidade pela gestão, controle, centralização, integridade e confidencialidade ficaria a cargo da Justiça Eleitoral, sob a tutela do Tribunal Superior Eleitoral[47].

---

45. Segundo o art. 1° do referido decreto, participam do compartilhamento de dados "Os órgãos e as entidades da administração pública federal direta e indireta e as demais entidades controladas direta ou indiretamente pela União que forem detentoras ou responsáveis pela gestão de bases de dados oficiais(...)", ressalvando os dados acobertados pelo sigilo fiscal da Secretaria da Receita Federal do Brasil.

46. Esta lei cria um número único de identidade civil, sendo o Poder Executivo o responsável pela criação do órgão que centralizará a implementação do registro único, bem como controlará o cadastro, com apoio dos estados e do Distrito Federal. Observa-se que houve o cuidado de centralizar a informação, com o fito de controle sobre a mesma, mas não há menção sobre compartilhamento de dados entre vários órgãos, mas tão somente entre elas, nos estados e Distrito Federal, que tem a responsabilidade de operacionalização e atualização dos cadastros, enviando as informações ao órgão central apenas. O objetivo da lei é evitar fraudes, uma vez que, licitamente, uma pessoa pode ter 27 números de identificação diferentes, um para cada estado da federação.

47. Discute-se se seria o Tribunal Superior Eleitoral incompetente para gerir, regulamentar e fiscalizar o Registro Civil Nacional, uma vez que esta não é uma das competências da justiça eleitoral, não estando inserido nos artigos 29 e 30 do Código Eleitoral (Lei n° 4.737, de 15 de julho de 1965).

Aparentemente, não parece haver nenhum óbice ou questionamento em relação à segurança dos dados do Registro Civil Nacional. No entanto, o artigo 8º do PL possui redação bastante temerosa:

> *"Art. 8º O Tribunal Superior Eleitoral poderá firmar acordo, convênio ou outro instrumento congênere com entidades governamentais ou <u>privadas</u>, com vistas à consecução dos objetivos desta Lei, observado o disposto no art. 31 da Lei nº 12.527, de 18 de novembro de 2011.".* (grifo nosso)

Há clara e expressa menção que os dados, por mero acordo, convênio ou congênere pode uma entidade privada se tornar gestora dos dados do Registro Civil Nacional. Dessa forma, as informações passadas dos Registros Civis aos Sirc, facilmente, poderiam acabar com empresas privadas[48], não bastando a publicidade já concedida por meio dos Decretos supramencionados, em tese, dentro da mais absoluta previsão legal.

A concentração dos dados de todos os cidadãos brasileiros em um único órgão representa um grave risco, somado como fato de que a gerência poderá ser feita por empresas privadas, podem os dados eletrônicos ser desviados, para fins não conhecidos[49], somado ao fato de que não é correta a formação de um sistema de informações que permita pesquisas ilimitadas da intimidade da pessoa[50].

A efetividade do direito à privacidade demanda não apenas a abstenção do Estado, mas também impõe ao Poder Público que atue no sentido de garantir que terceiros não se intrometam na intimidade e privacidade dos demais[51]. Com as introduções legislativas trazidas, o Estado, ao con-

---

48. Em 2013 existiu um convênio entre o Tribunal Superior Eleitoral (TSE) e o Serasa, que previa o repasse de dados cadastrais de eleitores para a empresa privada, suspenso no mesmo ano, esse acordo foi duramente criticado pela Ministra Cármen Lúcia e pelo Ministro Marco Aurélio de Mello, ambos do STF, uma vez que o TSE é depositário do dados, que estão acobertados pelo sigilo. Para mais informações, vide sobre o assunto em: <http://g1.globo.com/politica/noticia/2013/08/tse-decide-suspender-repasse-de-dados-de-eleitores-para-serasa.html>. Acessado em 30 out. 2016.
49. Esse ponto foi debatido durante o Seminário "O Futuro dos Registros e das Notas", promovido pelo Tribunal de Justiça do Estado de São Paulo, em parceria com a Corregedoria Nacional de Justiça, na data de 31 de julho de 2015. Parte do conteúdo debatido pode ser acessado em: <http://www.serjus.com.br/temp/noticia.php?id=3842>. Acessado em 02 ago. 2016.
50. JACOMINO, Sérgio. Registro Eletrônico: a nova fronteira do Registro Público Imobiliário. Parecer sobre o anteprojeto de regulamentação encaminhado pelo Ministério da Justiça. Sugestões acolhidas na reunião de Diretoria do Instituto de Registro Imobiliário. Maio, 2010, pág. 18.
51. VIEIRA, Tatiana Malta. *O direito à privacidade na sociedade da informação: efetividade desse direito fundamental diante dos avanços da tecnologia da informação*. Porto Alegre: Sergio Antonio Fabris Ed., 2007. p. 95 e 99.

trário de assegurar aos particulares que seus dados sejam preservados, pode facilitar que informações sejam acessadas por terceiros.

O correto seria o envio de informações meramente estatísticas[52], de modo que o Poder Público tenha maneiras de consecução das políticas públicas, mas sem ter acesso a todas as informações e dados referentes à pessoa. Nesse sentido, Ari Alves Pires Neto defende que a informação, de forma isolada e sem contexto, não apresenta risco à privacidade. No entanto, caso essas mesmas informações passem a ser contextualizadas e identificadas a uma pessoa, poderá haver invasão na sua esfera de privacidade. Toda informação tem seu valor. Isolada e individual, pode não encontrar valia, mas um conjunto de informações sobre determinada pessoa, resultante de diversas variáveis, tem múltiplas utilidades.[53]

Continua o autor afirmando que a construção de um banco de dados resultante de informações de vários órgãos governamentais pode ser produtivo sob o aspecto governamental de implementação de políticas e ações, mas é um pesadelo para os direitos individuais. Devemos buscar uma compatibilização entre o direito à privacidade com o direito à informação, de modo que nenhum dos dois resulte sacrificado.[54]

O fenômeno da atomização e da molecularização dos Cartórios[55] permite que os dados sobre a pessoa estejam pulverizados nos registros. O acesso a toda as informações sobre alguém é obtido somente após a obtenção de certidões para então montar um panorama mais completo sobre determinada pessoa. Isto porque, ainda haja uma interligação en-

---

52. Compartilhando o mesmo temor, a ARPEN-SP reuniu-se, na data de 08/06/2016, com a Secretária Especial de Direitos Humanos no Ministério da Justiça, sobre a divulgação irrestrita dos dados informados ao SIRC após o advento do Dec. 8.777/2016. Uma das alternativas apontadas, para que não houvesse prejuízo nas políticas públicas, seria o envio de dados estatísticos.

    Mais informações sobre a reunião podem ser obtidas no seguinte sítio: <https://www.anoregsp.org.br/index.php?pG=X19leGliZV9ub3RpY2lhcw==&in=NTUzOQ==&msg_id=1475264079|$|Y2FydG9yaW9ub3ZhaW5kZXBlbmRlbnRpYUB5YWhvby5jb20uYnI=|$|>, acessado em 07 out. 2016.

53. PIRES NETO, Ari Alvares. A privacidade dos registros públicos disponibilizados na internet, p. 108-109. Rio de Janeiro: Ed. Publit, 2010

54. PIRES NETO, Ari Alvares. A privacidade dos registros públicos disponibilizados na internet, p. 116 e 154. Rio de Janeiro: Ed. Publit, 2010.

55. Sérgio Jacomino faz uma brilhante distinção entre a atomização e molecuralização dos Cartórios. Os Cartórios nasceram no Brasil como um sistema atomizado, em que as informações constantes nas Serventias se encontravam espalhadas, cada uma gerindo-a independentemente, para um modelo mais moderno, em que a informação ainda é gerida pela Serventia que a detém, mas ao mesmo tempo há uma interação entre as mesmas, com a informação em rede.

tre Cartórios, como ocorre com a CRC, não existe um arquivo ou repositório que agregue todas as informações, e por que não dizer o histórico de toda a vida da pessoa, garantindo os Cartórios a segurança jurídica em relação à vida privada.

Diferentemente da política brasileira de gerenciamento das informações particulares, a União Europeia se preocupa em proteger os dados pessoais. No ano de 1995 foi aprovada a Diretiva 95/46/CE que buscava harmonizar a legislação de todos os países membros, ao exigir que tenham uma agência ou comissário que supervisione a proteção à privacidade individual, bem como a edição de leis sobre processamento de dados pessoais, sendo que no seu artigo 17 impõe a entidades tanto privadas como públicas a proteção contra a difusão ou acesso não autorizado dos dados pessoais que processem e armazenem.[56]

Dentro da União Europeia existe ainda a Diretiva 2002/58/CE[57], que complementa a Diretiva 95/26/CE, acima mencionada, e trata da privacidade. Determina que, em relação aos entes públicos, deve haver mecanismos para proteção dos direitos e liberdades fundamentais das pessoas, e para os entes privados, formas de proteção dos dados pessoais. A preocupação é de tal monta que a Diretiva 2006/24/CE, relativa à conservação de dados, foi declarada inválida pelo Tribunal de Justiça da União Europeia, em 8 de abril de 2014, devido à sua grave interferência na vida privada e na proteção dos dados pessoais[58].

Na Organização das Nações Unidas, a Resolução A/HRC/28/L.27[59], aprovada por consenso e liderada pelo Brasil, Alemanha, Áustria, Liechtenstein, México, Noruega e Suíça, protege o direito à privacidade, especialmente quanto à coleta de dados pessoais, interferência na privacidade, família, casa ou correspondência, e interceptação das comunicações frente ao combate ao terrorismo[60], que poderia resultar em arbitra-

---

56. REINALDO FILHO, Demócrito. A Diretiva Europeia sobre proteção de dados pessoais. Revista Jus Navigandi, Teresina, ano 18, n. 3507, 6 fev. 2013. Disponível em: <https://jus.com.br/artigos/23669>. Acessado em: 27 set. 2016.
57. <http://eur-lex.europa.eu/legal-content/PT/TXT/PDF/?uri=CELEX:32002L0058&from=en>. Acessado em 04 out. 2016.
58. <http://www.europarl.europa.eu/atyourservice/pt/displayFtu.html?ftuId=FTU_5.12.8.html>,. acessado em 05 out. 2016.
59. Disponível em: <http://www.un.org/ga/search/view_doc.asp?symbol=A/HRC/28/L.27>, acessado em 14 nov. 2016.
60. A segurança pública é reconhecida como uma situação excepcional que permitiria a coleta e proteção de dados confidenciais.

riedades e inseguranças, em atendimento ao artigo 12⁶¹ da Declaração Universal dos Direitos Humanos e do artigo 17⁶² do Pacto Internacional sobre os Direitos Civis e Políticos⁶³.

Resta claro que a política interna do Brasil está na contramão do entendimento na União Europeia e na ONU⁶⁴. Ao passo que internacionalmente há um equilíbrio – ou ao menos busca-se – entre a segurança pública e a privacidade e a intimidade, a edição dos Decretos 8.777 de 11 de maio de 2016 e 8.789 de 29 de junho de 2016, faz o caminho oposto, cuja aplicação pode resultar em vulnerabilidade dos dados pessoais dos registros constantes nos Registros Civis das Pessoas Naturais.

8. IMPORTÂNCIA SOCIAL DOS REGISTROS CIVIS E O FUTURO DA ATIVIDADE

Os Registros Civis, em decorrência da sua presença nas menores comunidades, têm contato direto com a população, e não raras vezes, são a referência que buscam quando precisam de auxílio e aconselhamento jurídico. Há um constante aperfeiçoamento na prestação do serviço,

---

61. Artigo 12°: Ninguém sofrerá intromissões arbitrárias na sua vida privada, na sua família, no seu domicílio ou na sua correspondência, nem ataques à sua honra e reputação. Contra tais intromissões ou ataques toda a pessoa tem direito a proteção da lei. Disponível em: <http://www.ohchr.org/EN/UDHR/Documents/UDHR_Translations/por.pdf>, acessado em 10 out. 2016.

62. Artigo 17: 1. Ninguém poderá ser objetivo de ingerências arbitrárias ou ilegais em sua vida privada, em sua família, em seu domicílio ou em sua correspondência, nem de ofensas ilegais às suas honra e reputação. 2. Toda pessoa terá direito à proteção da lei contra essas ingerências ou ofensas. Disponível em: <http://www.planalto.gov.br/ccivil_03/decreto/1990-1994/d0592.htm>, acessado em 10 out. 2016.

63. A ONU mantém vigilância constante para evitar que direitos e garantias individuais possam ser infringidos por governos. Nessa esteira tem-se notícia de pedido da ONU ao Reino Unido para que reveja projeto de lei sobre poderes investigatórios de agências de vigilância, cuja redação atual estabelece vigilância em massa e retenção de dados. Pela mesma razão, a Corte Europeia de Direitos Humanos neste ano proferiu decisão contra a legislação antiterrorismo da Hungria, que permite, administrativamente, vigiar pessoas, vasculhar cartas, telefones, computadores e atividades na internet. Disponível em: <https://nacoesunidas.org/projeto-de-lei-no-reino-unido-pode-aumentar-vigilancia-e-ameaca-liberdades-alertam-relatores-da-onu/>; e <http://jota.uol.com.br/decisao-da-corte-europeia-de-direitos-humanos-pode-restringir-alcance-das-leis-anti-terrorismo>, ambos acessados em 11 out. 2016.

64. Na data de 30/10/2016 o Ministério Público Federal ajuizou uma ação civil pública contra o INSS e a empresa Tifim Recuperadora de Crédito e Cobranças Ltda., pelo repasse e uso de dados pessoais de aposentados e pensionistas para a empresa, que os utilizava para a enviar propostas de crédito consignado, violando o sigilo dos dados pessoais e a privacidade. Informações e dados sobre o processo em: <http://www.prsp.mpf.mp.br/sala-de-imprensa/noticias_prsp/30-09-16-mpf-sp-processa-inss-e-financeira-que-usou-dados-sigilosos-para-oferecer-credito-consignado>, acessado dia 30 out. 2016;

sempre visando a eficiência, segurança das informações, bem como a boa administração da Serventia, através da modernização, objetivando o melhor atendimento daqueles que necessitam e dirigem-se aos Cartórios.

A CRC é fruto da constante modernização. A conexão e integração entre os Registros Civis de vários estados facilita o acesso aos seus serviços. Mesmo não havendo a adesão completa, é inegável o êxito da plataforma. O desafio próximo é possibilitar a participação de todos os Registros Civis no CRC. O Brasil é um país de proporções territoriais continentais. Natural que existem diferenças entre as diversas regiões do país. A participação de todo Cartório significa que tanto o Registro de uma capital de estado como o localizado em um pequeno distrito estão em paridade de modernização e informatização, além de integração dos sistemas. Eventuais dificuldades podem ser resolvidas com o auxílio das Associações e Corregedorias estaduais.

O futuro da atividade está na modernização e união da classe. Uma estratégia de desenvolvimento sem que atente para todos os Cartórios já nasce equivocada. A boa prestação do serviço para a sociedade deve ser feita de forma uniforme, independentemente da Serventia.

9. CONCLUSÃO

A presença do Registro Civil no dia a dia das pessoas é evidente. As alterações no estado civil da pessoa transitam pelo Registro Civil das Pessoas Naturais, uma vez que há a necessidade do registro para que possa haver publicidade e produção dos efeitos jurídicos perante terceiros. Somado à molecularização, estão presentes nas menores comunidades, sendo evidente a sua importância social.

Mesmo de origem secular, os Registros Civis incorporam novas tecnologias, sempre almejando o melhor funcionamento, atendimento e promoção de novas funcionalidades, em atenção à melhor prestação do serviço extrajudicial à população, mais célere e seguro, aliado à modernidade, sem que seja preterida a segurança das informações da serventia. Hoje, a informática é extremamente útil à atividade, apoiando-a, mas não conseguindo, porém, substituir a figura do delegado do serviço, indispensável para a certificação que todas as obrigações, direitos e garantias estão sendo preservadas.

Tendo em vista a o atendimento à sociedade, os Cartórios, não apenas os Registros Civis, buscaram auxílio em outras áreas, como a arquivologia, e a gestão documental, para designar métodos de tratamento dos documentos e das informações neles contidas, visando sua organização, padronização, classificação e preservação, bem como a facilitação dos serviços. Respalda a preocupação na importância da segurança das informações presentes nos acervos e na possibilidade de haver alguma forma de sua recuperação no caso de perda, sem que a forma cartácea seja substituída por sistemas eletrônicos, mas com o acréscimo de novos meios de manutenção dos registros[65].

Todo esse debate e precaução em relação ao tema discorre da relevância da atividade, que possibilita, de forma rápida e de fácil consecução, a obtenção de segurança jurídica e, consequentemente a eliminação de riscos pela certeza quanto ao ato e sua eficácia, em decorrência da atuação proba de todos os oficiais registradores e tabeliães que militam em busca do constante aperfeiçoamento da atividade.

10. BIBLIOGRAFIA

ASSUMPÇÃO, Letícia Franco Maculan. Cartórios no século XXI – o uso da internet pelo Poder Judiciário pelos Cartórios Extrajudiciais. Revista Forense, vol. 405, ano 105, p. 677-689, set./out. 2009.

BARROSO, Luís Roberto. "Constitucionalidade e legitimidade da criação do Conselho Nacional de Justiça". *Revista de Direito da Procuradoria Geral,* n.59. Rio de Janeiro: 2005. p. 147.

BASTOS, Celso Ribeiro; MARTINS, Ives Gandra. Comentários à Constituição do Brasil. São Paulo: Saraiva, 1989. v. 2.

BATISTA, Natália Cosse; OLIVEIRA, Camillo Jorge Santos; DE ALBUQUERQUE ARAÚJO, Arnaldo. Identificação dos Tipos de Impressão Fotográfica utilizando Análise Formal de Conceitos.

BRAGA JUNIOR, Antonio Carlos A. O oficial que estiver digitalizando não deve pensar em substituição. Jornal da ARPEN-SP, São Paulo, v.12, n.114, p.6-7, ago. 2011.

BRANDELLI, Leonardo. Teoria Geral do Direito Notarial. 4ª ed. São Paulo: Saraiva, 2011.

BODÊ, Ernesto Carlos. Preservação de documentos digitais o papel dos formatos de arquivo. 2008.

CASSARES, Norma Cianflone. Como fazer conservação preventiva em arquivos e bibliotecas. São Paulo: Arquivo do Estado e Imprensa Oficial, 2000.

CENEVIVA, Walter. Direito à privacidade nos sistemas de informação. Revista de Direito Imobiliário, n. 59, jul.–dez., p.306–307. São Paulo: RT, 2005.

CENEVIVA, Walter. Lei dos Notários e Registradores comentada (lei 8.935/94) – 8ª ed. rev. e atual. São Paulo: Saraiva, 2010.

---

[65]. Ao menos na presente data, nos Registros Civis, não houve transposição para um sistema inteiramente eletrônico, visto que transitamos entre os dois sistemas, adaptando as novas tecnologias às necessidades e finalidades que a importante atividade notarial e registral presta. Em um futuro, possivelmente próximo, os novos registros sejam inteiramente eletrônicos, acompanhando a evolução da tecnologia.

CHAVES, Carlos Fernando Brasil. REZENDE, Afonso Celso F. Tabelionato de notas e o notário perfeito. 7ª ed. São Paulo: Saraiva, 2013.

CRUZ, Nataly. Gestão de documentos no registro de imóveis - os cartórios extrajudiciais como detentores de arquivos públicos. Boletim do IRIB, São Paulo, n.354, p.159-161, mar. 2016.

CRUZ, Nataly. JACOMINO, Sérgio. Registro de Imóveis – Competência Regulamentar do Poder Judiciário *in* Registros Públicos e Notas: Conselho Nacional de Justiça: atos normativos apontados. São Paulo: Quinta Editorial/Conselho Nacional de Justiça, 2015.

ENCONTRO REGIONAL DOS OFICIAIS DE REGISTRO DE IMOVEIS, 25., 2010, Tiradentes/MG. IRIB, 2010.

GONÇALVES, Andrey Felipe Lacerda; BERTOTTI, Monique; MUNIZ, Veyzon Campos. O direito fundamental à privacidade e à intimidade no cenário brasileiro na perspectiva de um direito à proteção de dados pessoais. RDPrivado, São Paulo, v.14, n.54, p.45-62, abr./jun. 2013.

<https://arisp.files.wordpress.com/2008/12/boletim-jan-jul-1959_colaboracoes.pdf>. Acessado em 28 mai. 2016.

<https://cartorios.org/2011/04/13/registradores-devem-aguardar-recomendacoes-para-digitalizar-titulos-e-acervo/>. Acessado em 08 jun. 2016.

<https://en.wikipedia.org/wiki/Cemetery>. Acessado em 30 jul. 2016.

<https://en.wikipedia.org/wiki/Churchyard>. Acessado em 30 jul. 2016.

<http://eur-lex.europa.eu/legal-content/PT/TXT/PDF/?uri=CELEX:32002L0058&from=en>. Acessado em 05 out. 2016.

<https://folivm.wordpress.com/>. Acessado em 17 ago. 2016.

<http://g1.globo.com/politica/noticia/2013/08/tse-decide-suspender-repasse-de-dados-de-eleitores-para-serasa.html>. Acessado dia 30 em. 2016.

<https://helpx.adobe.com/br/acrobat/using/pdf-conversion-settings.html#about_pdf_x_pdf_e_and_pdf_a_standards>. Acessado em 17 jun. 2016.

<http://iregistradores.org.br/noticias/tjsp-recomendacao-para-digitalizacao-de-documentos-arquivisticos-do-conarq/>. Acessado em 28 mai. 2016.

<http://jota.uol.com.br/decisao-da-corte-europeia-de-direitos-humanos-pode-restringir-alcance-das-leis-anti-terrorismo>. Acessado em 11 ago. 2016.

<http://legis.senado.gov.br/legislacao/ListaPublicacoes.action?id=74497&tipoDocumento=LEI&tipoTexto=PUB>. Acessado em 16 jun. 2016.

<https://nacoesunidas.org/projeto-de-lei-no-reino-unido-pode-aumentar-vigilancia-e-ameaca-liberdades-alertam-relatores-da-onu/>. Acessado em 11 ago. 2016.

<https://nacoesunidas.org/sob-lideranca-de-brasil-e-alemanha-onu-cria-mandato-de-relator-sobre-privacidade-na-era-digital/>. Acessado em 10 out. 2016.

<http://www.arpensp.org.br/index.php?pG=X19leGliZV9ub3RpY2lhcw==&in=MjI2NzA=>. Acessado em 28 mai. 2016.

<http://www.arpensp.org.br/?pG=X19leGliZV9ub3RpY2lhcw==&in=MjUyMjQ=>. Acessado em 28 mai. 2016.

<http://www.arpensp.org.br/principal/index.cfm?pagina_id=178>. Acessado em 16 jun. 2016.

<http://www.camara.gov.br/proposicoesWeb/prop_mostrarintegra;jsessionid=13D1C58C3DD631F5386FCB52DCD98121.proposicoesWeb2?codteor=1342951&filename=PL+1775/2015>. Acessado em 28 jul. 2016.
<http://www.cnj.jus.br/noticias/cnj/57367-trabalhos-da-comissao-para-gestao-documental-sao-prorrogados>. Acessado em 23 jun. 2016.
<http://www.cnj.jus.br/noticias/cnj/57557-manual-orientara-cartorios-na-preservacao-de-documentos-v>. Acessado em 22 jun. 2016.
<http://www.conjur.com.br/2016-mar-06/projeto-cria-registro-civil-nacional-afronta--constituicao>. Acessado em 28 jun. 2016.
<http://www.europarl.europa.eu/atyourservice/pt/displayFtu.html?ftuId=FTU_5.12.8.html>. Acessado em 29 set. 2016.
<http://www.infowester.com/imagens.php>. Acessado em 10 ago. 2016.
<http://www.iso.org/iso/home/standards.htm>. Acessado em 21 jun. 2016.
<http://www.iso.org/iso/home/about.htm>. Acessado em 21 jun. 2016.
<https://www.iso.org/obp/ui/#iso:std:iso:19005:-1:ed-1:v2:en>. Acessado em 21 jun. 2016.
<http://www.iti.gov.br/icp-brasil>. Acessado dia 24 jun. 2016.
<http://www.migalhas.com.br/Registralhas/98,MI235338,51045-Unificacao+cadastral+e+o+registro+civil+das+pessoas+naturais>. Acessado dia 29 jul. 2016.
<http://www.ohchr.org/EN/NewsEvents/Pages/DisplayNews.aspx?NewsID=15763&LangID=E>. Acessado em 10 out. 2016.
<http://www.planalto.gov.br/ccivil_03/leis/l9454.htm>. Acessado em 28 jul. 2016.
<http://www.prsp.mpf.mp.br/sala-de-imprensa/noticias_prsp/30-09-16-mpf-sp-processa-inss-e-financeira-que-usou-dados-sigilosos-para-oferecer-credito-consignado>. Acessado em 30 out. 2016.
<http://www.revistadehistoria.com.br/secao/artigos/sepultados-sob-solo-santo>. Acessado em 11 ago. 2016.
<http://www.revistatecnologiagrafica.com.br/index.php?option=com_content&view=article&id=1762:a-nova-parte-da-norma-iso-19005-ou-simplesmente-pdfa-2&catid=60:normalizacao&Itemid=185>. Acessado em 17 jun. 2016.
<http://www.sebrae.com.br/sites/PortalSebrae/ideias/como-montar-um-servico-de--digitalizacao-de-documentos,f1887a51b9105410VgnVCM1000003b74010aRCRD>. Acessado em 25 jun. 2016.
<http://www.serjus.com.br/temp/noticia.php?id=3842>. Acessado em 02 ago. 2016.
<http://www.sirc.gov.br/>. Acessado em 10 jul. 2016.
<http://www.tjrn.jus.br/index.php/comunicacao/noticias/6799-cartorios-de-registro--de-imoveis-terao-manual-sobre-conservacao-de-documentos-fisicos>. Acessado em 23 jun. 2016.
<http://www.uniregistral.com.br/conteudo/noticias/noticias.asp?id_noticia=36>. Acessado em 11 jun. 2016.
<http://www2.camara.leg.br/legin/fed/decret/1824-1899/decreto-9886-7-marco-1888-542304-publicacaooriginal-50566-pe.html>. Acessado em 16 jun. 2016.
JACOMINO, Sérgio. Publicidade imobiliária na antiguidade oriental e atuação notarial na Idade Média Portuguesa (séc. XII e XIII). Boletim do IRIB, São Paulo, n.292, p.238-9, set. 2001.

JACOMINO, Sérgio. Registro de imóveis eletrônico - Recomendação CNJ 9/2003 em discussão. RDI, São Paulo, v.36, n.75, p.75-96, jul./dez. 2013.

JACOMINO, Sérgio. Registro Eletrônico: a nova fronteira do Registro Público Imobiliário. Parecer sobre o anteprojeto de regulamentação encaminhado pelo Ministério da Justiça. Sugestões acolhidas na reunião de Diretoria do Instituto de Registro Imobiliário. Maio, 2010.

JACOMINO, Sérgio. Sistema de registro eletrônico de imóveis. Boletim do IRIB em Revista, v. 354, p. 72-80, 2016.

LIMA, Ary José de; CHICUTA, Kioitsi; JACOMINO, Sérgio. Novas reflexões sobre a informatização do registro imobiliário brasileiro - a digitalização dos títulos,papéis e documentos - o livro eletrônico. In: REGISTRO de imóveis (27º Encontro, Vitória, 2000), p.77-79.

LOUREIRO, Luiz Guilherme. Manual de direito notarial: da atividade e dos documentos notariais. Salvador: JusPODIVM, 2016.

LOUREIRO FILHO, Lair da Silva. LOUREIRO, Claudia Regina de Oliveira Magalhães da Silva. Notas e Registros Públicos. 4ª ed. rev. São Paulo: Saraiva, 2012.

MEDEIROS, Nilcéia Lage; AMARAL, Cléia Gomes. A Representação do ciclo vital dos documentos: uma discussão sob a ótica da gestão de documentos. **Em Questão**, v. 16, n. 2, 2010.

MOREIRA, Alexandra; MENDES, Fábio Faria; DE QUEIROZ, Jonas Marçal. Digitalização de manuscritos históricos: a experiência da casa setecentista de mariana. Ciência da Informação, Brasília, v. 36, n. 3, p. 89-98, 2007.

PAES, Marilena Leite. Arquivo: teoria e prática. 3.ed. rev. e ampl. Rio de janeiro: Ed. FGV, 2004.

PIRES NETO, Ari Alvares. A privacidade dos registros públicos disponibilizados na internet. Rio de Janeiro: Ed. Publit, 2010.

POZO, Luis Fernández del. A publicidade imobiliária no direito mesopotâmico antigo. IRIB –

Revista de Direito Imobiliário, vol. 50, ano 24, p. 279-314, jan./jun. 2001.

RAABE, A.; POHLMANN FILHO, O. Estudo Comparativo entre sistemáticas de digitalização de documentos: formatos HTML e PDF. Ci. Inf., Brasília, v. 27, n. 3, p. 300-310, set./dez. 1998.

REINALDO FILHO, Demócrito. A Diretiva Europeia sobre proteção de dados pessoais. Revista Jus Navigandi, Teresina, ano 18, n. 3507, 6 fev. 2013. Disponível em: <https://jus.com.br/artigos/23669>. Acesso em: 27 set. 2016.

SANT'ANNA, Marcelo Leone. Os desafios da preservação de documentos públicos digitais. Revista IP, v. 3, n. 2, p. 123-35, 2001. Disponível em: <http://egov.ufsc.br/portal/sites/default/files/anexos/27269-27279-1-PB.pdf>. Acessado em 02 set. 2016.

SANTOS, Flauzilino Araújo dos. Registro de Imóveis Eletrônico – uma reflexão tardia?. Publicado no Boletim do IRIB em Revista - Edição nº 354, março de 2016, páginas 82 a 93.

SIQUEIRA, Alessandro Marques de. Registro Civil. In: Âmbito Jurídico, Rio Grande, XIII, n. 80, set 2010. Disponível em: http://www.ambito-juridico.com.br/index.php?n_link=revista_artigos_leitura&artigo_id=8373

SOUZA, Eduardo Pacheco Ribeiro de. Noções fundamentais de direto registral e notarial. São Paulo: Saraiva, 2011.

VIEIRA, Tatiana Malta. O *direito à privacidade na sociedade da informação: efetividade desse direito fundamental diante dos avanços da tecnologia da informação*. Porto Alegre: Sergio Antonio Fabris Ed., 2007. p. 95 e 99.

WERNER, Luiz A. Novas tecnologias aplicadas à atividade registral. Boletim do IRIB, São Paulo, n.343, p.74-77, 2011.

CAPÍTULO 23

O sistema central de informações do Registro Civil – CRC – Nacional: dignidade e informação ao alcance de todos

Estela Luisa Carmona Teixeira[1]
Patrícia Silva de Almeida[2]

Sumário: 1. Considerações iniciais; 2. A gestão do sistema CRC: o papel da ARPEN-SP; 3. O provimento n.º 38/2014: Surgimento do CRC nacional; 4. Da aplicação dos módulos do sistema; 4.1. – Do módulo CRC – Buscas; 4.2. – Do módulo CRC – Comunicações; 4.3. – Do módulo CRC – Certidões; 4.4. – Do módulo CRC – e-Protocolo; 4.5. – Do módulo CRC-JUD; 4.6. – Do Módulo CRC – e-Proclamas; Considerações finais; Referências.

1. CONSIDERAÇÕES INICIAIS

Impossível ficar inerte ao progresso tecnológico. A tecnologia digital que outrora era destinada apenas a uma camada da população, no agora, transita em múltiplos ambientes, sejam esses públicos ou privados. O ambiente tecnológico há mais de décadas vem sendo inserido e utilizado nos cartórios de Registro Civil no Estado de São Paulo, chegando ao encontro da sociedade, dignificando e facilitando o acesso da população a informação.

---

1. Especialista em Direito Empresarial pela Universidade Estadual de Londrina - UEL/PR. Oficiala Registradora e Tabeliã de Notas do Município de Meridiano, Comarca de Fernandópolis, Estado de São Paulo.
2. Mestranda do Programa de Mestrado em Direito da Universidade de Marília - UNIMAR/SP. Especialista em Direito Público pela Escola de Magistratura Federal do Rio Grande do Sul - ESMAFE/RS. Oficiala Registradora e Tabeliã de Notas do Município de Santa Salete, Comarca de Urânia, Estado de São Paulo.

Cada vez mais os serviços *on-line* se integram e são apresentados aos cidadãos, aproximam e encurtam distâncias. Neste contexto, surge a Central de Registro Civil de Pessoas Naturais - CRC, gestada como ferramenta indispensável para facilitar o acesso à publicidade registral e tornando menos dispendiosa a informação ao usuário-cidadão, modernizando a atividade cartorária brasileira.

Instituída por intermédio de parceria entre Associação dos Registradores de Pessoas Naturais do Estado de São Paulo (ARPEN-SP) e a Corregedoria Geral de Justiça do Estado de São Paulo (CGJ-SP) – Provimento CG n.º 19/2012 –, o sistema consiste em um banco de dados eletrônico de informações acerca dos registros das pessoas naturais, comportando nascimentos, óbitos e casamentos, bem como viabiliza a expedição de certidões eletrônicas. Considerada modelo de referência nacional, visa à prestação de serviço com celeridade e eficiência, sem abandonar a almejada segurança jurídica.

Nesse contexto, referenciando a importância da informação e da publicidade registral, passamos então a discorrer acerca da referida Central.

2. A GESTÃO DO SISTEMA CRC: O PAPEL DA ARPEN-SP

Sempre foi um sonho interligar os dados das 816 serventias extrajudiciais do Estado de São Paulo. O incipiente sistema de comunicações, no passado conhecido como INTRANET, foi implantado no ano de 1999. O Projeto inicial, denominado Portal de Serviços Eletrônicos Compartilhados, foi instituído com base de uma rede de computadores privados, tendo como função nortear o fluxo de informações e dados corporativos, padronizando formulários e centralizando documentos apenas entre as respectivas unidades extrajudiciais pertencentes ao Estado de São Paulo. Para se ter uma ideia, naquela época, os dados e informações de todos os cartórios de registro civil do Estado eram centralizados em uma espécie de *bureau* de informações, baseado em *bulletin board system (BBS)*[3] com uso de conexão telefônica, feita em ambiente criptografado para garantir segurança nas transmissões das informações.

---

3. Consiste na utilização de um *software* que faz conexão via telefone, interligando os computadores participantes do sistema. Via computador, agilizam-se as comunicações entre os participantes do sistema, de modo a reduzir custos e distâncias. Usado basicamente para troca de mensagens, fotos e jogos *on-line*. PEREIRA, Marcellus. *Nostalgia: o tempo dos BBS*. Disponível em: <http://meiobit.com/32906/nostalgia-o-tempo-dos-tempo-dos-bbs>. Acesso em: 21 set. 2016.

Sua implantação e execução somente vieram a ocorrer com o fechamento da parceria entre a ARPEN-SP e a Corregedoria Geral de Justiça do Estado de São Paulo em meados de 2001, passando assim a firmar por continuo o uso da *internet*.

O Projeto inicial previa apenas a criação do módulo básico de *sistema de comunicações,* objetivando agilizar os procedimentos de comunicação previstos, assim como diminuir seus custos, previstos no artigo 106, da Lei de Registros Públicos (Lei Federal n.º 6.015, de 31 de dezembro de 1973).[4]

No passado não muito distante, as comunicações dos atos da vida civil eram realizadas por meio de cartas registradas, encaminhadas via correios, inúmeras vezes pendentes e sujeitas a extravios. A morosidade e distâncias geográficas impediam a dinamicidade e aproximação do registrador civil com a sociedade. Desde sua implantação, aproximadamente, 5,5 milhões de comunicações e óbitos foram transmitidas via sistema, ou seja, permitiu a economia de 47 milhões de reais em despesas com postagens e, por consequência, a maximização de tempo e trabalho.[5]

Todavia, o projeto original foi expandido, visando erradicar a falta de registros nos municípios distantes das unidades registrais. Desde 2003, a ARPEN - SP ampliou seu campo de atuação, participando como incentivador de convênios existentes entre os cartórios de pessoas naturais, as maternidades e contando com a participação do Tribunal de Justiça do Estado de São Paulo, galgaram resultados nas tentativas de erradicar o sub-registro dentro da unidade da federação.[6] O pioneiro projeto, nas

---

4. Anteriormente ao surgimento da Lei de Registros Públicos, o Decreto Federal n.º 4.857/39 não previa a obrigatoriedade de realizar as pertinentes comunicações. Com o advento da Lei Federal n.º 6.015/79, surgiu a compulsoriedade. Temos, assim: art.106. Sempre que o oficial fizer algum registro ou averbação, deverá, no prazo de 5 (cinco) dias, anotá-lo nos atos anteriores, com remissões recíprocas, se lançados em seu cartório, ou fará comunicação, com resumo do assento, ao oficial em cujo cartório estiverem os registros primitivos, obedecendo-se sempre a forma prescrita no art. 98. Parágrafo único. As comunicações serão feitas mediante cartas relacionadas em protocolo e ficarão arquivadas no cartório que as receber.
5. Dados foram fornecidos pela ARPEN-SP, dispostos no manual fornecido aos registradores de pessoas naturais participantes do Convênio. ARPEN-Brasil; ARPEN-SP. *Central Nacional de Informações do Registro Civil: Provimento n.º 38/2014, Conselho Nacional de Justiça (CNJ).* São Paulo: ARPEN-SP, 2015, p. 23.
6. Estatísticas comprovam que até o ano de 2014 foram computados 573.886 mil registros realizados em maternidades, em virtude do sistema CRC. Dados disponíveis à consulta: ARPEN-SP. *CNJ institui a CRC Nacional e a CRC Internacional.* IN: Revista ARPEN-SP, ano XV, edição 149. São Paulo: ARPEN-SP, julho 2014, p. 24.

palavras do ex-presidente da entidade, Luís Carlos Vendramin Junior, [...] desencadeou os primeiros passos para transformar a INTRANET em um verdadeiro Portal de Serviços Eletrônicos compartilhados.

A exitosa experiência paulista culminou no Provimento n.º 13/2012, do Conselho Nacional de Justiça – CNJ, expandindo nacionalmente o sistema denominado de "Unidades Interligadas". Com ele, permitiu-se a atuação dos ofícios extrajudiciais em "tempo real", possibilitando o registro e a entrega de certidões, emitidas na maternidade e entregues aos genitores e proporcionando o pleno direito a dignidade, visto que a criança sai do hospital com seu primeiro documento de cidadania. A expansão do programa nacional resultou na substituição do inicial convênio paulista.[7]

Com a edição do Provimento n.º 19/2012,[8] da Corregedoria Geral de Justiça de São Paulo, foi criada a Central de Informações do Registro Civil – CRC, facilitador da localização dos registros relativos às pessoas naturais. Segundo a registradora Karine Boselli, a central de informações paulista representou o primeiro avanço nas buscas e pesquisas em assentos, colaborando com a obtenção de certidões, realizadas em cartórios distantes de onde os assentos se originaram.[9] Surge, em paralelo, o primeiro site eletrônico para recebimento e emissão de pedidos de segundas vias de certidões de nascimento, casamento e óbito pelo público em geral.[10]

A compulsoriedade e a funcionalidade da central estadual paulista dependiam basicamente da alimentação do banco de dados por todos as serventias do Estado, sendo que o Provimento n.º 19/2012 apresentou uma tabela de escalonamento para fins de migração plena de dados para dentro do referido sistema.[11]

---

7. LOUREIRO, Luiz Guilherme. *Registros Públicos: teoria e prática*. 7.ed. rev., atual e ampl., Salvador: editora Juspodivm, 2016, p. 214-215.
8. Referente à criação da central em âmbito regional, exclusivo gerenciamento pela Associação dos Registradores de Pessoas Naturais do Estado de São Paulo.
9. BOSELLI, Karine. *O Registro Civil de Pessoas Naturais na Era Digital*. Disponível em: <http://www.cartaforense.com.br/conteudo/artigos/o-registro-civil-das-pessoas-naturais-na-era-digital/15065>. Acesso em: 18 set. 2016.
10. Menção ao sítio eletrônico: <www.registrocivil.org.br>.
11. Previa-se, nos termos do contido no mencionado ato de provimento, um prazo de imediato de 90 dias contados da sua entrada em vigor, incluindo todos os atos lavrados desde 1º de janeiro do ano de 2005. O volume documental, mormente em razão do corrente uso da sociedade junto aos cartórios, sobrecarregou o trabalho, tendo em vista que seriam oito anos de carga.

A interligação dos cartórios paulistas significava a conquista de viabilizar a emissão de uma segunda via de uma certidão civil, sem ter que comparecer ao local onde foi realizado o registro. A partir daquele momento, o interessado podia solicitar e receber sua certidão eletrônica em qualquer cartório de pessoas naturais mais próximo, de acordo com sua preferência, em tempo hábil de 48 horas, sem desembolsar custos exorbitantes (tendo por referência que o preço de uma certidão eletrônica tem o mesmo custo que a certidão convencional), ou contar com serviços intermediários. Dentro dos padrões de eficiência e segurança, o requerente poderia optar pela forma que gostaria de receber seu documento: 1) o interessado requer a certidão eletrônica sem materializá-la (isto é, sem efetivamente torná-la física com a impressão); 2) o encaminhamento da certidão convencional pelo correio e, por fim; 3) poderá optar por materializar sua certidão eletrônica em quaisquer das unidades extrajudiciais, desde que em papel de segurança, sendo vedado às serventias materializá-las em qualquer forma que não o papel de segurança fornecido pelos órgãos oficiais.

O uso do sistema pelos cartórios estaduais, conforme dados estatísticos fornecidos pela ARPEN-SP, já atingiu a marca de 18 milhões de registros situados dentro do banco de dados, (contabilizada) em maio de 2013, demonstrando cabalmente a expressiva representatividade e a modernização dos serviços prestados em cartórios.

Na época do surgimento do referido normativo, Gustavo Henrique Bretas Marzagão, Juiz Assessor junto à Corregedoria Geral de Justiça de São Paulo, já expunha acerca da necessidade da adoção de um sistema nacional de comunicação e sustentava:

> Agora é preciso pensar em um sistema de prestação de serviço público como um todo, em âmbito nacional. Hoje os serviços da CRC estão disponíveis nos cartórios, mas em breve estão disponíveis online, mediante uso de certificado digital de identificação do solicitante e segurança no sistema, o que vai ser melhor ainda.[12]

A previsão continha a alimentação dos dados até o dia 31 de dezembro de 2014, abrangendo assentos lavrados desde 1º de janeiro de 1976.

12. Em entrevista concedida a Revista Cartório Hoje, uma publicação da Revista ANOREG-SP, o mencionado juiz assessor previa a tendência a criação do serviço ser estendido para o âmbito nacional. IN: Certidões de Registro Civil podem ser pedidas em qualquer cartório do Estado de São Paulo. Cartório Hoje Revista ANOREG-SP, v. 4, junho/2013, São Paulo: ANOREG-SP, 2013, p. 20.

E, como previsto, o empreendimento se concretizou. A fundamental participação das Corregedorias Gerais de Justiça dos Estados, com o auxílio e participação da ARPEN-Brasil, entre outras – lembrando que a administração e a manutenção permanecem a cargo da ARPEN-SP –, representam o avanço de uma plataforma que, além de facilitar as práticas cartorárias (pela rapidez e modernização), possibilita o acesso dos usuários de modo simplificado, aprimorando os serviços disponíveis via *internet*, comemorando uma conquista do acesso da sociedade à tecnologia e proporcionando o alcance da dignidade a todo cidadão desprovido de meios de obter suas certidões.

No agora, o sistema CRC expandiu e atende não apenas as serventias extrajudiciais do Estado de São Paulo: por intermédio de convênios com algumas serventias e as Corregedorias Gerais de Justiça estaduais, atende parte significativa dos Cartórios de Registro Civil do Brasil[13], com objetivo de atender as exigências do Provimento n.º 38/2014, do Conselho Nacional de Justiça.

3. O PROVIMENTO N.º 38/2014: SURGIMENTO DO CRC NACIONAL

O pioneirismo no desenvolvimento do sistema CRC de modo regional gerou resultados expressivos na celeridade e na qualidade da prestação dos serviços extrajudiciais de registro civil no Estado de São Paulo, o que não passou despercebido pela União e pelos demais entes federativos.

A instituição de um sistema nacional que tivesse a capacidade de integrar a consulta e emissão de certidões de nascimento, casamento, óbito e natimorto no País, facilitando a troca de dados entre as serventias localizadas nos vários estados brasileiros, não é um desejo recente, mas uma aspiração ousada, sobretudo tendo em vista a vasta extensão territorial do Brasil, além das diferentes gestões estaduais e realidades fáticas dos municípios.

Não obstante a experiência positiva obtida pela ARPEN-SP, tal atitude estimulou a criação de projetos para estendê-la nacionalmente; um desses projetos foi inserido na Medida Provisória n.º 459, de 25 de março 2009, posteriormente transformada na Lei Federal n.º 11.977, de 7

---

13. Segundo dados ínsitos no site da ARPEN (www.arpensp.org.br), no momento o Sistema CRC-Nacional dispõe da participação de 3.168 conveniados, convênios estes firmados pelas Corregedorias Gerais de Justiça dos Estados ou diretamente pelos cartorários de registro civil.

de julho de 2009. Tal norma regula diversos temas, desde o Programa Minha Casa Minha Vida (PMCMV) até regularização fundiária de assentamentos em áreas urbanas; e, em seu artigo 37 e seguintes, criou o chamado Sistema de Registro Eletrônico, determinando que os atos praticados a partir da vigência da Lei Federal n.º 6.015/73 deveriam ser nele inseridos no prazo de até cinco anos a contar da vigência da mencionada norma. Ressalte-se que a lei determinou que caberia aos próprios registros públicos a incumbência de sua criação.

A primeira especialidade que se adequou à determinação normativa foi dos Registros de Imóveis, com a criação do chamado SREI, isto é, Sistema de Registro Eletrônico de Imóveis, por diversos estados da federação, mediante convênio de suas respectivas Corregedorias Gerais de Justiça e Associações de Classe. Tal sistema hoje é regulado pelo Provimento n.º 47/2015, do Conselho Nacional de Justiça.

Ademais, a referida Lei Federal n.º 11.977/2009 também serviu como base para a criação do equivalente aos Registros Civis – conhecido como SIRC (Sistema Nacional de Informações do Registro Civil) –, que se trata de "uma base de governo que tem por finalidade captar, processar, arquivar e disponibilizar dados relativos a registros de nascimento, casamento, óbito e natimorto, produzidos pelos cartórios de registro civil das pessoas naturais".[14]

Foi constituído formalmente pelo Decreto Federal n.º 8.270, de 26 de junho de 2014, que instituiu também seu Comitê Gestor, ao qual cabe, dentre outras atribuições, implementar, operar e controlar o sistema. Sua composição, conforme artigo 4º do referido Decreto, conta com representantes de diversos órgãos e entidades, quais sejam: a) Ministério da Previdência Social; b) Secretaria de Direitos Humanos da Presidência da República; c) Ministério da Justiça; d) Ministério da Defesa; e) Ministério das Relações Exteriores; f) Ministério da Fazenda; g) Ministério do Desenvolvimento Social e Combate à Fome – atualmente, Ministério do Desenvolvimento Social e Agrário; h) Ministério da Saúde; i) Ministério do Planejamento, Orçamento e Gestão; j) Instituto Nacional do Seguro Social - INSS; l) Instituto Brasileiro de Geografia e Estatística - IBGE.

Na mesma seara, aproveitando o impulso e as experiências positivas obtidas pela Corregedoria Geral de Justiça do Estado de São Pau-

---

14. *SIRC – O que é?*. Disponível em: <http://www.sirc.gov.br/paginas/o-que-e/>. Acesso em: 30 set. 2016.

lo e a ARPEN-SP, no tocante à Central de Informações do Registro Civil, o Conselho Nacional de Justiça editou o Provimento n.º 38/2014, que ampliou o acesso do CRC a todas as serventias, de quaisquer unidades federativas, seja por convênio de seus Tribunais de Justiça ou entidades de classe com a ARPEN-SP – que atua por delegação da ARPEN-Brasil –, seja por convênio individualizado de cada Serventia.

Em seu art. 1º, o provimento apresenta os objetivos de tal central, quais sejam:

> I – interligar os Oficiais de Registro Civil das Pessoas Naturais, permitindo o intercâmbio de documentos eletrônicos e o tráfego de informações de dados; II – aprimorar tecnologias com a finalidade de viabilizar os serviços de registro civil das pessoais naturais em meio eletrônico;
>
> III – implantar, em âmbito nacional, sistema de localização de registros e solicitação de certidões;
>
> IV – possibilitar o acesso de órgãos do Poder Público, mediante ofício ou requisição eletrônica direcionada ao Oficial competente, às informações do registro civil das pessoas naturais;
>
> V – possibilitar a interligação com o Ministério das Relações Exteriores, mediante prévia autorização deste, a fim de obter os dados e documentos referentes a atos da vida civil de brasileiros ocorridos no exterior, bem como possibilitar às repartições consulares do Brasil a participação no sistema de localização de registros e solicitação de certidões do registro civil das pessoas naturais.[15]

É possível constatar que os objetivos convergem na criação de uma central acessível a todos os cidadãos de quaisquer entidades federativas, facilitando a obtenção de certidões e diminuindo distâncias e custos para sua obtenção.

O referido Provimento n.º 38/2014 do Conselho Nacional de Justiça, além de instituir a Central de Informações de Registro Civil – CRC, trouxe, em seu art. 4º, a obrigatoriedade de adesão por todos os registros civis de pessoas naturais do País, da seguinte forma:

> A Central de Informações do Registro Civil das Pessoas Naturais – CRC será interligada por todos os Oficiais de Registro Civil das Pessoas Naturais do Brasil que deverão acessá-la para incluir os dados específicos, nos termos deste Provimento, observados os requisitos técnicos fixados pela ARPEN-Brasil.

---

15. CONSELHO NACIONAL DE JUSTIÇA. Corregedoria Nacional de Justiça, Provimento n. 38, de 25 de julho de 2014. Disponível em: <http://www.cnj.jus.br/images/stories/docs_corregedoria/provimentos/provimento_38.pdf>. Acesso em: 30 set. 2016.

§1º A adesão às funcionalidades da Central de Informações de Registro Civil das Pessoas Naturais – CRC será feita pelas serventias de todos os Estados da Federação no prazo máximo de um ano a contar da vigência deste Provimento, sendo as informações dessas adesões repassadas pela ARPEN-Brasil à Corregedoria Nacional de Justiça, com uso do sistema Justiça Aberta quando disponível.

Observa-se, portanto, que a intenção da Corregedoria Nacional de Justiça era criar um sistema nacional obrigatório a todas as Serventias de Registro Civil dos mais de 5.000 (cinco mil) municípios do País, com a finalidade de possibilitar a localização imediata de um determinado registro civil lavrado por qualquer Serventia brasileira, além de permitir a solicitação de certidões e o envio de comunicações obrigatórias entre os Ofícios, bem como a fiscalização pelo Poder Judiciário. Ademais, os registros civis deveriam, a princípio, utilizar a infraestrutura já existente.

Em 2015, o Conselho Nacional de Justiça editou o Provimento n.º 46, revogando o Provimento n.º 38/2012, trazendo alterações, permitindo, por exemplo, às representações estaduais que utilizem infraestrutura própria para a adesão, mediante prévio acordo com a ARPEN-Brasil. Do mesmo modo, outra importante inclusão foi a participação do Ministério das Relações Exteriores em promover a sua integração com a Central Nacional e o Sistema Consular Integrado do Ministério das Relações Exteriores (SCI/MRE), visando permitir consulta pelos representantes consulares do Brasil no exterior e pelos oficiais de registro civil, facilitando buscas dos registros e solicitação de certidões.

Contudo, até a presente data, apenas alguns estados da Federação encontram-se filiados, a citar, Acre, Amazonas, Ceará, Espírito Santo, Mato Grosso, Goiás, Piauí, Maranhão, Pernambuco, Rondônia, Paraná, Santa Catarina, São Paulo, Tocantins – e o Distrito Federal, sendo que os demais entes, desrespeitando o prazo de 01 (um) ano fixado nos referidos provimentos, ainda não realizaram a integração. Tratativas acerca dos Estados do Rio Grande do Sul, Rio de Janeiro e Alagoas estão em vias de concretude, tendo em vista que apenas algumas serventias isoladas de municípios gaúchos aderiram por intermédio de convênios sua parceria com a ARPEN-Brasil.

Sabe-se que uma adesão completa é uma tarefa árdua, tendo em vista as dificuldades enfrentadas por diversas Serventias Brasil afora, que possuem realidades muito diversificadas, especialmente quanto ao rendimento – uma vez que em alguns municípios a renda da população é muito baixa, tornando comum a prática gratuita da maioria dos atos pelo oficial, conforme determinam a Constituição Federal e diversas legislações infraconstitucionais.

Além disso, tem-se que levar em consideração a resistência de alguns estados, seja porque já possuem infraestrutura própria (caso do Rio de Janeiro e o Rio Grande do Sul), seja porque não possuem infraestrutura nenhuma.

4. DA APLICAÇÃO DOS MÓDULOS DO SISTEMA

A operabilidade e acessibilidade do sistema requer o preenchimento de alguns requisitos mínimos, em conformidade com o estabelecido pelo Provimento n.º 46/2015. Segundo faz constar da mencionada normatização, o acesso deve ser realizado de forma segura por meio de certificado digital emitido conforme a Infraestrutura de Chaves Públicas Brasileira (ICP-Brasil) ou outro sistema acordado com a ARPEN-Brasil. Ademais, o acesso ao sistema interligado será feito exclusivamente pelo Oficial de Registro Civil ou prepostos que autorizar, sendo de sua inteira responsabilidade o mau uso do sistema, ficando sujeito a responsabilidade civil e criminal.

A Central de Registro Civil Nacional dispõe de diversas funcionalidades, denominadas módulos, as quais brevemente passamos a discorrer.

4.1. Do módulo CRC – Buscas

Trata-se da ferramenta mais básica e fundamental do sistema, permitindo que o usuário consulte a localização de registros (ou obtenha uma busca negativa) e, se desejar, solicite a emissão da certidão respectiva ao ofício em que se encontra, mediante o pagamento das devidas custas e emolumentos.

Importante ressaltar que esta busca está disponível também a entes públicos isentos de pagamento de custas e emolumentos (ou de algumas de suas parcelas), a depender dos casos previstos na legislação específica, como, por exemplo, os entes federativos e suas respectivas autarquias e fundações.

4.2. Do módulo CRC – Comunicações

Como se sabe, uma das mais importantes finalidades do registro civil das pessoas naturais é dar publicidade aos atos e fatos da vida da pessoa natural, bem como de seu estado civil atualizado, para que seja abrigada sua dignidade e garantido a cada indivíduo seu exercício da cidadania.

Essa publicidade não atinge seu apogeu apenas com o simples registro, seja ele de nascimento, casamento ou óbito, uma vez que o estado da pessoa é dinâmico, e pode ser alterado por meio de novos registros, averbações e anotações[16], como, por exemplo, o divórcio, reconhecimento de filho, alteração de nome, interdição, etc.

Desta forma, tem-se como imprescindível que as serventias de registro civil das pessoas naturais possuam um canal aberto de comunicação, para que eventuais ocorrências que alterem o estado da pessoa natural sejam informadas aos locais em que o indivíduo possua registro, havendo um sistema coeso, capaz de gerar segurança ao próprio sujeito e aos terceiros interessados.

A maneira encontrada pela Lei Federal n.º 6.015/73 foi o envio das chamadas "comunicações", conforme dispõe o art. 106, observe-se:

> Sempre que o oficial fizer algum registro ou averbação, deverá, no prazo de cinco dias, anotá-lo nos atos anteriores, com remissões recíprocas, se lançados em seu cartório, ou fará comunicação, com resumo do assento, ao oficial em cujo cartório estiverem os registros primitivos, obedecendo-se sempre à forma prescrita no artigo 98.

Portanto, é obrigação dos oficiais de registro civil, tendo notícia da alteração do estado da pessoa natural, comunicar o oficial de eventual registro primitivo acerca de tal fato; essa comunicação, na maioria das vezes, é realizada via correios, o que, além de delongar a entrega da informação, muitas vezes a sujeita a extravios ou perda, enfraquecendo o sistema que deveria garantir a segurança e a atualidade da vida registral do indivíduo.

Em razão disso, foi criado o Módulo CRC - Comunicações, uma ferramenta que substitui o envio de correspondências físicas, proporcionando a rastreabilidade e a certeza de recebimento pelo ofício de registro civil. Esse módulo, como já mencionado anteriormente, é a evolução do antigo sistema conhecido como Intranet, que começou a ser efetivamente utilizado no Estado de São Paulo em junho do ano de 2001.

4.3. Do módulo CRC – Certidões

Trata-se da consumação do módulo CRC – Buscas, mencionado anteriormente; sendo localizado o registro pesquisado, o usuário poderá,

---

16. CAMARGO NETO, Mario de Carvalho; OLIVEIRA, Marcelo Salaroli de. *Registro Civil das Pessoas Naturais I*. São Paulo: Saraiva 2014, p. 37.

ato contínuo, solicitar a certidão respectiva, mediante o pagamento das custas e emolumentos, que será disponibilizada eletronicamente no prazo máximo de cinco dias úteis.

Essa certidão poderá ser materializada, em papel de segurança, por qualquer oficial de registro civil integrado ao sistema, posteriormente ao pagamento da taxa devida. Tal procedimento elimina a necessidade de intermediários – por exemplo, despachantes –, atenuando os prazos e custos, além de evitar a necessidade de deslocamento do usuário ao local do registro originário.

4.4. Do módulo CRC – e-Protocolo

Consiste na ferramenta destinada ao envio de documentos por via eletrônica representativos de ordens judiciais ou simples anotações, para que sejam cumpridos em suas respectivas serventias originárias, sem a necessidade de qualquer deslocamento, ou envio de correspondência física, contribuindo também para a diminuição dos custos para efetivação de tais atos. Para tanto, basta o cliente se direcionar a qualquer cartório de pessoas naturais de seu domicílio ou trabalho e solicitar o serviço.

4.5. Do módulo CRC-JUD

Frente à constante necessidade de busca de registros civis decorrente da possível efetivação de direitos junto ao Poder Judiciário, informações e documentos que levavam dias, ou até mesmo nunca eram encontrados, no atual momento, são disponibilizados de forma imediata por intermédio do mencionado módulo.

Anteriormente à implantação do módulo CRC-JUD, as requisições passavam pela publicação junto ao Diário da Justiça Eletrônico, seguida de busca por todos os cartórios, seguido de retorno, por carta registrada, da informação solicitada. Conforme relata a experiência da juíza Amanda Eiko Sato, da Vara da Infância do 2º Foro Regional de São Paulo, o módulo apresenta uma evolução em benefícios para sociedade e para o meio-ambiente, ressaltando:

> A Central gera uma facilidade em consultar as certidões diretamente no sistema, evitando a expedição de ofício a outros órgãos, o que, além de despender tempo do cartório para confecção do ofício, também demanda tempo no aguardo da resposta. Dessa forma diminui-se a quantidade de papel (menos ofício expedido e menos ofício recebido) trazendo maior agilidade nos andamentos dos processos. Estou atuando na Vara

da Infância e precisamos saber se as crianças já têm registro de nascimento ou se tem genitor declarado, por isso a certidão que mais consultamos é a de mais consultamos é a nascimento.[17]

Hoje, o sistema do CRC-JUD perfectibiliza a busca por magistrados e órgãos públicos conveniados – Ministérios Públicos e Defensorias Públicas (isentos das custas emolumentais, na forma legal) –, disponibilizando de modo eficiente e imediato o repasse das informações originadas dos registros civis, resultando num aumento da produtividade processual, redução do tempo e, por consequência, significativa melhoria na prestação jurisdicional.

4.6. Do Módulo CRC – e-Proclamas

A mais recente ferramenta integrada à CRC Nacional, o e-Proclamas consiste numa plataforma de jornal digital, cujo escopo é cumprir, de forma menos custosa e mais célere, as exigências legais para as publicações dos Editais de Proclamas dos casamentos a serem realizados no Estado de São Paulo.[18]

Como se sabe, o Código Civil, em seu artigo 1.527, determina aos oficiais de registro civil que, quando da habilitação de casamento, afixem os editais de proclamas, por quinze dias, nas circunscrições de domicílio dos nubentes, bem como, obrigatoriamente, publiquem-nos na imprensa local, se houver.

Desta maneira, havendo imprensa escrita ou falada na localidade, é obrigação do oficial dar publicidade aos editais de proclamas por tais meios; naqueles municípios em que não há tal ferramenta, a norma era cumprida apenas com a afixação na serventia. Importante ressaltar, ainda, que os custos relativos a tal publicação no jornal podem ser repassados aos nubentes, conforme autorização contida no item 59.3 do Capítulo XVII do Tomo II das Normas de Serviço – Provimento n.º 58/89 da Corregedoria Geral de Justiça do Estado de São Paulo.[19]

Não obstante, levando em consideração os já mencionados avanços tecnológicos dos meios de comunicação, a ARPEN-SP sugeriu à Corregedoria Geral de Justiça do Estado de São Paulo a utilização de métodos

---

17. ARPEN-SP. Magistratura paulista enaltece instituição do Sistema CRC-Jud da ARPEN-SP. IN: Informativo mensal, ano 14, n. 135, maio/2013, p. 18-19.
18. E-PROCLAMAS. Disponível em: <https://proclamas.org.br/>. Acesso em: 13 nov. 2016.
19. SÃO PAULO (Estado). Corregedoria Geral de Justiça. Provimento n.º 58, de 28 de novembro de 1989.

virtuais para a publicação de tais editais, de forma a reduzir os custos de publicação e o emprego de papel, bem como aumentar a publicidade exigida pela norma e tornar mais célere o trâmite necessário para a celebração das núpcias, além de facilitar a fiscalização das corregedorias permanentes.

Assim, foi editado pela Corregedoria Geral de Justiça do Estado de São Paulo o Provimento n.º 46/2016, autorizando os nubentes a optarem pela publicação eletrônica dos editais de proclamas, a seu critério – isto é, se desejarem, poderão escolher a publicação por meio físico.

As cargas dos editais de proclamas eletrônicos, para a publicação no e-Proclamas, são enviadas pelos oficiais de registro civil mediante a utilização do sistema da CRC Nacional, no módulo específico, sendo assinado digitalmente. Os editais de casamento recepcionados pela CRC Nacional são publicados no dia útil seguinte. O novo módulo permitiu, ainda, a escrituração eletrônica do Livro "D" – Livro de Proclamas pelos oficiais, se assim desejarem, encerrando os livros físicos.

Importante asseverar, ademais, que a utilização de jornal eletrônico possibilitou o cumprimento da norma também pelos registros civis de municípios que não possuem imprensa local, majorando ainda mais a publicidade almejada pelo legislador.

CONSIDERAÇÕES FINAIS

Gestada e implantada a partir do pioneiro projeto da ARPEN-SP, a Central de Registro Civil – CRC Nacional é administrada pela ARPEN-Brasil em parceria com a ARPEN-SP.

A operacionalização do sistema dispõe do apoio das inúmeras serventias espalhadas pelo país, bem como conta com o fundamental empenho das Corregedorias Gerais de Justiça do Brasil em buscar a efetiva integração nacional.

O Provimento n.º 38/2014, do Conselho Nacional de Justiça, além de instituir a Central de Informações de Registro Civil – CRC Nacional, criou a compulsória adesão por todos os registros civis de pessoas naturais do País, ainda que, até ao presente momento, não tenha sido de um todo concretizada.

Em que pese o Conselho Nacional de Justiça editar o Provimento n.º 46/2015, revogador do Provimento n.º 38/2012, ter aprimorado as condições do Sistema, percebe-se que significativa parte dos entes federados já integram a Central, sendo, no entanto, temerário afirmar que haverá a adesão de todos, visto a existência de Centrais Estaduais atuantes em paralelo à CRC Nacional.

Em apertada síntese, o sistema é representativo dos avanços tecnológico das serventias extrajudiciais de todo o país. Ao facilitar buscas por intermédio de banco de dados eletrônico de informações (bureau) acerca dos registros das pessoas naturais, comporta e contribui com a história dos cidadãos brasileiros, mormente ao realizar buscar e ao expedir certidões eletrônicas dos mais diversos lugares do país, contribuindo, substancialmente, ao resgate a dignidade humana a todos que não dispõem de meios para obtê-las fisicamente.

Considerada modelo de referência nacional, hodiernamente, a CRC Nacional é sinônimo de eficiência à prestação de serviço extrajudicial, atendendo a todos de forma democrática, com celeridade e máxima segurança jurídica.

REFERÊNCIAS

ARPEN-BRASIL; ARPEN-SP. *Central Nacional de Informações do Registro Civil: Provimento n.º 38/2014, Conselho Nacional de Justiça (CNJ)*. São Paulo: ARPEN-SP, 2015.

ARPEN-SP. *Magistratura paulista enaltece instituição do sistema CRC-Jud da ARPEN-SP.* IN: Informativo mensal, ano 14, n.º 135, maio/2013.

_____.*CNJ institui a CRC Nacional e a CRC Internacional.* IN: Revista ARPEN-SP, ano XV, edição 149. São Paulo: ARPEN-SP, julho/2014.

BOSELLI, Karine. *O Registro Civil de Pessoas Naturais na Era Digital.* Disponível em: <http://www.cartaforense.com.br/conteudo/artigos/o-registro-civil-das-pessoas-naturais-na-era-digital/15065>. Acesso em: 18 set. 2016.

CAMARGO NETO, Mario de Carvalho; OLIVEIRA, Marcelo Salaroli de. *Registro Civil das Pessoas Naturais Vol. I*. São Paulo: Saraiva 2014, p. 37.

E-PROCLAMAS. Disponível em: < https://proclamas.org.br/>. Acesso em: 13 nov. 2016.

LOUREIRO, Luiz Guilherme. *Registros Públicos: teoria e prática*. 7.ed. rev., atual e ampl., Salvador: Editora Juspodivm, 2016.

MARZAGÃO, Gustavo Henrique Bretas (entrevista). *Certidões de Registro Civil podem ser pedidas em qualquer cartório do Estado de São Paulo.* IN: Cartório Hoje - Revista ANOREG-SP, v.4, junho/2013, São Paulo: ANOREG-SP, 2013.

PEREIRA, Marcellus. *Nostalgia: o tempo dos BBS.* Disponível em: <http://meiobit.com/32906/nostalgia-o-tempo-dos-tempo-dos-bbs>. Acesso em: 21 set. 2016.

SÃO PAULO (Estado). Corregedoria Geral de Justiça. Provimento n.º 58, de 28 de novembro de 1989.

SIRC – O que é? Disponível em: <http://www.sirc.gov.br/paginas/o-que-e/>. Acesso em: 30 set. 2016.

EDITORA JusPODIVM

www.editorajuspodivm.com.br

Pré-impressão, impressão e acabamento

GRÁFICA SANTUÁRIO

grafica@editorasantuario.com.br
www.editorasantuario.com.br

Aparecida-SP